秘録 維新七十年図鑑［新装版］

東京日日新聞社・大阪毎日新聞社 編

吉川弘文館

秘録 維新七十年圖鑑

渓水堅

序文

『祕錄維新七十年圖鑑』は、主として明治・大正・昭和の三聖代に亙る、わが國政治の發達變遷を、門外不出の祕錄、文獻、珍藏品をもつて編んだものである。

これをわが國政治の發達史に顧みるに、建國以來三千年、その歷史は悠遠なりと雖も、明治維新以後今日に至る僅々七十年間の興隆變遷の跡は、眞に驚異瞠目すべきものがある。しかも飛躍變遷の蔭には、幾他の先覺政治家、經世憂國の士の血と涙の努力が潜んでゐる。今こゝにこれ等先人苦鬪の跡をしのびつゝ維新以後躍新日本の眞の姿を活きた材料により如實に編述したのが卽ち本書である。その收められたものはいづれも、わが國政研究に大なる示唆を與へる絕好の資料たることを疑はない。

世に歷史を語る人も、その文獻も尠なくはないのである。併し歷史そのものを創造した人をして語らしめ、時代そのものをそのまゝ映寫せる信憑すべき文章祕錄を秩序的に展開序列した書物は極めて尠ないのである。しかして本書に收められた資料の大部分が各家祕藏作品中の祕藏品、未だ嘗つて世に公開されたことなき珍藏品であり得たのは、一に本社が開催せる政治博覽會の好機會を完全に捉へたゝめである。私は玆に更めて祕藏品の出陳と、その復製の機會を與へられた各家に深甚なる謝意を表すると共に、本書が短日月の間に編まれたものなるに拘らず、監修者尾佐竹猛博士を始め、博覽會關係者の盡力によつて、最善を盡し得たことを附言して更に感謝と敬意を表したい。

尙本書は、便宜上政治篇、外交篇、軍事篇、人物篇、雜篇の五部門に分類したが、この分類は必しも嚴密なるものではなく、殊に人物篇の順序に至つては主として編纂の便宜により排列したまでゞあるが、讀者若し全卷を通じて、熟覽玩味せらるゝ所あらば恰も先覺識者の側近にあつて、その風貌に接しつゝ親しくその縱橫談を聽かるゝの感ありて、明治以來幾多の波瀾に富む我國の活歷史を有りの儘に領得さると共に世界の風潮に兀立して富嶽と共にその榮光を發揚しつゝあるわが國體を更に明確に了得されるであらう。かくして本書が我國體に對する國民の認識と、政治知識の啓發に少しでも貢獻するところあるを得ば、本社の努力は酬はれたものである。

昭和十二年七月

東京日日新聞社
大阪每日新聞社 取締役會々長

政治博覽會會長 法學博士 岡　實 識

目次

政治七十年略史

（慶應・明治）

大政復古　慶應三年正月九日、明治天皇踐祚、時に實算十六。同十二月、大政復古令下る、攝政關白幕府以下の官職を廢し、總裁、議定、參與の三職を置き有栖川熾仁親王を以て總裁と爲す。

五ケ條の御誓文　慶應四年（明治元年）三月十四日、天皇紫宸殿に出御し、公卿、諸公を率ゐて、天神地祇を祭り、五事を誓約し給ふ。

官制を改む　閏四月八日、官制を改め、議政、神祇、會計、軍務、外國、刑法の七官と爲し、立法、行政、司法の三權を分掌し、議政官を立法府と爲し、之を上下二局に分ち、上局に輔相議定參與を以てし、下局に議長、議員を置く。

即位の大禮　同八月廿七日、天皇紫宸殿に即位の大禮を行はせらる。一世一元の制を定め、永式と爲す。

東京行幸　明治元年十月十三日、車駕東京に行幸、江戸城を以て皇居と爲し、東京城と改稱す。

郵便設置　同四年三月一日、始めて郵便を東西兩京及大阪三都間に設置し、後全國に之を施行す。

廢藩置縣　同七月十四日、廢藩置縣、十一月三府七十二縣とし、郡縣の制始めて定る。尋で縣治條例を定む。

左院　同八月、左院、國會議院假手續取調を發表す。

徵兵令　同十一月廿八日、徵兵令發布、全國男子二十歲に達する者を兵籍に編入。

豫算編成の端緒　同六年六月九日、參議大隈重信を大藏事務總裁と爲し歲計豫算表を頒布す。豫算編成の端緒たり。

遣外大使意見上表　同九月岩倉遣米大使一行歸朝し、木戸孝允憲政樹立の必要意見を上表す。

征韓論破裂　同十月廿四日、征韓論破裂し、廟堂二派に分る。參議近衞都督西鄉隆盛、參議副島種臣、後藤象次郎、板垣退助、江藤新平等廟堂を去り物情騷然たり。

政治始　同七年一月四日、政治始、各省長官上表、前年の成績を奏上す、爾後恒例とす。

民選議院設立の建白　同一月十八日前參議副島、後藤、板垣、江藤等連署して、民選議院設立の議を左院に建白す。曰く代議士を諸國に出し、以て輿論公議を採り、國憲を建立し以て有司の專政を矯め、官民和合し以て帝國の治安を保ち其福祉を進めんことを、と（一月愛國公黨を創立す）

議院憲法及規則發布　同五月二日、議院憲法（地方官軍議議事規則）及規則を發布し、詔書を渙發せらる。

朕踐祚之初、神明に誓ひ漸次其旨を擴充し全國人民の代議人を召集し、公議輿論を以て律法を定め、言路を開き、人民をして各其業を安し、以て國家の重を擔ふ義務を知らしめんと欲す、故に先つ地方官員を召集し、人民に代て公議せしむ、乃ち議院憲法を頒布す、各員夫れ之を遵守せよ。

電信條例　同十二月一日、電信條例を實施す。

政社勃興　同年中は板垣等の建白書を出したる前後輿論紛々各其所見を陳べ是非の議論朝野を動かし全國各地に勃興したる政社十數社に及ぶ。

大阪會議　明治八年一月四日大久保利通、木戸孝允、板垣退助等大阪に會し、政體の改革を謀る、所謂大阪會議なり。

立憲政體の詔書　同年四月十四日、立憲政體創立に關する詔書を下し給うて、其大本を定めらる。同月元老院、大審院及諸裁判所の職制章程を頒布し、上等裁判所を東京、大阪、長崎其他に設置す。

地方長官會議　同六月廿日、地方長官會議を開き、參議木戸孝允を以て議長と爲し、七月十七日閉會。

憲法草案起草　明治九年九月六日、元老院議長有栖川熾仁親王に勅して憲法の草案を起草せしむ。

朕今我か建國の體例に根據し、海外各國の成法を斟酌し、以て國憲を制定せんと欲す、汝其草案を起草し以聞せよ、朕將に之を擇はんとす。

翌日議官を會して勅命を宣し、元老院内に國憲取調局を設け、委員をして各國の憲法と我國古來の慣習とを酌量し、徐ろに立案せしむ。

西南の役　明治十年二月、西南の役起る。

博愛社創立　同五月一日、赤十字社の前身、博愛社創立さる。

愛國社大會　明治十二年三月、四國、九州、中國、大阪以東同盟二十一政社、大阪に會す。

國會期成同盟會　明治十四年三月、大阪に於て、二府二十二縣の有志起つて國會期成同盟會を組織す、同盟結社二十七、これ自由黨の濫觴なり、同四月國會開設の請願書提出さる。

大隈の憲法意見書　同年四月、大隈重信、有栖川宮邸に伺候し、熾仁親王に憲法意見書を捧呈す。

國會開設の大詔渙發　同年十月十二日、國會開設の大詔渙發せらる。

自由黨創立　同十月三十日、自由黨創立す、立憲政友會の前身たり。

九州改進黨　翌年三月十二日、九州改進黨成立す。

立憲改進黨及立憲帝政黨成立　同月十八日、立憲改進黨成立、同月同日、立憲帝政黨成立す。

板垣退助遭難　同四月六日、板垣退助岐阜にて遭難す。

日本銀行條例　明治十五年六月、日本銀行條例制定せられ、同十月開業す。

鹿鳴館　同年十一月、鹿鳴館竣成し、舞踏音樂流行す。

官制改革　明治十八年十二月二十二

日、官制を改革し、新に內閣制を定め、內閣總理大臣を以て各大臣の首班とし、機務を奏宣し、旨を承けて大政の方向を指示し、行政各部を統督す。國務大臣は入つて大政に參與し、出でて行政各部の事務に當り、法律命令其他主管事務に屬するものに對し、總理大臣及主任大臣の副署を以て其責任を明にし、萬機の政專ら簡捷敏活を主とす。

內閣總理大臣　翌二十三日、伯爵伊藤博文內閣總理大臣に任ぜられ、法制局を內閣に置き、法典の審査、法律命令の起草等を掌らしむ。

憲法起草　明治十九年八月、伊藤博文等相州夏島にて、專ら憲法起草に從事す。

大隈重信遭難　明治二十二年十月十八日當時條約改正問題にて、國論沸騰し、民間有志の反對運動旺盛にして、大隈重信の片足この時に飛ぶ。

大同團結　明治二十年十月二日、後藤象次郎の首唱にて大同團結起る。

保安條例　同年十二月廿六日、保安條例施行され、多數有志、東京市外に放逐さる。

樞密院創設、欽定憲法大成　明治廿一年三月、憲法草案脱稿し、同四月樞密院を設け至高顧問の府となし、憲法草案を審査せしむ。內閣總理大臣伊藤博文議長に任ぜられ、聖上親臨審議月を重ねて之を議了し、玆に欽定憲法大成す。

憲法發布　明治廿二年二月十一日、紀元節を卜し、帝國憲法發布せられ、莊嚴なる盛儀の下に、優渥なる勅語を賜ふ。

山縣內閣　同年十二月廿四日、山縣內閣成立す。

第一回帝國議會　明治廿三年十一月廿五日、第一回帝國議會召集せられ、二十九日車駕親臨して、開院式を擧げさせられ、優渥なる勅語を賜ひ、貴衆兩院謹んで奉答し、同廿四年三月八日閉院式を行ふ。兩院正副議長貴族院議長伯爵伊藤博文、同副議長伯爵東久世通禧。衆議院議長中島信行、同副議長津田眞道。

露國皇太子負傷　明治廿四年五月十一日、國賓露國皇太子大津にて負傷す。松方內閣は成立僅かに五日にして、責任大臣の辭職あり、青木外相外四相直接間接に其責に任ず。

選擧干渉　明治廿五年二月十五日、衆議院議員の總選擧に際し、時の內相品川彌二郎其職權を濫用して不法にも選擧大干渉を爲す、世之を品川內相の干渉と稱す。

國民協會　同年七月廿二日、伯爵西鄕從道、子爵品川彌二郎等、國民協會を組織す。

第二次伊藤內閣　同八月八日、第二次伊藤內閣成立す、所謂元勳網羅內閣と稱され、在職四年餘。

東洋自由黨　明治廿五年十一月藩閥政府の積弊を除き、立憲政治の完成を期し、國利民福の增進を圖るを目的として、自由、改進の兩黨と武步を同うしたる舊獨立俱樂部所屬議員の一部は無所屬議員と合流して同盟俱樂部を組織し、政府反對黨を以て任じ、同月自由黨所屬議員の一部は分立して東洋自由黨を組織す。

第五議會　同十一月廿五日第五議會召集さる。

星衆議院議長彈劾　明治二十六年十二月一日衆議院は議長自由黨領袖星亨に反對して不信任上奏案を可決す

議會解散　明治二十七年五月二十一日解散に關する內閣不信任決議案を提出し之を可決す、次で衆議院解散の理由たる條約改正其他內外の失政に關する諸問題を一括せる上奏案を可決して六月一日之を捧呈し、翌二日解散を命ぜられたり。

日清戰爭　明治二十七年五月韓國東學黨の變あるや、清國は之に乘じて名を屬邦保護に藉りて兵を韓國に進む、帝國は韓國保護に任じ兵を出して之に備へ、清國と協同扶掖の事に從はんとして交渉數次、清國は却て種々の辭柄を設け、我帝國の提議を拒む、既にして日清の兵衝突し七月二十五日豐島沖に於て砲火相見え、六月十二日陸軍は仁川に上陸し、國交終に斷絶し日清戰爭始まる。

廣島に第七議會　同十月十五日廣島に第七議會召集。議會は十八日開院式を行ひ勅語を賜はる、兩院は恭しく奉答し、聖旨を奉體し誓つて交戰の目的を達成せんことを期する旨を述ぶ。

媾和條約　明治二十八年四月十七日を以て媾和條約成り兩國全權の署名調印を了す。

平和克復　同四月二十一日平和克復の大詔渙發せられ、五月八日批准を交換す。和約成るの後、我政府は露獨佛三國の中言を容れ、遼東半島還附を聲明し國論大に沸騰す。此年十一月八日還遼條約を締結したり。

師團增設　明治二十九年五月十一日六個師團を十二個師團に增加す。

松隈內閣　明治二十九年八月三十一日を以て伊藤內閣の總辭職となる、樞密院議長黑田清隆內閣總理大臣を臨時兼任、九月十八日第二次松方內閣組織せらる。世之を松隈內閣と云ふ。

第三次伊藤內閣　明治三十一年一月十二日松方內閣總辭職し、第三次伊藤內閣成立す。

政黨內閣の嚆矢　同年六月廿二日自由、進步の兩黨は解黨して合同の議成り、新たに憲政黨を組織す。越えて同月三十日伊藤內閣總辭職となり即日內閣組織の大命大隈、板垣の兩伯に下り、兩首領は其黨員を率ゐて、憲政黨內閣を組織したり。之を政黨內閣の創始とす。

山縣內閣　同年十一月八日第二次山縣內閣成立す。

舊自由黨系に屬する黨員は憲政黨を組織し、舊進步黨系に屬する者は別に憲政本黨を組織し、憲政黨は山縣內閣と提携して其政策の遂行に資することを聲明し、憲政本黨は山縣內閣反對の態度を執りたり。

帝國黨組織　明治三十二年七月五日國民協會解散して更に帝國黨を組織す。

北清事變　明治三十三年五月三十日清國の北部に義和團の暴動起り、第五師團出動し延いて露清密約の抗議

となり、東洋の時局漸く多事に赴き、帝國政府の外交政策議政壇上の問題となる。

政友會組織　同年九月十五日侯爵伊藤博文憲政黨其他の同志を糾合して政友會を組織し、自ら總裁となる。

憲政本黨　同十二月十八日憲政本黨は伯爵大隈重信を總理に推戴す。

星亨刺殺さる　明治三十四年六月廿一日政友會總務星亨伊庭想太郎に刺殺さる。衆議院は片岡議長議院を代表して弔詞を贈る。

日英同盟　明治三十四年七月十七日日英同盟に關する元老大臣會議。翌年一月三十日、日英協約調印を了し同二月十二日發表す。

政黨の反對　同年十二月政友會は政府の聲明したる行政及財政の整理を以て不十分なるものと認め、海軍擴張は不可なきも之に關する財源は政費節約に依るべき旨を決議し、絕對に地租增徵の繼續に反對し、憲政本黨と提携する所あるや、帝國黨も亦之に接近したり。

第十九議會解散　明治三十六年十二月五日第十九議會召集。十日開院式、十一日解散。衆議院議長片岡健吉卒去し、召集當日河野廣中議長に當選勅任せらる。衆議院は開院式當日河野議長自ら奉答文を起草し之を朗讀して議場に諮る。文中「今ヤ國運ノ興隆洵ニ千載ノ一遇ナルニ方リテ、閣臣ノ施設之ニ伴ハス、內政ハ彌縫ヲ事トシ、外交ハ機宜ヲ失シ、臣等ヲシテ憂虞措ク能ハサラシム、仰キ願クハ聖鑑ヲ垂レ給ハムコトヲ」の數句あり。有名なる內閣彈劾の勅語奉答決議文にして、宮內省は命を傳へて議長の參內を停め、直ちに解散を命ぜらる。

日露戰爭　明治三十七年二月、日露間の懸案たりし滿韓保全問題は屢次折衝を重ねたるも、露國に交讓の精神なきよりして交涉終に不調に歸し同月四日帝國政府は國交斷絕を露國政府に告知し、同月十日宣戰の詔勅渙發せられ、陸海軍の軍事行動開始、連戰連捷。

媾和會議　明治三十八年六月九日米國大統領和議提唱。同月十日媾和會議開始、九月五日媾和條約調印を了す。條約成るの日、國論は戰勝の效果を沒却するものと爲し、批准拒絕の議起り條約破棄、當局彈劾の聲囂々たり。

屈辱條約輿論沸騰　同年九月五日全國同憂の有志團體は日比谷公園に國民大會を開き屈辱條約の破棄、桂內閣彈劾の絕叫は絕頂に達し、官憲壓迫の下に忽ち帝都は混亂狀態に陷り戒嚴令の施行、新聞雜誌の禁停止處分となり、市內燒打事件都下騷動の責任、當局の失態を咎め閣員の引責を迫る、是に於て桂內閣は媾和條約に關連せる內外政務を處理し畢る後十二月廿一日を以て總辭職を決行。

西園寺內閣　明治三十九年一月七日公爵西園寺公望內閣を組織す。在職二年六ヶ月餘。

鐵道國有案確立　同年議會に鐵道國有法案の提出あるに當り大同俱樂部は憲政本黨と結び反對を試み更に貴族院の一角を動かして之に修正を加へしめんとし衆議院の形勢は稀れに見るの現象を呈したり。されど大同俱樂部が俄然態度を變更して政友會と妥協の結果百九對二百四十三を以て原案を可決したるも、幾多の修正を加へて案の確立を見たり。

桂內閣　明治四十一年一月藏相阪谷芳郎、遞相山縣伊三郎と鐵道建設改良費豫算問題に關して互に意見を異にして其職を退く、同七月三日內閣總理大臣西園寺公望鐵道豫算に關し內閣の不統一に基き引責辭表捧呈、侯爵桂太郎を後繼に奏薦す、元老會議の決果、侯乃ち組閣の大命を拜し十四日親任式を行ふ。

貴族院令改正　明治四十二年三月廿日、政府は貴族院令中改正案を貴族院に提出し之を可決す。卽ち三爵議員數伯爵十七人以內、子爵七十人以內、男爵六十三人以內とす。

日韓合邦　同年七月十二日韓國政府と協商成り、日韓合邦の廟議決す。八月日韓合邦條約公布され併韓の大詔渙發。朝鮮總督設置、統監寺內正毅總督に任ぜらる。

伊藤公遭難　同年十月廿六日、公爵伊藤博文哈爾賓に於て凶漢の爲に殪る。兩院は同公の薨去に付議長議員を代表して弔詞を呈す。

中央俱樂部　明治四十三年三月、大浦兼武、大同俱樂部の大半、無所屬議員の一部中央俱樂部を組織す。

大逆事件　明治四十四年一月十八日社會主義者幸德傳次郎等の大逆陰謀事件の判決宣告あり、十三名死刑、十二名特赦。

明治天皇崩御　明治四十五年七月三十日天皇陛下崩御、卽日皇儲嘉仁親王殿下踐祚し給ひ、元を大正と改め、翌日朝見の儀を行ひ勅語を賜はる。

（大　正）

第三次桂內閣　大正元年十二月西園寺內閣は二年度豫算を編成するに當り、其財政整理方針の師團增設案と相容れずして遂に辭表を捧呈す。同月廿一日第三次桂內閣成立す。

桂內閣倒る　當時政友會其他各派相一致して、憲政擁護運動を起し、盛んに閥族打破、憲政擁護を唱ふ。其組閣の大命を拜するに及んで憲政の危機、宮中府中の別を無視せりと絕叫し桂內閣に對する非難の聲囂々たり。桂內閣は輿論に壓倒されて在職僅に二ヶ月にして總辭職す。

山本內閣　大正二年二月十一日伯爵山本權兵衞組閣の大命を拜し、二十日閣員の詮衡を了し親任式を行ふ。

立憲同志會創立　同年二月、公爵桂太郎立憲同志會を組織す、中央俱樂部の全部、大石正巳等國民黨の大半を率ゐて之に投ず、前閣僚後藤新平仲小路廉等も亦其傘下に集る。此年十二月結黨式を築地精養軒に擧ぐ。加藤高明之が總裁たり。

無線電話の嚆矢　橫濱にて二十五浬沖を航海中の汽船天洋丸と通話を交換、これ無線電話實用の嚆矢なり。

シーメンス事件　大正三年二月十日外電報ずる所の海軍將校瀆職事件に關し衆議院に於て島田三郎質問を試み同志會、國民黨及中正會の三派より之が決議案を提出し、政府の處決を促したり。之をシーメンス事件と

いふ。

山本内閣倒る　三月二十三日、國民黨、同志會、中正會所屬議員連署して、内閣彈劾上奏案を提出し、發議者犬養毅趣旨辯明し終つて討議進行中議會は三日間停會を命ぜらる。停會の翌日山本内閣總辭職す。

清浦流產、第二次大隈内閣成立　大正三年三月、山本内閣總辭職後、子爵清浦奎吾組閣の内命を拜す、爾後閣員の銓衡に關し加藤友三郎中將を海軍大臣候補に擬し、交涉の結果其拒絕する所となり遂に四月六日大命拜辭を奏上。清浦流產内閣之なり。大正三年四月十六日、伯爵大隈重信組閣の大命を拜し、第二次大隈内閣成立す、在職二年五ヶ月。

日獨戰爭　大正三年七月二十三日、墺塞間國交斷絕し、露佛獨の三國參戰し、歐洲大戰勃發するに當り、我同盟國たる英國亦之に參加す。帝國政府は同盟國の敵國たる獨逸政府に對し速かに東洋方面に於ける其艦隊を撤退し、膠州灣租借地を我が官憲に交附すべき事を勸告し、之が回答期を同年八月二十三日と限る。期に至るも何等の回答なきを以て、帝國政府は直に國交を斷絕し、卽日對獨宣戰の大詔渙發せらる。

瀆職疑獄　大正四年六月、現内閣の重要問題たりし、二箇師團增設に關する議員の瀆職疑獄起るに際し、大浦内務大臣其職を辭して世事と絕つ閣僚亦相次で辭表を捧呈す。既にして聖旨を拜して内閣一部を改造して留任す。反對黨の問責急なれども、その決議案は少數を以て否決さる。

寺内内閣　大正五年十月九日、大隈内閣辭表を捧呈し、立憲同志會總裁子爵加藤高明を其後任に奏薦す。元老御諮問後、朝鮮總督伯爵寺内正毅大命を拜して新内閣を組織す。在職約二年。

原内閣　同七年九月二十七日、政友會總裁原敬組閣の大命を拜し、同月二十九日を以て親任式を行ふ。在職三年餘。原内閣は純然たる政友會内閣たり。

原敬遭難　大正十一年十一月四日夜原首相東京驛に於て凶刄の爲薨去。衆議院は六日各派交涉會の結果鄭重なる弔詞を贈る。

高橋内閣　大正十一年十一月十三日子爵高橋是清、元老の奏薦に依り組閣の大命を拜し、親任式を行ひ爾餘の閣僚全部其任に留る。

高橋内閣倒る　高橋内閣は第四十五議會後、改造、否改造の兩派に分れ政局は非常に動搖を來す。十一年六月五日内閣不統一の責を負ひ總辭表を捧呈するに至る。

加藤友三郎内閣　大正十一年六月十二日、元老奏薦の加藤友三郎大將組閣の大命を拜し、政友會の無條件援助を承諾し、親任式行はる。在職一年二ヶ月。

國民黨解黨　立憲國民黨は第四十五議會閉會後解黨し、十一月八日無所屬議員と合流して、革新俱樂部を組織し、同十二年一月二十一日大會を上野精養軒に開き宣言、大綱、政策廿一件を發表したり。

加藤首相病死　大正十二年八月二十四日加藤首相病んで薨ず。首席閣僚外務大臣内田康哉伯臨時内閣總理大臣兼任を命ぜられ、二十六日閣臣總辭表を捧呈す。

地震内閣　大正十二年八月舉國一致内閣を企畫して、山本權兵衞伯を推し卽ち山本伯組閣の大命を拜し、舉國一致の下に兩院各派の首領に懇談し獨り革新俱樂部の犬養毅の快諾を得たるのみ。此時突如として大震災帝都に起る、乃ち九月一日震動の稍々緩なる間隙に乘じ築地水交社に組閣の議を凝らし、二日夜禁苑に親任式を行ふ。所謂地震内閣。

虎之門不祥事件　大正十二年十二月二十七日山本内閣は虎之門不祥事件の責を引き總辭職を爲す。同十三年一月一日樞密院議長清浦奎吾組閣の大命を拜し同七日を以て親任式を行ふ在職五ヶ月餘。

清浦内閣　清浦子爵の内閣を組織するや、貴族院を中心として閣僚を簡拔す。之が爲めに衆議院の權威を無視したる觀あり。是に於てか國論は非常に沸騰し第二憲政擁護運動起る。

護憲運動　玆に政友會、革新俱樂部、憲政會の三派は總て從來の行懸りを一掃し護憲の爲に蹶起し、特權内閣倒壞の氣勢を揚げたり。政友會が多年官僚と苟合妥協し來れる方針を一擲して、超然内閣打破の小數派と提携するその間の黨内輿論は甲論乙駁全く決する所なかりしが、總裁の裁量に一任されたる高橋是清の護憲の爲めに邁進すべき聲明に服せざる床次一派の分裂となり、偶々政友會の分裂に遭ひ、政友本黨生れ床次竹二郎之が首領となる。

加藤高明内閣　大正十三年五月總選擧の結果は護憲三派の大勝に歸し、大勢の赴く所已に決定し、首相の辭意切にして、研究會、政友本黨之を如何とも爲し難く萬策盡きて同六月八日遂に辭表を捧呈したり。

清浦内閣崩壞するや、組閣の大命は憲政會の總裁子爵加藤高明に降下す當時世人は動もすれば護憲三派聯立内閣の成立を疑懼し、高橋子、犬養の入閣不可能ならんと思惟したり、而も短時日に於て、加藤内閣は組織され、大正十三年六月十一日を以て親任式行はる。

普選運動　護憲三派及現内閣第一の使命として普選の斷行を急務とするも、短期の特別議會に於て其通過を求むるが如きは、國民の輿望に副ふべき普選案の成立を期する途にあらず、一層三派の協調を鞏固ならしむる爲めに、十五名の普選特別調查委員を擧げ、來る通常議會にその完成を期する事としたり。

普選案通過　大正十四年二月二十日政府は樞密院の審議を經て普通選擧法案を衆議院に提出したり。衆議院貴族院の協議及各黨の修正削除を施し盡して漸く原案を可決す、是れ我國最初の普通選擧法なり。

政友會總裁更迭　第五十議會終了後大正十四年四月十日田中義一男は政友會に入り、高橋是清翁の後を繼いで同十三日正式に政友會總裁となる

御大婚二十五年奉祝　大正十四年五月十日、天皇皇后兩陛下におかせられては御大婚滿二十五年に當らせられ宮中に於て祝賀の慶典を擧げさせらる。

革新、中正兩俱樂部の政友會合同　同年五月十四日革新俱樂部、中正俱樂部共に局面轉換のため政友會に合同、久しく孤軍奮鬪を續けた犬養翁もこの時に政友會に入りたるもの。

三派内閣決裂　同七月三十一日稅制

整理問題につき政友會出身閣僚との間に意見衝突を來し遂に内閣不統一の故を以て總辭職に至る。

第二次加藤内閣　同八月一日大命再び加藤高明子に降り、二日親任式擧行せらる。

議事堂燒失　同九月十八日議事堂失火、再建の工三ヶ月にして竣成。

加藤首相薨去と第一次若槻内閣の誕生　大正十五年一月廿八日加藤首相薨去、首相にして議會中薨去せるはこれが最初、次で一月卅日第一次若槻内閣生る。

同交會の政友會入會　政友本黨中、中橋德五郎、鳩山一郎等二十五名は稅制問題にて同黨を脫黨、一時同交會を組織し、後政友會に入る。

大正天皇崩御　同十五年十二月二十五日、大正天皇崩御、寶算四十八。今上天皇陛下御踐祚、昭和と改元せらる。

（昭　和）

三黨首申合　昭和二年一月二十日議會再開に際し政本提携の下に朴烈事件、綱紀肅正問題を中心として内閣不信任決議案を提出し、政府は議會を停會としてこゝに若槻首相、田中政友會總裁、床次政友本黨總裁の所謂三黨首會合をなし、昭和の新政に當り政治の圓滿遂行を申合すに至れり。

明治節創定　同三月三日十一月三日を以て明治節と定めさせらる。

若槻内閣の辭職　同四月十七日樞密院に於て臺灣銀行救濟のため日本銀行特別貸付損失補償に關する緊急勅令案否決せられ若槻内閣遂に崩壞するに至る。

田中内閣の成立　同四月二十日田中義一男を首班とする政友會内閣成立全國にモラトリアム布かる。四月二十二日より全國銀行は二日間休業、三週間の支拂猶豫令布かる。

民政黨結黨式　同六月一日政友本黨と憲政會は合同し上野精養軒に民政黨結黨式を擧げ濱口雄幸の總裁に擧げらる。

濟南出兵と撤兵　支那動亂、殊に南京、漢口等の不祥事件に鑑み五月廿八日山東に出兵、八月卅一日撤兵せり。

壽府軍縮會議　日英米三國の壽府軍縮會議は六月二十日開會、八月四日決裂に終る。

無產黨議員始めて選出　昭和三年二月二十日普選第一次總選擧の結果無產黨議員として勞働農民黨二、日本勞農黨一、社會民衆黨三選出さる。

不戰條約調印　同八月二十七日不戰條約調印を了る。

新黨倶樂部組織　新黨倶樂部總裁床次竹二郎、九月四日民政黨を脫し新黨倶樂部を組織す。

卽位の大禮を行はせ給ふ　十一月十日天皇紫宸殿に於て卽位の大禮を行はせ給ふ。

拓務省新設　昭和四年五月三十日拓務省設置官制定まる。

濱口内閣の成立　同七月二日田中内閣の後を繼ぎ濱口内閣成立。

内宮外宮御遷宮　同十月二日内宮御遷宮式年祭、同五日外宮御遷宮式年祭行はせらる。

ロンドン軍縮會議　同十月十八日若槻禮次郎、海軍大臣財部彪、特命全權大使松平恒雄の三氏ロンドン軍縮會議全權仰付けられ、翌五年四月二日協定成立。

金輸出解禁　昭和五年一月十一日金輸出解禁實施。

濱口首相遭難　同十一月十四日、濱口首相東京驛頭に狙擊さる。

第二次若槻内閣誕生　昭和六年四月十四日若槻禮次郎組閣。

減俸斷行　同五月廿七日官吏の減俸令發表。

滿洲事變起る　同九月十八日支那正規兵我が滿鐵線柳條溝を爆破し、遂に日支兵交戰し、滿洲事變勃發す。

犬養内閣成立　同十二月十三日成立

金輸出再禁止　同日金輸出再禁止令を公布し卽日實施。

上海事變起る　昭和七年一月廿八日上海閘北にて日支兩軍戰端開始。

滿洲國建設　同三月一日滿洲國建設され、年號を大同元年と改め建國宣言書を發布。

日支停戰協定成立　同五月二日上海日支停戰協定遂に成立。

五、一五事件突發　同五月十五日犬養首相、首相官邸に於て陸海軍青年將校のため射殺さる、齡七十八。

齋藤内閣成立　犬養氏の後を襲へる鈴木政友會總裁には大命降下せず、こゝに從來の型を變へ齋藤實子に組閣の大命降り五月廿六日内閣成立。

官吏身分保障　同七月十六日閣議にて官吏身分保障案成る。

社會大衆黨生る　同七月廿一日全國勞農大衆黨、社會民衆黨と合して社會大衆黨生る。

國際聯盟脫退　八年三月廿七日國際聯盟脫退の詔書渙發せらる。

皇太子殿下御誕生　同十二月廿三日皇太子殿下御誕生遊ばさる。

滿洲國帝政實施　九年三月一日滿洲國は帝政を實施し、溥儀執政の皇帝卽位式を行ひ、年號を康德と稱す。

東鄉平八郎元帥薨去　同五月三十日元帥、侯爵東鄉平八郎薨ず、年八十八。

岡田内閣成立　同七月八日海軍大將岡田啓介内閣を組織す。

國際無線電話　同十二月八日、日米間に國際無線電話成る。

華府條約廢棄　同月華府條約を廢棄し、その通告文を米國へ發送す。

國體明徵　國體明徵運動九年頃より熾烈となり、十年四月美濃部博士の著書發賣禁止處分となる。

永田事件　十年八月陸軍省軍務局長永田鐵山中將、陸軍省にて相澤中佐に刺殺さる。

帝都大降雪　十一年二月四日帝都に五十四年來の大降雪あり被害甚大。

二月事件　同二十六日陸軍青年將校等兵を動かし時の齋藤内府、高橋藏相、渡邊教育總監等重臣を射殺し、岡田首相、牧野前内府、鈴木侍從長等を襲擊し、帝都に戒嚴令布かる。

廣田内閣成立　二、二六事件のため岡田内閣崩壞し、三月廣田内閣生る。

林内閣の誕生　昭和十二年一月、衆議院における濱田國松の演説に端を發し遂に廣田内閣總辭職して宇垣一成の流產内閣の後を受け林銑十郎内閣を組織す。

第七十議會の解散　議會は三月三十一日迄六日間の延長をなしたるにも拘らず最終日に至つて政府は議會を解散し、總選擧を行ふ。

林内閣辭職、近衞内閣成立　總選擧の結果、同年五月卅一日林内閣支持議員少數の爲辭職し、近衞文麿に大命降下、六月四日親任式を行ふ。

政治篇

憲法發布を詠じた伊藤公の七律

萬機獻替廿餘年
典憲編成奏御前
放眼泰西明得失
馳心上世極精研
中興大業繩天祖
開國宏謨駕昔賢
更始偕民
至尊志
千秋瞻仰帝威宣
明治二十二年紀
元節恭賦盛事
侯爵　伊藤博文

憲法發布の盛典に際し時の樞密院議長で實に憲法編纂の大任を完ふせられた伊藤博文公の詠まれた七律、詩句莊重以て不磨の大典宣布の事由を闡明し筆致又謹嚴を極めてゐる。蓋し公の書多しと雖此の如きは他に類を見ない。

（金子堅太郎伯藏）

夏島の遠景

明治二十年頃の神奈川縣久良岐郡夏島の遠景で山麓に見える小家屋が當時憲法記草の場所たりし伊藤公の別邸である。

（金子堅太郎伯藏）

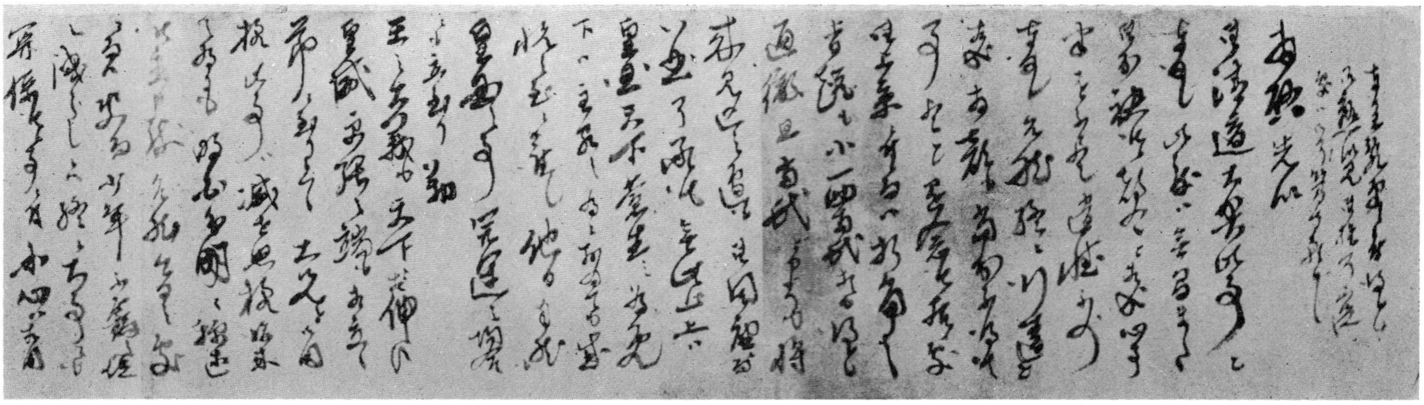

薩長の密約

慶應元年の冬薩の黒田清隆と、土藩阪本龍馬と會見するに及んで二藩聯合の氣運は漸く進み、黒田は京都に到り小松帶刀西郷、大久保等と會見更に單身此事に當る事として馬關に到り、木戸孝允を說き遂に木戸は品川彌二郎三好早川の三士を連れて上京丙寅一月近衞公の別邸に於て西郷等と會見、二十日阪本龍馬の來るに及んで、二十一日小松帶刀西郷木戸阪本等會合して薩長密約の成立を見た。其約條は木戸が歸藩の途次大阪より阪本に送つたこの書にその間の事情が詳記されてゐる。阪本は之れを受取り裏に朱記して返事を出してゐる。

維新大業の基此の時に確立したとも言ひ得る貴重なる文獻。**(維新史料編纂局藏)**

奉呈亂筆候ニ付得と御熟覽御推了不足之
　處ハ御了簡奉願上候

拜啓先以
御清適大賀此事ニ奉存候此度ハ無間また御分
袂仕候都合と相成心事半を不盡遺憾不少奉存
候乍然終ニ行違と相成拜顏も當分不得仕事歟
と懸念仕居候處御上京ニ付候而ハ折角之旨趣
も小西兩氏等へも得と通徹且兩氏どもよりも
將來見込之邊も御同慶ニ而い曲了承仕無此上
上ハ
皇國天下蒼生之爲め下ハ主家之爲ニおゐても
感悅之至ニ御座候他日自然ニ
皇國之事開運之場合ニも立至り勤王之大義も
天下ニ相伸ひ　皇威更張之端も相立候節ニ至
り候ハヽ大兄と御同樣此事ハ滅さぬ樣後來之
爲にも明白分明ニ稱述仕置申度乍然今日之處
ニ而ハ決而少年不羈之徒ニ洩らし候ハ終ニ大
事ニも關係仕候事ニ付必心ハ相用ひ居申候間
御安心可被遣候弟も二氏談話之事も呑込居候
へ共前申上候通必竟ハ
皇國之興復ニも相係り候大事件ニ付試ニ
左ニ件々相認申候間事其場ニ至り候時ハ
現場
皇國之大事件ニ直ニ相係り事そこに不及
して平穩ニ相濟候とも將來之爲にハ相殘し置
度儀ニ付手紙も相違之廉御坐候ハヽ御添削被
成下候而幸便ニ御送り返し被成遣候樣偏ニ奉
願上候

一、戰と相成候時ハ直樣二千餘之兵を急速差登し只今在京之兵と合し浪華へも千程ハ差置京阪兩處を相固め候事

一、戰自然と我勝利と相成候氣鋒有之候とき其節

朝廷へ申上詰度盡力之次第有之候との事

一、萬一戰負色ニ有之候とも一年ヤ半年ニ決而潰滅致し候と申事ハ無之事ニ付其間ニは必盡力之次第詰度有之候との事

一、是なりにて幕兵東歸せしときは詰度

朝廷ニ申上直樣寃罪ハ從朝廷御免ニ相成候都合ニ屹度盡力との事

一、兵士をも上國之上橋會桑等も如只今次第ニ而勿體なくも

朝廷を擁し奉り正義を抗し周旋盡力之道を相遮り候ときハ終ニ及決戰之外無之との事

一、寃罪も御免之上は双方誠心を以相合し

皇國之御爲に碎身盡力仕候事ハ不及申いづれ之道にしても今日より双方

皇國之御爲

皇威相暉き御回復ニ立至り候を目途に誠心を盡し屹度盡力可仕との事

弟におゐてハ右之六廉之大事件と奉存候爲念前申上候樣戰不戰とも後來之事ニ相係り候

皇國之大事件ニ付御同樣ニ承知仕候而相違之儀有之候而ハ終にかゝる苦身盡力も水の泡と相成後來之青史ニも難被載事ニ付人ニは必知らさずとも御同樣ニハ能く々々覺置度事と奉存御分袂後も得と愚按仕毛頭無御隔意處を以内々大兄まで爲念申上候儀ニ付右六廉得と御熟覽被成下手紙も弟之承知仕候儀相違之儀も有之候ハヽ必々御存分ニ御直し被成遣候而此書狀之裏へ乍失敬御返書御認め被下候而幸便ニ屹度無御相違御投し被成遣候樣偏ニ々々奉願上候

坂本龍馬肖像

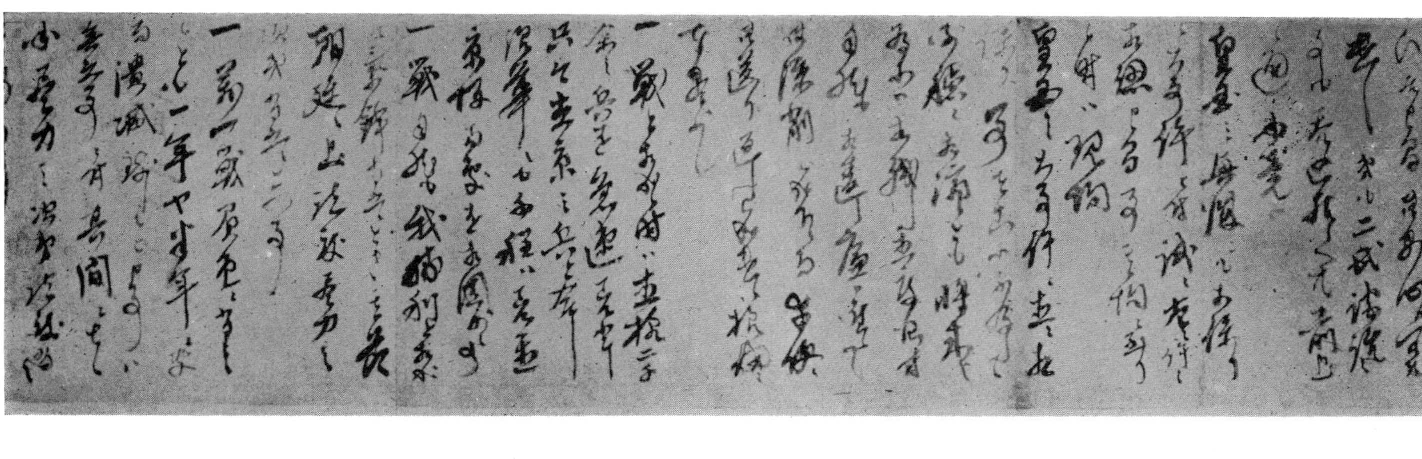

實ニ此余之處ハ機會を不失が第一ニ而いカ樣之明策良計ニ而も機會を失し候而ハ萬之ものが一ツほども役ニ相立ち不申事ニより候而ハ却而後害と相成候事も不少兎角いつでも正義家ハ機會を失し候等の事ハ其例之不少終ニ姦物之術中ニ陷り候事始終ニ御座候間御疎も無之事ニ御座候へ共此處ハ精々御注目被爲成候而御論述

皇國之大機必無失念御回復之御基本相立候處奉祈候○乙丑丸一條小事ニハ御座候へ共い曲御承知之如く一身ニ取り候而ハ困苦千萬ニ而且海軍興廢ニハ屹度相係り候事ニ付何も逐一御存之譯ニ付兼而存じ通ニ相運び弊國之海軍も相興り候樣尙此上吳々も奉願候何分にも小松太夫呑込吳不申候而ハ實以困迫此事ニ御座候隨而海軍ハ廢滅ニ至り可申候と懸念仕候先ハ前條之次第愚按迂考仕兎ニ角一應可申上と奉存相認候儀ニ付前條い曲申上候通之次第ニ付得と御熟覽を賜り必々御裏書ニ而御返書偏ニ奉願上候其中必々時下御厭第一ニ奉存上候乍失敬御序之節小西吉氏等其外諸彥へ可然御致意奉願候

委曲御禮書ハ歸國之上出し可申と奉存候

匆々頓首拝

正月念三

尙々本文之處ハ吳々も得と御熟覽を賜り萬一も承知仕違へ候處ハ御直シ被成遣候而必々幸便御裏書御答偏奉願上候此余之處ハ只々機會之處而已掛念至極ニ御座候大事ハ元より小事ニ而も必成敗ハ多く機會之失不失ニ有之申候此邊之儀ハ吳々も御助力

皇國之御爲奉祈念候前田恭齋子へ藥禮之事御願仕奉恐入候且恭齋子方詩作も送られ候ニ付其返答も可仕と奉存居候如御承知出立前大混雜ニ而早々出立仕候位之次第ニ付其儀も其儘打置候間甚以不情不信之處赧顏之仕合ニ御座候御逢も有之候ハヽ此邊之處宜敷御斷り被成遣候而彼藥禮之處も何にてもよろしくつまり品物に而も可然奉願上候失禮之段奉恐入候尙此上

皇國之事ハ不及申上乍恐私事も種々御願申奉恐懼候擧而何もよろしく奉願候只々御面會之折を奉待候其中御

答ハ幸便ニ奉願上候爲其閣筆頓首

龍大兄　　松菊生

極密御獨折

表より御記被成候六條ハ小西兩氏及老兄龍等も御同席ニて談論セし所ニて毛も相違無之候後來といへとも決して變り候事無之ハ神明の知る所ニ御座候

丙寅二月五日

坂本龍

聖德太子御影と十七條憲法

我國の制度文化の上に一大エポックを劃した大化の改新の直前、卽ち推古天皇の十二年四月に聖德太子の十七條憲法が發布せられた成文法の始めで、當時の道德律官吏服務規律を規定したものであるから憲法と云つても現行憲法の所謂憲法と云ふ字句の意とは餘程徑庭があるけれど我法制史の上に異彩を放つてゐるものである（原本は大和法隆寺の所藏で國寶）（東京美術學校藏）

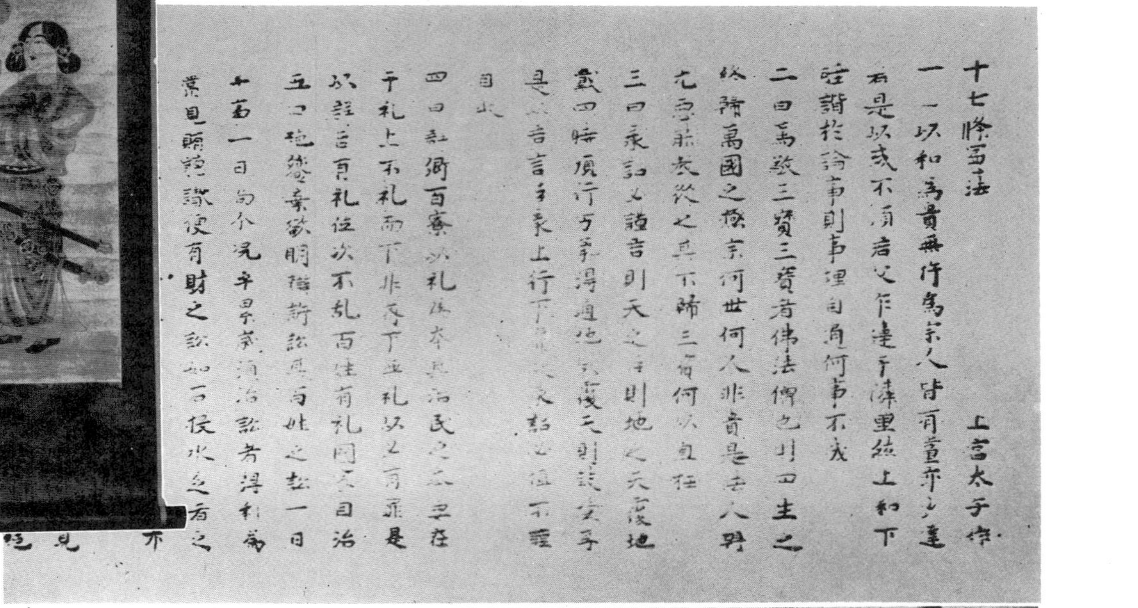

岩倉具視建言案

慶應三年三月岩倉具視公の建言案である。國是の一定、制度の一大變革を爲すこと、兵庫港開鎖決定等を論した卓見で當時の模樣をよく知ることが出來る。

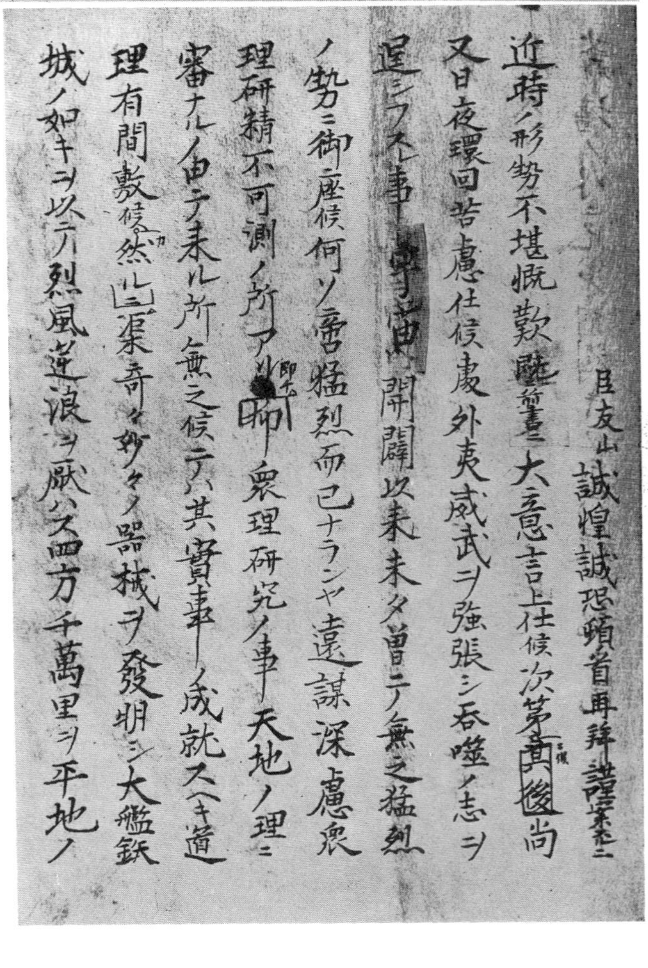

臣 友山誠惶誠恐頓首再拜

謹案スルニ近時ノ形勢不堪慨歎既ニ前書ニ大意言上仕候次第ニ候[其後]尚又日夜環回苦慮仕候處外夷威武ヲ强張シ呑噬ノ志ヲ逞シフスル事宇宙開闢以來未タ曾テ無之猛烈ノ勢ニ御座候何ソ啻猛烈而已ナランヤ遠謀深慮衆理研精不可測ノ所アリ卽チ〔抑衆理研究ノ事天地ノ理ニ審ナルノ由テ來ル所無之候テハ其實事ノ成就スヘキ道理有間敷候カ然ルニ〕渠奇々妙々ノ器械ヲ發明シ大艦鐵城ノ如キヲ以テ烈風逆浪ヲ厭ハス四方千萬里ヲ平地ノ如ク橫行シ天文地理ノ實測虛實人民ノ賢愚ヲ洞察仕候ヲ始トシ國家ノ義固ヨリ甚審カニシテ往々四海兄弟ノ約ヲ結ヒ其信義ヲ示ス事却テ今日ノ我カ 皇國上下昌平ヲ貪リ驕奢懶惰ニ耽リ[過キ]輕薄苟且ニ流レ候ニ勝レル事有之カ如シ

[萬々ニヤ]夫レ 皇國既ニ武事ヲ以テ渠ノ猖獗ヲ制スル事能ハス又文事ヲ以テ渠ノ無禮ヲ正ス事能ハス動モスレハ却テ渠ニ不信ヲ正サレントス實ニ容易ナラサル天下ノ大勢ナリ此大勢ヲ察セス此大患ヲ憂ヘス徒ニ蕭墻ノ內ニ兄弟相鬩キ互ニ嫌疑ヲ抱キ區々トシテ歲月ヲ消シ候事所謂燒屋ノ下漏船ノ內ニ安然タルカ如シ實以テ長大息ノ至リ……天地ニ號哭仕候事一日ニアラス孟軻曰國家閒暇當此時般樂怠敖是自求禍也況ンヤ今此大患ヲ引受候時ニシテ斯ノ如ク支流[ノ區々]ニ奔走シ本源ノ大基ヲ怠リ候事〔最モ怪シム所ニシテ〕唯恐ラクハ 皇國自ラ求ムルノ禍殆ント將ニ測ラレサラントス〔何如トナレハ則彼ノ外夷多年虎視狼眄機會ニ乘シテ已レノ慾ヲ逞フセント欲ス 皇國遂日其術中ニ陷リ愈以テ切迫ノ機有ルヲ覺ユ〕然レ𪜈既往ノ事ハタヽ辨スルニ遑アランヤ宜シク將來ヲ戒メ候事專要ト存候固ヨリ六十六州ヲ唯一ツノ 皇城ト仕リ上下一致戮力ニテ 皇武ノ萬國ニ冠タルヘキノ急務激勵一日モ不可捨ノ時ト存候依之テ[天朝]斷然國是一定ノ道ヲ被爲立舊聞故見ニ習溺致居候弊俗ノ眠リヲ一破シ大ニ制度御變革ニ相成リ度奉存候謹

ヲ惟ミルニ滿　朝豈其人無カランヤ幕府豈其人ナカランヤ今日ノ急務人才ヲ擧用スルニアラン其人存シテ其政擧ルヘシ然レハ内政ヲ變革シ　皇國一新ノ策略其順序修理相立チ候義ハ其人ニ可有之候得ハ臣等ノ淺慮短才ノ敢テ贅スヘキ所ニ無之候然シ乍ラ此
皇國危急ノ時ニ當リ何如ンソ微忠ヲ覆藏仕ランヤ愚蒙ノ拙論聊言上仕候

一天朝ヨリ「大」航海ノ道ヲ被爲開首トシテ萬

此大ノ字ハナキ方穩ナランカ

國へ
天使被指立度奉存候事

宇内ノ形勢大變ニ至リ候ニ付テハ舊法ニ固滯シ小節ニ拘泥仕居候テハ　皇武日ニ蹙マリ三千年來
神明ノ域遂ニ夷狄腥羶ノ氣ニ犯サレ候勢ヒ有之ニヤ古へ　神后ノ征韓豐「公」(太閤)ノ朝鮮ニ於ケル如キ往イテ征スルノ武力有リ故ニ來リ窺フノ患ヒコレナシ北條ノ胡元モ亦然リ既ニ河野通有三島神社ニ誓テ曰ク待賊三年賊若シ不來ハ則チ海ヲ絶リ是ヲ伐ント夫レ海ヲ絶リ是ヲ伐ツノ武力アリ故ニ攘夷ノ功立テリシ事分明ナリ然レ𪜈尙北條ノ一掃シテ後患ナカリキ元寇ノ故轍ヲ以テ今日ノ外
レ𪜈尙。
患ヲ見ルヘカラサ「ルハ亦論ヲ待タサル也」宜ク海ヲ絶リ伐ツノ武力ヲ蓄ヘ以テ外國ノ覬覦ヲ防カスンハ有ヘカラス海ヲ絶リ伐ツノ武力整ヒ候ハヽ則一掃ノ功從ツテ立ン事固ヨリ其理ナリ然レハ時勢古今雲泥ノ變異アルヲ審ニシ非常ノ大號令ヲ發セラレ普天率濱ヲシテ洽子ク感悟セシメ小勇輕擧ナカラシメ衆力ヲ一本ニ盡サシムヘク是等ノ事素ヨリ億兆一々每々ニ懇々説得仕居候テハ日モ亦足ラス唯斷然　朝廷ヨリ大航海ノ詔ヲ被爲下速ニ其御實效被爲揚候ハヽ内地區々ノ爭論自然相治リ候事譬ヘハ大旱ニ民ノ水論紛々ノ處天忽チ沛然ノ大雨ヲ降シ爭論立所ニ治リ唯恩澤ニ感スルノ聲欣々タルカ如キニ至リ可申候其御實效ハ乃チ　天朝ヨリ萬國ヘ使節被指立候ニ可有之候何ソ徒ニ座シテ外國ノ要盟ヲ被爲受候半哉是ヨリ速ニ使節被爲立往テ更ニ盟約可被爲「取」結程ノ義ニ被爲至度奉存候素ヨリ内ニハ海ヲ絶リ伐ツノ勇武ヲ含ミ審カニ萬國ノ虛實ヲ察シ悉ク其長技ヲ取リ大ニ　皇武ヲ琢磨シ若シ往々不信無禮ノ國有之候時ハ則其罪ヲ萬國エ鳴ラシ　皇國ヨリ外夷ヲ指揮シテ以テ外夷ヲ征スルニ可至樣被爲在度候徒ニ今日ノ如ク外夷ニ要セラレ
神州ヲ以テ　神州ヲ伐ツ〔渠ノ術中ニ陥イル〕カ如キ「ヿ」ニテハ何レノ時カ　皇威ノ萬國ニ冠タルヘキヿヲ企望センヤ右天使被指立候ニ付テハ幕府ハ申迄ナク六十六州大小名ヨリモ盡ク相當ノ使節指立候樣被命
天使へ陪從被　仰付度候是レ闔國人心方向相定ムルノ始メニシテ宿昔ノ　叡慮眞ニ御貫徹ノ御基本ト奉存候

一兵庫港開鎖共ニ　天朝ヨリ直チニ御談判被爲在度奉存候事

熟々往事ヲ回顧仕候得ハ實ニ
先帝ノ御英邁感泣ニ不堪候臣友山不肖ノ身トシテ「屢」親シク
天顏ニ咫尺シ　叡旨拜承且眷迂ノ鄙意モ屢言上仕候ヒキ然ルニ　龍眼照明　叡慮深遠殊更外夷ノ猖獗　中國ノ因循ヲ被爲　憂不失機會一ト度　神武被爲揚度趣ニ被爲在候得共遂ニ闔國遵奉ニ至リ兼歲月荏苒不可救ノ形勢ニ押移レリ附テハ一新至大ノ御策略可被爲立
叡念起サセラレ候御事ト恐察感戴仕候其證ハ卽チ去ル丑年冬ニ至リ三港　勅許被　仰出其砌是迄條約面品々御不承知之廉被爲有候趣尙又列藩衆議ヲ被爲　聽食候上事宜シキニ可被爲從等ノ御沙汰ヲ以テモ伺ヒシラレ候然ルニ内事多端御遷延ノ中チ豈圖ンヤ崩　御ニ被爲至積年ノ　叡旨遂ニ　御貫徹無之事「實以テ」恐懼遺憾至極悲歎比スルニ物ナク候而シテ兵庫開港ノ事ニ至テハ斷然被差止候義
叡慮之程深奉感戴候實ニ　皇國咽喉ノ要地遠慮ナクンハ不可有存候定テ確乎タル　朝議被爲在候ハ勿論ト存候然レハ近日外夷ヨリ兵庫開港ノ義申シ立候趣ニ候得𪜈兼テ御決定御趣意ヲ以テ御所置可被遊ト奉存候臣謹テ愚慮仕候處凡ソ交易ハ餘リヲ以テ足ラサルヲ補ヒ互ニ便宜ニ相從ヒ候義天然ノ公論ト存候然ルニ彼ノ外夷ハ決シテ右樣ニ無之今更申モ愚カニ候得共渠等ハ唯人ノ國ノ利ヲ網羅仕リ已レノ國ヲ利スルノ主意ニテ既ニ英佛抔ハ或ハ國許ヨリハ空船ヲ乘リ出シ各國ノ利物ヲ聚斂シ大利ヲ載セ歸リ候ヲ利權ト仕リ居候趣モ傳承仕候抑渠等天下ノ利ヲ共ニシ双方人民和親ノ義ヲ主張致候得共實ハ口實ニシテ是則チ能其貪利ノ術ニ達シ其志ヲ逞フ仕候處ニテ全ク公平無我ヲ以テ交易致候トハ不被存候且財用ハ一家ノ小事ヲ以テ推考仕候ニ入ルヲ量ラスシテ出シ候時ハ其盡ルヿ立テ可持候此理ニ於テハ一家ヨリ一國々々ヨリ滿天下ニ推シ究メ候トモ相違無之存候然ルニ未タ吾國產ノ多少有無モ審ラカニセスシテ悉ク萬國ノ求メニ應シ候テハ國用濫出仕リ「候」物價愈騰貴ニ相成リ所謂弱吐强呑ノ勢ヒ生靈何ヲ以テ堪エンヤ兵法ニ所謂糧ヲ敵地ニ取ルヲ良策トスルカ如ク渠ノ黠智譎謀最不可不察候何如トナレハ三港虜館ノ廣大ナル石壁樓閣儼然トシテ天ニ聳へ加之彼是ノ肆居日ニ繁榮ヲ益候エハ全ク堅城ヲ我地ニ築キ糧ヲ我地ニ取

リ審カニ我國ノ虚實ヲ洞察シ殆ト不可搖ニ至ンカ故ニ斷然非常ノ大策被爲立 皇武御挽回ノ急務不被爲相整候テハ忽チ臍ヲ噬ムトモ難及ノ大患不可測ト唯々不堪慨歎候 古ヨリ夷狄ノ漢土ヲ覬覦スル事必講和ヨリ始マリテ而シテ貨財ノ求メニ至リ是ニ應スレ共飽カス割地ニ至リ是ニ應スレ共亦飽カス遂ニ膝ヲ屈シ臣ヲ稱スルニ至ルノ覆轍歴々トシテ青史ニ載セ其飽事ナキノ夷情最モ可鑑ノ次第ニ候然レハ兵庫ノ義ハイカニ外夷切迫候トモ前文ノ通リ急渡被爲開間敷キ御確定ノ御旨趣可被爲在奉恐察候得共夷狄ノ漢土ニ迫ルニ當リ豪傑ノ徒正論ヲ以テ其膽ヲ挫折仕候事不𣟹候近來
皇國因循微弱外夷ノ輕蔑ヲ受候事甚シ然レハ
[天朝] 斷然御一新ノ御大策被爲立候今日ニ當リ兵庫切迫ノ義出來候共最早ヤ不得止ノ場合ニ候得ハ 天朝ヨリ直チニ公卿中ヲシテ談判被仰付大ニ渠ノ意表ニ出テ渠ヲシテ測ル「不能シメ候樣被爲在度候但シ方今ノ事議論ニテ足ルト存シ候得ハ匆論不覺悟ノ極リナラン然レ𪜈不條理不始末ノ[拙]論說仕リ外夷ニ屈セシメラレ候樣ノ事ニテハ假令戰フヘキ實力有之候トモ未タ戰ハサル先ニ敗形顯ハレ候譯ニテ我カ士氣ノ伸縮ニ關係仕リ勝チヲ受ルノ道ニアラス況ヤ條理曲直ヲ論辨シテ彼ヲ屈服セシメントスルノ際ニ於テハ宜シク天地ヲ貫キヌ萬國都テ間然スル事能ハサル公論ナクンハ有ヘカラスト存候宜哉文武ハ兩翼兩輪ノ如シト然ルニ武備充實ハ闔國十有餘年ノ常論ニ候得𪜈東西僅ニ可屈指ノ大藩此頃稍整ハント仕候而已ニテ其他依然トシテ因循ニ似タリ恐ラクハ內地斯ノ如ク空虚ニ有之候テハ頻年外夷企望兵庫「開港」ノ義所詮不可拒ノ勢ニ成行申ササルニヤ若シ然ル時機ニ至リ有之候得ハ渠レニ要セラル丶ヲ待タスシテ却テ我ヨリ決然被爲開候振合ニ相成候樣ノ御活略被爲仕度候若シ「止ヲ得サセラレス脫カ
彌如此ノ御決斷ニ至ラセラレ候ニ於テハ尙更 御國體ヲ失ワセラレス 皇武擴張ノ御大策迅速被爲立候何分ニモ今日ノ勢ヒ尋常ノ御所置ニテハ愈テ不可救ノ危急ニ陷リ可申ト只々苦慮仕候

一御國是一新御制度[大]御變革概略ノ事
此六字モ可除歟

抑方今[大]御改政ノ義內ハ 皇國上下ノ方向ヲ定メ衆士兆民協和戮力ニテ富國强兵ヲ務メ外ハ四夷百蠻ヲ征撫スルノ基本ヲ可被爲開候エハ實ニ至重至大ノ御事ニ付君臣上下夜ヲ以テ日ニ繼キ少シモ間斷ナク勉勵被仰付度御義ト奉存候乍併人心ノ同シカラサルハ各其面目ノ異ナルカ如シト申候得者只ニ衆多ノ大小名被 召寄候トモ自然廟堂ノ上ニ於テ異論紛紜却テ禍害ノ端ヲ生シ候モ亦知ルヘカラス候依之前ニモ言上仕候通リ何分其人存シテ其政擧リ可申候エハ第一賢才御擧用御急務ト偏ニ奉懇願候〔就テハ臣等ノ如キ素ヨリ闇愚敢テ不可窺ノ大事ニシテ彼此叩議シ奉リ候事呉々恐懼至極ノ「ニ候エ共兼々苦慮仕居候微忠尙亦聊カ試ニ奉述〕夫レ中世ニ在テモ諸國ニ國守ヲ置レ候而已ナラス大宰鎭守按察等ノ職モ重ネ置レタル「ニ候其後沿革枚擧ニ遑アラスト雖𪜈要スル所
皇國中ノ事務ノミスラ其制御ノ術實ニ辛勤苦慮容易ナラサル「ハ既ニ如斯ニ候然ルヲ況ヤ
皇國昌平澆季ノ時勢ニ乘シ鯨呑ノ外患切迫仕候ハ丶將何ヲ以テ是ニ當ラセラルルニヤ速ニ確然簡易ノ 御制度被爲立所謂天網恢々疎ニシテ漏サル樣ノ御所置被爲有國內一致仕候事肝要専務ト存候抑
タ
皇國五畿七道ニ分[ラ]レ候義既ニ年久シ今宜シク一道々々ニ大政府ヲ被爲興 官公卿中御擢用ニテ總督副職等 命セラレ各任ニ趣カシメ且亦一道々々ニテ大小名御擢用ヲ以テ執事職ニ命セラレ征夷府ヨリハ監察官指置候樣被 仰付候テハ如何ヤト存候尤總督以下都テ年限ヲ以テ交代ニ定メ置レ可然カ而シテ右職掌ノ面々一道々々急度取締リ大ニ和漢ノ學並西洋各國ノ學暨ヒ海陸軍事且器械術技ニ至ル迄日夜激勵セシメ夫々才能御擧用ニ相成候エハ人々奮ツテ勉强致シ豪傑必顯レ可申候然レハ則深謀遠慮究理發明モ亦渠ヲ恐嚇スルノ勢ニモ至リ 皇武日ニ光輝年ニ强張可仕存候且ツ兵庫邊便宜ノ
ソ　諸局
土地ヲ選定セラレ大ニ[開成場ヲ]興サセラレ〔天
選ン
下〕ノ人[傑]ヲシ總裁テ仰付ラレ〔軍艦奉行ヲ置
共ニ
レ〕海陸軍[ヲモ]兼シメ〔ラレ匆論七道同樣〕諸術盛ンニ行レ軍艦商船[攝]海上ニ羅列シ海陸ノ練軍實ニ隆盛ニメ銃礮ノ響天地モ震動スル斗リナラシメ尙亦北海敦賀表モ同樣其他七道等ニ於テモ夫々右ニ准シテ被 仰付度候而シテ海外各國ニモ夫レ々々ニ官府ヲ造ラセラレ官吏ヲ置キ官符ヲ授ケ航海ノ輩屹度取締リ〔敢テ〕華夷混淆ニ至ラサル樣ハ申迄ナク萬種ノ國產濫出無之樣等ノ事法律嚴肅ニ被立候事最肝要ト存候而シテ七道總督ノ面々年々時日ヲ期シ京師ニ述職スルノ規則ヲ定メラレ上京ノ節審カニ內政ハ匆論諸道ノ可否得失ヲ公論シ弛張斟酌被 仰付亦海外出張仰付置レ候官吏モ同上〔同時〕述職ノ法立ラレ候ハ丶萬國ノ事情モ分明ヲ盡スニ至ルヘク候右等內外ノ御所置被爲立[候ウエ]殊更輦轂ノ下根本ノ御場所ニ於テハ別段盛實ノ御成功立サセラレ凡テ嚴密ニ被仰付度候則朝庭御率先ノ御趣意相顯シ天下億兆ノ人仰望興起ニ至リ 皇國大ニ有爲ノ基本可被爲立ヤト奉存候

夫レ斯ノ如ク制度ヲ立ラレ號令整肅應援約[速]豫（束）シメ確定 仰付置レ候エハ內外ノ變ニ當リ一檄ヲ飛シテ七道ノ精兵立所ニ馳集リ候樣可相成事ト奉候存

一諸道[々々]ノ山林廣野等モ審察被 仰付候ハ丶
皇國中新ニ可開ノ土地尙數多可有之候或ハ山ヲ切リ石ヲ碎キ川ヲ達シ道ヲ通シ候エハ田地開ケ往來整ヒ便宜ニ從フヘキモ可有之候得共民其力ラナク志ヲ立ル「能ハス領主モ亦費ヲ恐レテ等閑ニ差置候類ヒモ不少ニヤ宜シク上下ノ利ヲ計リ田地開發專務ニ命セラレ六十六州寸地モ不毛荒蕪一人モ浮食遊民コレナキ樣仰付ラレ度候乍併聚歛ノ姿ニ相成候テハ決テ不可被行夫レ民ハ邦ノ本也本固ケレハ邦寧シト申候エハ先ツ民ヲ利セシメテ後上ノ利ニ可成樣無之テハ不可叶ンヤ
仁德天皇ノ德政千載誰カ感戴セサランヤ蓋シ逸道ヲ以テ民ヲ使エハ勞スト雖𪜈使フ者ヲ怨ス生道ヲ以テ民ヲ殺セハ死スト雖𪜈殺ス者ヲ怨ストノ聖言服膺可致ノ事ト存候

一、五穀始メ萬種ノ產物凡テ一ノ小ヨリ億萬ノ大ニ涉リ委ク等計シ 朝貢ノ規律ヲ定メラレ候ヨリ夫々ノ國中必用ノ諸品滿足セシメ一[人]ノ窮民モナカラシメ且六十六州互ニ有無多少ヲ審カニシ東西南北運轉致シ首尾相救ヒ候樣有之候ハ丶何レノ地カ何ノ不足ノ候ヘキ如此ノ上其餘リヲ以テ海外エ通商交易仕リ宜ク利害得失ヲ明カニシ國用濫出上下困弊ニ至ラサル樣命セラレ度候是迄ノ所ハ所謂鎖國ニシテ僅カニ淸蘭一二ノ商船通スルノ外諸蠻曾テ通好コレナク御國內實ニ淸間潔白眞ニ 神明ノ域ト可奉申ノ處近來數多ノ外國强大ノ威ヲ示シ百萬ノ虎狼涎ヲ垂レテ我カ膏血ヲ要シ國內是カタメニ騷擾シ風俗日ニ萎靡シ候次第實以テ不安件々而已ニ候巧利ハ素ヨリ累年累世渠等習熟スルノ術也吾ハ今ヨリ其長ヲ取テ開カント欲スル者ニシテ彼我雲泥ノ相違ニ候且利ニ諭ルモノハ義ニ疎ク義ニ諭ルモノハ利ニ疎キノ理ニメ豈尋常ノ事ニテ其右ニ出ヘケンヤ故ニ敎化ノ道懇々切々丁寧不被盡候テハ難叶譯ト存候商人共ノ義モ是迄ノ如ク唯ニ一家ノ利ヲノミ營ミ不申專ラ 皇國富强ニ眼ヲ著ケ候樣命セラレ而テ賞罰上下差等明カナレハ自
然レ𪜈
然匹夫モ報國ノ志念興起可仕ト存候[但シ]好奇喜新奔名貪利ハ固ヨリ人民ノ常欲古今ノ通情ニ有之其ウエ上ノ好ム所下必コレヨリ甚シ[ト申コトク]朝廷ニテ內外ノ術技御折衷ニテ富强ノ道御主張被
ウエハ
爲有候[御事乍ラ]利ノ有ル所弊必コヒレニ從[フ][習ヒニシテ] 西洋日新ノ術盛ンニ行ワレ衆人奇異ニ眩惑シ只望々然トシテ末流ヲ追フテ本源ヲ顧ル「ヲ忘レ吾モ々々ト洋學航海等ニ志氣ヲ盪セラレ候テハ恰モ一時逆上ノ病ニ侵サレ候如ク却テ足下空虚トナリ何如ナル憂患差起リ候モ難斗候所謂道ハ邇ニ在テ之レヲ遠キニ求メ事ハ易キニ在テ之レヲ難キニ〔求メ愚益愚賢益賢〕求ムルト申ス如ク成行ヘク候エハ右一道々々總督始メ在職ノ輩萬々審察ノ上四民放肆無之樣命セラレ度候然レ𪜈歲月ノ久シキ習ヒ性トナル古語ノ如ク往々ハ醇朴質素誠實廉潔ノ 皇風漸々ト消磨シ遂ニハ 西洋各國
巧
[貪]利ノ弊習ニ汚染シ數十年ノ後ハ必再ヒ漢梵ノ敎道專ラナルニ依テ我固有ノ姿態遺失セシカ如クナランカ幸ニシテ近世諸豪傑ノ發明ニ依テ稍ク復古ニ赴ントスルノ大道モ更ニ再タヒ煙滅ニ至ンカ深ク懸念ノ「ニ
ト[存]候然レハ先ツ輦下ニ於テ舊制御斟酌ノ上大學校ヲ御再興有セラレ首トシテ 皇國固有ノ大道ヲ究明セシメ助クルニ漢學ノ節目ヲ以テシ凡ソ衆人
ニシテ
何歲[ヨリ]何等ノ「ヲ學ヒ何歲ニシテ何等ノ道ヲ學フト申ス如ク詳カニ制度ヲ定メ君臣父子ノ大道ハ匆論令格式律等ニ至ル迄詳ニ習熟涵養スルノ後
何分
始メテ西洋ノ學ニ及ヒ可申樣有之度候[然レハ]卽今ノ時勢相應ノ御所置ヲ以テ西洋ノ長所ヲ被爲取候ハ丶偏ニ學校敎化ノ道尤大急務ト奉存候

右等御變革ノ義妄リニ言上仕候而已ナラス每事多端ニ涉リ本意貫徹致シ兼深ク愧縮且恐懼此事ニ候得共唯一偏ニ外夷ノ大患ニ可被爲當ノ道迅速不被差立候テハ所詮難叶ト存込候ヨリ愚蒙ノ癖論申上試候而已固ヨリ至大ノ 御國體萬國ニ君臨サセラレ一日モ友交在ラセラル間敷クハ當然ノ御事ニ候乍去今日ノ形勢時機ニヨリ候エハ枝葉ノ處ハ暫ク度外ニ措置カレ遠ニ行ク必邇ヨリシ高キニ升ル必卑ヨリシ鳥ノ將ニ飛ントスル其翼ヲ收ムト申候エハ先ツ實力ヲ蓄エラレ候テコソ 皇國ノ 皇國タルヘキノ御功業モ可被爲立ト奉存候誠恐誠惶再拜稽首謹白

慶應三丁卯歲三月

時勢苦心ノ餘リ前一書建言可仕舊臘相認候處不計モ 御不預ヨリ引續キ御大變ニ被爲至恐懼悲歎ニ堪ス其儘絕念候處尙又春來ノ時情實ニ不容易次第傳承仕候ニ付更ニ別紙書記前後二帖ニテ言上仕候事

（以上建言案全文）

五箇條御誓文最初の草案

明治元年三月十四日天皇天神地祇を祭り王政復古に伴ふ國是五箇條の御誓約を爲し給ふた。その五箇條御誓文の草案で由利公正氏（當時三岡八郎と稱す）の起案に成り、福岡孝弟氏（當時福岡藤次と稱す）の加筆したものである。（第一案及修正案の二通）

（**由利正通子藏**）

會　盟

一官武一途庶民に至る迄各其志を遂け人心をして倦まさらしむるを欲す
一上下心を一にし盛に經綸を行ふを要す
一知識を世界に求め廣く　皇基を振起すへし
一徵士期限を以て賢才に讓るへし
一列侯會議を興し萬機公論に決すへし
諸侯會盟之御趣意右等之筋ニ可被　仰出哉大赦之事
一列侯會盟ノ式
一列藩巡見使ノ式

會　盟

一列侯會議を興し萬機公論に決すへし
一官武一途庶民に至る迄各其志を遂け人心をして倦まさらしむるを欲す
一上下心を一にし盛に經綸を行ふべし
一智識を世界に求め大に　皇基を振起すべし
一徵士期限を以て賢才に讓るべし
右等之御趣意可被　仰出哉且右會盟相立候處にて大赦之令可被仰出哉
一列侯會盟ノ式
一列藩巡見使ノ式

五箇條御誓文木戸公加筆の草案

五箇條御誓文の第二草案とも見るべきもので由利公正福岡孝弟兩氏の草案に更に木戸孝允氏が加筆したものである前案の「徵士期限ヲ以テ賢才之ニ讓ルヘシ」とあるを全部削除し之れに代ふるに「第四、舊來ノ陋習ヲ破リ宇内ノ通義ニ從フヘシ」となし其他會盟式の順序會盟後へ巡察使派遣のことに至るまで認めてある。

（**木戸幸一侯藏**）

會誓式

一、上ノ議事所ニ於テ
皇帝陛下臨御列侯會同三職出座ノ如ク坐配議事式ノ如クス但總裁職下參與ノ者席ニ列坐スベシ　總裁冠衣禮盟約書ヲ捧ケ讀之御諱幷總裁名列侯印既ニ存ス
拜聽就約
一、總裁職盟約書ヲ讀ミ終リ議定諸侯一人宛中央ニ進ミ名印ヲ記ス本氏ヲ書スヘシ　次ニ列侯同之
一、盟約式終リ列侯退ク次日約書寫ヲ以テ天下ニ布告ス

盟　約

一、列侯會議ヲ興シ萬機公論ニ決スヘシ
一、官武一途庶民ニ至ル迄各其志ヲ遂ケ人心ヲシテ倦マサラシムルヲ欲ス
一、上下心ヲ一ニシテ盛ニ經綸ヲ行フヘシ
一、智識ヲ世界ニ求メ大ニ皇基ヲ振起スヘシ
一、舊來ノ陋習ヲ破リ宇内ノ通義ニ從フヘシ
右ノ條々公平簡易ニ基キ列侯諸民協心同力唯我日本ヲ保全スルヲ要トシ盟ヲ立ルコ如斯背ク所アル勿レ
年號月日　　御諱□
總裁名印
議定諸侯名印
一會同盟約三年一集如式盟ヲ重スルナリ但約書條件時ニ因テ損益スヘシ
一會盟ノ後諸國巡察使ヲ差遣ス列侯盟ヲ踏ムヤ否ヲ察スルナリ尙其巡察事件及使人員數ハ臨時量定スベシ

戊辰ノ正月浪華城陷天下ノ侯伯京都ニ來集シ各々其見ヲ異ニシ億兆ノ方向定ラズ大ニ名義ヲ明ラカニシ乘此機版籍ヲシテ
朝廷ニ收メシメ大ニ　皇威更張ノ基ヲ立ト欲シ百方相論シ當時ノ勢尤艱而テ上言ス
神戸備前ノ擧堺土州ノ擧且英公使參朝途中ノ變等頻々不意ノ患害ヲ生シ時情甚危キモノ有リ依テ速ニ　朝廷ノ規模ヲ示シ天下ノ侯伯ト誓ヒ億兆ノ向フ所ヲ知ラシメ藩主ヲシテ其責ニ任センヿヲ欲シ切ニ之ヲ上言シ
朝議終ニ斯ニ決シ五條ヲ揭ケ大禮ヲ布キ同二月　天子親ラ公卿群百ノ侯伯並在官ノモノト誓フ兵馬匆卒ノ間末一定ノ律ナシ先之ヲ以テ根本ノ規定トナシ天下ノ方向ヲ定ム　斯テ之

木戸侯の建白書草稿
五箇條の御誓文宣布後その運用に疑念を持つた木戸孝允侯が建白書を奉らんとして草しつゝ途中にて擱筆せのもの

己に戊辰　月　日
勿體なくも
親敷天地神祇に被
爲誓天下之侯伯
御誓文之
叡旨を奉體於
御前連署決誓以て
皇國を萬世推持せ
んと相誓ひ依而天
下の億兆には御宸
翰を以御示し被爲
在天下の方向已に
被仰出候上は只此
實事之相擧り候事
則御基礎之相立候
儀に而今更別に御
基礎と奉存候處更
に無御座將來之處
只此實事之擧歟不
擧に御興廢は有之
可申一因種々之議
論流行仕候に御娟
從有之候樣に而乍
恐萬世之御成業今
日に廢腐仕居候事
と奉存候

草莽之有志と相唱
候ものは漫に在朝
之士を嘲り且憤
怒いたし候樣之氣
味不少終に波及い
たし候而種々疑説
を流布大に世間之
人民を搖動せしめ
候人等之儀間々有之
爲其に御政事凝滞
仕千載一時之御機
會を被爲失候樣の
儀不少誠に以遺憾
之至に奉存候
實に嫉妬之ある心
を以今日御中興之
際を奉妨候は實に
可惡之至に御座候
得共嫉妬心之一點
も無之ものと申候
得は萬人中に一人
も難得事に候厚薄
いづれも難免且又
有用之人は氣節乏
敷迂直之人は有用
之才少く其故自然
と迂直のものは

一廣ク會議ヲ興シ萬機公論ニ決スヘシ
一上下心ヲ一ニシテ盛ニ經綸ヲ行フヘシ
一官武一途庶民ニ至ル迄各其志ヲ遂ケ人心ヲシテ倦マサラシメン事ヲ要ス
一舊來ノ陋習ヲ破リ天地ノ公道ニ基クヘシ
一智識ヲ世界ニ求メ大ニ皇基ヲ振起スヘシ
我國未曾有ノ變革ヲ爲ントシ朕躬ヲ以テ衆ニ先ンシ天地神明ニ誓ヒ大ニ斯國是ヲ定メ萬民保全ノ道ヲ立ントス衆亦此旨趣ニ基キ協心努力セヨ

五個條御誓文
明治元年二月十四日御宣布の際の五個條御誓文の本文
（宮內省東山文庫御貸下）

明治元年三月十四日京都紫宸殿に於ける
五箇條御誓文宣布式の圖。
（五姓田芳抑筆）

勅意宏遠誠以感銘ニ不堪今日ノ急務永世ノ基礎此他ニ出ヘカラス臣等謹テ叡旨ヲ奉戴シ死ヲ誓ヒ黽勉從事冀クハ以テ宸襟ヲ安シ奉ラン
慶應四年三月十四日

有栖川太宰帥
三條大納言實美
岩倉右兵衛督具視
中山前大納言忠能
正親町三條前大納言實愛
有栖川中務卿幟仁
山階治部卿晃
仁和寺二品嘉彰
聖護院二品嘉言
華頂二品博經

五箇條御誓文奉對書と署名
明治元年三月十四日五箇條御誓文に於て列席の各宮殿下始め公卿、諸侯、悉く奉對書に署名盟約を誓はせられた。是れは其の奉對書と署名の寫しで有栖川宮始め奉り三百十餘人以て當時の盛儀を偲ぶことが出來る。
宮內省東山文庫御貸下

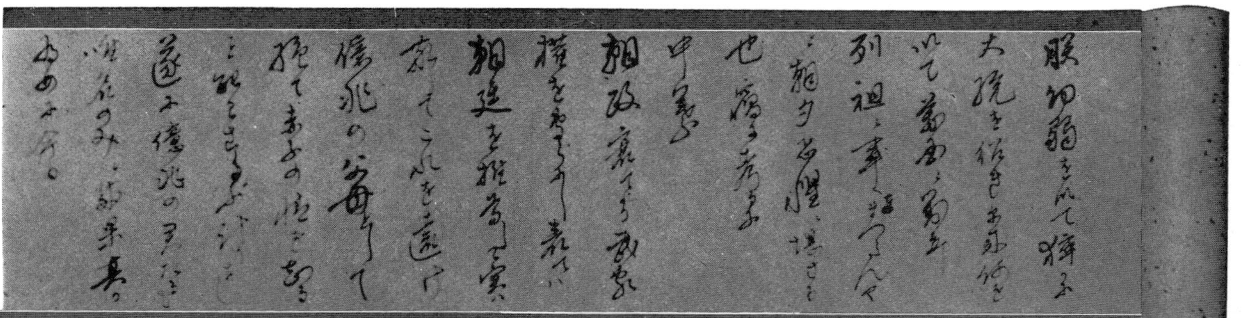

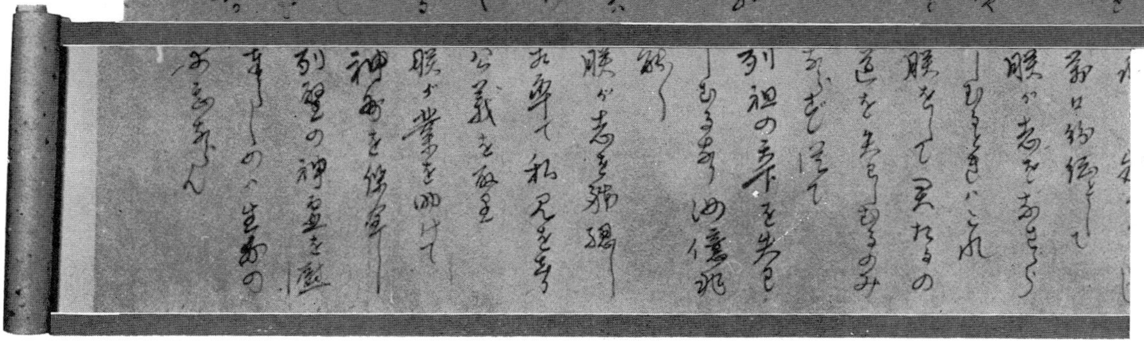

木戸孝允筆の御宸翰の草案

明治元年三月十四日五箇條御誓文と共に御宣布になつた明治天皇御宸翰の草案で木戸孝允の手筆になる一讀何人も聖旨の優渥なるに恐懼感激の念を禁し得ない。（**大隈信常侯藏**）

朕幼弱を以て猝かに大統を紹き爾來何を以て萬國に對立し列祖に事へ奉まつらんやと朝夕恐懼に堪さる也竊に考るに中葉朝政衰てより武家權を専らにし表ては
朝廷を推尊して實は敬してこれを遠け億兆の父母として絶て赤子の情を知る事能わさる様計りなし遂に億兆の君たるも唯名のみに成果其の爲めに今日朝廷の尊重は古へに倍せしが如くにて
朝威は倍々衰へ上下相離るかゝる形勢にて何を以て天下に君臨せんや今般
朝政一新之時に膺り天下億兆一人も其處を得ざるときは皆
朕が罪なれは今日之事
朕自ら身骨を勞し心志を苦しめ艱難の先きに立ち古へ
列祖の盡させ給ひし蹤を履み治蹟を勤めてこそ始て天職を奉して億兆の君たるに背かさるべし往昔
列祖萬機を親らし不臣のものあればこれを征し玉ひ朝廷の政總而簡易にして如此尊重ならさるゆへ
君臣相親しみ上下相愛し德澤天下に洽く國威海外に輝きしなり
然るに近來宇内大に開け各國四方に相雄飛するの時に當り獨り我邦のみ世界の形勢にうとく舊習を固守し一新の效をはからず
朕徒らに九重中に安居し一日の安きを偷み百年の憂を忘るゝときは遂に各國の凌侮を受け上は
列聖を辱しめ奉り下は億兆を苦しめんことを恐る故に
朕こゝに百官諸侯と廣く相誓ひ
列祖之御偉業を繼述し一身の艱難辛苦を問わず親ら四方を經營し汝億兆を安撫し遂には萬里の波濤を開拓し國威を四方に宣布し天下を富岳の安きに置んことを欲す汝億兆舊來の陋習に慣れ尊重のみを朝廷の事となし國家神州の危急を知らず朕一たび足を擧れば非常に驚き種々の疑惑を生ず萬口紛紜として朕が志をなさゞらしむるときはこれ朕をして君たるの道を失わしむるのみならず從て列祖の天下を失わしむるなり汝億兆能く朕が志を體認し相率て私見を去り公義を取り朕が業を助けて神州を保全し
列聖の神靈を慰し奉らしめは生前の幸甚ならん

木戸孝允

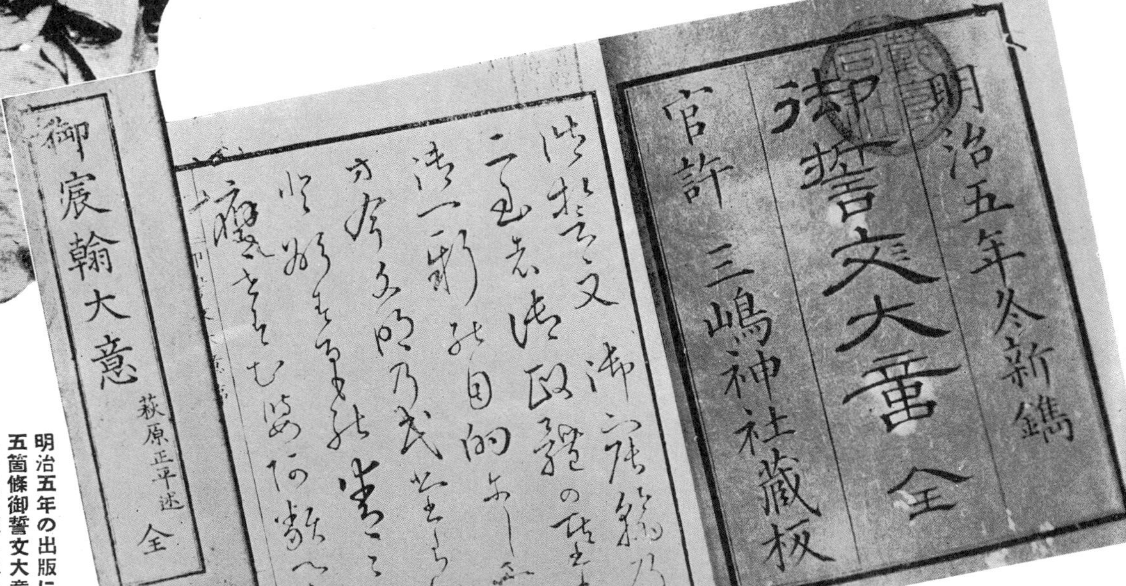

明治五年の出版にかゝる五箇條御誓文大意

明治五年頃に三島神社神官の出版した御宸翰大意五箇條御誓文大意で能く文意を説明し一般に了解するやうに説明してある。

（**尾佐竹猛氏藏**）

福岡孝弟子筆の政體書草稿

明治元年王政復古の國是五箇條の御誓文を基礎として我國立憲政體の大本を定めた政體書は制度事務局に於て起草され、同年閏四月一日發布せられた。本書は當時の起草委員副島種臣、福岡孝弟兩氏の手筆に成る草案で立憲政體の原則的制度たる三權分立を初めて我國に施行した官制の劃期的改革案である。

（**福岡孝紹子藏**）

規律

一、大ニ斯國是チ定メ制度規律チ建ツルハ御誓文チ以テ目的トス
一、廣ク會議チ興シ萬機公論ニ決スベシ
一、上下心チ一ニシテ盛ニ經綸チ行フベシ
一、官武一途庶民ニ至ル迄各其志チ遂ケ人心チシテ倦マサラシメンコチ要ス
一、舊來ノ陋習チ破リ天地ノ公道ニ基クベシ
一、智識チ世界ニ求メ大ニ皇基チ振起スベシ

以上　御誓文今日所創造ノ制度規律此條件相行ハレテ不悖チ以テ旨趣トセリ

一、天下ノ權力チ總テ之チ太政官ニ歸ス則政令二途ニ出ルノ患無ラシム太政官ノ權力チ分ツテ立法行法司法ノ三權トス則偏重ノ患無ラシムルナリ

一、立法官ハ行法官チ兼ルチ得ズ行法官ハ立法官チ兼ルチ得ズ但臨時都府巡察ト外國應接トノ如キ猶立法官之チ爲スチ得

一、親王公卿諸侯ニ非ルヨリハ其一等官ニ至ルチ不得ル者ハ親々敬大臣ノ所以ナリ藩士庶人ト雖モ徵士ノ法チ設ケ猶其二等官ニ至ルチ得ル者ハ貴賢ノ所以ナリ

一、各藩貢士チ出シ議員トス議事ノ制チ立ツルハ輿論公議チ執ル所以ナリ

一、從僕減少ノ制チ立テ輕裝往來セシムル者ハ位官尊重上下隔絶ノ弊チ戒ムル所以ナリ

一、在官人私ニ自家ニ於テ他人ト政事チ議スル勿レ若抱儀面謁チ乞者アラバ之チ官中ニ出タシ公論チバ經ベシ

一、諸官四年チ以テ交代ス公選入札ノ法チ用ユベシ但今後初度交代ノ時其一部官半部チ殘シ二年チ延シテ交代ス斷續得宜セシムルナリ若其人衆望ノ所屬アツテ難去者猶數年チ延スチ得ベシ

一、諸侯以下農工商各貢獻ノ制チ立ツルハ政府ノ費チ補ヒ兵備チ嚴ニシ民安チ保ツ所以ナリ

一、各府各藩各縣其政令チ施ス亦御誓文チ體認スベシ唯其一方ノ制法以テ他方チ律スル勿レ私ニ爵位チ與フ勿レ私ニ通寶チ鑄ル勿レ私ニ外國人チ雇フ勿レ鄰藩或外國ト盟約チ立ツル勿レ若敵アリ彊チ過キ勢危キニ非ザレハ交戰スル勿レ是等小權チ以テ大權チ犯シ政體チ紊ルベカラザルナリ

一、官ノ制左ノ如シ

大政官分爲七官

議政官分上下二局管一司曰日誌司

上局

議定八人　以親王諸王公卿諸侯公選之
内二人兼輔相
掌創立政體造作法制決定機務銓衡內外判事以上議掌爵黜陟定條約宣和戰

參與十五人　以公卿諸侯大夫士庶人公選充之

掌同議定

史官四人　以大夫士……庶人充之餘史官倣此　掌勘署文案受事上

抄及造日誌

筆生

下局

議長二人

議員貢士大藩三人中藩二人小藩一人

議員承上局命所議條件如左

租稅之章程

驛遞之章程

造貨幣

定權量

與外國結新約

內外通商章程

拓彊

宣戰講和

水陸捕拿

招兵聚糧

定兵賦

築城砦武庫拾藩地

彼藩與此藩詔

右一官執立法之權

行政官

輔相二人　議定兼之……

掌輔佐

天皇奏宣議事督國內事務及總判　官中庶務

辨事十人　以公卿諸侯大夫士庶人充之——權辨事及餘副知官事判官事權判官事倣此

掌受付內外庶事及糺判　官中庶務

權辨事——

掌同本官　餘權官准之

史　官

筆　生

右一官執行法之權

神祇官

副島種臣伯

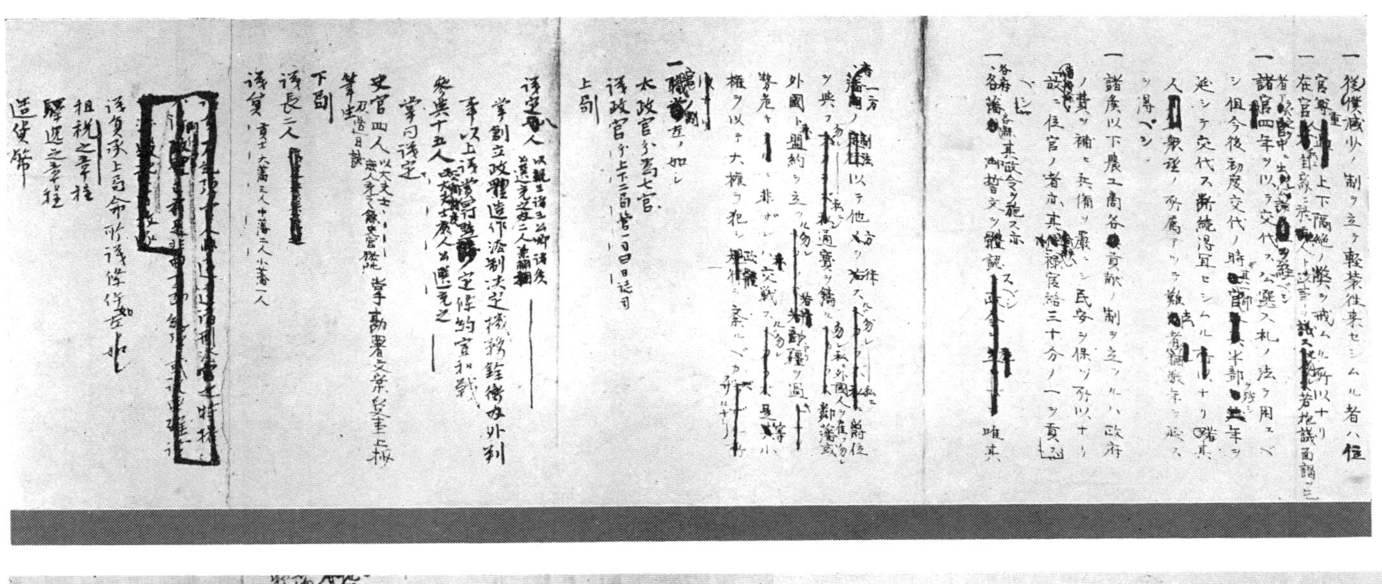

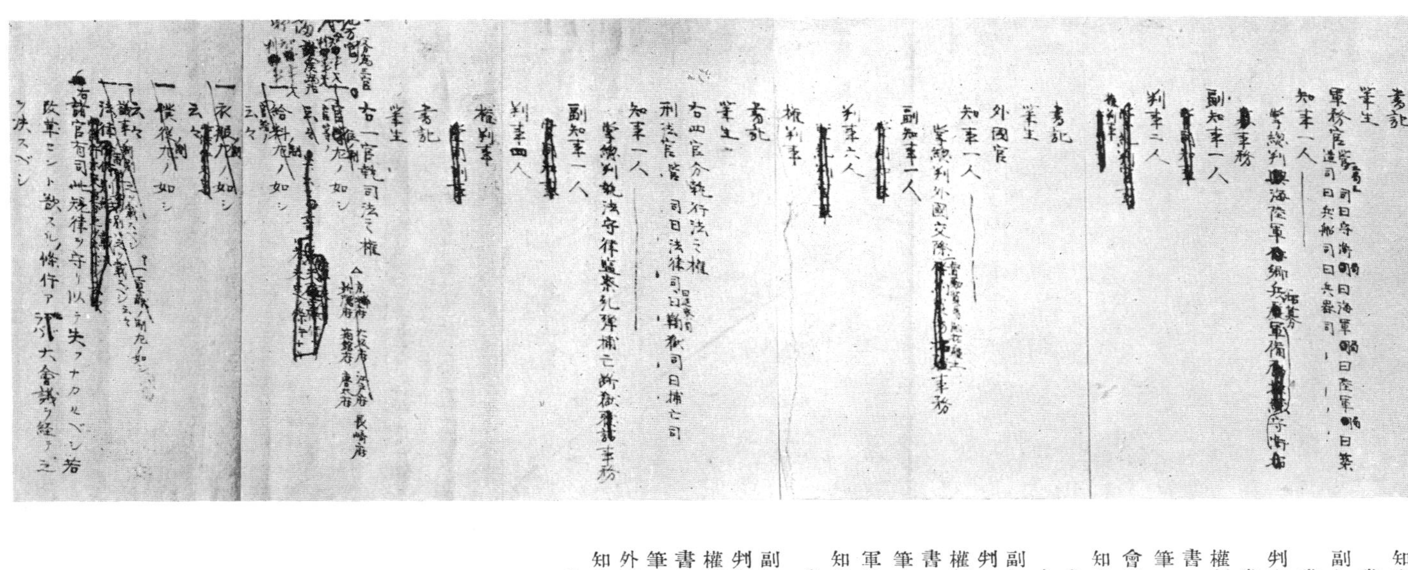

知事一人以親王諸王、公卿諸侯充之——
掌總判神祇祭祀事務
副知事一人
掌同知事餘副知官事准此
判事二人——
掌糺判官事餘判官
權判事
書記
筆生
會計官掌司曰出納司曰用度司曰驛遞司曰營繕司曰商法司……
知事一人——
掌總判田宅租稅賦役用度金穀貢獻秩祿倉庫營繕運諭驛遞工作商法事務
副知事一人
判事二人
權判事
書記
筆生
軍務官管二局三司曰守衛局曰海軍局曰陸軍局曰築造司曰兵船司曰兵器司……
知事一人——
掌總判海陸軍郷兵招募守衛軍備事務
副知事一人
判事二人
權判事
書記
筆生
外國官
知事一人——
掌總判外國交際督勵貿易開拓彊土事務

副知事一人
判事六人
權判事
書記
筆生
右四官分執行法之權
刑法官管司曰法律司曰巡察司曰鞫獄司曰捕亡司
知事一人——
掌總判執法守律監察糺彈捕亡斷獄事務
副知事一人
判事四人
權判事
書記
筆生
右一官執司法之權
地方官分為三官
府 知事 判事
藩 諸侯為治
縣 知事 判事
右諸官有司此規律ヲ守リ以テ失フナカルベシ若改革セント欲スルノ條件アラバ大會議ヲ經テ之ヲ決スベシ

福岡孝弟肖像
（福岡孝紹子藏）

大久保利通肖像

大久保の浪華行幸建議草案

明治元年正月三日鳥羽伏見の戰に薩長の聯合軍は幕軍を潰走せしめ、七日勅して德川慶喜の罪を聲明し征討の大號令發せらるに及び大坂城留守居妻木賴矩は城を出でて退去した。大久保一藏（後の利通）は大阪遷都の建議を岩倉具視公に呈し三條實美公と之を商らん事を請ふた。三月二十一日には大阪行幸の爲京都を御發輦遊ばされ、翌十二日御著輦あり、越えて四月九日大阪行在所で大久保は始めて明治天皇に拜謁仰付けられたのである。間もなく大阪遷都の論は一轉して江戸遷都となつた。之れは大久保一藏の浪華遷都の建議書で當時に於ける彼の卓見を窺ふに足る。

（下鄉傳平氏所藏）

今日の如き大變態開闢以來いまた曾而聞さる
處也然るに尋常定法を以て豈是に應せさるへ
きや今一戰官軍之勝利となり巨賊東走すとい
へとも巢穴鎭定に至らす各國交際永續の法立
す列藩離反し方向定らす人心洶々百事紛々と
して復古の鴻業未其半に至らす纔に其端を開
きたるものと云へし然るに
朝廷上におひて一時の勝利を持永久治安の思
をなされ候而は則北條の跡に足利を直し前姦
去て後姦來るの覆轍を踏せられ候者必然たる
へし
皇國を注目し觸視する所の形跡に拘らす廣く
宇内の大勢を洞察し給ひ數百年來一塊したる
因循の腐具を一新し官武の別を放棄し國内同
心合體一天の
主と申奉るものはかく迄に有かたひもの下蒼
生といへるものは斯までにたのもしひものと上
下一貫天下萬民感動涕泣いたし候程の御實行
擧り候事今日急務の尤急なるへし是迄之通
主上と申奉るものは玉簾の内に在し人間に替
らせ給ふ樣に纔に限りたる公卿方の外拜し奉
る事の出來ぬ儀なる御さまにては民の父母た
る天賦の御職掌には乖戾したる譯なれは此御
根本道理適當の御職掌定候而初て内國事務の
法起るへし右の根本推窮して大變革せらるへ
きは遷都の典を擧らるゝにあるへし如何とな
れは弊習といへるは理にあらすして勢にあり
勢は觸視する所の形跡に歸すへし今其形勢上
の一二を論せん
主上の在す所を雲上と云公卿方を雲上人と唱
へ
龍顏は拜しかたきものとおもひ　玉體は寸地
を踏玉はさるものと餘りに尊大高貴なるもの
ゝ樣に見なされ終に上下隔絕して其形今日の
弊習となりしものゝ敬上愛下は人倫の大綱に
して論なき事なから過れは實道を失はしむる
の害あるへし仁德帝の時を天下萬世稱讃奉る
は外ならす卽今外國に於ひても帝王從臣一二
を率し國中を歩き萬民を撫育するは實に君道
を行ふものといふへし
然は更新一新王政復古の今日に當り本朝の聖
時に則らせ外國の美政を壓するの大英斷を以
て擧玉ふへきは遷都にあるへし是を一新の機
會にして簡易輕便を本にし數種の大弊抜き民
の父母たる天賦の君道を履行せられ命令一た
び下りて天下悚道する所の大基礎を立推及し
給ふにあらされは
皇威を海外に輝し萬國に御對立あらせられ候
事叶ふへからす遷都の地浪花に如くへからす
暫く行在を定られ治亂の體を一途に居へ大に
なす事あるへし
外國交際の道富國强兵の術攻守の大權を取り
海陸軍を起す等の事におひて地形適當なるべ
し尙其局に論有へければ贅せす
右内國事務の大基本にして今日寸刻も置くべ
からさる急務と奉存候此儀行はれ候へは大政
之軸立ち百目の基本初て擧るへし若眼前些少
の故障を顧念し他日に讓り給はゝ行はるへき
の機を失し
皇國の大事去と云へし願くは大活眼を以て一
斷して卒急御龍行あらん事を千祈萬禱奉り候
死罪

正　月　　　　　　　　大久保一藏

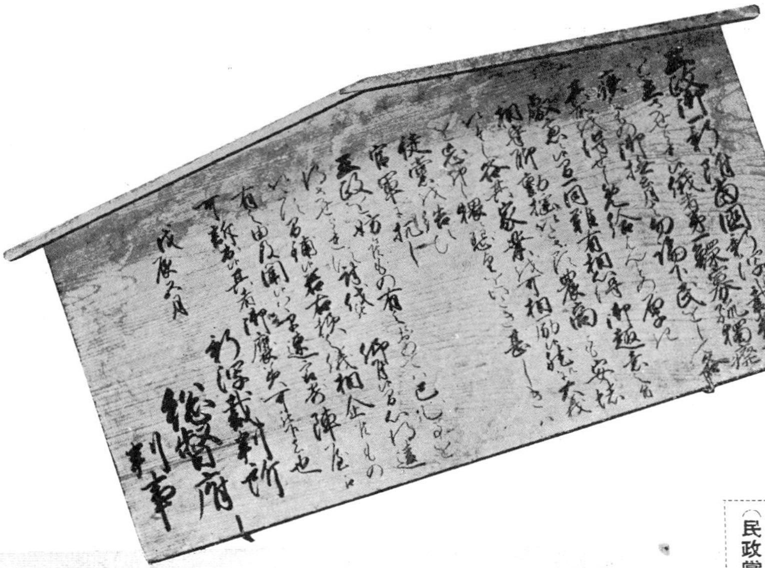

明治元年の制札

王政御一新に附當國新潟裁判所を立させられ候儀者第一鰥寡孤獨廢疾のもの御撫育は勿論下民をして各其所を得せしめ給はんとの厚き叡慮に候間一同難有心得御趣意の旨相守聊動揺いたさす農商とも安堵いたし各其家業を可相勵候然るに大義を忘却し猥に怨望をいだき甚しきは
徒黨を結び
官軍に抗し
王政を妨げ候もの有之におゐては已む事を得させられず討伐被仰付候間心得違ひいたす間鋪候若右樣被儀相企候もの有之由及聞候はゞ早速最寄陣屋へ可訴出候其者御褒美可被下者也

戊辰五月　　新潟裁判所總督府判事

（吉田正二郎氏所藏）

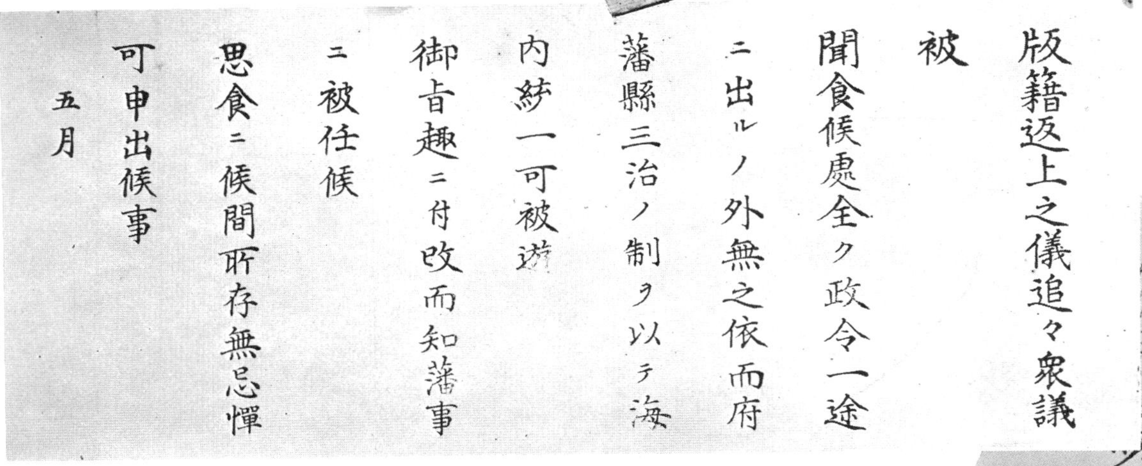

版籍返上之儀追々衆議
被
聞食候處全ク政令一途
ニ出ルノ外無之依而府
藩縣三治ノ制ヲ以テ海
内統一可被遊
御旨趣ニ付改而知藩事
ニ被任候
思食ニ候間所存無忌憚
可申出候事
五月

大政官逼告書

明治二年版籍奉還を聞召され改めて知藩事新置に關し諮詢あらせられた御沙汰書。

（民政黨政務調査館藏）

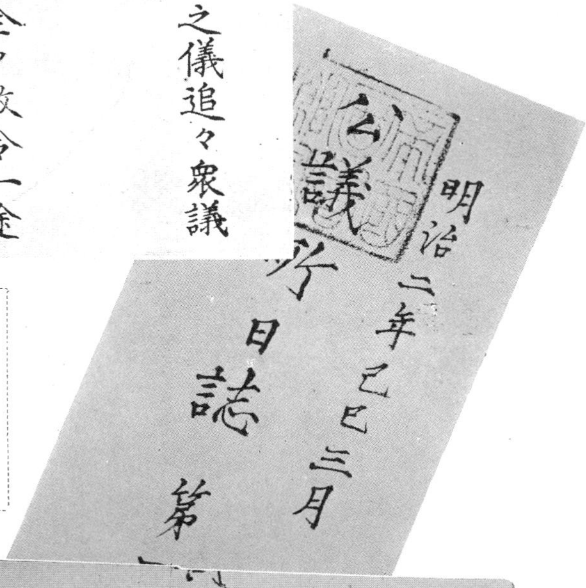

明治二年己巳三月
公議所日誌
第

公議所日誌

明治二年二月廿五日衆議公論を以て國是一定の爲、詔して公議所を設置三月七日開院制度律令を議せしめた。公議所は各藩の貢士（大藩三人中藩二人小藩一人）を以て組織せられ議案を見ると、當時改革すべき種々な事項を議題としてゐるのを知ることが出來る。

（德富蘇峰氏藏）

集議院日誌及び議案錄

明治二年七月八日公議所は集議院と改められ各府縣正權大參事を簡抜して、之れが議員に任し廣く衆議に諮詢し庶民の建言を受くることゝした。故に内容は公議所と餘り變らないのである。明治四年八月十日の官制改革で、議員を議官と稱する樣になり、八月二十日集議院は左院に屬せしめられた。

（德富氏藏）

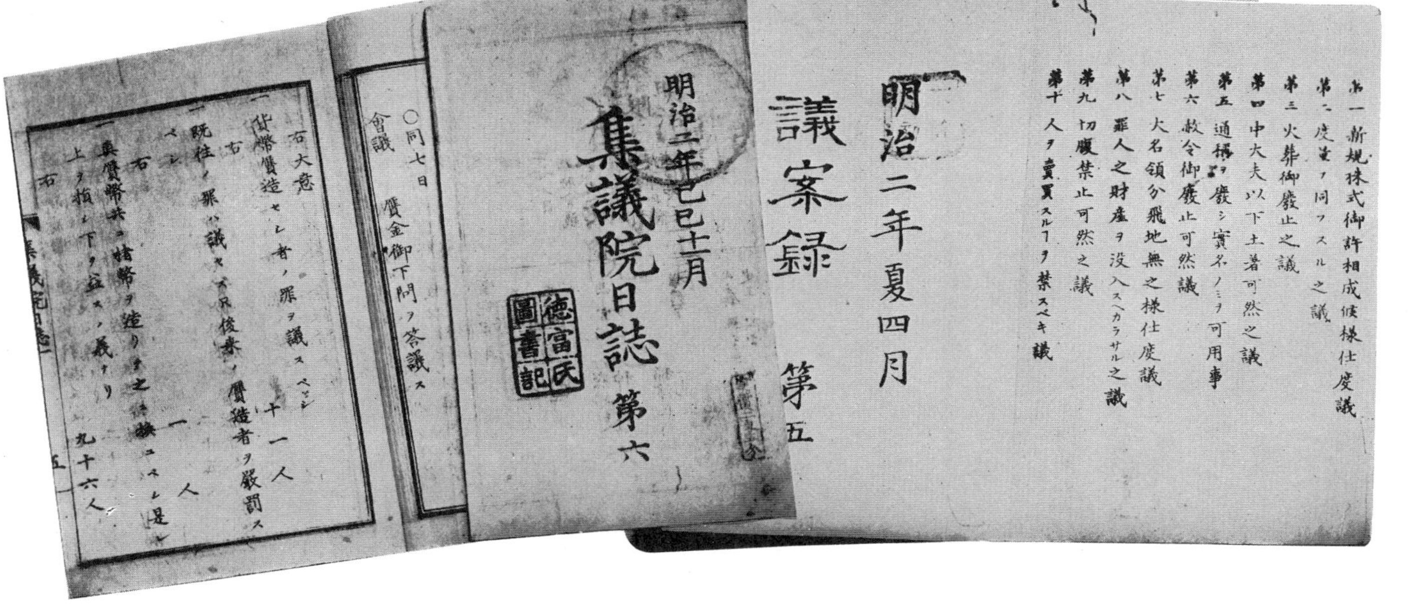

明治二年己巳十月
集議院日誌
第六

德富氏圖書記

明治二年夏四月
議案録
第五

第一　新規株式御許相成候樣仕度議
第二　度量ヲ同フスル之議
第三　火葬御廢止之議
第四　中大夫以下士着可然之議
第五　通稱ヲ廢シ實名ノミヲ可用事
第六　赦令御廢止可然議
第七　大名領分飛地無之樣仕度議
第八　罪人之財產ヲ沒入スヘカラサル之議
第九　切腹禁止可然之議
第十　人ヲ賣買スルヿヲ禁スベキ議

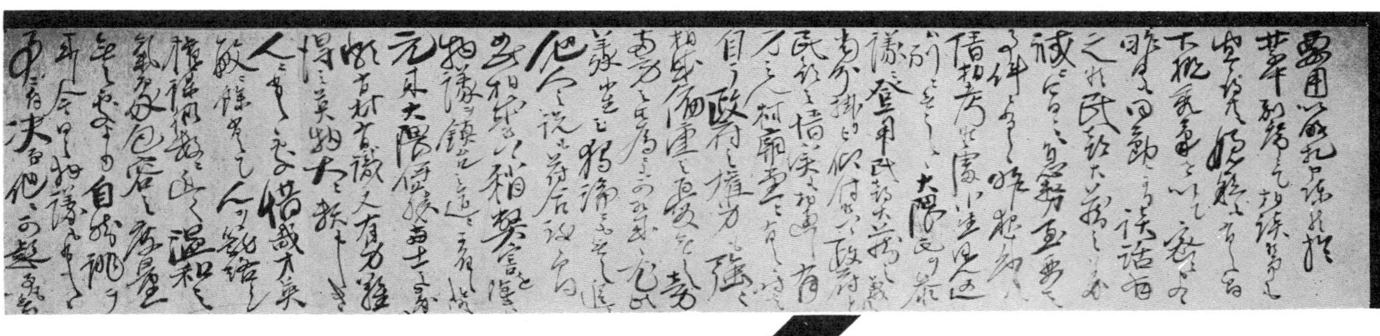

三條公の書翰

この書翰は、明治三年二月頃大隈重信を大藏大輔より參議とすることに付き、廟堂重臣間に議論あり、當時三條公より佐々木高行に宛てたる書翰で書中岩副廣三氏とあるは、岩倉、副島、廣澤の參議を指す、此年九月二日結局大隈重信は、參議に任ぜられた。

（**佐佐木行忠侯藏**）

要用以略札申陳候於
禁中列席にて相談候而も宜候得共嫌疑も有之
候間大概禿筆を以て密に申入候昨日も同勤よ
り談話有之候民部大藏之義誠に今日の急務至
要の事件に有之昨夜來も倩考候處小生見込は
別に無之候大隈氏を參議に登用民部大藏之義
も當分掛り被仰付候はゝ政府と民部の情實も
相通し有力の人材廟堂に有之候時は自ら政府
の權力も強く相成偏重之憂無之旁兩方の御爲
にも可相成候尤此義小生の獨論にも無之追々
他人之説も符合致候間如此相成候はゞ稍弊害
を除き物議を鎭むるの道に可有之と存候
元來大隈伊藤兩士の義は頗有材高識又有力難
得之英物大に頼もしき人に有之候處惜哉才英
敏に餘候而人を籠絡し權謀術數に近く温和
之氣象包容の度量無之處より自然誹を來し今
日之物議も有之候事に付決而他に可疑事も無
之惡事も無之實に可愛之人也然處大隈を參議
に用る事副島にも稍異論に似たる氣あり小生
疑らくは小生が大隈を參議に擧る事副島には
若くは大隈に疑念有て當官を免し參議に轉す
る之意也と思はん歟此處小生未論破すること
如何と思惟致候也足下いかゞ小生之大隈を擧
るは決して疑念あるに非す衆論に從ひ材力之
士を政府に擧は大に之權力を政府に收攬する
にあり且は天下之怨讟を民部に獨不歸して善
惡共に政府に擔當するにあり
此義岩副廣三氏も同意ならば大久保に在て異
論も不可有歟小生愚按此策を捨て他に良策な
し不圖も足下之論小生之見に符合す仍而聊鄙
見を以て足下に告猶考慮之上合論に可至周旋
有之候は幸甚之也
猶後赴而上可申陳候得共　參朝の上他人を避
別座の內談は頗醜態に存候間態と以書簡大概
愚論申入置候也可辟

二月廿三日　　實美

佐々木參議殿
至密

徵兵告諭

我
朝上古ノ制海內擧テ兵ナラサルハナシ有事ノ
日
天子之カ元帥トナリ丁壯兵役ニ堪ユル者ヲ募
リ以テ不服ヲ征ス役ヲ解キ家ニ歸レハ農タリ
工タリ又商賈タリ固ヨリ後世ノ雙刀ヲ帶ヒ武
士ト稱シ抗顏坐食シ甚シキニ至テハ人ヲ殺シ
官其罪ヲ問ハサル者ノ如キニ非ス抑
神武天皇珍彦ヲ以テ葛城ノ國造トナセシヨリ

徵兵令

明治五年政府は徵兵令を發布した。これは當時の徵兵令並に附屬規定である。（**大山柏公藏**）

陸軍徵兵入費概則　徵兵令附錄　徵兵令

☞**大日本政規**　木戸孝允が岩倉大使と共に米國を經て、英京ロンドンに到着するや、明治五年の冬、當時ドイツに留學中の青木周藏氏（後子爵外相）を呼び寄せ、「歐米諸國はそれ〴〵コンスチチユーシヨン Constitution なるものを制定してゐるが、日本にも聽て其の必要があらうから其の草案を作つて提出せよ」と命じたのを青木周藏氏は直に起稿假りに「大日本政規」と題して政治機構の大本を定めたものを木戸侯に提出した。これは其時の草稿である。（**青木梅三郎子藏**）

民選議院論綱　本書は明治八年四月の出版で、前參議副島種臣、後藤象二郎、板垣退助氏等の民選議院設立の建白書、設立反對論者加藤弘之氏に對する駁論其他小室岡本古澤氏等の民選議院論を載せ、當時に於ける最も有力な進歩的論說として、江湖の絶贊を博したものである。（**日比谷圖書館藏**）

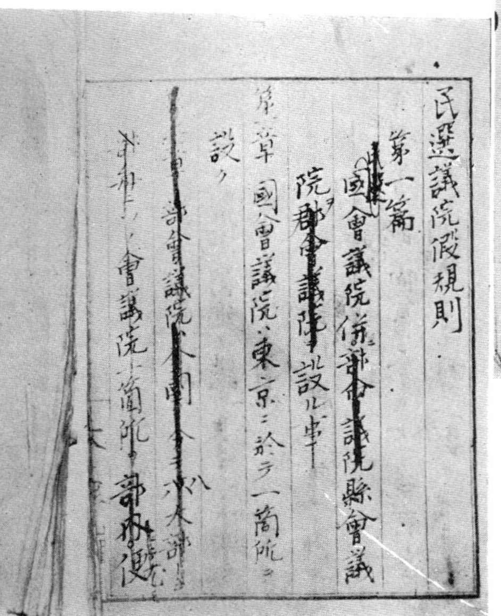

民選議院假規則　これは明治五年八月の民選議院設立の政府案で左に法學博士尾佐竹猛氏の考證を掲げる。

「本稿ハ左院二等議官松岡時敏命ヲ受ケ明治六年起案セシモノナリ現行憲法起案元老院ノ起案ニ係ルモノアルコト近時世ニ知ラル、ニ至リシト雖モ更ニ遡リテ左院ノ起稿アリシトノ説アリシモ未ダソノ正文ヲ知ルヲ得ザリシガ本稿ハ正ニソノ一部ナルコトヲ確認セリ

又明治政史ニ於テハ明治七年ノ副島種臣、後藤象二郎、板垣退助等ノ民選議院設立建白ヲ以テ憲政運動ノ第一歩トシシカモ政府ハ其ノ建白ニ一顧セザリシトナスヲ普通トスレドモ本稿ノ出現ニ由リソノ以前既ニ政府部内ニ於テ民選議院設立ノ意嚮アルヲ知リ得ベク以テ通説ノ妄ヲ打破スルニ足ル

以上ニ述ブルガ如ク本稿ハ明治史上稀覯ノ史料トシテソノ出現ヲ喜ブノ餘リ敢テ揣ラズ冗筆ヲ弄スルモノ也

昭和丙子晩秋　尾佐竹猛識

（**佐々木信綱氏藏**）

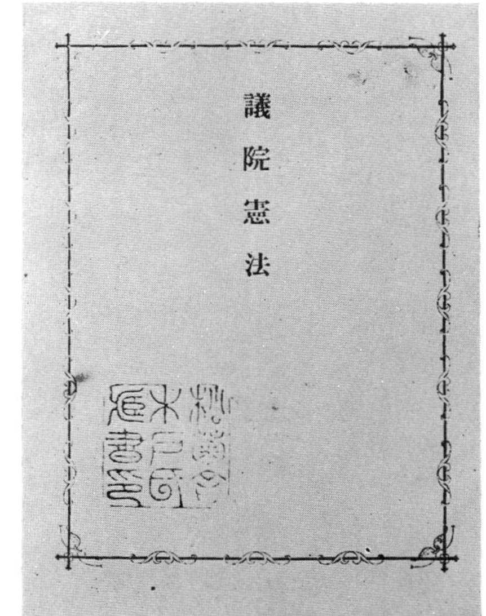

議院憲法

議院憲法　明治八年六月二十日天皇親臨されて地方長官會議を東本願寺支院に開き給ふ。議官に詔して務めて民情を體し其急を先にし、其の歸を一にせしめ給ふ（當時地方官は縣民の代表と考へられてゐたのである）この議事規則たるもので、「議院憲法」と稱したのである。（**渡邊幾治郎氏藏**）

明治八年の官員録
（**內ケ崎作三郎氏藏**）☟

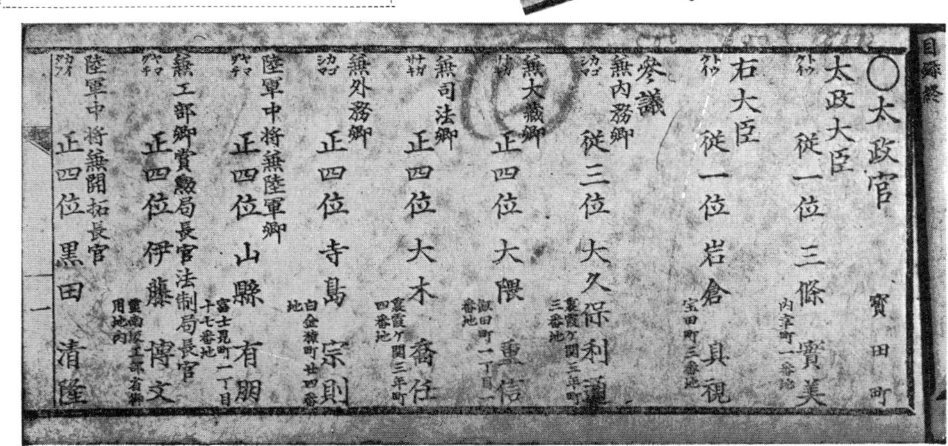

目録終

○太政官　寶田町

太政大臣　従一位　三條實美　内幸町一番地

右大臣　従一位　岩倉具視　宝田町三番地

參議

兼内務卿　従三位　大久保利通

兼大藏卿　正四位　大隈重信

兼司法卿　正四位　大木喬任

兼外務卿　正四位　寺島宗則

陸軍中将兼陸軍卿　正四位　山縣有朋

兼工部卿賞勲局長官法制局長官　正四位　伊藤博文

陸軍中将兼開拓長官　正四位　黒田清隆

公建言政見及請願書謄本 自明治四年至明治六年 中

明治六年九月木戸孝允は政規(憲法)典則(法律)制定を建議してゐる。これは其の草稿である。(木戸侯爵家藏)

孝允材識淺短、學問空疎、叨リニ要路ニ當ル曩者命ヲ奉シテ歐亞各國ニ使シ專對其當ヲ得サル者亦少シトセス上ハ
朝廷特命ノ旨ヲ畫ス能ハス下ハ人民希望ノ意ニ酬ルコト能ハズ其罪亦多シ然𪜈經歷ノ際其制度文物ニ就テハ其沿革ノ由ル所ノ者ヲ以テ察シ、其風土人情ニ由テハ其異同ノ然ル所以ンヲ考ヘ之ヲ我邦維新前後ノ事ニ比較シテ其施設措置ノ得失ヲ熟思シ思テ已ザレハ錄シテ以テ賢明諸公ニ質サヽルヲ得ズ要スルニ各國ノ事蹟、大小異同ノ差アリト雖𪜈、其廢興存亡スル所以ノ者一ツニ政規典則ノ隆替得失如何ヲ顧ミルノミ、夫レ一枝ノ杖強シト雖𪜈三尺ノ童子モ時アレハ能ク之レヲ折リ十枝ノ杖弱シト雖𪜈把シテ之ヲ求ムレバ強夫モ之ヲ折ル事能ハズ、啻ニ之ヲ折ル事能ハサルノミナラズ千斤ノ重キ亦以テ支フベシ今無數ノ小主アリ一國ヲ割イテ各區ニ主宰タル可ハ方嚮多端ニ分レ各其利ヲ營ミ各其慾ヲ逞クシ一國ノ威力分裂シテ合セス牆內ノ兄弟強弱ヲ判スルト雖𪜈外國ニ對峙スルニ至リテハ其強未タ以テ一和協合ノ敵國ニ抗スルニ足ラズ之ニ反シ一主能ク無數ノ小生ヲ統ヘテ全國ヲ統轄スル可ハ假令境壤廣大ナラズト雖𪜈、方嚮一途ニ歸シ利害同一ニ通シ以テ隣境ノ侮慢ヲ禦クニ足ル是レ物理ノ然ル所ニシテ今日五州強國ノ通論ナリ我國嚮ニ一新ノ政規ヲ興シ藩籍奉還ノ請ヲ許シ侯伯ヲ廢シ全國ニ臨シテ百般ノ威權ヲ統一スルモノ朝意ノ期スル所ヲ問ハス豈ニ五州強國ノ通理ニ基カザランヤ然リト雖𪜈時勢變更ノ際士民其所ヲ失ヒ或ハ貧困ニ陥ルモノ亦鮮カラス況ヤ京畿北陸ノ諸役士民ノ苦難一時塗炭ニ坐セリ、今其レ一家ノ不幸ニ就テ之ヲ言ハンニ父ハ京城ニ死シテ國家ニ酬ヒ子ハ北地ニ斃レテ君恩ニ報スルモノアリ私情ヲ以テ當日ノ形勢ヲ追想スレハ冷汗未タ脊梁ニ徹セズンハアラス然𪜈一國ノ變ハ公事監キコトナシ、豈ニ一身ヲ顧ルニ遑アランヤ當時ノ士民モ亦能ク斯意ヲ辨知シ焦心粉骨終ニ
朝廷政規ノ基ヲ成セリ而シテ維新ノ際諸制變革耳目ノ觸ル、所每事昔日ノ慣習ニ非ス是ニ於テ孤疑ヲ抱クモノアリ割據ヲ謀ルモノアリ景況恰モ朝意ノ嚮フ所ヲ知ラサルガ如シ
朝廷豈ニ漫リニ舊制ヲ變更センヤ當時萬機ノ
朝裁主トシテ內國ノ時勢ヲ察シ次テ外國ノ關渉ヲ顧ミ其事一ツモ已ムヲ得サルニ出サルモノナシ且聖主ノ
叡慮遠大ニシテ生民ヲ其堵ニ安保シ富強ヲ興シ文明ヲ隆ムルヲ以テ目的トス故ニ戊辰ノ春東北ノ地未タ平定セザルノ初早已ニ天下ノ侯伯ヲ會シ百官有司ヲ徵集シ親ラ天神地祇ヲ祈リ誓文ヲ作リ五條ノ政規ヲ建テ之ヲ天下ニ公告シ以テ朝意ノ歸着スル所ヲ證シ人民ノ方嚮ヲ一定セリ其題言ニ大ニ斯國是ヲ定メ制度規律ヲ立ルハ誓文ヲ以テ目的トナスノ語アリ蓋シ政規ハ一國ノ是トスル所ニ因リテ之ヲ確定シ百官有司ノ隨意ニ臆斷スルヲ禁シ萬機ノ事務總テ其規ニ則リテ處置スル事ヲ期スルニ在リ其慮ル所極メテ深重其期スル所極メテ遠大ナリ當時ノ士民誰カ叡旨ノ隆渥ニ感シ致テ之ヲ奉戴セサルモノアランヤ然モ時勢猶逶迤シテ人心一方ニ偏執シ時好ヲ喜ンテ開化ヲ擬シ擧動ヲ逸シテ文明ヲ摸スルノ弊ナキ事能ハス現今ノ形勢ヲ察シ施設措置ノ跡ヲ證スル可ハ五條ノ誓文猶實際ノ施行ニ就カサルモノアルニ似タリ今文明ノ國ニ在テハ君主アリト雖𪜈闔國ノ人民一致協合其意ヲ致シテ國務ヲ條列シ其裁判ヲ課シテ一局ニ委托シ之ヲ目シテ政府ト名ケ有司ヲ以テ其局ニ充テリ而シテ有司タル者ハ一致協合ノ民意ヲ承ケ重ク其身ヲ責メテ國務ニ從事シ非常緩急ノ際ニ在リト雖𪜈一致セル民意ノ許ス所ニ在ザレバ漫リニ擧動ヲ試ムル事能ハズ其嚴密ナル斯ノ如キモ人民猶其超制ヲ戒メ議士事每ニ驗査シテ有司ノ隨意ヲ抑制ス然リト雖𪜈一國尚不化ニ屬シ文明未タ洽ネカラザレバ暫ク君主ノ英斷ヲ以テ一致協合セル民意ヲ迎ヘ代リテ國務ヲ條列シ其裁判ヲ課シテ有司ニ附托シ以テ人民ヲ文明ノ域ニ導カザルヲ得ズ嚮ニ五條誓文ノ盛擧ヲ仰クニ
叡慮ノ起ルトコロ蓋シ此理ニ基キシナルヘシ我邦ニ於テハ議士事每ニ驗査ヲ加ヘズト雖𪜈
聖令固ヨリ重大ニシテ且其事務ノ重キ歐米各

國ニ於テ民意ヲ體シテ政ヲ行フ者ニ毫モ異ナル事ナキ事ヲ以テ有司タル者ハ宜シク其身ヲ責メ五條ノ政規ヲ以テ標準トナスヲ要ス政規ハ精神ナリ百官ハ支體ナリ（歐洲ノ通説ニ政規ハ精神百官ハ支體ト云ヒ又一説ニ人民ヲ精神トシ百官ヲ支體トス政規ハ卽人民一致協合ノ意ニ出ツレハ二説異ナリト雖𪜈理ハ卽チ一ナリ）神心命ヲ傳ヘテ肢體逆マニ動キ或ハ命ヲ俟ズシテ妄ニ擧動スルガ如キ事アラハ全國ノ事務錯亂シ物情ヲ挑撥シ隨テ不安ノ形勢ヲ釀スニ至ラン事若シ斯ニ至ル可ハ戊辰一新ノ盛擧モ舊制ヲ廢スルニ過ザルノミ士民粉骨ノ勞モ遂ニ水泡ノ空キニ屬セン加之ナラズ法令輕出昨是今非前者未タ行ハレザルニ後者又繼クガ如キハ果シテ人民ノ能ク堪エル所ニ非ズシテ其身要路ニ當ル者ノ適々以テ其過チヲ累スルニ足ルノミ凡天下ノ事之ヲ言フハ易ク之ヲ行フハ難シ用舍ノ間亦以テ深ク戒ムヘシ然ト雖𪜈政務ハ固ヨリ廣大ニシテ區域殆ンド際涯ナシ況ヤ人生ノ要務ハ開化ノ進ムニ從テ相增シ政府今日ノ事務ハ亦已ニ戊辰年間ノ事務ト其轍ヲ齊フシテ論ス可ラス然ルヲ尙五條ノ誓文ノミヲ以テ照準ト爲ス時ハ當路ハ應變ノ處置ニ迷ヒ恐ラクハ民意ニ充ツル事能ハザルベシ然則今日ノ急務ハ五條ノ誓文ニ基テ其條目ヲ加ヘ政規ヲ增定スルニ在リ抑五條ノ誓文ニ因テ以テ
聖主今日ノ　叡旨ヲ推スニ豈天下ヲ以テ一家ノ私有トセンヤ民ト斯ニ居リ民ト之ヲ守リ國務萬機統テ人民ニ關渉セザルハナシ況ヤ人民各權利アリ負責アリ權利ヲ張テ天賦ノ自由ヲ保チ負責ヲ任シテ一國ノ公事ニ供スル等亦人民存生ノ目的ナリ細カニ其條目ヲ記載シ盟約シテ其制ニ違反スル事ヲ禁シ相互ニ從順スルモノハ卽典則ナリ蓋シ政規ナルモノハ典則中ノ本根ニシテ一功ノ枝葉悉ク之ヨリ分出セザル可ラス而シテ各國政規ノ變革固ヨリ容易ナラス事實止ムヲ得ザルニ非レハ必ズ輕擧シテ之ヲ變スル事ナシ殊ニ君主擅制ノ國ニ在テハ最モ謹愼ヲ加ヘ能ク視察ヲ勞シ深ク內國ノ狀態ヲ考ヘ建ク人民ノ生産ヲ顧ミ其開化ノ度ニ應シ能ク其意ヲ迎フルニ在リ凡ソ五州ノ廣キ國アレハ輙チ民アリ各國土風ノ開化ト不開化ヲ問ハズ人ニ賢愚アリ富ニ大小アリ賢明ニシテ事務ニ達スル者ハ要路ニ當リテ生民ヲ引率シ富ニシテ其産厚キ者ハ貧民ヲ駕御スル事恰モ普通ノ公理ナリト雖モ諺ニ所謂一燕ノ歸リ來ルヤ未ダ以テ天下ノ春ヲ唱フルニ足ラズ烱霞淡蕩百花妍ヲ爭フニ至リテ始テ以テ陽和ヲ賞スルニ足ルト故ニ民間偶一二ノ賢材ヲ出シ或ハ數名ノ豪富ヲ生スト雖モ一般ノ人民未タ貧愚ニシテ品位賤劣ノ地ニアレハ其國未タ富强文明ノ域ニ入ラサルナリ今ヤ邦人ノ外貌漸々都風ニ化シ往々朴野ノ舊習ヲ變ズト雖𪜈其心情豈一朝ニシテ文化ニ明ナル事ヲ得ンヤ政府能ク勉メテ生民ヲ敎育シ徐ルヤカニ全國ノ大成ヲ期スル事能ハスシテ一二ノ賢明獨リ其身ノ利達ヲ負シテ民意ノ向背ヲ察セズ只管功名ヲ企望シ要路ノ一局ニ據リテ威權ヲ偏持シ而シテ萬緒國務ノ多キ毎事之ヲ文明ノ各國ニ擬似セント欲シ輕躁之ヲ施行スルニ至ラハ國歩ノ運厄以テ累卵ノ危キヲ招クベキナリ孝允等亦恐クハ他日其責ヲ免ル丶事能ハズ且夫レ一國ヲ經理スルニハ必ズ一國ノ力アリ力ヲ計リテ事ニ處セザレハ一利變ジテ百害トナル彼ノ里人ノ子ノ千金ノ子ヲ羨ム如ク財ヲ傾ケ家ヲ喪フニ至ルモ其榮遂ニ及フベキニ非ズ國事ヲ理ムル者宜シク其序次ヲ繹ツスベシ力ヲ養フ者宜シク其漸ニ從フベシ彼文明ノ至治豈ニ遽カニ一朝ノ能ク求メ得ル所ナランヤ庶幾ハ
朝廷此ニ注意シ大令ヲ布シ誓文ニ加條シ典則ヲ建テ以テ後患ヲ豫防セン事ヲ大凡政治ノ盛衰國家ノ興廢總テ政規典則ノ有無ト其當否ニ由ラサルモノナシ（中略）君民同治ノ憲法ニ至テハ人民ノ協議ニ有ラサレハ同治ノ憲法ト認メサルハ固ヨリナリ今我
天皇陛下勵精整治而テ維新ノ日尙未タ淺ク智識進昇シテ人民ノ會議ヲ設ルニ至ルハ自ラ多少ノ歲月ヲ費サヾルヲ得ズ故ニ今日ニ於テハ政府ノ有司萬機ヲ論議シ
天皇陛下夙ニ獨裁セラル丶ハ固ヨリ言ヲ待タサルナリ而テ自ラ偏重偏輕ノ患有リテ現ニ紛擾ヲ生シ必竟人民ノ不幸ニ關スルモノ少カラス依テ
天皇陛下ノ英斷ヲ以テ民意ヲ迎ヘ國務ヲ條例シ其裁判ヲ課シ以テ有司ノ隨意ヲ抑制シ一國ノ公事ニ供スルニ至ラハ今日ニ於テハ獨裁ノ憲法ト雖𪜈他日人民ノ協議起ルニ至リ同治憲法ノ根種トナリ大ニ人民幸福ノ基トナル必セリ故ニ孝允ノ切ニ希望スル所ニシテ政府諸公エ此書ヲ呈シ速ニ憲法ノ制定有ラン事ヲ陳述セリ而テ當時容レラレザルモ固ク自ラ信シテ止マス此主意ヲ陳述スルモノ又數次ニ及ヘリ

明治六年九月

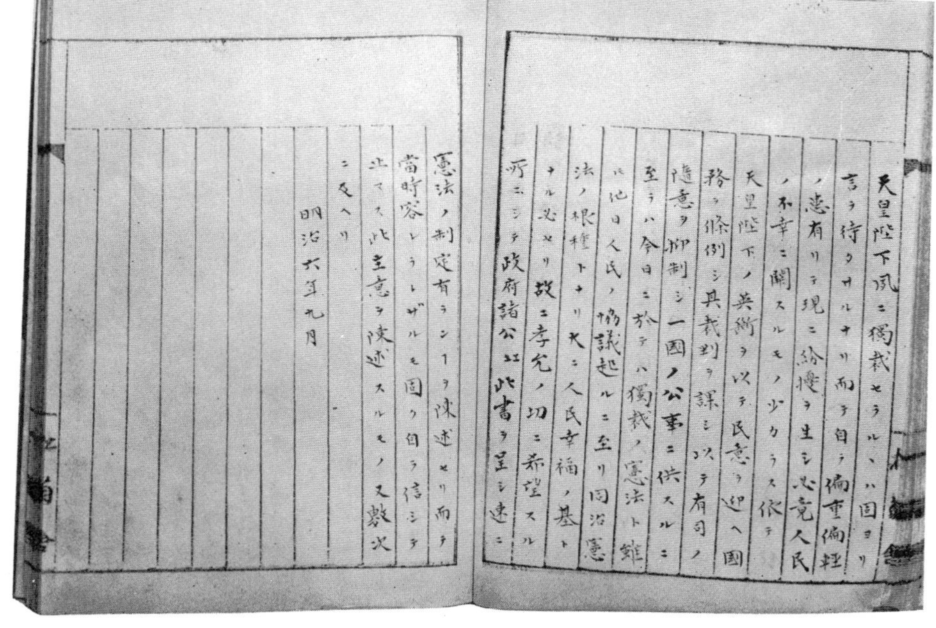
天皇陛下夙ニ獨裁セラル丶ハ固ヨリ
言ヲ待タサルナリ而テ自ラ偏重偏輕
ノ患有リテ現ニ紛擾ヲ生シ必竟人民
ノ不幸ニ關スルモノ少カラス依テ
天皇陛下ノ英斷ヲ以テ民意ヲ迎ヘ國
務ヲ條例シ其裁判ヲ課シ以テ有司ノ
隨意ヲ抑制シ一國ノ公事ニ供スルニ
至ラハ今日ニ於テハ獨裁ノ憲法ト雖
𪜈他日人民ノ協議起ルニ至リ同治憲
法ノ根種トナリ大ニ人民幸福ノ基ト
ナル必セリ故ニ孝允ノ切ニ希望スル
所ニシテ政府諸公江此書ヲ呈シ速ニ
憲法ノ制定有ランヿヲ陳述セリ而テ
當時容レラレザルモ固ク自ラ信シテ
止マス此主意ヲ陳述スルモノ又數次
ニ及ヘリ
明治六年九月

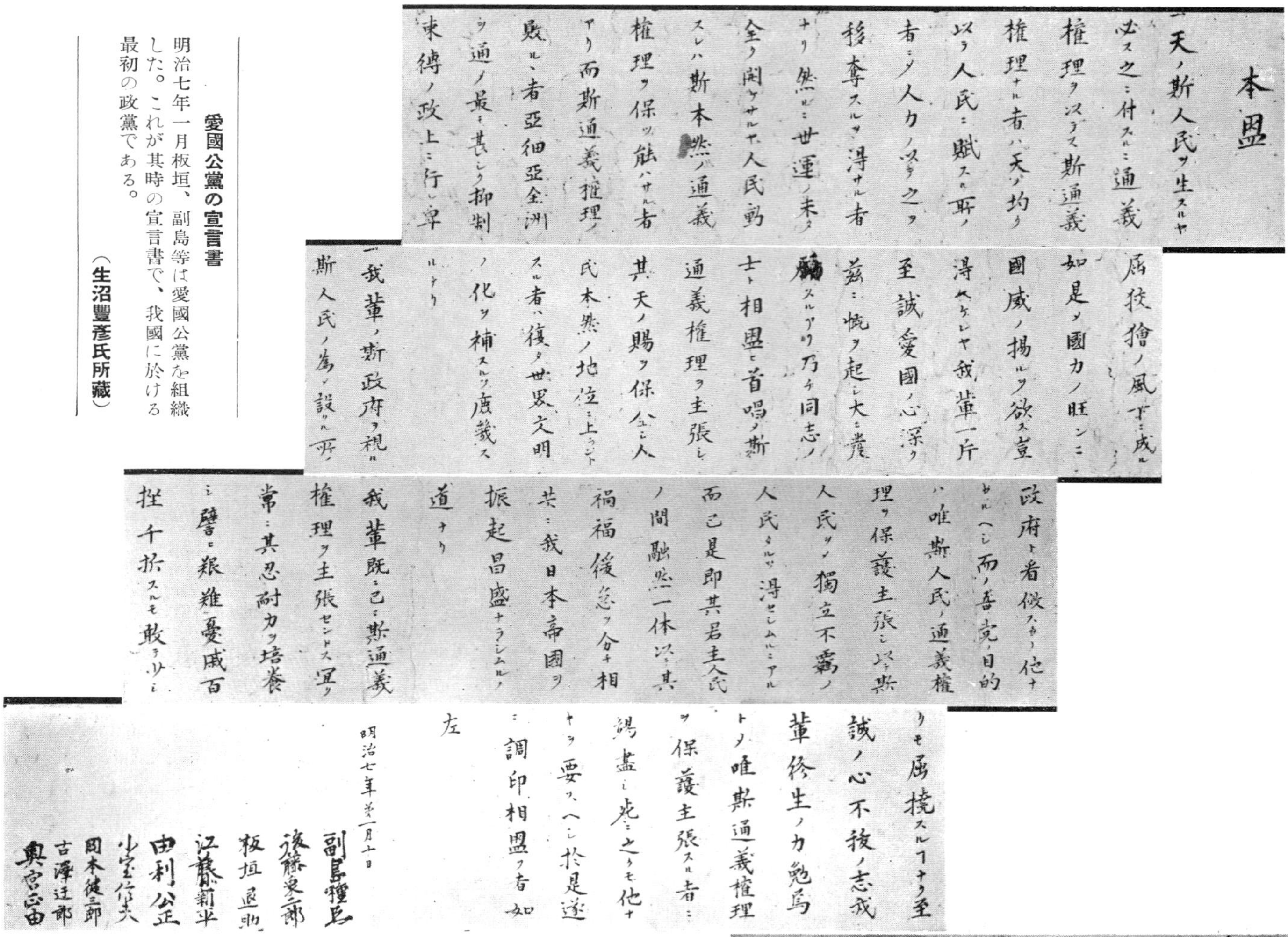

愛國公黨の宣言書

明治七年一月板垣、副島等は愛國公黨を組織した。これが其時の宣言書で、我國に於ける最初の政黨である。

（生沼豐彦氏所藏）

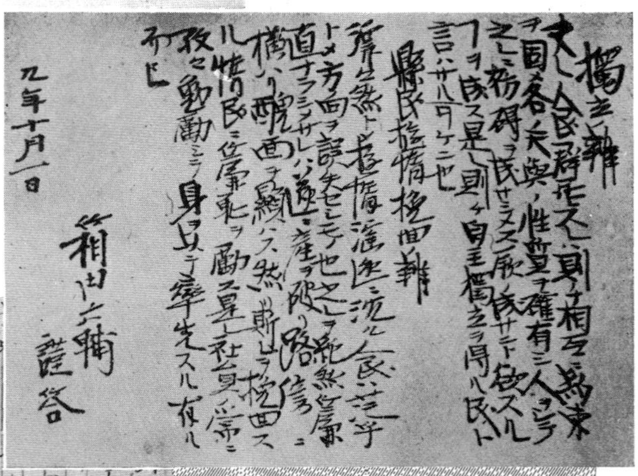

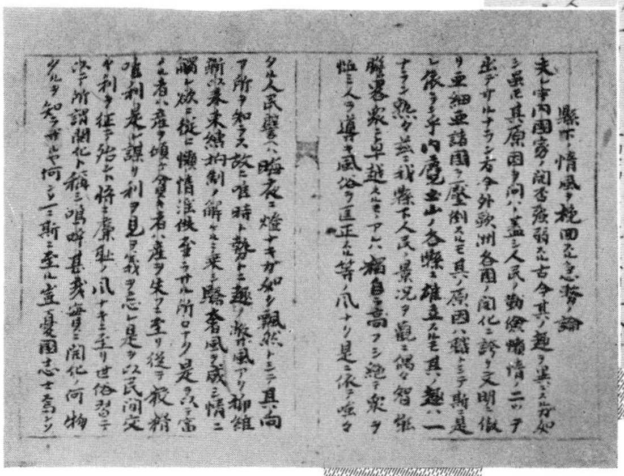

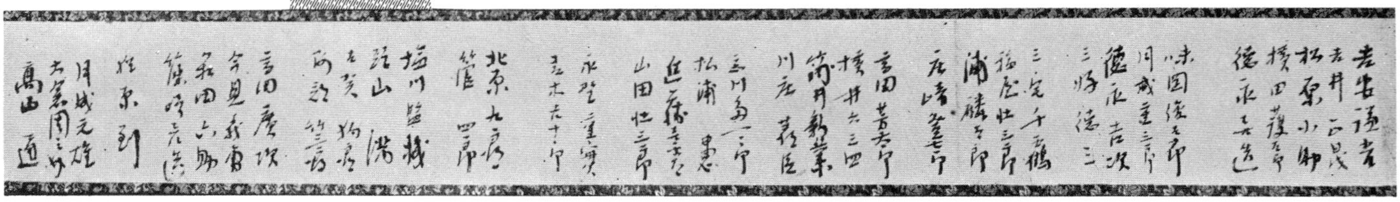

矯志社員の意見書及び連名書

明治七年末より土佐の立志社、愛國社を始め全國各地に所謂政社の勃興を見たが本書は明治九年福岡に於ける矯志社（社長武部小四郎氏）の伍組簿（五人一組トス）並に社員の意見書で當時の青年政客の意氣を知るに足るものである

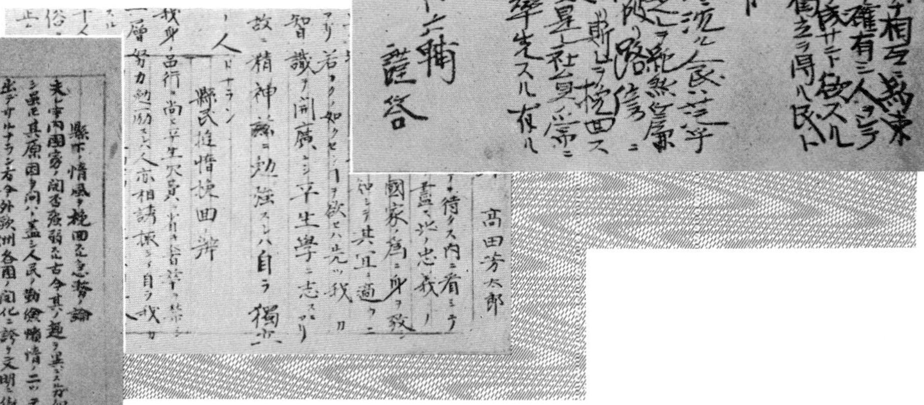

（藤田圓一氏藏）

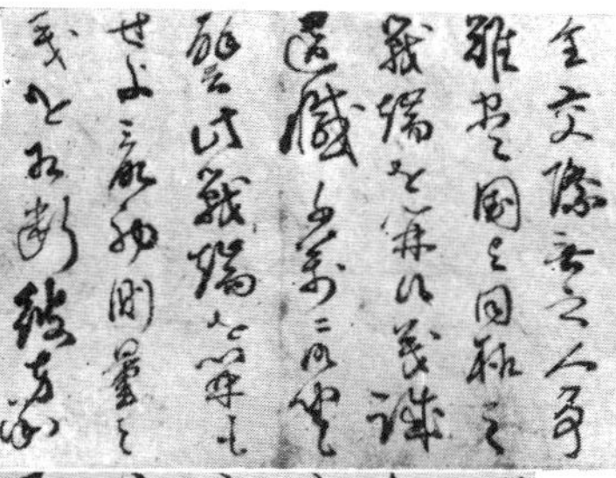

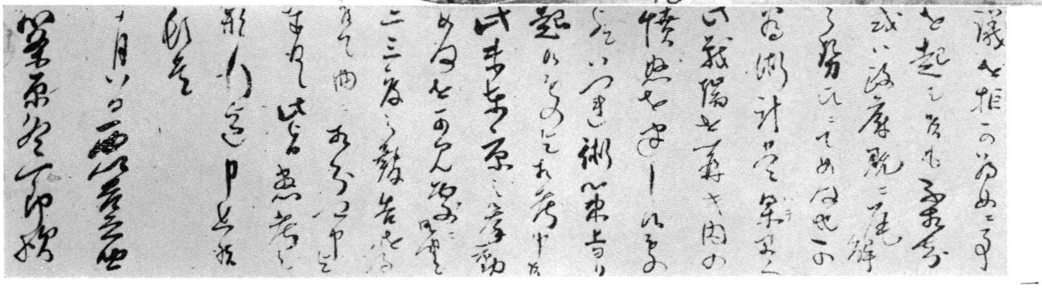

韓國問題を論じた西郷の書翰

明治八年八月二十日我軍艦雲揚號朝鮮江華島に泊し、其島人に砲撃せられ我兵防戰遂に日韓兩國の國際問題となつた當時西郷隆盛より篠原國幹に宛てた書簡。（**推原國義氏藏**）

西郷隆盛像

朝鮮之義は數百年來交際之國にて御一新己來其間に葛藤を生し既五六ヶ年及談判今日其結局に立到候處全交際無之人事難盡國と同樣之戰端を開候義誠遺憾千萬に御座候譬此戰端を開にもせよ最初測量之義を相斷彼方承諾之上發砲に及候得共我國に敵するものと見做し可申候得共左も無之候はゝ發砲に及候共一往ば談判いたし何等之趣意に而如此時機に至り候歟是非可相糺事に御座候一向彼を蔑視し發砲いたし候故及應砲候と申ものにては是迄之交誼上實に天理におひて可恥之所爲に御座候斯樣之場合に臨み口を開は肝要之譯にて若哉難すへき處出來いたし候へは必可救之道を各國におひて生し可申其期に至り候へは天下之惡む處に御座候

一此戰端を開候義は大きに疑惑を生し申候是迄之談判明瞭不致候處此度條理を積み既に鎭局之場に押來り彼の底意も判然いたし候得共此上は大臣之内より派出いたし道理を盡し戰を決し候はゝ理に戰ふものにて弱を凌之謗も無之且隣國よりも應援すへき道相絕可申乍然此手順を經候而は全跡戻之形現然相顯要路之人々天下に其罪を可謝事に成立勢ひ如何共不可爲を恐れ姦計を以是迄之行き掛りは水泡に歸し別に戰端を振替候もの歟又は大臣を派遣いたし候義を畏れ如此次第に及候歟何分にも道を不盡只弱を謾り强を恐れ候心底より起り候ものと被察申候樺太一條より魯國之歡心を得て樺太之紛議を拒か爲めに事を起し候も不相知或は政府既に瓦解之勢ひにて如何共可爲術計盡果早く此戰端を開き内の憤怒を建し候もの歟いつれ術策上より起候ものと相考申候此未東京之擧動如何を可見處に御座候二三度之報告を得候はゝ曲に相分可申と奉存候此旨愚考し形行迄申上候

頓首

十月八日　西郷吉之助

篠原冬一郎様

元老院寫眞

明治八年四月十四日新に設けられた立法府元老院の圖である。（**尾佐竹猛氏藏**）

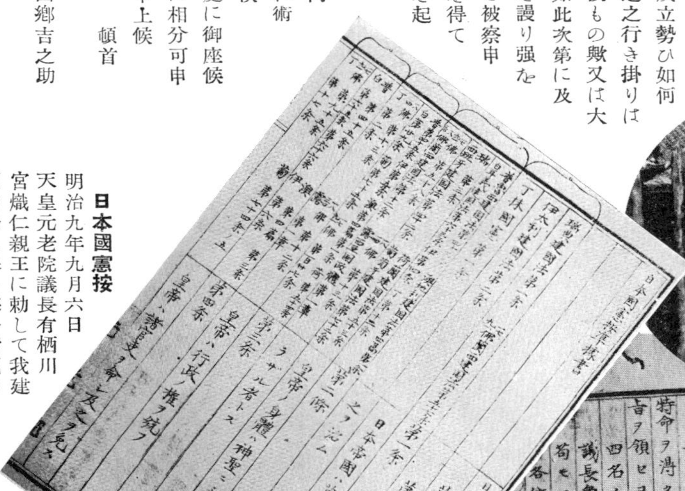

日本國憲按

明治九年九月六日天皇元老院議長有栖川宮熾仁親王に勅して我建國の體に基き海外諸國の法を斟酌し、國憲を起草☆

☆すべきを命じ給ふ。元老院議官柳原前光、福羽美靜、中島信行細川潤次郎、國憲取調委員となり、歐洲各國の國憲を參酌して十一年に到り日本國憲案を起草し、議長有栖川宮熾仁親王に捧呈したものである。本書は其の當時の貴重文獻で久しく世に現れざりし所、近年に至りて發見せられたのである。（**藤田知治氏藏**）

西南役の際大久保利通より伊藤公への手紙

明治十年西南戰役の初期參議大久保利道より參議伊藤博文公に宛てた手紙。

（牧野伸顯伯藏）

謹啓
聖上益御機嫌克御同慶奉存候　臺下ニも御別後愈御安固被成御坐鐵道開業式も無滯被爲濟候事と奉欣賀候　隨而當地ニおひても外務省引續教導團兵營一棟燒失後條に異條も無御坐候

一御出發前御内談申上候件々陸軍卿御示談有之事與存候然ルニ南海之近況愈濤狂を發シ候趣既に別紙熊本縣令より電報ニ依り候得は陸軍省之彈藥も强奪之様子多分相違有之ましく與想像候此上は河村之報知ヲ以模様可相分候得共何れにしても此節は破烈と見据へ候外無御坐候其情態を憶察スルニ此度之暴擧ハ桐野以下班々之輩ニおひて則決セシニ疑ナク其證ハ追々近況を聞クニ一月下旬比ハ西郷は日當山え入湯致居桐野宅え壯士輩晝夜ヲ分タス頻ニ相迫り西郷兼而外國と必事を起スニ無相違候付其節ハ斷然突出云々桐野之ヲ評シテ其說古シト嘲笑セシトノ事モ有之候是等ハ如何にも實情と等敷候

十一月此混雜之源因ハ西郷え迫り候節熊本萩之擧動ニ依而決而不可動乍去此上之時機に依
天朝之御危急と申場合に至ル歟且熊本萩之暴徒初ニ我ニ依賴セシヲ是ヲ諸セス彼必懇を結ニ無相違候付或は我ニ報センモ圖可カラス若左樣之時宜ニ臨ミ候得ハ十分應セサル可カラサレハ其用意はナクテ不叶と之一心ニ而我も〳〵と騷キ立終不可制之勢ニ立至り候由ニ候一言一句ヲ不愼ハ其罪不可許候得共其底意を推シ候得ハ兼而御承知有之通之氣質故丁寧反覆說諭スル流議ニ無之一揆ニ方向ヲ稔チ廻ハサセ——中略——例之方便上ニ出候譯ニ而決而無名之輕擧をヤラカス趣意ニ無之と信用仕候追々御咄も申上候通昨年來之行懸り迄ニ止マレヌ形情ニ陷り終ニ今日之事端を發クニ至り候義と存候乍去此節之端緒よりして若干戈と相成候得は名もナク義モナク實ニ天下後世中外ニ對し而も一辭柄を以テ言譯も不相立次第實曲直分明正々堂々其罪を鳴らし鼓ヲ打テ之ヲ討セハ誰カ之ヲ間然スルモノアランヤ就而ハ此節事端を此事ニ發キシハ誠ニ朝廷不幸之幸と竊ニ心中ニハ笑ヲ生候位ニ有之候

前條次第ニ候得ハ西郷におひてハ此一擧ニ付而ハ萬不同意假令一死ヲ以テスルトモ不得止雷同して江藤前原如キ之同轍ニハ決而出テ申ましく候萬ニ一モ是迄之名節碎テ終身ヲ誤り候樣之義有之候得ハサリトハ殘念千萬ニ候へ共實不得止それまで之事ニ斷念仕外無御座候

一假令西郷不同意ニ而說諭を加ユルニシテモ倒底此度は破れニ無相違候ニ付變ニ應スル之手段相立候義最肝要ニ有之候西郷ハ斃ルヽニモセヨ鬬セサルニモセヨ同縣ニ事有ル日ニハ全國其ノ影響ヲ及ホシ一時天下は瓦解と見ルヨリ外ナシ宛然戊辰東北戰爭之時分ニ異ナラサル可シ然レハ大ニ廟謨ヲ確定シ必勝之神算ヲ計畫シ其順序ノ手配追討ノ發令陸海軍出征配賦豫しめ期定スル處無之候而ハ他之一揆暴徒とハ同日之論

三條實美公

勅語草案

明治六年十月二十日征韓論に關し、廟議分裂三條實美公西郷隆盛板垣退助副島種臣氏等の征韓派と岩倉具視公木戸孝允黑田淸隆大久保利通大隈重信井上馨氏等の反對派と激論あり遂に決せず、三條公は俄に激病を發して人事不省に陷つた。明治天皇は三條實美公邸に親臨し給ひ、病を問ひ尋て岩倉具視邸に臨御親諭して實美公に代り事を視せしめ給ふ。其時降し給ふた勅語の草案で岩倉公の筆に成る。

（德富蘇峰氏藏）

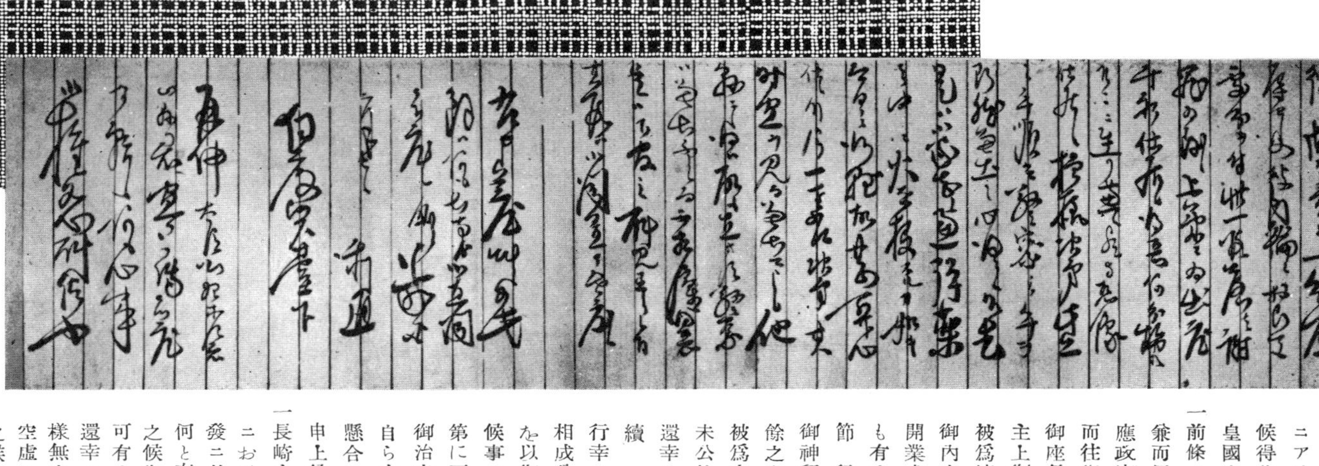

ニアラス一機チ誤リ候得ハ言フモ忌敷
候得共
皇國之安危存亡ニ可關ハ必然と存候
一前條ニ就而は固より陸海軍におひてハ
兼而用意全備之事ニハ可有之候得共一
應政府相纏リ御評議無之候而ハ東西懸
而往復書通等ニ而意脈貫通致候事ニ無
御座仍而乍恐
主上御神拜式來ル十一日之由候得ハ右
被爲濟次第ニハ早々御東下被爲在候樣
御内定有之度祈望仕候最臺下ニハ兼而
開業式相濟次第ニハ歸東之筈ニ御内達
も有之事故不日御發程ニ有之と存候此
節　行幸ハ
御神拜之御旨趣ニ付右被爲終候得ハ其
餘之事は先御差置候而何も御不都合ハ
被爲在ましく奉存候　鹿兒島縣ノ事は
未公然タル事ニモ無之且是かため俄ニ
還幸と申も如何ニ候得ハ現場御變革引
續
行幸ニ而諸事大事件も是かため御決定
相成兼候事の不少候間表面ハ其邊之廉
を以御達ニ而可然歟最其爲出方御差立
候事ニ有之付右等ハ如何樣共御都合次
第に而相濟候事ニ可有之候兎も角右ニ
御治定之處御配慮被下應御依賴申上候
自ら右府公より大政大臣殿へ公然之御
懸合ハ被爲在に付前條ハ下官一分チ以
申上候事ニ候間左樣御聞取可被下候
一長崎え軍艦被差廻候義如何ニ候哉今日
ニおひては不可欠と存候乍去春日艦出
發ニ付而ハ供奉軍艦之御都合モ有事如
何と奉存候其邊は河村え御打合セモ有
之候御事と相察候付定而何等か御達も
可有之何れ速ニ
還幸ニ被爲成候得ハ別段軍艦相廻リ候
樣無之而ハ相濟ましく候攝海ハ第一ニ
空虛ニナシ候事は此節柄御大事ニ可有
之候
一熊本鎭臺司令長官之事は何樣之都合ニ
候哉是承候得ハ大山方も何等か陸軍卿
迄申遣たる由同人ハ先當分通被差置候
方宜クと愚考仕候乍去自ら陸軍卿之賢
考も有之筈と存候
谷干城も此節は隨分はまり込候模樣之
由若や今度端を開キ候事ニ相成候得ハ
將官ハ九州え出張無之而ハ相濟まし
く候
谷相はまり候得ハ此際ニ御操替も同人
之名譽ニも可相關ニ付宜クと見込相付
候得ハ其まゝ被置候而も可然未然なれ
ハ兎も角事此ニ及候上ハ何樣ニ可有之
哉猶陸軍卿え御示談可被下候
一河村卿如何樣之手筈ニ御示談有之哉何
れ神速　行在所へ報知申上候樣御含メ
も有之候筈と相察候　兎も角此模樣に
而否相分候事ニ有之下官ニモ爲念昨朝
神戸迄電報差出置候相達候否ハ不相分
候其趣ハ再度之報知彼レ愈決心と相見
得候此上ハ益彼ニ曲チ與ユルチ我利ト
ス少々彼レノ暴ハ顧ミス縣廳へ强ク責
め付西郷え面會チ以第一とスヘシ事破
ルト見据候ハ速ニ長崎え引上ケ急ニ報
知スヘシ云々と申送リ置候爲御含申上
置候何卒彼レノ曲を責め十分屈辱せし
め彼内輪ニおひて處分チ付此一段落は
謝罪爲致候上策ニ爲出度千祈仕居候得
共何分勢ひそこに至リ兼候歟と想像仕
居候模樣次第此上之手順は警察之手チ
斷然差出候心得ニ候乍去是ハ御承知之
通彈藥之中ニ火を投スルカ如キ今日之
行懸故甚關心仕候付今一左右次第其時
宜チ見而差出可申候他縣ニ候得ハ取も
直さず警察ハ差出不申候而不相濟候得
共是ハ下官之所見有之候付其段ハ御聞
置被遣度候

右申上度艸々如此餘ハ何も土方より
御直聞被下度候匆々敬白

二月七日　　利通

伊藤賢臺下

再伸大臣公始木戸君山縣君へ宜御傳被
下度奉願候何も心事御推恕所仰也

明治十一年國憲草案　本書は明治十一年に編纂せられた日本國憲案を修正して十三年十二月廿八日國憲取調委員より時の元老院議長大木喬任氏に提出し、明治天皇に捧呈した國憲草案並に引證である。（**慶應圖書館藏**）

國憲草案
明治十三年十二月廿七日上奏　實ハ廿八日
國憲引證
明治十三年八月編成

撰擇ニ供セントス本官等謹テ按スルニ我カ祖宗天命ヲ受ケ人心ニ順ヒ聖子神孫歷世相承ケ既ニ一百二十餘代二千五百三十餘年ノ久キヲ經タリ建国ノ体動クヿナシト雖モ祖宗以来ノ例習多端ナリ裁定シテ一ニ帰セサレハ以テ国憲ト爲ス可カラス加フルニ古今宜キヲ異ニスルヲ以テ旧制ニ於テモ亦或ハ変更セサルヿヲ得ス海外各国ノ成法ニ至テハ毎國同シカラス

シ国隆運ニ膺リ人景福ヲ享クルヿヲ期ス庶幾クハ聖旨ノ所謂建国ノ体ニ基ツキ海外各国ノ成法ヲ斟酌スル者ニ於テ大ニ相戾ラサランヿヲ伏シテ請フ之ヲ皇帝陛下乙夜ノ覽ニ進メンヿヲ

明治十三年十二月廿七日　實ハ廿八日ニ奉上セシ

國憲取調委員
議官　福羽美靜
幹事　細川潤次郎

議長大木喬任殿

本官等國憲案ノ命ヲ奉シ明治十一年中及報告置候後前議長ヨリ再修正被命乃別册ノ通修正ヲ加ヘ更ニ及報告候也

明治十三年七月

國憲取調委員
議官　中島信行
議官　福羽美靜　旅行中ニ付無印
幹事　細川潤次郎

議長大木喬任殿

第一篇
第一章　皇帝
第一条　萬世一系ノ皇統ハ日本國ニ君臨ス
第二条　皇帝ハ神聖ニシテ犯ス可ラス縦ヒ何事ヲ爲スモ其責ニ任セス
第三条　皇帝ハ行政ノ権ヲ統フ
第四条　皇帝ハ百官ヲ置キ其黜陟ヲ主ル

國憲草案　本書は明治十三年七月元老院議長大木喬任氏に提出した國憲草案である。（**藤田知治氏藏**）

立志社建白書寫

明治十年六月土佐立志社の片岡健吉氏等が京都行在所に捧呈した國會開設の建白書である。此建白書は却下せられたのであるが、これは當時印刷して各地に頒布した、建白書の寫しで立志社の鬼才植木枝盛の起草に成るといふ。

（片岡啓太郎氏藏）

建吉等
天威ヲ憚ラス上書具陳スル所アラントス謹テ以レハ

中略

夫レ明治元年三年十四日
陛下親シク公卿諸侯ヲ率ヒ天神地祇ヲ祭リ誓約スル所ノ五事アリ其旨タルヤ廣ク會議ヲ興シ萬機公論ニ決ス是其一也上下心ヲ一ニシ盛ニ經綸ヲ行フ是其二也官武一途庶民ニ至ルマテ各其志ヲ遂ケ人心ヲシテ倦マサラシム是其三也舊來ノ陋習ヲ破リ天地ノ公道ニ基ク是其四也智識ヲ世界ニ求メ大ニ皇基ヲ振起ス是其五也明治八年四月十四日立法行政審判ノ三大權ヲ鞏固シ立憲ノ政體ヲ建ントス其聖詔ノ略ニ曰ク朕今誓文ノ意ヲ擴充シ茲ニ元老院ヲ設ケ以テ立法ノ源ヲ廣メ大審院ヲ置キ以テ審判ノ權ヲ鞏クシ又地方官ヲ召集シ以テ民情ヲ通シ公益ヲ圖リ漸次國家立憲ノ政體ヲ立テ汝衆庶ト倶ニ其慶ニ頼ラントスト爰ニ斯聖詔ノ領下スルヤ五事ノ誓文ト對炤シ天下ノ人民ハ皆
陛下至正至公ノ　叡旨ヲ感シ欣躍セサルナシ尚地方官ヲ招集スルヤ代議士ノ務ニ當ラシムルノ言アリ以爲ク立法行政審判ノ三大權各鼎立シテ立憲政體ノ基礎茲ニ定ラントス焉ソ測ラン在廷ノ大臣ハ總テ
陛下　叡旨ノアル所ヲ奉セス固ヨリ廣ク會議ヲ興シ萬機公論ニ決スルノ意ナキ也領詔未タ期月ナラスシテ既ニ其事ヲ忘ルカ如シ地方官ノ招集ハ僅ニ一次ニシテ二次ノ期約ハ遽カニ東北ノ巡幸ヲ名トシテ之ヲ停止ス況ヤ一次ノ會議モ未タ悉ク下問ノ條旨ヲ議スル事能ハス民情何ニ因テ通シ公益何ニ因テ圖ラン加之檀マヽニ元老院ノ章程ヲ改竄シ當初授與ノ權限ヲ削減シ曩日ノ左院ニ異ナラス大審院ハ之ヲ司法ノ下ニ附シ各省ノ尾ニ班シ毫モ體面ヲ保存セス立法ノ源ヲ擁シ審判ノ權ヲ抑シ赫々タル　叡旨スラ尚實踐スル事能ハス況ヤ上下ノ心ヲ一ニシ盛々經綸ヲ行フ事得テ望ムヘケンヤ嚮キニ副島種臣等ノ民撰議院ヲ起サント請フヤ人民ノ精神ハ概ネ之ニ歸向シ天下公議ノアル所ヲ問フ輿儓皂隷モ聲ニ應セントス而シ大臣等世ノ之ヲ論スルヲ喜ハス之ヲ行ハントスルヲ欲セス衆庶ヲシテ其志ヲ遂ケシメ人心ヲシテ倦マサラシムルノ　叡旨ハ焉ンカ在ルヤ猶夸詡シテ曰議院尚早シ人民未タ朦昧ニ屬セリト謂ハ政權ニ參與スルノ義ヲ執ラシメ幸福安全ノ域ニ進ムノ途ヲ塞キ奴隷之レ甘シトセシム之レ人民ヲ愚人視スル德川有司ト異ナラサル也舊來陋習ハ何處ニ破レ天地ノ公道ハ何處ニ基ツカン耶然リ而シテ維新以來當路ノ大臣ハ薩長土肥ノ四藩ニ外ナラス互ニ相庇蔭シ相牽拊シ以テ身計ヲ固クス此四藩ノ外特ニ智識無キニ非ス雄材無キニ非ス國土ノ廣大ナル智識雄材匿レテ顯レサルモ亦多シ之ヲ求メテ汲々乎タルナク人ヲ採ル尚如此智識ヲ世界ニ求メ大ニ皇基ヲ振起スルノ旨ハ其實擧ラサルニ近シ却テ人民公議ヲ唱フルヲ忌憚シ之ヲ禦クニ讒謗ノ律ヲ設ケ新聞ノ條例ヲ立テ人ノ口ヲ箝シ人ノ耳目ヲ蔽ヒ網羅ヲ張テ人ヲ陥レ凡ソ言語ノ以テ政務ニ渉ラントスルモノ名望ノ以テ國事ニ關セントスルモノハ猜防逮繫シテ已マス囹圄ノ設ケハ天下公議ヲ鎖スルノ具タリ天下ノ衆庶一モ
陛下ト倶ニ其慶ニ頼ラサルヲ以テ憂ヒト爲サヽルモノナシ其二ニ曰大政總理ノ序ヲ失スル也夫レ專制ノ二三大臣ノ手ニ出テ、公議ノ以テ行ハレス公益ノ以テ擧ラサル所以ノモノ其政治ノ體裁宜シキヲ得サルニ在リ體裁宜ヲ得サルハ大政總理ノ序ヲ失スルナリ云々

中略

陛下臨御ノ始メ主トシテ北門ノ鎖鑰ヲ問ヒ廟議ヲ盡セシニヨリ以テ其功ヲ奏サシメントスル也故ニ其教育勸業ノ費無慮數百萬ニシテ其艸木禽獸ノ園囿學校市街ノ創建等目ヲ駭カサヽルハナシ天下ノ人民此ニ於テ謂ラク樺太ノ版圖ハ日ナラス我ノ有ニ復セント焉ンソ測ラン忽チ己カ所有ヲ以テ己ノ所有ト爲シ而シ己所有ノ一物ハ全ク人ノ手ニ落チタル也名實相符セサル最甚シ矣此ヲ以テ之ヲ見レハ開拓ノ設ケ其功何レニ奏スルヲ知ラスト雖モ無慮數百萬ノ糜財ハ却テ一紙ノ條約ニ奪ハレントス可悲哉如此ニシテ樺太ハ他ノ冒認ヲ容サハ琉球藩ノ如キ之ヲ如何セン名ハ藩王ノ版圖ナルモ鎮臺アリ郵便アリ内務ノ派遣アリ而シ藩王ハ其名ヲ免レントシ人民ハ其管ヲ脱セントス支那ハ之ヲ羈糜シテ放タサルノミナラス遂ニ魯西亞ノ冒認ニ倣ハントス境土ハ之ヨリ日ニ蹙リ國威ハ之ヨリシテ日ニ墮チハ天下ノ人民ハ復タ底止スル所ヲ量ラス緊要ノ最大タル各國ノ條約改正ノ如キモ其期既ノ至ル當時其改正ヲ欲スルヨリシテ特命全權大使諸理事官百餘名ヲ率ヒ數萬ノ財ヲ糜シ歐米諸國ヲ巡視シ歸ルヤ乃チ改正ノ事斷シテ行フ能ハス一モ國ニ補フ所ナシ却テ外國ノ凌侮ヲ禦ク能ハサルナリ如是ニシテ國獻ヲ成セシトナスヤ之レ人民タルモノ扼腕シテ國一日モ其國タルノ體面ヲ存セサル事ヲ憤リ以テ其責ヲ專制政治ニ歸セントスル所以ナリ凡此八ツノ者ノ如キハ政府專制ヲ尚テ公議ヲ容レス大政序ヲ失シテ紀綱紊亂シ其昭々乎トシテ掩フヘカラサル者ナリ此ヲ以テ政府人民日ニ困弊シ天下一日モ寧息スルナシ西陲ノ變起ルニ及ンテハ海陸ノ軍ヲ擧ケ府庫ノ財ヲ竭シ政府ノ全力ヲ傾ケテ之ヲ討ス假令幸ニ諸將ノ謀略其宜ヲ得攻戰其機ニ投シ漸ニシテ之ヲ戡定スルモ天下人民ニ益スル所ナキカ如シ況ヤ彼ノ大亂ヲ戡定スル其餘威ヲ籍シ以テ常ニ惡ム所ノモノヲ排セントスルヤ古今ノ通患ニシテ專制抑壓ハ舊ニ加ハリ公議ノ壅塞ハ日一日ヨリモ甚シク有志ノ徒公議ノ士ハ仇敵視セラレ愚人視セラレ德川氏ノ末路ト轍ヲ同フスルニ至ラン抑德川有司ノ公議ヲ抑壓スルヤ酸鼻慘酷ノ刑ヲ施スコトニ天下ノ人民ハ公議ノアル處ニ之レ頼リ艱窘ノ狀ハ倍激勵シ拮抗ノ力ヲ窮シ甲踣レ乙踵ク遂ニ鮮血ヲ濺テ以テ今月ノ基業ヲ開クニ至レリ夫ノ圉人ノ馬ヲ御スルヤ轡啣緊繫ニ過キハ踢踶シテ之ヲ脱セントス況ヤ人ニ於テヲヤ湯鑊モ飴ヨリ甘シトシ五事ノ誓約ト立憲ノ詔令トヲ唱ヘ大聲シテ之ヲ訴ヘハ大臣ハ何ヲ以テ全國ノ人民ニ對ヱ
陛下何ヲ以テ天地ノ神祇ニ謝センヤ此時ニ當ツテ外國其凌侮ノ心ヲ恣ニシ其併呑ノ志ヲ逞フシ隙ヲ闚テ之ニ乘スルアラハ兵力ハ凋殘シ府庫ハ耗竭シ人民ハ離散ス
陛下獨リ何ヲ以テ其後ヲ善センヤ健吉等念テ之ニ至ル慷慨扼腕心腸殆ント裂ントス夫レ
陛下臨御以來
陛下ノ親ク行フ所大臣ノ施ス所ノモノ其利害得失昭々乎タル如此而テ大臣ハ常ニ宸斷ト謂ヒ親裁ト謂ヒ其責ニ任セサルモノ、如シ假令國家亡滅ニ至ルモ大臣ハ唯富貴ヲ保ツ能ワサルノミ獨リ
陛下其責ニ任シ天下人民其禍ヲ被ラントス今ヤ深ク專制抑壓ノ弊ヲ鑑ミ偏ク公議ノ在ル所ヲ觀テ國家獨立ノ基本ヲ培殖シ人民ノ安寧ヲ計ラントセハ民撰議院ヲ設立シ立憲政體ノ基礎ヲ確立スルヨリ善キハナシ民撰議院ヲ設立シ立憲政體ノ基礎ヲ確立シ人民ヲシテ政權ニ參與セシメ其天禀ノ權利ヲ暢達セシメハ人民自ラ奮起シテ國家ノ安危ニ任シ假令政府ノ公議ヲ取ラサルコトヲ欲スルモ其公議ハ抑塞スルニ途ナク政治專制ヲ尚フモ其尚フ所ノ目的ヲ果シカタシ故ニ紀綱紊亂ノ患アルナク上下晝一ノ權ヲ持シ人民日ニ以テ文明ノ域ニ達シ國月ニ以テ富强ノ境ニ進ミ内ハ以テ士民ノ騷亂ヲ安シ外ハ以テ外國ノ凌侮ヲ絶チ天下衆庶
陛下ト共ニ騷亂ヲ安シ外ハ以テ外國ノ凌侮ヲ絶チ天下衆庶
陛下ト共ニ其慶ニ頼ラントス夫レ萬機公論ニ決シ立憲ノ政體ヲ建ツルニハ
陛下臨御ノ始ノ誓約及明治八年四月十四日ノ聖詔ニシテ
陛下ノ志也
陛下ノ願也衆庶ノ慶此ニ過ルモノナシ健吉等ノ上書具陳
陛下ニ聞セント欲スル所以ナリ
陛下左右ノ言惑フナク健吉等ノ言ヲ聽納シ衆庶ノ望ニ副ヘラレハ天下幸甚ナラン

明治十年六月

高知縣下土佐國立志村惣代

片岡健吉謹白

國會開設の上願書

明治十三年頃に至れば民間に於ける政治思想の普及と共に、國會開設の議漸く全國に喧し、國會期成同盟會を組織して代議制の實現を期し大運動が開始したので、政府は此等民權運動に恐怖し集會條例を發布して、屋外集會を禁し地方の政社に解散を命じ得る事を規定して、極力國會開設運動を拘束したが其の效なく、十三年四月十九日には片岡健吉、河野廣中氏等總代となり二府二十八縣の同志八萬七千餘人の調印せる國會開設請願書を太政官に捧呈した。是れは其の上願書である。

（片岡茂三郎氏藏）

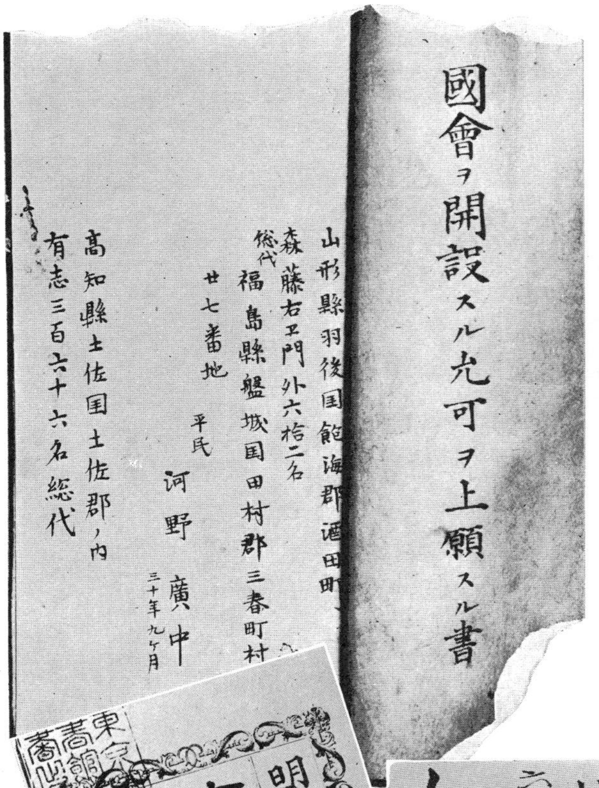

片岡健吉氏

國會ヲ開設スル允可ヲ上願スル書

山形縣羽後国飽海郡酒田町
森藤右エ門外六拾二名總代
福島縣磐城国田村郡三春町村
廿七番地 平民 河野廣中 三十年九ケ月
高知縣土佐国土佐郡ノ内
有志三百六十六名總代

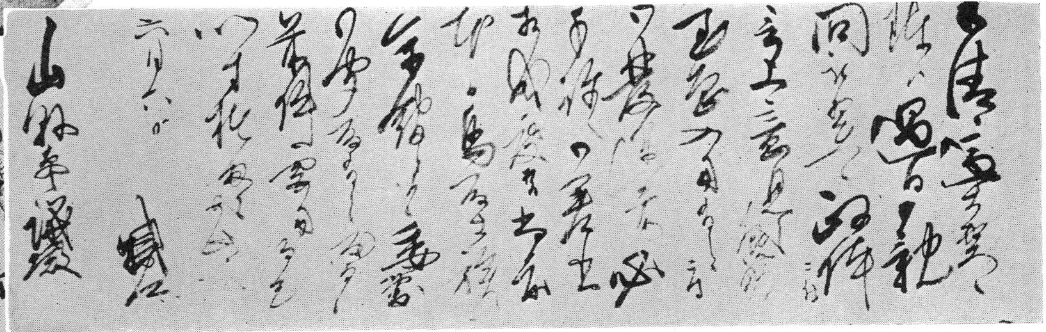

有栖川宮熾仁親王御書簡

明治十四年政體に關して、山縣參議に意見書提出を促されたるもの。

（山縣有道公藏）

御清適大賀候陳ハ過日
御親問被爲在候政體に
付言上意見之概略至急
入用有之候に付
御發途前必手許へ御差
出相成度候尚亦本日鳥
取士族參館と存候委敷
御聞取有之度存候
前件は要用而已以寸批
匆々如此候　以上
六月六日　熾仁
山縣參議殿

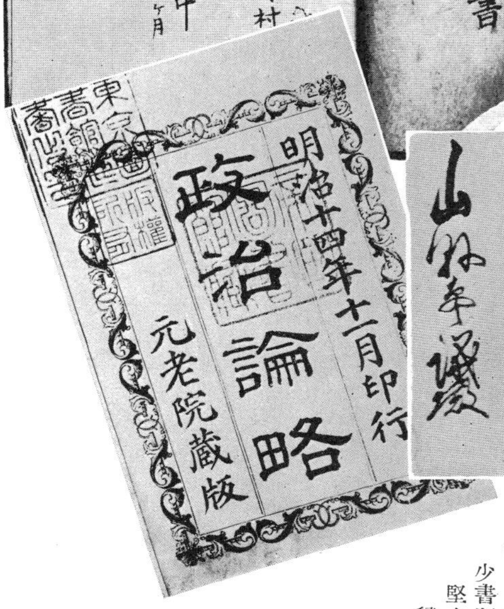

明治十四年十二月印行
政治論略
元老院藏版

政治論略

此の本は明治十四年頃の佛法系を根據とする當時の新進學說で、元老院權少書記官金子堅太郎氏の飜譯したもの。

（帝國圖書館藏）

大隈侯の密奏書

民間の國會開設論盛なりし時代、明治十四年三月時の參議大隈重信が元老院議長有栖川宮熾仁親王に捧呈し上奏を仰いだ國會開設並に憲法制定に關する非常な急進的意見書で遂に廟堂の物議を釀し、大隈參議免官の原因となつたもので其當時參議伊藤博文が三條太政大臣に乞ふて　陛下の御手元から內借、自ら寫したもので伊藤侯爵家にて複製したもの。

（時田精助氏藏）

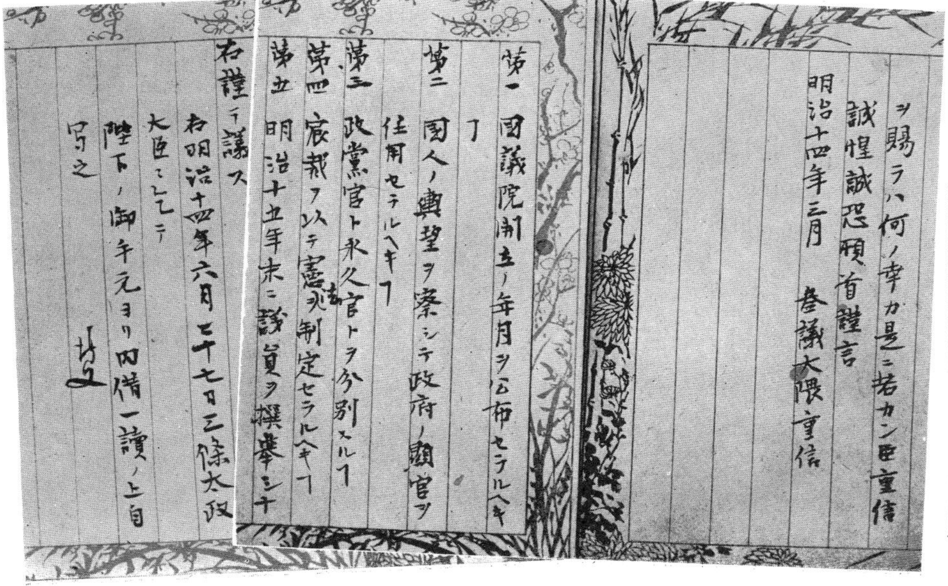

ヲ賜ラハ何ノ幸カ是ニ若カン臣重信
誠惶誠恐頓首謹言
明治十四年三月　參議大隈重信

第一　國議院開立ノ年月ヲ公布セラルヘキ事
第二　國人ノ輿望ヲ察シテ政府ノ顯官ヲ任用セラルヘキ事
第三　政黨官ト永久官トヲ分別スル事
第四　宸裁ヲ以テ憲法制定セラルヘキ事
第五　明治十五年末ニ議員ヲ撰擧シ十
右謹テ議ス
右明治十四年六月二十七日三條太政大臣ニヨリ
陛下ノ御手元ヨリ内借一讀ノ上自ら写之　博文

八月十一日　澳國維納府
陸奥大江等ノコトハ廟堂交
議ナキ事ニ御座候へハ何卒
寛典ニ被處度奉存候御下問
ニて申上候

謹啓
聖上益御昭穆被爲涉奉恭祝候有
栖川親王殿下ニも本月二日伊國
へ御到著御一同御無事之趣ニ御
座候故御安神可被爲在候
閣下ハ近時少々御不例之趣被仰
聞候處爾來如何被爲涉候哉定而
卽今ハ最早御快復之儀と奉遙察
候六月十二日之華翰ニ而御國情
ヲ詳ニスルヲ得難有奉謝候條約
改正一條ニ付而ハ殊ニ御痛心被
爲在候趣未タ外務卿より之報道
ハ無之候へ共井上毅より之通信
ニ而大要ハ承知仕候愚考候ニハ
讓與ニ過キタル廉モ澤山有之樣
奉存候譬へハ
外國人ヲ傭入我判事ト爲スヲ
外國ニ向テ保證スルコト
外國人被告タル場合ニ於テ外
國判事ヲ增加スルコト
彼我ノ判事意見不合時外國判
事ノ決ヲ取ルコト
外人本屬ノ官吏ヲシテ辯護人
ヲ撰ハシムルコト
內地人ノ裁判ニ外國人ヲ參與
セシムルコト
外國人ヲ入獄セシムルニ領事
ニ管理セシムルコト
外國人ハ控訴裁判所ヲ始審ト
スルヲ得ルコト
陪審ヲ出スコトヲ得セシムル
コト
以上ハ將來國家組織ニ關シ甚障
碍ト可相成樣愚考仕候へ共現ニ
其地ニ不罷在事ニ付或ハ間違之
意見ヲ呈出仕候歟も難分不惡御
海恕奉願候
銀行創立之儀ハ發途前ニ徐々著
手相成候方可然松方へ及示談置
候　是等之事卽功ハ無之ものニ
御座候故可成其利害ヲ確認シ御
著手被成候儀申上候迄も無之候
柳原公使ハ小官來歐以來兩度伯
林へ遊覽早晩數日之滯在ニ御座
候故豫て御示諭之件々詳細遂談
話申候歸朝之上ハ吃度盡力可有
之儀ニ確信仕候小官ハ卽今維納
ニ罷在本月中ハ滯在之筈ニ御座
候
有栖川殿下へモ拜謁之爲罷出度
奉存候へとも取調之時日ヲ空シ
ク仕候故御用無之時ハ不罷出つ
もりニ御座候尤御沙汰次第ニ進
退可仕候書面ニて申上置候
魯帝卽位ハ何月ノコトハ不相分
多分當年ハ六ケ布との世評ニ御
座候博文來歐以來取調候廉々ハ
片紙ニ盡兼候故不申上候處獨逸
ニて有名ナルグナイスト、スタ
イン之兩師ニ就キ國家組織ノ大
體ヲ了解スルコトヲ得テ
皇室ノ基礎ヲ固定シ大權ヲ不墜
ノ大眼目ハ充分相立候間追て御
報道可申上候實ニ英米佛ノ自由
過激論者之著述而已ヲ金科玉條
ノ如ク誤信シ殆ント國家ヲ傾ケ
ントスルノ勢ハ今日我國ノ現情
ニ御座候へ共之ヲ挽回スルノ道
理ト手段トヲ得候尙報國ノ赤心
ヲ貫徹スルノ時機ニ於テ其功驗
ヲ現ハスノ大切ナル要具と奉存
候而心私ニ死處ヲ得ルノ心地仕
將來ニ向テ相樂居候事ニ御座候
兩師ノ主說トスル所ハ邦國組織
ノ大體ニ於テ必竟君主立憲體ト
協和體ノ二種ヲ以大別ト爲シ此
中ニ種々分脈有之候へ共小差別
ナリ譬へハ立君ニシテ協和體ア
リ無君ニシテ協和體アリ立君專
政アリ君主立憲ニシテ議會ヲ有
スルアル等
君主立憲政體ナレハ君位君權ハ
立法ノ上ニ居ラサル可カラスト
云ノ意ナリ故ニ憲法ヲ立テ立法
行政ノ兩權ヲ並立セシメ立法ハ議政府
行政ハ宰相府恰モ人體ニシテ意想ト行
爲アルカ如クナラシメサル可カ
ラスト云只邦國ノ人體ト異ナル
所ハ意想行爲ノ兩體共ニ其組織
アリテ各箇其運用ヲ異ニス此兩
組織ノ運用並行ハレテ相悖ラサ
ルノ理アリ君主ハ則此兩組織ノ
上ニ在リテ所謂邦國ノ元首ナリ
故ニ法以テ之ヲ束縛スヘカラス
刑以テ之ニ加フ可カラス不可干
犯ノ地位ニ立テ邦國ヲ統括ス是
君主ノ位ナリ職ナリ
君主ノ許可ナクシテ一モ法ト爲
ル者ナク君主ノ許可ナクシテモ
命令ト爲ル者ナシ此許可權ハ君
位君權ニ固有專屬ス
法律（ローウ）ハ兩院卽チ議會ノ議決スル
所命令（ヲルトナンス）ハ政府ノ發布スル所而
シテ法律命令其效力ヲ均シクス
只々此兩箇ノ者相撞着スルヲ得
ス又撞著ヲ豫防スルノ法方アリ
總テ法律ノ草案ハ政府卽チ內閣
行政府ノ起草スル所ナルヲ以テ
縱令立法議會ニ於テ政府ノ意ニ
反スルノ法律ヲ議定スルモ政府
諾承セザレハ
君主之ヲ許可發布セス君主ノ許
可發布ニ非サレハ法律ニアラス
シテ草案タルニ過キス（凡大體
雖如此之ヲ細論スレハ一朝ノ能
ク盡ス所ニ無之候）
故ニ上ニ所謂ル二種ノ別ハ縱令
立君ノ國ト雖モ君權完全ナラサ
レハ其政體乃チ協和ナリ邦國統
治ノ權國會ニ偏倚シテ宰相ハ國
會ノ衆寡ニ依リ進退セラル、者
皆協和ナリ到底歐洲現今ノ形勢
ニて漸次君權ヲ削弱シ政府タル
者ハ國會ノ臣僕ノ如キ姿ニ墜リ
統治ノ實權歸スル所ナキニ至テ
ハ國權ヲ擴張シ民庶ノ幸福ヲ保
持スル所以ニ非ス故ニ君主立憲
ニシテ君權ヲ完全シ立法行政兩
立並行ノ組織ヲ固定センコトヲ
期ス此眞正ノ政體ニシテ又眞理
ノ然カラサルヲ得サル者アリト
（由是觀之我
皇室ノ如キハ二千五百有餘年邦
國ノ體裁ヲ固定セサル以前ニ於
テ既ニ君主ノ地位ヲ占ム豈ニ國
憲ヲ定メ國會ヲ起ルノ時ニ至リ
始メテ君主タルコトヲ認メラル
、ヲ俟タンヤ）歐洲ノ政學者既
ニ君位ハ國憲ノ上ニ駕スルヲ說
ク斯ノ如シ況ンヤ我皇室ノ如キ
ニ於テオヤ尙細密ニ申上度候へ
共紙ニ餘白ナシ後鴻ニ讓リ可申
候時下爲邦家御自重可被遊此書
匆卒之間ニ相認候故前後矛盾も
不少候へ共不惡御推讀願上候頓
首再拜

博文

岩公閣下

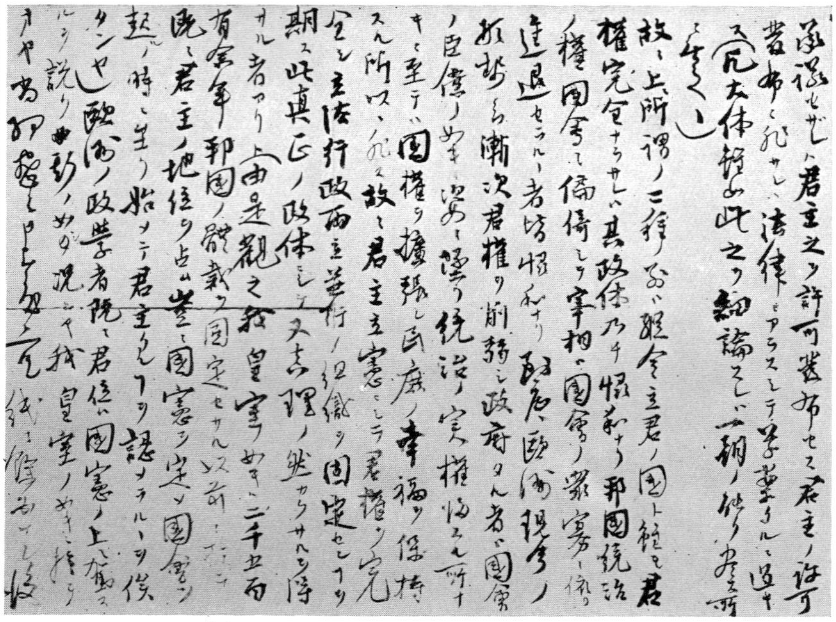

伊藤公ウヰーンより岩倉公宛書簡

憲法制度取調べの爲め、明治十五年三月、伊藤博文は伊東巳代治、西園寺公望、平田東助其他を從へて歐洲に派遣された。同年八月十一日澳國首都維納よりグナイスト、スタインに會ひ岩倉具視宛にその調査の梗概を報じたのが卽ち此の書簡である。文中早くも我が國憲に對する骨子が組立てられつゝあるを分明と認めることが出來る。

（**末松春彦氏藏**）

伊藤公パリより松方公宛書簡

この書簡は前に掲げた同公の書簡と同様、憲法制度取調べの爲め歐洲へ差遣はされた際、明治十五年九月六日パリより投函した松方正義宛の書簡である。英、佛、獨の國體を論じ、政治組織を痛烈に批判してゐるが、最後に獨逸皇帝に陪食を賜はりたる問答の內容の如きは、憲政祕史として興味深々たるものがあらう。（末松春彥氏藏）

此書ハ餘リ出タラメ而耳ヲ書綴リ候故御一讀後御火中是祈ル

九月六日佛國巴黎府

爾來御疎音ニ經過仕候處愈御清福不相變公務御鞅掌爲國家御忠勤之段敬賀至極ニ奉存候過般有栖川親王一行渡航之節御懇書一封御寄贈當分之事情細大無漏再三熟讀得詳現時之情況鳴謝之至ニ奉存候小生西遊以來心力之及フ所丈ケ勉勵從學罷在候間乍憚御省念可被下候時ニ　賢臺之御起居御鞅掌之事等思出シ又ハ歐洲目下之形勢或ハ自己取調之事共執筆御報道申上度又御尋も申度と企望候事數度ニ有之候得共兎角悤而已ニテ懶惰ニ打過背平生之素志慚愧至極ニ御座候不悪御海恕是祈ル○朝鮮之暴發ハ一時頗心配仕候竟ニ平穩ニ結局トノ電報三四日前到來實ニ重擔ヲ卸シタル心地仕候當初ハ今度こそ豚尾先生ト兵端ヲ啓クニ至ラサルヲ得サル可シ即今ノ武備ニ而ハ餘リ手薄ク尤我海軍之用備頗薄弱ニシテ此儘戰爭と相成候而ハ甚至難ノ景況ニ可陷乎と竊ニ憂慮仕居候又會計ノ一點ニ至テハ既ニ今日迄折角賢臺ガ心血ヲ濺キ計畫シタルモ水泡ニ屬セサルヲ得サル而耳ナラス小生カ尤モ嫌惡スル外債モ一時ヲ彌縫スル爲不得止ノ最下策ニ出テサルヲ得サル歟獨自カラ焦慮仕居候一報ノ電線平穩滿足之結局ヲ爲シタリトノコトニテ秋風索々之心地變シテ春風靄々境ニ入候氣味仕候　賢臺ニ於テモ御同感之事ト遙察仕候處如何○松田道之之凶報ハ實ニ愕然之至九鬼ヨリ細報生別死後之模樣詳細承知仕候處實ニ彼レガ如キ忠實彼レガ如キ才幹彼レガ如キ勉强ハ維新以來之官吏中稀ニ見ル所ノ者ニシテ甲東翁人ヲ知ルノ明此人ニ及ンテ益々昭々矣ト心竊ニ敬服仕候將來共ニ謀ルノ人ナリト相樂居候處豈圖忽然得兇聞實ニ悲傷哀惜之至ニ不堪賢臺ニ於テハ平素殊更御懇親極テ御痛歎之事ト拜察仕候○追々內閣諸公之報及ひ新聞等ニて政黨團結演說集會之模樣承知仕候彼ノ改進先生之擧動實ニ可憐ものなり人義身ヲ置クノ所ヲ轉スレハ如斯志操迄ヲモ變シ得ルモノ乎必竟彼是ト名稱ヲ設ケテ理窟ラシキコトヲ首唱シ世ノ衆愚ヲ籠絡シ衆力ヲ假ラント欲スルノ外ナシト雖抑モ國家ヲ經理セント欲スル者一定ノ見識ナク青年書生カ漸ク洋書ノカジリ讀ミニテ拈ネリ出シタル書上ノ理窟ヲ以テ萬古不易ノ定論ナリトシ之ヲ實地ニ施行セントスルガ如キ淺薄皮相ノ考ニて却テ自國ノ國體歷史ハ度外ニ置キ無人ノ境ニ新政府ヲ創立スルト一般ノ陋見ニ過キサル可シ況ンヤ今日ノ浮薄ナル人情ヲ熟志シナガラ政黨ダノ團結ダノト奔走驅遂騷キ廻ルモ必竟風ヲ捕ユルニ不異無智無識ノ青年輩カ糊口ノ策ニ苦ンテ何カノ倚頼者アラハ之ニ依テ已カ目下ノ窮乏ヲ救ヒ歲月ヲ經過スルニ內ニハ何カ僥倖モアランモノ位ニテ意ヲ迎カヘ說ヲ作テ附從スルトモ不知斷金ノ交友ト認メ他日志ヲ得テ內閣ヲ組織スルノ時ニハ股肱ノ輔翼トナル者カト馬鹿々々シキ夢ヲ樂シムニ外ナラサルベシ安ソ知ラン彼等ハ何モ束縛セラルヽ程ノ義務モナケレハ恩愛モナシトテ都合次第ニ聚散離合所謂相手代レドモ主ハ不替トノ俗諺ニ墜リ此間人ニ被欺人ニ被賣數年ノ後始メテ其謀略ノ非ナルヲ悟ルベキ是僕ガ可憐ト云所以ナリ賢兄以爲如何乎　○明治二十三年ニ至リ縱令憲法ヲ定メ國會ヲ興スモ決シテ彼等ガ希望スル國會ノ衆寡ヲ以テ內閣宰相ノ進退更迭ヲ爲スガ如キ所謂議會政府（パーリアメンタリー・ガブルメント）ノ我日本ニ適セザルハ不俟論而已ナラス如斯ハ則純然タル君權完全ノ政治ニ非スシテ英國カ古今無比ノ一種ナル政體ヲ數百年間ノ沿革ニ依リ作リ出シタル一例アル而已英人ハ自國ニ適當セルヲ以テ最上ノ政體ナリト誇稱スルモ彼等カ祖先ノ抑モ豫期シタル所ニ非スシテ沿革興亡七八百年間ノ變遷ノ力ニ依リ自然ニ今日ノ體ヲ爲シタリト云モ誣言ニアラス而シテ後等ノ誇稱スル所古昔ノ賢哲シセローノ語ヲ引用シテ王室、貴族、衆民、此三原素ヲ合體シテ創立シタル政體ヲ以テ最上ト爲スト云ニ恰モ符合スルヲ以テ得意トセリ然ルニ上古ヨリ中古中古ヨリ近代之ヲ歷史上ニ徵スルニ王室モ貴族モ衆民モ悉皆我國ニ在ル所ト同種ノ者ニ非スシテ亦此三原種互相ノ關係モ我國ノ事實形跡ニ對照スルニ一モ同樣ナル者アルコトナシ就中貴族ノ一部ニ至テハ霄壤ノ差アリ（此差ハ冗長ニ涉ルヲ以テ茲ニ之ヲ略ス）既ニ一原素ノ異ナルヲ以テスルモ英國政體ニ比シテ論スレハ三方鼎足ノ一ヲ缺ク三足ヲ以テ立ツコトヲ得ルノ鼎ニシテ一足ヲ缺キ二足ニシテ確立スルヲ得ルト云ハヽ三尺ノ童ト雖其迂拙ヲ笑フベシ○千八百期ノ末年ニ當リ佛國王家擅橫ノ事跡アルト佛民亂ヲ好ムノ質アルトニ依リ又ルーソーガ如キ謬見ノ學者カ惡ヲ世海ニ流シタルトニ依リ其結果自由民權ノ說世ノ風潮ヲ爲シ終ニ革命變亂ニ至テ勢イ窮マリ英雄衆ヲ籠絡シテ已カ功名利達ノ志ヲ遂クルノ好時機ヲ作リ乃チ那勃烈翁カ當初民權ヲ首唱シ志ヲ得ルニ至テ帝位ニ昇リ兵威ヲ以テ四隣ヲ懾伏シ其勢ヲ以一時佛國ノ民心ヲ維持スルコトヲ得タルモ英雄ノ通患トシテ勝ニ乘シ無飽ノ欲ヲ逞シタル爲メニ歐洲連衡ノ力ヲ養成シ之ニ抗シ竟ニ一敗地ニ塗レ絕海孤島ノ囚人ト爲ルニ至テ止ム而シテ歐洲連衡ノ力ヲ以テ那勃烈翁ヲ滅却シタルハ即チ歐洲ノ各王家ナリ歐洲各王家連衡ノ力能ク勝ヲ制シタルニ依リ一時鎭靜ニ至リタルモ民權自由協和論ノ餘毒尙人心ニ感染シテ時アリテ起伏シ千八百四十年間再ヒ佛國協和論ヲ生スルニ至リ那勃烈翁之世機ニ乘シ大統領ノ職ニ當ル而シテ四十八年歐洲一般ノ風潮ヲ爲シ獨澳共ニ內亂ヲ釀成シ終ニ憲法ヲ公布シ國會ヲ開クニ至ル是レ此間ノ大略ナリ然ルニ近時ニ至リ色々種々ニ變遷シ或ハ社會黨ノ如キ者ヲ現出シ或ハ虛無黨ノ如キ者ヲ現出シ又國會アルノ國ハ早晩モ君主統御ノ權ヲ創弱シ無智無學議員ノ多數ニ國政ノ得失ヲ任センコトヲ主張シ不得止シテ之ヲ放任シタルノ國ハ今日如何共スルコト不能內閣宰相ハ何時議院ノ爲メ進退セラルヽカ自カラ量ルコト不能自然ニ事ニ任スルノ力ヲ弱クスルニ至レリ是等ノ理由アルガ爲メニ識見アル學者政治家ハ皆ナ比弊ヲ救護セント汲々タリ○小生八月上旬ヨリ維納ニ遊ヒ有名ナルスタインニ就キ其說ヲ聞キ實ニ得ル所不少ト心竊ニ樂ミ居候處俄ニ獨逸皇后ヨリ至急歸レト電報到來伯林ニ歸リ二十八日皇帝ノ別宮ニテ陪食セシ時ニ皇帝勅シテ曰汝ハ國憲等ノ取調ヲ爲スト聞ケリ然ルニ朕ハ日本天子ノ爲メニ國會ノ開カルヽヲ賀セズトノ意外ノ言アリ食事ヲ終テ別室ニ至リ懇々切々今日歐洲流行ノ兆ナルヲ數示セラレ竟ニ日本ノ形勢不得止シテ國會ヲ開クニ至ラハ能ク注意シ國法ヲ定メ而シテ縱令如何樣ノコトアルモ國費ヲ徵集スルニ國會ノ許諾ヲ不得ハ不出來樣ノ下策ニ出ル勿レ若シ其權ヲ國會ニ讓レハ內亂ノ基ト知ルベシトノコトナリ獨帝ノ此勅諭固ヨリ他國人ニ向テ容易ニ發セラルベキコトニ非ス又タ決シテ世上ニ公ニスヘキコトニ非サレハ僕ガ心中ニ收藏スル而已此事ヲ茲ニ記載スルノ爲差テ要用ナシト雖前論ノ不虛ヲ證スル爲メニ其一例ヲ擧クル而已是レ歐洲識者ノ論ニ獨逸流義ノ主旨ハ大槪右ノ論點ニ傾斜スル者ノ如シ獨逸ノ大學者尤憲法學ニ有名ナルグナイストノ論モ獨帝ノ勅語ト大同ナリグナイストノ論ニテハ憲法ニ會計ノ事ヲ揭クルハ豫算書ヲ國會集會ノ日前ニ讀ムコトヲ得國會ハ之ヲ論スルコトヲ得ルト云ニ止ムヘシトノコトナリ決シテ國會ノ承諾ヲ得ルニ非サレハ政府歲入ヲ徵集スル不能トカ國費供給スル不能トカ國會ニ會計全權ヲ擧テ委スルカ如キハ失策ニ陷ル時ハ政府ハ手ヲ束ネテ彼等ノ指揮ニ從ハサルコトヲ不得是レ國政委靡シテ不振ノ基ヲ開キ彼等飽クコトナキノ求メ終ニ國君ヲ廢シ協和政治ヲ創立セント云ニ至ル各國同一般ナリトノ說ナリ澳國ノ博士スタインノ說ハ過日大略ヲ書シ山田ヘモ差送リ置候故自カラ御一覽被下候事愚考仕候餘リ長文ニ涉リ候故此度ハ先ツ是ニて閣筆可仕候乍憚九鬼ヘ別書ナシ宜シク賢臺より御傳言奉願上候僕一兩日間より再ヒ澳國ヘ罷越十月中旬頃迄滯在之つもり夫より再ヒ伯林ニ廻ルベシ余ハ讓後鴻候

頓首拜白

博文

松方賢臺

九鬼氏ニ左ノ一事御傳言奉願候木場末岡兩人に勸告シ維納府ニ遣シスタイン氏ニ從學セシメ候間文部卿ニ於テモ許諾相成談合ヲ乞申候

西郷大山川村黑田諸先生へ御面會ノ節宜シク御傳言奉願候

外務卿ヨリ電報ヲ以八月下旬ニ五千弗之金員受取候樣との事申來候尙賢臺より之御指揮ニ而有之大藏省ヨリモ佛國公使館ヘ當テ小官ニ相渡との電報到來之趣井田より申越候故乃佛貨貳萬三千七百五十フラン落手仕候此段序ニ申上候　外務卿へも賢臺より御通知奉願上候

東洋自由新聞彈壓の顚末

自由民權論盛なりし明治十四年三月十八日、西園寺公望公は松田正久、松澤求策等と謀り東洋自由新聞を發刊して、盛に自由主義を唱へたので、政府當局は狼狽して、德大寺宮內卿を動かし勅命を以て西園寺公と東洋自由新聞との關係を無理矢理に斷絕せしめた。其時の事情を物語る松澤求策氏が西潟爲藏氏に宛てた書簡。

（伊藤仁太郎氏藏）

在監人書信紙○明治廿年十月六日

加波山事件の志士

明治十七年頃、民權運動の先驅者自由黨員に對する政府の彈壓、箝束極めて急なりし爲め、地方に於ける血氣の自由黨員は、暴動を起し、明治十七年九月廿三日、富松正安、玉水嘉一氏等、壓制政府顛覆、一死以報國の旗を茨城縣眞壁郡加波山上に押立て、檄文を頒布したが事志と違ひ鎭壓せられた。

然し之れに適用する法律がなかつたので政府は大に狼狽し急遽其年の十二月廿七日、爆發物取締罰則なるものを發布したが、慥憾ながら此の事件には適用することが出來なかつたので、不法にも十數名の志士を强盗殺人犯の罪名に誣ひ、死刑と無期徒刑の極刑に處した。寫眞は右富松正安左玉水嘉一で事件當時撮つたもの。

（伊藤仁太郎氏藏）

鐵窓簡札

明治十七年末頃韓國京城に於ける、開國黨、事大黨の軋轢に乗じ清國は强大を恃んで韓廷閔妃の一族を操縦し遂に其內政に干渉して專横を極めた。韓國の志士金玉均、朴永孝等は清國の內政干渉を排せんとして力足らず遁れて我國に來り腹心を披て我自由黨の諸士に謀り其の後援を得て素志を貫徹せんと企てた。自由黨員大井憲太郎氏等日韓の事は東洋の平和に關すること大なるを思ひ、欣んで一諾を與へ百方我政府を動かさん事に努めたが在廷の官僚終に之を斷ずる能はずして徒に日を曠ふするのみ、大井新井氏を始め自由黨の同志は痛憤禁ぜず決死起つて自ら韓國革命の義擧を大成せん事を盟ひ相謀つて密かに武備を整へ韓國に渡航せんとしたが事政府の偵知する處となつて、明治十八年十一月二十三日各地同盟の諸士百三十餘人、東京、大阪、長崎に於て捕へられた。

寫眞は當時大阪に下獄した人々が其獄中よりの書簡で鐵窓簡札と銘打つて一括されている中に當年の志士城南翁小久保喜七氏の書簡もある。

（玉水常治氏藏）

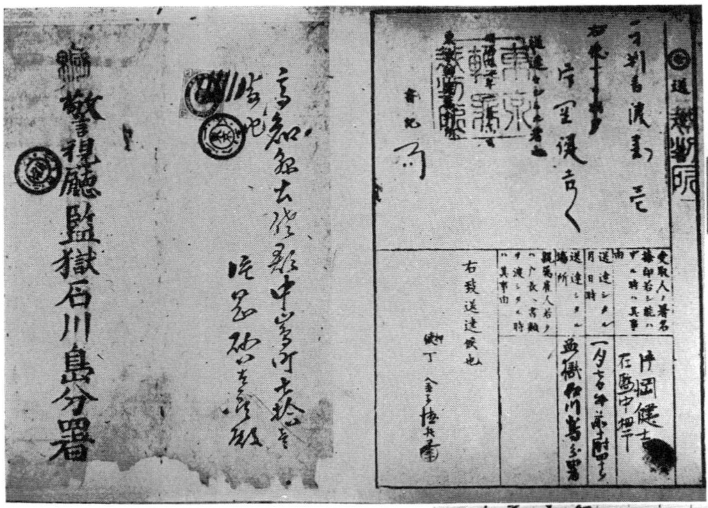

片岡健吉の書

（片岡啓太郎氏蔵）

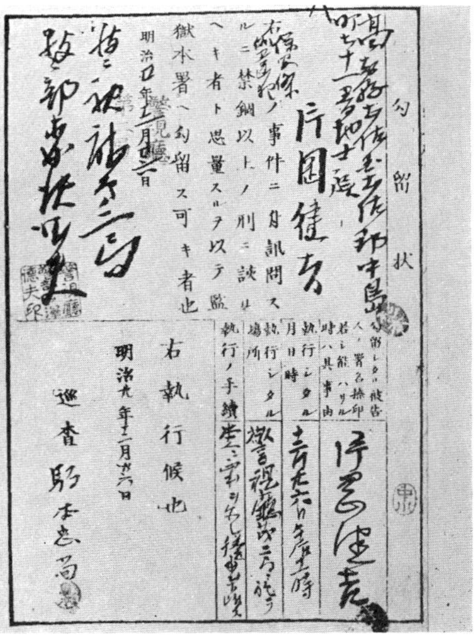

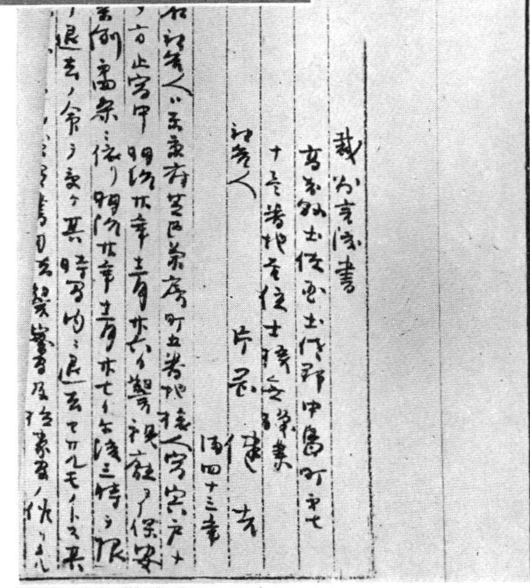

片岡健吉の勾留狀と裁判言渡書

明治二十年十二月廿六日の保安條例に依る退去命令に服せず拘束せられた自由黨の片岡健吉氏の拘留狀及び裁判言渡書。

（片岡啓太郎氏蔵）

政府彈劾上書

明治二十年頃、自由黨員井上敬次郎伊藤仁太郎氏等は時局を慨し、殊に伊藤公の宮内大臣と總理大臣とを兼攝するの非を第一に擧げ政府の失政を列擧して、一府十九縣及北海道廳有志の總代として宮内省に出頭伊藤宮内大臣に面會を求め且つ上書を提出した本書は其時の上書及上書進達願である（伊藤仁太郎氏蔵）

一 總理大臣ニシテ宮内大臣ヲ兼ヌルハ大臣ノ過誤失策ヲ擧ゲテ 天皇ノ責任ト為シ己レ其責ヲ免ルルハ帝室ニ危害ヲ及ボシ姦臣依テ以テ私ヲ為シ國民ヲ威嚇スルノ方便トスル事

一 外交政略ニ秘密主義ヲ濫用シ殊ニ條約改正ヲ外務省ニ專任スルハ殆ント國家將來ノ大計ヲ誤ラントスル事

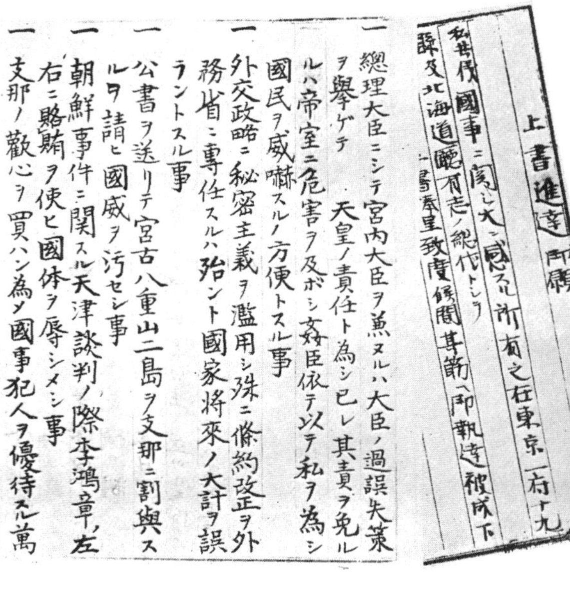

一 公書ヲ送リテ宮古八重山二島ヲ支那ニ割與スルヲ請ヒ國威ヲ汚セシ事

一 朝鮮事件ニ関スル天津談判ノ際李鴻章ノ左右ニ賂賄ヲ使ヒ國体ヲ辱シメシ事

一 支那ノ歓心ヲ買ハン為メ國事犯人ヲ優待スル萬

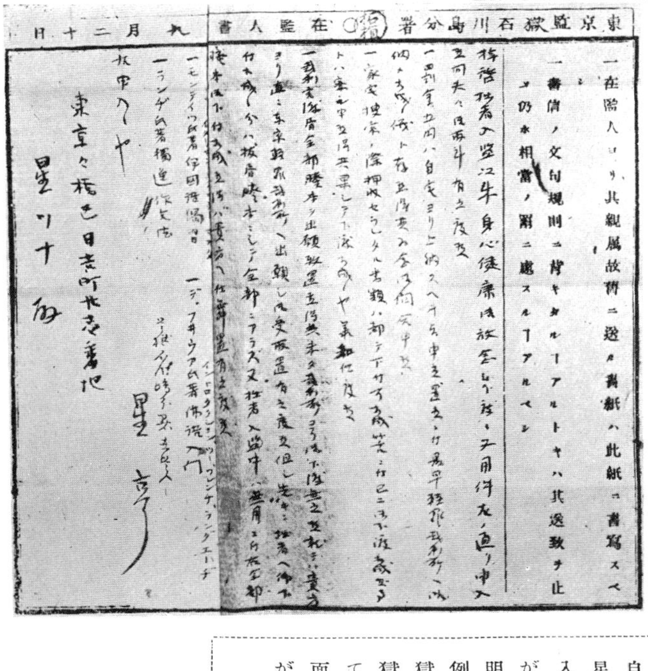

星亨の獄中通信

自由黨活躍の當時星亨氏も屢々檢束入獄の憂目を見たが、之れは星氏が明治廿一年出版條例違反で石川島監獄に投ぜられた際獄中より夫人に宛てた書簡で星氏の面目躍如たるものがある。

（星光氏蔵）

山縣公より伊藤公に宛たる書翰

明治廿年末頃の政界は自由黨改進黨等聯合軍は鉾を揃へて政府に肉迫し、言論集會の自由、地租減額條約改正を擧げて政府當局の非政を彈劾火の出る様な攻撃を開始した。伊藤内閣は師走も押迫つた十二月廿六日突如として保安條例を發して民黨に一大彈壓を加へ一時を彌縫し、廿一年を迎へたが一月早々伊藤内閣總理大臣は難局に嫌氣を生し内閣を投げ出さんとしたので、時の内務大臣山縣は其の不可なるを勸告した。これは其時の書簡の草稿で理路整然比喩剴切言々句々人の肺肝を衝き、實に肯綮に價する名文である。伊藤總理も之れに感し四月樞府議長に成る迄頑張り通したのである。

（山縣有道公藏）

伊藤公

拝啓世外翁磯部ニ赴クヲ以テ去ル十一日空齋氏ト共ニ大兄ヲ訪問シ談話ノ際ニ當リ始テ大兄退讓ノ念アルヲ聞キ其坐次重々意見ヲ陳述シタリキ爾後又忌諱ヲ犯スヲ顧ミズ屢狂妄ノ言ヲ吐キ大兄カ私ヲ棄テ公ヲ取リ以テ天下ノ長計ヲ誤マラサランヿヲ冀望シテ已マサルノ旨ヲ陳セリ然レ𪜈僕不敏辭其意ヲ盡サス因テ更ニ此書ヲ呈シ以テ僕ノ衷情ヲ吐露スルヿ左ノ如シ

熟々今日我邦ノ形勢ヲ見ルニ之ヲ兵ニ譬フヘシ鼎ヲ中原ニ爭フニ當テ將旗一タヒ動キ一歩モ退避ノ色アルトキハ全軍疑惑シ堅志アルナシ遂ニ收拾ス可ラサルニ至ルハ必然ナリ意フニ大兄今日ノ位置ハ實ニ全局ノ中心ニシテ萬民ノ具瞻スル所ナリ如シ無故率然移動スルヿアラハ浮説百出物議洶々隨テ草莽輕擧ノ輩ヲシテ再ヒ其心ヲ生セシメ國家ノ事復收拾ス可ラサルニ至ルハ明カニシテ火ヲ賭ルカ如シ大兄ニ在テハ或ハ不得已情實ニ之アルベケレ𪜈畢竟私情ノ云々ニ過キズ然ルニ私ヲ以テ公ヲ害スルアラバ彼ノ自稱壯士輩ノ都下ニ集合シタルヲ處分セシ事ノ如キハ唯敗兆ヲ前表シタルニ過ギズ大兄ノ聰明豈此ニ見ナカラシヤ願クハ大兄ノ更ニ熟慮センヿヲ抑僕ガ屢此言ヲ爲ス所以ノ者ハ大兄ノ外當局其人ナシトシテ今時ノ人物ヲ軒輊スルニハ非ス獨リ大兄ノ今日ニ在テ決シテ現時ノ位置ヲ變換ス可ラサルノ一大理由アリテ存スレバナリ試ニ思ヘ今日ハ是レ如何ナル時ゾ大兄ハ是レ如何ナル地位ゾ思フニ明治十四年ノ冬大兄ハ實ニ機軸ノ任ニ當レリ其計畫ノ責ハ廷臣同僚ノ分擔スベキ所ナルニモ拘ラス

皇上ハ茲ニ特ニ大兄ヲ鑒拔シ洋行視察ノ勞ヲ取ルヲ命セラレタリ爾來殆ト六年ヲ經過シ國會開設ノ期已ニ迫リタレハ今ハ方ニ是レ憲法ヲ發布シ政略ノ方針ヲ一定シ非常ノ處分ヲ施シ異議ヲ鎭壓シテ以テ十四年

聖勅ノ局ヲ結ハントスルノ際ニ屬セリ卽チ是レ陣ニ臨ミ鋒ヲ爭フノ時機ナリ此豈將旗ニシテ退色アルベキノ日ナランヤ此ノ非常ノ大業ノ前ニ横ハルガ爲メニ去ル明治十八年三條公ハ時局ノ艱難ヲ察シ自カラ其重任ヲ辭シ更ニ學識ノ人士ヲ推薦センヿヲ奏請セシニ

皇上ハ猶未曾有ノ特列ヲ擧ケ大兄ニ委スルニ總理ノ大任ヲ以テシタマヘリ其故何ソヤ蓋シ立憲ノ大業ハ獨リ勳閥宿望ニノミ倚頼スベキモノニ非ス實ニ中外古今ニ渉ル學識アル人ニ非レハ不可ナレバナリ今大兄ニシテ退讓ノ意アラバ是レ

皇上當時ノ鑒拔ヲシテ不明ノ名ヲ負ハセ參ラスル者ニ非スヤ且大兄ニ在テモ亦前日ハ鋭意勇進シ身ヲ以テ國ニ許セシニ自カラ期スル所ノ大業未ダ成ラズシテ半途自廢スルガ如キアラバ此獨リ

聖旨ノ重キニ背クノミナラズ

神武以來二千五百年來ノ大事ヲ誤マルト云フトモ大兄ハ蓋シ其責ヲ辭スルヲ得ザルベキナリ此ノ如クンハ國家將來ノ運命ヲ何ノ地ニ措カントスルカ思フテ此ニ至レハ中心裂クカ如ク自ラ涕泗ノ横流スルヲ覺エサル也且僕カ所見ヲ以テスレハ立憲ノ事ハ唯法文ノ具備スルヲ以テ足レリトセス必ス之ヲ事實ニ施シ其機關ヲ運用シ上下內外視テ以テ完美ノ域ニ達スルノ觀アリトスルノ後始メテ了局タルヲ得ベシ是ニ由テ之ヲ觀レハ今日ハ是レ準備中ノ日月タルニ過キズ百里ニ行ク者ハ九十ニ半ハストイヘリ明治十四年以來施政ノ運動未タ九十ニ達セス是豈大兄カ倦怠退讓推辭顧慮スベキノ時ナランヤ況ヤ大兄一旦身ヲ以テ國ニ許シ

聖旨ヲ奉體シ而シテ其事ノ未タ成ラサルニ際シ毫モ其志ヲ動カス可ラス是大兄自カラ大兄ノ事ヲ敗ル將來ノ悔必ス今日ニ百倍スル者アルベシ此時ニ當リ顧テ僕カ言ヲ念フトモ既ニ分毫ノ補ナキナリ嗚呼方今ハ是レ如何ナル時ゾ大業前ニ在リ急務百端決シテ一日ヲ緩クス可ラズ天下ノ大勢ヲ指畫シ天下ノ人心ヲ收攬シ政略ノ方針ヲ一定シ

帝國ノ基礎ヲ鞏固ニスルモ實ニ今日ニ在リ人心ノ瓦解ヲ來シ國事ノ支離ヲ招クモ亦唯今日ニ在リ竟フニ大兄ノ重任ニ當リシ以來未タ一ノ蹉跌アルヲ聞カス大兄ハ何ヲ苦テ進テ爲スヘキヲ爲サス反テ逡巡遲疑シ國ノ運命ヲ抛棄シテ顧ミサルニ至ラントスルヤ

聖明上ニ在リ兆民下ニ在リ僕ハ大兄ガ從前ノ意志ヲ變セスシテ以テ大事ノ局ヲ結ハンコトヲ切望シテ已マズ實ニ

皇上ノ爲メ國家ノ爲メ之ヲ論セサルヲ得サル也　頓首

明治廿一年一月　日

辱知　山縣有朋

春畝大兄　玉案下

山縣公

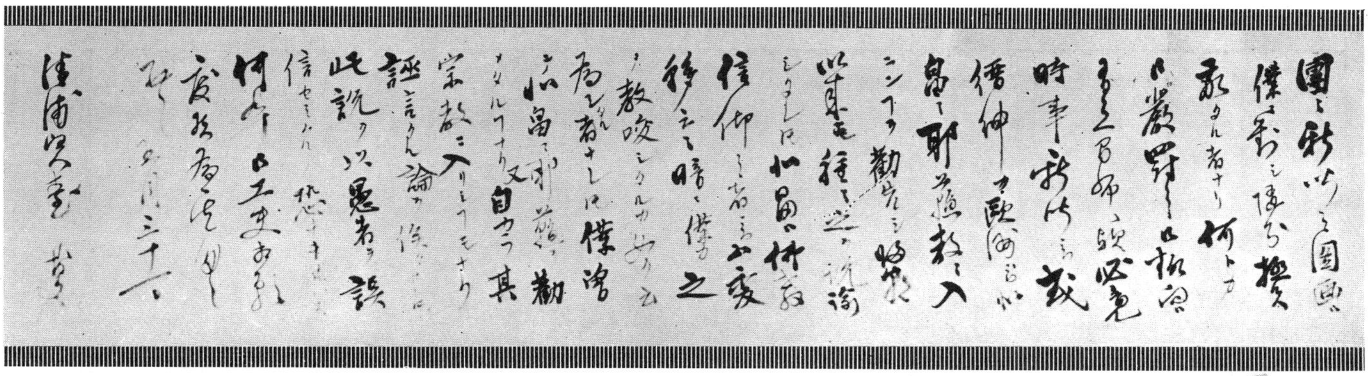

伊藤公より清浦警保局長に宛た書翰

明治二十年頃時の團々新聞に掲載された漫畫が、伊藤博文首相を揶揄すること甚しいものであつた爲め、伊藤公（當時は伯爵）が清浦警保局長に取締を嚴にする樣申し送りたるもの

（清浦奎吾伯藏）

團々新聞之圖畫ハ僕ニ對シ隨分極
失敬タル者ナリ何トカ御嚴罰之御
趣向ハ有之間布候歟必竟時事新聞
ニ而或縉紳カ歐州ニ而北畠之耶蘇
敎ニ入ランコトヲ勸告シ歸朝以來
モ種々之ヲ說諭シタレ𪜈北畠ハ佛
敎信仰之者ニ而不變移云々噂ニ僕
カ之ヲ敎唆シタルカ如ク云爲シタ
ル者ナレ𪜈僕曾テ
北畠ニ耶蘇ヲ勸メタルコトナク又
自カラ其宗敎ニ入リシコトモナク
誣言タル論ヲ俟タサレ𪜈此說ヲ以
愚者ヲ誤信セシムルノ恐ナキ能ハ
ス何卒御工夫相願度候爲其匆々頓
首

五月三十一日　博文

清浦賢臺

神奈川縣　伊藤仁太郎
保安條例第四條ニ依リ滿壹年六ヶ月退去ヲ命ス
但明治廿一年七月六日午前十時ヲ限リ退去スヘシ
明治廿一年七月五日
警視廳

神奈川縣　伊藤仁太郎
保安條例第四條ニ依リ曩ニ退去ヲ命シタル處特典ヲ以テ解除セラル
明治二十二年二月
警視廳

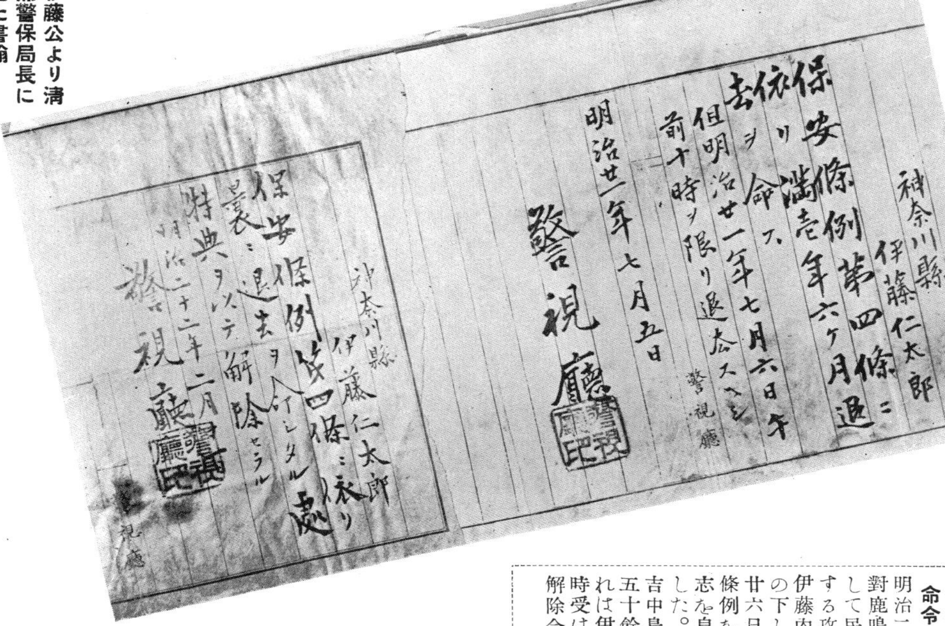

保安條例に依る退去命令と解除命令狀

明治二十年條約改正反對鹿鳴館問題其他に關して民論囂々政府に對する攻擊物凄く第一次伊藤內閣は如何とも手の下し樣なく、十二月廿六日突如として保安條例を發布して民黨有志を皇城地域外に放逐した。尾崎行雄片岡健吉中島信行等以下五百五十餘人に上つた。これは伊藤仁太郎氏の當時受けた退去命令書と解除命令である。

伊藤仁太郎氏藏

なりぬ爾來予は公の深意のある所を體し黽
勉之に從事し毎日三時間つゝ博士の講義を聽
くことなしたり
即ち左に記載する本篇は實に其の筆記なり
予は同二十年に歸朝せしのは此憲法、國家學等
を其の儘侍從の職にありながら特に御內儀
に出入するを差許され予の宿直の夜隔日又は
三日目の午後九時半より十時半迄
兩陛下の御前に於て同博士の講義筆記に基
き委敷言上せり而して回を重ぬる三十三回

なりし
聖上たはむれにのたまはく
「藤波の講義よし」の仰せありしとそ予か終
に此の言上を畢へたるは實に無上の光榮に
して終生忘るへからさる所なり
茲に聊か此趣旨を誌す
明治四十五年七月十五日
子爵藤波言忠

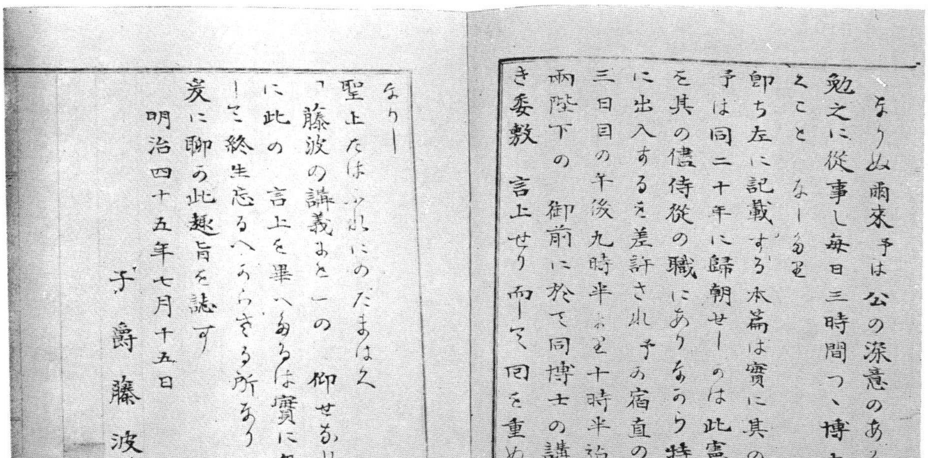

御進講筆記

本書は子爵藤波言忠氏が明治二十年歐洲視察から（主として墺國スタイン博士につきて國法學を研究す）歸朝し明治天皇に憲法及國家學を御進講申上げたる時の筆記なり。

宮內省東山文庫御貸下

英國主義
王ハ王位アルモ統治セス
此主義ヲ履行セントスレハ王政復古非ナリ我皇室殆ント七百餘年間其統治ノ大權ヲ擧テ覇府ニ掠奪セラレタリ然レモ皇位皇統ハ連綿タリ王政復古ハ所謂統治大權ノ復古ナリ吾等ハ信ス統治ノ大權覇者ニ在ル者ヲ復シ直ニ之ヲ衆民ニ附與シテ皇室ハ依然其統治ヲ失フ覇府存在ノ時ノ如クセント云カ如キハ日本臣民之心ヲ得タル者ニアラス況ンヤ我國體ニ符合スルモノニアラス
移動憲法論
主權所在論フランチユリーステツペンス
責任論政黨內閣論
强ヲ政黨內閣ヲ主唱セサルモ政治ノ改良ハ謀ルヲ得ベシ
華族ノ秩序ニ付世種々異說アリ是又辨スベシ
炮臺建設伊太利ニ基ク
帝政黨云々帝政ハ黨ヲ說クヨリモ事實ナリ
官吏ノ資格論及地位大陸英國トノ異同
コロンビス論英佛獨ノ特性商法民法論
條約改正問題國防問題
所論ニ付衆論ノ歎ヲ乞フ說
攻擊ヲ避ケサル事
各政黨憲法ノ大體ニ於テ異說ヲ狹ム事ナク政治ノ實地問題ヲ講究セン事ヲ望ム
各黨ノ首領ハ勿論其內ノ有爲ナル人物ハ國家將來ノ元氣ナル事

憲法の根本義に關する伊藤公覺書

明治十五年、伊藤博文公が歐州、殊に當時國王と軍隊の權力が最も强大であつた獨逸を中心に憲法並に政治の實情を視察研究、明治十六年八月歸朝し、翌十七年三月憲法制定取調局を置き、勅命を奉じて愈々本掛りに憲法の起草に着手井上毅、伊東已代治、金子堅太郎等諸氏に命じて其任務に從事せしめられた。當時、公は日本憲法起草の精神及將來立憲政治を實施するに關して、各種の問題參考とすべき書籍等を一々覺書に認めて示した。之れが其覺書で、金子伯の箱書に憲法の根本義に關する伊藤公覺書と認められてある。

（金子堅太郎伯藏）

夏島憲法の場

下の寫眞は、夏島伊藤公の別莊で、伊藤公を中心に、井上、伊東、金子の四氏が憲法草案を練つてゐるところを、唯一の生存者金子伯の指導で本社政治博が模したものである。

向つて左から伊藤、井上、金子、伊東の諸氏。

アルベルト・モッセ

明治二十年頃內閣顧問として、法制の編纂に參畫した獨逸人アルベルト・モッセの肖像。

（吉山眞棹氏藏）

夏島別邸の間取圖

明治二十年六月竣成した、伊藤博文公の夏島の別邸の間取圖。（刑部齊氏所藏）

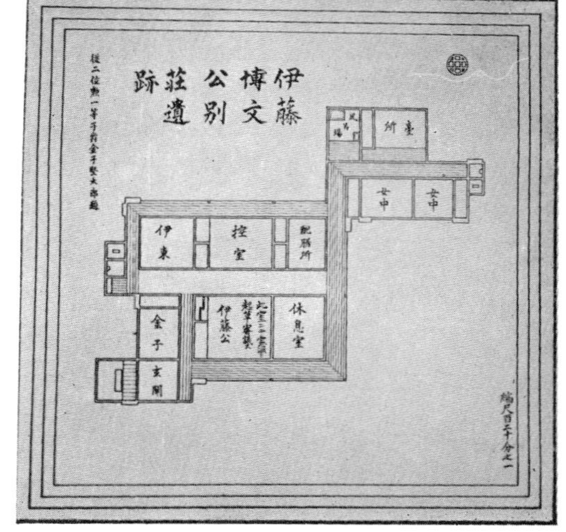

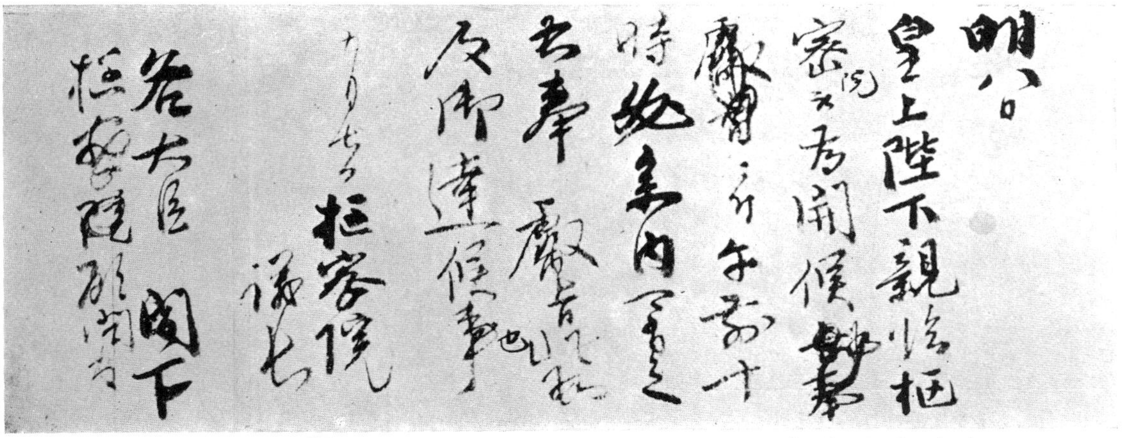

第一回樞府會議召集狀草稿

是れは伊藤樞密院議長の第一回樞密院會議開催の召集狀の草稿で公自から書かれたもの。

（伊東治正伯所藏）

明八日
皇上陛下親臨樞密院被爲開候ニ付午前十時必參內可有之
右奉　叡旨此段及御達候也
　五月七日　樞密院議長
　各大臣閣下
　樞密顧問官

伊東伯宛伊藤公の書簡

明治二十一年二月廿一日新に樞密院を置き議長に任命せられた伊藤博文公は、來年に迫る憲法の發布を違算なからしめる爲め關係諸法規の編纂に忙殺されて居た。當時、樞密院書記官長伊東巳代治伯に宛てた書簡

（伊東治正伯所藏）

議院法ハ成案之上ハ速ニ上奏シ陛下ヨリ九月十一日迄ニ樞密院ヘ御下附可相成事但奏上同時ニ其寫ヲ各員ヘ分配スヘキ事
議院法上奏ノ後ハ上院組織法撰擧法再校正ニ取掛リ成案ノ上ハ上奏ノ用意相成置度事
樞密院議事ハ依例休暇後直ニ開會可相成事
　前條々發程前總理大臣樞密院副議長ヘ可申入置

井上毅子宛の伊藤公書簡

明治二十年夏島憲法起草當時伊藤博文公より井上毅圖書頭に宛てたる書簡。

（井上匡四郎子藏）

過日來御感冒之由傳承候處昨今如何之御容體ニ有之候哉爲差御難澁無之儀ニ候得ハ明夕刻右携憲法草案與金子伊東同伴夏島ヘ御越被下間布候哉十二日夕刻迄同處滯在勝手我儘ニ討論相試候ヘハ尙一層之得益ニ有之歟ト奉存候尊慮如何御隨意之御答是祈候匆々不一
　二月九日　博文
井上先生

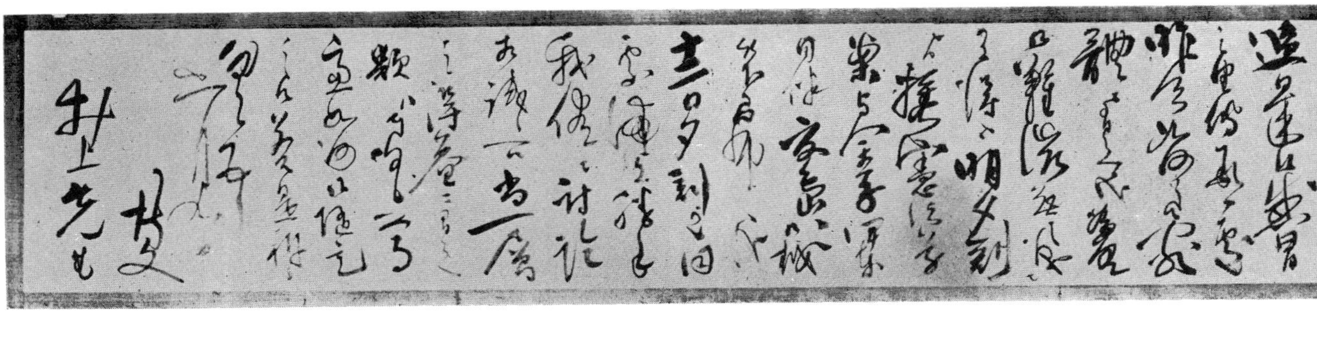

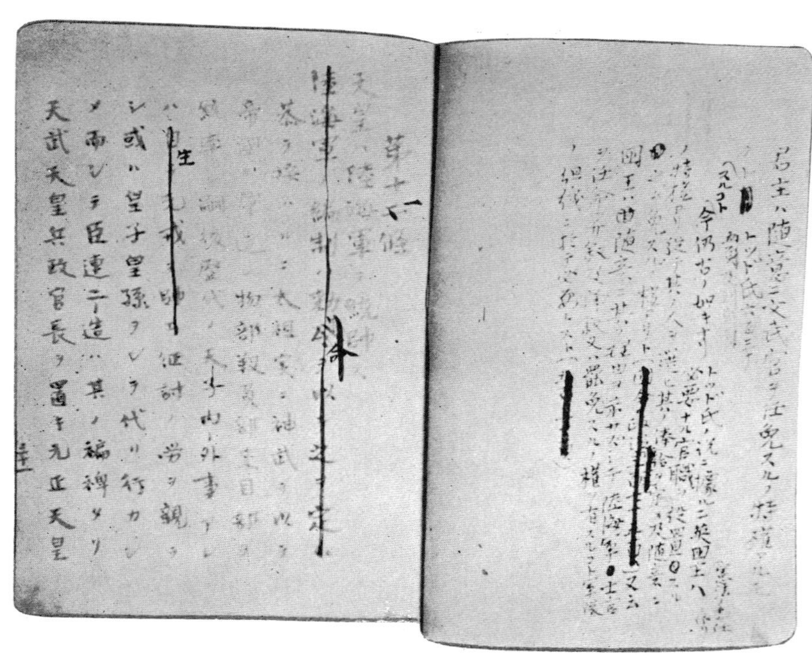

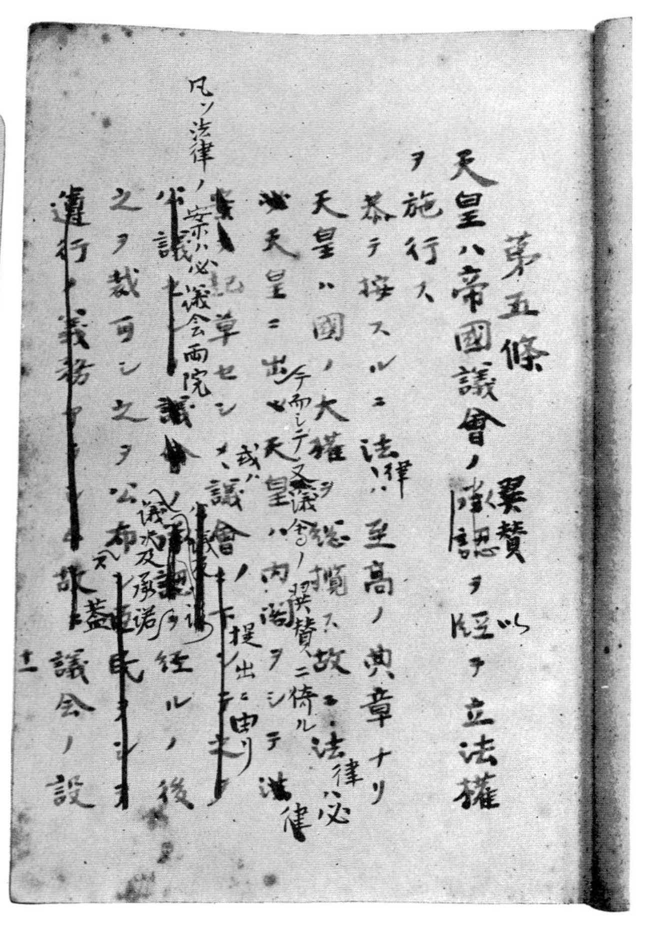

井上毅氏加筆の憲法草案

我憲法の基礎を爲した所謂夏島憲法（神奈川縣久良岐郡夏島伊藤公別邸に於て起草したから）の草案で、當時法制の權威として「天此ノ人ヲ降ス」とさへ謂はれた井上毅圖書頭の加筆訂正せられたもので、熟々見ると英、米、其他當時歐洲各國の憲法を悉く參照し、又我國上古の國史を精研したる外一字一句をも疎かにせず始め帝國議會

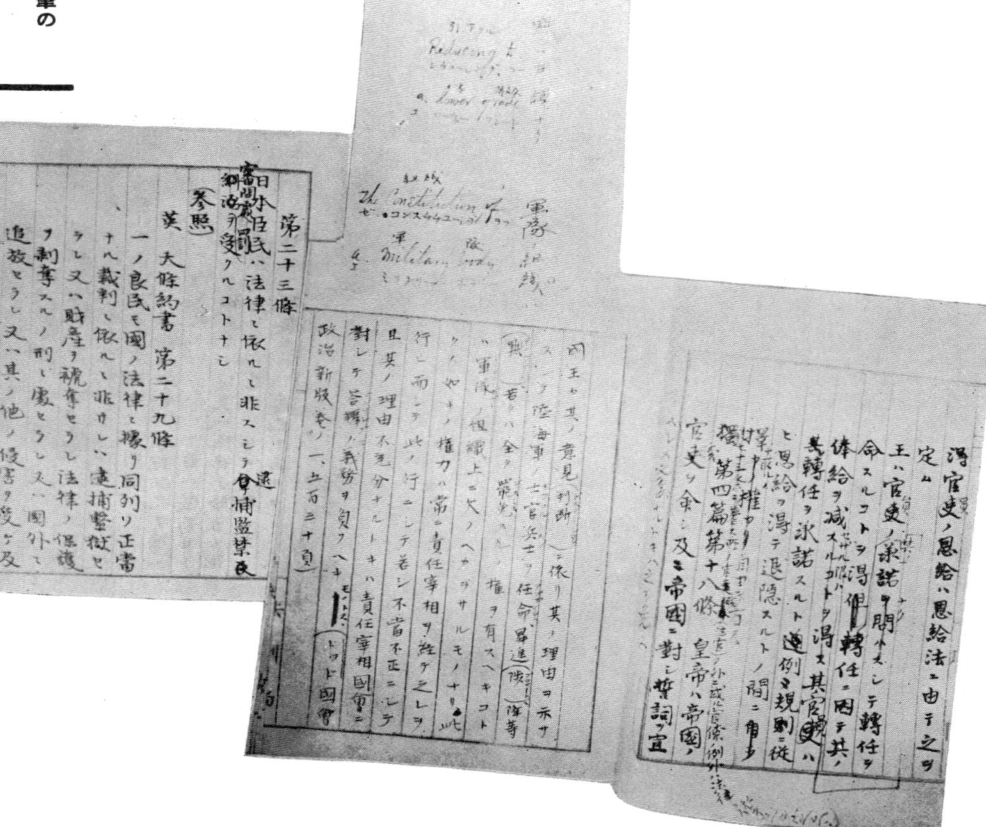

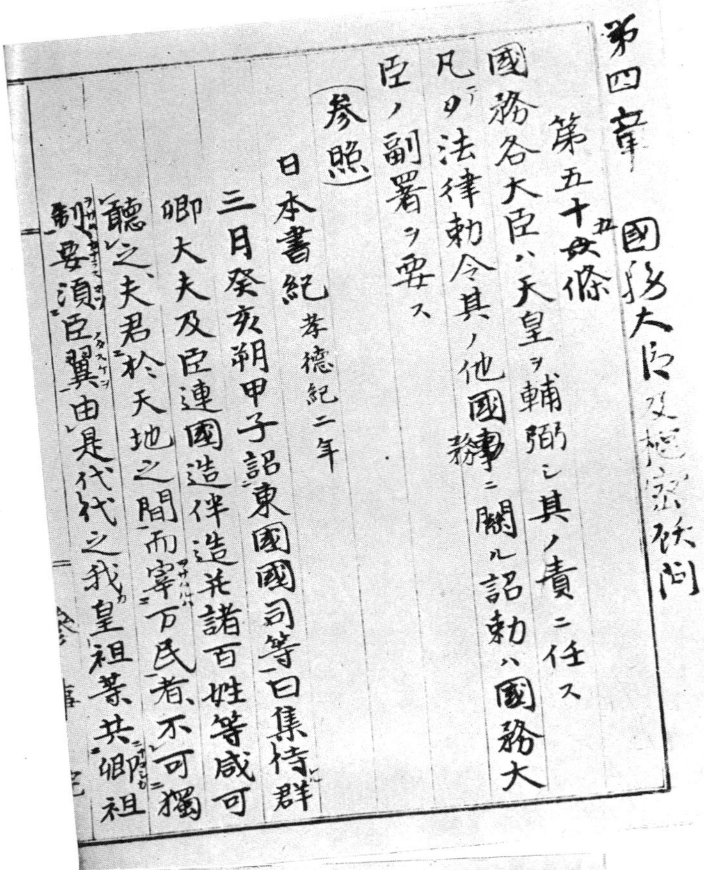

第四章 國務大臣及樞密顧問

第五十五條 國務各大臣ハ天皇ヲ輔弼シ其ノ責ニ任ス

凡ソ法律勅令其ノ他國務ニ關ル詔勅ハ國務大臣ノ副署ヲ要ス

（参照）

日本書紀 孝徳紀二年

三月癸亥朔甲子詔東國國司等曰集侍群卿大夫及臣連國造伴造并諸百姓等咸可聽之夫君於天地之間而宰万民者不可獨制要須臣翼由是代代之我皇祖等共卿祖

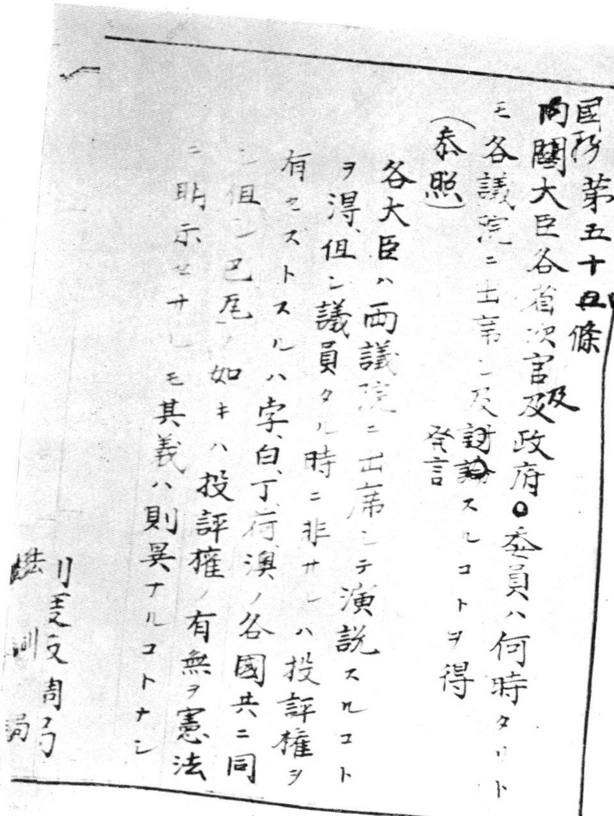

第五十四條 國務大臣各省次官及政府委員ハ何時タリトモ各議院ニ出席シ及發言スルコトヲ得

（参照）

各大臣ハ両議院ニ出席シテ演説スルコトヲ得但シ議員タル時ニ非サレハ投票権ヲ有セストスルハ字白丁府漢ノ名国共ニ同シ但シ已丕ノ如キハ投票権ノ有無ヲ憲法ニ明示セサルモ其義ハ則異ナルコトナシ

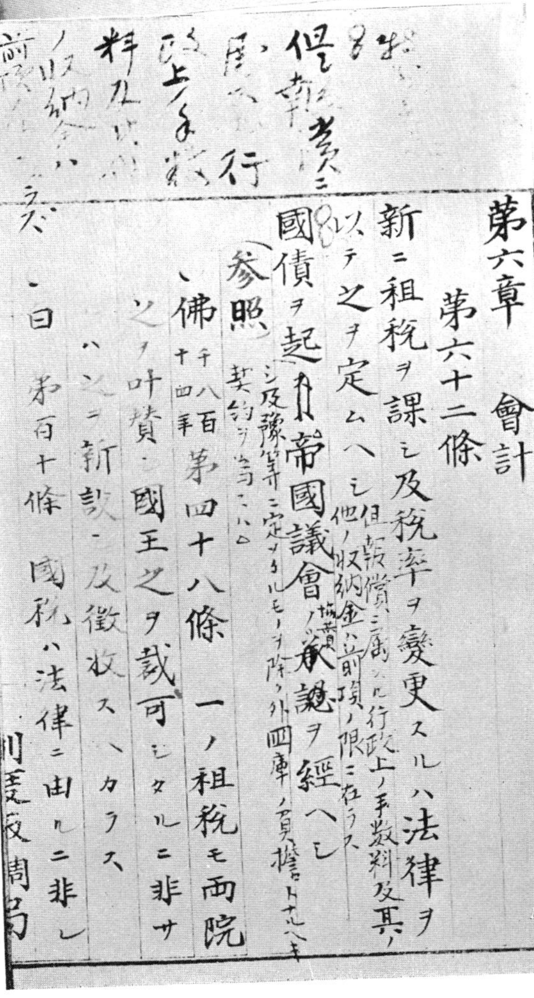

第六章 會計

第六十二條 新ニ租税ヲ課シ及税率ヲ變更スルハ法律ヲ以テ之ヲ定ムヘシ

但シ報償ニ属スル行政上ノ手数料及其ノ他ノ収納金ハ前項ノ限ニ在ラス

國債ヲ起シ及豫算ニ定メタルモノヲ除ク外國庫ノ負擔トナルヘキ契約ヲ為スハ帝國議會ノ協賛ヲ經ヘシ

（参照）

佛 千八百十四年 第四十八條 一ノ租税モ両院之ヲ叶賛シ國王之ヲ裁可シタルニ非サレハ之ヲ新設シ及徴収スヘカラス

白 第百十條 國税ハ法律ニ由ルニ非サレハ

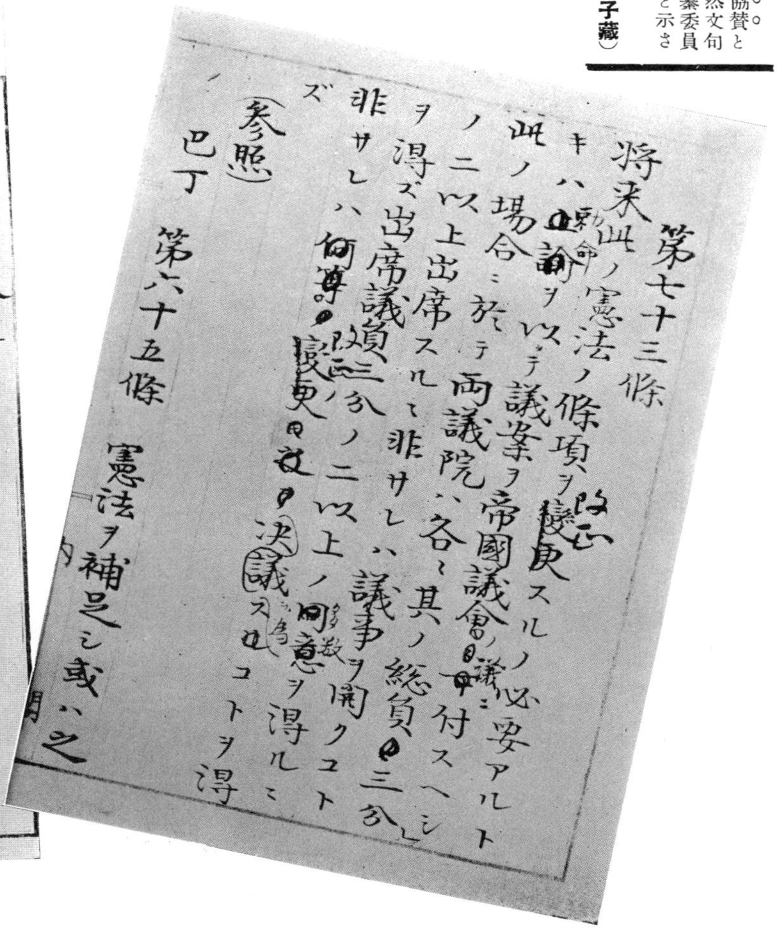

第七十三條 将来此ノ憲法ノ條項ヲ改正スルノ必要アルトキハ勅命ヲ以テ議案ヲ帝國議會ノ議ニ付スヘシ

此ノ場合ニ於テ両議院ハ各々其ノ総員三分ノ二以上出席スルニ非サレハ議事ヲ開クコトヲ得ス出席議員三分ノ二以上ノ多数ヲ得ルニ非サレハ改正ノ議決ヲ為スコトヲ得ス

（参照）

巴丁 第六十五條 憲法ヲ補足シ或ハ之

の承認とあるを協賛と變更した所や全然文句を改めた所等編纂委員苦心の蹟が歴然と示されてゐる。**（井上匡四郎子藏）**

憲法發布式の圖

明治二十二年二月十一日、大日本帝國憲法が、發布せられた。その時の模様を謹寫したもの。

（**五姓田芳柳氏筆**）

金子伯の憲法發布の詩

明治二十二年二月十一日、憲法發布の盛典を詠じた金子堅太郎伯の詩。

大典精神基國體
取長捨短泰西風
天皇欽定宏謨礎
憲政恩光耀日東

（**重信嵩雄氏藏**）

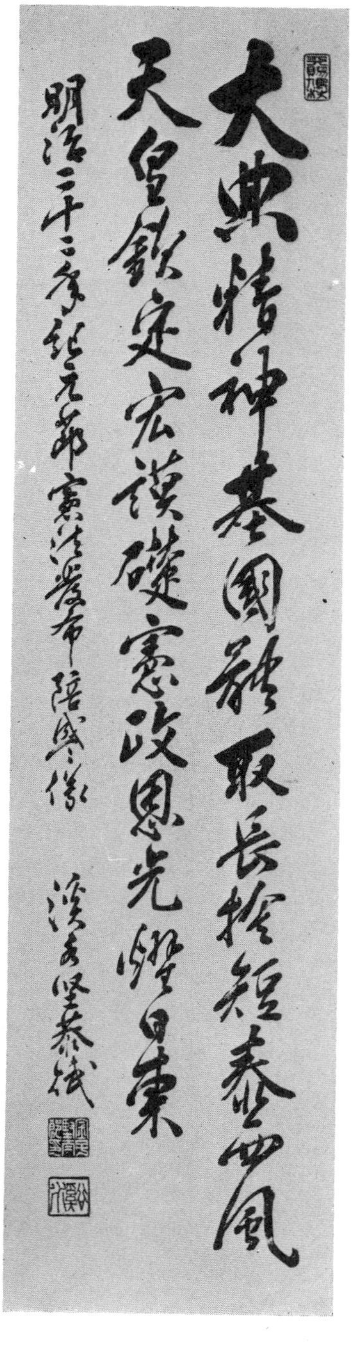

夏島の憲法遺跡記念碑文と落成式參列者の署名

夏島憲法の遺跡を後世に傳ふる爲め、大正十五年十月同所に憲法遺跡紀念碑を建立した。之れは當時夏島憲法起草者の一人であつた伊東巳代治伯の手筆に成る遺跡紀念碑文の原本と、大正十五年十一月二十七日、記念碑落成祝賀に際し臺臨の高松宮殿下を始め參列者の記念署名。

（**刑部齊氏所藏**）

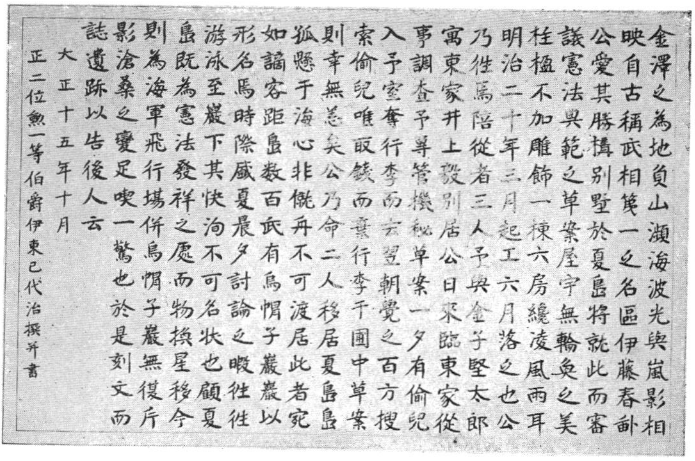

金澤之為地負山瀕海波光與嵐影相
映自古稱武相第一之名區伊藤春畝
公愛其勝搆別墅於夏島將就此而審
議憲法與範之草案屋宇無輪奐之美
柱楹不加雕飾一棟六房纔凌風雨耳
明治二十年三月起工六月落之也公
乃徃焉陪從者三人予與金子堅太郎
寓東家井上毅別居公日來臨東家從
事調查予專管機秘草案一夕有偷兒
入予室奪行李而去翌朝覺之百方搜
索偷兒唯取錢而棄行李于圃中草案
則幸無恙矣公乃命二人移居夏島島
孤懸于海心非艤舟不可渡居此者究
如謫客距島數百武有烏帽子巖巖以
形名焉時際盛夏晨夕討論之暇往往
游泳至巖下其快洵不可名狀也顧夏
島既為憲法發祥之處而物換星移今
則為海軍飛行場併烏帽子巖無復斤
影滄桑之變足嘆一驚也於是刻文而
誌遺跡以告後人云
大正十五年十月
正二位勲一等伯爵伊東巳代治撰并書

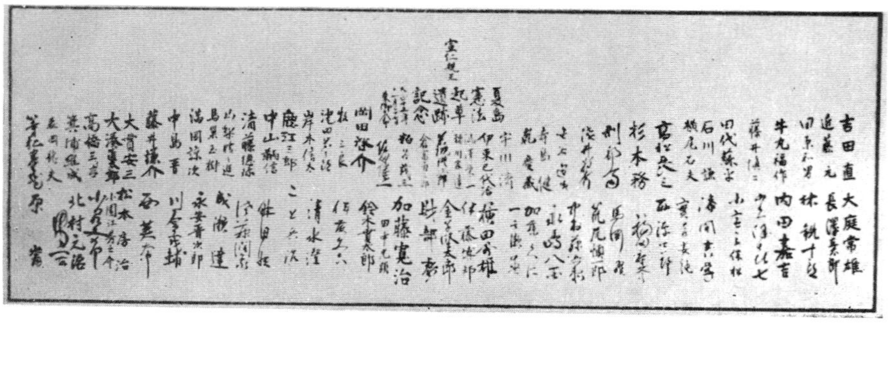

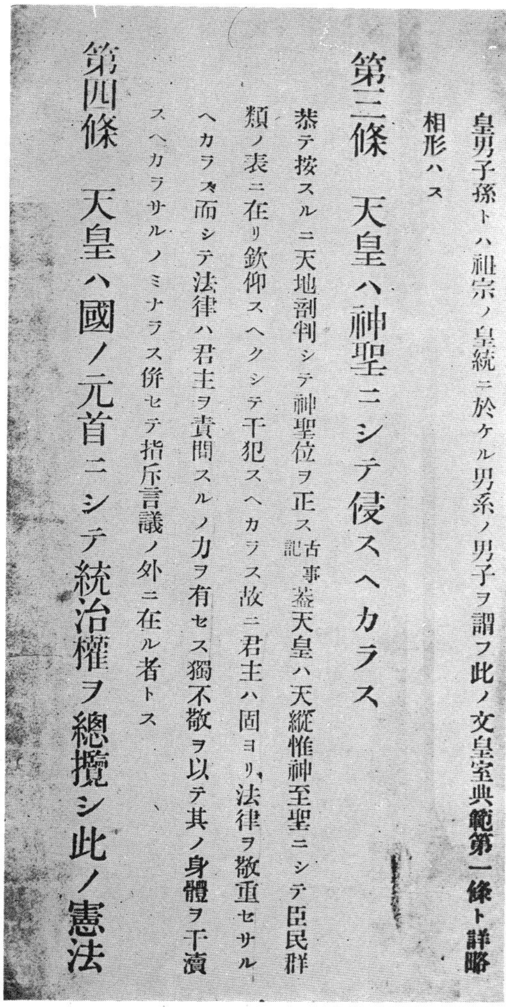

皇男子孫トハ祖宗ノ皇統ニ於ケル男系ノ男子ヲ謂フ此ノ文皇室典範第一條ト詳略相形ハス

第三條 天皇ハ神聖ニシテ侵スヘカラス

恭テ按スルニ天地剖判シテ神聖位ヲ正ス古事記蓋天皇ハ天縦惟神至聖ニシテ臣民群類ノ表ニ在リ欽仰スヘクシテ干犯スヘカラス故ニ君主ハ固ヨリ法律ヲ敬重セサルヘカラス而シテ法律ハ君主ヲ責問スルノ力ヲ有セス獨不敬ヲ以テ其ノ身體ヲ干瀆スヘカラサルノミナラス併セテ指斥言議ノ外ニ在ル者トス

第四條 天皇ハ國ノ元首ニシテ統治權ヲ總攬シ此ノ憲法

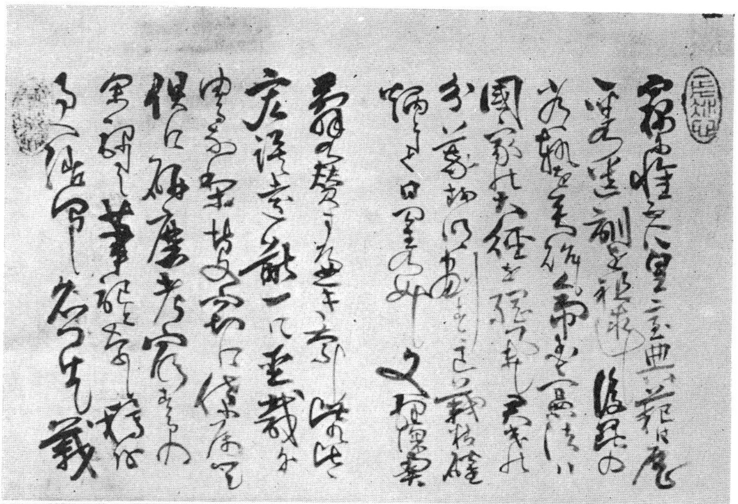

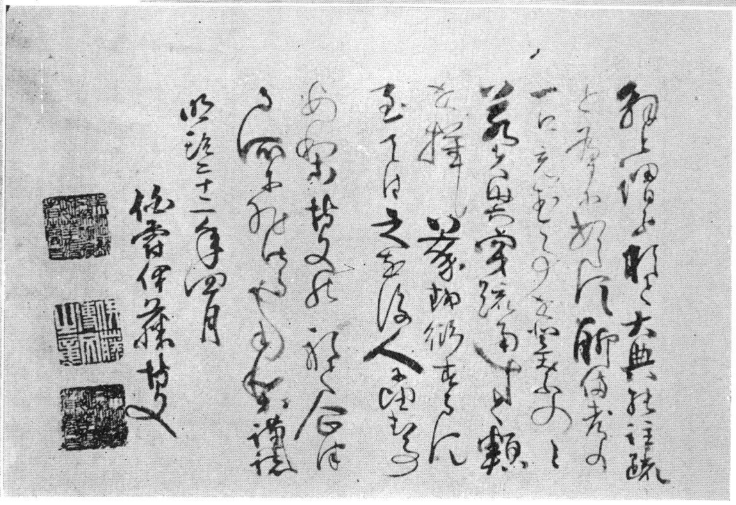

大日本憲法義解

明治二十二年四月伊藤博文公（當時樞密院議長）の著述した大日本憲法義解の序文で、公の手筆に成る。

此序文には大典の註疏と爲すにあらず云々とあるが、憲法義解は現行憲法を逐條的に解釋した名著で、今迄屢々憲法の有權解釋として問題となつた著書である。

（工藤園江氏所藏）

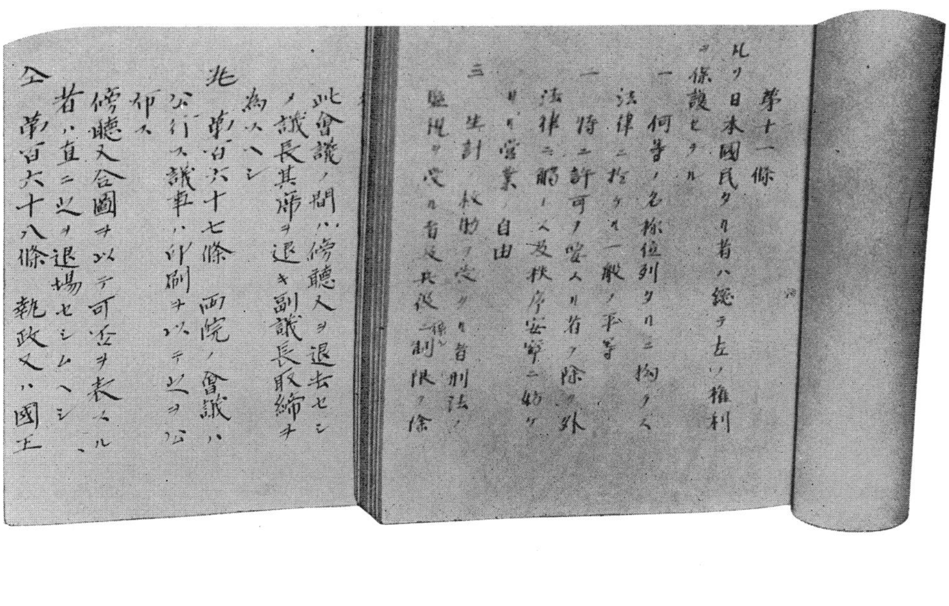

竊に惟ふに皇室典範は歷聖乃遺訓を祖述し後昆の常軌を垂貽し帝國憲法は國家の大經を綱擧し君民の分義を明劃す意義精確炳として日星の如し文理深奥辭の賛すへきなし此れ皆宏謨遠猷一に聖裁に由るな梨博文窃に僚屬と俱に研磨考究するの余錄して筆記となし稿を易へ繕寫し名つけて義解と謂ふ敢て大典の註疏と爲すにあらす聊備考の一に充む事を冀ふのみ若夫貫穿疏通して類を推し義を衍するに至ては之を後人に望む事安梨博文の敢而企つる所に非さるなり

明治二十二年四月 謹誌

伯爵 伊藤博文

憲法乙案試草

明治二十二年二月十一日發布の我欽定憲法制定に關する資料は多々あるが、これは伊東已代治伯が當時書かれたもので憲法乙案試草といふ。

（伊東治正伯藏）

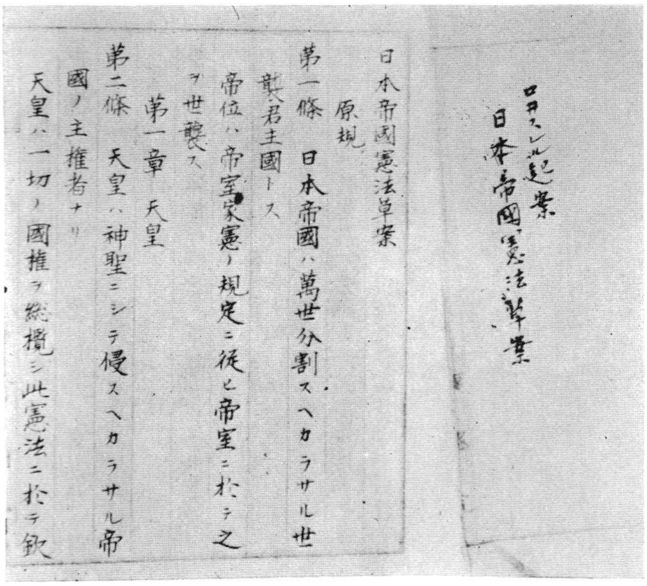

ロエスレルの憲法草案

カール・フリードリッヒ・ヘルマン・ロエスレルは、一八三四年獨逸バイエルンに生れ、明治九年駐獨公使青木周藏氏との間に、内務省顧問たることを契約し、明治十一年十一月廿四日來朝して、爾來法制の立案に參與し、明治十五年頃より伊藤博文公に信任せられて、公が主班として畢生の努力を傾けた、大日本帝國憲法の立案に參劃し、その草案を起草して、伊藤公に提出した。本書はその草案で、今日まで國法學者間に問題となつてゐたものである。因にロエスレルは明治二十六年四月日本を去り翌年十二月故國で逝去した。

（伊東治正伯藏）

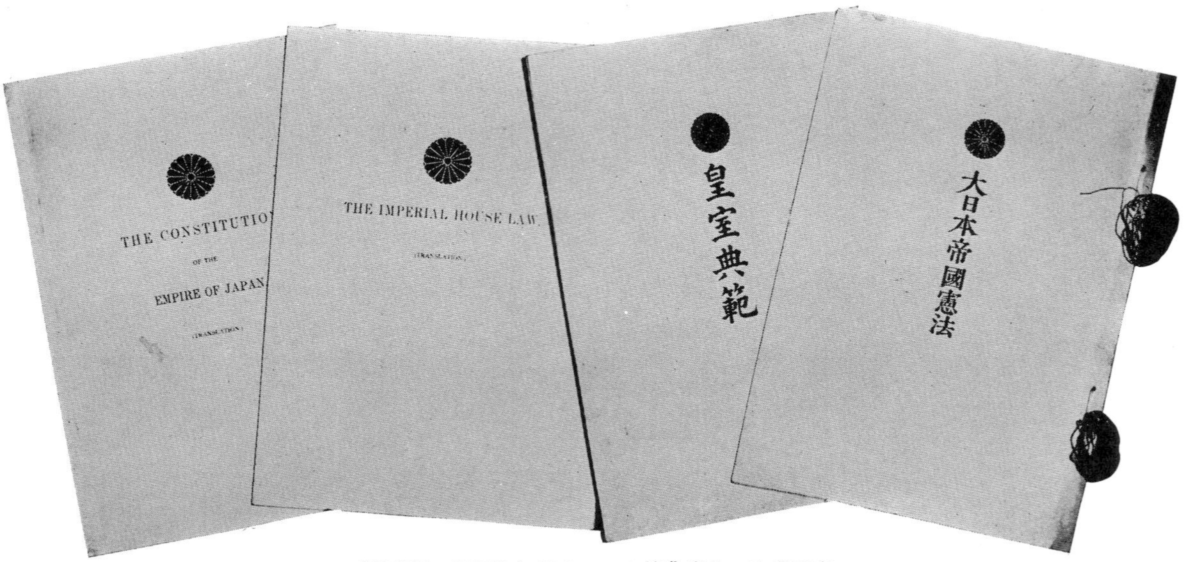

帝國憲法・皇室典範とその英譯（和田信二郎氏藏）

議會中止説

此國會中止説及口述書は明治二十四年露國駐剳公使たりし、西德二郎氏が歸朝早々時の元勳諸氏、當時帝王專制政治を以て世界に雄飛し、國勢隆々たる露國に永く滯在し歸りて我國當時の政治の狀態を見、國家危しとの感を懷いて國會中止説を稱へたるものである。

（西伊三次氏藏）

第三　國會ヲ廢ス事

國會ノ制ハ我邦貳千五百年來立國ノ基ニ反キ又實際我經國ノ用ニ適セサルモノト斷定セサルヲ得ス夫ノ公論或ハ輿論ト稱スル者モ其國ニ依リ同シカラスト雖モ本々多クハ二三ノ智者其不平ヲ鳴ラシ或ハ功名心ヲ遂ケント欲シテ自己ノ同意ヲ求メ多勢ヲ以テ反對ヲ壓スル手段ノ名目タルニ過キスシテ其實脅迫ノ害ハ暴主ノ壓制ヨリ大ナリトハ晩近國學者中ノ一説ナリ歐洲諸國ニ於テモ英國ヲ除クノ外老練ナル政治家中國會ハ國ノ厄介物タルヲ知ルモ其國々ノ沿革及君民間ノ衝突ニ由テ馴致セシ所之ヲ如何トモスル能ハスト歎スル者ナキニ非ス然トモ我邦ニ於テハ幸ニシテ未タ其嘆ヲ發スルノ事實ナク且政府自ラ之ヲ始メ之ヲ設ケシ者ナルヲ以テ今其國ニ不利ナルヲ見ハ自ラ之ヲ罷ムルノ責任アルハ論ヲ俟タス猶別紙國會説ヲ參考スヘシ

問　憲法ハ　陛下ノ祖宗ニ誓フテ發布セラレシ者ナリ然ルニ今之ヲ動カサレテ可ナルヤ

答一　有益ヲ信シテ親ラ誓ハセラレ有害ヲ見テ親ラ解カル何ノ不可アランヤ國學上ヨリ之ヲ言ヘハ憲法ハ國ノ實力ニシテ文字或ハ形式ニ拘束セラルヽ者ニ非ス目下其實力ハ陛下ト明治ノ元勳輩トニ在リ然モ若シ強テ之ヲ拘束シ因循時ヲ過サハ實力亦自ラ變シ國運之ニ隨フヘシ是豈陛下祖宗ニ誓ハセラルヽノ意ナランヤ

答二　若シ憲法ノ文字ヲ以テ重シトセハ其中ヨリ唯主權ノ制限及國會ニ關スル諸箇條ノ效力ヲ止メラレ其餘ハ國ノ大法卽チ純然タル我邦ノ憲法トシテ存セラレテ可ナラン

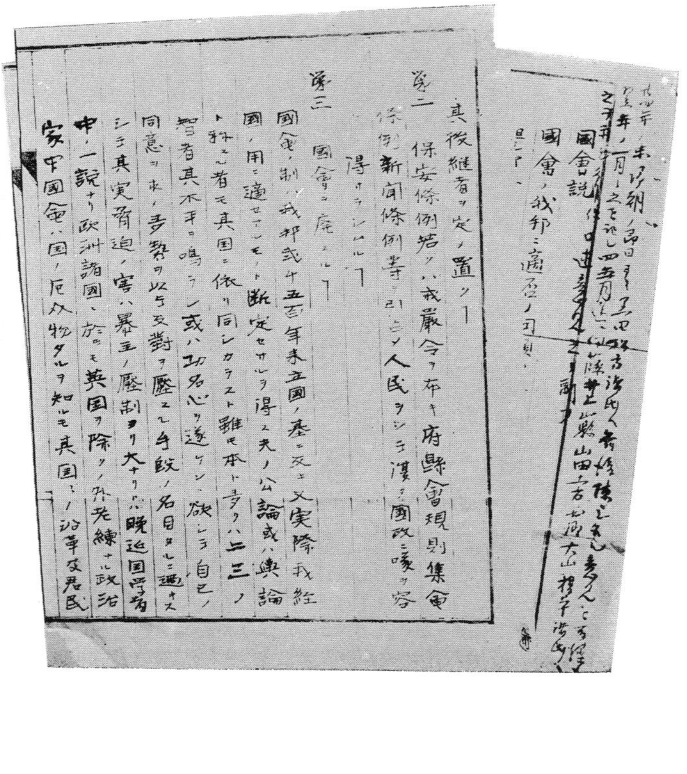

第一回議會開院式ノ圖
明治二十三年十一月廿九日　永池秀太氏筆
（貴族院事務局藏）

議院建築意見
明治廿四年二月廿四日出版、當時内閣總理大臣祕書官金子堅太郎氏の著書で、各國の議院の樣子其の建物の構造等を詳述し、我議會は須らく其の粹を拔き長を採りて、立派なものを建築せよと論じてある。之れは當時議會建築に關して非常に役立つた著書である。
（帝國圖書館藏）

井上侯の書翰
明治廿三年第一議會の當時井上馨侯（農商務大臣）より伊藤博文公（貴族院議長）に宛てた書簡で、當時における政界の裏面史を窺ふに足るもの。
（德富蘇峰氏藏）

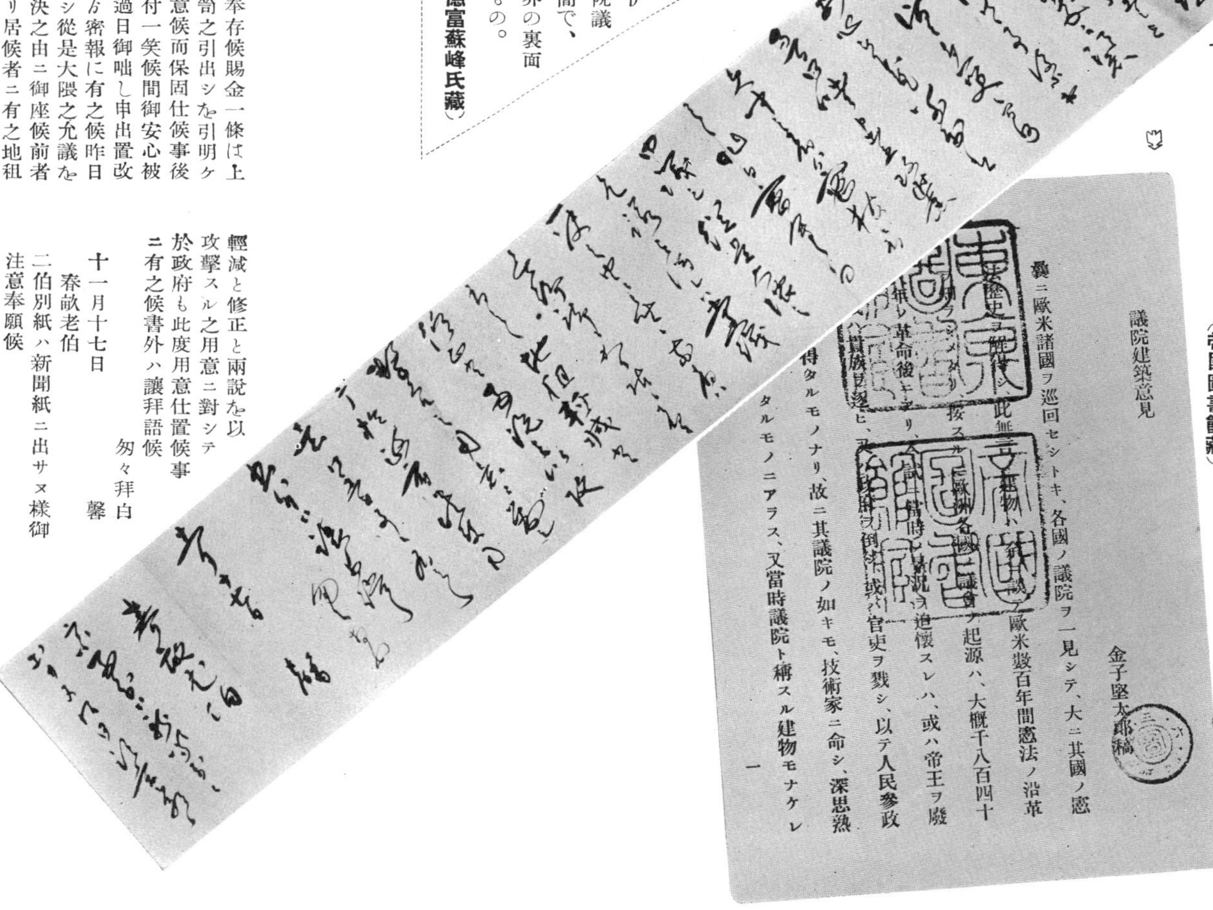
議院建築意見
金子堅太郎稿
曩ニ歐米諸國ヲ巡回セシトキ、各國ノ議院ヲ一見シテ、大ニ其國ノ憲 [illegible] 歐米數百年間憲法ノ沿革 [illegible] 起源ハ、大概千八百四十 [illegible] 迫懷スレハ、或ハ帝王ヲ廢 [illegible] 官吏ヲ戮シ、以テ人民參政 [illegible] 得タルモノナリ、故ニ其議院ノ如キモ、技術家ニ命シ、深思熟 [illegible] タルモノニアラス、又當時議院ト稱スル建物モナケレ
一

長葬式御疲勞奉存候賜金一條は上棺之際河上筆筍之引出シを引明ケ他之場處え注意候而保固仕候事後に相分り皆々付一笑候間御安心被下度候別封は過日御咄し申出置改進黨員中之者ゟ密報に有之候昨日密會候而内議シ從是大隈之允議を得レハ黨議一決之由ニ御座候前者ハ無論席ニ加リ居候者ニ有之地租輕減と修正と兩説を以攻撃スル之用意ニ對シテ於政府も此度用意仕置候事ニ有之候書外ハ讓拜語候
匆々拜白
十一月十七日　馨
春畝老伯
二伯別紙ハ新聞紙ニ出サヌ樣御注意奉願候

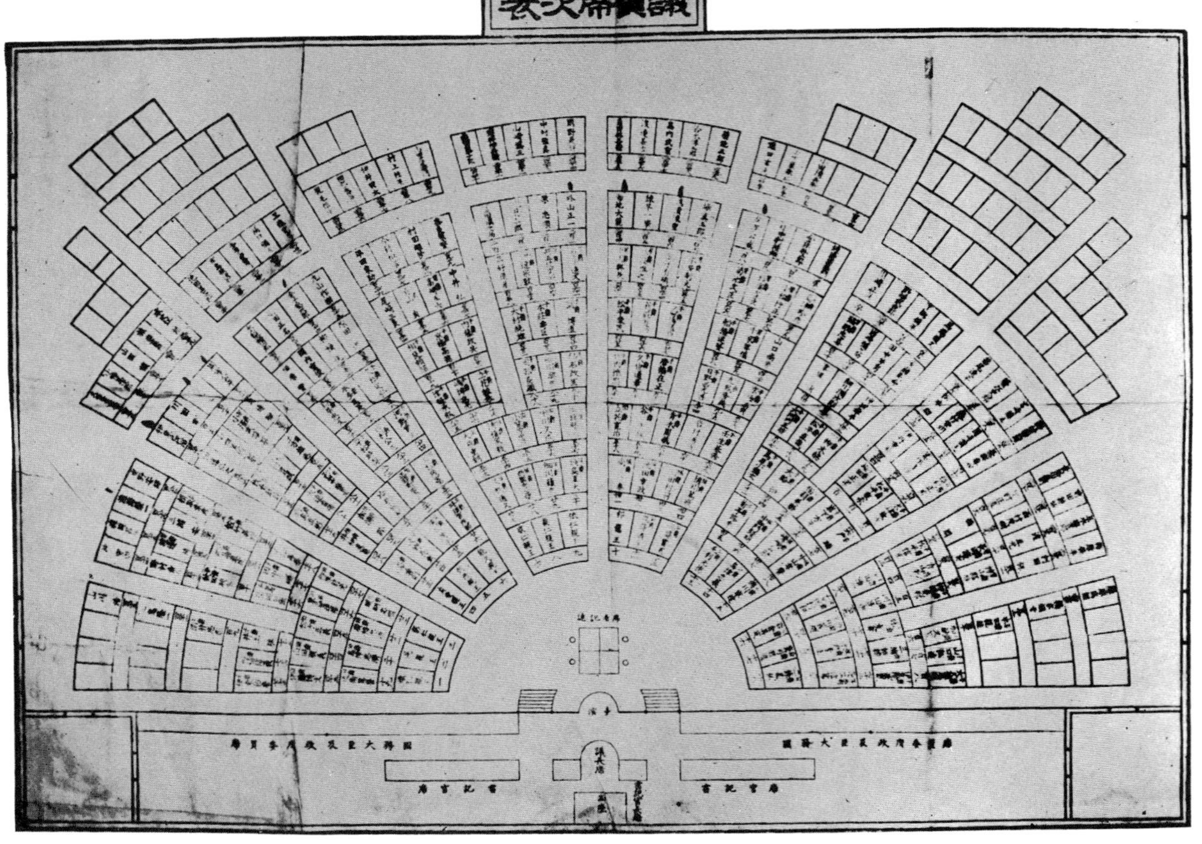

第一回貴族院議席表（伊東治正伯藏）（前列左から右への順席）

子爵長谷信篤（四十二）　侯爵木戸孝正（四十一）　侯爵德川義禮（四十）　侯爵大久保利和（卌九）

侯爵中山孝麿（卌八）　侯爵嵯峨公勝（卌七）　侯爵中御門經明（卌六）　侯爵菊亭修孝（卌五）　侯爵德川篤敬（卌四）　侯爵前田利嗣（卌三）　侯爵池田章政（卌二）　侯爵尚泰（卌一）　侯爵鍋島直大（卌）　侯爵細川護久（廿九）　侯爵西園寺公望（廿八）　侯爵久我通久（廿七）

侯爵蜂須賀茂韶（廿六）　侯爵德川茂承（廿五）　侯爵淺野長勳（廿四）　侯爵德大寺實則（廿三）

侯爵醍醐忠順（廿二）　侯爵廣幡忠禮（廿一）　公爵島津忠濟（廿）　公爵近衞篤麿（十九）　公爵二條基弘（十八）　公爵鷹司熙（十七）　公爵岩倉具定（十六）　公爵德川家達（十五）　公爵島津具定（十四）　公爵毛利元德（十三）

公爵三條實美（十二）　公爵九條道孝（十一）　邦憲王（十）

依仁親王（九）　載仁親王（八）　威仁親王（七）

能久親王（六）　朝彦親王（五）　貞愛親王（四）

彰仁親王（三）　晃親王（二）　熾仁親王（一）

子爵勘解由小路資生（八十一）　子爵大迫貞清（八十）　鍋島直彬（七十九）

子爵五條爲榮（七十八）　子爵田中光顯（七十七）　清岡公張（七十六）

子爵井上勝（七十五）　子爵海江田信義（七十四）　伊東祐麿（七十三）

子爵伊集院兼寛（七十二）　子爵三浦梧樓（七十一）　子爵林友幸（七十）　子爵河田景與（六十九）　子爵黒田清綱（六十八）　子爵宍戸璣（六十七）　子爵岩下方年（六十六）　子爵福羽美靜（六十五）　子爵大給恒（六十四）　子爵鳥尾小彌太（六十三）

子爵壬生基修（六十二）　岩村通俊（六十一）　子爵青木周藏（六十）　子爵谷干城（五十九）　伯爵立花寛治（五十八）　伯爵廣橋賢光（五十七）　伯爵中川久成（五十六）　伯爵小笠原忠忱（五十五）　伯爵清棲家教（五十四）　伯爵大原重朝（五十三）

伯爵上杉茂憲（五十二）　伯爵正親町實正（五十一）　伯爵冷泉爲紀（五十）　伯爵杉浦詮（四十九）　井伊直憲（四十八）

伯爵柳原前光（四十七）　伯爵東久世通禧（四十六）　伯爵松方正義（四十五）　伯爵山田顯義（四十四）　伊藤博文（四十三）

子爵久松定弘（百十八）　子爵本多正憲（百十七）　鳥居忠文（百十六）

子爵土方雄志（百十五）　子爵山内豐誠（百十四）　板倉勝達（百十三）

子爵佐竹義理（百十二）　子爵鍋島直虎（百十一）　秋田映季（百十）

子爵酒井忠彰（百九）　子爵大久保忠順（百八）　子爵山口弘達（百七）　加納久宜（百六）

子爵柳澤光邦（百五）　子爵青山幸宜（百四）　松平信正（百三）

子爵米津政敏（百二）　子爵松平乘承（百一）　堀田正養（百）

子爵一柳末德（九十九）　子爵松平直哉（九十八）　大河内正質（九十七）

子爵京極高典（九十六）　子爵九鬼隆義（九十五）　子爵日野西光善（九十四）　子爵唐橋在正（九十三）　子爵久喜通章（九十二）　竹内惟忠（九十一）

子爵仙石政固（九十）　子爵細川興貫（八十九）　岡部長職（八十八）

子爵立花種恭（八十七）　子爵島津忠亮（八十六）　津輕承叙（八十五）

子爵河鰭實文（八十四）　子爵由利公正（八十三）　平松時厚（八十二）

男爵本多副元（百六十五）　男爵金子有卿（百六十四）　男爵藤枝雅之（百六十三）　男爵中川興長（百六十二）　男爵若王寺遠文（百六十一）　男爵西五辻文仲（百六十）　男爵伊達宗敦（百五十九）　三好退藏（百五十八）

中井弘（百五十七）　男爵高崎五六（百五十六）　男爵青山貞（百五十五）　尾崎三良（百五十四）

原田一道（百五十三）　柳楢悦（百五十二）　岡內重俊（百五十一）　福原實（百五十）

渡邊驥（百四十九）　男爵小澤武雄（百四十八）　小畑美稻（百四十七）　加藤弘之（百四十六）

男爵楫取素彦（百四十五）　三浦安（百四十四）　男爵渡邊清（百四十三）　野村素介（百四十二）

九鬼隆一（百四十一）

男爵本田親雄（百四十）　男爵神山郡廉（百卅九）　男爵長岡護美（百卅八）　西周（百卅七）

男爵植村正道（百卅六）　箕作麟祥（百卅五）　伊丹重賢（百卅四）

神田孝平（百卅三）　細川潤次郎（百卅二）　津田出（百卅一）　山口尚芳（百卅）　子爵千家尊福（百廿九）　子爵船橋遂賢（百廿八）

子爵久留島通簡（百廿七）　子爵新莊直陳（百廿六）　松平康民（百廿五）

子爵關博直（百廿四）　子爵本莊壽巨（百廿三）　大村純雄（百廿二）

子爵內藤政共（百廿一）　子爵京極高德（百廿）　相良頼紹（百十九）

水之江浩（二百廿九）　林宗右衞門（二百廿八）　山田穰（二百廿七）　小幡篤次郎（二百廿六）　久保田眞吾（二百廿五）　澤原爲綱（二百廿四）

梅原修平（二百廿三）　三木與吉郎（二百廿二）　前田謙祐（二百廿一）　長谷川直則（二百廿）

野村治三郎（二百十九）　宮崎總五郎（二百十八）　蟹江史郎（二百十七）　若尾逸平（二百十六）

場馬道久（二百十五）　下鄕傳平（二百十四）　野崎武吉郎（二百十三）　川崎正藏（二百十二）

渡邊治右衞門（二百十一）　金須杉三郎（二百十）　小中村清矩（二百九）　古市公威（二百八）

堀眞五郎（二百七）　穗積陳重（二百六）　諫早一學（二百五）　菊地大麓（二百四）

外山正一（二百三）　原忠順（二百二）　川田小一郎（二百一）　富田鐵之助（二百）

奈良原繁（百九十九）　村田經芳（百九十八）　今村和郎（百九十七）　平田東助（百九十六）

丸山作樂（百九十五）　金子堅太郎（百九十四）　前田正名（百九十三）　木梨精一郎（百九十二）

周布公平（百九十一）　濱尾新（百九十）　川田剛（百八十九）　伊東巳代治（百八十八）

重野安繹（百八十七）　澁澤榮一（百八十六）　森岡昌純（百八十五）　沖守固（百八十四）

山川浩（百八十三）　橋本綱常（百八十二）

村田保（百八十一）　渡正元（百八十）　西村茂樹（百七十九）　中村正直（百七十八）

長與專齋（百七十七）　國司順正（百七十六）　藤村紫朗（百七十五）　松本順（百七十四）

安藤則命（百七十三）　田中芳男（百七十二）　岩崎彌之助（百七十一）　男爵鶴殿忠善（百七十）

男爵島津珍彦（百六十九）　男爵小松行正（百六十八）　男爵杉溪言長（百六十七）　菊池武臣（百六十六）

（二百五十四）　（二百五十三）　小田清兵衞（二百五十二）　五十嵐敬止（二百五十一）　灌口吉良（二百五十）

菊池三郎（二百四十九）　鈴木傳五郎（二百四十八）　島內武重（二百四十七）　渡邊甚吉（二百四十六）　角田林兵衞（二百四十五）

岡野是保（二百四十四）　中村雅眞（二百四十三）　山崎愼三（二百四十二）　櫻井伊兵衞（二百四十一）　桑田藤十郎（二百四十）

小田莊左衞門（二百卅九）　村上桂策（二百卅八）　伊芹典太（二百卅七）　田部長右衞門（二百卅六）　鹿毛信盛（二百卅五）

工藤寛得（二百卅四）　關口彌五（二百卅三）　吉田三右衞門（二百卅二）　市島德次郎（二百卅一）　池田甚之助（二百卅）

一、政黨組織ノ事ト夏期議會ニ對スル政策トハ區別シテ兩段トナサヾルベカラズ政黨組織ノ事ハ夏期議會ノ間ニ合ハザルノミナラズ之チ急ニスルトキハ却テ議會政策ノ妨トナルヘシ何トナレハ穩和派百五六十人中ニハ政黨殊ニ政府黨タルコトチ避ルモノアリ又主義ニ異見チ生スルモノアリ又種々ノ感情ヨリ分離スル者アリテ政黨ノ成立ハ其ノ半數内外ニ出ザルヘシ若政黨ノミ政府案チ贊成シテ他ノ中立無所屬ハ贊成セザルノ結果チ生セハ却テ議會政策ノ爲ニハ不利益ナルベシ故ニ政黨組織ハ永遠ノ目的トシ議會ニ對スル政策ハ目前ノ急務トシテ講究セザルヘカラズ

一、夏期ノ議會ハ及フ丈ノ手段チ盡シテ平和ニ經過セシムルチ要ス此ノ目的チ達スル爲ニハ政黨ノ小區域ニ拘ラズナルベク多數チ牢絡セザルヘカラズ多數チ得ルノ方法ハ

一、議案チ撰ヒ并ニ議案ニ於テ調和ノ方針チ取ル事

二、議員ノ多數ハ何黨タルニ拘ラズ新議會ノ解散チ望マザルハ明白ノ事情ナリ此ノ事情チ利用スル爲ニハ種々ノ手段アル事

要スルニ夏期ノ政策ハ却テ濶大主義チ利トス

一、政黨組織ノ事ハ到底必要ノ事タリ故ニ夏期政策ニ拘ラズ之チ擧行スヘシ而シテ組織ノ方法ハ又二種アリ

第一　政府中ノ名望且有力者自起リテ誘導率先スル事

第二　政府ハ間接ノ誘導等ニ止マリ政黨彼レ自ラノ發生ニ任スル事

以下略ス

井上毅氏の政黨必要論

明治廿四年十二月廿六日第二議會に於て衆議院は最初の解散を命ぜられ政府要路の大官も民黨に對抗上、熟々政黨の必要を感じた。これは當時（明治廿五年の初の頃）井上毅氏が政黨必要論と對議會策を書いたもので、恐らく伊藤公に示されたものであらう。

（平塚篤氏所藏）

伊藤公より後藤象二郎伯への書簡

明治二十五年第五議會の初め當時伊藤博文公より後藤象二郎氏に送りたる書簡。

（伊藤忠三郎氏藏）

今朝ハ御光臨鳴謝今晩竹内方へ寄立連中會合之趣御内報承知仕候明朝ハ劈頭第一ニ自由黨提出之上奏案議事日程ニ上リ候趣ニ付可否可相決事ニ可有之候處此間反對派ノ爲ニ不被利用樣注意有之度事ト存候へ共此儀ハ老臺之御操縱ニ任セ候外無之此上爲國家宜敷御指導願上候不取敢拜答草々頓首

五月十八日　博文

後藤伯閣下

二月七日御認之御狀同十一日相達拜見致候縣下惣撰擧に付不穩之情況御申越且先般新聞及其他之報道ヲ得難默止突然意存ヲ兩派新聞社へ記載乃依賴候處折節土陽新聞社ニ於而ハ停止中之由同社より懇篤ナル返信ヲ得滿足之至ニ御座候今又諸君より懇之御書面忝存候固ヨリ一紙之力何之功顯モ無之事ト存候得共是又舊縣へ對スル情誼と相考愚存ヲ吐露いたし候事ニ御座候御承知之通野夫之政治上ニ對スル意見ハ諸君と其の撰ヲ異ニ致候ハ實ニ不得止事ニ候得共從來野夫等其ノ主義ヲ同シクスルト稱スル國民派ト諸君之團體は如此猛烈ナル競爭ニ至リ候事ハ誠ニ歎息之外無之殊ニ立憲政體之今日ハ雙方言論ヲ以テ主義政略ヲ表明スルハ當然之事ニ候得共腕力ニ訴テ猶ヲ不足之ヲ砲銃刀槍ニ訴ルニ至ルハ立憲政體ヲ破壞スルモノニテ事之是非曲直ハ最早論スルニ不足只此上一增之忍堪ヲ以テ雙方壯年輩御鎭靜希望之至ニ御座候野夫も一旦ハ歸縣之事ニ決心致候得共朋友間之議野夫之歸縣ハ世上之嫌疑ヲ益シ時宜ニより却テ雙方之氣焰ヲ煽動スルモ不計行カサルノ勝レルヲ說クモノ多く遂ニ不本意ながら差控候事ニ致候今日野夫が位地ハ政府ニモ反對シ又世ノ民黨ナルモノニモ反對シ全ク一種逆流人間タルハ御承知之事と被存候殊ニ撰擧ニ官吏之干涉スルハ甚好ヌ事ニシテ行政官警察官等ノ如キ職權濫用之嫌ヒアルモノハ最モ愼重ニ戒メサル可カラスト存候兩新聞報スル處孰も確實トハ認メ難く候得共各地之情況及府下之現況ニ徵シ候而も多少警官等之干涉ハ事實有之候事と相信申候誠ニ歎息之至ニ不堪候今般ハ國民派之者等へも十分忠告相加へ遣し申段御忍ヒ難キ事モ可有之候得共天下之爲メ立憲政體之爲御勘忍之程希望ニ不堪候野夫も不日歸縣之心組ニ候間善後之策ハ拜眉之上可及御協議候御承知も可有之歟野夫等同志之者共實ニ僅々タリト雖モ日本新聞ナルモノニ依リ國家ニ盡ス之主旨ヲ表明致居候人呼テ保守ト云又守舊ト云フ果テ保守歟守舊歟今より十數年之歲月ヲ經テ之ヲ實地ニ施サル以上ハ保守歟進步歟相分申間敷諸君カ所謂自由改進ナルモノハ空理ノ研究ニ非スシテ必ス事實上之自由改進ナルべし若し然リトセハ恐くハ野夫之守持スル處却テ早路ニハ非ル歟羅馬ノ古語ニ聞ク。ヲソクユクモノハ。ハヤクユク。と諸君既往十數年の歷史ニ徵シ御省察アランコトヲ祈ルナリ先ハ御答旁如此ニ御座候匆々頓首

二月十二日　干城

片岡健吉殿
山田平左衞門殿
植木志澄殿
武市安哉殿
谷重中殿

谷干城肖像

谷干城より片岡健吉への書簡

明治二十五年二月松方內閣選擧大干涉の際東京の谷干城氏より高知の片岡健吉氏等に宛てたる書簡。

（片岡啓太郎氏藏）

過日ハ蒙厚遇深謝之至ニ奉存候分袂後直に小田原へ參り候處昨日松方伯三男幸次郎を遣シ卽刻致歸京吳候樣依賴ニ付事情使者ニ承候處一昨日之衆議院決議ノ爲政府ハ今ニモ進退ヲ決スルカ如キ形勢ト之事ニ而致相談度由ニ御座候故難捨置ト存候而昨夜半歸京早速面會仕候處左程ノ事ニも無之狐狸ニ被誑シモノ、如クニ而爲差緊要談ニモ無之尤小生も衆議院議決之爲ニ進退スルハ惡例ヲ開クモノニシテ不面白ト存候事ニ御坐候故大體論ハ及陳述置候事ニ御座候中々諸先生進退スル抔之模樣處置無之進守之氣象躍々之趣ニ松方之口氣ニ被察申候小生ハ本日再度小田原へ出懸申候故不得拜晤留此一書事情及內報候間萬御推察所仰ニ候早々頓首

五月十六日朝　博文

含雪老盟兄　侍者

伊藤公より山縣公へ彈劾による辭職不可を說いた書簡

明治二十五年五月松方內閣の衆議院で內閣彈劾の決議をされた時五月十六日朝伊藤公から山縣公に宛て書簡で「彈劾によつて辭めることは惡例になるからあくまで頑張ろう」といふ意味があり此の日午後遂に議會は七日間の停會となつた。

（山縣有道公藏）

井上毅子より伊藤公への書簡

明治廿六年第二次伊藤内閣成立の初期井上毅子から伊藤博文公に對して民黨の動靜を報じ議會の對策等を論じて寄せた書簡で當時の内情を知ることが出來る。

（徳富蘇峰氏藏）

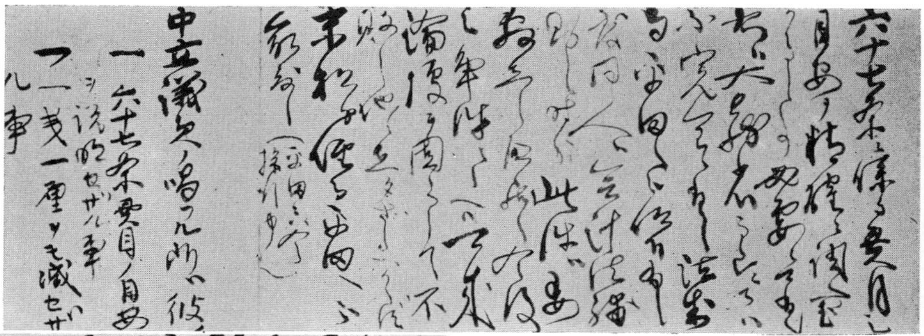

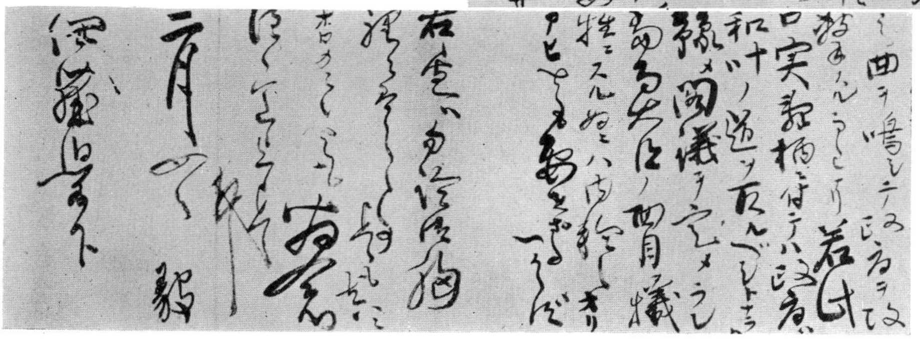

内申

楠本、調和即聯合說ヲ以テ奔走シ貴族院議員中ニ遊說シ同議員中有爵者二人ハ其倚頼ヲ受ケ盡力中ナリ右楠本ノ趣向ヲ竹内綱より板垣伯へ託シタレハ板伯ハ

楠本ハ分ラヌ人ナリトテ冷笑シタリ云々

政府ハ靜位ニ立チテ彼レノ勞働ヲ待タザルヘカラズ此節ノ調和說ホドウルサキモノハ無カルヘシ調和家ヲ款待スルハ却テ民黨ノ冷笑ヲ受クヘシ

昨夜有樂組之一人ニ面會候ニ議員之末々連ハ意外ニ解散ヲ氣遣ヒ居ルト云自由黨中ノ一人北海道拓殖義會總代對馬嘉三郎へ對シ今度解散トナラハ他ニ生活之道ヲ求ムル之外なしとて北海道移住之相談いたしたる位ナリ人情ハ案外なるものニ被存候

七日後ニ一二ノ布令ヲ發シ强硬ノ意ヲ示シ（兇器取締令ノ類）寛猛兼施ス事必要ニ可有之歟若左モナケレバ沛恩ニ倚頼シテ増長固執シ相談團マリ難キ事アラン本日民黨六團體廿九人之名前ニ而陳情書トシテ一册ヲ山下千代雄ナルもの持來候折節生不在ニ而面會いたさず候

其中ニハクダラヌ事書並へ有之結末内閣大臣ヲシテ告ヲ引キ責ニ任セシムルハ閣下等ノ任ナリ云々ニ在リ他ノ樞員、宮内官へモ訪問スル等之由（警吏云）ソロ〳〵壮士的運動ヲ始メ候ものニ見ゑ候七日ニ御出頭相成候ハ、必要ニ應シ演說論辯ノ位置ヲ取ラルヘキヤ又ハ政府ハ如眠、堅壁清野ノ術ニ出ツヘキヤ前以而御豫定有之候事要用と存候内閣連ハ從前之行違ヲ繼き論戰之說ニ相見候へとも生ハ大事前之小事徒ニ紛雜ヲ重ネ熱度ヲ増ス而已と存候

六十七條ニ係る費用之目安ヲ精確ニ調へ置かる事必要ニ可有之右ハ大藏省而已ニ而ハ不完全ニ有之法制局平田へ被仰付有之度同人は會計法補助之時分此件ハ委敷しらへ居候今後之爭件ニ候へハ可成論據ヲ固くして不敗し他ニ立タざるへからず末松を經而平田へ被命度候（平田ニハ今旅行中）

中立議員ノ唱フル所ハ彼ノ

一、六十七條費目ノ目安ヲ說明セザル事

一、一錢一厘ヲモ減セザル事

之曲ヲ鳴シテ政府ヲ攻撃スル而己ナリ若此口實辭柄ニ付テハ政府ハ和叶ノ道ヲ取ルベシトナラバ豫メ閣議ヲ定メラレ當局大臣ノ面白ヲ犧牲ニスル爲ニハ内論之オリアヒをも要せざるへからす

右邊ハ勿論御胸裡ニ有之候事申上候も眞ニオロカニ候へとも爲念注意迄申上候頓首

二月四日　毅

伊藤伯閣下

伊藤公より土方宮内大臣宛書簡

明治二十六年十一月廿八日開院式を行つた第五議會に於て衆院は開會劈頭取引所問題に關して星議長不信任の議を決し、序で十二月一日副議長楠本正隆氏の上奏と爲り勅問降下ありたり。其の當時伊藤内閣總理大臣より土方宮内大臣に宛てたる手紙。

（星野武男氏藏）

一、議長ヨリ拜謁ヲ願ヒタル折宮内大臣ハ祕書官ヲ使トシテ議長ニ面會セシメ左ノ注意ヲ申遣ス

奏上ノ筋ハ議院法第五十一條ニ依リ都テ文書ヲ以テ奉呈アルヘキニ付拜謁ノ願ハ文書ヲ奉呈セラル爲ニシテ文書ノ外ニ口頭ノ上奏ハコレナキ心得ノ趣ヲ以テ願意取次イタス筈右ニテ異存ナキヤ念ノ爲問合ス

右ニ付長議ノ答ニ異存ナシトナラハ其分ナリ若異議アラハ祕書官ハ議長ノ目前ニテ其ノ說ヲ書取リ大臣へ報告スヘシ若文書奉呈ノ外ニ口頭上奏スヘキ筋アリトノ答ナラハ拜謁ハ仰付ラレザル方可然

一、拜謁之折ハ宮内大臣侍從長侍立

一議長拜謁ノ上上奏文書ヲ奉呈シテ退クト左キノ勅語アリ

朕篤等ト一覽スヘシ

或ハ御前ニテ上奏文ヲ朗讀シテ後奉呈スルコトアルモ料ラレズ

外國ニテハ朗讀ノ例アリ　其時ハ御受取ノミニテ足レリ

一萬一ニモ議長ヨリ上奏事件ニ付勅答ヲ奉願トノ事ヲ言上スルコトアラハ侍立ノ宮内大臣ハ

勅答ノ有無ハ

叡慮次第ニ被爲在事ニ付御伺ニ不及トノ旨ヲ申述へ議長ニ注意スヘシ

「上奏ノ趣旨ハ朕ニ議長ヲ更任セヨト請願スルニ在ルヤ」一問

將タ議院自カラ不明ナリシトノ過失ヲ朕ニ對シ謝スルト云ニ止マルヤ二問

更ニ院議ヲ盡シ宜シク具奏スル所アルベシ

議院法第五十一條　各議院上奏セムトスルトキハ文書ヲ奉呈シ又ハ議長ヲ以テ總代トシ謁見ヲ請ヒ之ヲ奉呈スルコトヲ得

各議院ノ建議ハ文書ヲ以テ政府ニ呈出スヘシ

博文

緘

土方宮内大臣殿

衘親展

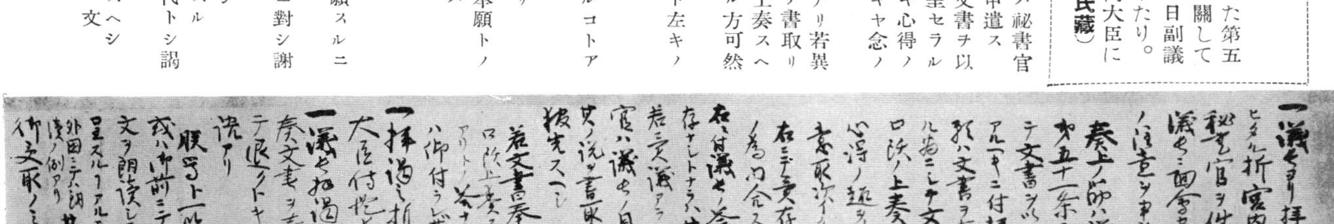

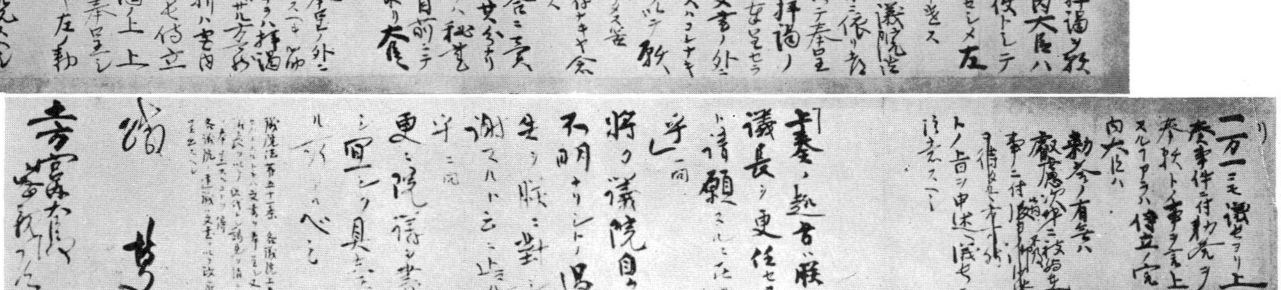

獨逸留學當時の近衛篤麿公肖像

近衛篤麿公書簡

明治二十七年六月一日民黨は結束して第五議會衆議院解散の理由であつた條約改正、其他内外の失政に關する諸問題を一括した上奏案を可決、之を捧呈し、翌六月二日第六議會は亦解散を命ぜられた。當時、近衛篤麿公時局を慨し總選擧は宜しく硬骨なる議員を選擧さるゝこと、選擧の粛正をなすべきこと等を小島貢氏宛に申送りたる手紙。（**牧彦七氏藏**）

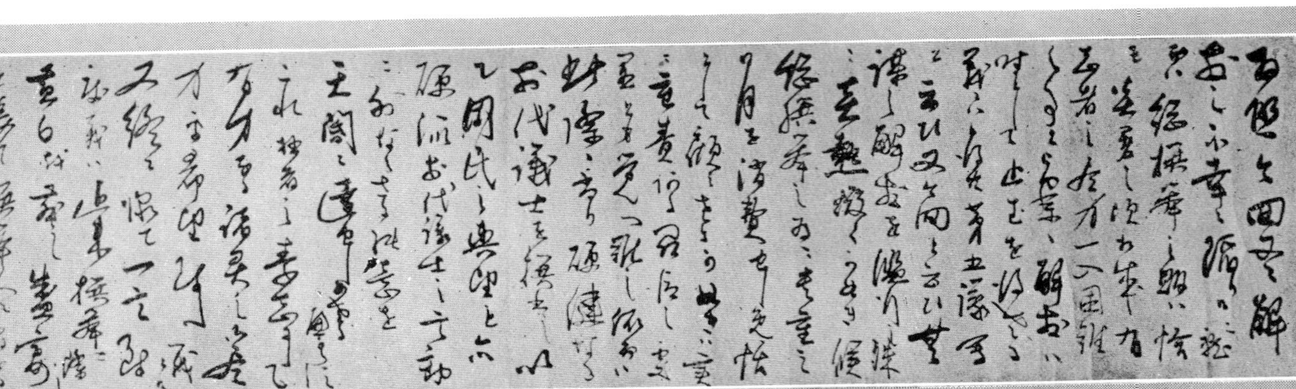

拜啓今回又々解散之不幸ニ陷り候ニ就而ハ總撰擧之期ハ恰モ炎暑之頃ト相成有志之者盡力一入困難之事ニ被察候解散ハ時として止むを得さる義ニハ候得共第五議會と云ひ又今回と云ひ無謀之解散を濫行し殊ニ炎熱煆くか如き候總撰擧之爲ニ貴重之日月を消費せしめ恬として顧みさるか如きは實に重責ある閣臣之處置とも覺へ難し依而は此際に當り硬健なる前代議士を撰出し以て國民之輿望も亦硬派前代議士之言動に外ならさるの意を天闇に達せしめさるへからすこれ拙者之素志にして有力なる諸君之御盡力平希望致し候義に候

又終に臨て一言致度義は近來撰擧に際し黄白を散し盛宴を張て撰擧人に媚ふる之悪弊に御座候是實に厭ふへき虚禮にして其結果により得たる投票は又誠實なる撰擧とは難申候撰擧人にして此手段に瞞着せらるゝは必竟撰擧權之貴重なるを知らさるの致す處に有之候故に此度を始として貴下等有力之諸氏は其運動之虚飾的に流れす着實に質素に國民之輿望を代表すへき鞏固なる人を撰擧するの美風を養成せられんことを切に不堪希望候也

近衛篤麿

明治二十七年七月

小島貢殿

廣島に於ける假議事堂

明治二十七年日清戰役當時大本營廣島に在り十月十五日廣島に臨時帝國議會を召集せられた。十八日開院式を行ひ詔勅を賜はる。兩院は恭しく奉答し聖旨を奉體し誓つて交戰の目的を達成せんことを期する旨を述べた。之は廣島に於ける假議事堂の寫眞である。

（衆議院事務局藏）

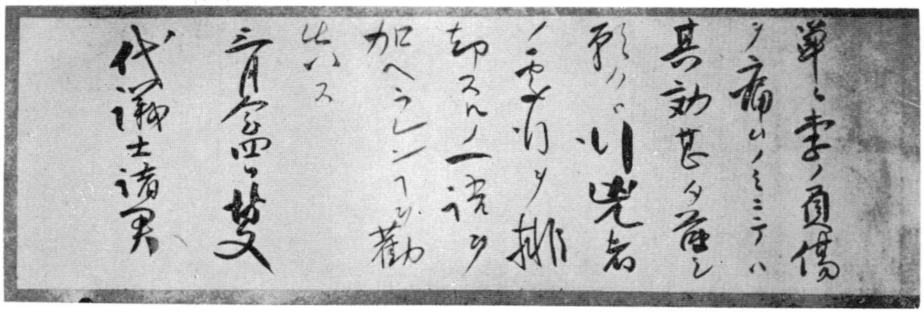

伊藤公より改進黨代議士に寄せた書簡

明治二十八年三月廿四日清國全權大臣李鴻章馬關に於て兇漢小山の爲狙撃され負傷したので、我全權の伊藤陸奧兩大臣は大いに驚き當時改進黨の代表として媾和談判の成行を視察に行つてゐた高田早苗氏等を招致し議會に於て李の負傷を悼むの決議をなさんことを告げ更に後刻本書を高田氏等の旅館に送つて「行兇者ノ處行ヲ排却スル」の一語を加へる樣申送りしものである。

（高田早苗氏藏）

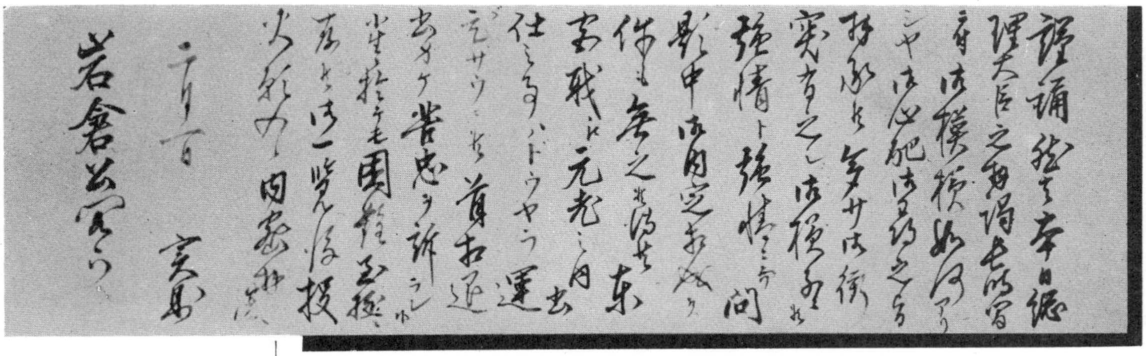

謹誦然は本日總理大臣之拜
謁長時間ニ付御模樣如何ア
リシヤ御心配御尋之旨拜承
候多少御衝突有之シ御樣子
ニ候强情ト强情ニ而問題中
御内定相成候件も無之候得
共東宮職え元老之内出仕之
事ハトウヤラ運びサウニ候
首相退出カケ苦忠ヲ訴ラレ
候小生ニ於テモ困難至極ニ
存候御一覽後投火願入候内
密拜復

二月一日　　實則

岩倉公閣下

德大寺侍從長より岩倉幹事に宛てた書簡

これは明治三十一年二月一日德大寺侍從長より岩倉幹事宛の書簡、此の數日後伊藤公が重大意見書を捧呈、尋いで大山元帥は東宮監督に任命せられた。

（宮川照治氏藏）

過日ハ辱貴翰鳴謝不啻候其節早々ニ及拜復候處閑遊却而多事覺候爲遷延到今日候貴恙爾來如何定而追々御全快ニ被爲赴候事ナラント確信仕候兩三日前寧樂ニ遊ビ山縣トモ綏々致面會候新聞紙上ニ極喧呼候宮内問題之話ニハ聊結愁眉候處其後如何如斯惡感ヲ惹起候上ハ到底春風和氣之回復ハ難出來事ト被察候處實際ハ如何御詳知之事情丈ケ得洩聞度候小子ハ近日ヨリ嚴島或ハ馬關邊ニ浪遊可仕乎モ難圖未致確定候林公使歸朝面會北京之情勢大略承及候委細ハ不日御面晤直ニ御聞取可相成ニ付不申入候先ハ幸便一書早々頓首再行

十一月念三　博文

陸伯御閣下

宮内省問題に關する書簡

明治三十年一月十一日英照皇太后の崩御あり、その御大葬の所管に就いて、宮内省と内閣との間に爭ひを生じた。法制局長官神鞭知常、内閣書記官長高橋健三氏は、之を内閣の職務であると主張し、宮内省は同省の職務であらねばならぬと主張し大確執となつたが、結局松方首相が遂に宮内省に屈伏して事は一先づ落着したが、之を腹に据へ兼ねたのは神鞭、高橋の兩氏で、高橋氏は材料を「雜誌廿六世紀」に授けて酷烈に宮内省の腐敗を摘發攻撃した。土方宮内大臣は之れを激怒して松方首相に迫つて該雜誌の發行禁止を命じ、該記事を轉載した日本新聞外二三の新聞に對して發行停止を命じた。其宮時に春畝伊藤公から陸奥宗光伯に事情を聞くべく送つた書簡と陸奥伯が其事情を詳しく知らなかつたので、又芳川顯正伯に書簡を送り春畝公に直接返事を出す樣依賴したものである。

（平井湖南氏藏）

久方久元伯

昨日一書拜呈候定て御落手之事と存候別紙唯今春畝翁より參着いたし候入御内見候奈良之會合は幾分歟伊山兩人之交情を溫め候哉に相見へ申候偖右書中云ふ所の宮内大臣事件は小生も實際を不知候就ては老兄に於て御探聞之次第有之候へば老兄より直に春畝に御一報被遺候事出來間敷哉尤も御書中には小生より御依賴申上候旨御加書被下候ても不苦候春畝は廣島若くは馬關に旅行と有之候へ共急なる事にも有之間敷併御書面は兵庫縣知事に御依賴候へは何方へも傳送可致と存候右得貴意度如斯に御座候　頓首

十一月廿四日　宗光

越山老臺

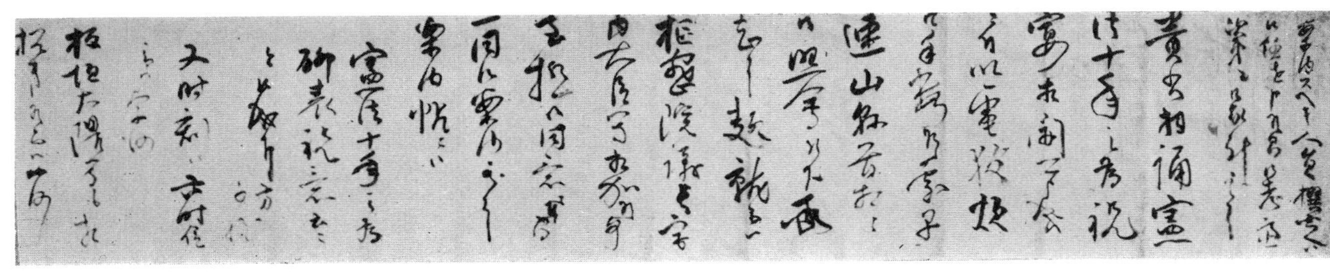

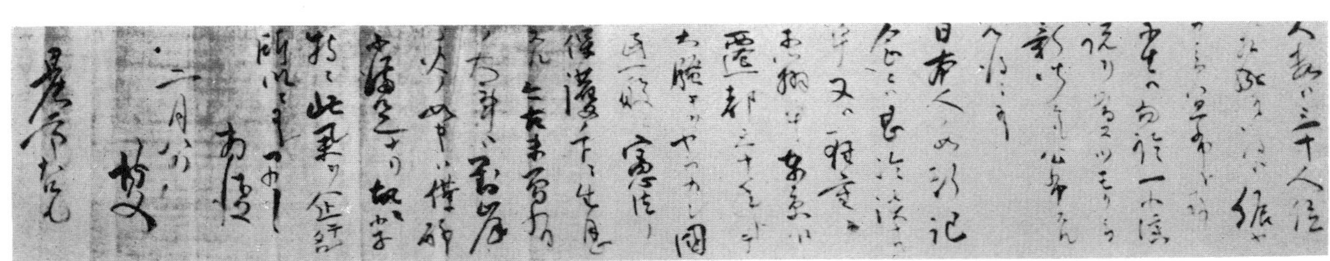

明治卅一年二月憲法十年記念祝宴開催に付いて、伊藤博文公から伊東巳代治伯に宛てた書簡。

（伊東治正伯藏）

案内スヘキ人員撰定ハ御任せ申候間御考慮次第ニ御取計可被下候

貴書拜誦憲法十年之爲祝宴相開可申儀ニ付以電報煩御手數候處早速山縣首相ニ御照會被下承知之趣就而ハ樞密院議長宮内大臣等相加候事至極御同意ニ候間一同御案内可被下候

案内帖ニハ

憲法十年之爲聊表祝意云々と被成下候方可然又時刻ハ六時位ニ而ハ如何

板垣大隈等も相招き候而ハ如何

人數ハ三十人位ニ相成候得ハ賑ヤカニ而宜布ト存候

小生ハ勿論一小演説ヲ爲スツモリニ而新聞ニも公布スル心得ニ候

日本人ノ如斯記念ニハ甚冷淡ナル乎又ハ輕重ヲ不辯乎、東京ハ還都三十年トテ大騷ヲヤラカシ國民一般ニ憲法ノ保護ノ下ニ生息スル今古未曾有ノ大事ハ對岸ノ火ノ如キハ僕聊不滿足ナリ故ニ小子特ニ此擧ヲ企テタル所以ニ候　草々

拜復

二月八日　博文

晨亭大兄

政友會立黨綱領

本書は明治三十三年八月伊藤博文公が立憲政友會を組織した時の立黨の綱領である。

（田中清輔氏藏）

鳩山和夫氏書簡

明治三十五年十二月廿一日第一次桂内閣は議會が政府に不利なるを察して斷然解散をなし三十六年五月の特別議會に臨まんとしてゐたが當時鳩山和夫氏から高田早苗氏に宛てた書簡によれば「議會さへすめば辭めるだろう」との觀測が行はれ其他の事も相當穿つたことを云つて居られる

（高田早苗氏藏）

拜啓

陳者去る廿七日新橋發ニテ西下の節原敬氏と同車致し伊桂間の話も聞取申候要スルニ臨時議會を無事ニ通過セシメ其後桂は辭スルナラント察セラレ候是レハ言外の意味ニ御座候政友會は連合を繼續シタキ意思ニ有之樣と思候本黨此間ニ處スルハ頗ル困難と存候強テ爭ヒ信任ヲ問ハントスレバ所謂乘取主義ノ非難ヲ受ケ敢テ事ヲ好ムトノ批評ヲ受ル事ト可相成又責任ヲ問ハストスレバ從來の主張ヲ捨ル事トナリ政友會ト分離シタル後の策モナカル可ラズ然し容易ニハ決定致スマシクト存候へ共此際は黨の爲メ又國ノ爲メニ充分考慮を要スル次第と存候小生ハ來ル五月四日伊勢木村氏の辯護を了り五六日の頃歸京之筈ニ御座候可成は黨論之決定延期セラレ度可然御盡力被下度奉願候勿々頓首

四月三十日

於廣島市

鳩山生

高田賢臺

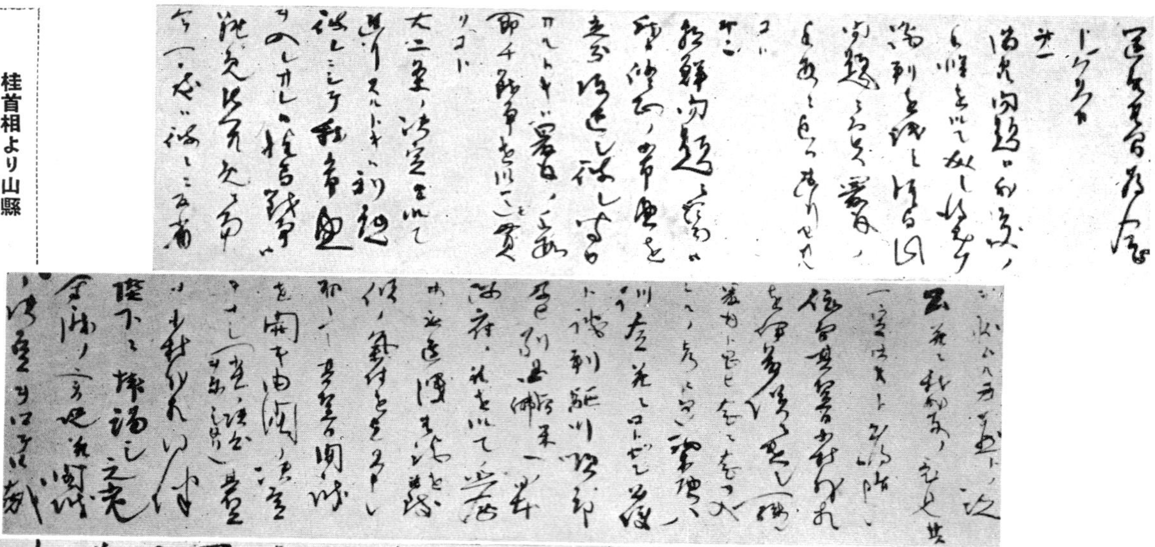

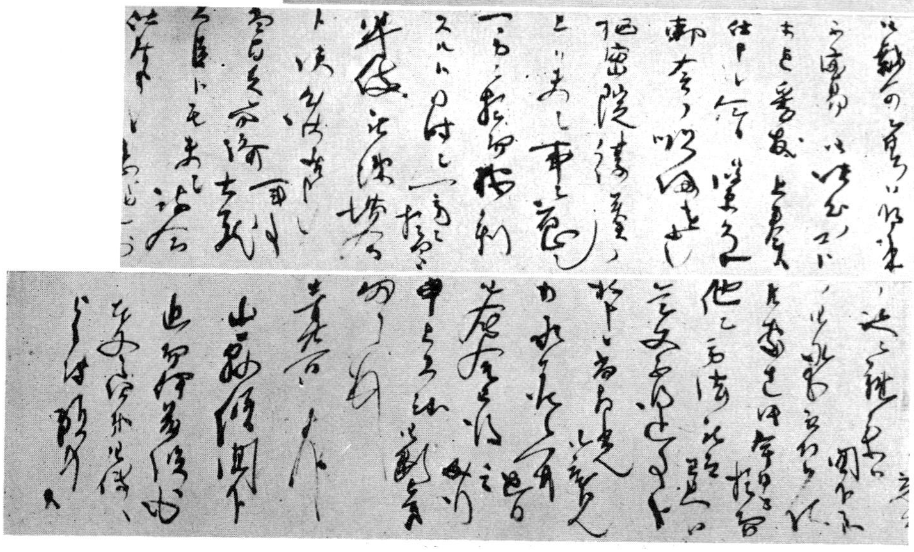

桂首相より山縣参謀総長宛の手簡

日露開戰も已に、時期の問題となつた明治三十六年十二月廿一日、桂太郎首相より山縣参謀総長に送りたる書簡。（**山縣有道公藏**）

桂太郎公

拜呈仕候爾後益御清榮御起居被爲在奉大賀候陳ハ寺内陸相昨日貴邸ニ參候御傳言之趣今朝巨細ニ拜承仕候就而ハ直ニ罷出可申筈之處本日ハ無據緊要之事件ニ而明日ハ閣議明後日ハ又々無據其翌日廿四日午前之内ニ參候可仕候間不惡御含置可被下候將又寺内陸相幷ニ兒玉次長より承り候處ニ而は過日御會合相願候砌諸公之御意思ト小生ノ意志ト充分判然之場合ニ至らず爲めニ御配意被爲在候哉之處小生ハ當日之御會合ニ於而は誠に快ク諸事解決ニ至り候事ト相考へ候其後小生左之順序を以て夫々運居候間爲念申上置候

第一

滿州問題ハ外交ノ手段を以て成シ得丈ヶ談判を試ミ結局此問題ニ而は最後ノ手段ニ迄ハ進行セサルコト

第二

朝鮮問題ニ於而ハ我カ修正ノ希望ヲ充分陳述シ彼レ聞カサルトキハ最後ノ手段（卽チ戰爭を以テモ）貫ヲクコト

右二條ノ決定を以て進行スルトキハ到底彼レニシテ我希望ヲ容レサレハ結局戰爭ハ難免候へ共兎ニ角今一度ハ彼レニ反正ヲ求ムル方可然トノ諸公幷ニ我輩ノ意見共一定仕居ト心得居申候

依而其翌日小村外相を伊藤侯ニ遣シ（殊ニ最後ト思ヒ念ニ念ヲ入レルノ考ニ而）栗野ヘノ訓令幷ニローゼン公使ト談判驅引順序及ヒ列國（獨米佛）ヘノ日本政府ノ名を以てノ照會等無遺洩相談を爲致侯ノ氣付を乞置申候而して其翌日閣議を開き內閣ノ決定ヲナシ（小生ノ決心ヲ示シタリ）其翌日小村外相同伴

陛下ニ拜謁シ元老會議ノ實況幷ニ閣議ノ決定ヲ以テ

御裁可を仰キ申候且ツ其際小生ハ

陛下ノ　御裁可ニ付てハ將來不容易　御決心ノコト等迄委敷上奏仕申候今日は緊急

勅令ノ順備をナシ樞密院復奏ノ上ハ夫々事ニ應シ一方ニ於而談判スルト同時ニ一方ニ於而ハ準備無疎場合ト決心仕居申候軍事當局者は勿論大藏大臣トモ夫々談合仕居申候素より充分ノ譯ニ難參ハ閣下方ノ御承知被爲在候處ナレ氐今日ニ於而他ニ方法無之候上ハ是又不得止事ト存申候尙拜光御意見拜承可仕候へ共過日御會合已後之成行申上置度御斷旁匆々頓首

十二月廿一日　　太郎

山縣侯閣下

追而伊藤侯へも本文之次第御傳へ被下度願上候

樽俎折衝無寸效　仁川海上礮丸飛
米邦幸在同盟外　獨握平和好轉機
甲辰二月四日聖上親臨廟議決日露開戰
伊藤公招余說渡米緊要熱誠頻勸乃決意
赴米國臨別公示所感詩仍和其韻以呈
渓水堅

金子伯の詩

明治三十七年二月、日露の國交急を告げ、遂に同月十日宣戰の詔勅は煥發せられた。當時伊藤公が御前會議後自己の心境を賦して金子堅太郎伯に示し且つ渡米畫策の必要を說かれたので、金子伯も渡米の決意を爲し公の詩に韻を和して自己の感慨を敍したもの。

（**金子堅太郎伯藏**）

四十餘年辛苦跡　化爲醉夢碧空飛
人生何恨不如意　興敗憑他一轉機
甲辰二月日露交涉將斷聊錄所感以
似友人某
博　文

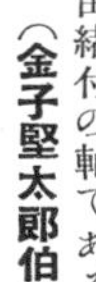

伊藤公の詩

明治三十七年二月四日、聖上親臨、廟議日露開戰と決した時、博文公自己の心境を賦して金子堅太郎伯に示されたもの。此軸は、現在金子伯が所藏されてゐるが伯が是を所藏せられるに至る迄に、非常に面白い挿話がある由緒付の軸である。

（**金子堅太郎伯藏**）

講和反對國民大會委員

國友重章　高橋秀臣
五百木良三　細野次郎
根津恂　大竹貫一
圓城寺清　山田喜之助
秋保親兼　河野廣中
太田秀三郎　小川平吉
恒屋盛服　櫻井熊太郎
工藤鐵男
新井要太郎
米田積
石山彌平
矢島省平
望月龍太郎

氏名は寫眞の順序

媾和反對國民大會の主催者

明治三十八年九月五日、日露媾和條約成るの日、國論は戰勝の效果を沒却するものと爲し、批准拒絶の議起り、條約破棄、當局彈劾の聲高く、合同同憂の有志團は此の日を以て、日比谷公園に國民大會を開き、屈辱條約の破棄、政府彈劾を絶叫し、官憲壓迫の下に忽に帝都を混亂狀態に陷らしめ外務大臣官邸を燒打し、戒嚴令施行、新聞雜誌の發行禁止となつたが、其時檢束された國民大會の主催者達が同年十二月三日釋放された際の記念撮影である。

（**糸川修一氏藏**）

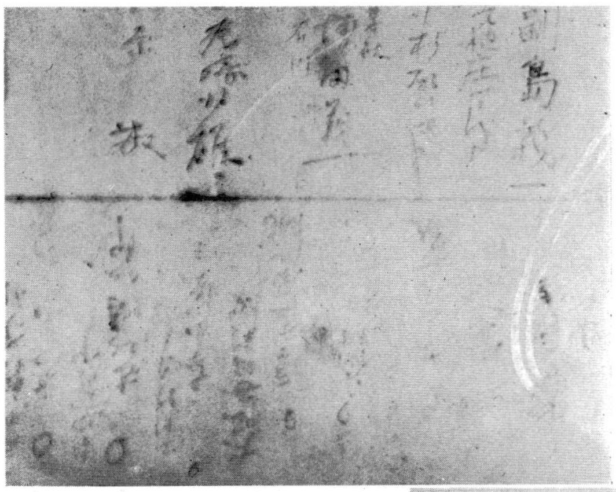

憲政擁護有志大會趣意書及び參同者署名

大正元年末第三次桂内閣成立を見るや、藩閥官僚政治に對して、憲政擁護の聲天下に起り、十二月十九日、遂に日比谷原頭に全國新聞通信記者有志大會を開催するに至つたが、本書は其の時の趣意書及參同者の署名である。尾崎行雄氏や、原敬、副島義一氏等來會者一同の署名は皆鉛筆で書かれてある

（岩本阿三郎氏藏）

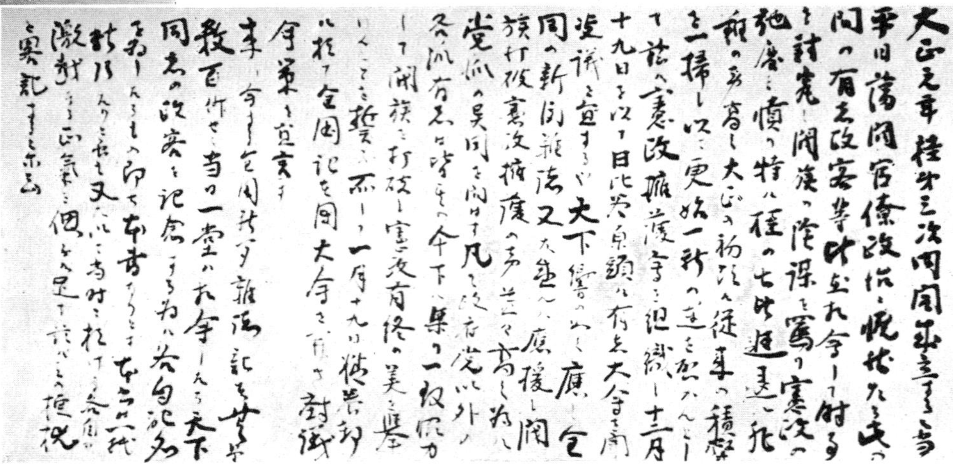

衆議院議長臣某誠恐誠謹テ奏ス伏テ惟レハ

陛下登極以來聖德日ニ躋リ皇威月ニ輝キ内外恩ニ浴シ億兆慶ニ頼ル邦家ノ禍祉何ヲ以テ之ニ尙ヘンヤ不幸ニシテ海軍ノ吏僚敢テ商賈ト結ヒテ匪曲ヲ營ミ軍防ニ託シテ國費ヲ攘ミ頃日ニ迨ヒテ罪迹愈々暴露シ醜聲益々流布シ高級ノ武官ヲ以テシテ其家宅ヲ捜索セラレ喚問拘禁ヲ蒙ル者頻ニ相踵ク夫レ海軍ハ陛下ノ頼ヲ以テ祖宗ノ國家ヲ防衞スル所宜シク最モ官紀ヲ肅ニシ其實力ヲ盈タシ以テ國家平生巨費ヲ投シテ之ヲ養フ所以ノ途ニ副ハシコトヲ努メサルヘカラス而シ今乃チ此ノ如シ一朝緩急ノ變烏ソ能ク其用ヲ完フスルコトヲ得ンヤ凡ソ事此ニ至ルモノ一ニ監督疎慢ノ致ス所ニシテ當路ノ執政斷シテ曠職ノ責ヲ免ルヘカラス此ヲ以テ擧世囂々トシテ其罪ヲ問ヒ彈正ノ聲都鄙ニ滿ツ當路無恥言ヲ左右ニ託シテ責任ヲ廻避シ詭計百端掩蔽維レ努メ終ニ警察ノ權ヲ揮ヒ肆ニ良民ヲ逮捕シ之ヲ傷害シ又言議刊行ノ自由ヲ奪ヒ放慢專肆至ラサル所ナク民權玆ニ枉屈シ公議全ク否塞ス是レ先帝立憲ノ叡旨ニ悖リ大正新政ノ光輝ヲ掩クモノニシテ其責一ニ當路ノ執政ニ在リ竊ニ按スルニ内閣總理大臣伯爵山本權兵衞多年海軍行政ヲ掌リ黨與ヲ結ヒ任ヲ去ルノ後依然トシテ海軍ノ實權ヲ私ス今次ノ醜怪ノ事起ルヤ擧生概ネ權兵衞ヲ疑ヒ惡聲紛々トシテ其身邊ニ集ル此天下ノ指彈ヲ被ル者一日モ之ヲ輔弼ノ地ニ置クヘカラス何ヲ況ンヤ頻々秕政ヲ行ヒ端撥揆統督ノ途ヲ誤リ内ハ民心ノ離畔ヲ來シ外ハ列國ノ輕侮ヲ招キ國極ヲ傷ケ國途ヲ阻ミ幾ント將ニ國礎ヲ危クセントシタル者ニ於テヲヤ臣等竊ニ惟ラク一日此内閣ヲ在スレハ則チ國家一日ノ不利ヲ受ク乃チ現任閣臣ヲ斥クルハ直ニ方今至切ノ急務タリ伏テ願クハ陛下内外ノ大勢ヲ洞觀アラセラレ神籌叡斷日月ノ昭鑒ヲ垂レサセ給ハンコトヲ臣純孝天威ヲ冒瀆シ誠恐誠惶謹テ奏ス

山本内閣彈劾上奏案及び尾崎行雄氏書簡

大正三年三月二十三日衆議院ではシーメンス事件を以て山本内閣彈劾上奏案を上程せんとし内閣は議會に對して三日間の停會を命じたが遂に翌二十四日總辭職を決行するに至つた。この文書は尾崎氏の筆になる彈劾上奏案、並に尾崎行雄氏から當時の衆議院速記課長工藤武重氏に宛てた書簡。

工藤武雄氏藏

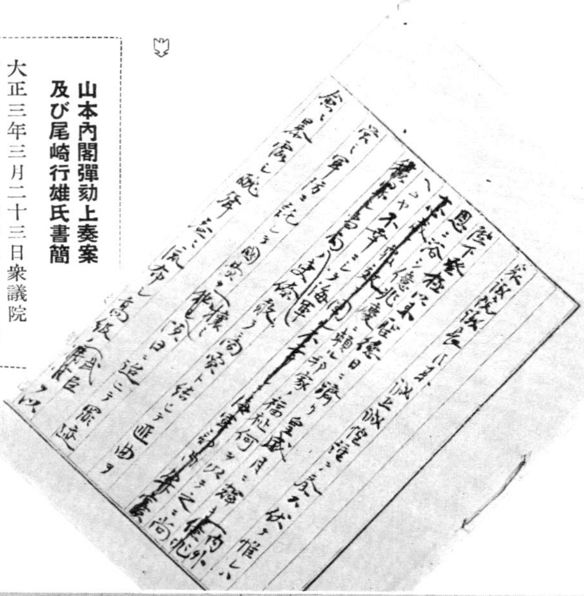

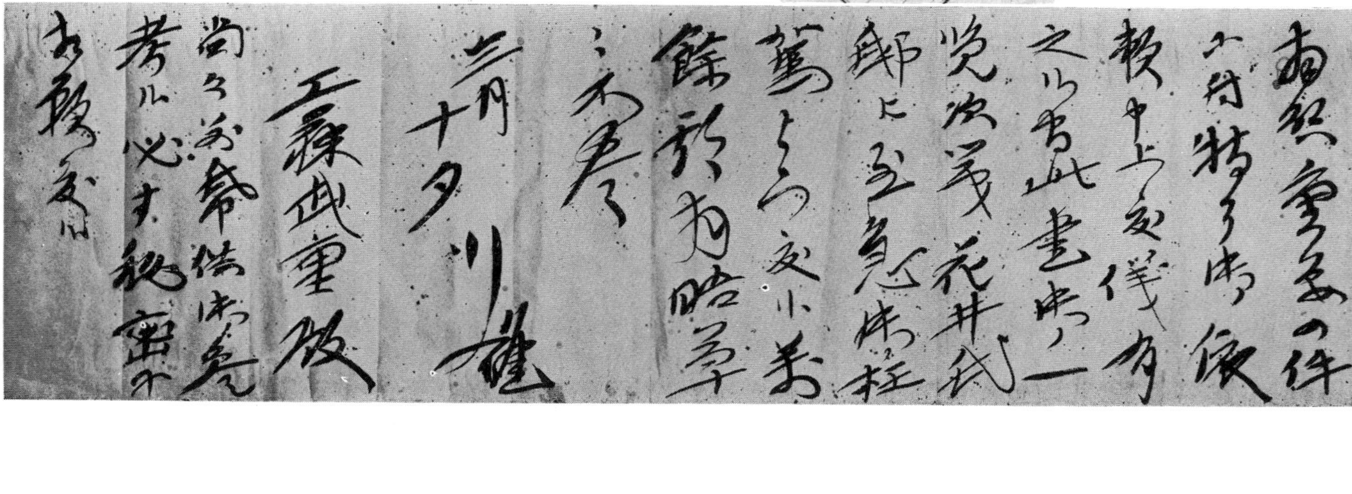

犬養毅氏筆の國民黨大會決議及び宣言

大正三年、國民黨大會の決議並に宣言書、及び大正七年一月二十日、第四十二議會に於ける國民黨の宣言書、共に犬養木堂氏の筆になる。（**古島一雄氏藏**）

大正三年宣言　十二月四日

今ヤ歐洲ノ戰亂ハ延テ世界ノ形勢列國ノ關係ニ一大變化ヲ及シ隨テ戰後ノ競爭ハ治亂共ニ狀態ヲ異ニシ國家ノ機務益々多端ナラントス我帝國既ニ東洋平和隣邦保全ノ爲メニ兵ヲ執テ起チ青島ヲ平定シ南洋ヲ掃蕩スト雖モ是レ世界變亂ノ一波動ニ止リ帝國任務ノ一部ニ過キス帝國ノ天職ハ任重ク途遠シ國民全部ノ自覺奮勵以テ目的ヲ達スルハ實ニ此時機ニ在リ吾黨ノ見ル所官民ナク恩讐ナク往事ノ執着ナシ吾主張ニ契ヘハ之ヲ助ケ契ハサレハ之ヲ排シ斷シテ假借セサルヘシ假借セサルモノ卽チ國家ニ對スル義務ナリ

列國ノ競爭ハ平時ト戰時トヲ問ハス總テ全國力ニ對スル全國力ノ角逐ナリ惟全部ノ力ナルカ故ニ智力武力資力ノ駢進調節ヲ期シ各部機能ノ燮理發達ヲ謀ラサルヘカラス國家各部ノ實力之ヲ內ニ充實シテ之ヲ外ニ發揚シ以テ東方ノ平和ヲ維持シ以テ世界ノ文化ニ貢獻スルハ我帝國ノ自覺シタル責任ニシテ又吾黨本來ノ主張ナリ茲ニ本期大會ニ於テ時務ノ大綱ヲ決議スル左ノ如シ

(1) 國防ノ根本ヲ定メ諸般ノ武備ヲ整頓シ國民皆兵ノ主義ヲ遂行スル爲メ姑息ナル二師增設ヲ排斥スヘシ

(2) 內外ノ政務ヲ刷新シ外ハ帝國永遠ノ地步ヲ鞏固ニシ內ハ事務ノ簡捷ヲ謀リ以テ庶績革新ノ實ヲ擧クヘシ

(3) 行政財政ノ整理ニ由テ勉メテ惡稅改廢ノ資源ヲ作ルヘシ

(4) 教育ノ改善產業ノ發達選擧權ノ擴張ハ前期大會ノ決議ニ從フ

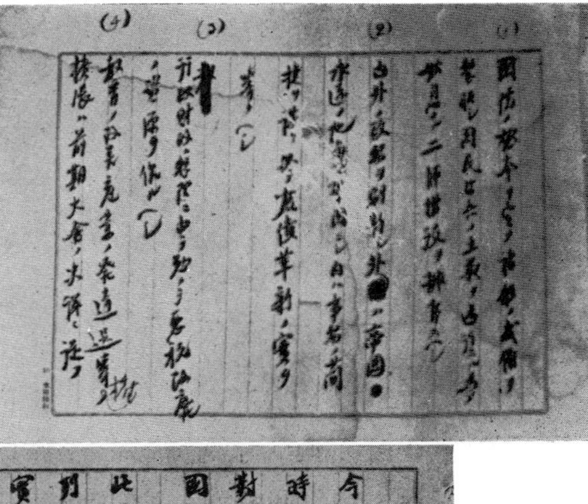

宣　言

今ヤ我帝國ハ國策一新ノ時機ニ際會ス世界ノ變局ニ對シ治亂共ニ之ニ應シ以テ國運ノ振興ヲ謀ルハ實ニ此時ニ在リ

列國ノ爭競ハ精神及物質ノ實力角逐ニ外ナラス國民ノ剛健勇邁以テ學術ノ獨立經濟ノ獨立軍器ノ獨立ヲ得ルニ非レハ斷シテ其伍伴ニ入ル能ハス吾黨此ニ見ル所アリ是レ政務萬般ノ革新及實業振作ヲ以テ先著ノ急務ト爲ス所以ナリ

現內閣施政ノ事績ハ概ネ當初ノ宣言ニ背遶シ左支右吾總ヘテ一定ノ方策ナク其非違ノ暴露ニ及ヘハ彌縫百端以テ責任ノ所在ヲ掩ハントス是レ既ニ立憲ノ大義ニ違フ況ヤ內政ノ姑息外交ノ輕擧妄動以テ禍根ヲ後日ニ遺スニ於テヲヤ吾黨ノ深ク憂フル所是ナリ

吾黨ノ要求ハ政務ノ革新ニ在リ國策ノ確立ニ在リ誠ニ能ク之ヲ行フモノアラハ吾黨奮テ之ヲ援助ス可シ苟モ之ニ反スレハ奮テ之ヲ排擊ス可シ茲ニ本期大會ヲ開キ主張ノ大綱ヲ擧ル左ノ如シ

宣　言

平和平等の思潮ハ大戰後急速度を以て進み來り國際に於てハ軍備制限となり四國協商となり以て永久平和の基礎を築かんと試み國內ニ於ては階級撤廢利益均分の要求となれるは世界現代の大勢である。

我國ニ於ても亦此大勢ニ漏るゝことは出來ぬのである政治方面に平等を求る思潮ハ普通選擧を以て顯はれ經濟方面ニ平等を求る思潮ハ勞働爭議を以て顯はれ智識の上ニ平等を求る思潮は教育問題を以て顯はれ生存權の平等を求る思潮ハ食糧問題住宅問題物價問題等を以て顯はれ之を要するに人々の生活の實質ニ就て向上改善を要求するのである故に現在及未來の政治は此の如き大勢に順應して其要求を充すべき施設でなくてハならぬ吾黨主張の精神ハ卽ち是である茲ニ又尤も注目すべきは國際競爭の益々經濟の一方に集注したる一事である國土の狹隘なる資源の貧弱なる我國產業の未來は如何にして國際競爭に堪へ得るであらうか思て此に至れば實に心細きものである故に何とかして此缺點を補ふことを勉めねバならぬ

コレより右邊案に續く

內務大臣ノ犯要は內閣維持ノ計圖より出てし者ナレハ佗ノ調員も無論連帶責任タル可シ

總理統督不行屆の理由を以て辭したる以上ハ今モ猶其理由ノ消滅したる筈なし

何等の事情あるトモ一旦辭表を出して更ニ留任するハ憲政上ノ惡例也

殊ニ聖旨ニ藉口するニ至レルハ不臣ノ所爲也

結論　大正四年報告書

第卅七議會ハ總選擧後ニ於ける第一次の議會にして現內閣が若シ其所謂高造ノ理想アリトセハ之ヲ實現スヘキ絕好の機會タリシノミナラス歐洲ノ大亂ニ伴フテ之ニ順應スベキ國家ノ結論ヲ定メ以テ帝國永遠ノ地步ヲ確立スヘキ時期トス、然ルニ其施設一トシテ見ルニ足ルモノナク、偶々之アレハ事ニ系統ナク、物ニ秩序ナク、規模ノ少ナル毫モ大局ニ補フニ足ラス、甚シキ當初ノ宣言ニ反シテ悉ク公約ヲ無視シ地位維持の爲メニハ平生ノ主義ヲ棄テ、恥ル處ヲ知ラス、爲メニ大臣補弼ノ途ヲ誤リ、責任內閣ノ本義ヲ破リ、動モスレハ憲政ノ逆轉ヲ見ントスルニ至ル、殊ニ支那問題ニ至リテハ歷代內閣ノ餘弊ヲ因襲スルノミナラス之ニ加フルニ輕躁粗笨ノ新病ヲ以テシ徒ニ小策ヲ弄シテ國際ノ感情ヲ傷フヲ知ラス而シテ其大局ニ至リテハ左眄右顧今猶ホ岐路ニ彷徨シテ一ノ決定スル所アラス國家ノ深患コレヨリ甚シキハナシ然ルニ吾黨ノ之ニ對シテ言議ヲ發表セス儼然監視ノ態度ヲ以テ經過シタルハ他ナシ國際問題ニ對シ成ル可ク國內ノ紛爭ヲ避ケ以テ國家ヲシテ一條ノ進路ヲ取ラシメント欲スル微意ニ外ナラス是ヲ以テ當面幾多ノ責ムヘキモノ告ムヘキモノ都ヘテ姑ク之ヲ假借シテ以テ時諸派概ネ權勢獲得ヲ主眼ト爲シ國ノ策ハ却テ第二ニ置カル、ノ傾向ヲ生シ臨機應變ノ四字以テ爲政家ノ神符ト爲シ永遠ノ國策ヲ講スルヲ以テ迂愚ト爲ス者ノ如シ此ノ如キ潮流ハ今ヤ滔々トシテ朝野ニ瀰漫セリ我邦獨リ斯ル潮流ニ沈溺セル時ニ於テ一朝歐洲ノ大亂終熄シ列國ノ勢力再ヒ東洋ニ活躍スルニ遇ハ、我邦果シテ何ヲ以テ之ニ當ルヘキヤ吾局ノ推移ト當局ノ覺醒トヲ期待セリ然ルニ今ニ及テ之ヲ觀レハ是モ亦絕望ニ歸セントス現閣ノ外交動モスレハ之ヲ府內政略ニ利用シ外變ヲ假テ以テ人心轉換ノ具ニ供シ率然ト起リ漸然ト消エ秩然タル系統脈絡ノ見ルヘキ者ナシ嗚呼千載一遇ノ好機斯クシテ徒爾ニ沛過スヘキカ翻テ廣ク政界ノ狀情ヲ察スレハ黨ノ尤モ力ヲ用フルハ茲ニ在リ本議會ニ於ル吾黨ノ行動都ヘテ此ノ天泉源ヨリ湧シタル產物ニ外ナラサル也

決　議

現內閣ハ輿論ノ支持ヲ有セス基礎薄弱ニシテ世界ノ變局ニ處シテ大政ヲ補翼スルノ實力ナキ者ト認メ之ヲ信任セス

教育費ノ增額カ財源ノ關係上十四年度ヨリ實現スルヲ得サリシハ政府ノ遺憾トスル所ナリ

十五年度豫策編成ニ當リテハ財政ノ狀況ニ照シ政府ハ之カ實現ニ向テ最善ノ努力ヲ爲スヘシ

衆議院議員選擧法改正法律案

右成規ニ據リ提出候也

明治三十五年二月十一日

提出者 中村彌六 河野廣中

賛成者

選擧運動

普選案が始めて議會に提出されたのは、明治三十五年第十七議會で法案の通過したのは大正十四年第五十議會、此間約二十四年の産みの苦しみを經、政界の癌とまで稱された普選案は、世に出たのである。法案通過迄の過程を顧みれば幾多變遷の物語があるが、これは最初の普選案提出者の署名と、普選運動の漸く白熱化した大正九年二月江東國技館に開かれた全國青年普選大會の決議文で、此時加藤高明氏に政界隱退の勸告文を突付けたのである。

署名の方は（**日比谷圖書館藏**）

決議文は（**大泉對山氏藏**）

一 吾等は民衆の威力によりて今期議會に普通選擧法案の通過を期す

一 吾等は此の目的を達する爲め憲國両黨及び其他の普選論者の提携に努む

一 政府及與黨にして飽くまで尚早論に藉口し該案の通過を拒み若くは不法なる解散を敢てするに於ては吾等は誓つて之れが撲滅を期す

右決議す

大正九年二月一日 全國青年大會

護憲運動の三派內閣 大正十三年一月七日清浦奎吾を主班とする貴族院內閣成るや、憲政會（黨首加藤高明）政友會（黨首高橋是清）革新俱樂部（黨首犬養毅）は時代に逆行したる特權階級より成る內閣に眞向より反對し、こゝに往年の憲政擁護運動に昭應する第二回の護憲運動の火蓋を切つた。かくて三派提携して內閣に當り、遂に議會は解散されたが、その結果は國民の正しい輿論を反映して、護憲三派の大勝に歸し清浦內閣は桂冠の已むなきに至り、組閣の大命は憲政會加藤高明氏に降つた。

寫眞は大正十三年六月十一日加藤高明內閣成立親任式當日に於ける三領袖加藤高明首相、高橋是清農相、犬養毅遞相の記念撮影である（**日比谷圖書館藏**）

議會混亂の際の岡崎老の書簡

大正十三年五十二議會は三黨首會合、憲、本、提携震災手形法に對する意見の對立機密費問題等議場の混亂は數度に及び粕谷議長の引責辭職となつた。之が原因となつて、爾來議院内部に於て解決した問題も遂に外部司直の手に委せざるを得ざるに至つた。靜養中の政友會長老岡崎邦輔氏は之を遺憾として、時の衆議院書記官長に本書を寄せ、苦衷を述べて議會振肅の要を力說せられたもの。

（中村藤兵衞氏藏）

小生執筆尙不十分御推讀願上候
拜啓益御淸光奉大賀候陳は小生昨年來此地に靜養候處未得全快候得とも稍や回復に近く候故一先稻村ヶ崎草庵迄引取當分同處居住可仕候間此段御屆け申上候庶務課へ可然御傳へ願上候さて當年議會最終之紛擾いつも難免事には候得とも言論腕力兩者共ニ自制謹愼を缺誠に遺憾ニ御座候議會內之事件ハ外來之權力ニ依賴すべからすとして從來乍不及努力致居候處今度ハ寧進んで其權力ニ依賴せんとさられたるハ如何ニも心外と存候此間定而御苦勞千萬之儀と拜察仕候御承知之如く一昨年之議會ニ於而正副議長黨籍離脫之申合候處今度之交迭後殆と其先例を無視されたるもの〻如くとんと新聞ニも不相見右ハ如何相成候哉乍序相伺置度候伺度事等夥多有之候得とも其中拜表之機會も可有之と欄筆如此御座候不一

四月初八日　　邦輔

中村翰長閣下

伊東巳代治伯

伊東伯御前講話資料

これは大正十五年伊東巳代治伯が高松宮假御所に於て御前講話申上げた時引證せられた伊藤博文公の書簡（寫）で、卽ち去る明治十四年三月參議大隈重信が國會開設其他に關する意見書を有栖川宮熾仁親王に捧呈し私に上奏を爲した當時廟議沸然參議伊藤博文は憤然として大隈參議とは共に廟堂に立ち難しと岩倉公に抗議を申込んだもので、大隈參議免官の因をなしたものである。

（前揭の大隈の密奏書參照）

（刑部齊氏所藏）

御手簡幷憲法取調書類御下附奉落手候一讀の上返上可仕候
廟堂今日の形勢を熟考仕候處愚見にては到底靜穩に維持之目的無御座候大隈此節の建白を熟讀仕候處實に意外の急進論にてとても魯鈍の博文輩驥尾に隨從候事は出來不申且亦現今將來の大勢を觀察仕候主眼も甚相違仕候讀歴史歐州の沿革變故の跡を想像するも博文か管見にては彼建白に載する所の如く成蹟を容易に被得候ものとは不存候到底如斯に大體の眼目背馳候上は實に遺憾且恐縮の至に御座候へ共當官御放免を奉願候外幾回熟考仕候而も手段無御坐候乍恐聖上陛下及三大臣諸公におゐても衆論百出の中に立唯々御心配而已にて確乎不拔の御定算無之ては國家は御維持無覺束と夙夜慨歎の至奉存候余は拜鳳の上可申上候匇々奉復

七月二日　　伊藤博文

巖相公閣下

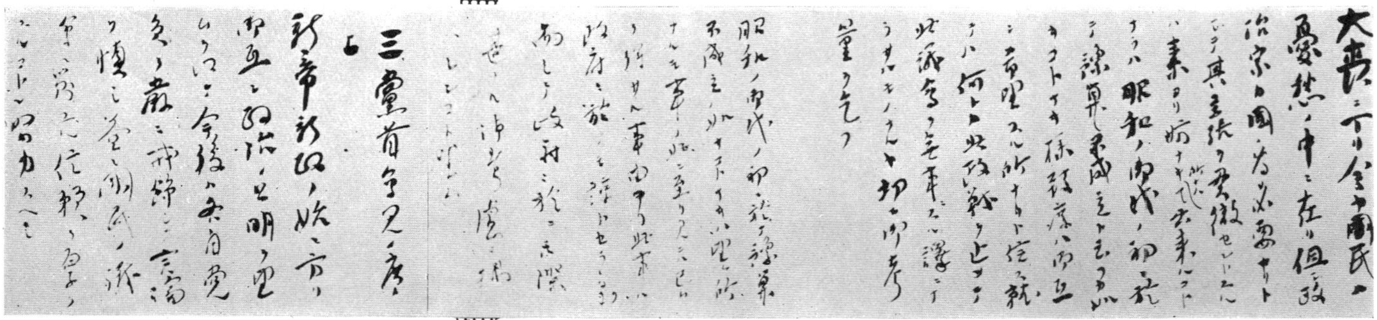

大喪ニ丁リ今ヤ國民ハ憂愁ノ中ニ在リ但シ政治家カ國ノ爲メ必要ナリトシテ其主張ヲ貫徹セントスルハ素ヨリ妨ナキ所ナルモ出來ルコトナラハ昭和ノ御代ノ初ニ於テ豫算ノ不成立ト云フカ如キコトナキ樣致度ハ御互ニ希望スル所ナリト信ス就テハ何トカ此政戰ヲ止メテ此議會ヲ無事ニスル譯ニナラサルモノナルヤ切ニ御考量ヲ乞フ

昭和ノ御代ノ初ニ於テ豫算不成立ノ如キコトナキハ望ム所ナルモ事ノ此ニ至リタルニハ已ムヲ得サル事由アリ此事ハ政府ニ於テモ諒トセラレタク而シテ政府ニ於テモ深甚ナル御考慮ヲ拂ハレンコトヲ望ム

三黨首會見ノ席上

新帝新政ノ始ニ方リ御互ニ政治ノ公明ヲ望ムヲ以テ今後ハ各自黨員ヲ嚴ニ戒飭シテ言論ヲ愼ミ益々國民ノ議會に對スル信頼ヲ厚クスルコトニ努力スヘシ

三黨首申合要領

昭和二年一月二十日、若槻内閣に對する衆議院の空氣は極めて險悪、改元日淺きに拘らず、多難を思はせたが、突如として若槻、田中、床次三黨首（憲政會、政友會、政友本黨）の妥協成り、議會も漸く無事に終了を遂げた。本文は妥協の際の申合要領で、若槻首相の筆に成る。寫眞は當時の三黨首。（**川橋豊治郎氏藏**）

外交篇

尚武

旗艦ミシシツピー號

サラトガ號

ペルリ坐乗サスケハナ號

船名不詳

嘉永六年米國水師提督ペルリは、四隻の軍艦を率いて浦賀に來航した。世に云ふ黑船はこれである。

(下田町役場藏)

◇嘉永六年より安政六年迄◇

日本外交搖鑑時代

わが國の對外交渉は既に三韓征伐の昔より、天文十一年ポルトガル人の種子ヶ島漂着、乃至は異教傳道等の所謂南蠻時代に開けてゐたが、躍進又躍進の新日本外交の端緒は嘉永六年の「黑船來」米使ペルリ提督の來航によつて切つて落されたのである。

當時の國內情勢は德川三百年の治世漸やく搖ぎ、討幕勢いよいよ募り、剰え米使ペルリの來航をはじめ諸外國の威壓をうけて封建政治は衰亡の一路をたどつた。

かくて幕府は勅許を經ずして安政の神奈川條約次で五ヶ國條約を締結完全に屈服してしまつた。

かく餘儀なくされたとは言へ幕府の締結した不平等條約はそのまゝ明治新政府に引繼がれ、後多年にわたる條約改正の難問題として殘され、永代借地權の問題の如きは漸やく現今にいたつて解決を見たのであつた。

日本外交年表

嘉永六年（癸丑）（紀元二五一三年 西曆一八五三年）

六月三日　米國水師ペルリ、軍艦四隻を率ゐて浦賀に來航、開港通商を求む。

七月十八日　露國使節プーチャチン、軍艦四隻を率いて長崎に渡來國書を呈し、樺太境界を定め、且つ修交を求む。

安政元年（甲寅）

十六日　米國使節ペルリ、軍艦六隻を率ゐ浦賀に來り更らに本牧沖に入る。

三月三日　林大學頭等、幕命を帶びて米使と會見し始めて和親條約十二ヶ條を締結す、是れ所謂神奈川條約なり。

五月廿三日　幕府日米條約附款十三條を定む。

七月十五日　英國水師提督スターリング軍艦四隻を率ゐて長崎に渡來す。

十二月廿一日　幕府、筒井政憲、川路聖謨等をして露使プーチャチンと和親條約を締結せしめ下田、函館、長崎を開港し、樺太は彼我雜居地と定む。

安政二年（乙卯）（紀元二三一五年 西曆一八五五年）

三月十八日　佛國軍艦、長崎に渡來す。

十九日　英國軍艦又長崎に渡來する。

安政三年（丙辰）（紀元二五一六年 西曆一八五六年）

七月廿一日　米國總領事ハリス下田に來り、將軍に謁して國書を呈せんと請ふ。

安政四年（丁巳）（紀元二五一七年 西曆一八五七年）

五月廿六日　幕府、米使ハリスと條約を定め長崎を開港し、下田函館に米人在留を許す、是れ所謂下田條約なり。

安政六年（巳未）（紀元二五一九年 西曆一八五九年）

一月十二日　幕府長崎、函館、神奈川の三港を開きて通商することを許す。

六月四日　ハリス、米國公使となる。

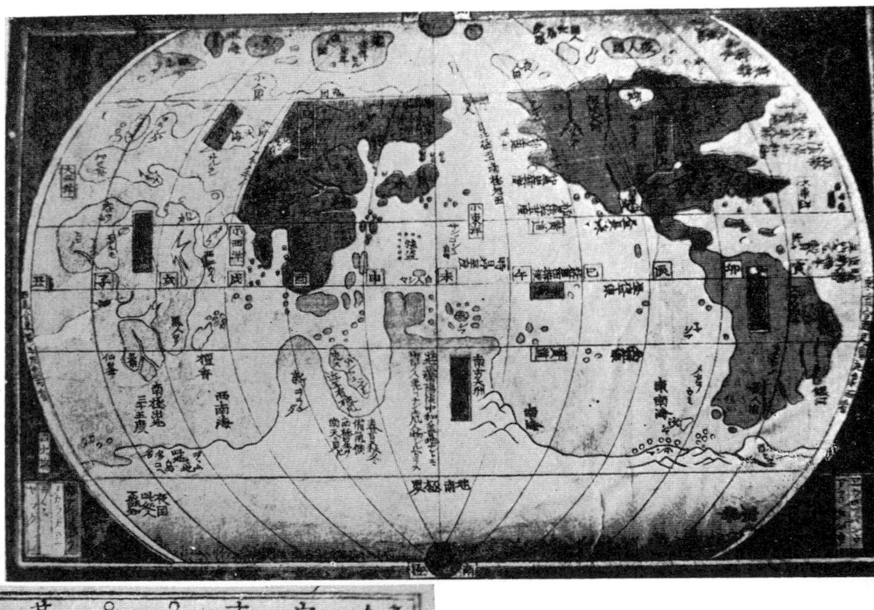

日本最初の世界地圖

同説明書

（帝國圖書館藏）

全地球ヲ考ルニ五帯アリ暖帯一寒帯二正帯二正帯ヲ善ト大
寒帯ヲ悪トス暖帯ヲ中トス日本唐土天竺紅毛ハ正帯
ナリ。大東洋。小東洋。小西洋。大西洋ヲ四大海ト云
。亜細亜。欧邏巴。亜弗利加。南北亜墨利加。豪斯多剌里亞是ヲ五大州ト云
。日輪寅ノ時亜墨利加大東洋ニ出其日ノ申ノ時日本ノ上ニ来ル
其間百八十度道程四万五千里又其日ノ亥ノ時大西洋以西把尼亜
ノ福島ニ至ル其間モ百八十度四万五千里也一昼夜九万里地球
ヲ周リ終ル一時ノ中ニ七千五百里ヲ行クヲ以テ是ヲ察スベシ福島ハ日本ノ[illegible]
西ニ當レリ氣候同シ凡地球ハ地三分ニ在リ水七分ニ
アリ高峻ナル所ヲ山嶽トシ平衍ナル所ヲ城市トシ田園トス
低凹ヲ池沼溪河トス是レ地形ノ勢ニテ平地ニ山嶽河溪在ルノミ
ニアラズ海水ノ中ニモ自山嶽アリ溪河アリ泥アリ砂アリ又急ニ
深キ所アリ浅キ所アリ実ニ平地上下ニ些少モ異ナル事ナシ

約百八九十年前フランス宣教師の作れる日本地圖

（フランス大使館藏）

六一

ペルリ提督及び乗組員錦繪（米國大使館藏）

老中阿部伊勢守正弘肖像

ペルリ提督來航當初からその衝に當つたのは老中堀田備中守・安藤對馬守及び老中阿部伊勢守正弘である。阿部正弘は大勇の人、性春風駘蕩、談笑裡によく難問を處理解決した。安政四年六月三十九歳で歿す。（渡邊脩次郎氏藏）

米國使節ペルリ提督肖像

嘉永六年（紀元二五一三年西暦一八五三年）六月ペルリ提督は旗艦ミシシッピー號はじめサスケハナ・サラトガ・プリマウスの四隻を率ゐて浦賀に來航し、開港通商を求む。人心恟々たるうちに幕府との約により一旦香港に引揚げ、翌安政元年正月再び浦賀に來たる。幕府はやむなく林大學頭、井戸對馬守をして應接せしめ横濱においてわが國最初の條約たる所謂「神奈川條約」を締結す。

ペルリ遠征記（帝國圖書館藏）

國書捧呈のためペルリ提督一行の久里濱上陸

嘉永六年六月九日午前八時卅分、サスケハナ號より發射する十二發の禮砲裡に、國書捧呈のため應接館に向ふべくペルリ提督以下三百人は十五隻のボートで上陸した。

横濱にて日本委員と會見のペルリ提督

安政元年（紀元二五一四年西暦一八五四年）五月十八日神奈川條約締結のため横濱において日本委員と會見のペルリ提督一行（**下田町役場藏**）

約條

亜墨利加合衆國と帝國日本両國の人民誠實不朽の親睦を取結ひ両國人民の交親を旨とし向後守るへき條約相立候爲合衆國より全權マテウカルブレイトペルリを日本に差越し日本君主より全權林大學頭井戸對馬守伊澤美作守鵜殿民部少輔を差遣し勅諭を信して雙方左之通取極候

第一ヶ条

一日本と合衆國とは其人民永世不朽の和親を取結ひ場所人柄の差別無之事

第二ヶ条

一伊豆下田松前地箱館の両港は日本政府に於て亜墨利加船薪水食料石炭缺乏の品を日本にて調候丈は給候爲渡來之儀差免し候尤下田港は約條書面調印之上即時相開き箱館は來年三月より相始候事

一給すへき品物直段書之儀は日本役人より相渡可申右代料は金銀錢を以て可相辨候事

第三ヶ条

一合衆國の船日本海濱漂着の時扶助致し其漂民を下田又は箱館に護送致し本國の者受取可申所持の品物も同様に可致候尤漂民諸雑費は両國互に同様の事故不及償候事

第四ヶ条

一漂着或は渡來の人民取扱之儀は他國同様緩優に有之閉籠候儀致間敷乍併正直の法度には伏從いたし候事

第五ヶ条

一合衆國の漂民其他の者とも當分下田箱館逗留中長崎に於て唐和蘭人同様閉籠窮屈の取扱無之下田港内の小島周り凡七里の内は勝手に徘徊いたし箱館港之儀は追て取極候事

第六ヶ条

一必用の品物其外可相叶事は雙方談判の上取極候事

第七ヶ条

一合衆國の船右両港に渡來の時金銀錢並品物を以て入用の品相調候を差免し候尤日本政府の規定に相從可申且合衆國の船より差出候品物を日本人不好して差返候時は受取可申事

第八ヶ条

一薪水食料石炭並缺乏の品求る時には其地の役人にて取扱すへし私に取引すへからさる事

第九ヶ条

一日本政府外國人え當節亜墨利加人え不差免候廉相免し候節は亜墨利加人えも同様差免可申右に付談判猶豫不致候事

第十ヶ条

一合衆國の船若し難風に逢さる時は下田箱館両港の外猥に渡來不致候事

第十一ヶ条

一両國政府に於て無據儀有之候模様により合衆國官吏のもの下田に差置候儀も可有之尤約定調印より十八ヶ月後に無之候ては不及其儀候事

第十二ヶ条

一今般の約條相定候上は両國の者堅く相守可申尤合衆國主に於て長公會大臣と評議一定の書を日本大君に致し此事今より後十八ヶ月を過さる内君主許容の約條取替せ可申候事

右の條日本亜墨利加両國の全權調印せしむる者也

嘉永七年三月三日

林大學頭 花押
井戸對馬守 花押
伊澤美作守 花押
鵜殿民部少輔 花押

神奈川條約全文

安政元年ペルリが再度浦賀に渡來した時幕府は林大學頭、井戸對馬守に出迎ひさせたがペルリはこれを待たず本牧に同航した、浦賀奉行伊澤美作守は浦賀への引返しを命じたがペルリこれを聽かず、更に進んで神奈川に投錨した。林大學頭等は止むなく神奈川に接見所を急造してこれと應接し、こゝに神奈川條約が生れた。嘉永七年締結された神奈川條約全文。

（ペルリ遠征記より）

夷人登城の圖

安政三年下田に來朝した最初の駐日米國總領事ハリスは翌年十月、江戸城において時の將軍家定に謁見した、繪はハリス一行の登城行列の圖である

（徳川圀順公藏）

江戸城書院における饗應の圖

（黑田長成侯藏）

安政元年米艦隊横濱入港の圖

（横濱圖書館藏）

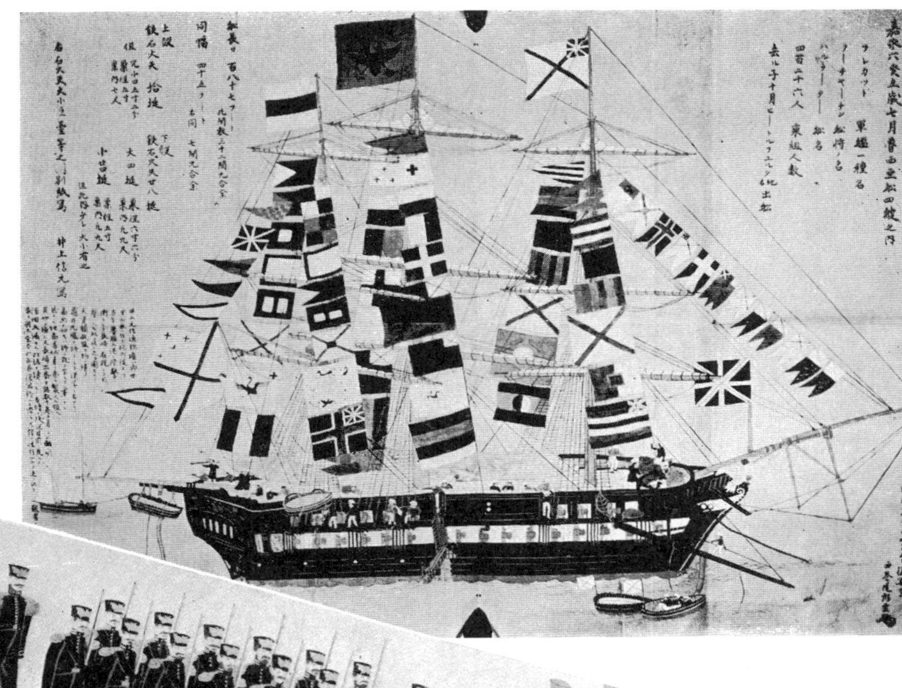

異國船の圖
嘉永六年、長崎に入港した露國使節プーチヤチンの乘船したフレカツト號の圖。
（黒田長成侯藏）

露國使節プーチヤチン長崎渡來の圖
嘉永六年七月十八日即ちペルリ提督浦賀來航の翌月露國使節プーチヤチンは船四隻を率ゐて長崎に入港、國書を呈し國境を定め且つ修交を求む。繪は一行上陸の圖、旗の後方綬章を帶びたのがプーチヤチンである。
（黒田長成侯藏）

嘉永六年ロシアに與へた返翰
▽露國使節プーチヤン長崎に來り通商條約締結を求めたので幕府はこれを拒絶した、是は返翰の寫である。この返翰は筒井肥前守、川路勘定奉行の二人から露使に手交された。
（徳川圀順公藏）

オランダ加比丹請書
嘉永六年ペルリ提督來航、條約締結の要求をなしたのに對し幕府は將軍家慶薨去を理由に交渉延期を求め、この交渉一切をオランダ加比丹（領事の如きもの）ドン・クルチウスに依託した。寫眞は加比丹（カピタン）が差出した蘭文の請書とその和解（和譯）である。

日本最初の外國公館

ペルリ提督再度の來朝によつて和親條約十二ケ條の神奈川條約（別名ペルリ條約）が締結された（安政元年三月）右條約によつて米國からタウンセンド・ハリスが總領事として下田に來り、下田町柿崎玉泉寺内にわが國における最初の外國公館が開設された。

次いで安政五年六月所謂『安政の江戸條約』たる日米條約が結ばれ、同七月及び九月、和蘭、英國、露國、フランスとの間に通商條約調印の結果、右實施とともに幕府は英國＝高輪東禪寺、米國＝麻布善福寺、フランス＝三田濟海寺、和蘭＝芝西應寺等にそれぞれ各國公使の宿舍を定め、方丈、書院、庫裏等を開放して公館にあてた。當時攘夷派の氣勢强く、これ等公館は幾度か攘夷派浪人の襲擊の的となつた。

タウンゼント・ハリス肖像（下田町役場藏）

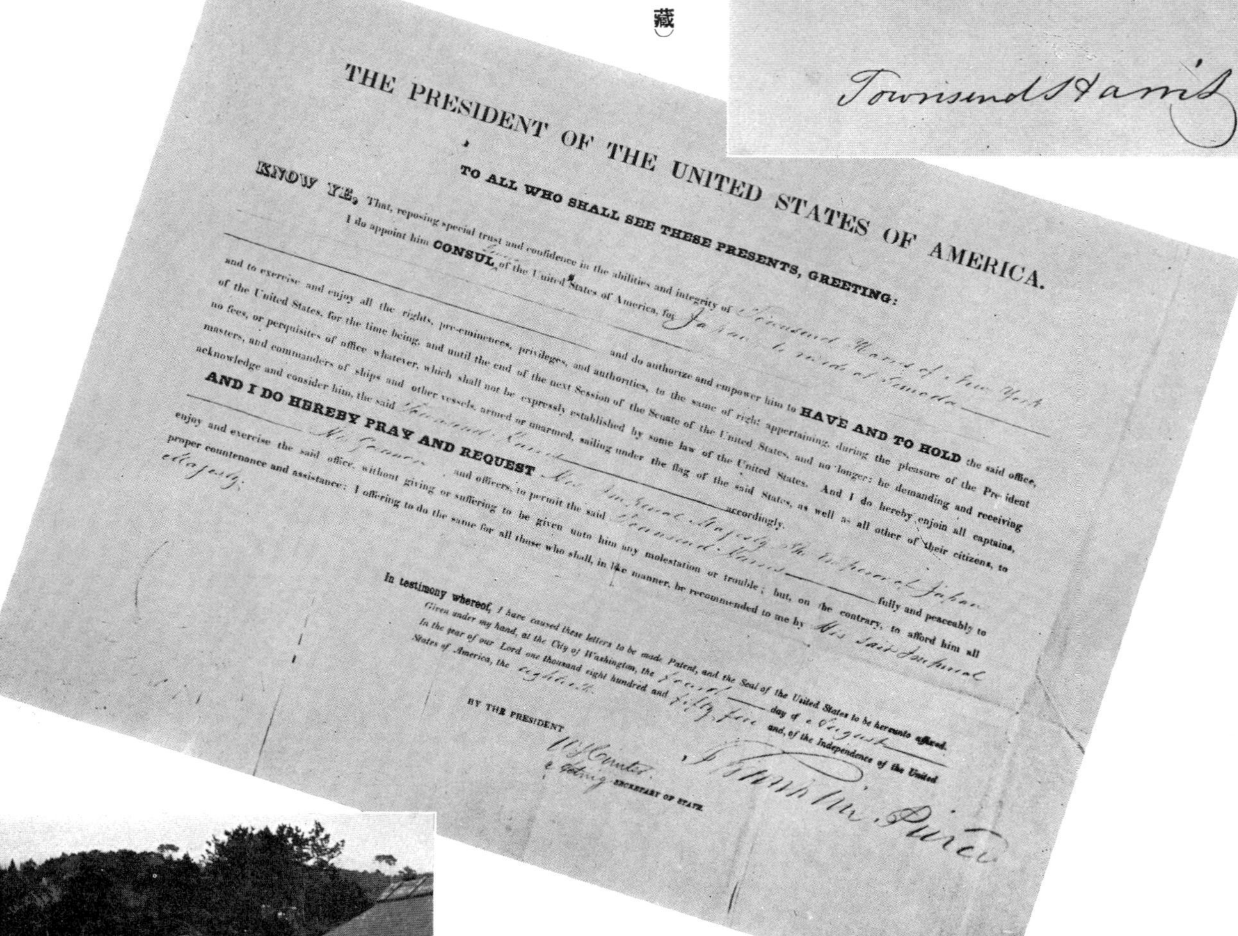

THE PRESIDENT OF THE UNITED STATES OF AMERICA.

TO ALL WHO SHALL SEE THESE PRESENTS, GREETING:

KNOW YE, That, reposing special trust and confidence in the abilities and integrity of Townsend Harris of New York I do appoint him CONSUL General of the United States of America, for Japan to reside at Simoda and do authorize and empower him to HAVE AND TO HOLD the said office, and to exercise and enjoy all the rights, pre-eminences, privileges, and authorities, to the same of right appertaining, during the pleasure of the President of the United States, for the time being, and until the end of the next Session of the Senate of the United States, and no longer; he demanding and receiving no fees, or perquisites of office whatever, which shall not be expressly established by some law of the United States. And I do hereby enjoin all captains, masters, and commanders of ships and other vessels, armed or unarmed, sailing under the flag of the said States, as well as all other of their citizens, to acknowledge and consider him, the said Townsend Harris accordingly.

AND I DO HEREBY PRAY AND REQUEST His Imperial Majesty the Emperor of Japan, His Governors and officers, to permit the said Townsend Harris fully and peaceably to enjoy and exercise the said office, without giving or suffering to be given unto him any molestation or trouble; but, on the contrary, to afford him all proper countenance and assistance: I offering to do the same for all those who shall, in like manner, be recommended to me by His said Imperial Majesty.

In testimony whereof, I have caused these letters to be made Patent, and the Seal of the United States to be hereunto affixed. Given under my hand, at the City of Washington, the fourth day of August In the year of our Lord one thousand eight hundred and fifty five and, of the Independence of the United States of America, the eightieth.

BY THE PRESIDENT Franklin Pierce

W. Hunter Acting SECRETARY OF STATE

駐日米國初代總領事タウンゼント・ハリス所持の假信任狀（下田町役場藏）

米國總領事館跡

下田柿崎玉泉寺。境内には大正十四年四月廿日、時の米大使チャールス・マクベー氏、徳川家達公、故澁澤榮一子等臨席のもとに除幕式を擧げたハリス氏の功績をたたえたる記念碑がある。

米國公使館跡
麻布善福寺本堂正面

善福寺本堂内部

現在の本堂内部と當時公使館員の使用した事務用机、椅子、火鉢。

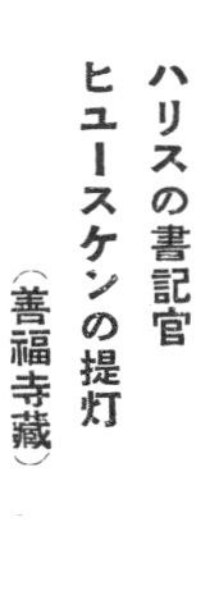

ハリスの書記官
ヒユースケンの提灯
（善福寺藏）

ハリス使用のバタ入
（善福寺藏）

シーボルト男

條約改正の大事業を始めとして、わが初期外交時代における外人顧問の功績はけだし大なるものがあつた。米人ハウス、同ブルークス、佛人ボアソナード、獨人シーボルト、英人デニソンの諸氏は著名である。シーボルト男は滯日四十年にわたるその功績により明治四十三年八月明治天皇より勳一等瑞寶章を下賜された。寫眞はシーボルト男の肖像と書翰。

（老川茂信氏藏）

安政五ケ國條約

安政五年六月十八日幕府は米國との間に結んだ所謂『江戸條約』をはじめイギリス・オランダ・ロシア・フランスの四ケ國と條約を締結した、この五ケ國條約で第六條は後世非常な累をなした治外法權の項がある、これは當時刊行された條約書である。

（横濱市圖書館藏 長崎市圖書館藏）

條約十一國記

福澤諭吉著、安政より慶應に至る間に締結された十一ケ國（英、米、佛、露、白、プロシヤ、スイス、ポルトガル、デンマーク、オランダ、伊太利）の國情を通俗的に解說したもの。

（横濱市圖書館）

明治初年の雇外人

ブルークス（駐米日本領事）

（三宅高嶺氏藏）

異國船入港當時の文献數種

嘉永六年 異國船一件（山口元次郎氏藏）
安政雜誌（花園兼定氏藏）
漂客奇談（秋定鶴造氏藏）
安政元年 幕吏唐太巡見記（文部省維新史料編纂局藏）
亞墨利加公使旅宿記（善福寺藏）
異國船渡來 亞墨利加使節奉申上候一件（日比谷圖書館藏）

横濱應接場饗應の圖（横濱圖書館藏）

御開港横濱之全圖（安政六年版）（帝國圖書館藏）

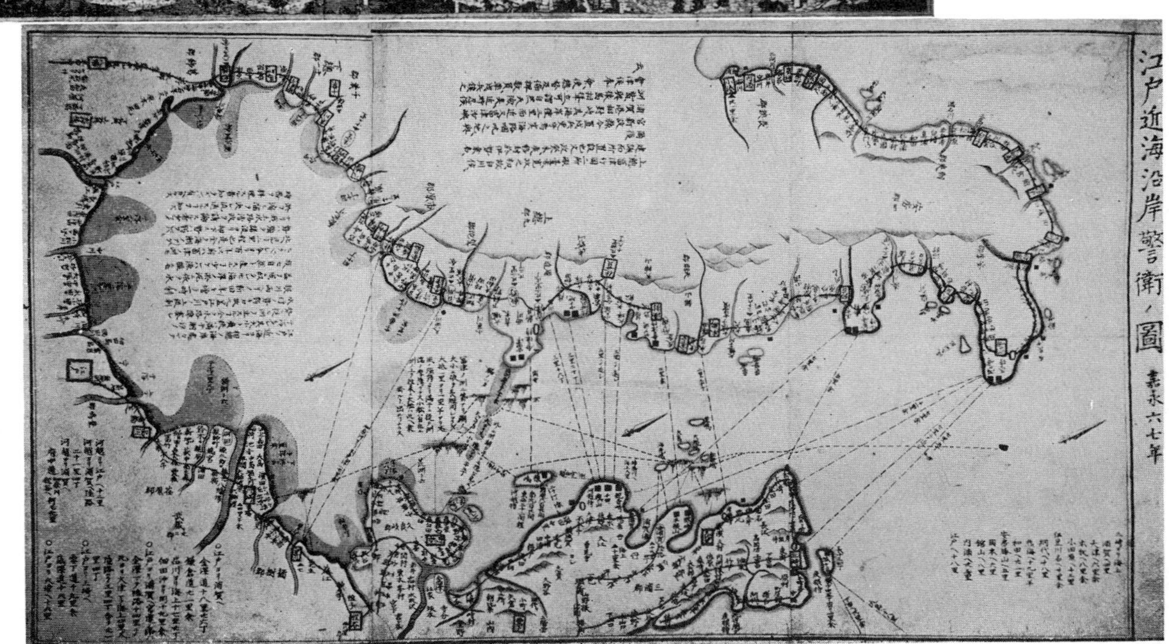

江戸近海沿岸警衛の圖
嘉永、安政の二回ペルリの來航によつて幕府は東京灣を警備せざるを得なかつた　これはその時の防備地圖である。

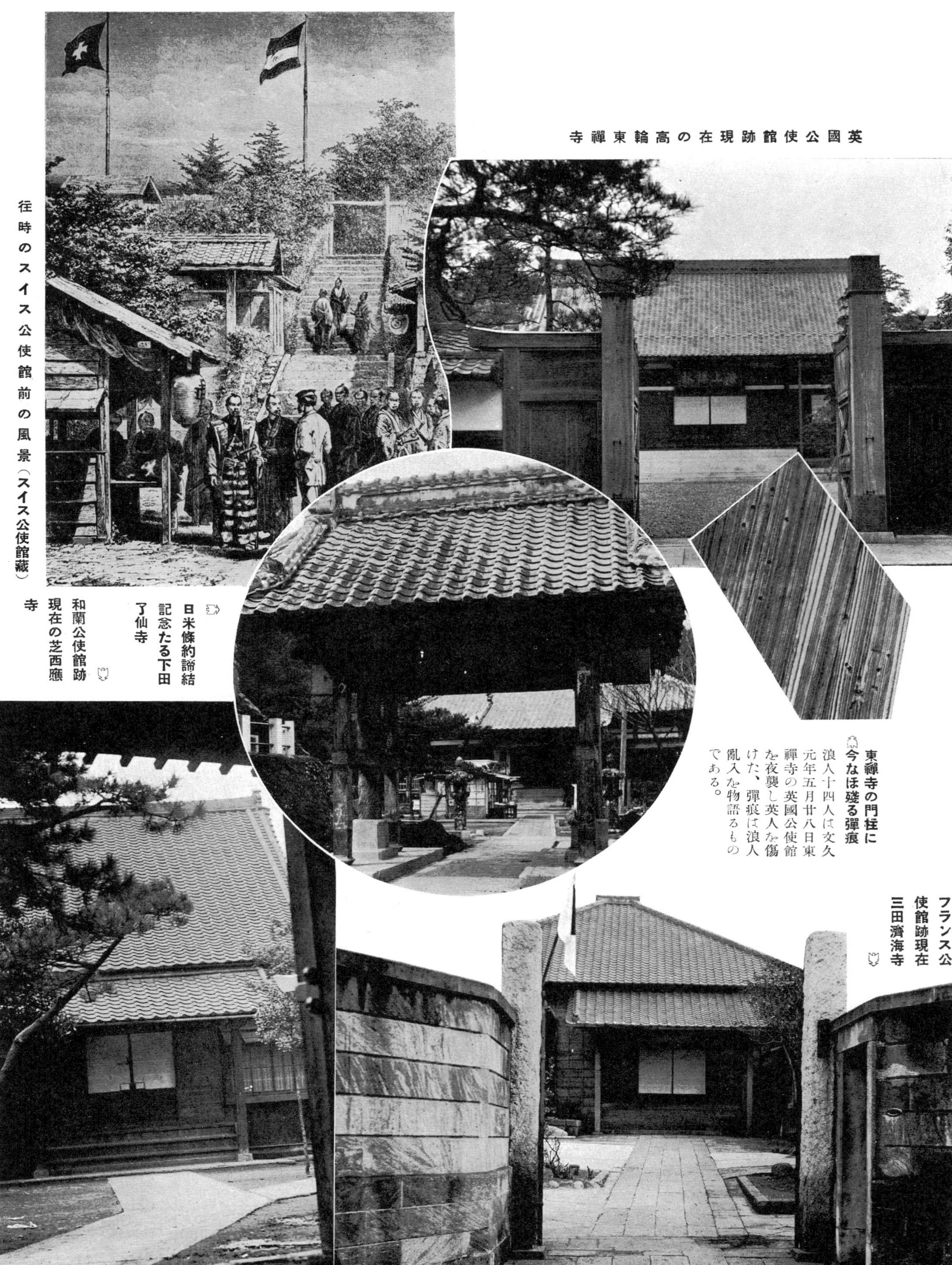

英國公使館跡現在の高輪東禪寺

往時のスイス公使館前の風景（スイス公使館藏）

⇨日米條約締結記念たる下田了仙寺

⇩和蘭公使館跡現在の芝西應寺

⇦東禪寺の門柱に今なほ殘る彈痕
浪人十四人は文久元年五月廿八日東禪寺の英國公使館を夜襲し英人を傷けた、彈痕は浪人亂入を物語るものである。

フランス公使館跡現在三田濟海寺⇩

文久元年より明治三年迄

— 幕末頃の外交 —

德川治世の末期、益々威力を失つた幕府が外艦の頻來におびえつゝ條約を締結したので攘夷論客の奮起をそゝり、ために櫻田門外の變をはじめ萬延元年のヒュースケン斬殺文久元年の東禪寺英國公使館襲撃さては生麥事件（文久二年）同文久三年の下關沖における外艦砲撃となつて現はれた。

その間萬延元年、わが國最初の遣米使節の派遣をはじめ文久元年の訪歐使節、同鎖國談判使節の歐洲派遣（文久三年）等あつて國の内外はいよいよ多事となつた。

日本外交年表

文久元年（辛酉）（紀元二五二一年 西暦一八六一年）

五月十四日　幕府蘭人シーボルトを雇ふ。

七月十一日　幕府品川御殿山に各國公使館設置を許す。

十二月廿二日　外國奉行竹内下野守、松平石見守等英船に乗じて歐洲に向ふ、通譯福地源一郎、飜譯寺島宗則、箕作秋坪、福澤諭吉等之に隨ふ。

文久三年（癸亥）（紀元二五二三年 西暦一八六三年）

五月十日　長藩士長府藩と共に米國商船ペムブロークを下關に砲撃す。

廿六日　長藩士蘭國軍艦メヂューサを下關に砲撃す。

廿五日　長藩士佛國船キューチヤンを下關に砲撃す。

六月朔日　長藩士米國軍艦ワイオミングを下關に砲撃す。

元治元年（甲子）（紀元二五二四年 西暦一八六四年）

八月五日　英佛米蘭四國軍艦十八隻聯合して下關を砲撃す、長藩敗れ遂に償金を贈る。

慶應元年（乙丑）（紀元二五二五年 西暦一八六五年）

慶應二年（丙寅）（紀元二五二六年 西暦一八六六年）

十月　函館奉行小出大和守を露國に差遣し樺太問題を協商せしむ、要領を得ず、依て日露雑居のまゝ据置く事となる。

慶應三年（丁卯）（紀元二五二七年 西暦一八六七年）

九月廿七日　曩に佛國より雇聘せし海軍教師十二人來朝す。

明治二年（己巳）（紀元二五二九年 西暦一八六九年）

三月六日　山縣有朋西郷従道を魯佛二國に遣す。

明治三年（庚午）

九月十四日　鮫島尚信及鹽田篤信を歐洲に遣す。

ワシントン海軍工廠における新見使節一行
前列向つて右より二人目小栗豊後守、新見豊前守、村垣淡路守
（萬延元年四月五日、西暦千八百六十年五月廿四日）
（文部省維新史料編纂局藏）

我國最初の遣米使節

萬延元年幕府は「安政江戸條約」批准交換のため、正使新見豊前守、副使村垣淡路守、小栗豊後守の一行を米國に送つた。同使節こそわが國最初の特使であつて一行は同年正月十九日米艦ポウハタン號に投じ横濱を出發、同年二月廿六日桑港に到著した。この時幕府は使節警護を兼ね遠洋航海練習のため軍艦咸臨丸を隨行させた。

同艦には軍艦奉行木村攝津守、勝麟太郎、福澤諭吉等が乘込んだ。

使節一行はホワイト・ハウスにおいて大統領ブキヤナンに謁見、各地を歷訪非常な歡迎を受けたのち、五月十三日ニューヨーク發、ナイヤガラ號に搭乘喜望峰を經て九月廿八日品川に歸着した。

FRANK LESLIE'S
ILLUSTRATED
NEWSPAPER
NEW YORK, SATURDAY, JUNE 30, 1860.
What more can be Wanted to Prove the Immense and Wide-Spread Circulation of
FRANK LESLIE'S ILLUSTRATED NEWSPAPER!
ROBBINS & APPLETON,
General Agents of the American Watch Co.,
THE GRAND JAPANESE
FETE CHAMPETRE,
AT WASHINGTON HEIGHTS.
By our Special Correspondent.

ワシントン市に於ける新見使節一行の歡迎振り（米紙より）
（五味益雄氏藏）

ニューヨークに於ける新見使節一行歡迎閲兵式（米紙より）
（五味益雄氏藏）

文久元年訪歐使節一行

「江戸條約」による横濱・長崎・函館の開港によつて攘夷派浪人の横行はげしく、國内益々不安となつたので、時の閣老安藤對馬守は次いで實施する筈の江戸、大阪、兵庫の開港を暫時延期せんとし各國公使に相談したが米公使ハリスが承知したのみで、英公使、佛公使は先に米國へ特使を派遣した如く歐洲諸國へもその禮あるのが至當であり、開市延期の儀も直接談判に及べば或は行はれるであらうと提言したので訪歐使節派遣を決心した。

卽ち正使竹内下野守、副使松平石見守監察京極能登守として、一行は文久元年十二月十九日英國軍艦オーヂン號に乘込み品川を出發、佛、英、蘭、露、葡等を歴訪、開市五年延期、輸入税五分減等を約して佛國船にて文久二年十二月歸來した。

文久元年訪歐首席使節（署名は各自筆）

（松平恒雄氏藏）

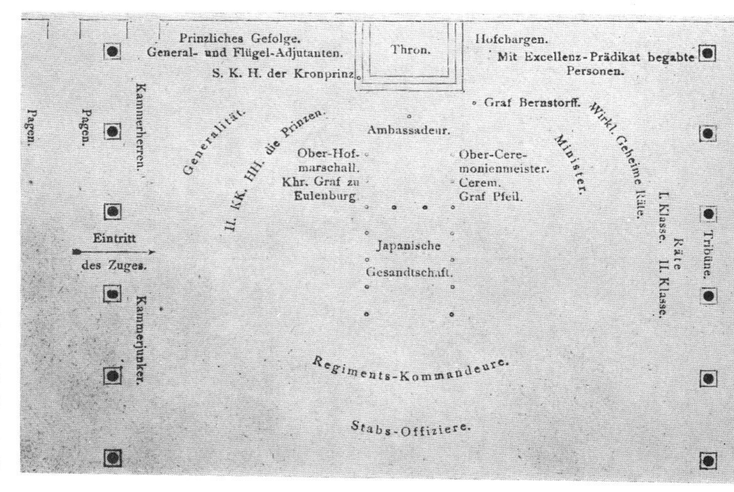

文久二年七月伯林王宮内の廣間に於ける遣歐使節竹内一行の賜謁式着席の位置を示したる圖

（老川茂信氏藏）

慶應二年訪露使節として出發せる小出大和守、石川駿河守、橋本悌三の肖像

（文部省維新史料編纂局藏）

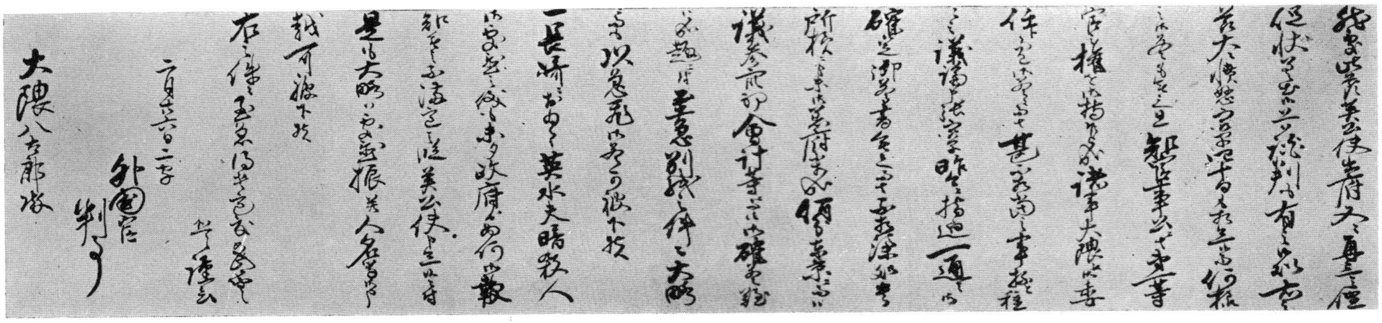

大隈八太郎（重信）宛
外國官判事書翰

外國官判事は横濱、神戸、長崎等に設置された外務省の對外交渉使である。
この書翰中の長崎の英水夫暗殺云々といふのは慶應二年四月十六日夜、丸山遊廓附近で福岡藩士金子才吉が泥醉した英水夫を斬殺した事件である。金子は同十八日藩邸で自殺したが、同行した藩の書生七名は連累として捕へられ、明治二年二月に至るまで釋放されなかつた。この取調べに當つたのが大隈で、その書生の中には後の樞密顧問官栗野愼一郎子もゐた。
此の書翰は英公使パークスの追窮に困じた東久世通禧が事件の大略なりと報導するやう大隈に依頼した急書で、日付二月二十六日は明治元年と思はれる。

（大隈信常侯藏）

然處此節英公使出府又々再三之催促狀差出候上は談判も有之候處右之節大ニ憤怒最早四十日も相立申候も何樣之御答も無之且知官事公ニは第一等官之權を御持乍相成諸事大隈え御委任と而已御答にては甚不相當之事抔と種々の議論申張最早昨今ニ指迫一通之御確定御答書無之而は不相濟處貴所樣ニも未御着府不相成何分東京ニ而ハ議參官初會計等にても御確答難被成趣に付至急別紙之件ニ大略ニ而も以急飛御答可被下候
一長崎ニおゐて英水夫暗殺入御處置之儀も未タ政府より如何御報知無之不滿意之段英公使申立候に付是も大略ハ處置振並人名等御申越可被下候
右之件至急得貴意度如此に御座候　恭々謹言
二月二十六日二字
外國官判事
大隈八太郎殿

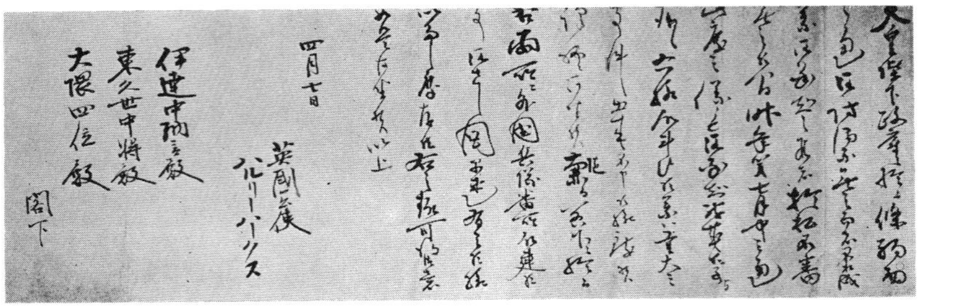

英公使ハリー・パークス書翰

明治二年四月七日外國官知事伊達宗城、東久世通禧、大隈重信に宛てた英公使パークスの書翰譯文。

（大隈信常侯藏）

以手紙啓上いたし候然者此度横濱日本人住居之市中ては外國人に對し無謂打撃の仕業有之候處日本政府におゐて告人取押方且者右體之儀以來無之樣御防禦向十分不行屆に付各國公使外國人警固之ため運上所又は本町通り外れに於而外國人警固當分之内右一條相治り候まで不差置候而者不相成義と考量致候別紙寫之通右警固の次第入御覽申候隨而外國人或は家財什器等
天皇陛下政府に於て條約面之通御防禦無之而者不相成義御承知之段者於私不審無之候間昨年第七月中の通此度の儀も御承知被成候事に存候右樣取計ひ候はは重大之事件出來不申候樣致候譯柄に御座候隨而閣下に於て右兩所に外國兵隊番所取建候事御さし圖早速有之候樣いたし度存候右之趣可得御意如是御座候以上
四月七日
英國公使
ハルリーハークス
伊達中納言殿
東久世中將殿
大隈四位殿
閣下

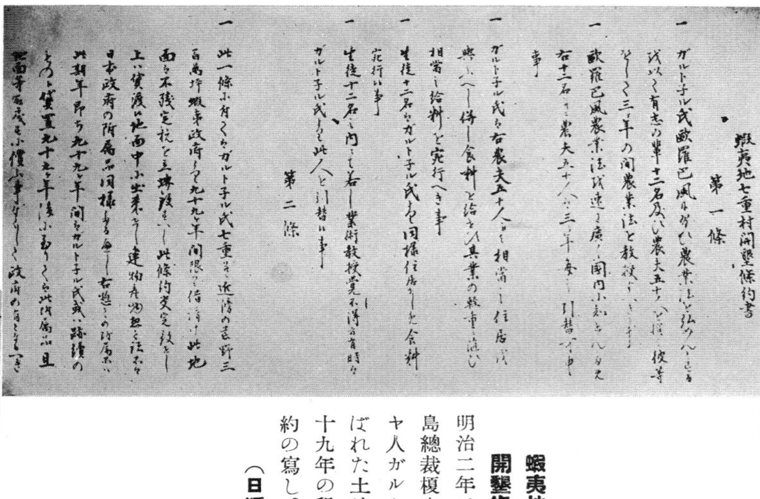

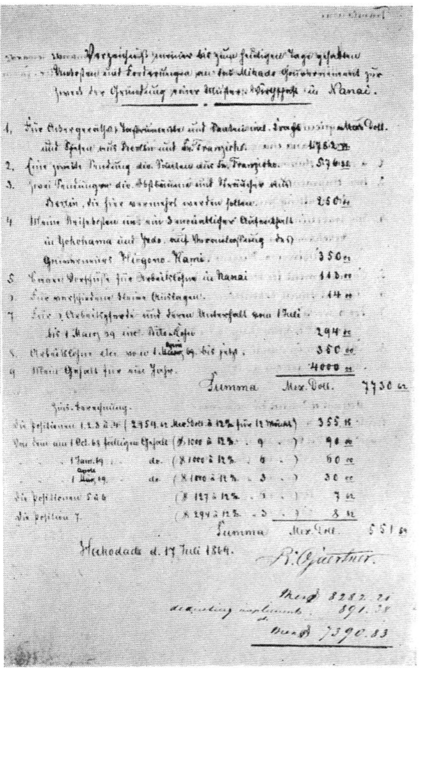

蝦夷地七重村
開墾條約書

明治二年二月十九日、蝦夷島總裁榎本釜次郎とプロシヤ人ガルトネルとの間に結ばれた土地開拓を條件に九十九年の租借を許可した條約の寫し。

（日獨文化協會藏）

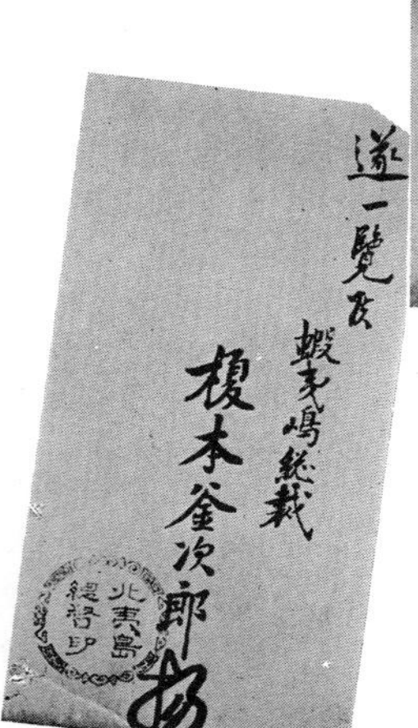

七四

明治四年より廿四年迄

――日本外交の躍進期――

明治初期における外交の最大難關は條約改正であつた。幕府が、その末期諸外國と締結した條約はいづれも不平等であり、低率な關税の束縛をうけて財政の窮迫も救ふ能はず、治外法權の制度は全く新日本躍進途上の一大障害であつた。

條約改正の事は、明治四年岩倉大使一行の歐米歴訪に端を發し、明治十一年外務卿寺島宗則の税權回復を先とした改正案は途中挫折し、井上外務卿に至つて税、法二權を回復せんとして明治十五年列國公使を會合し第一回條約改正會議を開いた。

當時井上は税は部分的に回收しつゝ輸入税を引上げ、法は外人に内地開放を對償として領事裁判權撤廢の要求をもつて根本方針としたが、その後歴代外相もこれと同樣の方針をとつた。然し井上はこれがため歐化を企てゝ例の鹿鳴館時代を現出、一方において外國人を一定期間、判事任用の方針をとつたので忽ち輿論の反對をうけて倒れ、次いで大隈重信の代となつた。彼は國別談判の法をもつて折衝し、これが成功して米・獨・露と改正條約の調印を終へたが、大隈また内地雜居と任用範圍を局限したとは言へ外人法官の採用を認めたのでまたまた國論沸騰、ために襲撃をうけて隻脚を失ふにいたつて又も蹉跌、代つて青木周藏外相となり、彼は法典の完成を以て外人判事の任用に代へ、新條約は五ヶ年後に實施することとなつたが未調印のまゝ辭職、次の陸奥宗光外相は税率の協定と外人土地所有權の點を改正し、これを基礎として明治廿七年七月始めて日英間に條約改正を實現、各國之れに倣ひ、多年の懸案を解決、更らに四十二年――四十四年間にとげられた小村外相の條約改正によつて日本はこゝに始めて完全に税、法二權を恢復したのであつた。

外交年表

明治四年（辛未）（紀元二五三一年 西暦一八七一年）

四月廿七日　大藏卿伊達宗城欽差全權大臣とし清國に使し條約を交結す。

五月十三日　參議副島種臣露國に使し樺太疆界の事を協議す

同　廿九日　清國と假條約書を交換す。

十月八日　岩倉具視右大臣兼特命全權大使として歐米各國に赴く、木戸孝允、大久保利通、伊藤博文、山口尙芳に副す此年十一月十日東京を發す。

明治六年（癸酉）

二月廿七日　外務卿副島種臣特命全權大使として淸國に赴き條約を交換し兼て臺灣の事を串理す。

四月卅日　日淸條約成立す。

明治七年（甲戌）

一月十八日　榎本武揚特命全權公使として露國に赴く。

六月七日　亞米利加國と郵便交換條約を結ぶ。

九月六日　全權辨理大臣大久保利通淸國に赴く。

明治八年（乙亥）

八月廿二日　全權大使榎本武揚露國外務大臣アレクサンドルジヤコフと樺太讓與の條約を交換す。

十二月九日　黑田淸隆特命全權辨理大臣とし井上馨を副大臣とし朝鮮に赴き修交の事を議し且つ江華島の擧を處理す。

明治十年（丁丑）（紀元二五三七年 西暦一八七七年）

十二月十二日　淸輝艦を遣して歐洲を回航せしむ、翌年一月發し十二年四月歸る、歐洲を回航するの嚆矢なり。

明治十二年（己卯）

三月七日　參議大隈重信條約改正審査を命ぜらる。

明治十五年（壬午）

一月十一日　參議兼外務卿井上馨に條約重修の全權を委任し各國委員と討議せしむ。

八月卅日　日韓濟物浦の協定。

明治十六年（癸未）

二月一日　有栖川宮露國皇帝戴冠式に參列の上御歸朝。

明治十七年（甲申）

十二月四日　朝鮮國の開國黨なる洪英植、朴泳孝、金玉均等起て王宮に迫り閔台鎬以下數人の權臣を殺す。

明治十八年（乙酉）

四月十八日　伊藤全權大使淸國と談判の結果天津に於て條約に調印し兩國共朝鮮の兵を撤し將來出兵の必要ある時は豫め通知すべきを約す、所謂天津條約なり。

明治十九年（丙戌）

五月一日　初めて條約改正會議の第一會を開く。

明治二十年（丁亥）（紀元二五四七年 西暦一八八七年）

四月廿日　總理大臣伊藤博文假裝舞踏會を官邸に開く是より此種の宴遊盛になる。

五月一日　外務大臣井上馨始めて各國公使と條約改正に就き會議を開く。

明治廿一年（戊子）

十一月　大隈外相條約改正の交渉を米國と開き次で英、佛、獨、露、伊、墺、墨と折衝す

十二月二日　内務大臣山縣有朋歐洲巡遊の命を受け渡航す。

明治廿二年（己丑）

四月十九日　ロンドンタイムスに大隈條約改正に就ての記事現はる、是に於て時論沸騰反對運動盛に起る。

同　廿三日　法制局長井上毅等改正條約に反對し辭職す。

八月八日　露國と改正條約調印なる。

十月十一日　伊藤博文條約改正反對の爲辭職す。

十五日　條約改正に就き御前會議を開く。

十八日　閣議を開き條約改正の商議を中止せしむ。

明治廿四年（辛卯）

五月十一日　露國皇太子ニコラス來朝中滋賀縣大津に於て津田三藏の爲に傷つけらる。

大久保利通の朝鮮遣使可否論の一節（明治六年）

これ所謂征韓論の紛糾を醸した大久保の意見書である（大久保利武侯蔵）

今般朝鮮遣使ノ議アリ其議ニ曰維新來我レ信ヲ朝鮮ニ通スル者數次是レ我レノ以テ隣交ヲ厚フセンコトヲ計ル所ナリ而彼レ命ヲ奉セザルノミナラズ却テ傲慢以テ之ヲ待チ且無禮言フベカラザルノ書以テ我ニ答フ然ルニ我レ文德ヲ修メテ以テ之ヲ懷柔セント欲シ嚢ニ外務少丞花房義質ヲ遣ス彼レ愈侮慢ヲ肆マヽニシ之ヲ拒ムテ見エス其擧憎ムヘキノ甚シキ者兵以テ其罪ヲ問フニ足ル廟議猶寛厚ニ之ヲ待チ此際更ニ一大臣ヲ發遣シ※

明治天皇のウイルヘルム一世に宛てられたる御親翰（明治四年）（獨逸大使館蔵）

大日本天皇
獨逸國孛漏生國大皇帝ニ復ス今般獨逸
國ノ諸侯伯等
大皇帝ノ盛德ヲ欽仰シ
獨逸國皇帝ノ尊称ヲ加ヘ世ニ其政權ヲ總ヘシメンコトヲ
大皇帝ニ於テモ亦衆庶ノ歡心ヲ得テ以テ其職ヲ盡サシメンコトヲ
勉メ予之ヲ聞キ欣慶ノ至ニ勝ヘス予固リ
大皇帝ノ名望日ニ崇ク政化ノ益洽ク風俗ノ益
美ナランコトヲ知レリ庶幾クハ交誼弥深ク懇親弥
厚ク兩國ノ盟永ク以テ渝ラザランコトヲ仍テ貴書ニ答ヘ
敬テ祝意ヲ表シ併テ貴國ノ隆盛ト
大皇帝ノ幸福ヲ祈ル
明治四年辛未三月十二日
奉勅右大臣從一位藤原朝臣實美

朝鮮遣使可否論

大久保侯爵家

※我レノ至仁懇ニ之ヲ喩シ彼レヲシテ感スル所アラシメ中廢ノ交誼ヲ復シ以テ將來ノ親睦ヲ厚セント議槪ヲ玆ニ決ス我輩此議ニ參シテ此擧ノ不可ナル所以ヲ反覆辨論ス其言ニ曰ク我既ニ彼レヲ遇スル屢禮ヲ以テス盡セリト謂フベシ然レモ猶且此クノ如シ今又一大臣ヲ遣シ彼猶悔悟セズ萬一拘留殺戮或ハ輕侮屈辱ノ變アルキハ膺懲ノ典以テ之ニ莅マザルヲ得ス此レ過慮ニ似タリトイヘモ彼國人智未タ開ケス傲慢自ラ許ス之ヲ既往ニ照シテ以テ將來ヲ推ス亦以テ之ヲ知ルニ足ル故ニ此使ヲ發スルヤ必ス先ツ大ニ備フル所ナクンバ有ル可ラザル也今ヤ海軍艦ノ設ケアルモ其以テ不慮ニ供スルニ足ルモノ僅ニ三兩隻ニ過ギズ陸六鎭ヲ置クモ稍内地不逞ノ徒ヲ警シムルニ足ルノミ其他砲銃彈藥糧食器械内其設ケニ乏シ一旦干戈相接スルノ日ニ當リテハ悉ク之ヲ海外ニ求メザルヲ得ズ國力衰耗弊害百出假令必勝ノ形必得ノ利アリト雖モ我カ所テ以テ之ヲ守ルベカラズ

明治初年の外務省正門（外務省蔵）

明治初年の外務省（横より見たる）（外務省蔵）

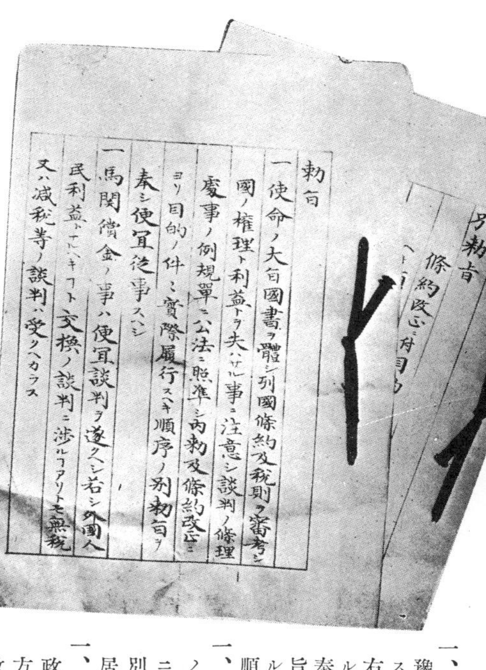

別勅旨
條約改正ニ付目的

勅旨
一使命ノ大旨國書ヲ體シ列國條約及稅則ヲ審考シ國ノ權理ト利益トヲ失ハサル事ニ注意シ談判ノ條理處事ノ例規單ニ公法ニ照準シ內勅及條約改正ニヨリ目的ノ件ニ實際履行スヘキ順序ノ別勅旨ヲ奉シ便宜從事スヘシ
一馬關償金ノ事ハ便宜談判ヲ遂クヘシ若シ外國人民利益トナルヘキコト交換ノ談判ニ渉ルコトアリトモ無稅又ハ減稅等ノ談判ハ受クヘカラス

岩倉大使一行に與へられた勅旨及び別勅旨（**三宅雪嶺氏藏**）

勅旨

一、使命の大旨國書ヲ體シ列國條約及稅則ヲ審考シ國ノ權理ト利益トヲ失ハサル事ニ注意シ談判ノ條理處事ノ例規單ニ公法ニ照準シ內勅及條約改正ニヨリ目的ノ件ニ實際履行スヘキ順序ノ別勅旨ヲ降シ便宜從事スヘシ

一、馬關償金ノ事ハ便宜談判ヲ遂クヘシ若シ外國人民利益トナルヘキコト交換ノ談判ニ渉ルコトアリトモ無稅又ハ減稅等ノ談判ハ受クヘカラス

但自後開港ノ談判ニ及フ時ハ越前敦賀志摩鳥羽三陸中ニテ一ケ所北海道ニテ一ケ所ノ內一港ヲ開ク談判約束ヲナシ得ヘシ

新潟港ヲ閉チテ別ニ一港ヲ開ク談判ニ及フ時ハ前ニ載ル港ノ內ヲ以テ之ニ換ルノ談判約束ヲナスヘシ

一、各國ニ於テ要用ノ人物ヲ選テ之ヲ雇ヒ及器具ヲ購スルコトヲ專決シ理事官ヨリ此事ヲ申請スル時ハ之ヲ可否判斷スヘシ

一、條約アル國々ノ內未タ辨務使ヲ派出セサル國ニ辨務使ヲ置クコトヲ約束スルヲ得ヘシ而シテ一國ニ一員ヲ置キ或ハ兩國ヲ兼任セシムルハ便宜考定シテ具狀ヲ具シ報告スヘシ

一、各理事官ヲ各國ニ分遣シ擔當ノ科目ヲ研究習學セシムルハ實地談判ノ便宜ニ從ヒ之ヲ定メ及其行事ノ循序期限等之ヲ指揮スヘシ

一、隨行ノ官員其國ヲ量テ之ニ科目ヲ分チ各國ニ留メテ研究習學セシメ及各國ニ官費ヲ以テ留學スル生徒ノ分科修業ヲ檢查シ業定シ失行無狀ノモノハ歸國ヲ申渡スヘシ

但留學生徒ノ費用ヲ裁省シ具方ヲ檢定スヘシ

一、諸官員ノ行狀ニ注意シ訴訟アル時ハ之ヲ裁斷シ非違ヲ犯スコトアルカ或ハ奉職無狀ナルコトアラハ其狀ヲ具シ歸國ヲ申渡スヘシ

一、各國往復ノ公書談判ノ顚末其時々要旨ヲ書錄シ速ニ報告スヘシ

一、凡テ談判ノ旨趣副使一同豫議シ獨自ノ專斷スヘカラス

右勅旨件々宜ク遵奉シテ愆ルコト勿ルヘシ

奉勅太政大臣三條實美

別勅條約改正ニ付目的トシタル件々ヲ實際ニ履行スヘキ順序

一、三府五港ニハ各國ノ人民ノ住ヲ許シタ來ルニ付以來外國人居留地ノ區別ヲ廢シ彼我人民自由ニ雜居スルコトヲ許スヘシ

一、右ノ外國人等ハ都テ日本政府ノ法律ノ下ニ立テ其地方官廳ノ規則ヲ遵奉スヘシ故ニ其地ニ居住セント欲スル者ハ三府五港ノ官廳ニ來リテ何區何街ニ住シ何產業ヲ營ナマント欲スルコト幷ニ生國姓名等ヲ願書ニ認メテ申立ヘシ是ハ記錄局ノ所務タルニ付府港ノ官廳ニ各々記錄局ヲ取設ケ外國人ヲ使用スヘシ

一、三府五港ノ外ハ外國人ヲ居住セシメスト雖モ其全國中ヲ自由ニ旅行スルハ其通權中ニアルヘシ故ニ旅行ヲ願フ者ハ府港ノ官廳ニ來リテ旅行免狀即チ往來切手ヲ乞フヘシ此往來切手ハ其地ノ知事之ニ名記スヘシ

一、日本政府ノ職務ニ仕用セラル、外國人ハ即チ日本政府ノ官員ナレハ右ノ制限ニ拘ラサルヘシ且ツ壙山耕作等ノ產業ニ付府港外ニ居住スルコトハ其ノ官廳ノ特許ヲ得サル可ラス

一、日本地內ニ居住スル外國人民ノ別ヲ論セス其ノ訴訟ヲ裁判シ其罪狀ヲ審案スヘキ裁判所ヲ設クヘシ此裁判所ノ長官ハ日本人タルヘシト雖モ其ノ法律ヲ審議考定スルノ法官ハ列ニ加ハラシムヘシ

一、東京ニハ大裁判所ヲ設ケ各地ニテ審定シ難キ所ノ訴訟獄案ヲ持出シテ之ヲ裁判セシムヘシ此大裁判所ノ法官モ前同樣外國人ヲ使用シテ其列ニ加ハラシムヘシ

一、右ノ裁判所ヲ建ルノ以上ハ外國公使國士等ハ一切日本ノ民法刑法ヲ論議スルコトヲ得ス又其國民タリトモ日本地內ニ居住スル者ノ訴訟獄案ヲ決スルコトヲ得サルヘシ

一、右ノ裁判所ニ於テ遵奉スル所ノ民法刑法ハ預シメ議法官ヲ設ケテ之ヲ議定セシムヘシ此議法官ハ外國人ト日本人ノ中ヨリ撰ミ出シ假令ハ某國ノ法ヲ標本トシテ之ヲ斟酌シテ決定セシムヘシ同令ノ制度寮ヲ擴充スルノ理アリ而シテ其議法官員ヨリ進呈シタル法律案ハ三院ニテ議定シテ初テ法トナシ之ヲ公布シテ裁判所ノ法律トナサシムヘシ

右別勅旨件々宜ク遵奉シテ愆ルコト勿ルヘシ

奉勅太政大臣三條實美

岩倉大使米歐回覽實記

歐米視察の際ニューヨークにて撮影した大久保利通（**三宅雪嶺氏藏**）

岩倉大使一行の寄書（**大久保利武侯藏**）

明治四年サンフランシスコで撮影した岩倉大使一行

（中央）正使岩倉具視公（右）副使大久保利通公（左）副使木戸孝允公、（後列右）副使伊藤博文公（同左）副使山口尚芳氏
上は衣冠束帯をつけた岩倉全權大使
（**大久保利武侯藏**）

指日高陞

マリヤ・ルズ號事件

明治五年ペルーの商船マリヤ・ルズ號が清國墺門から支那人奴隷二百餘名を乘せて横濱に寄港した。その中の一名が脱出して我が官憲に救助を求めたので神奈川縣權令大江卓は人道上の見地から直に同船を捕獲、奴隷を全部解放してしまつた。この爲ペルーと我國との紛爭となり、日本最初の國際仲裁裁判で露帝アレキサンダー二世の裁決により日本の勝訴として落着、大いに國際的に信用を博した。マリア・ルズ號事件の解決後、清國より我が當局の措置に非常に感謝し副島外務卿に寄せた頌德文。

（副島道正伯藏）

臺灣事件

大久保辨理大臣より黑田清隆宛書翰

明治七年臺灣事件善後處理のため參議大久保利通は全權辨理大臣として清國に差遣された。同年九月九日北平に到著恭親王、李鴻章等と折衝の結果十月解決、償金五十萬兩を得て歸る。同書翰は清國より黑田清隆に送つたものである。

（牧野伸顯伯藏）

大久保辨理大臣自清國來翰

拜啓益々御安固被成御奉務奉敬賀候陳者當方談判ノ都合意外荏苒折角玄武丸モ差立ラレ候得共何分不任心底事ノミニテ終ニ今日ニ推移心外ノ至ニ候爾來ノ形行ハ公信ヲ以上申候ニ付別ニ不贅候

一、去ル五日晩景ニ至リ英公使來館總理衙門ノ依頼ヲ受ケ五十萬兩之金額ヲ差出シ證書相認ベキ故御承知可被下哉拙者ヨリ相伺エ候トノ事ニテ參上候如何ノ御趣意ニ可有之哉トノ事ニテ此返詞ハ實ニ兩國幾萬ノ生靈ノ命脉ニ係ル事ハ無論我人民保護上ニ起リ義擧タル趣意ノ立否ニモ關スル大事ニテ小子ニモ熟考ノ上一刀兩斷ヲ以公信上ノ通及獨決候尤至理至當ノ所分ト見据小臣一己ノ見ニテハ天地俯仰無耻トコロナリ

一、支那政府我征台ノ擧ヲシテ義務ト見認是迄兩國ニ間起リタル台地ニ關スル紛論今後取消シ資銀五十萬兩ヲ差出スベシトノ事ニ至リ候得バ十分彼ノ權利ハ殺カルトコロアッテ我權利ニ於テ聊モ傷カズ且我人民保護上ニ起リタル義擧ノ盛名ハ宇内ニ對シ千載ニ亙リ磨滅ス可カラズ然レバ此上何ヲカ求メン

一、償金ノ論ニ至リ候テハ固ヨリ要求スルハ十分我ニ道理アルトコロナリ去ナガラ彼讓ルトコロアッテ我義務タルヲ證認シタル上只金額ノ多寡ヲ以論ヲ破リ兩國ノ交際ヲ絶チ候ハ我本來ノ趣意ヲ失フニ似タリ是小子名義ヲ重シトシテ他ヲ顧ミズ斷決スル所以ナリ

一、彼暴ニ出戰ヲ開候得バ我戰ヲ以應ズル事ハ固ヨリ宸斷ヲ以テ決セラル、處ナレバ一歩モ退クベカラズ且戰ノ上ニ於テハ敢テ恐ル、ベキナシ然ルニ彼和好ヲ主トシ談判上ニ於テ未戰ノ意ヲ以テ口ヲ開ク事ナシ是レ大ニ意アルトコロナリ談判破烈ノマ、ニテハ戰ノ名義ナシ唯々使偈ノ事ニ於テ其名アリトイヘトモ段々教師エモ調サセ候得共公法上ニ於テ十分ナラズトノ論ナリ因テ小子ニモ甚困苦當惑シタル事ニ候

一、前條ノ大意ニテ兩國ノ爲後圖ヲ慮リ且道理ノ上ニ於テ疑可ラザルヲ信ジ獨斷ニ及候間其責ヲ受候事ハ甘ズル所ナリ

一、前條ニ就テ條約書寫ヲ以今般玄武丸ヨリ福原大佐光村高俊小牧昌業ヲ
奏聞ノ御運則退兵ノ
以報知仕
勅命ヲ下サレ度トノ趣ヲ上申イタシ候ニ付御盡力被下度奉願候

一、退兵ノ神速ヲ欲スル趣意ハ兩國和好ニ歸着シタル以上ハ飽迄信義ヲ示シ度事ニ愚考イタシ候併シナガラ撤兵ト出金トノ先後ハ十分ニ相爭ヒ撫恤ノ十萬兩ハ神速ニ相渡シ四十萬兩ハ期限同日ニ相渡トノ事ニ決シ候故十萬兩ヲ先ニ受取候得バ我權利ハ相立候事ニ有之此上ハ滿足シテ一日片時モ早ク退兵相成候方支那ニ對シテ信義ヲ厚フスルニ當リ各國見テ以テ我義擧ノ義擧タルヲ感伏スルニ至ラン隨テ小子モ期日ニハ無相違退兵スル事ヲ支那政府ニ約シ且英公使ニハ期限前ニ退兵スベシト申放チシ故若シ前條ノ運ニ至リ候得バ小子面皮モ相立何ノ幸カ如之

一、退兵ノ勅令ヲ西鄕都督ニ下サレ一艘ナリトモ速ニ出艦相成順次々船ヲ相送ラレ可然ト存候且此ニ希望スルトコロハ蕃地出征ノ將校兵士當五月以來櫛風沐雨艱難ヲ經功ヲ奏シタル事ニ付勅使ヲ送ラレ其勞ヲ慰シ且支那ト和議調タル上ハ一日モ兵ヲ置レ候事ハ友誼ニ於テ聖慮ニ背カセラル、譯ニ付神速ニ引揚グベシトノ趣ヲ傳ヘラレバ將士モ感銘シテ凱陣スベシ然ラバ歸國ノ上之ヲ御スルニ其術モ難カラザルベシ

一、小子上海ニ至リ金子受取ノ手順ニ付厦門ニ至リ河村中將ニ面晤シ夫ヨリ蕃地ヲ經西鄕都督ニ事情ヲ申述シ撤兵ノ降命次第速ニ退陣ノ事ヲ約束シ然ル後歸朝復命ノ所存ニ候全體神速ニ復命スベキハ勿論ニ候得共千里隔絶ノ地兵士ノ末々ニ至リテハ意外ノ齟齬ヲ生ジ候モ難圖萬々一左樣ノ義出來候テハ第一御旨趣ニ觸レ候事ハ言ニ及ハズ小子使命ヲ全フセザルノ責亦免カルベカラズ因テ復命ニ汲々タラザル所以ノ素志ナリ請察之

一、前條ノ事若シ全キヲ得ズ清國ト再ビ和好ヲ破ルノ事ニ至テハ小子何ノ面目アッテ天地ノ間ニ立ンヤ

奏聞ノ上

右

叡慮ノ所在廟議所決ニテ小子使シテ外ニ在レバ敢テ喙ルベキニアラズ候得共畢竟國ヲ忘レザル一片ノ衷情ヲ以テ默スル能ハズ私書ヲ送致シテ

貴下ニ呈ス唯採擇ニ任ス匆々不盡

明治七年十月卅日

大久保利通（花押）

自清京

黑田清隆殿

露都御訪問の有栖川宮殿下

明治十五年、露國皇帝アレキサンダー第三世戴冠式に御參列のため露都御訪問の有栖川宮熾仁親王殿下（中央）殿下の左は西德二郎氏、右は林董氏（**西竹一男藏**）

大久保辦理大臣の詩

明治七年大久保利通辦理大臣として支那談判に使ひし歸朝の際偶感の詩（**大久保利武侯藏**）

奉勅單航向北京
黒烟推裏蹴波行
和成忽下通州水
閑臥蓬牕夢自平

條約改正豫議會の圖

明治十五年四月五日午後三時から六時まで外務省で行はれた第七回條約改正豫議會の席上、時の井上外務卿が列國の使臣に對し治外法權撤去の聲明をなしてゐる場面である。

出席者は日本側、井上外務卿、外務少輔鹽田三郎、御用掛栗野愼一郎、日本通譯シーボルト外國使臣側、ビングアム米公使トニー・コント佛公使、ロッセ佛國舊公使、アーネスト・サトー英書記官、バロン・ローゼン露公使、ランシアレス伊公使、アイゼンデッヘル獨公使、ホッフェン・フエルス墺公使、スクリープ白公使、ヴアン・デル・ペット蘭公使、トリゲロース西公使、ザッペ獨書記官の諸氏である。

「條約改正豫議會」は税權及び法權の一部回復を目的として井上外務卿が立案し、之によつて條約改正の基礎を各國使臣と協議して作成せんとして開催されたもので明治十五年一月より同年七月十七日にわたつて外務省において開かれたものである。此の豫議會の結果各國の意向が確められたもので實に十九年五月一日から開かれた正式會議に進展したものである。（**外務省藏**）

ヘネシー書翰　明治十二年來朝中の香港知事ジョン・ヘネシー・グラッドストーンが駐日ハリー・パークス英公使の對日策の惡辣なのを憤慨して出した書簡（**大隈信常侯藏**）

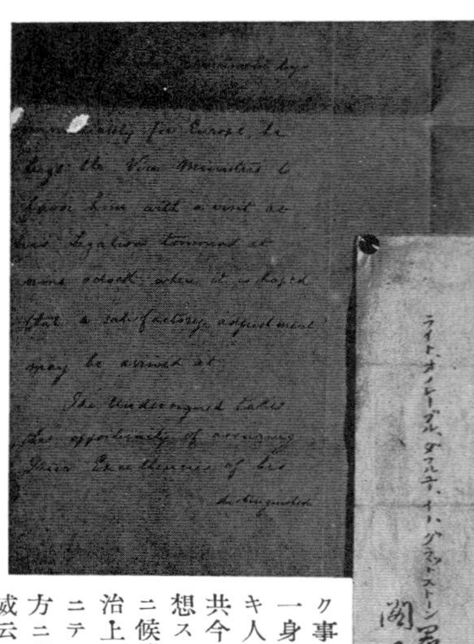

千八百七十九年八月廿四日於日本奈良　祕密

拜呈日本大藏卿ニ關スル別封御熟覽ノ上ハ閣下ニ於テ多分御有益ニ可有之ト存候

行政官ノ人ニテ大隈君ノ如ク事務ニ才幹アル人ハ他ニ見受ケ不申候

同君ニハ閣下ノ事業ト相類シ且ツ閣下ノ事ニ付テハ毎度噂咄被致候乍去現今日本ニ於テ我英國ノ事ハ我公使ノ稍偏執ナル政略ニ因ツテ何事モ人氣ヲ失ヒ候段ハ誠ニ不幸ナル次第ニ候全體サーハルリー氏ハ以前支那國在留ノ時ノ如ク能ク事ニ練熟シ一身上愛スヘキ人ニハ候得共今ヤ大ニ忌想スベキ有樣ニ候拙者カ政治上ノ舊友共ニテハ東洋地方ニ魯國ノ勢威云々ニ付頻リニ診辨致候得共案スルニ右舊友ハ日本ニテ位地アル諸君幷諸學校ニテノ論旨ハ英國ヲ自國ノ仇敵ト認メ居候實事ハ聊カ注意セサルモノニ有之候此義ニ基キ萬事閣下御退職以來頗ル都合惡シク相赴キ申候（ロルド、デルビー君及ビロルド・サリスビユリー君ノ正眞ニ被行タル事ハ此限ニアラス）併シ此ノ如キ高尙ノ事ハ時トシテ全ク忘却ニ被附候是迄支那日本兩國ニ關スル外交上ノ事務ハ一人ノ手ニ全ク被打任居候其一人トハ前ノ香港訴證大師サー、ジユリアンパンセホート氏ニ御座候此人ハ己ノ才智ノ限リ眞實英國ノ利自益ヲ謀ルヨリモ寧ロ只在外國英商人共ノ代理人ニ御座候日本皇帝ノ内閣諸公ヨリ度々拙者ニ被語候ニハ從前グラツトストーン君ノ歐洲ニ於テセシノミナラスボルネヲノ如キ遠隔ノ地ニ於テ施行セラレタル寛大ノ政略ヲ英公使（パークスヲ云フ）ニテ採用セシナラハ（現今ノ如ク暴壓ナル所爲ノ代ハリニ）我日本國ニテ英國ニ對スル感覺ハ何等ノ相違ナルヘキ哉云々扨右暴壓ノ事ハ決シテ日本ニ於テ英國ノ勢威ヲ强固ナラシムル能ハス却テ魯國及ヒ米國ヲシテ一地位（貿易上ノ報告ニ依レハ魯米共ニ此地位ヲ保スル能ハスト雖モ）ヲ得セシムルニ過キサルナリ頓首敬白

ジヨン、ポープ、ヘンネツシーライト、オノレーブル、ダブルユー、イー、グラツトストーン君閣下

グラント將軍來朝の際の寫眞と接待記錄

明治十二年七月米國前大統領グラント將軍が來朝した際の寫眞と、長崎に於ける接待記錄である。

寫眞（**寺島伯藏**）

記錄（**長崎圖書館藏**）

鹿鳴館時代

井上外相、伊藤首相等は條約改正の趣旨から我が國も歐米諸國と同樣なる印象を與へんとし、わが古來の風習を悉く歐米化せんとした。これぞかの鹿鳴館時代で、明治十七年から廿年にいたる間盛に歐風を模した内外人の社交會が開かれた。

寫眞は當時の鍋島直大侯夫人榮子氏である。

博文公より大隈侯に條約改正問題に就て一外人記者の意見を知らせた書簡

昨日ヘラルド記者ブルツクス來訪同人歐洲巡回之談話承候上同人話シハ條約改正ハ既ニ十四五年間ノ繼續ニ候英政府ノ官吏等モ此問題ニハ飽キ退屈之樣子ニ付日本政府斷行手段ヲ以テ千八百九十年卽明治二十三年ヲ限リ舊條約廢止ノ發議ヲ持出シ同年以後ハ日本ニ居住スル外國人ハ凡テ日本法權ニ服從スヘシ若シ之ヲ否ムモノハ日本ヲ立去ルヘシ其者ニシテ不動産所有者タラハ内外國人協同ノ理事ヲ組織シ其議定スル所ノ價格ヲ以其財産ヲ日本政府ニ買收スヘシトノ意ナリ如斯ノ暴斷ヲ相行フ事ニハ無之候得共外國新聞記者ニシテ密ニ此說ヲ提出スルハ隨分面白キ事ト存候間其儘御送申し先生ニ申入度候へ共通譯ヲ要スルニ付小生ニ相話トノ事ナリ一奇事トシテ御聞置被下度候之外讓面晤匆々　頓首

四月十八日

博文

大隈殿

宮内大臣宛報告書
（大山柏公藏）

大津事件

明治廿四年初夏、露國皇太子ニコライ・アレキサンドロウイチ大公(後のニコライ二世)はシベリア鐵道起工式參列の序をもつて日本に來遊、五月四日長崎に上陸した。九州、近畿歷訪中同月十一日大津において警衛中の巡査津田三藏に斬りつけられ頭部に二ケ所の傷を負つた。これが大津事件であるが當時わが國は所謂恐露病でおびえてゐた折とて上下色を失ひ善後策のため閣僚重臣の御前會議が開かれた程であつた。また卽日詔勅と共に御名代として北白川宮能久親王殿下には醫官を從へさせられて御出發、翌十二日に明治天皇には長くも京都に行幸、同十九日親しく神戸淀泊中の軍艦アゾヴァ號上に御見舞遊ばされた

大山陸軍大臣へ報告の見取圖
（大山柏公藏）

書記官長より大山陸軍大臣宛報告書
（大山柏公藏）

陸奥宗光より西徳二郎宛條約改正の件についての祕密報告文（明治廿六年）

（西伊三次氏藏）

一書拝呈時下愈々御清適恭賀奉存候陳者例の條約改正一件は御承知の通り是迄一時中止ノ姿ニ相成候處現内閣組織以來不肖宗光外務當局の重任を辱ふし候に付テハ種々考案を盡し伊藤總理始メ内閣諸僚ニモ數回密議ヲ凝ラシ候末廟論決定スル所ハ到底此問題ハ荏苒トシテ何時迄モ因循ニ附シ居リ候事ハ難出來義ニ有之候又小生愚考ニ於テハ微力短識なる小生輩が當局者としては尤モ其任ニ不堪事ハ今更申迄モ無之事ながら兎も角も此元老内閣繼續ノ間ニ於テ此一大至難の事業を完結するにあらざれば永く國家の不面目を後世に貽すの恐ありて元老諸君か國家に對する責任を全くする所以ニあらざれば他の諸政務に在ては各人互に長短得失ハ有之候へ共此對外的難事を處理するにハ今日の内閣ノ如く適合するものはあらざるべしと決心致し候義ニ候聖裁後閣議ニ從ヒ微力あらむ限りハ折衝の任に當るへしと覺悟いたし仕り其後更ニ數次ノ閣議ヲ悉シタルに從來條約後改正ハ常ニ成功ニ垂として失敗ニ失敗ヲ重ねたる結果にして其失敗の基ク所多クハ内ニ在テ外ニ在ラザルノ事跡モ判然タル事ニ有之候ニ付内閣ハ左ノ決議ヲ爲セリ

第一條約改正ノ問題ハ内閣ノ決意堅固ナルヲ要スルニ付條約草案ハ先ツ内閣ノ同意ヲ經タル上聖裁ヲ仰キ置キ談判上ノ行懸リニ依リ草案中變更なる度毎に同上の手續ヲ以テ聖裁ヲ仰クコト此第一ノ手續ハ既ニ閣議決定ノ上聖裁ヲ經タリ

第二には條約改正ノ主義ハ千八百八十三年井上伯の草案ノ系統を全く一變して完然たる對等主義ニ基クモノト決定セリ如此なれハ勿論外ニ向テノ談判ニモ多少之困難も増加するハ申迄モ無之候へ共談判半途にして内國ノ議論の爲めに破裂するの點を避くべし右の通り閣議決定の上小生ハ一種の對等主義ヲ基礎トセル條約案ヲ草シ第一項ノ手續きをしたる後閣議ハ我國ト英國トノ間ハ貿易及後政治上ノ關係尤も重大なる義ニ有之候且同國トハ青木子爵外務大臣在職ノ時代より所謂懸案ノ姿ニ相成居り候ニ付先青木子爵ヲシテ其伊國獨逸と英國との意向如何を探らしめ又米國ハ從來我國ニ好意を表し居ると存られ一種特別の國柄なるに付建野公使をして同政府の意向如何を探らしむる事に決し夫に訓令を發し現に此頃は青木子爵龍動出張中ニ有之尤モ同子爵英國ニ居殘り候以後僅々の日に付同政府の意向如何ハ未タ慥なる報告を得す候へ共今日迄電信往復の模樣ニ依レバ先ハ好都合ノ方ニ有之候

右ノ次第ナルニ依リ此後英、獨兩國の意向粗探り得候上ハ早晩露國政府ニ向テモ同樣談判の緒を開き候事ニ相成然るに露國政府とハ大隈伯時代ニ於テ双方全權調印迄相濟單ニ批准を待ツ斗りに相成居しニ付更に基礎一變したる新條約を結了する事ハ決して容易の業にあらすとハ推考致し候へ共去りとて英獨等に於て萬一新條約案の主義ニ同意を表し候樣に相成候上は露國條約の分も到底其主義を一變せざるを得ざる事は申迄も無之但大隈條約案中特に露國條約ハ他ノ米獨ノ條約トハ多少振合も相違致し居り候尚今回新條約の談判に懸り候時も舊調印濟の分に幾分款の修正を提出するに及ハずして談判相纏此邊ノ考案は第一に英獨等の意向確めたる上にあらざれば何とも難豫定候偖愈々其談判開始と相成り候場合ニ至れば東京に於てするよりも寧ろ御任所ニ於てする方諸事便宜と被存候ニ付廟議ハ多分老臺ニ御委任と相成り候事と存じ萬一其場合ニ及へハ國家の爲充分御盡力相成し下さる義と小生の信して疑はざる所に御座候本書の事項全く將來ニ屬する義ニ有之又現ニ青木子の周旋し居る事項ハ尤も祕密を要する義ニ有之候國内にても内閣の諸員外ハ特ニ小生が撰拔シタル外務省内當局ノ二三官吏ノ外ハ總テ祕密ニ致し居り候義ニ付老臺ニ於テモ御任所の政府及ヒ他の外交官ハ勿論貴館の僚屬たりとも御泄露無之全く老臺の御胸裏ニ御祕し度下相成候

新條約草案の機會を見合せ次便若クハ早便ニ御内見ニ入れ申上候

右不斗長文ニ相成且深夜執筆亂錯御推讀被下度候　匆々頓首

九月二十九日　　宗光

西老臺座下

井上外相が條約改正の際使用せしもの。（外務省藏）

條約改正記事原本一束（中田敬義氏藏）

明治廿五年頃より廿九年迄

―日清戰爭の前後―

日本の朝鮮半島進出が具體化するや韓國をその支配下においてゐた清國は韓國内の保守派と氣脈を通じこれに對抗せんとした。明治十五年大院君のクーデターでわが公使館が放火され花房公使が身をもつて逃れた如き事件が起つた。

これがため濟物浦條約が締結されわが駐兵權が認められたが清國も亦同樣の擧に出でたため益々韓國を中心に日清兩國間の感情は惡化した。

天津條約によつて日清兩國は韓國の獨立を保證したが防穀令問題、金玉均暗殺事件等で日清關係はいよいよ緊迫し、廿七年の東學黨の蜂起を契機として出兵、八月一日對清宣戰布告となつた。

日清戰爭は日本の大勝利に歸し二十八年三月兩國全權下關に會し媾和談判となり、わが國は償金二億兩と臺灣、遼東半島の割讓をうけ清國は朝鮮半島より敗退して鳧はついた。

かくて日本の極東制覇は確實な一歩を踏み出したが歐洲列强はこれを座視するにしのびずとし露・獨佛の三國は四月二十三日遼東半島の還付を我に迫つた。所謂三國干渉である。勿論輿論の猛反擊はあつたが當時の情勢如何ともし難く遼東半島の抛棄を餘義なくされた。この時代より日露戰爭へのわが臥薪嘗膽時代は始められたのである。

寫眞は日清媾和談判に活躍した我全權

上が伊藤博文公（西朝子氏藏）下は陸奥宗光伯（中田敬義氏藏）

外交年表

明治廿六年（癸巳）

五月廿一日　駐韓公使大石正巳韓廷に談判して防穀令に就て賠償金十一萬圓を支出せしめ事漸く收る。

明治廿七年（甲午）

八月一日　清國に對し宣戰を公布す。

廿六日　日韓攻守同盟を締結す

廿七日　七月十六日調印せし日英改正條約の公布。

十月十四日　内務大臣井上馨を特命全權公使に任じ韓國駐在を命ぜらる。

明治廿八年（乙未）

三月廿日　清國媾和使李鴻章の一行馬關に着す我國伊藤博文陸奥宗光を全權として應接せしむ。

廿日　日清兩國休戰條約を交換す。

四月十七日　馬關に於て媾和條約成立調印し同廿一日媾和の詔勅を發布す。

廿三日　露獨佛三國同盟して媾和約款の一なる我が遼東半島領有に干渉す五月四日政府之を諾す。

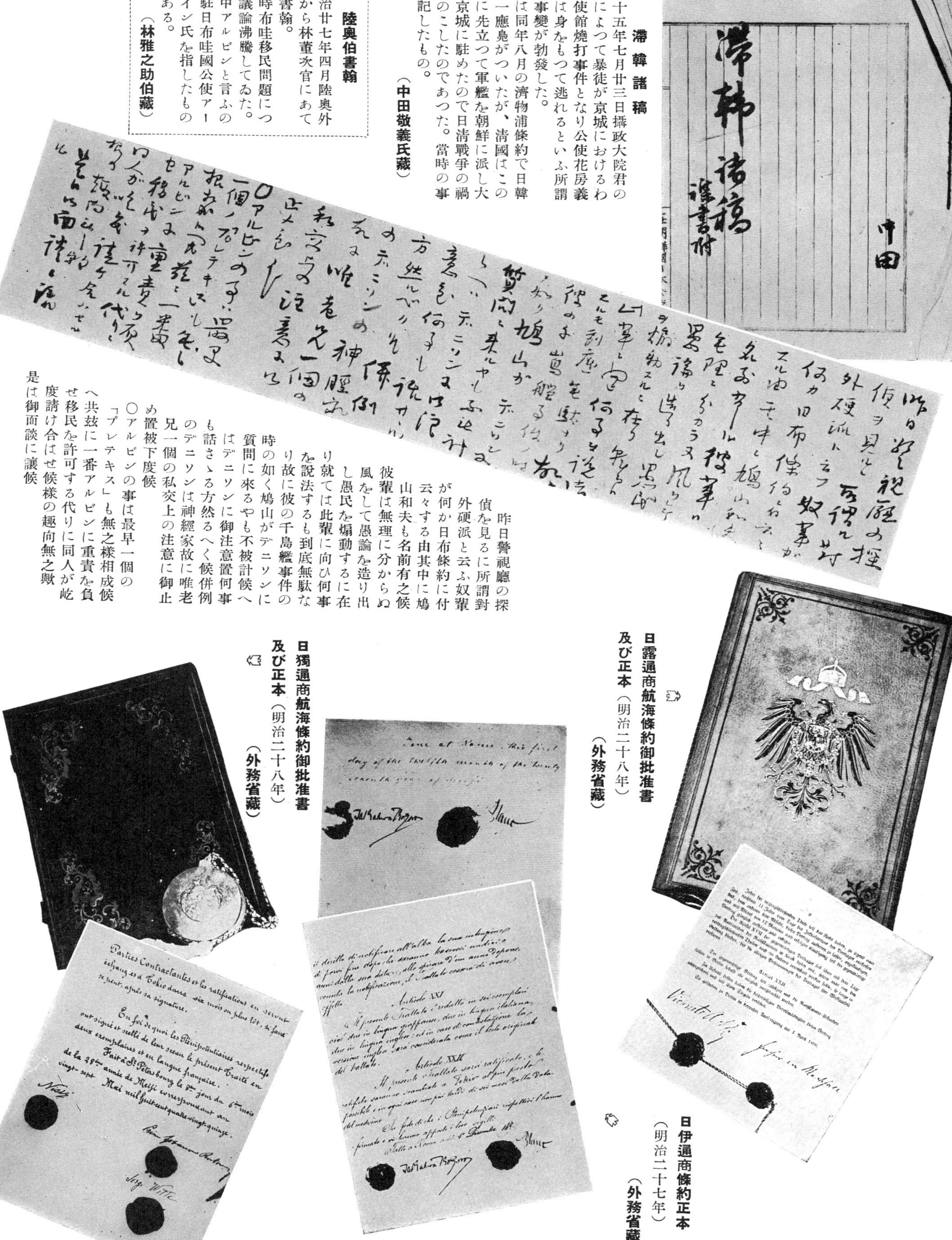

滞韓諸稿

明治十五年七月廿三日攝政大院君の煽動によつて暴徒が京城におけるわが公使館焼打事件となり公使花房義質氏は身をもつて逃れるといふ所謂京城事變が勃發した。これは同年八月の濟物浦條約で日韓間は一應鳧がついたが、清國はこの條約に先立つて軍艦を朝鮮に派し大軍を京城に駐めたので日清戰爭の禍根をのこしたのであつた。當時の事情を記したもの。

（中田敬義氏藏）

陸奥伯書翰

明治廿七年四月陸奥外相から林董次官にあてた書翰。當時布哇移民問題につき議論沸騰してゐた。文中アルビンと言ふのは駐日布哇國公使アーウイン氏を指したものである。

（林雅之助伯藏）

昨日警視廳の探偵を見るに所謂對外硬派と云ふ奴輩が何か日布條約に付云々する由其中に鳩山和夫も名前有之候彼輩は無理に分からぬ風をして愚論を造り出し愚民を煽動するに在り就ては此輩に向ひ何事を説法するも到底無駄なり故に彼の千島艦事件の時の如く鳩山がデニソンに質問に來るやも不被計候へはデニソンに御注意置何事も話さゝる方然るへく候併例のデニソンは神經家故に唯老兄一個の私交上の注意に御止め置被下度候

○アルビンの事は最早一個の「プレテキス」も無之様相成候へ共茲に一番アルビンに重責を負せ移民を許可する代りに同人が屹度請け合はせ候様の趣向無之歟是は御面談に讓候

日露通商航海條約御批准書及び正本（明治二十八年）

（外務省藏）

日獨通商航海條約御批准書及び正本（明治二十八年）

（外務省藏）

日伊通商條約正本（明治二十七年）

（外務省藏）

今日ノ日日新聞又時事新聞ノ北京通信ヲ見ルニ例ノ通商條約談判上ノ工業云々ノ事等記載有之是ハ北京公使館ニテ漏泄ノ事存候特ニ此件ニ付昨日外務大臣より同公使へ訓令ノ次第モ有之旁以テ不都合ト存候電信又ハ郵便ヲ以テ林公使ニ十分取締方ニ注意シ置クコト必要ナラムト思フ　早々其手續御取計可有之候早々頓首

三月廿一日　　宗光

中田老兄

陸奥伯書翰　明治二十九年三月三十一日の東京日日及時事新報が、北京に於ける林李兩全權の間に折衝されつゝあつた日清通商談判の經過を發表し、同條約中の最も交渉困難とされた工業製品課税問題の顚末を掲載した。北京とあるので林公使から漏洩したものとして罪を公使の不用意に歸したものであらう。（**中田敬義氏藏**）

李鴻章真影

日清媾和會議清國全權李鴻章肖像。（**下關市藏**）

下關春帆樓會議室　明治廿八年四月十八日日清媾和條約がこの室にて調印された。日本側全權委員伊藤博文、陸奥宗光。清國側李鴻章、李經芳。（**下關市藏**）

大清帝國欽差頭等全權大臣太子太傅文華殿大學士北洋大臣直隸總督一等肅毅伯　李鴻章

大清帝國欽差全權大臣二品頂戴前出使大臣　李經方

下ニ於テ批准セラルヘク而シテ右批准ハ芝罘ニ於テ明治二十八年五月八日即光緒二十一年四月十四日ニ交換セラルヘシ

右證據トシテ兩帝國全權大臣ハ茲ニ記名調印スルモノナリ

明治二十八年四月十七日即光緒二十一年三月二十三日下ノ關ニ於テ二通ヲ作ル

大日本帝國全權辨理大臣內閣總理大臣從二位勲一等伯爵　伊藤博文

大日本帝國全權辨理大臣外務大臣從二位勲一等子爵　陸奥宗光

日清媾和條約正本　明治廿八年四月十七日調印、同廿日御批准を了す（**外務省藏**）

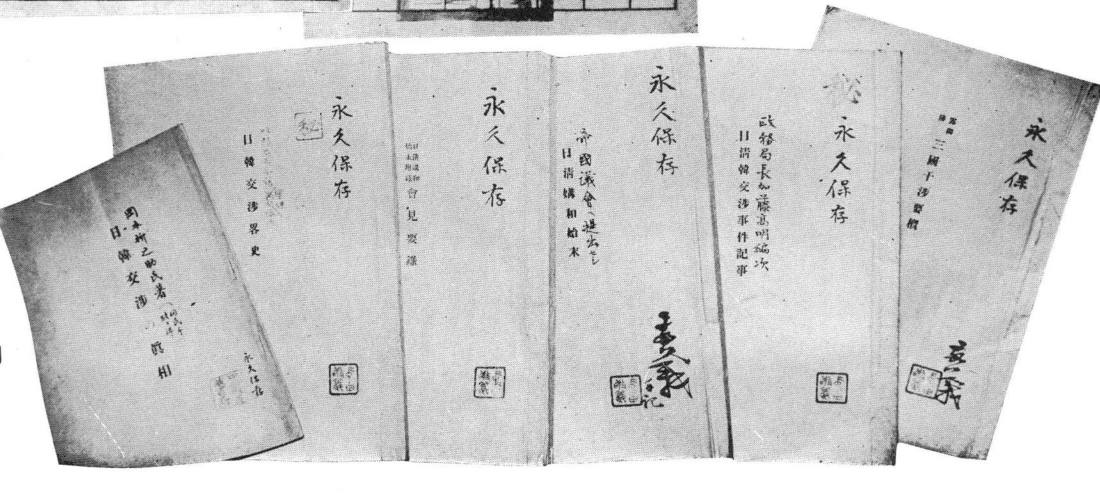

日清媾和に關する書類一束（**中田敬義氏藏**）

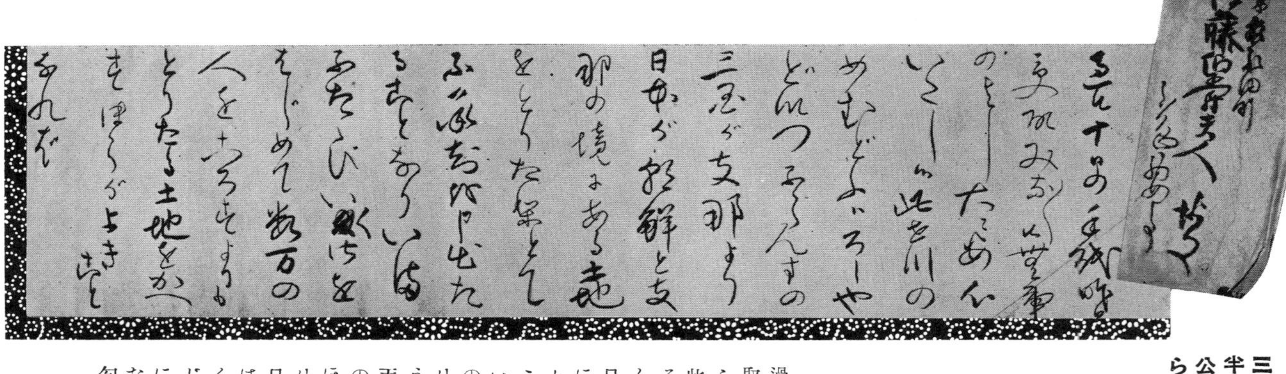

三國干渉により遼東半島還附の事を伊藤公より梅子夫人に知らせた手紙（西朝子氏藏）

過ル十日の手紙昨日受取りみな〳〵御無事のよし大に安心いたし候此のせつのめむどふはろしや、どいつ、ふらんすの三國が支那より日本が朝鮮と支那の境にある土地をとりたりとて不承知を申出たることなりいまふたゝびいくさをはじめて數萬の人をころすよりもとりたる土地をかへすほうがよきことなれば天皇陛下においてもそのとふりにせよとのおほしめしに付すでにとりきめたり日本人のわからぬものは彼れ是れとやかましくゆふなるべしといへどもわれには日本の爲にこれよりほかに仕方なし御安心あるべし匆々

五月十二日　博文

梅子どのへ

西徳次郎肖像

三國干渉に關し青木駐獨公使より西駐露公使へ宛た書翰と西駐露公使

明治廿八年四月卅日わが政府の屈服によつて獨、露、佛三國干渉は一段落となつたが、三國側への報酬たる支那における利權の分配問題は仲々解決しなかつた。これが交渉の衝にあたつてゐた駐獨青木公使もさぢをなげ總ては日露交渉の經過による旨を傳へ西公使の努力を期待する旨を申送つたのである。（**西伊三次氏藏**）

前略

時下益御多祥重疊欣賀ニ御座候陳過日ハ日露間之條約重修事件日ナラズシテ可相整旨電信ヲ以態々御通知被下多謝々々爾後果而調印相整候哉

昨年來英伊米ハ幸ニ我請求ヲ容候處三新同盟國ハ事ヲ優柔不斷ニ付シタル而已ナラズ四月中例之抗議ヲ提出シテ我政府ニ脅迫セシ以來我ニ於テモ快々不愉快ヲ感ジ且日清間ニ存在スル各種之問題モ未結局ニ候ニ付本件ニ關スル小生負擔之事務ハ更ニ渉取不申澳國政府ハ一モ二モナク獨政府ノ行爲ヲ擬似スルニ決定有之白耳義并瑞西之政府モ商事ニ關シ候テハ寧ロ獨澳兩政府之轍ヲ踏ム了簡ニ相見候間日獨若ハ日露間ノ重修先ツ相整フニ非レハ澳白并瑞トノ重修ハ難相整都合ニ有之候依而閣下之御盡力ニ由リ御地之政府ト調印相整候半ニテハ　將來之成功頗ル豫期スルニ餘アル次第ニ御座候間申マデモナク天未陰雨ニ迨ンテ可成速ニ御奏功有之度千祈萬禱不啻候將又東亞問題ニ付而ハ閣下モ定而種々御苦慮相成候バ御心事不堪洞察候

不幸ニモ御互ニ十數年來培養シタル日露並日獨間之友好情義ハ今般之干渉ニ由リ一時水泡ニ歸シタル而已ナラズ加之御地政府之進略政治之爲メ餘燼未滅將來何等之出來事相起候歟モ難斗頗不堪掛念候當國政府之意嚮等ハ小生ヨリ外相ヘ差出候報告並勸論ヲ以一々御承知之事タルヲ以而特ニ不重喋々候兎ニ角斯ル形勢事情ニシテ存在スル以上ハ一日モ速ニ條約締結之功ヲ御奏成有之度候　先ハ爲其草々敬具

廿八年六月十日　周藏

西公使閣下

山縣公書翰

明治二十八年十月卅一日、山縣公が京都南禪寺畔の閑居から外務省の中田祕書官に宛て差出したもので、ここに云ふ朝鮮事變とは三浦公使岡本柳之助氏等の王宮突入事件を指したものである。（**中田敬義氏藏**）

秋氣日々相加候處彌御清康遙賀の至に候朝鮮事變に付ては殊更に多忙不堪想察候扨毎々御手數煩し候へ共又別封獨國在駐青木公使へ相屆候樣御計可被下候機密の書に付貴省御用物中より被相加送致候序を以相願度候時下御自愛專祈上候

草々不盡

十月卅一日

南禪寺畔

無隣庵にて　朋拜

仲田賢兄

陸奥伯書翰

明治二十九年春露帝ニコラス二世の戴冠式が擧行され我國から山縣公がモスコーに派遣された。この書中にあるのは卽ち其の使節の資格等に就て陸奥伯が意見を述べたものである。此の式には支那から李鴻章が參列、有名な露淸密約が締結されたのは此時で、山縣公が露國外相ロドノフとの間に日露協商を締結して得々として居た時、一方には後年の東洋の禍根を培つた密約が成立して居たのであつた。（**中田敬義氏藏**）

貴書拜讀露國派遣大使一件御下問は底氣味惡キ事ニ候此ニ對する拜答は先づ第一ニ電報ヲ以テ歐洲强國ニテ帝國（王）若クハ皇族臨場之外更ニ大使派遣スル乎（最モ帝國（王）皇族臨場セズシテ大使ノミ派出スルカヲモ聞クベシ）而シテ皇族以上臨場スレバ別ニ大使派遣セズトスレバ我國ヨリ特ニ二重ノ使節（一ハ皇族他ハ大使）ヲ派遣スル必要ナシ又皇族臨場セザルニ因リ特ニ大使派出トノコトナレバ我國ハ既ニ優等ノ御方派出スレバ次等ノ人派出スル必要ナシ若又歐洲にて皇族及ビ大使トモ派出スト ノ事ナレバ我國にても其例ニ倣ヒ指支無之候へ共既ニ皇族が數千里ゟ御派出ニ相成候上之ニ添ヘタル大使ハ西公使ニ臨時御下命有之候而十分ナルベシト拜答可然歟以上論旨詳ク西園寺侯ニ御上申同侯同意ニ候へば指當り露英獨澳伊等の國ニ聞合セノ電報發セラレテハ如何右不敢取申進候

二月十一日　宗光

中田祕書官殿

三國干渉に關して陸奥外相より西公使に宛てた書狀

三國干渉は日本の遼東還附宣言で一段落ついたが、さてこれを還附するの條件に就て又しても三國殊に露國が主として苦情を持出した。陸奥外相は當時大磯に療病中であつたが邦家の直面した國難に對して屢々强硬なる意見を提出してゐた。八月四日西園寺公に宛てゝ認めた「露國に對する方略」などは却々長文で委曲を盡したものであるが、この書の內にも同意見書と全く同一の意味が到る所に窺はれる。（陸奥伯病氣のため代筆）（**西伊三次氏藏**）

本年六月十一日御認メ之尊書洗手拜讀先以閣下御壯健國事鞅掌ノ段奉欣賀候小生病氣ニ付御懇切ナル御慰問ヲ蒙リ忝奉存候御承知之通小生生來蒲柳ノ質ナルガ上ニ昨年來暑寒ヲ冒シ屢々廣島馬關等ニ旅行シタルノ結果馬關ニテ清使ト應接ノ半ヨリ激烈ナルインフリユエンザニ罹リ熱度四十一度ニ至リ遂ニ持病ノ肺患ヲ伴出シ來リタレトモ御承知ノ時機ニ有之閑ニ療養スル能ハザルノミナラズ尋テ例ノ三國干渉之事件相起リ舞子京都滯在中ハ病褥中ニオイテ日夕事務ヲ執リ候樣ナル仕合ナルヲ以テ實ハ病勢增加スルモ輕減スル事ナク今日ニ至リ候然ルニ歸京後優渥ナル聖諭ヲ蒙リ六月初旬ヨリ大磯ニ養病罷在候故ヲ以テ此節ハ漸ク快方ニ赴キ最早二三週間ニハ全快歸京致候樣之運ニ相成可申候右等之譯ニテ始終御無音罷在候義ハ萬々御海恕ヲ願フ所ニ御座候

昨年來日清交渉之事件以來我在外各外交官ニハ孰レモ非常ノ働キヲ爲シタリ特ニ閣下ハ御駐在ノ國柄ト云ヒ種々困難ナル位置ニ御立チ被成候義ハ甚ダ御氣之毒ニ存候然ルニ此際閣下ハ多年外交上ノ經驗ト技倆トニ因リ迅速活潑之能事ヲ盡サレ始終我政府ニ大助力ヲ與ヘラレ候御勤勞ハ乍恐聖上ニ於セラレテモ深ク御嘉納被爲在候義ハ小生ガ親ク拜聽シタル所ニ有之況テ內閣同僚大臣ニ於テハ深ク感佩致居候義ニ有之將又日露條約改正事業モ全ク閣下之御盡力ニ因リ成效候義ハ實ニ國家百年長計之爲メ慶賀之至ニ候何卒此上ハ速ニ瑞典諾威之分モ一日モ早ク片附候樣企望ニ堪ヘズ候政略上ノ義ニ付縷々御申越ノ次第ハ總テ御同感ニ有之又遼東半島還附之件ニ就而ハ貴書御郵送後屢々電報往復モ有之候事ニ付其成行キハ今更ニ縷說ニ及バズ候得共最早近日之內ニハ林特命全權公使ニ訓令シテ清國政府ト開談爲致候積ニ有之候尤モ右還付ニ關スル條約案及林公使ニ對スル訓令寫共多分西園寺代理大臣ヨリ貴方ニ郵送可被致候ニ付右ニテ御承知有之度候

抑々遼東半島還付之件ニ關シ當時廟議決定之次第ハ先達而御郵送申候「露獨佛干渉要概」ニテ其大略ハ御承知之事ト存候然ルニ其後三國ヨリ償金額等ニ就キ帝國政府之意見ヲ聞キ度ジトノ旨本邦駐剳三國公使ヲ以テ申出タルニ付帝國政府ハ三國ヲシテ償金ニ關スル談判ニ就キ清國ニ對シ有效ナル助力ヲ得度ト申出タルハ始メヨリ帝國政府ガ京都ニ於テ決定シタル日清之事件ハ日清兩政府之間ニ於テ取極メ第三者ノ干係ヲ絕シトスル主義ヲ變更シタルニアラザレドモ三國政府ヨリ餘リ極末迄立入ラントスル模樣アルニ付少々難題ヲ云ヒ掛ケ幾分カ彼等ヲシテ顧慮セシメントシタルニ過ギス恰モ本月初旬三國政府ヨリ償金之事ニ關シ帝國政府ニ對シ有效ナル補助ヲ與フル事ニ躊躇スルガ如キ回答ヲ得タルガ故ニ帝國政府ハ一方ニ於テハ特ニ償金額ト撤兵順序トヲ三國ニ明言シ他ノ一方ニ於テハ林公使ヲシテ急速ニ開談セシムル運ニ相成リタル義ニ有之此上ハ何卒三國政府ヨリ餘リ區々タル關渉ナキ樣企望スル所ニ有之候將又露國政府ガ清國ノ爲メ一千六百萬磅ノ公債ヲ世話シタル件ニ就而ハ獨逸政府抔ニハ多少ノ不快ヲ感ジタルモノト見ヘ青木公使ヨリモ少々苦言ヲ申來候事モ有之候得共小生ハ恰モ老兄ガ金ニハ故鄉ナシトノ御考ト同一ニシテ何レノ方角ヨリスルモ其金ガ我手ニ入ルモノトスレバ毫モ差支ナキ事故ヘ青木氏ノ勸告ニ對シテハ別ニ顧慮スル所ナク唯々其金額ノ速ニ我手ニ入ル事ニ勤ムル積リナレドモ此後林氏ノ談判ハ果シテ我翼望之如クニ運ブヤ否ヤ頗ル懸念ニ堪ヘズ候熟々清國今後之事情ヲ察スルニ該政府ハ兎モ角モ今日丈ケノ「スタビリテー」ニテモ永續スベキヤ例ヘバ馬關條約之償金年限迄永續シ居ル事ヲ得ルヤ甚ダ疑ハシキ次第ナルヲ以テ若シ一時ニ償金額ヲ受取ルベキ見込アレバ我國ニ於テ多少ノ損失アルモ大概ニシテ見切リ度馬關條約ニ三ケ年內ニ全額ヲ拂ヘバ總テノ利息ヲ課セズト云ヒタルモ亦今般遼東半島之守備兵（此間原文脫落）清交戰ノ初頭ニ於テ提出シタルモノト今年小生賜暇轉地療養之前日提出シタルモノノ寫ヲ今回西園寺侯爵ヨリ閣下ヘ御送附申上候右閣議ニ對シテモ未ダ何等確定シタル事ハ無ケレドモ大體之卑見御推察被下度候

本書ハ小生養痾中醫師ヨリ執筆ヲ被禁居候ニ付病褥ノ間ニ於テ星祕書官ニ口演シテ之ヲ代筆セシメタルモノニ候得共總テ小生自筆ト御認定被下度候　敬具

明治廿八年七月三十日　陸奥宗光

西特命全權公使閣下

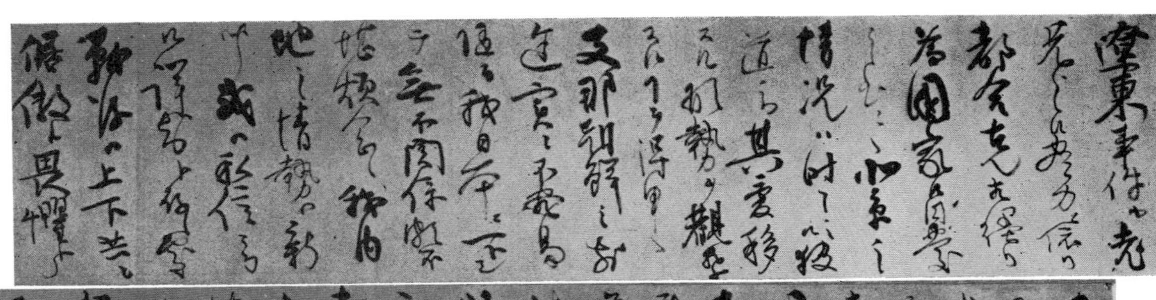

伊藤公より遼東事件について状勢を林董男に知らせる書翰（林雅之助伯藏）

遼東事件も老兄之御盡力に依り都合克相纏り爲國家御同慶之至に候北京之情況ハ時々之御報道にて其變移スル形勢ヲ觀察スルコトヲ得申候支那朝鮮ノ前途實ニ不容易從而我日本ニ一トシテ無不關係頗不堪煩念候

我内地之情勢ハ新聞或ハ私信ニテ御詳知ト存候處戰後ハ上下共ニ倨傲ト畏懼トノ兩極端ニ人心相顯レ何分他國ト從來交渉ニ乏シキ爲メ無理ナラヌ事ニ候得共困リ入リタルモノニ有之候老兄公務上萬事ニ注意モ行屆每々陸奥之談話感服仕居候乍此上爲國家無遠慮御盡力被下李鴻章に面會之節ハ小生より篤ク傳言セリト被下御通知度候先ハ幸便ニ任セ寸毫早々認候

再行

十一月十七日　博文

林男爵閣下

貴簡拜讀御送附の諸電報逐一閱了左に鄙見申述候

一朝鮮鐵道論は小村上申之通り露國政府に廻して訓令を下さしむる事は餘り迂遠なるべければ小村より直にウエパアに照會せしめては如何尤も其前に小村は例の大鳥の條約に基き朝鮮政府にプロテスト致し置候事可然歟とも存候明後日歸京迄にデニッンの意見も御聞置被下度候

○青木電信は例に依り例の如し頗る失望す但軍艦及び預金の件は獨逸政府よりも寧ろ青木よりの嚇迫に非ざるかと疑はる要之今更軍艦製造及び預金を質物とせざれば條約出來ずとの事なれば寧ろ條約談を延引するより外致し方無しと存候乍併青木には此儘返事せずに置く時は條約改正の不出來を以て却て我が怠慢に歸する樣なる事無しとも難申故に青木の心得として「條約調印は如何にもして速に成功ある樣盡力すべし但軍艦製造及預金云々の事我政府にては卽今何共決答致し兼候間此問題を以て勉て條約改正の件に混合せしめざる樣盡力すべし」との意味電信を明日にても發し置候方得策ならざるか是亦「デニソン」に御相談同人同意なれば明日にても御發電御取計（若し發電するならば印度線に非れば間に合はず）

○蹇々錄見本御遣し一覽之處體裁少々面白からず或は紙面大に過ぐるかと思ふ就ては明後日歸京之上今一應御相談可致候間夫迄は先づ御着手は見合せ可然右至急を要する件御回答に及ぶ　頓首

四月二日　宗光

中田老兄

陸奥宗光書翰（明治廿九年）

大磯にて療養中の陸奥伯から中田外相祕書官に宛た書翰、青木電信云々とは同公使が獨逸に軍艦を注文し、政府の預金を獨逸銀行にすることをもつて獨逸の歡心をかひ條約改正交渉を進捗せしむべしと提議した事を指す。（中田敬義氏藏）

山縣公訪露記念寫眞

明治二十九年春、露都で皇帝ニコラス二世の戴冠式擧行さるるにつき我邦より山縣公一行がモスコーに派遣された（前列中央山縣公その右都築馨六男）（西竹一男藏）

清國々情を報告した伊藤公の書翰

明治三十一年伊藤公清國漫遊中同國の内情を大隈首相に報告したもの。

北京ニ而李鴻章トモ數回談話ヲ致候彼ハ露ニ偏倚スルノ實ヲ免レズ將來ヲ與謀スルモノ張之洞一人アルノミト被察候小子ハベルスホールドトノ談話ハ凡ヲ小子一己ノ所見ト申置候故決シテ日本政府ノ責任ハ無之候故此段御安心可被下候

時下臺候萬福公務鞅掌遙賀此事ニ候小子北京辭去後上海ニ暫時淹留今晩揚子江ヲ溯リ武昌ニ到リ張之洞面會之筈同人已發部員迎接旅館等モ用意之意趣ニ候當地滯在中英國商業會議所派遣委員ロードベルスホールドヨリ面會ヲ求來候故兩三回面會候處頻リニ日英獨米同盟論ヲ首唱シ清國之獨立ヲ維持シ露國ノ侵略ヲ掣肘セントノ相談有之候ニ付内情ヲ叩キ候處サリブリー侯及總元帥ウルシー伯等ト内議之上清國之事情ヲ探聞シ目下之ニ處スル方法ヲ講窮スル爲表面商法會議所派出之名義ニ而出張セシ趣ニ被察候處

四國同盟ハ名義ヲ通商同盟トシ北京政府ニ要請シテ適當ノ改革ヲ實行セシメ之ニ連合ヲ以テ助力ヲ與ント云ニアリ費用ノ供給ハ海關稅ヲ增加セシメ先ツ兵力ヲ養成セシメントノ意嚮ナリ增稅ノコトハ英國ヨリ發議スレハ他國ヨリ異議ヲ唱ルノ理ナシト云カ如シ小子ハ日本ノ利益ハ支那ノ瓦解ニアラスシテ其獨立ヲ扶持シ彼ヲシテ自立セシメ以テ其富源ヲ開發セシムルニアルヲ以テ一己ノ私見ニ於テハ同感ヲ表スト答ヘ置キタリ又韓國ノ獨立ヲ維持セシムルモ此中ニ算入センコト（ヲ脱カ）以テシタリ同人ノ所見ニテハ獨米ヲ誘導シテ加盟セシムルコト難カラストスルモノ（ノ脱カ）如シ

不圖モ北京政府目下變局ノ時機ニ遭遇シ改革家續々苛酷ノ極刑ニ被處ヲ不能傍觀トテ救護ノ手段ヲ盡シ度旨相談有之此上張之洞ニ連及スルニ至テハ殆ント人物ヲ一掃シ盡スヲ以極力之ヲ救濟センコトニ助力ヲ求メ候故表同意置候間此段御含置可被下候北京之情勢ハ公使ヨリ之報道ニ而時々御詳知之事ニ付茲ニ不贅候愚考ニ而ハ支那改革之一蹶跌ハ將來ノ禍機ヲ一層速カナラシメタルコト不容疑於茲乎我國ニ在テモ對清國將來ノ方針ヲ定メサルヲ得サル事情ニ迫レリト被察候間廟堂ニ於テモ深思熟計遺算ナキヲ期セラレンコトヲ切望之至ニ候書餘讓後鴻匆々閣筆頓首再拜

十月十日　　博文

大隈首相閣下

我政府英國政府ト再ビ條約改正ノ談判ヲ開ク稿ノ一節（金澤文庫藏）

百二十頁より百二十一頁

此の頃我國内ニ於テ種々ノ原因ヨリ一派ノ攘夷的保守論大ニ流行シ平素苟クモ政府ニ反對スルヲ以テ本色トスル政黨者流ハ俄然之ニ附加雷同シ百方聲援ヲ爲シ就中非内地雜居或ハ現行條約勵行ト云フ迂論カ一時議會ノ多數ヲ制セムトスルノ勢力ヲ顯シ且ツ「斯ル場合ニ常ニ隨伴スル幾多ノ瑣事末節マテ一トシテ倫敦ニ於ケル條約改正ノ事業ニ障害ヲ與ヘサルモノナク兩國ノ全權委員モ數月ノ間鞠躬盡瘁ノ勞苦モ殆ト畫餅ニ屬セムトシタルハ啻ニ一再ノミナラズ幸ニ我政府ハ維新以來ノ宿望ヲ成就スル爲メニハ如何ナル艱難モ避ケストノ初志ヲ變セス鋭意ニ世ニ所謂多數ノ輿論ナルモノト抗戰シ其結果ハ之ガ爲メニ議會ハ一回解散セラレ某々ノ政社ハ禁止セラレ幾多ノ新聞紙ハ其ノ發行ヲ停止セラレタリ斯ノ如ク倫敦ニ於ケル條約改正ノ事業ハ百難ノ中僅ニ一條ノ活路ヲ開キ進行スル間ニ今ハ漸ク彼岸ニ達スベキ時節コソ到來セリ即チ明治二十七年七月十三日付ヲ以テ青木公使ハ余ニ電稟シテ曰ク「本使ハ明日ヲ以テ新條約ニ調印スルコトヲ得ヘシ」ト而シテ余カ此電信ニ接シタル抑々如何ナル日ソ雞林八道ノ危機方ニ旦夕ニ迫リ余カ大鳥公使ニ向ヒ「今ハ斷然タル處置ヲ施スノ必要アリ何等ノ口實ヲ使用スルモ差支ナシ」

蹇々錄

陸奥伯は日清媾和會議前後から病臥し須磨に暫らく療養後、大磯に移り、所要のため一旦歸京したが又病勢つのり大磯に移つた、この有名な蹇々錄は即ち當時の外交政略の概要を叙したものである。（**中田敬義氏藏**）

下ノ關談判ノ稿ノ一節（上）（金澤文庫藏）

二百七十三頁より——二百七十四頁

斯ク歐洲ノ形勢ハ漸ク不穩ノ光景ヲ顯シタリ曩日廟議ニ決定シタルカ如ク嚴ニ事局ヲ日清兩國ノ間ニ制限シ第三者ヲシテ何等ノ交渉ヲナスヘキ餘地ナカラシムルトノ方針ハ最早永ク之ヲ維持シ能ハサルノ恐アリ去リトテ今ニ至リ歐洲列國ノ内諾默認ヲ得ムトスルハ時機既ニ遲キノミナラス我ニ在テモ卒然既定ノ方針ヲ變改スルハ亦事情ノ許サヽル所タリ故ニ余ハ寧ロ如何ニモシテ清國政府ヲ誘導シ一日モ早ク媾和使臣ヲ再派セシメ速ニ戰爭ヲ息止シ平和ヲ回復シ以テ列國ノ視聽ヲ一新スルニ如カスト思ヘリ然レトモ斯クスルニハ是迄ノ如ク清國政府ニ對シ總テ我媾和條件ヲ隱祕セスシテ清國使臣再派以前ニ少クトモ其最モ重要條件ニ係ル者ハ先ツ清國ニ知照シ彼等ヲシテ豫メ決心スル所アラシメサルニ因テ二月十七日ヲ以テ米國公使ヲ經由シ清國ニテ軍費賠償及朝鮮國獨立ヲ確認スル外ニ戰爭ノ結果トシテ土地ヲ割讓シ及將來ノ交際ヲ律スル爲確然タル條約ヲ締結スルコトヲ基礎トシ談判シ得ヘキ全權ヲ具備スル使臣ヲ再派スルニ非サレバ更ニ何等ノ媾和使ヲ派遣スルモ其使事全ク無效ニ歸スヘシ」ト云フニ在リ

明治三十年より
大正初期迄

——日露戰爭を前後にして——

遼東還附で日本の憤りをかつたロシアはなほもあきたらず、下關條約の償金支拂に關し清國の借款を斡旋し、その代償として東清鐵道建設、旅順口租借、清國内における軍事行動の自由を獲た、露清密約を結んで益々勢力を極東に强化した。三十三年義和團事件起るや兵を集結、亂後も滿洲に駐兵したのみならず大軍を歐露より送つた。日本はこれに抗議したがきかず、その間日英同盟によつてイギリス、乃至はアメリカの勢におされて多少讓つたが、ロシアの執拗な勢力伸張は益々露骨となり我を壓したので日露の關係は急迫し遂ひに三十七年二月宣戰布告となつた。

日露戰爭は文字通り陸に海に日本の大勝となり、米國大統領の斡旋で三十八年八月ポーツマスで媾和會議が開かれ、九月五日南樺太割讓、滿洲における權益繼承、北海における漁業權獲得その他を得て大團圓となり、われは極東に君臨するにいたつたのである。

日露媾和會議に活躍せる小村壽太郎侯

外交年表

明治三十一年（戊戌）

三月廿七日　金州半島貸讓の露清條約調印成る

明治三十三年（庚子）

五月廿日　清國義和團不穩の報に接し軍艦笠置天津に向つて發す

明治卅四年（辛丑）

一月十五日　アレキセーフと增祺との間に締結せられたる露清密約暴露し列國の物議を起す

九月五日　北清事變に關して清國謝罪使那桐來朝す

明治卅五年（壬寅）

七月二日　露國太公ウラヂミロウイツチ太公來朝す

明治卅六年（癸卯）

七月廿八日　小村外相訓令を駐露栗野公使に傳へ露國政府と交渉を開始す

十月八日　露國第二撤兵期なれど履行せず

十二日　露國極東總督アレキセーフ皇帝の召喚に依り露都に急行す

明治卅七年（甲辰）

二月五日　各大臣參内して外交斷絕の處斷に就き各自奏上す

同日　東鄕司令長官聯合艦隊を率い旅順を夜襲す

明治卅八年（乙巳）

一月一日　旅順攻圍軍は敵司令官ステツセルより開城に關する書面を受領し翌二日規約に調印す

七月三日　小村外務大臣駐米高平全權公使媾和全權委員に任ぜらる

八月十日　日露兩國全權委員始めて正式に會見す

九月五日　日露間の媾和條約調印せらる

同日　媾和條件に反對せる國民大會は日比谷公園に開かれ警官干渉の結果官民の衝突を起し内相官邸及市内の警察署派出所、電車等燒打せられ帝都騷擾

明治四十年（丁未）（紀元二五六七年）（西暦一九〇七年）

七月廿四日　日韓新協約成立

九月十日　樺太に於ける日露境界劃定書の公布

明治四十二年（己酉）

九月八日　滿洲及間島に關する日清協約發表さる

明治四十三年（庚戌）

八月廿九日　韓國併合成る

明治四十四年（辛亥）

四月三日　日英條約調印す

四月六日　日英通商航海條約全部廿七ケ條及附屬稅表公布

十二日　東伏見宮依仁親王乃木東鄕兩大將隨行英帝戴冠式に參列の爲出發

陸奥外務大臣より條約改正、三國干涉問題に關し西駐露公使に是迄の援助を謝する書翰

（西伊三次氏藏）

拜啓時下漸く春暖之候に候處閣下愈々御清穆恭賀奉存候陳ハ昨年來日清交戰之事起り候以來閣下が御任務上御盡力之段は實ニ感佩之外無之其有益ナル御忠告及ヒ御報告ハ時々奏聞を遂け常ニ叡感被爲在候内閣同僚諸大臣にも深く閣下の御忠誠ニ感謝致し居候實ニ我邦未曾有の大事に際し不肖宗光外務の重任を辱しめ居り候樽俎相衝常に自ら不敏を長歎し候へ共亦國家多事之際満腔赤誠を盡し候義臣子の本分ニ付病軀を努めて漸く今日に至り申候在外各公使孰れも盡力周旋し大ニ其助佐を與へたる事申迄も無之候へ共特に閣下ハ御任國又國柄ト云ヒ閣下ノ御經歷ト云ヒ頗る有益ナル御助ケヲ蒙り千萬感謝之外無之将又今回露獨佛三國の干涉ニ關シテハ他人ハ兎も角も閣下なり小生なりに在ては必シモ白日晴天に迅雷を聞く如き意外の事とハ存し不申兼々閣下よりの御報告等にて何時斯る干涉來るべきヤ難斗とハ豫期セザリシニアラザレ共又更ニ内國ノ形勢ヲ觀れば到底一時ハ往く所迄往くにあらざれハ軍心人心共ニ満足する能ハず小生輩は常ニ内外の情輕重ヲ斟酌せさるにあらされ共事遂ニ此ニ到候義有之候尤も三國干涉ノ始メニ當リ種々廟議ヲ盡シ候へ共殆ト一ケ年間連戰ノ海陸軍ヲ以テ新ニ强國ヲ敵トスル事ハ到底企圖すべからざる事に有之此點ニ於テハ文武重臣殆ト異口同音に有之候ニ付卽ち勅裁ヲ經テ斷然三國ノ忠言を容る事ニ廟議一決致し候次第ニ御座候此間千萬苦心殆ト筆上難盡御推察願ひ候外無候。

但小生か此際頗る注意致し候義ハ三國干涉と清國交涉トヲ成ルへク別物にし三國ニハ屈從するも清國ニハ一歩モ假借せず豫定の通り批准交換せしめむとするにあり又内閣中にも此件ヲ歐洲强國ノ列國會議ニ附してハ如何トノ說も有之候へ共小生ハ他日他ノ事件ハ兎モ角モ此ノ事件ハ日露ト日清ト各單獨ノ働キニ止メ時局ヲ速ニ收メ更ニ後圖ヲ計るべしとの鄙見閣議に採用せられ候義候小生此頃病中疾を押し日夕時務に掌鞅し昨夕獨り歸京致し候處明朝カナダ便有之候ニ付不取敢大略御報告申上候も亂文亂筆御推讀奉願候　匆々頓首

三月十五日　宗　光

西公使

二陳昨年來日清交涉事件後條約改正事件ニ付閣下の御功勞は實ニ重大にして小生獨り感謝致し居り候のみならす閣僚一統殆ト異見無之就而ハ今回事件結局ノ上ハ皇上の御恩召ヲ以テ特別ノ御賞與可被在義ハ恐なから推察致し居り候へ共閣下より館員中閣下ヲ助ケ時務相働候人々ニ付小生より奏請可及義當然ニ付此書御落手之上閣下より御内書ヲ以テ其館員中功勞アル人員ノ姓名及ヒ功勞ノ多少共小生迄御内報被下度奉願上候

小村壽太郎侯の政策メモ

小村外相が外交政策を記した自筆のメモ。書類を書き残さぬのを以て知られてゐる小村侯の筆蹟は珍品とされてゐる。

（小村捷治侯藏）

平和ノ維持ト國力ノ發展

甲、平和ノ維持

一、對露策

二、對清策　附滿洲

三、對米策

四、日英關係　協商　攻守同盟　防守同盟

五、對獨策

六、對佛策　附支那印度

乙、國力ノ發展

一、軍備充實計畫

二、對外經營

清國、露國、滿洲、印度、米國、南米

日本ト滿韓トノ交通機關

海陸ノ連絡

對外航路ノ擴張　條約改正

甲、外交ノ統一

對清策ト滿洲經營

對清策ト臺灣

對韓策ト列國

乙、外交機關ノ整備

各機關ノ連絡　外交ト主要官憲ト、連絡

通信ノ敏活

職員ノ配置　職員ノ養生

丙、通商機關ノ整備

各機關ト實業界トノ連絡

通商報告ノ敏活

職員ノ配置　職員ノ養生

丁、急施ヲ要スル事項

對外經營ノ方針確立　商業、航海、移民制限、内外協同事業、漁業、通信事業

[illegible]

ポーツマス會議場

ポーツマス會議の行はれた海軍工廠の建物。（**小村捷治侯藏**）

日露媾和會議

明治卅八年八月よりポーツマスにおいて日露媾和會議が開かれ、九月五日調印された。寫眞は調印の場。（左側向つて左より）佐藤愛麿、高平小五郎、小村壽太郎、落合謙太郎、安達峰一郎の諸氏（右側左より）ローゼン男、一人おいてウイッテ伯（**小村捷治侯藏**）

僞造契約證

日露戰爭當時日本人と密偵との間に取かはされたと稱し外國で流布された僞造契約證。（**老川茂信氏藏**）

日露戰爭當時の漫畫

日露戰爭當時モスクワで發行された、日本が軍費に窮し英米に助を乞ふ漫畫。（**老川茂信氏藏**）

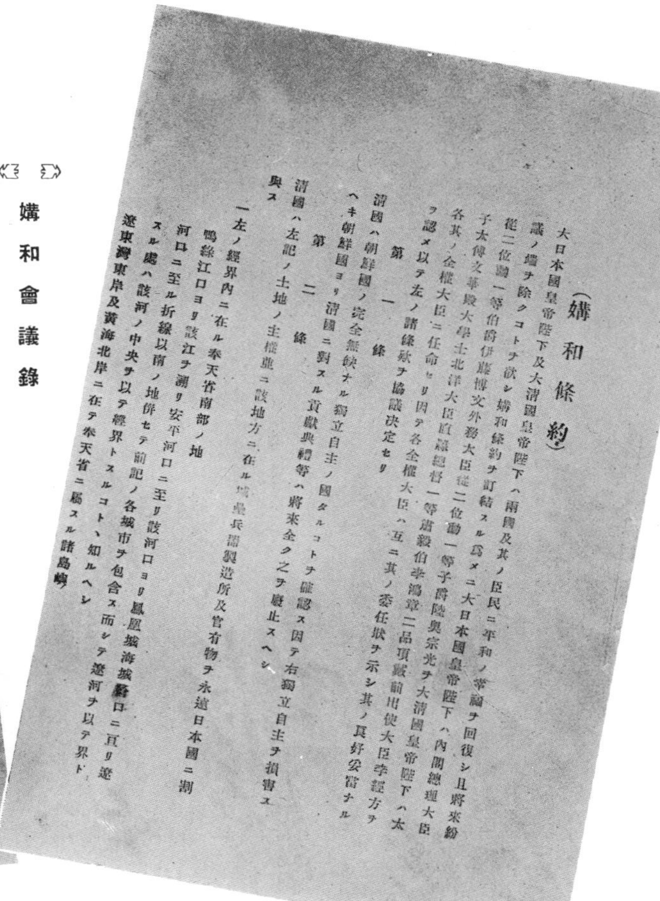

媾和會議錄

（媾和條約）

大日本國皇帝陛下及大清國皇帝陛下ハ兩國及其ノ臣民ニ平和ノ幸福ヲ回復シ且將來紛議ノ端ヲ除クコトヲ欲シ媾和條約ヲ訂結スル爲メニ大日本國皇帝陛下ハ內閣總理大臣從二位勳一等伯爵伊藤博文外務大臣從二位勳一等子爵陸奥宗光ヲ大清國皇帝陛下ハ太子太傅文華殿大學士北洋大臣直隷總督一等肅毅伯李鴻章二品頂戴前出使大臣李經方ヲ各其ノ全權大臣ニ任命セリ因テ各全權大臣ハ互ニ其ノ委任狀ヲ示シ其ノ良好妥當ナルヲ認メ以テ左ノ諸條款ヲ協議決定セリ

第一條

清國ハ朝鮮國ノ完全無缺ナル獨立自主ノ國タルコトヲ確認ス因テ右獨立自主ヲ損害スヘキ朝鮮國ヨリ清國ニ對スル貢獻典禮等ハ將來全ク之ヲ廢止スヘシ

第二條

清國ハ左記ノ土地ノ主權並ニ該地方ニ在ル城壘兵器製造所及官有物ヲ永遠日本國ニ割與ス

一 左ノ經界內ニ在ル奉天省南部ノ地

鴨綠江口ヨリ該江ヲ溯リ安平河口ニ至リ該河口ヨリ鳳凰城海城營口ニ亘リ遼河口ニ至ル折線以南ノ地併セテ前記ノ各城市ヲ包含ス而シテ遼河ヲ以テ界トスル處ハ該河ノ中央ヲ以テ經界トスルコト、知ルヘシ

遼東灣東岸及黃海北岸ニ在テ奉天省ニ屬スル諸島嶼

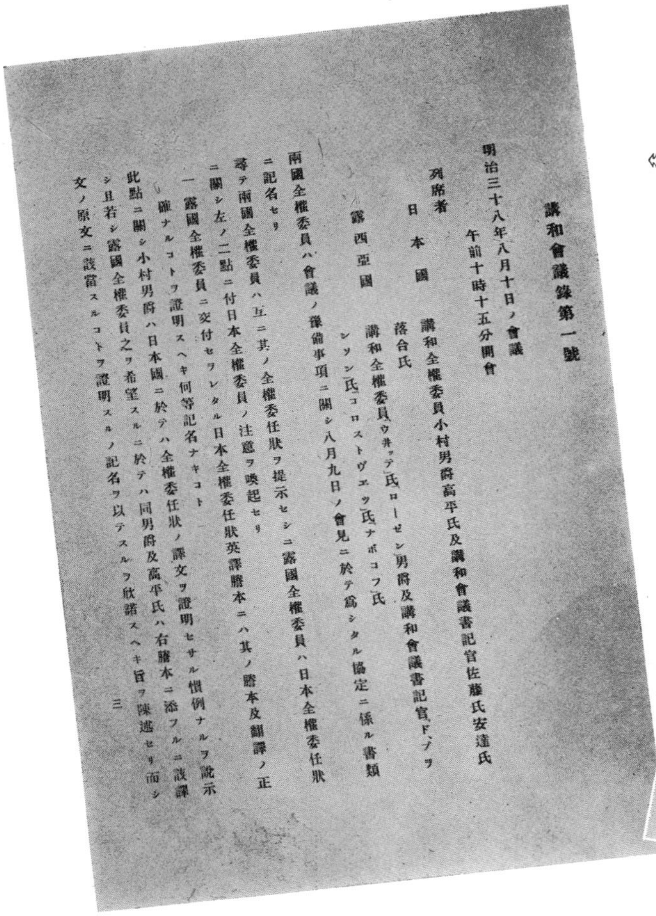

講和會議錄第一號

明治三十八年八月十日ノ會議
午前十時十五分開會

列席者

日本國　講和全權委員小村男爵高平氏及講和會議書記官佐藤氏安達氏落合氏

露西亞國　講和全權委員「ウヰッテ」氏「ローゼン」男爵及講和會議書記官「ド、プランソン」氏「コロストヴェッ」氏「ナボコフ」氏

兩國全權委員ハ會議ノ豫備事項ニ關シ八月九日ノ會見ニ於テ爲シタル協定ニ係ル書類ニ記名セリ

尋テ兩國全權委員ハ互ニ其ノ全權委任狀ヲ提示セシニ露國全權委員ハ日本全權委任狀ニ關シ左ノ二點ニ付日本全權委員ノ注意ヲ喚起セリ

一 露國全權委員ニ交付セラレタル日本全權委任狀英譯謄本ニハ其ノ謄本及飜譯ノ正確ナルコトヲ證明スヘキ何等記名ナキコト

此點ニ關シ小村男爵ハ日本國ニ於テハ全權委任狀ノ譯文ヲ證明セサル慣例ナルヲ說示シ且若シ露國全權委員之ヲ希望スルニ於テハ同男爵及高平氏ハ右謄本ニ添フルニ該譯文ノ原文ニ該當スルコトヲ證明スルノ記名ヲ以テスルヲ欣諾スヘキ旨ヲ陳述セリ而シ

三

but in case of discrepancy in interpretation, the French text shall prevail.

In witness whereof the respective Plenipotentiaries signed and affixed their seals to the present Treaty of Peace.

Done at Portsmouth (New Hampshire) this fifth of the ninth month of the thirty-eighth year of Meiji, corresponding to the twenty-third day of August

記念萬年筆

ポーツマス會議の際露國全權ウイッテ伯が署名に使用した萬年筆である、後ドクター・ガロンが貰ひ、それを牧野伯が平和會議全權としてパリーに行つた際、ガロンより平和會議に署名するやうとの希望付で貰つたものである。（**牧野伸顯伯藏**）

日露媾和書正本

明治三十八年九月五日調印された日露媾和書の一部である。この文字は、平田鉚太郎氏の筆になるもので、その能筆振りは露國全權ウイッテをして驚嘆せしめたといふ。（**外務省藏**）

境界標石標木説明書
第一乃至第四天測境界標石及其ノ基
礎ノ形狀尺度ハ附圖第一第二ノ如シ天
測境界標石ハ白色ノ花崗石ヲ以テ將棋
形ニ刻成シ「ベトン」製ノ基盤上ニ植立ス其
ノ南ニ對スル表面ニハ高ク菊花章ヲ彫リ其
ノ上邊ニ「大日本帝國」下邊ニ「境界」ノ七字ヲ刻
シ其ノ北ニ對スル表面ニハ高ク露國雙頭鷲章
ヲ彫リ其ノ上邊ニ露字ヲ以テ「露西亜」下邊ニ
「千九百六年」及「境界」ノ文字ヲ刻シ東ニ向フ側面
ニハ「天第何號」明治三十九年」ノ字ヲ刻シ西ニ向フ側面ニ
ハ「天」ニ(露字)何號」(羅馬數字)ヲ以テ刻セリ基礎ハ
「セメント」一、砂二、砂利四ノ比ヲ以テ配合セル「ベトン」ノ體
ヨリ成リ最低「ベトン」層上及標石下ニハ同質ノ
花崗石ヲ以テ作レル盤石ヲ安置ス盤石ノ上面
中央ニ十字ヲ刻シ其ノ交叉點ヲ正シク境界點ト
相一致セシム而シテ天測境界標ノ四面ニハ木柵ヲ繞ラセリ
第一乃至第十七中間境界標石及其ノ基礎
ノ尺度形狀ハ概ネ附圖第三ノ如ク其ノ石
質及基礎「ベトン」體ノ配合ハ前項ノモノニ同シク其
ノ南面ニハ日本、北面ニハ亜剌比亜數字ヲ以テ番
號ヲ刻セリ但シ第十中間境界標ノ基礎ハ
濕地ナルヲ以テ特ニ杭上ニ築設セリ其ノ標
石下ニ盤石ヲ安置シ其ノ中央ニ十字ヲ刻
シ其交叉點ヲシテ境界線ニ一致セシムルコト
前項ニ同シ而シテ標石ノ四面ニハ概ネ土壘
若ハ小壕ヲ繞ラセリ
標木ノ形狀及標章ハ概ネ附圖第四ニ示
ス如シ

日露國境劃定書

日本側陸軍大佐大島健一氏、露國側同中佐ウォニクレヤンスキー氏が國境劃定委員長となり明治三十九年十一月十三日（日本郵船株式會社小樽支店——現在近海郵船）樓上に於て調印明治四十年九月十日此の劃定書の公布をみた。

日露國境劃定會議

會議終つて兩國委員がコーヒーをすゝつてゐるところ。

北京會議

日露媾和會議後の北京會議中の記念撮影

（小村捷治侯藏）

日清協定

明治卅八年十一月わが國は淸國と滿洲問題に關し協定を結ぶべく會議を開く、廿回の會議ののち同年十二月廿二日調印された。（寫眞は記念撮影）

日本側委員團は
小村壽太郎、佐藤愛麿、內田康哉、福島安正、山座圓次郎、小西孝太郎、落合謙太郎、立花小一郎、本多熊太郎、松方正作、靑木宣純の諸氏

淸國側全權は
慶親王、瞿鴻機、袁世凱の諸氏

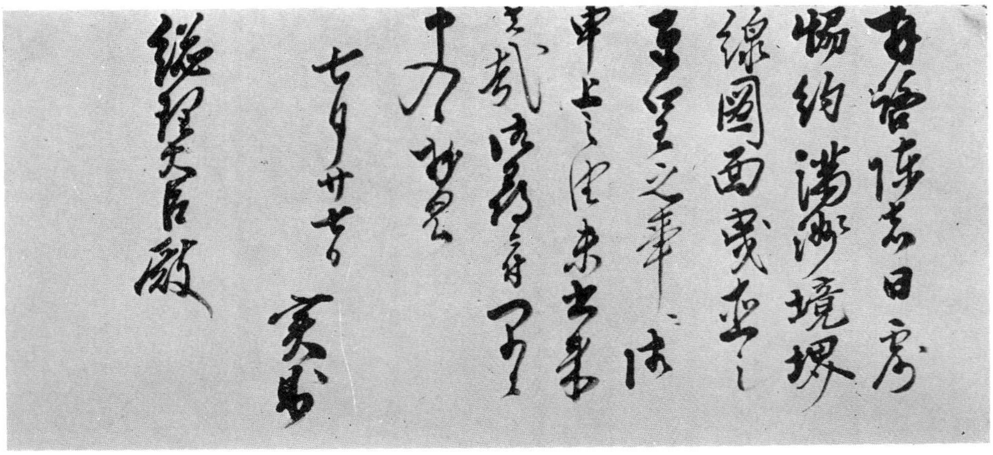

徳大寺侍従長より西園寺首相宛書翰（明治四十四年）

日露協約によつて露國の勢力は南満洲から退散した。この協定に附属した圖面につき御沙汰を拜し徳大寺侍従長から西園寺總理大臣に改訂境界線圖面の捧呈を促した書翰。

（**山座賤香氏藏**）

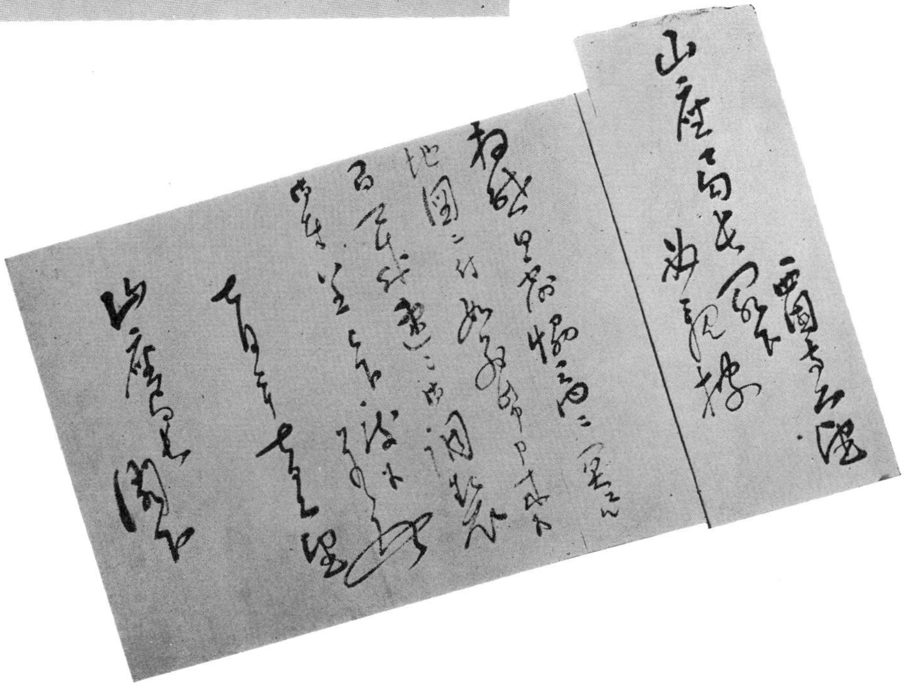

西園寺首相より山座局長宛書翰

前掲の書簡を受けた西園寺首相は恐懼してその趣を當時外務省政務局長であつた山座圓次郎氏に傳へて圖面提出を催促したのが此書簡である。

（**山座賤香氏藏**）

拜啓日露協商に關する地圖に付如別紙申來候間可成速ニ御調製御奉呈被下度候　早々頓首

七月二十七日　　　公望

山座局長閣下

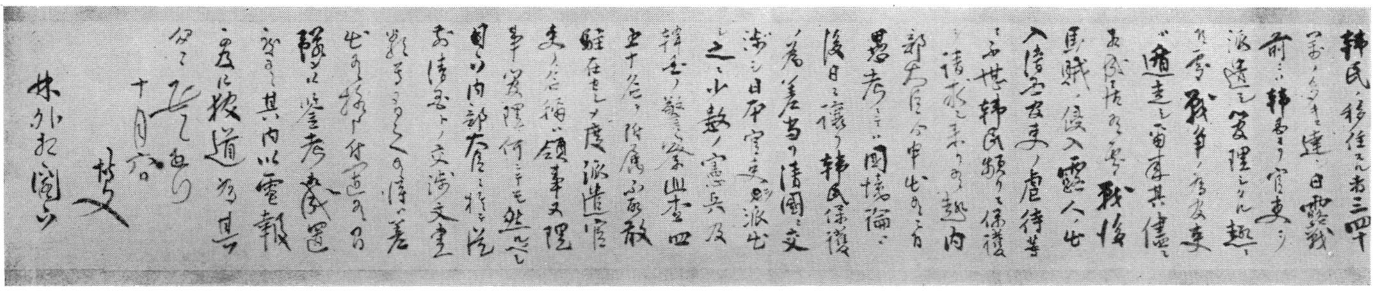

伊藤統監より林外相宛の書翰（明治四十年）

時下秋冷相催候處御健全外交事務着々進歩候事ハ時々ノ電報往復ニテ詳悉日夜御繁劇遙察仕候鴨綠江山林問題ニ付及御照會候處早速閣議御決定貴命ニ接候ニ付韓政府ト公然遂照會協約可致夫々既及着手置候

清韓國境之論爭地タル間島長白山ノ麓ニアリニハ韓民ノ移住スル者三四十萬ノ多キニ達シ日露戰前ニハ韓國ヨリ官吏ヲ派遣シ管理シタル趣ニ候處戰爭ノ爲官吏ハ遁走シ爾來其儘ニ相成居候處戰後馬賊ノ侵入露人ノ出入清國官吏ノ虐待等ニ不堪韓民頻リニ保護ヲ請求シ來リ候趣内部大臣ヨリ申出候ニ付愚考ニテハ國境論ハ後日ニ讓リ韓民保護ノ爲差當リ清國ニ交渉シ日本官吏ヲ派出シ之ニ少數ノ憲兵及韓國ノ警察巡査四五十名ヲ附屬不取敢駐在セシメ度派遣官吏ノ名稱ハ領事又理事管理何ニテモ然ルヘシ

目下内部大臣ニ於テ從前清國トノ交渉文書類等有之候得ハ差出候樣申付置候間豫メ御鑒考相成置度候其内以電報可及御報道爲其匆々頓首再拜

十月六日　　　博文

林外相閣下

エリザベス號模型
歐洲大戰中青島俘虜、墺國兵士が姫路の收容所に於て作りしもの。（墺國領事館藏）

大正三年より昭和五年迄

——歐洲大戰・ヴェルサイユ・華府ロンドン會議を中心に——

日露戰後極東における地位を確保した日本は引きつゞき、明治四十年日佛協商、樺太における日露境界劃定、明治四十一年日米覺書交換、明治四十三年日露新協約、日韓合併、明治四十五年日英條約調印、英皇帝戴冠式に東伏見宮依仁親王、隨員乃木、東鄕兩大將參列、日獨、日諾條約締結、大正元年日佛、日伊、通商航海條約締結、大正二年日墺通商航海條約締結等諸國と條約の締結を行つたが、大正三年歐洲大戰開始されるや、日本も聯合國側に加擔して參戰こゝに世界的地位を獲得する機會を得た。

大正三年の所謂對支廿一ヶ條問題同六年の石井・ランシング日米共同宣言乃至は、失敗に終つたとは言へ西原借欵の如き日本の優位を裏書きするものであるが、大正七年大戰終了し翌八年ヴェルサイユにおいて媾和會議が開かれるや、わが國も勝者の地位にたつて參加、ついで國際聯盟加入、南洋舊ドイツ領諸島委任統治が決定された。

ヴェルサイユ會議の結果は各國が大戰によつて疲弊してゐたため一時的ではあつたが勢力均衡に成功したのであつて年月の經過と共に對立激化し、これが外交工作による局面打開の必要を生じ大正十一年十一月米國招請のもとにワシントン會議が開かれたのである。

續いてチエコツ軍救援の名のもとに米國の提議にもとづきシベリア出兵が斷行された。

かくて昭和二年のジユネーヴ三國會議、昭和五年のロンドン會議となつた。

◇外交年表◇

大正三年（甲寅）
七月卅日 ブルガリヤ首都サラエボに於ける一青年の投じたる爆彈によつて歐洲大戰の幕開く
八月廿三日 獨逸に對し宣戰詔勅下り同時に戰時規定定めらる
廿七日 日墺兩國の國交斷絶す、第二艦隊司令長官加藤定吉中將膠州灣の封鎖を宣言し全力を擧げて敵を威壓す

大正七年（戊午）
五月十六日 日支協約北京にて調印

大正八年（巳未）
六月廿八日 ドイツ國媾和條約に調印

大正九年（庚申）
一月十日 同盟及び聯合國との平和條約及び附屬議定書ポーランド國に關する條約公布
三月十三日 尼港駐在領事石田虎松パルチザンの爲慘殺さる
四月廿二日 我軍樺太アレキサンドロフスキー港に上陸、日露軍事協定成る

大正十一年（壬戌）
二月十一日 ヤツプ島に關する無電の權利、日本委任統治條件等に關する條約調印
四月五日 林權助、石井菊次郎等ゼノア會議全權委員に任命
六月廿四日 シベリア派遣軍全部撤兵を聲明す

大正十二年（癸亥）
六月八日 後藤新平日露問題豫備交渉覺書をヨツフエに交付（承諾）
八月十七日 ワシントン軍備制限條約批准公布

大正十四年（乙丑）
二月廿七日 日本及ソヴイエート社會主義共和國聯邦間關係を律する基本的條約批准公布

昭和二年（丁卯）
三月十二日 米國大統領クーリッヂより三國軍縮會議の正式招待狀を受く
四月十一日 米、英、佛、伊五國政府南京事件に關し支那政府に對し損害賠償、暴行兵處罰、將來の保障等の共同抗議を提出す
五月四日 ジユネーブに於て世界最初の國際經濟會議を開く
六月二十日 ジユネーブ三國海軍軍備縮少會議開會さる
廿八日 英米兩國の意見合致せずジユネーブ海軍軍縮會議遂に決裂す

昭和三年（戊辰）
四月十三日 米國政府は正式に不戰條約を提議し來る
廿七日 巴里不戰條約の調印なる
十月廿五日 濟南事件の日支交渉解決す

昭和四年（巳己）
十八日 若槻禮次郎、財部彪、松平恒雄をロンドン海軍會議の帝國全權委員となす

昭和五年（庚午）
四月二日 ロンドン軍縮會議にて主力艦補助艦の日、米、英三國協定成立す
十月一日 樞密院御前會議を開きロンドン海軍條約を可決す

船越代理大使と駐蘭公使幣原男

大戰勃發當時の駐獨代理大使船越光之丞男は和蘭を經て英國に一先引揚げた。山高帽が時の幣原駐蘭公使、左端車中の中折が船越男である。（船越光之丞男藏）

Nr. 1478

Wir Wilhelm,

von Gottes Gnaden

Deutscher Kaiser, König von Preußen

usw.

Ersuchen hiermit, unter dem Versprechen einer vollkommenen Erwiderung, alle Militär- und Zivilbehörden der anderen Staaten, sämtlichen Uns untergebenen Militär- und Zivilbehörden aber befehlen Wir ausdrücklich, auf Vorzeigung dieses [illegible]

frei und ungehindert reisen, auch nötigenfalls ih[illegible] Schutz und Beistand angedeihen zu lassen.

Gegeben Berlin, den 23. [illegible] 1914

Auf Seiner Kaiserlichen und Königlichen Majestät Allerhöchsten Spezialbefehl.

Der Reichskanzler.

Im Auftrage

Zimmermann

Reisepaß

~~gültig auf~~

獨逸引揚の船越代理大使に與へられたるパスポート

（署名は外務次官チムメルマン）

當時獨逸の大本營は既に國境に進められて居つたのでパスポートに外務次官が代つて署名した。

尚チムメルマンと船越氏には個人的に親交あつたので在留邦人の引揚等に就いては非常な便宜になつたとの事である。（船越光之丞男藏）

ヘーグにて撮影の船越代理大使一行

前列中央船越男、中列向つて右より二人目當時外交官輔の重光葵氏。（船越光之丞男藏）

「黄禍論」の圖

日本勃興に黄禍論を思ふカイゼルは、ヘルマン・クナツクフースに命じてこの圖を描かしめ、これを宮中に掲げて全歐使臣に示したと云はれる。繪の下に、獨帝ウイルヘルムの署名がある。（水田文天氏藏）

八月初旬英國政府は日露戰爭當時に鑑み今回歐洲戰爭に關し可成日本帝國參加を煩はさゝる希望なる旨通牒し來りたりと聞く果して信なるか

八月八日我政府は自ら進んで獨逸に對し宣戰を布告し元老會議を開きたるに元老質議に明答すること能はずして遂に十四日最後通牒迄遷延したりと傳ふ、此間英國に對し日本陸海軍の義憤愈々國論沸騰甚しく若し膠洲灣占領の爲獨逸に宣戰せさる中は現内閣顚覆を見るに至るの虞あるを英國政府の同意を要求したりと傳ふ又一説には英國政府は單に膠洲附近に於て獨逸假裝軍艦の横行を監視するに止め支那に陸軍之隊を派遣することを不可として東洋平和の爲め日本の戰闘行動を抑止すべしと通牒し來りたりと傳ふ又一説には日本の希望により揚子江以南は英國自ら之を警衛するを以て其以北に於ける自由行動を許す支那の平和を保護する爲膠洲灣以西可成現留して陸兵を止る樣致されたしと回答し來りたりとも傳ふ

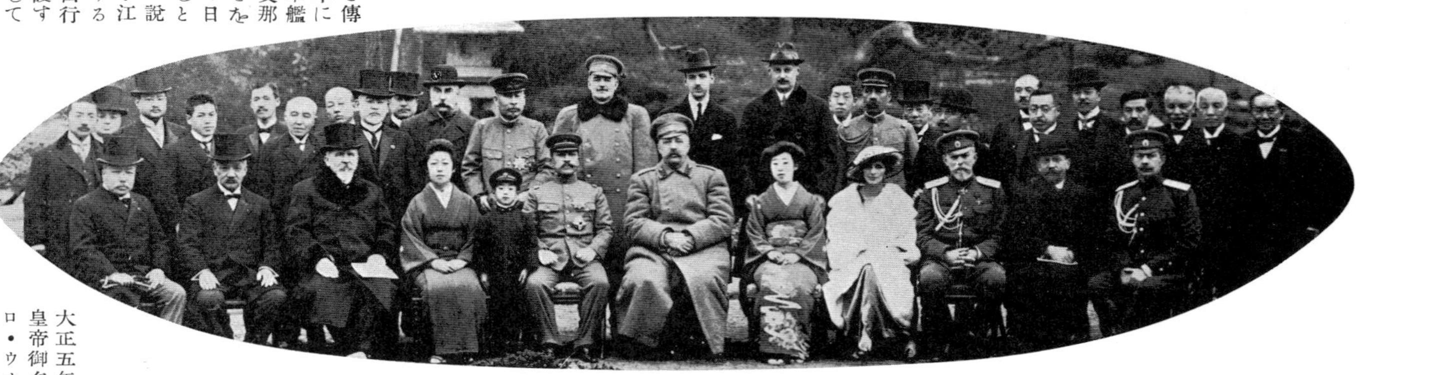

〈後藤伯の手記〉 大正三年末、日本が獨逸に宣戰を布告した當時内外の情勢を憂慮せる後藤伯の手記である。

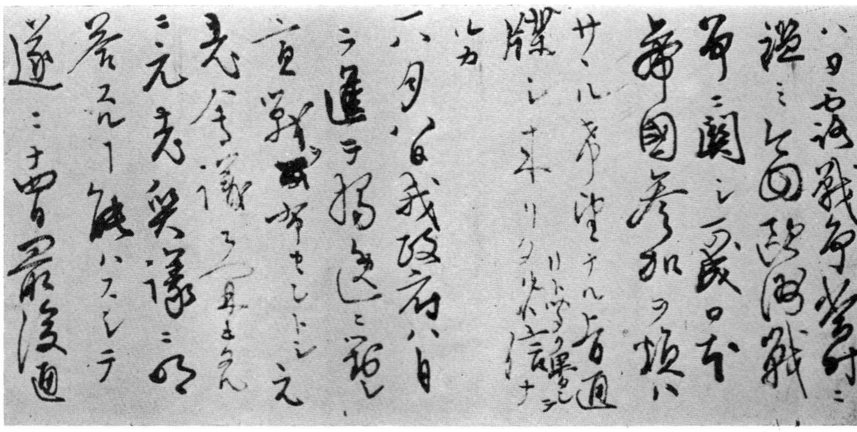

（後藤新平伯傳記編纂會藏）

大正五年一月十四日來朝、露國皇帝御名代ゲオルギー・ミハイロ・ウヰッチ大公殿下一行の寫眞

（後藤新平伯傳記編纂會藏）

西原借款

大正六年九月の交通銀行借欵二千萬元を初めとして翌七年九月に至る八種一億四千五百萬元に上る對支借欵で、寺内首相の命により西原龜三が行つた爲に此の名がある。これは大戰中歐米諸國が支那を顧る暇のない結果、日本が支那に關して殆ど獨占的立場をとり、對支貿易の大發展二十一ヶ條による經濟的、外交的發展と共に財政、政治方面をも獨占せんとするものであつた。この僅々一ヶ年にしてかゝる尨大な借欵を成立せしめたことは、内外に多大の反響を起したが、これは寺内内閣の積極的な大陸政策を物語るもので、次の原内閣に至ると支那の反撥を案じて方針を變へ、内政不干渉の政策をとるに至つた。此の大借欵は殆ど確實な擔保もなく、その中京畿水災借欵五百萬元が償還されたのみで他は元金も利子も支拂はず、國民政府はこの借欵を承認せざる態度で今日に及んでゐる。

（西原龜三氏藏）

總理大臣寺内伯爵支那接衝
使命條書大正丙辰春親授
　借欵ノ件其他
一　黒龍江吉林兩省ノ金鑛及森林ヲ擔保トスル借欵
　但金鑛の採取森林伐採ト借欵返還方法附帶ノコト
一　吉會鐵道ノ借欵
　但支那政府ハ債權者ヲ興業外貳銀行タルコトヲ主張ス
一　煙草酒ヲ專賣ト爲ス目的ヲ以テ鹽税ニ準ジタル方法ト其經營方法モ亦之ニ準タル主義ニ基タル借欵
一　官營製鐵所設置ト其借欵幷ニ日支間ニ於ケル鐵供給契約ノ協定
一　中國鐵道資本團組織ト支那鐵道建設計畫及其協定
一　庚子賠欵還付ト棉花栽培緬羊繁殖地質調査ノ三事業幷ニ實業教育ノ振興方法確立ト其協定
支那政府ハ前記中借欵内諾ト共ニ左ニ開列ノ計畫ヲ實行スルコト
其一　交通銀行ニ於テ日本貨幣ト同一種ノ金紙幣ヲ發行スルコト
其二　鐵道收入及鐵道沿線ノ交通部收入ヲ金券トナスコト
其三　中央政府ノ政費及軍隊ノ支拂ヲ金券トナスコト
其四　鐵道ニテ輸送スル貨物ノ厘金税ヲ免除スルコト
其他山東鐵道ノ延長線敷設ノ目的ヲ達シ更ニ海蘭鐵道ニ接續シ白耳義資本團トノ交渉ヲ纏メ其速成ヲ圖リ以テ新疆伊犁ニ對スル軍事的施設ニ便ゼムトスルニハ先ヅ左ノ事項ヲ實行シテ支那政府及人民ニ好感ヲ與ヘ我帝國ト安ジテ協力スルニ至ラシムルコト
一　山東ノ民政ヲ青島ノ地帶ヲ其範圍トスルコト
一　山東鐵道ノ警備ヲ撤退シ獨逸時代ノ如ク支那政府ニ委スルコト
一　山東鐵道監部ヨリ鐵道警備費トシテ相當ノ金額ヲ支那政府ニ交付シ警備ノ完全ヲ期スルコト
一　同鐵道警備ノ完全ニ資スルタメ若干ノ日本警察官又ハ軍人ヲ支那ニ聘用セシメ參與セシムルコト
一　山東鐵道ノ處屬ガ日本ノ有ニ歸シタル場合ハ日支合辦トナスモ可ナル密約ヲ締結シ得ルコト
前諸項ハ今後支那當局トノ交渉ヲ進メ漸次實行ヲ期シタキコト
四月二十五日

（西原龜三氏覺書）

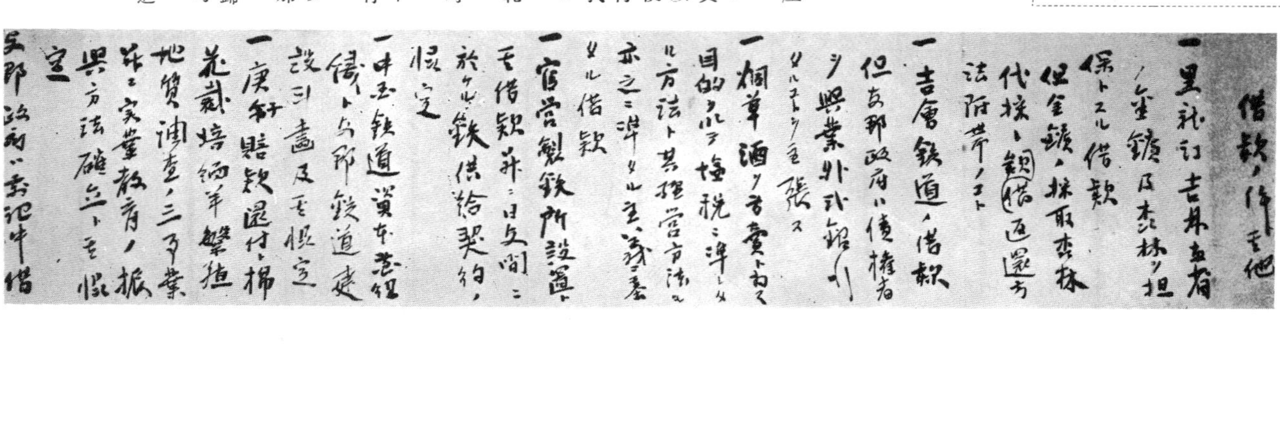

ワシントン會議 第一日

大正十年十一月十一日、コンチネンタル・メモリアルホールにて。中央U字形テーブル向側の左より二人目加藤友三郎男三人目徳川家達公四人目米國務卿ヒューズ

（國際聯盟事務局藏）

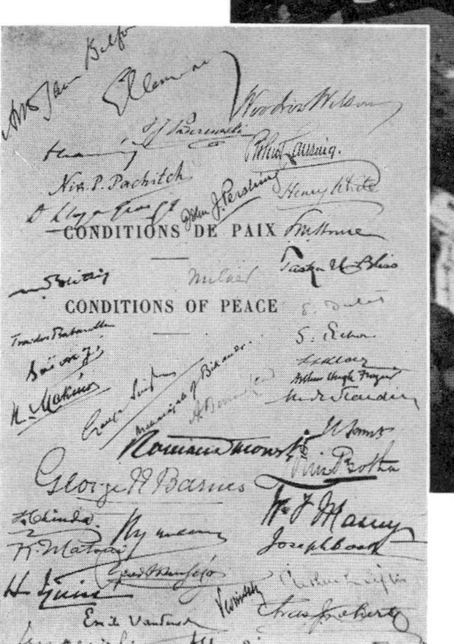

ヴェルサイユ平和會議記念署名集

ヴェルサイユ平和會議の各國全權の署名集である。

（牧野伸顯伯藏）

大正十一年四月ゼノア經濟會議日本全權團の記念寫眞

（川島信太郎氏藏）

長春會議の我が代表團

日ソ兩國の國交恢復を議する最初の長春會議におけるわが代表團、（大正十一年）

（松平恒雄氏藏）

セミヨノフ將軍の請願書翰（譯文）

セミヨノフ將軍は西伯利亞白系政府に屬する親日家でこの書翰は大正九年六月後藤新平伯に對し、我が西伯利亞駐屯軍司令官大井將軍の對西伯利亞政策に甚だ不滿ありとし、之を速かに變更せられたき旨を請願して來たものである。原文はその文體頗る叮重を極めたものであるといふ。

（後藤新平伯傳記編纂會藏）

大正九年六月セミヨノフ來翰大要

余は衷心より日露兩國民の親善を祈り且つ從來も之が爲めに微力を盡し來りたるも最近大井將軍の對西伯利亞政策は往々此の精神に背馳し爲めに露國民の中心あるものは皆同將軍の態度に對し反感を抱きつゝあり、殊に同將軍は目下「ウエルフネルジンスク」政府代表者及浦潮政府と妥協的交渉を開始し居らるゝ處元來「ウエルフ」政府及浦潮政府一派の者は附屬文書に明なる通り尼港其の他の虐殺を敢てしたるパルチザンと殆ど選ぶ處なき無頼の徒にして若し彼等が一度天下を掌握せば如何なる悲慘事を惹起するやも計り難し余に對して「ウエルフ」政府と妥協すべく勸告をなす者あれ共余としては飽く迄此の如き暴虐無恥の徒と提携するを潔とせず今日本としても若し彼等の言を信じ之と妥協せば將來必ず悔ゆる時あるべし從來西伯利亞に於て拂はれたる日本之犧牲は無意義に終るべし玆に於て、余は是非閣下之御配慮により大井將軍之政策を變更せしめられん事を切に懇請す之れ實に日露兩國之爲め最も緊要之事と信ず

余の希望する處は左の五點なり。

一、日本は速かに過激派との交渉を斷絶すること

二、日本に於て西伯利亞各地の反過激派機關の成立を認むること

三、以上の機關と過激派との爭議に對しては日本は不干渉の態度に出でられ度こと

四、當分の間にても小生（セミヨノフ）に對し積極的援助の方針を繼續されたきこと

五、シベリヤ各地の軍務知事任命の計劃を阻止せられたきこと

而して以上の希望を納れらるゝに於て失はれたる損失に對し利權を以て充分の報償をなすべし。

以上は從來各處の人々より屢々日本に對し請願せられたる處なるが、今玆に最後に小生より閣下の御賢慮と御同情とに訴ふる次第なり、若し不幸にして大井將軍一派の政策が依然として變更されざるに於ては余は從來日本より受ける金錢的援助を凡て返却し、同時に此の請願書をも撤回するの止むなきに至るべし。

セミヨノフ自署

後藤男爵閣下

ヨツフエ招致に就て加藤（友三郎）首相に送つた後藤新平伯の書狀控

日露國交回復の交渉については大正九年六月チタ共和國との日露祕密協定がその第一着手で、それから大正十年の大連會議と發展し、これが決裂して大正十一年の九月長春會議となり、これも同じく決裂したが、露國は元より日本との國交回復を熱望し、日本國内にも露國承認論がその頃既に擡頭し、機運漸く熟してゐたので、後藤新平子個人の資格を以て露國の極東全權ヨツフエを東京に招き、大正十二年二月以來兩者は數次會見してヨツフエは三ヶ條後藤は五ヶ條の基礎案を作つた。併しいづれも完全に政府の方針と合致しなかつたので交渉の開始についても閣僚間に意見の相違を生じ結局加藤友三郎首相の意見で白紙の立場に歸つて正式豫備交渉を開く事となり、川上俊彦とヨツフエとが正式の代表に任命されて會議を開き、双方の意志漸く接近して大正十三年五月北京に於ける芳澤カラハンの折衝と進展し、遂に翌年一月兩國の關係を律する基本的法則に關する條約が調印された。

此の手紙は後藤がヨツフエとの會見について二月十日に加藤首相と懇談した直後のものであるらしいが、當時閣內には、かゝる重大なる外交問題を一個人たる後藤に囑することは政府の威信に關はるといふので後藤の私的斡旋を喜ばざる色が濃厚であつたし、且つ交渉開始そのものにも反對する意向が强かつたが、時恰も出漁期に當り漁業問題を至急解決する必要もあつてかたがた後藤にも私的交渉を依賴することゝなつたといふ事情がある。文中何等か諷する處あるは惟ふに此間の消息を語るものであらう

閣下首相を拜命の日其の光榮を祝すると同時に頗る御氣毒の情に堪ざるものありき

黒雲天を掩ひ疾風怒濤龍神いかり潜み實是航路難の時日本丸に艦長として彼岸に航する艦體は大修繕を要するの前にて航路の左右暗礁屛列潮機逸すれば暗礁に坐して沈沒眼前にあり機關長航海長（常規）の爲變に處する力なし一乘客艦中上下船暈に罹るの時坐視するにしのびず艦長の一命令を以て徐行を急轉して彼岸に達するの策を獻ずるものあり癡疑逡巡をゆるさず日本丸沈沒を救ふの機此一擧にあり將に干潮時に迫れる嗚呼首相よ艦長よ沈沒せば共に日本丸の爲に此の瞬間僞論を廢するの一斷案を下されたし臨機不見佛大悟不存師定乾坤劍沒人情擒虎兒機忘聖解今其名と相とに拘泥して時機を失するもの豎子國を誤るものなり閣下之を察せられよ、本日靜岡行の前敢て卑見を筆にし呈すること斯の如し

大正十二年二月十八日　新平

首相加藤男閣下　侍書

（後藤新平伯肖像）

日ソ國交恢復の日ソ基本條約（北京において）に調印する芳澤代表とカラハン代表（大正十四年）
（佐藤碧氏藏）

ロンドン軍縮會議各國全權團
（松平恒雄氏藏）

英首相官邸を訪問せるロンドン會議帝國全權
向つて左より
財部大將
若槻禮次郎男
マクドナルド首相
松平恒雄氏
齋藤博氏
（松平恒雄氏藏）

ロンドン海軍條約批准書交換のため英外務省に參集せる各國全權
右より
松平恒雄氏（日）
アレキサンダー氏（英海相）
マクドナルド（英首相）
ベネツド（カナダ首相）
スカリン（濠洲首相）
（松平恒雄氏藏）

昭和六年より同十一年迄

――聯盟脱退前後及び其の後――

昭和六年（一九三一年）九月、支那正規兵の滿鐵線柳條溝爆破に端を發した滿洲事變によつて日本軍の出動、滿洲各地占據となり、滿洲國獨立宣言、日滿議定書調印となつたため聯盟を中心に各國の干涉強く、わが國は昭和八年の理事會決議において四十二對一をもつて破れたので遂ひに脱退し、こゝに國際聯盟とたもとをわかつにいたり、極東問題に關しては全く獨自の立場をとるにいたつた。

この事態は隣邦ソヴイエト聯邦や支那ともデリケートな關係となり日獨防共協定の締結をみたが對外交渉はいよいよ複雜多岐となつた

☞現在外務省が使用してゐる御批准書表紙及び革製容器（外務省藏）

◇外交年表◇

昭和六年（辛未）

九月十八日　支那正規兵我が滿鐵線柳條溝を爆發し遂に日支兩兵開戰し滿洲事變勃發す

十月廿三日　國際聯盟理事會を開く日本代表芳澤謙吉は滿洲の現狀にては撤兵時期明示し難きを演說す

十二月九日　松平恒雄、佐藤尙武、松井石根、永野修身をジュネーブ軍縮會議の帝國全權委員となす

昭和七年（壬申）

二月廿三日　滿蒙新國家の國號を滿洲國と定む

四月廿七日　日支停戰協定成る

十月二日　外務省リットン報告書を發表す

十一月廿一日　國際聯盟理事會を開く帝國首席全權松岡洋右はリットン報告書の誤を正し日本の決意を表明す

昭和八年（癸酉）

三月廿七日　國際聯盟脱退の詔書を渙發せらる

五月廿七日　米國大統領ルーズヴェルト帝國代表石井菊次郎深井英伍の日米會商終り平和の基礎補强に全力を傾注する旨の共同聲明を發表す

卅一日　塘沽に於て日支停戰協定の調印成る

六月十二日　ロンドン國際經濟會議開かる

廿六日　帝國政府の斡旋により北滿鐵道讓附問題に關する滿露間一回會商を外務次官々邸に開く

昭和九年（甲戌）

十二月十六日　樞密院本會議を開き華府條約廢棄可決す

昭和十年（乙亥）

一月十日　聯盟當局日本南洋委任統治繼續を確認す

三月廿三日　北鐵讓渡協定正式調印

十二月廿六日　日滿郵便條約調印（新京）

昭和十一年（丙子）

五月十七日　日露漁業條約暫定協定締結

六月十日　日滿兩國治外法權一部撤廢調印

七月卅一日　第十二回オリンピック大會東京で開催に決定

十六日　川越大使張外交部長と第二次會議

十一月十九日　日露漁業條約改訂交涉決裂

廿五日　日獨防共協定締結

十二月廿七日　日露漁業條約暫定協定締結

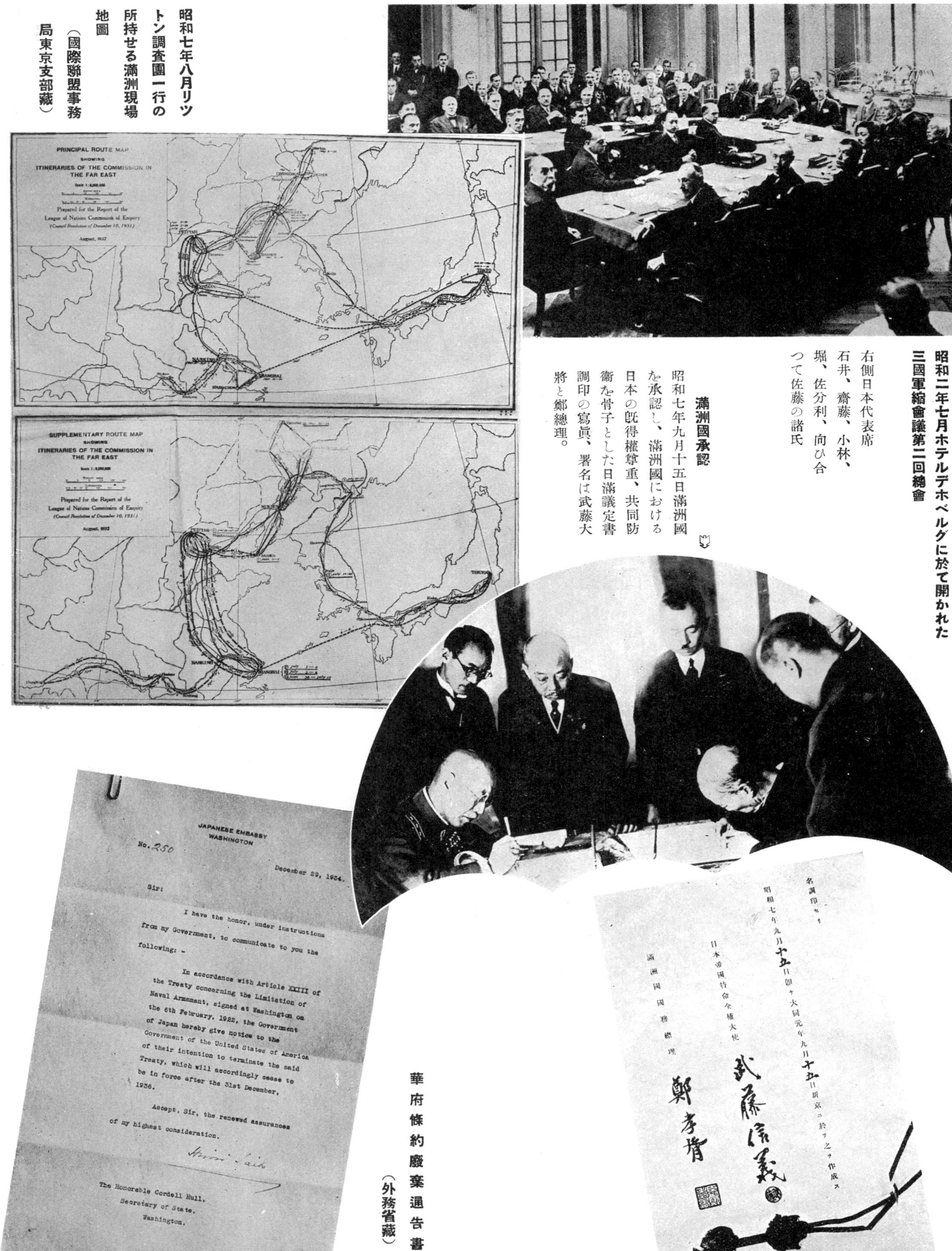

昭和二年七月ホテルデホベルグに於て開かれた三國軍縮會議第二回總會

右側日本代表席石井、齋藤、小林、堀、佐分利、向ひ合つて佐藤の諸氏

昭和七年八月リットン調査團一行の所持せる滿洲現場地圖（國際聯盟事務局東京支部藏）

滿洲國承認

昭和七年九月十五日滿洲國を承認し、滿洲國における日本の既得權尊重、共同防衞を骨子とした日滿議定書調印の寫眞、署名は武藤大將と鄭總理。

名調印セリ

昭和七年九月十五日即チ大同元年九月十五日新京ニ於テ之ヲ作成ス

日本帝國特命全權大使　武藤信義

滿洲國國務總理　鄭孝胥

JAPANESE EMBASSY
WASHINGTON

No. 250

December 29, 1934.

Sir:

I have the honor, under instructions from my Government, to communicate to you the following: -

In accordance with Article XXIII of the Treaty concerning the Limitation of Naval Armament, signed at Washington on the 6th February, 1922, the Government of Japan hereby give notice to the Government of the United States of America of their intention to terminate the said Treaty, which will accordingly cease to be in force after the 31st December, 1936.

Accept, Sir, the renewed assurances of my highest consideration.

The Honorable Cordell Hull,
Secretary of State,
Washington.

華府條約廢棄通告書（外務省藏）

聯盟脱退の際の松岡代表の演説

聯盟脱退直後の日本人團

昭和八年二月國際聯盟總會において四十二對一（シャム代表棄權）をもつて破れた、わが全權以下代表部が議場から引揚げた直後ホテル、メトロポール・ジュネーヴにおいて撮影した日本人團。**（國際聯盟事務局東京支部藏）**

北鐵讓渡協定の調印

中央右は廣田弘毅氏
左はソ聯リトヴノフ氏

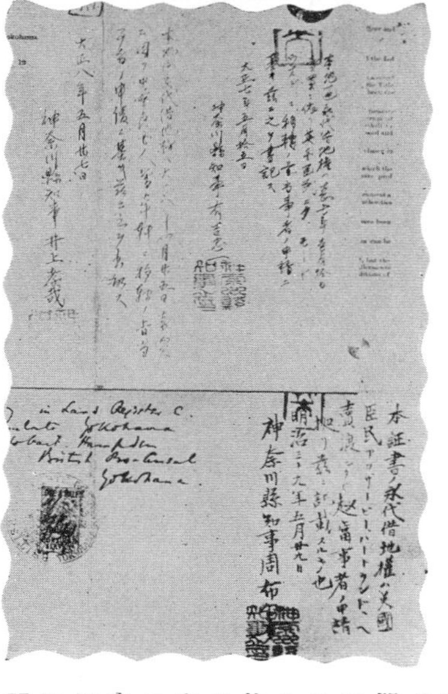

永代借地權に關する文書と撤退公文書の文換 ☟

外國人に許された永代借地權は幕末時代の屈辱的取極めであり條約改正後取殘され今日にいたつたがこれも昭和十二年三月日英、日米間に廢棄條約の取極を爲されたのを始めとして、その他の國も同樣の取極をなし完全に解消された。この文書は永代借地權に關するもの**（横濱市役所藏）**

☜

日獨防共協定調印 ☟

右より二人目獨リツペントロツプ駐英大使
（左）武者小路大使

わが國旅券の變遷

大日本帝國外國旅券

PASSPORT OF JAPAN
PASSEPORT DU JAPON

大日本帝國外務大臣

旅券雛形
Specimen

第336761號

右ハ
赴クニ付通路故障ナク旅行セシメ且必要ナル保護扶助ヲ與ヘラレム事ヲ其ノ筋ノ諸官ニ希望ス
昭和　年　月　日

英國議院

伊太利下院

墺太利議院

瑞西議院

洪牙利議院

獨逸議院

亞米利加議院

佛蘭西下院

各國議員歳費調（一九三五年）　外國ニ院制度ノ所ハ両院同ジ

		邦貨換算額	純分比價ニ依ル	
英國	四〇〇磅	三、九〇五圓	九・七六三一八	
米國	一〇、〇〇〇弗	一一、八四八圓	一・一八四八九	
白耳義	四二、〇〇〇法	一一、七一五圓	〇・二七八九五	
佛蘭西	六二、〇〇〇法	四、八七三圓	〇・〇七八六〇	
伊太利	二一、〇〇〇利	二、二一七三圓	〇・一〇五五九	
日本	三、〇〇〇圓			
和蘭	五、〇〇〇富	四、〇三二圓	〇・八〇六四〇	
瑞典	A 三、〇〇〇冠 B 四、〇〇〇	一、六一二圓 二、一五〇圓	〇・五三七六三	Aハ首都ニ住ム者 Bハ然ラザルモノ
丁抹	A 五、六〇〇冠 B 七、二〇〇	三、〇一〇圓 三、八七〇圓	〇・五三七六三	同
加奈陀	四、〇〇〇弗	八、〇二四圓	二・〇〇六一七	一會期

軍事篇

軍事篇に就て

我が皇軍創始以來今日に至る迄のめざましい躍進と輝かしい歴史とを各時代の代表的人物の遺品、歴史的記念物等を以て明瞭に認識せしめる事を意圖して本篇を編んだ。卽ち陸軍にあつては明治初期の陸軍創建時代から征臺、西南、日清、北清、日露等、海軍に於ては幕末から明治へかけての所謂黎明時代より日清、日露の躍進時代を經て現代に至る各戰役事變、とこれ等は共に我等の父祖が殘した滅私奉公の尊い足跡である。本篇の資料蒐集に當つて、陸軍省新聞班陸軍歩兵少佐佐久間喬宜氏並に海軍省軍事普及部海軍中佐大石堅志郎氏の御指導、御援助を得た事は此の上ない幸であつた。此處に深く感謝の意を表する次第であります。

△昔の陸軍省正門

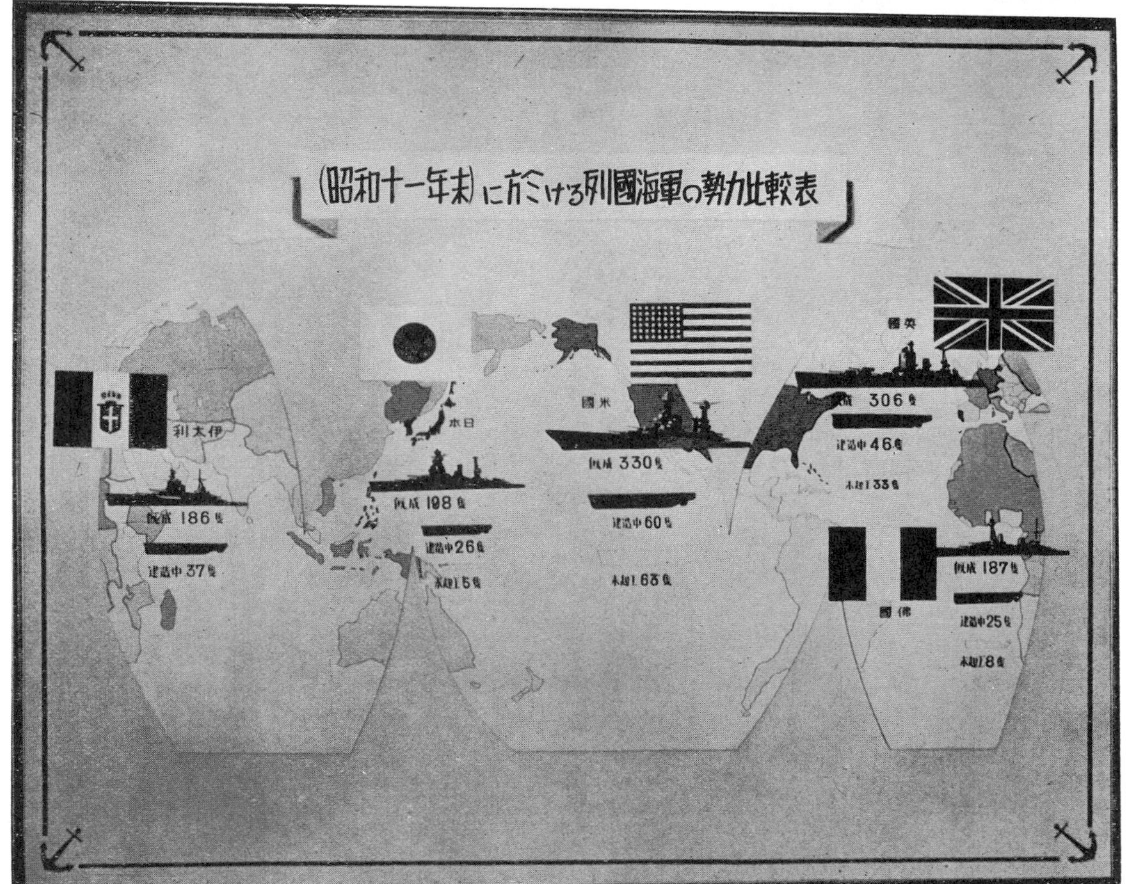

▷列國海軍勢力比較表（昭和十一年末）

軍事篇の題字は、明治神宮宮司海軍大將有馬良橘閣下の筆になるもの。

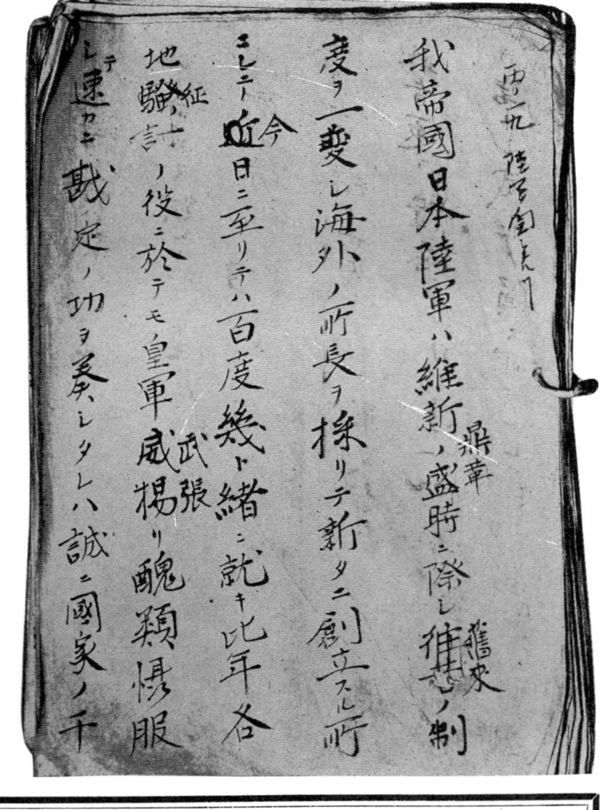
我帝國日本陸軍ハ維新鼎革ノ盛時ニ際シ舊來ノ制
度ヲ一變シ海外ノ所長ヲ採リテ新タニ創立スル所
ニシテ今日ニ至リテハ百度幾ト緒ニ就キ比年各
地征討ノ役ニ於テモ皇軍武張威揚リ醜類慴服
シテ速カニ戡定ノ功ヲ奏シタレハ誠ニ國家ノ干

軍人訓戒草案

この草案こそ軍人精神を説いたもので、明治十五年軍人に賜つた勅諭の根幹となつたものである。本草案は、明治の初め西周氏の筆になつたものである。

男爵西周氏は、石見津和野の人、文久元年蕃書調所教授方となり三年五月より和蘭に渡り二年間政治、法律學を修めて還り、開成所教授手傳となる。後將軍の佛語侍讀となり旁ら外交文書を譯し、明治元年十月沼津兵學校教頭となり、三年朝廷に召され陸軍大丞、十二年學士會院長、十五年元老院議官廿三年貴族院議員に勅選せられ、廿七年五月六十九歳にして歿した人。著す所、致知啓蒙、利學論集、詩文稿等がある。

（麻生義輝氏藏）

我帝國日本陸軍ハ維新鼎革ノ盛時ニ際シ舊來ノ制度ヲ一變シ海外ノ所長ヲ採リテ新タニ創立スル所ニシテ今日ニ至リテハ百度幾ト緒ニ就キ比年各地征討ノ役ニ於テモ皇軍武張威揚リ醜類慴服シテ速カニ戡定ノ功ヲ奏シタレハ誠ニ國家ノ干城トモ謂フヘク恃ムヘキノ事タリト雖トモ未タ十全ノ地位ニ至レリトハ謂フ可ラス然レハ我ガ陸軍總體ニ於テ猶逐年學術ノ精到ヲ期シ訓練ノ熟達ヲ要スルハ固ヨリ言ヲ待タサル所ニシテ軍人タル者ハ上下ト無ク深ク此旨趣ヲ體認シテ日ニ月ニ我カ陸軍ノ進歩ヲ宗トシ威名ノ隕ス可ラサルノミナラス猶更皇張ヲ意トセサル可ラサルナリ然リ而テ陸軍法制區畫ハ前モ云フカ如ク頗ル緒ニ就キタリト雖トモ是唯外形ニ關ハルノミニシテ殊ニ其內部ノ精神ニ至リテハ發達猶未タシト謂フヘシ是畢竟維新以來十年ノ星霜ヲ歷ルモ百事新設ニ屬スルヲ以テ未タ練熟ニ至ラサルノ廉多キハ勿論ナリト雖トモ就中三軍ノ精神ニ至リテハ未タ其萌芽ヲ見サル者アリ是國家士ヲ養フ百年ノ久シキヲ歷ルニ非レハ俄カニ之ヲ一朝一夕ニ求ムルモ亦得可ラサル所ナリト雖モ今ニ及ンテ之ヲ忽カニセハ將何レノ時ヲ待ン蓋シ百事ノ成立ハ猶人身ノ成立ノ如シ幼稚ノ時ニ方リテハ唯乳養惟務メテ其幹軀ノ健剛生長ヲ求ムト雖トモ稍長スルニ及ヒテハ精神ヲ培養シ禮讓ヲ知ラシムルコト喈ク可ラサル事ニ屬ス今我カ陸軍ハ方サニ長スルノ少年ノ如シ外形ノ强壯既ニ緒ニ就クモ內部ノ精神未タ充實ヲ見サルナリ是所謂知慧アルモ勢ニ乘スルニ如カス鎡器アルモ時ヲ待ツニ如カサル者ニシテ今日ニ在リテ唯此時ヲ然リトスル者アリソレ外部ノ成形ト內部ノ精神トハ必ス相待テ偏廢ス可ラサルコト片翼ノ鳥ノ飛フ能ハスシテ片輪ノ車ノ行ク可ラサルガ如ク諸ヲ白刄ニ譬フルニ銅鑰鉛錫モ其外形ヲ模ス可ラサルニ非スト雖トモ鋼鐵ノ質アルニ非レハ竟ニ其用ヲ爲サヽルカ如シ今規則操法ハ外軀骨肉ナリ精神ハ此外軀ヲ活用スル腦髓ナリ故ニ軍人ノ精神ハ六師ノ根本タレハ苟モ精神ニシテ振ハサル時ハ規則其密ヲ極メ操法其精ヲ盡スモ亦之ヲ奈何トモ爲ス可ラサルナリ然リ而テ軍人ノ精神ハ何ヲ以テ之ヲ維持スト言ハヽ忠實勇敢服從ノ三約束ニ過キス是軍人ノ精神ヲ維持スル三大元行ニシテ苟モ忠實ナラスンハ何ヲ以テ我ガ大元帥タル皇上ニ對シ奉リ國家ニ報スル所アラン苟モ勇敢ナラスンハ何ヲ以テ戰鬪ニ臨ミ危險ヲ冒シテ功名ヲ成サン苟モ服從ヲ主トセサレハ何ヲ以テ軍隊ヲ維持シテ三軍ヲシテ一身ノ如クナラシムルヲ得ン是三ツノ者ハ一ヲ缺クモ軍人ノ精神ニ具ハラサル所アリテ譬ヘハ人身ニシテ耳目四支ノ一ヲ缺クハ其活動隨テ自由ナラサルカ如シ縱ヒ百萬ノ軍勢ニ授クルニ堅甲利兵ヲ以テスルモ亦何ノ用ヲカ爲サン蓋シ此三元行軍人ノ精神ヲ維持シ德義ヲ成立スルハ我カ陸軍ニ於テ今日特ニ之ヲ要スルニ非ス

我カ國古來ヨリ武士ノ忠勇ヲ主トスルハ言ヲ待タサル事ニテ忠臣勇士ノ龜鑑タルヘキ者世々之無キハ莫ク歷代ノ汗青ニ乘シ千載ニ灼々タル所ナリ就中舊幕ノ時代マテハ武士ハ四民ノ上ニ列シ忠勇ヲ以テ　君上ニ奉仕シ名譽廉恥ヲ主トスル事タリシハ今ノ俚言俗諺ニ徵シテモ明カニシテ維新以來幸ニ開明ノ治ニ逢ヒ四民ノ中何タルニ拘ハラス軍籍ニ列スルコトヲ得ルニ至リタレハ縱ヒ世襲ノ武士タラストモ其名ヲ軍籍ニ列スル者ハ武士タルニ相違無ク武門ノ習ヒニテ忠勇ヲ宗トスヘキコトハ言フマテモ無キ事ナリ況ヤ我日本帝國ノ人民ハ忠良ト驍勇トヲ以テ萬國ニ勝クレタルコト彼此ノ史乘ニモ著シキ事ニテ是我々ノ祖先ヨリ受ケ傳ヘテ我々ノ血脈中ニ固有スル遺物ナレハ永世之ヲ保存シテ子々孫々ニ至ルモ不忠卑怯トノ汚名ヲ以テ此遺物ニ傷クコト莫キハ我々ノ共ニ願フ所ナラスヤ今ソレ忠實勇敢ノ二元行ハ我々祖先ヨリノ遺賜ニシテ人々資質ノ中ニ存スル者ナレハ遽カニ學ヒ得ヘキニ非スト雖トモ苟モ之ヲ以テ平素ノ志トナシ流離顚沛食頃ノ間モ此規ニ離ルヽコト莫キヲ宗トセハ豈難事トセンヤ況ヤ故意ニ忠厚ナラサル事ヲ企テ構ヘテ卑怯ニ類スルノ事ヲ行フハ亦有ル可ラサルノ事タルヲヤ又服從ニ至リテハ人々能學ヒ得ヘキノ事ニシテ人苟モ自己ノ我意ヲ抑制シテ唯上官ノ命老功ノ言ニ惟從ヘハ卽チ服從ノ道立ツ亦硬險能シ難キノ事ニ非ルナリ蓋シ服從ハ一伍一隊ヨリ三軍六師ヲ編制スルニ之ヲシテ整々相連結セシムルノ帶索ノ如シ故ニ西人ノ言ニ曰ク服從ハ大厦高堂ヲ構スルニ各個ノ煉瓦ヲ固結スルノ石灰ノ如シ是無クンハ土崩瓦解立トコロニ至ランノミ是ヲ以テ其軍服從ノ法立テ秩序ヲ紊ルコト無キ時ハ未タ戰ハスシテ必勝ノ兆光其旗面ニ燦然タリ之ニ反スレハ勢蹶キ軍衂ス坐シテ待ツヘキノミト是ヲ以テ右ノ三大元行ハ軍人ノ精神ヲ維持スルノ三約束ニシテ軍人法制ニ遵ヒ運動ニ熟シ勉勵シテ服役スルニ於テ此約束ヲ服膺セハ名譽ヲ受ケ面白ヲ燿カシ其勉勵ノ功效現ハルヘシト雖トモ苟モ斯ニ缺ル所アラハ徒勞ニ屬スルヤ必セリ是此三大元行ハ陸軍ニ在テ上下ト無ク貴賤ト無ク堅ク服膺スヘキ所ニシテ陸軍總體ニ關スル所ナリト雖トモ就中將校ハ精神ノ舍ニシテ己レヨリ部下ノ精神ヲ提起シ感化シ又培養スル者ナレハ率先シテ斯ニ注意スヘキハ勿論ノ事ナリトス然ルニ此軍人精神ノ事ハ平素布達公告スル軍中ノ法度紀律諸規則トハ固ヨリ其類ヲ異ニスル者ニシテ法度規則ハ專ラ外部成形アルノ事ニ係ハレハ一層曉リ易ク又之ニ背ク者ハ各自ノ律法アリ處治アリテ相終始スル所アル者ナリト雖トモ精神維持ノ方法ニ至リテハ各自軍人ノ心術ニ存スル所ニシテ固ヨリ成形ノ見ルヘキ無ク之ニ反スルモ青罰ノ施スヘキ無シト雖トモ內ニ誠アレハ必ス外ニ顯ハルヽ理ニシテ幾微ノ存スル所モ久シク積メハ竟ニ掩フ可ラサル者ナレハ自然衆人ノ指目スル所トナリ此約束ヲ遵守スル輩ハ必ス稱譽ノ模範トナリテ其結果ハ衆人ノ信用欣慕ヲ來シ約マル處其身ノ幸福ヲ致スニ至ルヘク又此約束ニ違背スルノ人ハ必ス擯斥ノ淵叢トナリテ其結果ハ衆人ノ咨嗟怨憎ヲ招キ詮スル處其身ノ不幸ヲ買フニ至ルヘシ是各人平素ノ行狀ニ於テ冥々ノ中モ深ク畏懼儆戒セサル可ラサル所ナリ然リ而テ此等心術上ノ委細ニ至リテハ一々法則ヲ揭ケ示スコト甚難シト雖トモ唯三大約束ノ大要領ノミニシテ其條目ヲ述ルコト無レハ着手ノ際或ハ茫漠ノ患莫キコト能ハス故ニ今尋常ノ行事ノ間ニ就テ尤モ至近至切ナル者ヲ擧ケテ之カ勸誡ヲ示スコト左ノ如シ

一軍人タル者

聖上ノ御事ニ於テハ縱ヒ御容貌ノ事タルトモ一言是ニ及フヲ許サス衞兵其他ノ事ニテ接近ヲ得ルモ終始恭敬ノ意懈ルヘカラス

一、武官ニ對シテハ海陸軍其他警視部兼官等ノ別ナク其服章ヲ照シ軍秩ノ序ヲ從ヒ相當ノ會釋ヲナスベキハ勿論相應ノ敬意ヲ以テ應對シ服章ナキ時ニテモ己カ知ル所ノ人ニ於テハ此意ヲ缺ク可ラス

一、海陸軍警視ノ兼官等ニ差別ナク大凡同官階同等級ノ人々ハ稠人廣座中ニテモ自ラ他文官ヨリモ同一軍人タルヲ以テ親懇ノ意ヲ表スヘシ如此クスレハ勤務上ニ於テモ自ラ便利ナルコトアルヘシ

一、諸官省府縣ノ官員ニ對シ其知ル所ハ相當ノ會釋ヲナシ敬意ヲ表スヘシ是其人ヲ敬スルヨリモ朝廷ノ官職ヲ重ンスル所以ナリ

一、平人ト雖トモ維新後ノ制度ニテハ皆同一權利タレハ之ヲ待スルコト丁寧ナルヘキハ勿論就中華士族ハ國制ニテ立テ置ルヽ類別ナレハ私交ニテハ丁寧ニ扱フヘシ但シ公務上ニテハ特ニ令規アルノ事ノ外ハ此限リニ非ス

一、昔時ハ士族ノ者帶刀ヲナシ平民ニテモ一刀ヲ許サレタレトモ近ク廢刀ノ令下リテ以後ハ兇器ヲ帶スルハ軍人ニ限リタルコトナリ而シテ此兇器ハ己レ兇暴ヲ逞クスルノ器ニ非スシテ他人ノ兇暴ナル者ヲ防クノ器ナリ故ニ佩刀ヲ禁セラレタル人民兇暴者

ノ為ニ凌轢セラル、時ハ其兇暴ヲ制歴スルコト軍人ノ本分ナリ然トモ事物ニハ順序アル者ニシテ陸軍ノ軍人ニテ直チニ其兇暴ヲ制スルノ任ニ非レハ猥リニ喧嘩爭闘等ノ場ニ立チ入リ之ヲ制止スヘキニハ非レトモ場合ニ寄リテハ制止ノ助ケヲハ為ストモ絶テ爭闘ノ相手トハ成ルヘカラズ

一、警視ノ官ハ尋常ノ非違ヲ監察スル職ニシテ公務上ニ於テ往々陸軍ノ扶助ヲ要スルハ諸令規中ニモ見ユル如ク兇暴ヲ禁スルノ備タレトモ唯事ノ輕重ニ依リテ職分ノ別アル所ナレハ公務外ト雖トモ時合ニ由リテハ警視官ノ及ハサル所アレハ軍官ニテ扶助保護ヲ假スヘキ義アリ是ヲ以テ平常ヨリ和諧スレハ兩力相合シテ國中ノ靜謐ヲ護シ人民ノ安全ヲ保ツ為ニ大利益アリトス是瑣末ノ私憤ハ棄ルトモ大本ノ公義ヲ省ミサル可ラサル者ナリ況ヤ自ラ其非違ノ目的トナルニ於テヲヤ是慎マサル可ラサル所ナリ

一、官省諸廨署府縣廳ノ類ハ皆公ノ官憲タレハ其規則指令若クハ照會ノ事等一層念入レ取扱フヘク又人民ニ屬スル某ノ會社銀行等ノ諸規等モ敢テ輕蔑スヘキニ非ルナリ

一、朝政ヲ是非シ官省ノ布告布達諸規ヲ侮慢譏刺スル等ノ擧動ハ軍人ノ本分ニ背馳スルコトニテ一人之アルハ衆皆尤ニ傚ヒ竟ニ在上ヲ輕蔑スル意ヲ生シ其流蔽測ラレサル者アリ軍人ト雖𪜈朝政ノ利害ニ於テ眞ニ觀ル所アラハ穩當ナル方法ニテ其意ヲ達スルコト難キニ非ス然ルヲ喋々論辯ヲ逞ウシ動モスレバ時事ニ慷慨シ民權ヲ主張スナト唱ヘ本分ナラサル事ヲ以テ自ラ任シ書生ノ狂態ヲ學フ等ノ事アル可ラス且軍秩ノ次序ヲ經スシテ建言ヲナスモ許サレサル所ナルヲ況ヤ所管ナラサル官憲ニ對シ建言等ヲナスヲヤ是勿論禁制タルカ上ニ新聞雜誌ニ匿名等ヲ投シ特事ヲ論スル等モ亦本分外ノ事タリ畢竟軍人ハ軍籍ニ列スルノ初メニ　皇上ヲ奉戴シ朝廷ニ忠ナランコトヲ誓ヒシ者ナレハ一念ノ微モ此本心ニ背クヘカラス

一、同僚同輩又兵士ノ同隊同位戰友等ノ間ハ勿論親愛ノ交リヲ為シ總テ教導ニ任シ老功ノ者ハ新入ノ者ニ丁寧ニ解釋シ與ヘ公務上ノ事ハ嚴重ナルヲ主トスルトモ苛酷ノ振舞アル可ラス又新入ノ者ハ事毎ニ老功ノ者ニ聽從シテ抗論ナトハ為ス可ラス

一、同輩ノ交情ニ於テ親愛ヲ盡スハ言フ迄モ無ク一旦有事ノ日ニ臨メハ艱難死生共ニ同ウスル程ノ事ナレハ其產國ハ遠隔ナルモ一度同隊同伍トナリタル者ハ勿論兵種ニモ拘ハラス軍人同士ハ何時ニテモ相親愛スルコト兄弟ニモ劣ラサルハ勢ノ常ナリ然リトテ同輩ノ過惡アル時之ヲ掩護セント欲シテ却テ其罪ヲ重クシ或ハ私財ヲ貸シテ其借財ヲ支ヘント欲シテ却テ其債ヲ增加スルニ至ルコトアリ此等ハ其初メニ當リ果斷シテ親切ニ異見ヲ加ヘ犯セル罪ト成セル債トハ公義ニ於テ避ク可ラサルノ事ナレハ成丈其罪ノ輕カランコトト其債ノ加ハラサランコトヲ祈希スヘシ總テ交際ノ間ニハ姑息ノ親愛ヨリ大事ヲ引起シ俠氣ノ援助ヨリ其人ノ不為ヲ釀シ為スコト鮮ナカラス故ニ此等ノ場合ニ當リテハ能々後難ヲ慮リ其過惡ノ萠芽ヲ勇猛ニ斷絶スルヲ眞ニ其人ニ對スルノ親愛ト謂フヘシ

一、軍人ハ一伍ノ長ヨリ其部下アリテ上大將ニ至ルマテ部下ヲ遇スルニハ極メテ意ヲ加フヘキ事ナリ寬大ノ人ハ部下ヲ畏服スルコト難ク號令モ行ハレサルニ流レ易ク高明ノ人ハ苛察ニ失シテ部下ノ歡心ヲ得ルコト鮮キ者ナリ是伍長以上ハ自己ノ資質ヲ考ヘテ能々注意スヘキ事ニテ尋常公務上ニテハ嚴肅端正ニシテ辭令ト雖トモ鄭重謹嚴ナルヘク公務外又公務中ニテモ休息中ハ溫柔和煦親切ノ意ヲ缺ク可ラス雜談モ必ス禁スルニ非レトモ輕蔑ヲ受ケサル程ナルベシ長官ヨリ部下ノ數人ヘ特別ナル勉勵ヲ要スル事ヲ命シテ事成ラハ溫言謝辭ヲ述ヘテ之ヲ慰スヘシ又已カ失錯ヲ覺ヘハ部下ト雖トモ之ヲ謝シテ過ヲ護シ人ノ信服ヲ缺ク可ラス

一、臨機ニ部下ノ糺察懲戒ヲ為サヽルヲ得サルコトアリ是甚タ處シ難キ事ナリ必ス急峻ト苛酷トニ陷ル可ラス勉メテ其理由ヲ說諭シテ公法ノ曲庇ス可ラサルヲ明カニシ其人ヲシテ眞ニ自ラ悔悟スルコト有リテ以後ヲ戒シムルヲ主トスル蓋シ懲戒ハ本刑トハ別ナル者ニテ外形ノ懲治ヨリモ内心ノ懲治ヲ本意トスレハナリ

一、軍人ハ寡言ヲ貴フ容儀ハ肅靜ヲ貴ヒ動作ハ沈着ヲ貴ヒ應對ハ詳實ヲ貴ヒ飲食財貨ノ事ハ廉恥ヲ貴ヒ器械ノ取扱ナトハ鄭重ニスヘシ是皆忠實ノ一端ナリ

一、軍人タル者ノ服從ヲ守ルノ義務ハ會テ間斷アル可ラス部下トシテハ長官ノ令スル所ノ不條理ナル事ナリトモ決シテ之ニ對シテ恭敬奉戴ノ節ヲ失フ可ラス況ヤ公務中ニテハ之カ為ニ聊モ憤怒ノ情ヲ露ハシ抗論スルコト得可ラス然トモ其事眞ニ不條理ナリト思フコトアラハ一度其事ニ服從シテ耐忍シタル後ニ其苦情ヲ訴フルハ許サレタル所ナリ然レトモ是唯其仕向ノ不條理ナリト思フ事ニ限リテ其事柄ノ利害得失ヲ目的トスル訴ヘニハ非ルナリ然レトモ苦情ヲ訴フル前ニハ其事ヲ百方鎭思シテ自己ノ過慮ナルナキヤ又意味ノ取リ違ヘニテハ無キヤト熟考スヘシ總シテ我カ兵職ノ事務ハ甚タ嚴烈ニ見ユルコト多ク平素鄉黨ノ交際ト異ナリ運動急遽ノ機會ハ命令ノ簡短ト嚴勵ナルヲ貴フヲ以テ屢々新入ノ兵士ハ意外ニ思フコトアレハナリ

一、眞ニ苦情アリテ愈々不條理ナリト思ヒ之ヲ告訴スルトモ會テ服從ノ意ヲ失フコト無ク決シテ侮慢輕蔑ノ所行アル可ラス必ス媒价ヲ求メ其意ヲ達ス可シ又徒黨ハ軍人ノ重キ禁制タレハ三人以上出頭スルコト有ル可ラズ且或時合其事數人以上ニ涉ルトモ之ヲ告訴スルハ其中上席次席二人ニ限ル可ク其餘ハ善惡トモニ其筋ヨリ聞糺シアル迄ハ關係ナキ者ニテ聽糺ニ及ヒタラハ各自ノ眞情ヲ申述ヘキナリ

一、兵卒ノ訴告隊中一定ノ上官ニ對スル時ハ其伍長ニ申告シテ曹長ニ達シ曹長ハ之ヲ其小隊ノ司令大尉ニ上申スヘシ若其伍長ヲ相手取ル時ハ直チニ曹長ニ申告スヘク又其曹長ヲ相手取ル時ハ其申告ヲ受ケタル伍長其司令大尉ニ達スヘシ又伍長勤務上ノ訴告ヲナスモ同樣曹長ニ申告スヘク若シ其曹長ヲ相手取ル時ハ直チニ司令大尉ニ上申スヘシ小隊ノ部下ヨリ其小隊司令ノ大尉ニ對スル訴告ハ曹長ヨリ其隊ノ中尉ニ達シ中尉ハ大隊司令官ヘ上申シテ又別ニ其小隊司令ノ大尉ヘ報知スヘシ其他同輩同士ノ訴告ハ唯其軍秩上ノ長ニナスノミ

一、將校訴告ノ事ヲ為サント欲セハ先ツ紹介推問ノ道ニ依テ其當人ニ理由ヲ推問スヘシ其法其相手ノ小隊司令ナレハ其隊ノ中尉ヲ价シテ之ニ告ケ大隊司令ナレハ隊中上席ノ大尉ヲ价シテ之ニ告ケ若聯隊司令ナレハ中佐ヲ价シ若中佐ニ同シク相手方ナル時ハ少佐ヲ价シ如此シテ隊中聯大小隊ノ士官多分其紹介ヲ辭セハ再ヒ勘考シテ始メテ訴告ノ法ニ從ヒ訴告ハ其相手ノ長官ヘ上申スヘシ然ルニ此長官モ直接ノ上官ナルベク一層超ヘタル上官ナルヘカラス又愈之ヲ為サント決定シタラハ前後ニ訴告ニ及フ旨ヲ相手ノ長官ヘ報知シ然ル後始メテ之ヲ為スヲ得ヘシ

右ノ條々ハ前ニモ云ヘル如ク三大約束ヲ布演開示スル者ナリト雖トモ三大約束ハ軍人ノ百行ニ涉ル者ナレハ盡ク之ヲ開示スルコト能ハス今唯其概略ヲ擧クレハ其餘は篤ト三大約束ノ意味ヲ領解シテ銘々言行上ニ深ク注意ヲ加ヘ其規典就中新ニ開示スル所ハ唯軍人平素ノ行儀ニノミ係ハリ未タ出陣後戰地中ノ事ニ及フニ暇アラス猶此等ノ諸規ハ追々布下ニ及ヘシト雖トモ專一之ヲ導遵スヘシ果シテ此成規ヲ遵奉シテ三軍能貫徹スルニ至ラハ我日本陸軍ノ精神振ハサルヲ患ヘス一旦有事ノ日ニ方リテハ三軍ノ精銳敵ヲ衝テ千里ノ外ヲ折キ我帝國ノ威風ヲ四方ニ煌耀タラシメンモ亦難キニ非サルヘシ況ヤ各自ノ軍人能此成規ヲ遵守セハ陸軍ニ在リテハ畢生人々ノ敬愛スル人タルノミナラス徵兵ノ如キ他年鄉國ニ還ルモ亦鄉人其德義ニ推服シテ鈐式スル人タルニ足ラン

男爵西周肖像

御親兵歩兵少佐正服

明治四年御親兵を置かる是れ近衛兵の前身である。その服制は明治四年七月廿四日に定められ同四年九月四日には服制更正の勅諭が下され、十一月十七日に陸軍服制が制定せられた。

（陸軍被服本廠藏）

ナポレオン砲

慶應二年ナポレオン三世が野山砲十二門を幕府に贈つた。之は四斤砲と云ふ先込めの青銅砲で、ナポレオン砲と云はれ、當時の人は之を「あばれもん砲」と稱した。

（遊就館藏）

創設當時の兵部省表札

明治二年八月八日官制改革が行はれ從前の軍務官を改めて兵部省とした。

（遊就館藏）

有栖川宮熾仁親王殿下御東征の際の御服裝

（帝室博物館藏）

大村益次郎譯著　兵家須知戦闘術門草稿（大村泰敏子蔵）

明治四年の軍隊手帳（尾佐竹猛氏蔵）

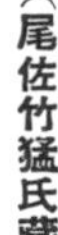

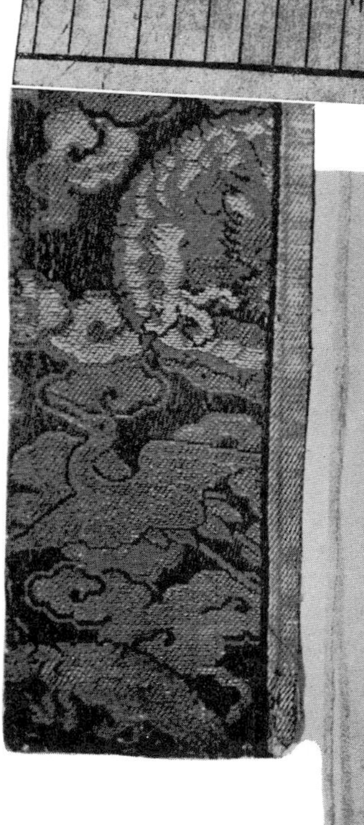

明治元年官軍の肩章（所謂錦切れ）
明治元年六月諸藩兵隊に肩印を定めた。
（尾佐竹猛氏蔵）

明治八年歩兵曹長正服（陸軍被服本廠蔵）

明治初年の耳鏡（陸軍軍醫學校藏）

明治七年砲兵曹長略服（陸軍被服本廠藏）

征臺役の際西郷從道着用の軍服

明治七年四月四日琉球の漁民が臺灣に漂着し土人に殺され、又小田縣民が劫掠された事によつて、臺灣征伐の軍が發せられ陸軍中將西郷從道は臺灣事務都督として兵三千六百五十八人を率ゐ出征した。

（西郷從徳侯藏）

屯田兵軍衣防寒具

防備と開拓とを兼ねる屯田兵の制は明治三年十一月從前の北海道開拓使に屬してゐた函館隊中舊幕府以來招募の兵を解散し更に管下士民の二男、三男を募つて一中隊を編成し同七年六月時の陸軍中將黒田清隆が北海道屯田兵事務を總べ、同年十月屯田兵例則が發布せられ、其後明治三十七年迄續いた。

（第七師團藏）

生蕃の腕輪

征臺役の際生蕃が降服の印として西郷將軍に獻上せるもの。

（西郷從徳侯藏）

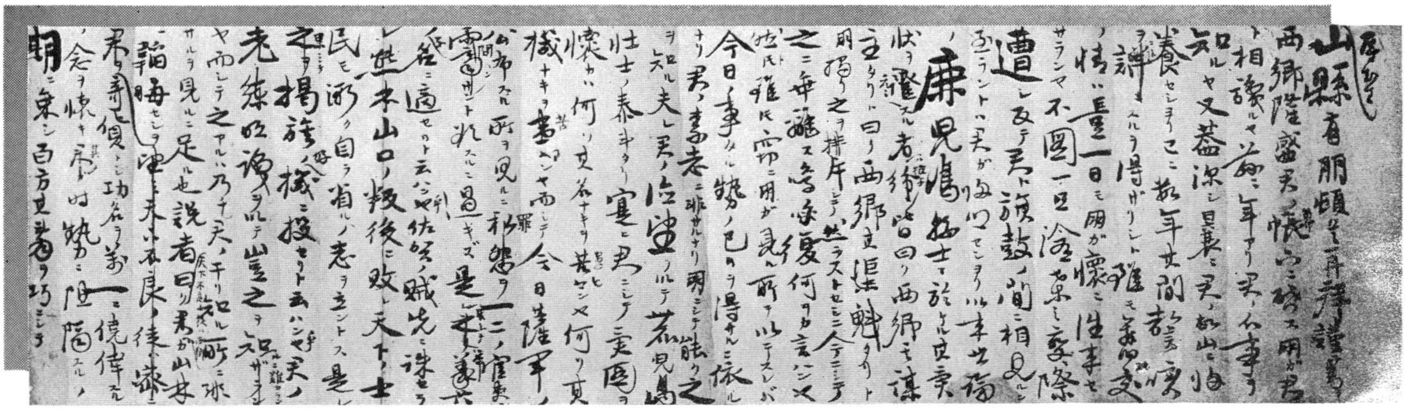

山縣有朋公が西郷隆盛に宛てた自刄勸告の手紙の草稿

（山縣有道公藏）

辱知生山縣有朋頓首再拝謹テ書ヲ西郷隆盛君ノ幕下ニ啓ス朋ガ君ト相識ルヤ玆ニ年アリ君ノ心事ヲ知ルヤ又蓋シ深シ曩ニ君ノ故山ニ歸養セショリ已ニ數年其間謦咳ニ接スルヲ得ザリシト雖𪜈舊雨ノ情ハ豈一日モ朋ガ懷ニ往來セザランヤ不圖一旦滄桑之變ニ際遭シ反テ君ト旗鼓ノ間ニ相見ルニ至ラントハ君ガ歸來世論郷セショリ以ノ鹿兒島縣士ニ於ケル其異狀ヲ云々スル者ハ概子皆曰ク西郷其謀主タリト曰ク西郷其巨魁タリト朋獨リ之ヲ排斥シテ然ラズトセシニ今ニシテ之ヲ垂離ス嗚呼復何ヲカ言ハンヤ然リト雖𪜈窃ニ朋ガ見ル所ヲ以テスレバ今日ノ事タル勢ノ已ムヲ得ザルニ依ルナリ君ノ素志ニ非ザルナリ朋ニシテ能ク之ヲ知ル夫レ君ノ德望ヲ以テ鹿兒島壯士ノ泰斗タリ寔ニ君ニシテ異圖ヲ懷カバ何ゾ其名ナキヲ患ヒンヤ何ゾ其機ナキヲ苦マンヤ而シテ今日薩軍ノ公布スル所ヲ見ルニ罪ヲ一二ノ官吏ニ問ハント欲スルニ過キズ是レ果シテ擧兵ノ義名ニ適セリト云ハン乎佐賀ノ賊先ニ誅セラレ熊本山口ノ叛後ニ敗レ天下ノ士民モ漸ク自ラ省ルノ志ヲ立テントス是レ果シテ揭旗ノ好機ニ投セリト云ハン乎君ノ老練明識ヲ以テ豈之ヲ知ルニ難カランヤ而シテ之アルハ乃チ君ノ干リ知ル所ニ非ザルヲ見ルニ足ル也說者曰ク天下不良ノ徒ハ西郷ガ山林ニ韜晦セシヲ奇貨トシ功名ヲ萬一ニ僥倖スルノ念ヲ懷キ其時勢ニ阻隔スルノ期ニ乘シ百方其辭ヲ巧ニシテ　朝廷ノ政務ヲ讒誣シ人心離散シテ黎民生ヲ聊セザルガ如キノ妄況ヲ虛構シ西郷出スンバ蒼生ヲ如何西郷ニシテ義兵ヲ鹿兒島ニ擧ケテ人民ノ塗炭ニ坐スルヲ救ハント欲セバ天下皆靡然トシテ之ニ應ズベシト慫慂セシモノシ蓋一ニテ足ラザル也西郷ノ卓識ヲ以テ固ヨリ其虛構タリ讒誣タルヲ洞察スルニ難カラズト雖𪜈浸潤ノ致ス所ハ衆口以テ金ヲ鑠シ遂ニ西郷ヲシテ今日ノ擧アルニ至ラシメタリト衆人皆之ヲ然リトス而シテ朋獨リ之ヲ然リトセザル也寔ニ君ニシテ此志アラバ單騎ニシテ輦下ニ來リ從容利害ノ在ル所ヲ上言スルニ何ノ妨アランヤ君モ亦固ヨリ自カラ之ヲ知ラザルニ非ザルベシ是朋ガ說者ノ言ヲ聽テ君ノ心ヲ得タリトセザル所以ナリ思フニ君ガ數年ニ養成シタル壯士輩ハ初ヨリ時勢ノ眞相ヲ確知シテ人理ノ大道ヲ履踐スルノ才識ヲ欠キ或ハ不良ノ敎唆ニ慷慨シ或ハ一身ノ憾軻ニ悒欝シ不平ノ怨嗟ハ一變シテ悲憤ノ煞氣トナリ再變シテ砲烟ノ妖氣トナリ君ノ名望ヲ以テスルモ尙之ヲ制馭スベカラザルニ至ル而シテ其名ヲ問ヘハ輙曰ク西郷ノ爲ニスル也其議ヲ聽ケハ輙曰ク西郷ノ爲ニスル也ト情勢ノ已ニ迫ル斯ノ如ク夫然リ君ガ平生故舊ニ篤キノ情交ニ於テ空シク此壯士輩ヲシテ徒ラニ方向ヲ誤リテ死地ニ就カシメ獨リ餘生ヲ全フスルニ忍ヒズ於是乎其事ノ非ナルヲ知テ壯士ニ奉戴セラレタルニ非ズヤ然バ則今日ノ事タル君ハ蓋シ初ヨリ一死ヲ以ケ壯士ニ與ヘント期セシニ外ナラザルガ故ニ人生ノ毀譽ヲ抛テ之ヲ度外ニ措キ復タ天下後世ノ議論ヲ顧ミザル而已嗚呼君ガ心事タル寔ニ悲シカラズヤ朋ガ君ノ平生ニ知ルノ深キヲ以テ又君ノ心事ヲ悲ムヤ切ナリト雖𪜈事已ニ今日ニ至ルノ之ヲ言フモ亦益ナシ君何ゾ早ク自ラ謀ラザルヤ交戰以來既ニ數月ヲ過グ兩軍ノ死傷スル日ニ數百朋友相殺シ骨肉相食ム人情ノ忍ブ可カラザル所ヲ忍ブヤ未タ此戰ヨリ甚シキハ莫シ而シテ戰士ノ心ヲ問ヘハ敢テ寸毫モ怨アルニ非ズ　王師兵ハ隊ノ武職ニ依リ薩軍ハ西郷ノ爲ニスルト云フニ出ズ夫一國ノ壯士ヲ率テ天ノ大軍ニ下抗シ劇戰數旬挫折シテ撓ズ又以テ君ガ威マ名ノ實アルヲ示スニ足ル而シテ君ガ麾下ノ將校ニシテ善ク戰フ者ハ概子皆死傷シ薩軍ノ復爲ス可カラザルヤ明ナリ將タ何ノ望ム所アリテ徒ラニ守戰ノ健鬪ヲ事トスル乎說者ハ必ズ曰ハン西郷ハ事成ラザルヲ知ルト雖𪜈其餘生ヲ永フセンガ爲ニ千百ノ死傷ヲ兩軍ノ間ニ致スヲ愍マザル也ト朋固ヨリ其然ラザルヲ知ルヲ以テ君ノ爲ニ之ヲ痛惜セザルヲ得ス願クハ君早ク自ラ謀リ一ハ此擧ノ君ガ素志ニ非ザルヲ證シ一ハ彼我ノ死傷ヲ明日ニ救フノ計ヲナセヨ君ニシテ其謀ル所ヲ得バ兵モ亦尋テ止マン而已是豈君ノ志ニ非ズヤ嗚呼天下ノ君ヲ今日ニ毀譽スルヤ極マレリ國憲ノ存スル所ハ自ラ然ラザルヲ免レズト雖𪜈想フニ君ノ心事ヲ知ル者モ亦獨リ朋ノミナラズ何ゾ公論ノ他年ニ定マル所ヲ慮ラザル乎故舊ノ情ニ於テ朋切ニ之ヲ君ニ冀望セザルヲ得ズ君幸ニ少シク朋ガ情懷ノ苦ヲ明察セヨ揮涙草下文不得盡意頓首再拝

明治十年四月廿三日熊本ヨリス

山縣有朋

西郷隆盛君

幕下

谷干城宛乃木中佐（後大将）の書状及び封筒（谷儀一子蔵）

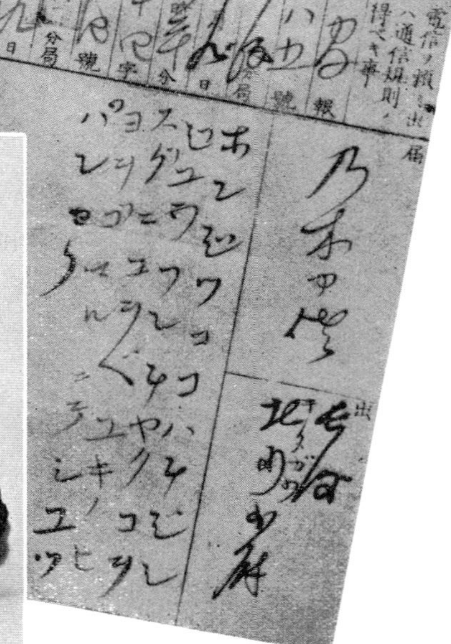

乃木中佐宛北川少尉の電報（谷儀一子蔵）

西南役薩軍製造使用の小銃弾（曾我祐邦子蔵）

明治十七年軍隊手帳
（漆畑清氏蔵）

明治十九年制定歩兵上等兵軍服
（陸軍被服本廠蔵）

明治十九年制定
歩兵中佐軍服
（陸軍被服本廠蔵）

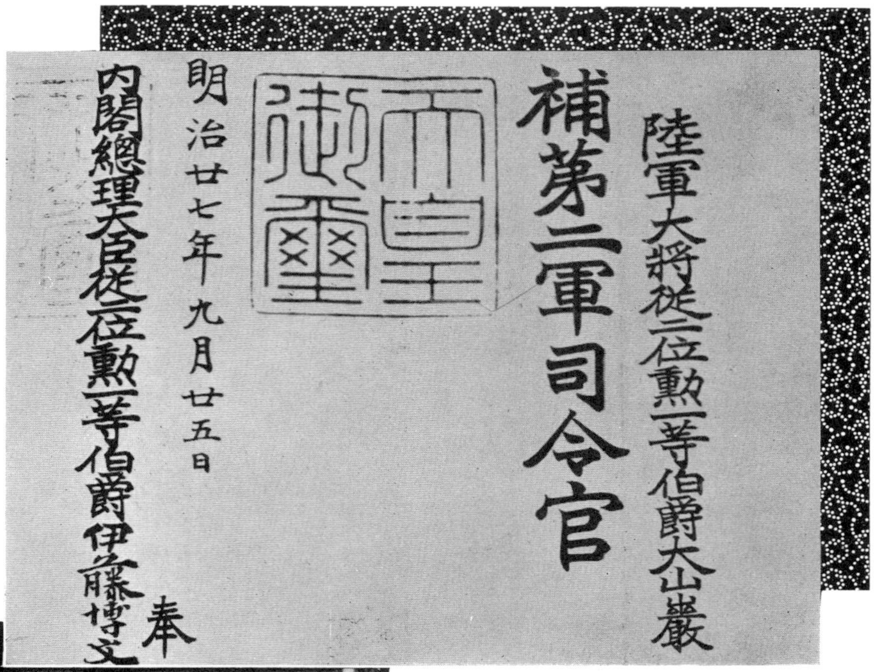

陸軍大將從二位勲一等伯爵大山巖
補第二軍司令官
天皇御璽
明治廿七年九月廿五日
内閣總理大臣從二位勲一等伯爵伊藤博文 奉

大山第二軍司令官補職辭令
（大山柏公藏）

發	十一月廿日午前一時十分
着	月　日午　時　分
受信者	殿
發信地	於土城子南方高地
發信者	軍司令官

日清戰役の際鉛筆で認められた大山第二軍司令官旅順攻擊命令
（大山柏公藏）

平壤包圍攻擊ノ際
船橋里ノ激戰ニ於テ
右胸部銃創
當時着用セシ上衣
彈痕

大島將軍の軍服
日清戰役の際混成旅團長大島義昌將軍平壤包圍攻擊の際船橋里にて着用の軍服。
（大島陸太郎子藏）

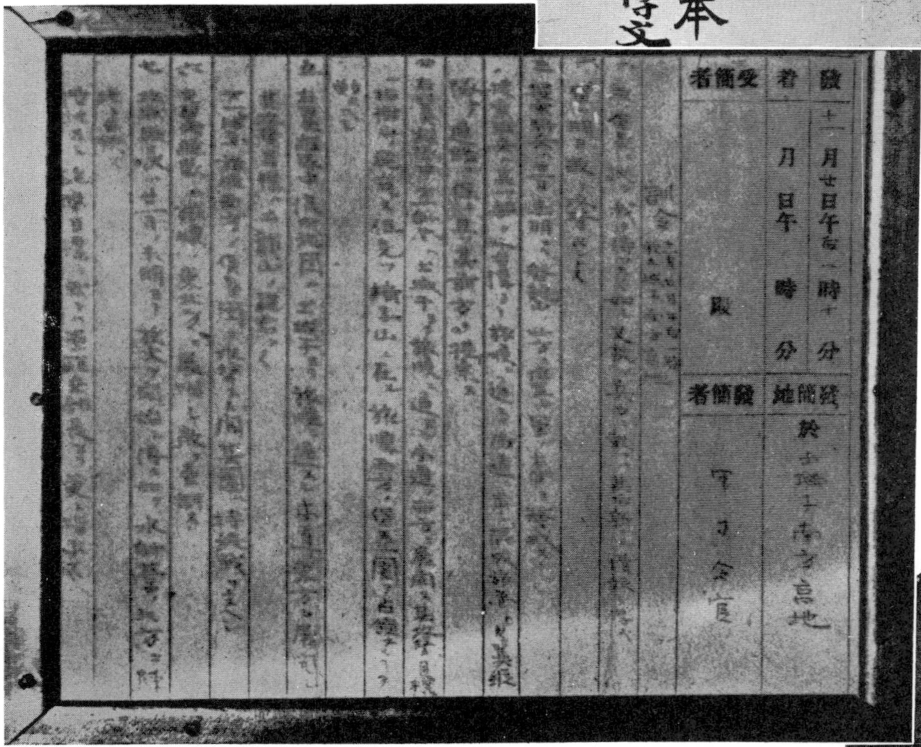

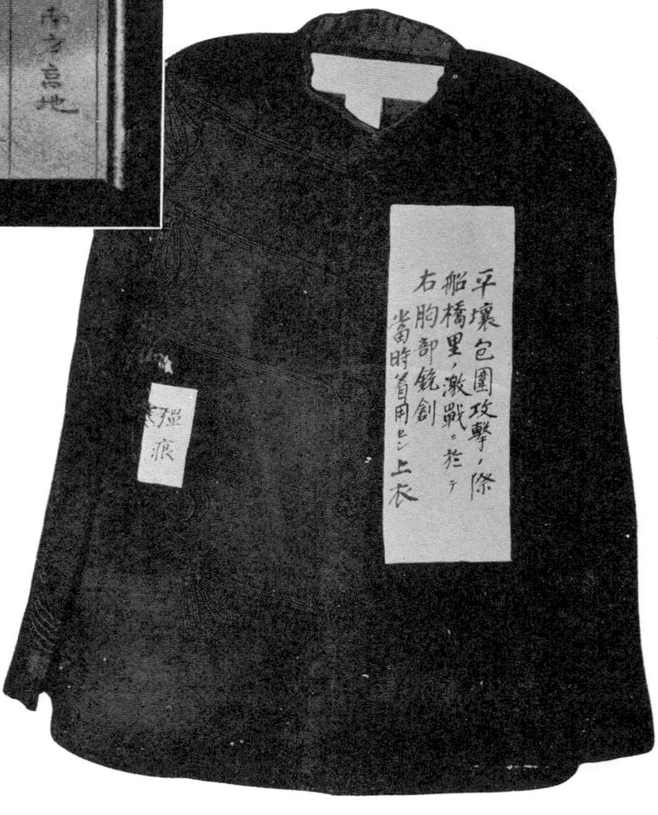

明治天皇の御手富貴
日清戰役の際廣島大本營にて御使用遊ばされた御品。
（坂崎守義氏藏）

戴仁親王殿下陣中御着用の御軍帽並に御軍服
（閑院宮家御貸下）

山縣元帥の軍服及自製の國旗
山縣元帥が第一軍司令官として陣中にて着用せる軍服及自らハンケチに作り常に陣中の居室に揭げたる國旗。
（山縣有道公藏）

日清役支那軍着用の被服 威海衞の戰利品
（正木勝次郎氏藏）

北白川宮能久親王殿下
御征臺の砌の親王旗
（陸軍運輸部藏）

能久親王殿下御征臺の際の御常用服及御使用の品
（北白川宮家御貸下）

日清戰爭の結果我國が臺灣、澎湖島の割讓を受くるや、能久親王殿下には臺灣守備の重任を帶びさせられ、明治廿八年五月二十二日諸兵を統卒征途に就かせられ、臺灣の北端三貂角に御上陸、嶮難と苦熱とを凌ぎ給ひ、各所に土匪を擊滅せられ、十月下旬遂に臺南を占領せられたが、病を得られ十月廿八日午前七時臺南にて薨去遊ばされた。御年四十九歲。

能久親王殿下臺灣澳底
御露營の圖

明治三十三年清國北京に於て陸軍歩兵大尉安藤辰五郎氏戰死の際着用せしもの

北清事變の際の各國軍隊の服裝を模したるもの。

北京籠城の圖（**輝方筆**）明治卅三年四月支那に、外國人排斥の義和團の暴動（北清事變）が起り、わが公使館員杉山彬氏は殺害され各國人とも籠城の止むなきに至つた。寫眞は當時籠城の模樣を描いたもの。（**西竹一男藏**）

北清事變の際我軍使用の掩蓋鐵板（**遊就館藏**）

日露戰役當時明治卅七年近衞歩兵大尉戰時服と騎兵二等卒軍服（陸軍被服本廠藏）

外國漫畫 日露戰爭開始早々パリーで發行された漫畫。

日露戰役當時の防寒被服（陸軍被服本廠藏）

露軍被服（陸軍被服本廠藏）

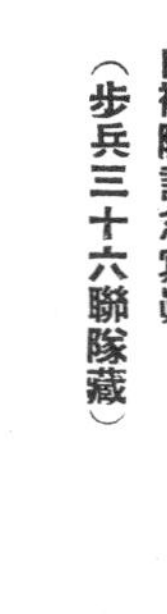

白襷隊記念寫眞
（歩兵三十六聯隊藏）

明治三十七年十一月廿六日旅順攻圍に當り各師團より選抜せられた白襷隊。

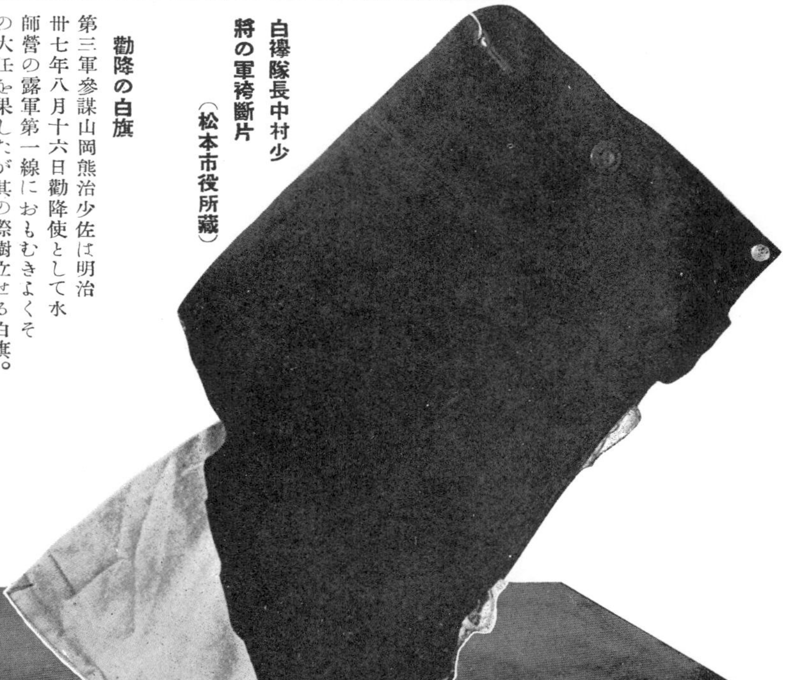

白襷隊長中村少將の軍袴斷片
（松本市役所藏）

勸降の白旗

第三軍參謀山岡熊治少佐は明治卅七年八月十六日勸降使として水師營の露軍第一線におもむきよくその大任を果したが其の際樹立せる白旗。**（山岡淑子氏藏）**

旅順開城談判の際卓子として使用したる手術臺
（陸軍軍醫學校藏）

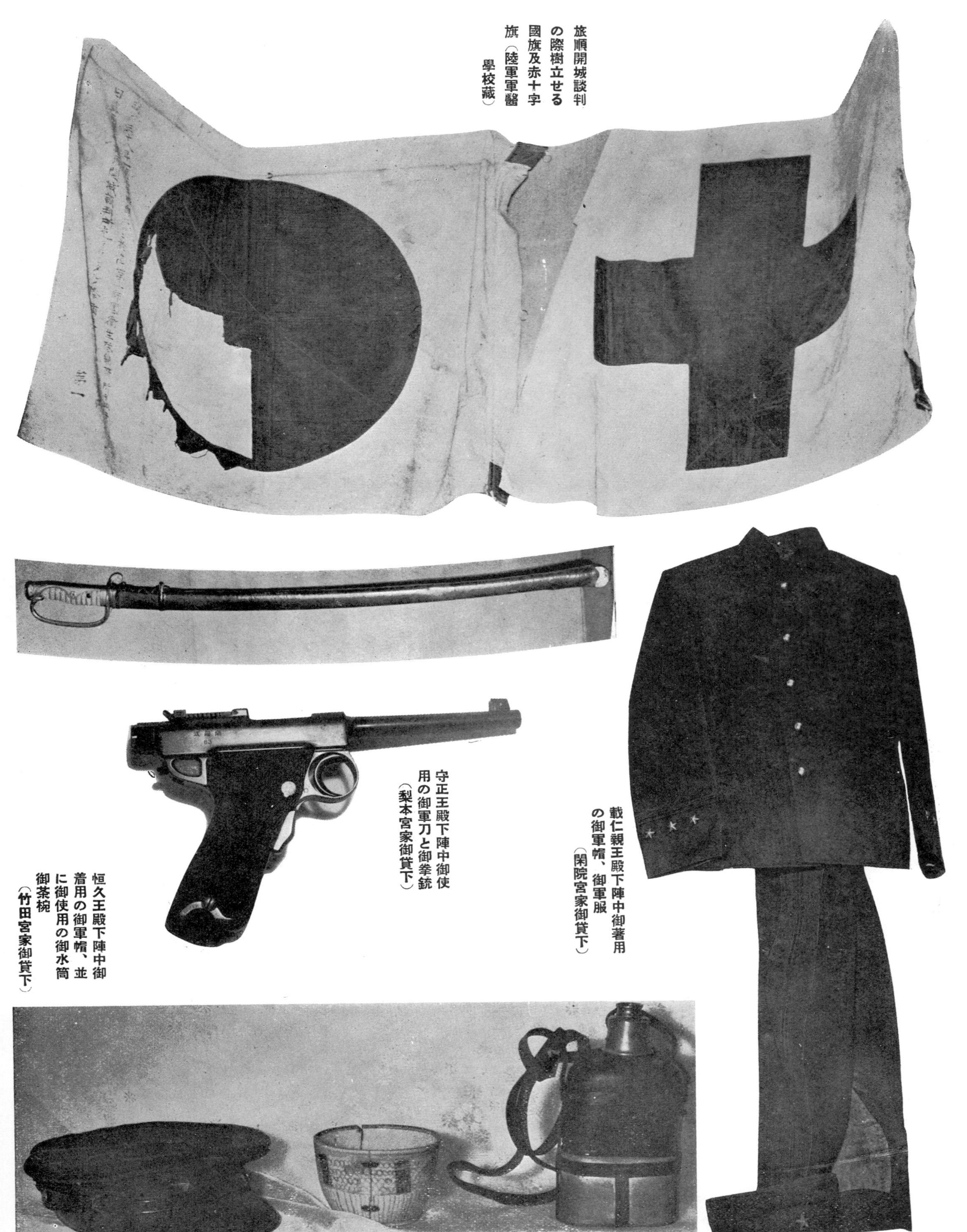

旅順開城談判の際樹立せる國旗及赤十字旗（陸軍軍醫學校藏）

守正王殿下陣中御使用の御軍刀と御拳銃（梨本宮家御貸下）

載仁親王殿下陣中御著用の御軍帽、御軍服（閑院宮家御貸下）

恒久王殿下陣中御着用の御軍帽、並に御使用の御水筒御茶椀（竹田宮家御貸下）

山縣參謀總長より大山滿洲軍總司令官宛の書簡（大山柏公藏）

老臺萬福敬賀候閫外之重寄御心勞奉推察候扨ハ遼陽城も御成竹着々節ニ當リ各軍之行動機宜ニ適し堅固之防備を打破シ優勢之敵を驅逐し終ニ堅城陷落ニ立到候段上下共感謝罷在候殊輸難ヲ冒シ數日之激戰滿洲軍上下之困難不堪遠察候右ニ付死傷者も多數有之と察し神速人馬補充相附候樣百事準備上嚴重に申傳置候其他彈藥之補給冬期用被服材料ノ輸送等も經營不怠候得共何分運搬力之不如意ニハ困却致し候其中彈藥には殊ニ全力を盡し充實ニ勉居候

旅順之攻略意の如くならす此方面人馬補充其他目下續々發送致し來り十五日頃迄ニハ送了を告可申併し第九第十一師團ハ缺損之全部を補充し得さるハ甚恨事ニ候猶敎育ニ盡力爲致若干月之後ハ全部補充之途相立可申候斯る情況ニ付或ハ新銃兵力の必要を顧慮し不取敢第八師團を大坂迄輸送中ニ有之候尙得貴意度件多々有之候へ共其中參謀一人滿州派遣可致見込ニ付玆ニ擱筆仕候遼左朝夕秋氣漸次相動き可申爲國家御自重專祈之處ニ候　草々拜具

九月八日東京ニ於て　有朋

大山總司令官閣下

猶御一讀後兒玉大將へ一覽を賜り度候老生も宿痾今に不如意ニ候へ共日々出務罷在乍他事御放念所祈候大本營幕僚諸士健全日夜勵精軍務ニ從事致し候草々

大山元帥陣中使用の硯（大山柏公藏）

黒木大將陣中使用の辨當箱（黒木三次伯藏）

乃木將軍陣中使用の圖囊と碁判（長谷川正道氏藏）

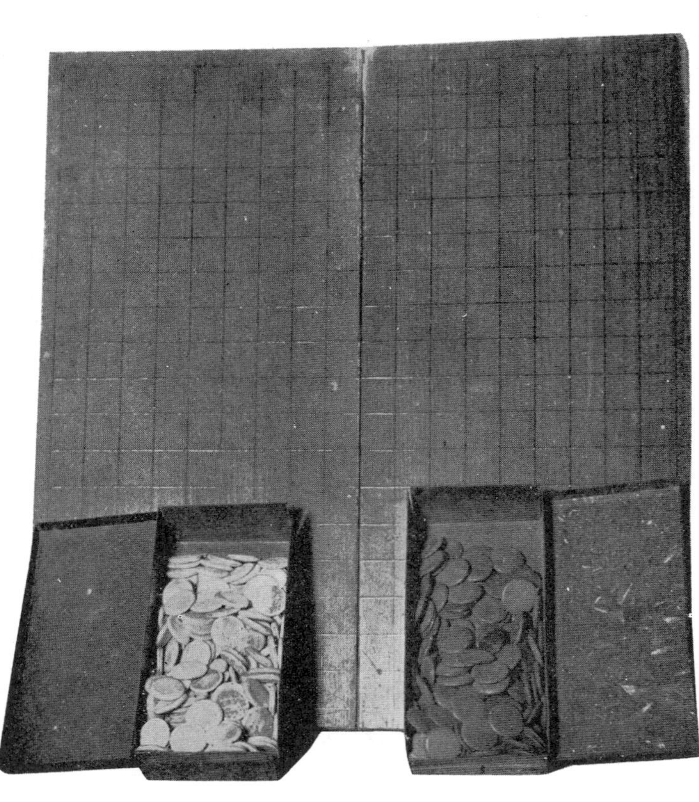

吉岡大佐の書簡
第二軍第三師團南部支隊歩兵第卅三聯隊長吉岡友愛大佐が乃木將軍に黒溝臺沈且堡の戰況を報ぜし手紙。
（宮川照治氏藏）

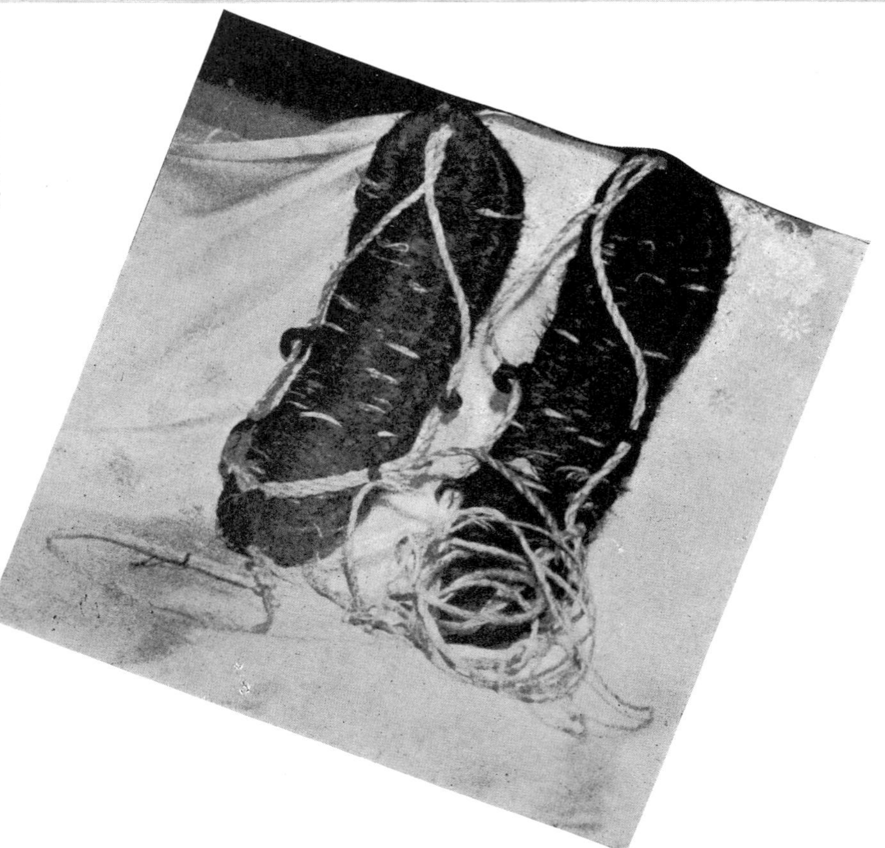

川村元帥の草鞋
（川村景敏子藏）

川村元帥草鞋の由來記

草鞋由來記

不肖松雄ハ日露戰役間當初ノ頃ハ獨立第十師團參謀奉天會戰後ハ鴨緑江軍參謀トシテ終始故川村元帥ノ幕僚勤務ニ服シタルノミナラス予ノ陸軍出身後ハ元帥ト、間父子モ啻ナラサル個人關係ニアリタルヲ以テ戰地ニ於ケル元帥ノ動靜ヲ能ク理解スルモノ、恐ラク予ヲ措テ他ニ無カルヘシ

世ノ識ル如ク元帥ハ温容靜肅悠悠トシテ逼ラサル性格ノ持主ナリ雖然戰地ニ於テ一旦自ラ作戰命令ヲ下タシ豫期ノ戰場將ニ砲煙彈雨ノ巷ト化セントスルヤ愛ニ將軍ハ忽チニシテ日本古武士ノ美性ヲ發揮シ長靴ヲ癈シ豫ネテ用意ノ草鞋ヲ穿チナカラ參謀長以下ノ幕僚機關ハ作戰命令ニ明示シアル司令部ノ位置ニ其儘殘置シ單身參[illegible]又ハ副官一名ヲ從ヘ修羅ノ巷ニ生死ノ界ヲ超越シツツ奮闘中ノ我第一線部隊ノ直後迄進出シテ直接ニ激戰ノ進捗ヲ目撃スルヲ無上ノ快樂トセラレタリ

元來高等指揮官トシテ斯カル行動ニ出ルコトハ作戰指導上往往不使ヲ感スルノミナラス身邊ノ危險ヲモ伴フヘキヲ以テ予ハ之ヲ諫止セシコト一再ニシテ止マサリシモ將軍ハ頑トシテ之レニ耳ヲ藉サス曰ハク高等指揮官トシテノ予ノ責務ハ會戰命令下達迄ナリ其後ノ戰況推捗ハ司令部ノ位置ニ居ル參謀長以下ノ幕僚機關ト連絡シテ獨斷行動スル部下諸團隊長ノ責ニ屬ス此ヲ以テ司令部ニ要ナキ予ハ第一線ニ於テ君國ノ爲ニ奮闘中ノ部下激勵ノ爲單身進出スルニ外ナケレハ敢テ之ヲ阻止スル勿レト

以上ハ蓋シ日露戰役中草鞋將軍トシテ其名ヲ知ラレ偉勲ヲ萬世ニ輝カサレタル由來ナリ而シテ此草鞋式輕裝ハ肥大ナル體軀ノ戰場馳驅ニ便ナルヲ以テナリ

尚元帥家ニ保藏ノ草鞋ニ種アリ一ハ布製ニシテ日清戰役間近衛歩兵第一旅團長トシテ臺灣ニ出征中穿用セラレタルモノニシテ泥痕斑斑尚見ルヘク元帥自署ノ記念附箋アリ

他ノ一ハ憂國婦人ノ頭髪ヲ以テ編製セルモノニシテ日露戰役沙河對陣中明治三十八年一月大將ニ昇進シ鴨緑江軍司令官トシテ大元帥陛下ヨリ親シク新任務ヲ拜受スルタメ東京ニ歸還ノ際草鞋將軍ノ英名ヲ欽慕シタル者ノ寄贈ニ係ルモノニシテ元帥ハ深ク其志ニ感受シテ之レヲ用ユルニ忍ヒス陣中常ニ所藏セラレタリ

嗚呼一雙ノ草鞋其人心ニ關スル者斯ノ如ク至大ナルモノアリ即チ由來ヲ記シテ以テ後人ニ示スト云爾

昭和八年

陸軍中將 伊丹松雄

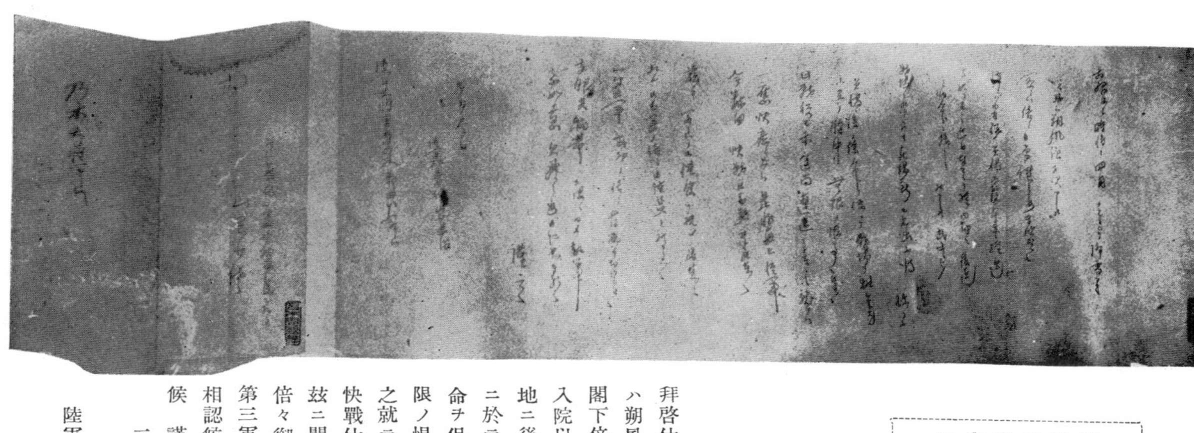

山岡中佐の決別の書

明治卅八年三月十日奉天占領の朝敵弾に右こめかみを射抜かれて失明した第三軍参謀山岡熊治少佐が野戦病院から内地へ送還される時失明の不自由をしのんで乃木将軍に送つた手紙。

（宮川照治氏蔵）

拝啓仕候時將ニ四月ナラントシテ降雪有之或ハ朔風强相吹申候

閣下倍々御勇健之段奉欣賀候降而小官儀負傷入院以來經過良好ニ有之近日奉天ヲ經テ内地ニ後送之內命ニ接し居申候武士トシテ戰場ニ於テ良キ死場所モ見出不得碌々負傷後ノ餘命ヲ保ツテ戰場ヲ離レントスル小官ノ胸中無限ノ恨事ニ御座候此戰後モ前途尙遼遠ニ可有之就テハ一應快癒ノ上ハ是非再ヒ從軍今數回快戰仕度熱望罷在候

玆ニ閣下ノ御健康ヲ祝シ將來ニ於ル御武運ノ倍々御隆盛ヲ祈申上候

第三軍武功ノ倍々發揚ヲ切望仕候兩眼共繃帶相認候爲メ執筆之不如意缺禮ノ段御仁恕奉願候　謹言

三月盡日

陸軍歩兵小佐　山岡熊治

陸軍大將男爵乃木希典閣下

乃木大将より山岡中佐に贈れる盲人用金時計

（山岡淑子氏蔵）

橘大隊旗

歩兵第卅四聯隊第一大隊が、明治三十七年八月卅一日の遼陽の戦に於けるその奮戦は今も尚軍歌に唄はれて餘りにも有名である。

（歩兵第三十四聯隊蔵）

日露休戰協定
明治卅八年九月十三日西沙河子附近の道路上の會見所にて休戰規定協定中の模樣中央參謀肩章をつけたのが福島少將。その前が田中參謀(義一)田中參謀の前の白服露國側委員長オラノフスキー少將。
(田中龍夫男藏)

尼港事件
領事館の屋根瓦
大正九年三月、シベリヤサガレン縣の港市ニコライエフスクに於てロシヤの過激派軍が我が同胞を襲つた。守備隊は領事館に立てこもつて奮戰したが遂に全滅の悲運に遭つた。
(遊就館藏)

岩波上等兵の外套
歩兵上等兵岩波久男、海倫一四師團衞生班に屬し昭和七年十月十二日戰死
(遊就館藏)

永井玄蕃頭

永井尚志、幕府の外國奉行、嘉永六年十月、海防、砲臺建築、大砲製鑄の事に當り、安政二年八月長崎の海軍傳習所を統轄す。

（**海軍兵學校藏**）

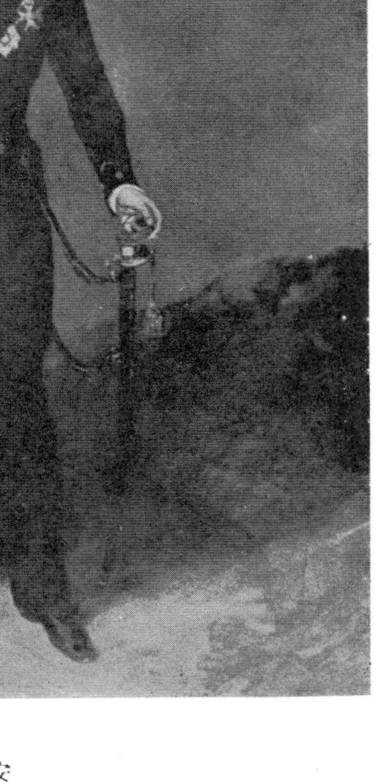

ペルスライケン肖像

安政二年八月德川幕府が和蘭の勸說を容れ長崎に海軍傳習所を創設せる際同國より招聘したる海軍將校。

（**海軍兵學校藏**）

函館時代の舊幕軍幹部

向つて右より
前列椅子にかけたるは
總　裁　榎本釜次郎（後武揚子爵）
海軍奉行　荒井郁之助
後列立てるは
海軍頭（蟠龍丸艦長）松岡磐吉
林董三郎（後董伯爵）
會計奉行　榎本對馬
江差奉行
歩兵頭　小杉雅之丞

（**尾佐竹猛氏藏**）

房總警備繪卷物

會津藩主松平容敬自ら房總警備の地を巡視し、その狀勢を當時の畫工に畫かしたるもの。（**松平保男子藏**）

回天艦長甲賀源吾

遠州掛川の藩士、名は秀虎、安政二年十七歳にして江戸に上り專ら航海術を修め、幕府海軍の士官として活躍、幕府倒るゝや慶應四年榎本武揚と共に函館に脱走、回天丸の艦長として各所に勇戰し明治二年三月廿五日南部宮古灣にて官船と戰ひ奮戰して死した、年廿八。

（**江田島海軍兵學校藏**）

宮古海戰の圖

明治二年三月廿五日、宮古港に於て幕艦回天艦一艘を以て官艦八艘を襲ひ旗艦甲鐵艦を奪はんとして成らず。

（**海軍省藏**）

明治初年の海軍關係教科書

土工程式三册明治三年　兵學寮
船具圖解一册
礮術教授書四册　兵學寮
多元一次方程式一册
砲術書一册
蒸氣器械書一册　海軍學校

明治二年沼津兵學校で「船用機關教科書」として出版せられたもので斯學に於ける本邦最初のものと云はれてゐる。

（**海軍兵學校藏**）

明治五年頃の我海軍

明治五年二月兵部省が廢せられ海軍省が分立した。當時帝國軍艦の數は甲鐵艦二隻、鐵骨木皮艦一隻、其他木製の小艦とを合して十七隻、合計排水噸數一萬三千八百十二噸であつた。

（海軍省藏）

乾行

孟春

雲揚

富士山

日進

春日

（前頁より續く）

鳳翔

第二丁卯

龍驤

千代田

攝津

筑波

日清役當時の我軍艦

日清戰役當時の我軍艦は、裝帆艦を除き廿八隻、排水噸合計五萬七千六百餘噸で其他に水雷艇が廿四隻であつた。

（海軍省藏）

八島

富士

明石

宮古

高陞號撃沈の圖

明治廿七年六月廿四日我が第一遊撃隊は清國艦隊と豐島沖に戰ひ之を追撃中偶々仁川に向けて航行中の操江、高陞號と會し我が秋津洲は操江を捕獲、浪速（艦長東鄕平八郎）は高陞號を撃沈し開戰劈頭の大勝利を得た。

（海軍省藏）

黄海々戰の圖

明治廿七年九月十七日我が聯合艦隊は、黄海北部に於て索敵中、清國盛京省南岸大鹿島附近に淸國艦隊を發見し定遠、鎭遠の二大甲鐵艦を主力とせる北洋艦隊と勝ひ大勝した。之によつて我が國は完全に黄海の海上權を制握し、滿洲軍の活動を自由ならしむると共に清國をして戰勝の望を絶しむるに至つた。

（海軍省藏）

貴族院感激決議文

日露の戰役は東亞安危の係る所皇國興廢の關する所なり。我海軍は大命を奉じ先づ敵艦を仁川に旅順に攻擊して其の機先を制し彼の東洋艦隊を旅順に封鎖し遂に之を全滅に至らしめ更に彼が精銳を盡して東航したる艦隊を日本海に邀擊して之を殲滅し有史以來未だ曾て聞かざるの大捷を奏し其の大勳偉功は中外の共に讚美する所にして永く汗靑に垂れて千古に照耀すべし。今や平和克復し空前の光榮を荷ふて凱旋せらる。貴族院は爰に我海軍に對し深く感謝の意を表す。

明治三十八年十二月二十九日

貴族院

聯合艦隊司令長官 東郷平八郎閣下像（海軍省藏）

日本海海戰 明治卅八年五月二十七日日本海に於ける大海戰、バルチック艦隊の擊滅は餘りにも有名である。**（海軍省藏）**

主要國政體調べ

國名	政體	議會	選擧（下院）
日本	立憲君主制 天皇ガ主權者ニアラセラレ大權ノ廣汎ナルコトヲ特色トス	二院制（貴族院、衆議院）	普通選擧（滿二十五歲以上） 婦人參政權ヲ認メズ 大選擧區制ニシテ單記無記名投票トス
滿洲國	君主政ニシテ立憲政治準備時代 同國憲法ニ依レバ立憲君主制ニシテ臣民ノ權利自由ヲ保護セルモ當分ノ內議會ヲ設ケズ皇帝ハ參議府ニ諮詢シテ法律ト同一ノ效力ヲ有スル勅令ヲ發布シ豫算等ヲ定メラル	一院制 立法院	未ダ議會ヲ設置セズ
中華民國	民主共和制 主權全國民ニアルモ現在ニ於テハ國民黨之ニ代リテ主權ヲ行フ故ニ實際上ニ於テハ國民黨首領ノ獨裁政治ナリ而シテ法律上ハ國民黨全國代表大會ガ最高機關ナルモ事實上ハ殆ド國民政府ノ首席ノ獨裁ト謂ヒ得ベシ	一院制 立法院	議員ハ民選ニアラズ立法院長ノ推薦ニ依リ國民政府ノ任命スル所ニシテ立憲政治ニ於ケル議會ト云フコトヲ得ズ
英國	立憲君主制 議會殊ニ衆議院ノ機能ガ強大ニシテ同院ニ於ケル多數黨ノ首領ガ內閣ヲ組織スルヲ慣例トス國務大臣ハ國王ノ任命スルモノナルモ議會ニ對シテ責任ヲ有ス英本國ト海外自治領等トノ關係ハ同國關係又ハ準聯邦關係ト稱セラル	二院制（英本國）（貴族院、衆議院）	（英本國） 普通選擧（滿二十一歲以上） 婦人參政權ヲ認ム 小選擧區制 但一部ハ單記移讓式比例代表制（大學選擧區ニ付）
米國	民主共和制 聯邦制 立法、行政、司法ヲ出來ルダケ對立セシムルコトヲ特色トス但シ現在ニ於テハ非常時局ニ善處スル爲法律ニ依リ大統領ニ廣大ナル權限ヲ付與セラル司法裁判所ガ合衆國憲法ニ違反スル合衆國及各邦ノ法律ヲ無效トシテ破毀スル權限ヲ有スルコトモ注目スベキコトトス	二院制（上院、下院）	或邦ニ於テハ普通選擧（滿二十一歲以上） 或邦ニ於テハ制限選擧（納稅又ハ讀ミ得ル能力ヲ有スルコト等ヲ條件トス）（滿二十一歲以上） 婦人參政權ヲ認ム 小選擧區制
獨逸國	民主國共和制下ノ獨裁政 主權國民ニアリ大統領ト議會ト對立シ重大ナル事件ニ付テハ憲法上國民投票ニ依リテ定メ得ルモノナリ然レドモ現在ニ於テハ議會ノ權限ハ立法ト豫算トヲ間ハズ殆ド一切ヲ擧ゲテ之ヲナチス政府ニ委任シ且一九三四年以降大統領ヲ廢止シテ總統トナシ「ヒツトラー」ハ總統トシテ首相ヲ兼ネ立法及行政ノ一切ヲ行ヘルヲ以テ事實上ハ其ノ獨裁政治ナリ然レドモ其ノ政權ハ國民ノ名ニ於テ行フモノニシテ自已固有ノモノトシテ行フニアラズ一九三四年以降中央集權ヲ強化シ聯邦國制ヲ廢シ單一國トナレリ	一院制 國議會	普通選擧（滿二十歲以上） 婦人參政權ヲ認ム 大革命後ノ憲法ニハ比例代表制（名簿式）ヲ規定シタルモ「ナチス」政府ハ全國一政黨主義ヲ採リ「ナチス」以外ノ政黨ヲ禁止セリ
佛國	民主共和制 大統領ノ權能比較的弱ク慣習上議院ヲ解散スル權限ナシ國務大臣ハ大統領ノ任命スル所ナルモ議會ニ對シテ責任ヲ有ス	二院制（上院、下院）	普通選擧（滿二十一歲以上） 婦人參政權ヲ認メズ 小選擧區制
伊國	立憲君主制ノ名ニ於ケル「ファッシスト」黨首領ノ獨裁政 君主之ヲ統治シ立法權ハ議會ノ協贊ヲ經テ行フモ政府ニ廣範圍ノ委任ヲ爲スアリ一面又「ファッシスト」大評議會ガ強大ナル權限ヲ有シ又全國ヲ幾多ノ職業組合ニ分チテ政治ニ參與セシム「ムッソリーニ」ハ「ファッシスト」黨總裁トシテ政府首席ヲ兼ネ又全國職業組合ヲ支配シ一切ノ政權ヲ掌リ獨裁政權者タリ	二院制（貴族院、衆議院）	普通選擧制ヲ認メズ 選擧年齡ハ滿二十一歲以上但シ妻帶者ハ滿十八歲以上 婦人參政權ヲ認メズ 全國ヲ一選擧區トシテ全國職業組合聯合會ヨリ議員定員ノ倍數卽チ八百名ヲ又國家的性質ヲ有スル法人又ハ組合ヨリ二百名ヲ各推薦セシメ其ノ中ヨリ「ファッシスト」大評議會ニ於テ四百名ノ候補ヲ定メ其ノ可否ヲ全國選擧人ノ投票ニ依リテ定ム若シ否決セラレタルトキハ總選擧ヲ行ヒ第一黨ニ多大ノ議席ヲ與ヘ殘餘ノ議席ハ第二黨以下ニ其ノ得票ニ按分比例シテ之ヲ與フ
白耳義	立憲君主制 主權人民ニ有リ議會ノ權力強大ナルコトヲ特色トス	二院制（上院、下院）	普通選擧（滿二十一歲以上） 婦人參政權ハ大戰戰死兵ノ寡婦ニシテ再婚セザル者敵軍ニ斃サレタル市民ノ寡婦及寡婦タル右市民ノ母未婚戰死兵ノ寡婦タル母敵軍占領中政治的理由ニヨリ拘留セラレタル婦人ニ限リ選擧權ヲ與フ 比例代表制
露國（ソヴエート聯邦）	勞農社會主義的國家 共產黨幹部ノ獨裁政治（事實上） ソヴエート聯邦ノ國家權力ノ最高機關ハソヴエート聯邦最高會議ニシテ立法權ハ同會議之ヲ行フ又其ノ選擧ニ依ルソヴエート聯邦最高幹部會アリ強大ナル權力ヲ有ス又行政權ノ最高權力ハ聯邦人民委員會之ヲ行フ然レドモ實際上ノ最高權力ハ共產黨首領之ヲ掌握シ其ノ獨裁政ナリト稱セラル	二院制（聯邦會議（ソヴエート）、民族會議（ソヴエート））	普通選擧（滿十八歲以上） 婦人參政權ヲ認ム
土耳其	民主共和制 事實上ハ大統領カマル・アタチユルクノ獨裁政ニ近キモノト稱セラル	一院制	普通選擧（滿二十三歲以上） 婦人參政權ヲ認ム
ブラジル國	民主共和制 聯邦制	二院制（上院、下院）	普通選擧 但シ讀ミ書キノ能力アルモノニ限ル（滿十八歲以上） 婦人參政權ヲ認ム 大部分（二百五十名）ハ國民ヨリ直接選擧セラルルモ一部分（五十名）ハ各種職業團體ヨリ選擧セラル
暹羅國	立憲君主制	一院制 衆議院	普通選擧（滿二十歲以上） 婦人參政權ヲ認ム
瑞西國	民主共和制 聯邦制 國民投票制ヲ認ム	二院制（聯邦議會、國民議會）	普通選擧（滿二十一歲以上） 婦人參政權ヲ認メズ 比例代表制
西班牙國	民主共和制 同國ハ目下叛軍其ノ國ノ半ヲ占領シ政權ヲ樹立ス政府ハ現在ニテハ事實上左翼ノ獨裁政ニシテ叛軍ハ右翼ノ獨裁政ナリ	一院制 コルテス	普通選擧（滿二十三歲以上） 婦人參政權ヲ認ム 比例代表制
和蘭國	立憲君主制	二院制（上院、下院）	普通選擧（滿二十五歲以上） 婦人參政權ヲ認ム 比例代表制
波蘭國	民主共和制	二院制（上院、下院）	普通選擧（滿二十四歲以上） 婦人參政權ヲ認ム
墺太利國	民主共和制 聯邦制 獨裁的政治ノ色彩濃厚ナリ	一院制 聯邦議會	直接一般國民ヨリノ選擧ニ依ラズ聯邦參議院州議會其ノ他ノ團體ヨリ選任セルモノニ依ル
ハンガリー國	立憲君主制 現在ハ國王ナク攝政統治ス	二院制（上院、下院）	普通選擧
瑞典國	立憲君主制	二院制（第一院、第二院）	普通選擧（滿二十三歲以上） 婦人參政權ヲ認ム 比例代表制
チェコスロヴアキヤ國	民主共和制	二院制（上院、下院）	普通選擧（滿二十一歲以上） 婦人參政權ヲ認ム 比例代表制
ルーマニヤ國	立憲君主制	二院制（上院、下院）	制限選擧（納稅ヲ要ス）（滿二十一歲以上） 比例代表制
メキシコ國	民主共和制 聯邦制	二院制（上院、下院）	普通選擧
チリー國	民主共和制 聯邦制	二院制（上院、下院）	普通選擧（但シ讀ミ書キノ能力ヲ有スル者）（滿二十歲以上） 婦人參政權ヲ認メズ 比例代表制
ポルトガル國	民主共和制 （事實上大統領ノ獨裁政）	一院制	直接選擧

人物篇
青森
岩手
後藤新平
齋藤實
原敬
高橋是清
秋田
山形
平田東助
宮城
新潟
前島密
福島
河野廣中
柴四朗
栃木
田中正造
茨城
群馬
長野
福島安正
下田歌子
富山
石川
杉田定一
由利公正
岐阜
埼玉
渋沢栄一
千葉
山梨
静岡
島田三郎
外山正一
東京
徳川慶喜・榎本武楊・成島柳北
山岡鉄太郎・勝安房・沼間守一
大久保一翁・星亨・鳩山和夫
愛知
加藤高明
滋賀
京都
岩倉具視
近衛篤麿
三條実美
三重
奈良
大阪
和歌山
陸奥宗光
兵庫
大島圭介
鳥取
岡山
犬養毅
島根
奥田義人
広島
浅野長勲
加藤友三郎
香川
徳島
芳川顕正
愛媛
高知
後藤象次郎・土方久元・板垣退助
岩崎弥太郎・末広重恭・片岡健吉
馬場辰猪・中江篤介・中島信行
谷干城・林有造・大石正巳
浜口雄幸
山口
木戸孝允・山縣有朋・品川弥二郎・井上馨
伊藤博文・山田顕義・大村益次郎・曽根荒助
乃木希典・寺内正毅・児玉源太郎・桂太郎
前原一誠・三浦梧楼・田中義一・鳥尾小弥太
福岡
明石元二郎
末松謙澄
野田卯太郎
川上音二郎
大分
大井憲太郎
福沢諭吉
矢野文雄
広瀬武夫
熊本
井上毅
佐々友房
宮崎
小村寿太郎
佐賀
大隈重信・副島種臣
江藤新平・大木喬任
松田正久・福地源一郎
伊東巳代治・奥村五百子
鹿児島
西郷隆盛
大久保利通
西郷従道
大山巌
東郷平八郎
松方正義
森有礼
川上操六
山本権兵衛
上村彦之丞
高島鞆之助
樺山資紀
黒田清隆
寺島宗則
大浦兼武
床次竹二郎

人物篇に就いて

人物は歴史を生み、歴史はまた、人物を生む。維新以後七十年の飛躍日本が、雲の如き人材を輩出したのは當然であつた。從つて、わが憲政史を物語る際、人物の要素に觸れざるを得ないのである。

明治大正昭和の三聖代に、巨大なる足跡を印した人物の、不朽の功績も、血の滲む苦心も、彼等の赤裸々な人間味に到達して初めてその眞姿全貌を明らかになし得るのである。本篇がもつ役割も、實にかうした意圖に外ならないのである。

が、さて如何なる人物を選ぶべきか。

世に謂ふ、維新の元勳は三條・岩倉であり、三傑は西郷・木戸・大久保である。また憲政の功臣としては伊藤・大隈・板垣があり、更に原・加藤・犬養等々、歴代內閣の首班があり、政黨の長老があり政論家の一群があらう。民間の偉材としても福澤・岩崎・澁澤等々は何人も指を屈するであらうし、山縣・乃木・東郷・大山・兒玉等々が、軍事軍政以外に、わが國政、風敎、文化等々に齎らした大なる貢獻を、何人も否定しないであらう。

以上は、世評に從つて自ら決定すると雖も、自餘の數百數千を超ゆる英才傑士のうち、何人を拉し來るべきかは、至難中の難事に屬するのである。こゝにおいて吾人は便宜上、數を登載人物に限定し、その詮衡の標準を、單に顯官高位に求めず、門戶の盛大に眩惑されず、國政の實際に何らかの歴史的意義ある動向を與へ得た人物においた。

しかして本篇を編むについても曩に我社の政治博覽會顧問にして明治史資料の精通者たる尾佐竹猛博士、文部省維新史料編纂官藤井甚太郎氏伊藤仁太郎氏の三權威の指示を仰いで、その萬全を期したのである。たゞ、現存する人々の中には、その儘生きた七十年史ともいふべき人物を發見しないではないが、こゝにはすべて故人に限つたのであつた。

かくして、以上の登載された人物に關係ある各名家には、幸ひに此の擧に贊同せられ、各々その祕庫を開いて、吾人が乞ふまゝに祕寶逸品の出陳を快諾されたのである。その品數たるや、一名家のみを以てして、優にその偉傑を偲ぶ遺品展を開催し得る豐富さの中にあつて、吾人は主として故人の人間味を最も端的に流露してゐる遺愛の品や、記念品、書簡の類を物色した。殊に、故人の生涯を通じて最も印象深き歴史的瞬間を物語る品々の發見に努力したのである。故に、本篇に收められた一片の書簡にも、その中の一言一句は當時の祕史であり、同時にその人物の個性の躍動に外ならない。一本のステツキと雖も、その人物が朝の逍遙にいだいた思索と、閑寂の心境とがこもつてをり、また他の一本の杖頭には、全國行脚の猛鬪心が宿つてゐることを見逃してはならない。まことに、かゝる祕寶中の祕寶、逸品中の逸品を、收錄し得る機會を今後再び期待することは、不可能といふ外はないのである。

人物篇は、以上の點を考慮して編輯したゝめ、見る人をして、まざ〳〵とその人物の側近にあつて、その風貌を直視し得られるであらう。政治篇の廣汎なる文獻遺墨に親しんだ眼は、次ぎに人物篇に來つて、生けるが如き歴史的偉傑の俤に接して、惻々たる感激をもつて、回顧七十年の歴史を念頭に跡づけるであらうと信ずるのである。

尚最後に一言附言したいのは、本篇は本社主催の政治博覽會に出品された品を主として載錄したため、頁の割り振りに多少の無理のあることを了せられたい。

公爵伊藤博文肖像

伊藤博文が親族一統に頒つた寫眞で、最近影と稱されてゐるローマ字でMarquis H. Ito October 28, 1905とサインしてある珍品。

（末松春彦子藏）

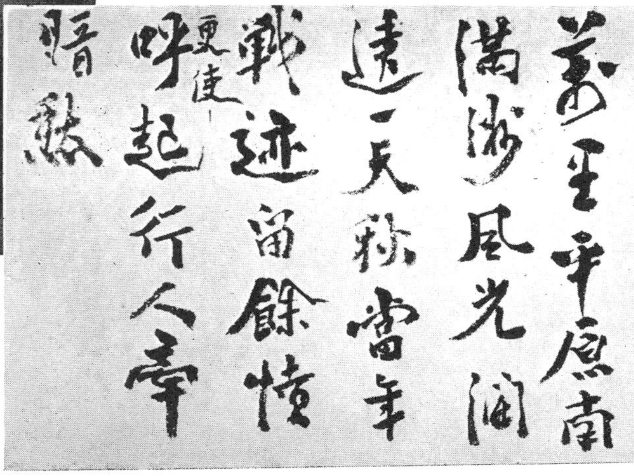

萬里平原南滿洲
風光濶遠一天秋
當年戰迹留餘憤
更使
呼起行人牽暗愁

☞ **伊藤博文の絶筆**

訪露の途、卽ち明治四十二年十月廿六日ハルビンの凶變に先だつ僅か數十分、博文は長春を後に車中から窓外の滿洲大平原を眺め、感興湧くが儘に、此の一詩を賦し、毛筆を揮つて此作を書き、隨行の室田義文に與へた。

（井上三郎侯藏）

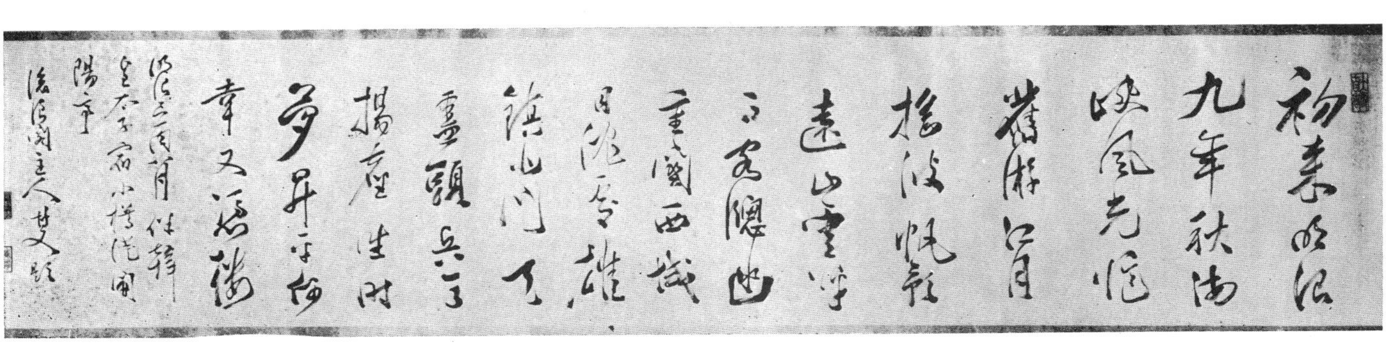

有名な伊藤公の詩

初來明治九年秋
海峽風光憶舊游
江月搖波帆影遠
山雲呼雨客聰幽
重關西域日沈處
雄鎭北門天盡頭
兵馬揚塵往時夢
昇平何幸又憑樓
明治己酉八月伴韓皇太子宿山樽開陽亭滄浪閣主人博文題

明治四十二年八月伊藤博文公が韓國統監であつた時代韓國皇太子と共に北海道に遊び、小樽開陽亭に宿して詠まれた七律、卽ち伊藤公がハルビンで遭難せられる二ケ月前のもので詩格高く筆勢雄渾なるも脫俗枯淡眞に稀れに見る逸品で曾て天覽を賜つたものである。

（室淸次郎氏所藏）

博文公より岩倉公宛書簡

木戸孝允、西鄕隆盛、大久保利通と相次いで維新の元勳が世を去ると、政府は少壯政治家の舞臺と變り、大隈、伊藤が手腕を振つたが、而も明治十四年大隈が意見を異にして野に下るや、政府は事實上博文を首腦とし、その華々しき活動に入つた。此の書簡は明治十四年十月廿一日、大政官に參事院を置いた直前十月十五日に岩倉具視に宛てたもので、文中自ら當時博文の隆々たる勢を窺ふことが出來る。

（田中龍夫男藏）

連日之御劇忙不堪恐察候

昨日之御會議參謀本部ハ内閣ニ不加ヲ至當ナリトスルノ議多數之趣山田方承候處理屈論ニ而ハ至極尤之樣ニ御座候ヘ共實際ニ取リテハ決而不可然事ニ奉存候

今政府ヲ維持スル之手段實力之外ニ無之全實力ヲ論スレハ薩長ノ外ニ有之間布、薩長中ノ人物實力ヲ掌握スル者ハ山縣西鄕兩人之右ニ出ル者無之此兩人ニシテ内閣ニ不在時ハ内閣之權力薄弱ニシテ威令之透徹スル所可測知也然ルニ山縣ヲ參謀本部ヨリ他ノ一省ニ轉シ内閣ノ一人タラシメシ乎一方ニ於テハ又一人ノ本部長タルヘキ人物御選擧無之而ハ不相叶恐ラクハ西鄕之外ニ其人有之間布然ルニ西鄕ヲシテ本部長タラシメシ乎均シク内閣ニ列スルヿヲ得ス彼ヲ以テ是ニ換ユルモ實力ヲ削キ威令ヲ伸ス不能ニ至テハ同一轍ナリ若シ又他人ヲ本部長ノ地位ニ置カンカ是亦數月ニシテ不滿百出可豫ト也實ニ困難至極ノヿト奉存候定而三大臣公御相談モ可有之候ヘ共能々御熟考御決斷無之而ハ勢至不可收拾可申候間此段御注意之爲申上置候

○愈參議院御新置之議御決定ニ御座候ヘハ吉井土方兩人ヲ是非一等議官ニ御加置有之候方前途ノ爲可然昨日之御會議ニテモ黑田ハ伊集院ヲ推シ西鄕ハ稅所ヲ擧ク然ルニ一方ヨリ他方ヲ見レハ必ス不承知ヲ不免事ノ不纏ヲ恐レテ互ニ默容スル迄ナリ然ルニ吉井ヲ御採用ナレハ履歷人物薩人ハ不及申世間不承知ヲ唱ル者決シテ無之是亦御再考奉願候土方ニ至テハ一等議官ニ被用スルヲ不好ノ理無之地位權限ニ至テモ無論内務大輔ノ下ニ不出縱令行政事務テ不取モ大政ニ關與スルノ參議院ナリ況ンヤ又一等官ナリ熟々此人ヲ考レハ實際ニ於テモ其所ヲ得ルヿ今日ニ勝ル萬々ナルベシ又内務省ノ實務ニ於テ大少輔ノ地ニ當ル者已ニ昨日申上タル如ク松田ノ右ニ出ル人物ハ決シテ無之是ハ衆目ノ視許ト奉存候是又御熟察奉願候吉井ヲ御採用ナレハ稅所伊集院兩人共元老院ニ御殘置候而可然吉井之事ハ鐵道會社頭取之議有之候得共此事何必シモ此人ニ限ル譯ニモ有之間布何分今日ハ皇室政府ヲ維持スルヨリ急ナルハナシ前條數件本日松方共反覆商議ノ上申上候間大臣各位御熟議奉願候就中山縣西鄕云々ニ至テハ所關甚重大ナリ斯ク申上候得ハ政府ノ威權此人等而已ニ有之樣申上却而政府ヲ輕ンスル樣御考被遊候歟モ難計候得共決而右樣之主意ニハ無之此往キ何分ニモ朝威ノ相立候樣政府ノ令スル所行ハレカシト申衷情ヨリ不顧忌諱候間此段宜布御洞察奉仰候匆々敬具

十月十五日　　博　文拜

巖相公閣下

博文公護身用仕込杖

明治三十三年八月伊藤博文公憲政黨其他の同志を糾合し立憲政友會を組織したる當時、刺客に付纏はれ身邊常に危險であつた。井上侯之を案じて此の太刀（在銘當麻）を護身用に贈つた。公は之を仕込杖に仕立て常に愛用してゐた。

（糸川恭平氏藏）

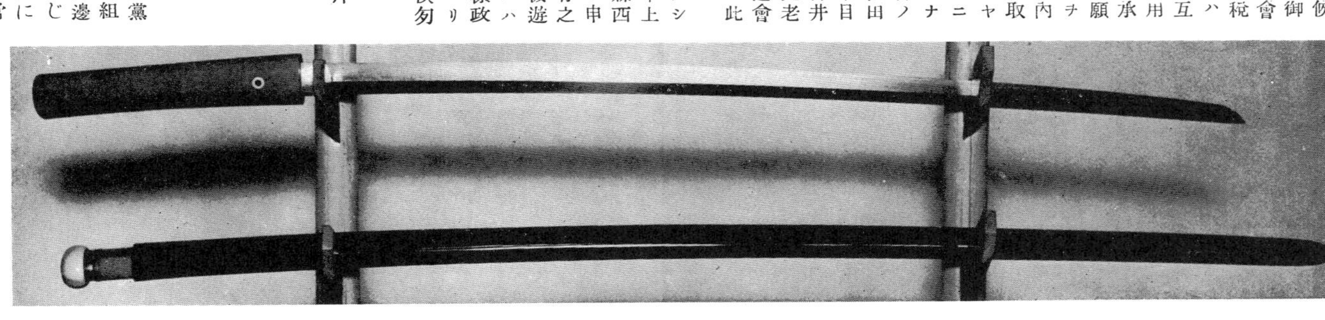

伊藤公統監帽

伊藤公韓國統監當時のもの。今は伊藤公の出生地山口の神社の社寶として保存されてゐる。

伊藤公愛用の洗眼器

この器で、晩年に伊藤博文は眼を洗ひながら讀書にいそしんでゐた。

（西朝子氏藏）

伊藤公常用の紙入

伊藤博文が常に懷中してゐたもので、『樞密院議長公爵伊藤博文』の名刺が入つてゐた。

（西朝子氏藏）

公爵山縣有朋肖像

伯爵黒田清隆肖像

黒田清隆遺墨

祥雲仰望鳳凰臺　梅蕚将發春色催
萬歳佳氣欽不極　共把壽抔辭忘回
壬午一月三十日七夜豚兒名附
羽皐山人

大日本長藩山縣素狂佩刀

有朋が狂介と稱し、勤王の志士と奇兵隊を組織して、維新の大業に東奔西馳しつゝありし頃から、越後口の戰に出陣した時まで愛用した佩刀で、刀身に『大日本長藩山縣素狂佩刀』の銘が刻んである。

（**山縣有道公藏**）

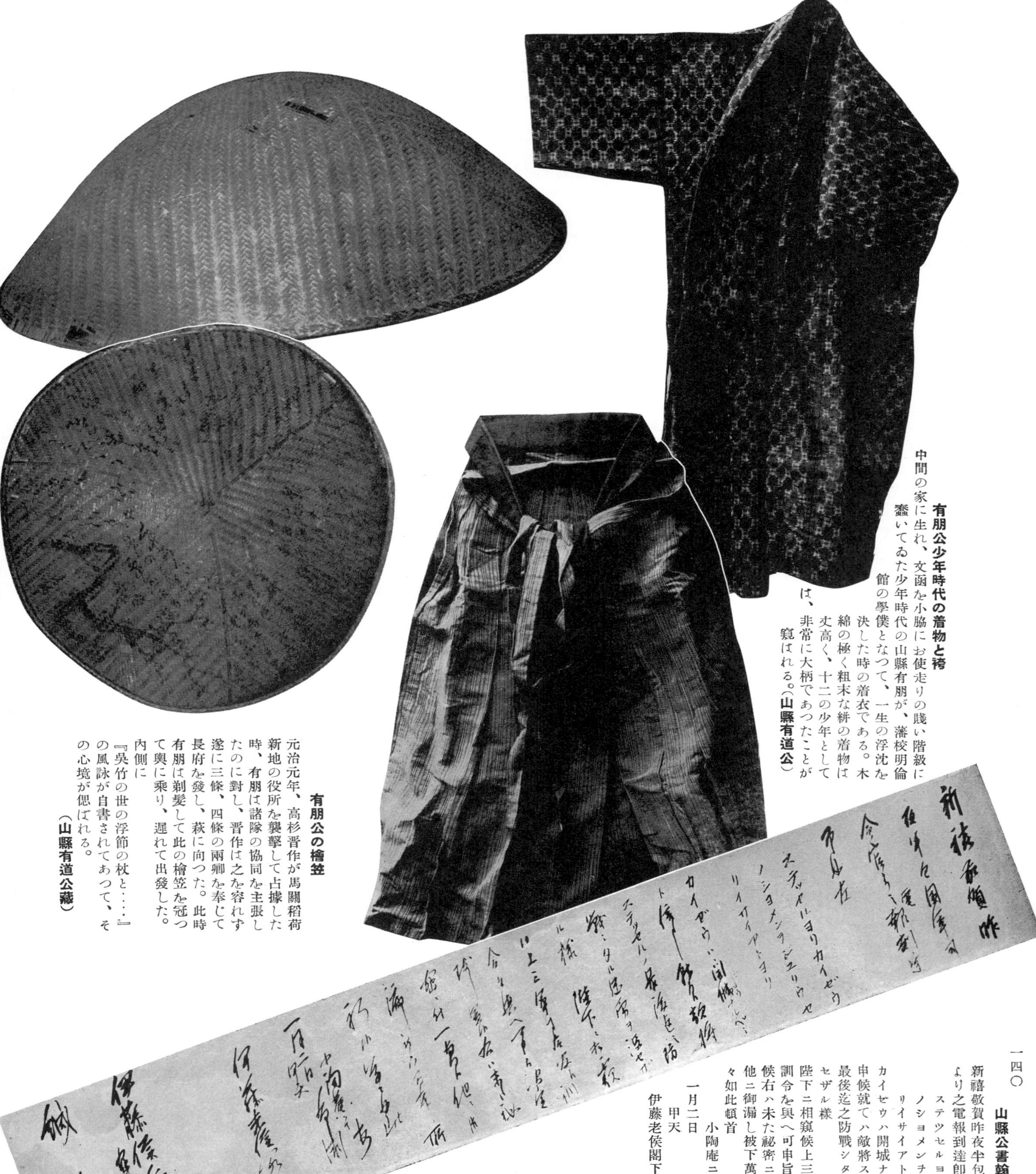

有朋公少年時代の着物と袴

中間の家に生れ、文函を小脇にお使走りの賤い階級に蠢いてゐた少年時代の山縣有朋が、藩校明倫館の學僕となつて、一生の浮沈を決した時の着衣である。木綿の極く粗末な絣の着物は丈高く、十二の少年としては、非常に大柄であつたことが窺はれる。（**山縣有道公**）

有朋公の檜笠

元治元年、高杉晋作が馬關稲荷新地の役所を襲擊して占據した時、有朋は諸隊の協同を主張したのに對し、晋作は之を容れず遂に三條、四條の兩卿を奉じて長府を發し、萩に向つた。此時有朋は剃髪して此の檜笠を冠つて輿に乘り、遲れて出發した。内側に

『呉竹の世の浮節の杖と……』の風詠が自書されてあつて、その心境が偲ばれる。

（**山縣有道公藏**）

山縣公書翰

新禧敬賀昨夜半包圍軍司令官より之電報到達卽如左

ステツセルヨリカイゼウ
ノショメンチジユリウセ
リイサイアトヨリ

カイゼウハ開城ナルベシト信申候就てハ敵將ステツセルノ最後迄之防戰シタル忠勇ヲ沒セザル樣

陛下ニ相窺候上三軍司令官江訓令を與へ可申旨決定致し置候右ハ未た祕密ニ付一兩日ハ他ニ御漏し被下萬布所祈候草々如此頓首

小陶庵ニて

一月二日　　　有　朋

甲天

伊藤老侯閣下

公爵松方正義肖像

壯年時代の松方正義公

明治元年正月十四日、長崎奉行河津祐邦が伏見鳥羽の戰に幕軍の敗報に驚いて出奔するや、松方正義は恰も長崎にあり、奉行配下の振遠隊を説いて之を朝廷に歸順せしめ、金八千兩、米一萬俵を市民に賑恤して普ねく朝恩の優渥なる事を示した。薩摩藩士として、其の才幹は夙に認められ、大久保利通に見出されてゐたが、其の手腕を認めらるゝに到つたのは、此の時宜に適した處置を採つた時にあつた。此の寫眞は長崎で撮影した壯年時代の颯爽たる英姿。（**松方巖公藏**）

海東公九十歳の書

海東松方正義が薨去前の九十歳の書で、絶筆と目せらるゝもの。

詩家清景在新春
綠柳纔黃半未勻
若待上林花似錦
出門倶是爲花人

海東書時年九十
（**松方巖氏藏**）

松方公遺愛の揮毫道具

その財政的手腕を以て我が財政の基礎を固め、首相として國政の樞機に參じた松方正義は、明治卅三年大藏大臣を辭した時を以て表面政治的生活を終つたやうであるが、實は樞密顧問官として、元老として國家の樞機に參じた。大正十三年七月二日九十歳の高齡で薨ずる迄、晩年は筆を執るのを唯一の趣味とした。これは遺愛の揮毫道具（右より筆、簀、筆架、筆洗、大硯、黑檀文鎭）（**松方巖公藏**）

侯爵　大隈重信背像

『あるんである』演説で、老ひて益々盛んだつた大隈重信の、有名な車窓演説。

大隈八太郎の東上

その一生を政治家として終始した大隈重信も、明治維新までは佐賀一流の勤王論を高調しつゝ雄心欝勃、髀肉の嘆を洩らしつゝ藩内に留つてゐた。併し八太郎佐賀にありの英名は天下に鳴つてゐた。やがて舞臺はグルリと一轉し、薩長相結んで倒幕の大旆は飜つた。八太郎が中央に進出する頃、奇傑中井櫻洲は、政府方面に『今度出て來る大隈といふ男は大變な男である』とその非凡な材幹を吹聽したものである。此の圖は、當時の意氣軒昂たる三十歳時代の八太郎の雄姿で、五百木畫伯の筆

（栗原彥三郎氏藏）

外交談判に用ゐた烏帽子垂衣

中央政府に出仕して間もなく、基督教徒處分問題が起り、廟議で大隈重信の意見が採用されて、我が政府を代表し、外國公使團代表たる英國公使パークスを向ふに廻して京都本願寺別院で堂々と談判し、その要求を一蹴した。此の外交談判で大隈の手腕が認められ、一躍名聲を馳せたが、此の烏帽子垂衣は此時に用ゐたもの、何しろ野人大隈に着こなせる筈なく、屢々ズリ込んで困つたと云ふ。

（大隈信常侯藏）

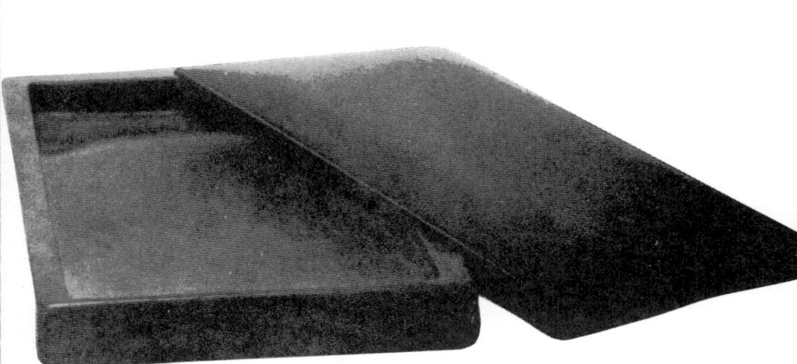

桂太郎公使用の硯
（桂五郎氏藏）

桂公遺愛の葉巻入とシガレツト・ケース
何れも桂太郎が日常愛用してゐたもの

公爵桂太郎肖像
三度宰相の印綬を帶びた桂太郎が明治卅四年大命を奉じて内閣を組織した時の寫眞
（桂　五郎氏藏）

桂公の立憲同志會入會勸誘狀
大正二年、桂は立憲同志會を組織したが、その時入黨を勸誘した書簡がそれである。

拜啓倍御多祥恭賀此事に候陳者老生大正新政の劈頭に於て時代の要求に應じ憲政濟美の目的を全からしめんか爲玆に廣く帝國の有志諸君と相謀り新政黨組織に著手致候に付ては何卒別紙御通覽の上老生心事御洞察御贊助御加入被下度希望致候申迄もなく事之此に到りしは老生に於ても審詳考慮の結果に有之必ず之を以て畢生の事業と做し誓て此目的を達せずんば息まさる覺悟に付此段可然御諒承被成下折角御協戮願上候敬具

大正二年二月

公爵　桂　太郎

山本權兵衛伯と『筑波』乘組時代の航海日誌

少壯京に出で禁闕の守衛に任じ、戊辰の役に從軍し、後海軍に入つたが、明治八年には筑波艦に乘組み訓練を受けた。下の日記は明治八九兩年の航海日誌である。

（**山本淸伯藏**）

道義貫心肝忠義塡骨髓直論俠義死生之間
辛春甚日於葉山別莊城南居士書

山本伯遺愛のステツキ

總理大臣たること二回、一つはシーメンス事件、他は虎の門事件に責を負うて掛冠し、俊毫、硬骨を以つて鳴つた山本權兵衛も心中快々として樂しまなかつた。晚年は好んで散歩したが、これはそれに使用した遺愛のステツキである。

（**山本淸伯藏**）

山本權兵衛伯遺墨

書家の家に生れた權兵衛は、幼時よりその影響を受けて書に巧みであつたが、揮毫の需めには決して應じなかつた。從つて殆ど世には出てゐない。これは珍しい遺墨である。

（**山本淸伯藏**）

正毅贊、栖鳳畫『太平樂』

神世なる太平樂をうたふとも
おこたらず研け鋒も劍も　正毅

（**寺內壽一伯藏**）

櫻圃寫『老蘇審勢論』

櫻圃寺內正毅は組閣の前年、卽ち大正四年二月一日支那に遊び漢陽の終南山下綠泉亭で老蘇之審勢論を讀み感奮して、之を丹念に寫し、自ら箴とした。世上軍閥政治として非難したけれども、寺內正毅は一片の武辯に非ず、天下を治むるの道をも究めてゐたのである。

（**寺內壽一伯藏**）

伯爵寺內正毅肖像

（**寺內壽一伯藏**）

御用有之明二十七日午前十時三十分闕下ヘ被為召候間同時刻參內可有之此段申進候也

大正七年九月二十六日

侍從長伯爵正親町實正

正三位原敬殿

原敬肖像

大正十年十月廿二日岐阜市で立憲政友會の關東海十一州會が開かれ、原總裁が臨場して獅子吼した。此の溫顔慈容は翌月四日正に東京驛頭で兇刄に倒るゝ僅々二週間前のものである。（原　貢氏藏）

大命降下のお召狀

米騷動で寺內內閣倒れ、一介の平民原敬に大命が降下したのは大正七年九月廿七日であつた。原敬は斯くて政黨政治確立の基礎を作り、衆議院に議席を有して內閣を組織した最初の人として記憶されるのであるが、此の書簡は正親町侍從長よりの大命降下の御召狀である。（原　貢氏藏）

野田大塊宛原敬手翰

原敬、政友會總裁として大正七年八月北海道大會に出席したが、突然全國各地に米騷動が起り、大會を中止せしめた旨を報じ寺內內閣の失政を指摘した手簡である。（野田俊作氏藏）

十二日付芳書拜讀致申候乍思御無音恐縮之至ニ存候米價問題ニ付政府ニ御忠告相成候趣至極可然事ニ存候此問題ハ全ク政策を誤り候樣ニ相見得氣之毒千萬ニ存候各地之騷動如何ニも甚敷樣子ニ付北海道ハ無事ニ有之候へとも平氣ニ大會チ開クモ如何と考候ニ付急ニ中止爲致候委細之事情ハ横田氏迄申遣候間御聞取願上候首相も困却中可有之千萬推察被致候へとも大局ニ今少シク著眼無之而は遺憾之事ニ存候拜答旁申述候　匆々頓首

八月十五日　敬

野田老臺

遺愛置時計

几帳面な原敬氏は常にこの置時計を書齋に飾つてゐた。（原　貢氏藏）

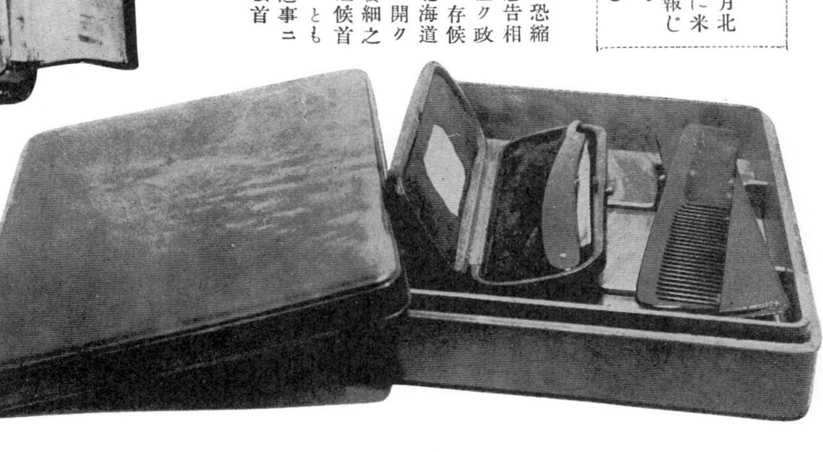

愛用の鼈甲櫛とレザー

あの美事な白髮を常に梳つた櫛と髭剃に用ゐたレザー。櫛は遭難の際に懷中し、レザーはトランクの中に收まつて既に列車に持込まれてゐたもの。（酒井恒雄氏藏）

子爵　高橋是清肖像

高橋子座右のファミリー・バイブル

高橋翁が壮年時代より座右を離さなかつたバイブルである。開巻第一頁に鉛筆で

Do is evil, that good may come.
The end justifies the means.

と走書きしてあるが、今更ながらバイブルで磨き上げたその人格も偲ばれる。

（高橋是賢子蔵）

高橋是清子遺墨

興利在共同
茜庵書

（高橋是賢子蔵）

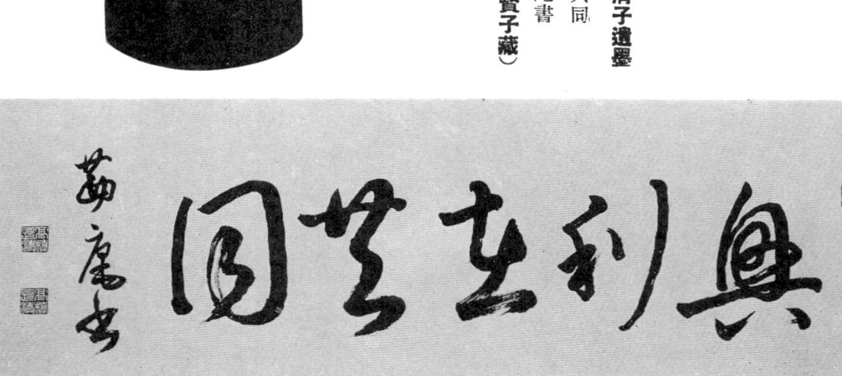

高橋子遺愛の筆

高橋是清翁が晩年揮毫に用ゐた筆及筆立。

（高橋是賢子蔵）

忠誠貫於金石
孝弟通於神明
大正四年六月
海軍中將臣加藤友三郎謹書

加藤子遺愛の紫檀造煙草盆

友三郎が家庭にある時、常時傍を離さず愛用した煙草盆である。（**加藤隆義子藏**）

加藤子の元帥刀と海軍大將服

聯合艦隊參謀長として日本海大海戰に臨み司令長官東鄉平八郎大將を輔けて重責を全ふした加藤友三郎は、大正四年入閣して海軍大臣となり、同十一年内閣總理大臣となつた。組閣以來日夜劇務に鞅掌し著しく健康を害したが、責任觀念强く病苦に堪へ遂に在職の儘翌十二年八月廿五日午後零時卅分逝去した。病革るや特に子爵を授け元帥府に列せられたが、此の元帥刀はその爲人を表徵する好個の記念品である。（**加藤隆義子藏**）

加藤友三郎遺墨

全然筆を揮はなかつた加藤友三郎が畏くも大正天皇の御下命に筆を執り天覽に供したもの。

忠誠貫於金石孝弟通於神明

大正四年六月

海軍中將

臣加藤友三郎謹書

子爵 加藤友三郎肖像

海軍大將正裝の寫眞。その自署がある。（**木村甚三郎氏藏**）

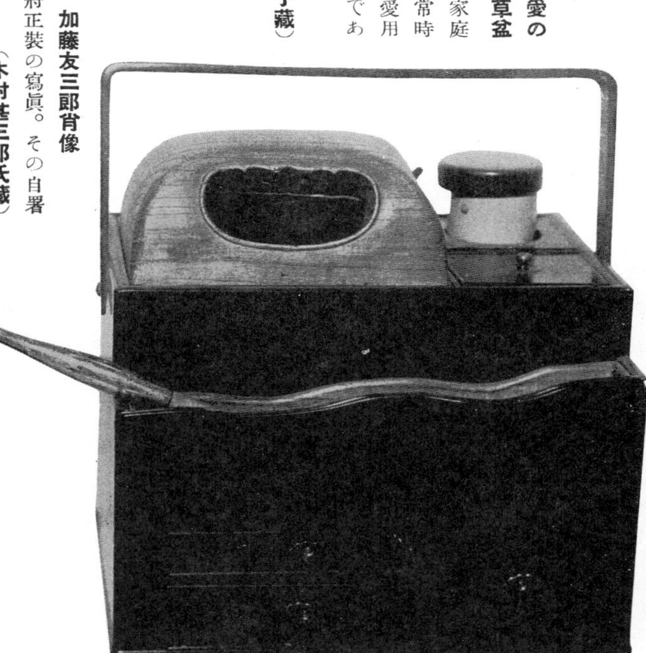

男爵田中義一像
昭和十年武石弘三郎氏の製作になるもの。
（軍人會館藏）

上海遭難を物語る帽子

フイリツピン總督ウツド將軍の來訪答禮の爲めに大正十一年二月廿四日、田中義一は東京驛發マニラを訪れ、歸途上海に立寄つたが、三月廿八日半島人の爲めに狙撃された。幸ひ彈丸は帽子の上部を貫いて、田中は微傷も負はなかつたが、近邊にゐた米國婦人二名は不幸にして、その犠牲となつた。此の帽子は遭難の際の帽子で彈痕が歷々と認められる。

（田中龍夫男藏）

田中男サモアールの由來

田中義一が露都を去らんとするや、露軍將校團は盛大な送別會を開いて、贈るに此のサモアールを以つてした。其の外交的手腕推して知るべきである。席上クリンゲンベルグはナミ〳〵とついだウオツカの盃をさし出して、

『日露風雲急矣、何れは戰場で相見えるであらう。貴國軍の戰死者中に、若し此の盃を持つてゐる者あらばそれは貴下である。其時には再び此の盃にウオツカを盛り、之を戰死體にそゝいで厚く〳〵葬つてやらう！』

義一はニツコリ笑つて、日本刀一口を與へて曰く、

『有難う、日本人は他人に物を贈られると必ず返禮するのが習慣だ。これは日本刀だ、よく切れるゾ。これを持つて名譽の戰死を遂げてゐる者があつたら、それは汝である、その時には厚く遇してやる！』

遂に日露戰端は開かれた。一日露軍の中に日本刀を打振りつゝ『ギイチ、ギイチ』と叫ぶ露將校が發見され、俘虜となつた。直に義一に通知せられたが、軍規は對面を許さなかつた。併し、クリンゲンベルグは厚遇を受け、松山の收容所より最上級の謝意を披瀝した禮狀を贈つてゐる。

（田中龍夫男藏）

田中義一男絶筆
「清修自守　義一題」

昭和四年九月廿八日、死の前日乞はるゝ儘に筆を揮つて兒玉右二氏に與へた此書は、翌廿九日急逝により圖らずも絶筆となつた。そのためこの書は田中家へ再び贈り返されたものである。
（**田中龍夫男藏**）

田中男陸軍少佐時代

陸軍少佐田中義一は、時の參謀總長川上大將の内意を承けて、明治卅一年帝政露西亞に赴き、隊附勤務に服して露西亞軍隊の實情を探り、廣く國内の内情を研究した。此の寫眞は露都で撮影したもの。
（**田中龍夫男藏**）

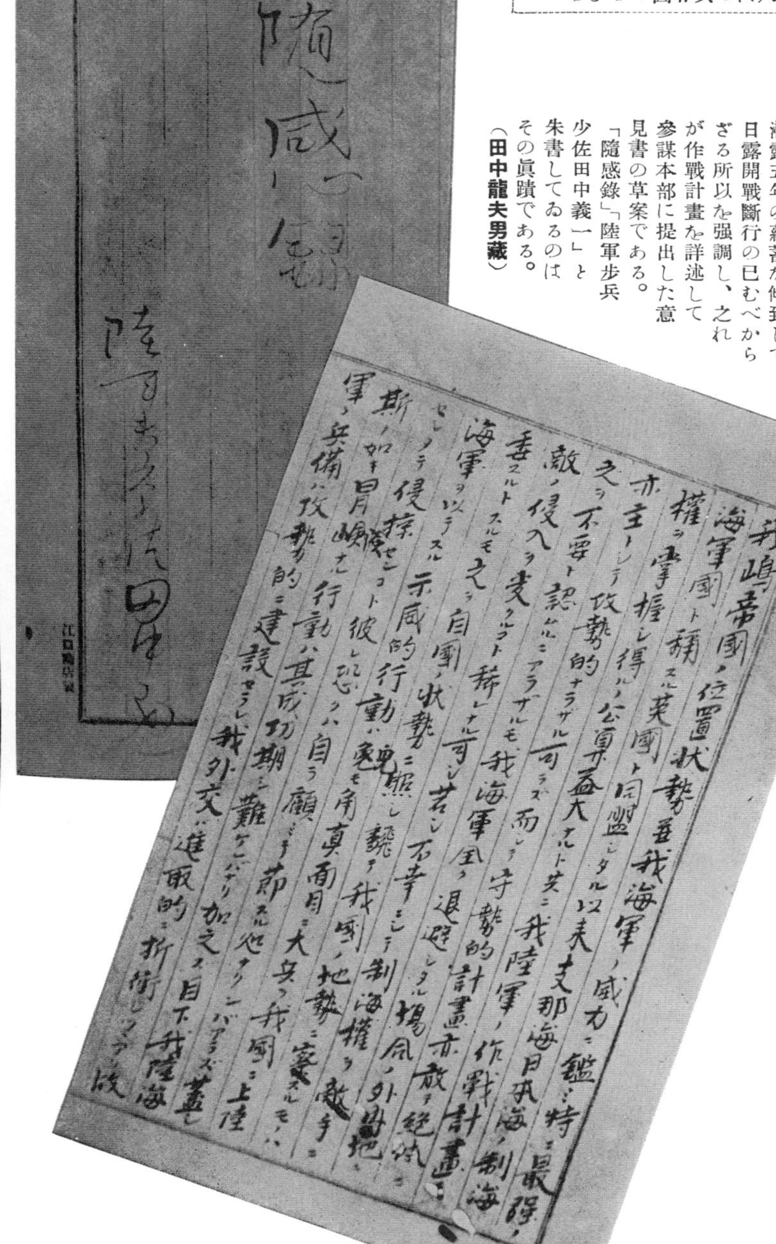

田中男遺稿『隨感錄』

明治卅五年六月歸朝するや、滯露五年の蘊蓄を傾到して、日露開戰斷行の已むべからざる所以を强調し、之れが作戰計畫を詳述して參謀本部に提出した意見書の草案である。「隨感錄」「陸軍歩兵少佐田中義一」と朱書してゐるのはその眞蹟である。
（**田中龍夫男藏**）

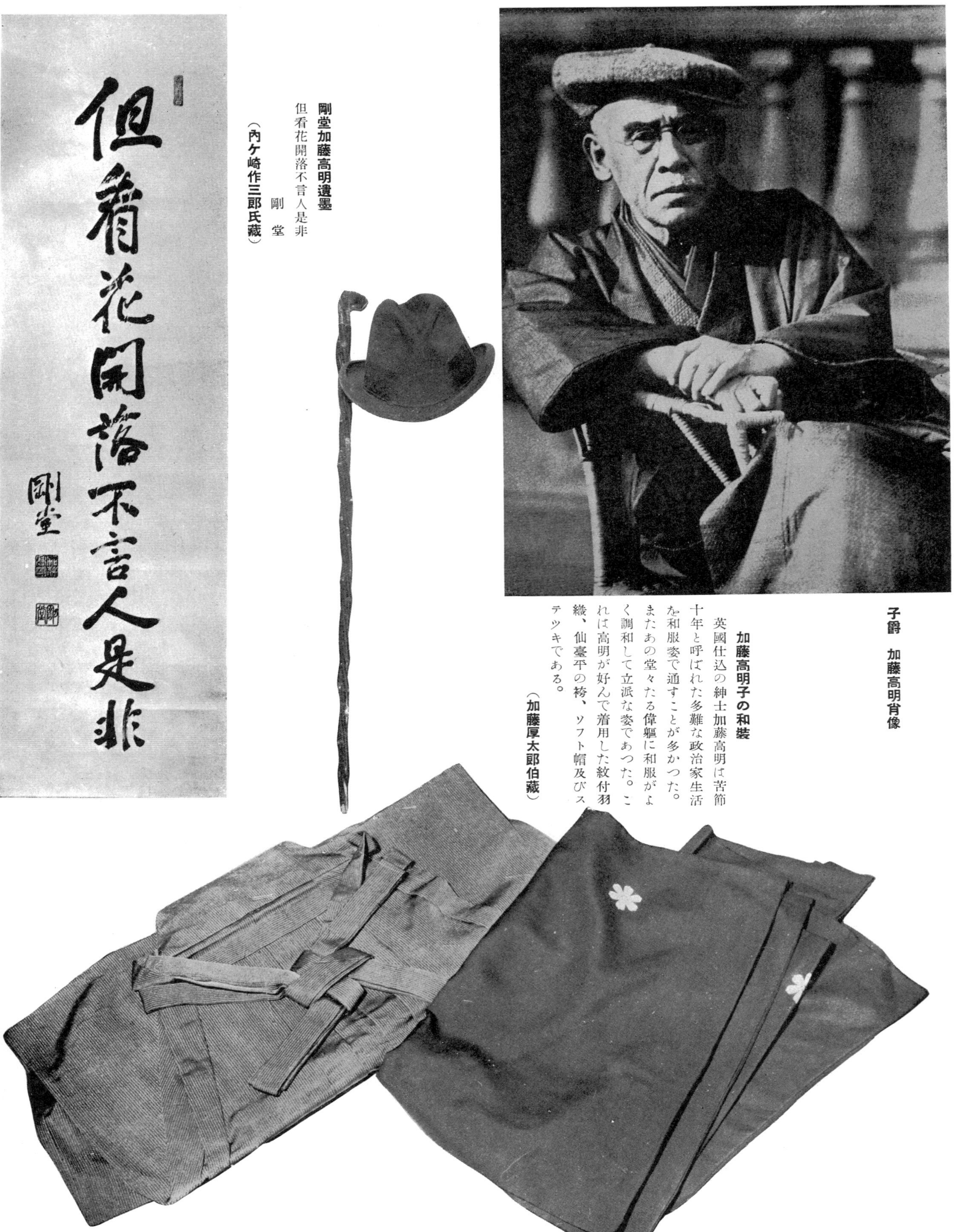

子爵　加藤高明肖像

加藤高明子の和装

英國仕込の紳士加藤高明は苦節十年と呼ばれた多難な政治家生活を和服姿で通すことが多かつた。またあの堂々たる偉軀に和服がよく調和して立派な姿であつた。これは高明が好んで着用した紋付羽織、仙臺平の袴、ソフト帽及びステツキである。

（加藤厚太郎伯藏）

剛堂加藤高明遺墨

但看花開落不言人是非　剛堂

（内ケ崎作三郎氏藏）

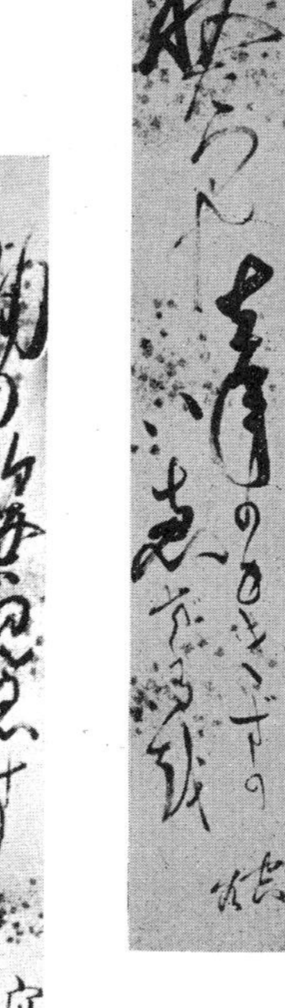

揮毫中の濱口雄幸氏（栗原彦三郎氏藏）

濱口氏元旦試筆と絶筆

昭和五年十一月十四日、首相濱口雄幸は東京驛プラットホームで兇漢に狙撃され彈丸は下腹部に命中した。直ちに帝大病院で手術して療養、入院した儘、昭和六年の元旦を迎へた。

（色紙）

元旦や六十二年の事はじめ

庚午の歳明けて辛未元旦よめる　空谷

稍々小康を得て其の月に退院したが、烈々たる意氣を吐露してゐる試筆の一句。

併し、だが併し、再び起たなかつた。同六年四月十日首相と政黨總裁とを辭して靜養に努めたが、病は益々重るばかり、立秋の日には身動きならぬ身體を病床に横へ、仰けのまゝで筆を取つたのがこの短册である。

秋たつや去年のてきずのいゑざるを　空谷

蜩の姿は見ゑす夕榮えす　空谷

その寓意を掬すれば何人も暗然として瞑目せざるを得ないであらう。數日の後、八月廿六日遂に歿した、そして此の短册はその絶筆となつたのである。

（濱口雄彦氏藏）

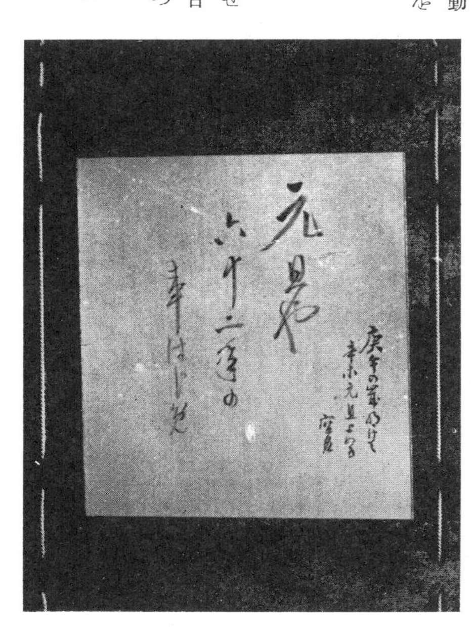

○庭前ノ古榧樹

遺稿『隨感隨錄』

濱口雄幸遺稿『隨感隨錄』が、濱口富士子さんの名に依つて發行されたのは、昭和六年九月十四日であるが、これは昭和四年九月頃より週末鎌倉に赴いて感興の湧く儘に感じた事どもを『隨感隨錄』の名の下に、書記したものであつた。其の序に曰ふが如く、昭和五年九月末から不思議にも興が湧いて筆を執ることが多かつたが、遭難の爲めに中絶し、昭和六年一月退院してから靜養しつゝ再び筆を執つた。寫眞は原本『隨感隨錄』の『庭前の古榧樹』の一齣である。

（濱口雄彦氏藏）

モンペ姿の木堂翁

富士見高原の別墅、白林荘に於けるモンペ姿の木堂犬養毅翁らしい微笑ましい面影ではある（**犬養健氏蔵**）

木堂遺愛の仕込杖

帝國議會開設以來所謂五・一五事件で此の老政治家が終始一貫衆議院議員として一死以て憲政の爲めに戰つた犬養毅が壯年時代から常に携へた護身用の仕込杖である。西南の役に從軍記者として携へたであらう、支那革命にも携帯したと云ふ。自由民權運動や、護憲運動に獅子奮迅の活躍をした『憲政の神』の守刀でもあつたらう。刀は和泉守兼定の作、由來は刀劍界の一人者として知られた木堂翁の『兼定刀記』が如實に物語つてゐる。（**犬養健氏蔵**）

本因坊秀榮遺物檜碁盤

碁客であり、碁界の恩人であつた木堂翁が遺愛の品、本因坊秀榮の珍しい檜製の遺品である。（**犬養健氏蔵**）

木堂翁『恕』の一字軸

木堂一流の書、これに溢れるやうな人間味、堅忍不抜の氣慨、そして清貧を以て終始した翁の面目が躍如としてゐる。これ、不慮の横死半年前、昭和六年十月令孫道子さんの爲めに、特に翁が書殘した黄金の處世訓である。

（**犬養健氏蔵**）

給仕齋藤富五郎の賞狀

明治二年膽澤縣を置かれ、地方少年を縣官の書生としたが、其の中に齋藤富五郎、後藤新平の兩人が選まれたのも奇緣である。富五郎卽ち齋藤實は後ち縣廳の給仕となつたが、明治三年閏十月四日構內監獄から失火して大事に及ばうとした。その時機轉の利いた富五郎は速かに馳付けて廳內に燭を點じたので、其の働き拔群であつたと表彰された。これは其の賞狀で齋藤家の家寶として祕藏されてある。

（齋藤　齊子藏）

子爵　齋藤　實肖像

田植をする朝鮮總督

前期八年、後期二年前後十年間二回に亙つて朝鮮統治の上に殘した齋藤實子の足跡は實に偉大である。これは朝鮮總督の時代に田植をしてゐる見るも快い一場面である。

（齋藤齊子藏）

給仕
齋藤富五郎
其方事去ル四日夜近邊出火之砌乍幼少諸人ニ先チ廳中ニ馳付夫々手配行届候段奇特ニ付目錄之通下賜候事
庚午
閏十月十二日

齋藤子卽妙のお燗道具

昭和二年ジュネーヴで開かれた海軍軍縮會議に、齋藤子は全權大使として臨んだ。會議は紛糾に紛糾を重ねたが、險惡なる會議の空氣のうちに、若い頃から非常な酒豪、然も酒はお燗した灘の生一本に限ると云ふので、工夫したのが此の卽妙のお燗道具である。登山用のアルコール熱器で湯を沸かし、その上に水さしを入れてお燗をし、ソース壜へ移してチビリ〳〵とやる趣向で悅に入つてゐたとは却々ふるつてゐる。

（齋藤齊子藏）

木戸孝允肖像
（木戸幸一侯藏）

藩政府へ提出した建言書草案

嘉永六年、黒船の出沒に幕府は毛利藩に相州警衞地の防衞を命じた。そこで藩政府は家臣より國防策に就いて意見を徴した處、廿二名より之が建言をなした。木戸孝允即ち桂小五郎も建言書を奉つた一人で、當時年齢僅かに廿一歳、其の達見、其の策略、其の論旨の堂々たる、其の偉材は早くも頴脱してゐることを知る。これは自筆の草稿であるが、其の起草に當つては、吉田松蔭が加筆してゐる。

（木戸孝一侯藏）

十二月十七日　桂小五郎

木戸孝允の大禮服

岩倉具視を特命全權大使とし、木戸、大久保、伊藤、山口等を副使とする一行が、明治四年横濱を出發、米國を經由して渡歐英國に到着した。英京ロンドンで一行は大禮服、小禮服を洋服商に註文して翌五年八月廿六日、双方共出來上つた。小禮服は十月十四日我が天長節に着用して聖壽萬歳を祈つたが、十一月五日には使節一行は初めて新調の大禮服を着けヴィクトリア女皇に謁見して國書を捧呈した。此の大禮服が我國のそれを作るに當つて實物見本として大いに役に立つたと傳へられてゐる。

（木戸幸一侯藏）

上書

今度幕府より浦賀御固被爲蒙仰候共誠ニ武門之御面白

御先祖樣ニも嘸御大慶被遊候と奉存候然處浦賀ハ關東之緊要江府之咽喉にして實ニ不容易事ニ御座候故を以幕府ニも群諸侯中御擇ミニて特別御家ニ被命候者深く御依賴有之儀と奉存候左候得バ上下一致奮發激勵致し大平之因循を斬新し蠻夷を攘以上皇帝を奉護下萬民を被遊撫育候儀専要と奉存候然るに天下之人醉倒人之如く口に忠孝節義を稱する者さへも無之まして赤心を以國家に報效を計る者は僅々たる事にて是を以て軍などゝは可笑之至り候臣誠ニ此の如きを恐れ胸中之蓄念無殘申上候

公上御出馬有之度事

此度之義ハ實ニ神州之御國體ニも罹り　御家之榮辱ニも預り候事故　御猛省此事ニして願ふ處は　公上自今御出馬被遊來春戰鬪之人數を被召連土地之形勢御巡見有之候樣ニと奉存候御本陣之地ハ鎌倉之形勢宜敷樣奉考候何を以なれは鎌倉之地は夷人上陸致し候へば恃に便宜を得る處ニ候而彼をして眞ニ戰を企候ハヽ浦賀内海よりは先鎌倉を志し候と奉存候故ニ此處ニ御本陣御定メ嚴重之御備へ有之時ハ彼之望之を破るのミならず内海ニ事有時ハ直ニ逐て其後を攻彼をして左支右吾敢て其術を縱にする事を得さらしむる理リニて候故御本陣之場所共此處を第一と奉存候

非常之人材を御撰ひ有之度事

古より明君賢主之英傑俊偉之士を求るは誠ニ飢する者之食を求め渇する者之飲を求るよりも急に御座候如何となれバ英傑俊偉之人者甚得難者にして得ると不得とハ國家之存亡ニも懸候事故是の是を求る如此甚急なる事ニ御座候然共方今人才萎衰英傑俊偉之人ハ一朝一夕には相知れ申間敷候得共有名之士ハ隨分可有之或ハ徑術を以て顯れ或は文章を以て顯れ或は兵學を以て顯れ或ハ武藝を以て顯れ或は洋學を以て顯れ候者之類各才之高下器之深淺ハ有之候得共斯名あれバ必斯實ある者ニ御座候得バ遍く此輩を天下ニ御求め被成共ニ武備を詢謀し候儀専要と奉存候況や御國中之者ハ勿論自分之尊卑ニ不被爲拘忠心廉節才學有之者ニ候得バ其賦を顧すして其能を顧ミ親く御前え被召出肝膈を吐露致させ防禦之義申上候樣有度儀と奉存候果して然る時は本藩之武備全然相備り諸藩も來て法を取ハ必定之儀と奉存候實ニ非常之時ニ候得バ非常之御政令爲在度樣奉存候

御固メ場處も御手廣之事故人數ハ分置有之候樣と奉存候事

相州御備場海岸實ニ御手廣之事故數千之人數位ニ而は一體全備と申わけにハ被申間敷能々御考按被爲在要津之處えハ夫々廣狹ニ依り人數分散被致置寸暇なく相守居候儀肝要と奉存候得共何れ不足なる處ハ其處之農民を以御增補有之候樣奉存候然共農民ニおいてハ武事不心得之事故尤强剛なる者を撰擇し始之中ハ各日位ニ武術脩練爲致候樣可有之候樣相成り候時ハ調練之日丈ハ彼等も田野耕耔も相成り不申故或ハ年貢を御減しニ成り又其日々御雇ニ相成り候而何卒彼之馴伏致し候樣御取扱有之時ハ御恩を感し十分精力を盡し御用にも相立候と奉存候況や數代土著之者に御座候得バ父母之地を賊夷ニ侵掠被致候事故上より御諭により候而はいか程も奮興仕候と奉存候又一ニは土地之形勢も能熟得致し候と存候旁以宜敷と奉存候

御備場中御合圖之事

相州御固場處も御手廣故一定之御相圖無之候而ハ相成り不申然共彼之船ハ迅速故人をして讐を報セしむる之間暇有之間敷故ニ能土地之形勢を見立炮烟にて御備場中是より彼え告彼より是え告候樣相圖被仰付候樣に奉存候

器械速ニ御脩造有之度事

來春米夷渡來も豫知れ候得ば何卒速急ニ器械之御脩造無之候而ハ相成り不申然處世上銅錫も少く樣子ニ御座候由乍恐先御廟堂之銅器御遠用之物を始として御兩國寺社釣鐘半鐘己未伊奴（コマイヌ）などの銅器を當分御借上被成銃鉋之御鑄造有之候樣奉祈候且又器械は古制も御座候得共先時之變動に依り輕便ニ相成候物を御用い有之候樣奉存候臣竊に承候に紅毛人幕庭え差出候萬邦之風說書ニ亞米利加州より來春數十艘餘之軍艦を差向候樣ニ而終幅仕候と申事ニ御座候實ニ以今夏浦賀之花枝位でハ彼が器械ニハ中々以難敵と存候時日不移速ニ御脩造有之候樣ニと奉存候然し勝敗ハ器械斗リニ而ハ無之候得共海戰海岸守禦野戰何れニ御座候而も器械不足にてハ十分のはたらきハ無覺束候と奉存候

御策略御定有之度事

兵を用ゆる之法必豫め定むる之策略あり策略之豫定不仕候而泛然事に臨むときハなにを以敵を防き可申哉今謹而之を思い奉るニ海戰之策略あり海岸守禦之策略あり陸戰之策略あり此三策略ニ隨而各異同有之申候海戰之御積りニ御座候得ば大軍艦は間ニ合兼申候得共狹小に而も堅牢之船艦御脩造被仰付浦賀海上ニ而も凡大炮小銃之打方を操練被仰付候樣有之度儀と奉存候何程屈竟之士も風波ニなれ不申る時ハ船上之働左支右吾致し海父蠻丁ニ及はざる事遠く何を以大炮小銃にかゝり照準打放各其式に叶ふ事を得可申や又海岸守禦之御積りニ御座候得ハ火急ニ砲臺え架すへき之巨炮を鑄造有之海岸之砲車を造り有之又其打放し式を習練被仰付ニと奉存候陸戰之御積りニ御座候得バ急ニ西洋野戰炮隊之制度を斟酌し更ニ本邦短兵騎兵之練を精く致し不申候而ハ叶い不申候若又三つ之策略を兼んと之事ニ候得バ三つ之策略を兼不申候而ハ相成不申候或云戰之事ハ臨機應變豫定すべからず何そ三策略を定むるに可及哉臣竊におもへらく是兵法ニ通せざる者之遁辭にして人を致して人に致されずと申言ニ解さると申者にて我果して能人を致すときハ戰之地を知り戰之日を知る何を三策略を豫定不仕候而善と可申哉

右之條々固ク平常之策略にして嗚呼かましく申上るハ思召の程も恐しく候得共愚を顧ミ罪を恐れ口をつぐんで傍觀するハ臣之深く耻るところにして故ニ存竟之趣逐一及措陳候若其言之過當を以斧鉞之誅を蒙り候も臣之敢て辭セざる所に候以上

十二月十七日

桂　小五郎

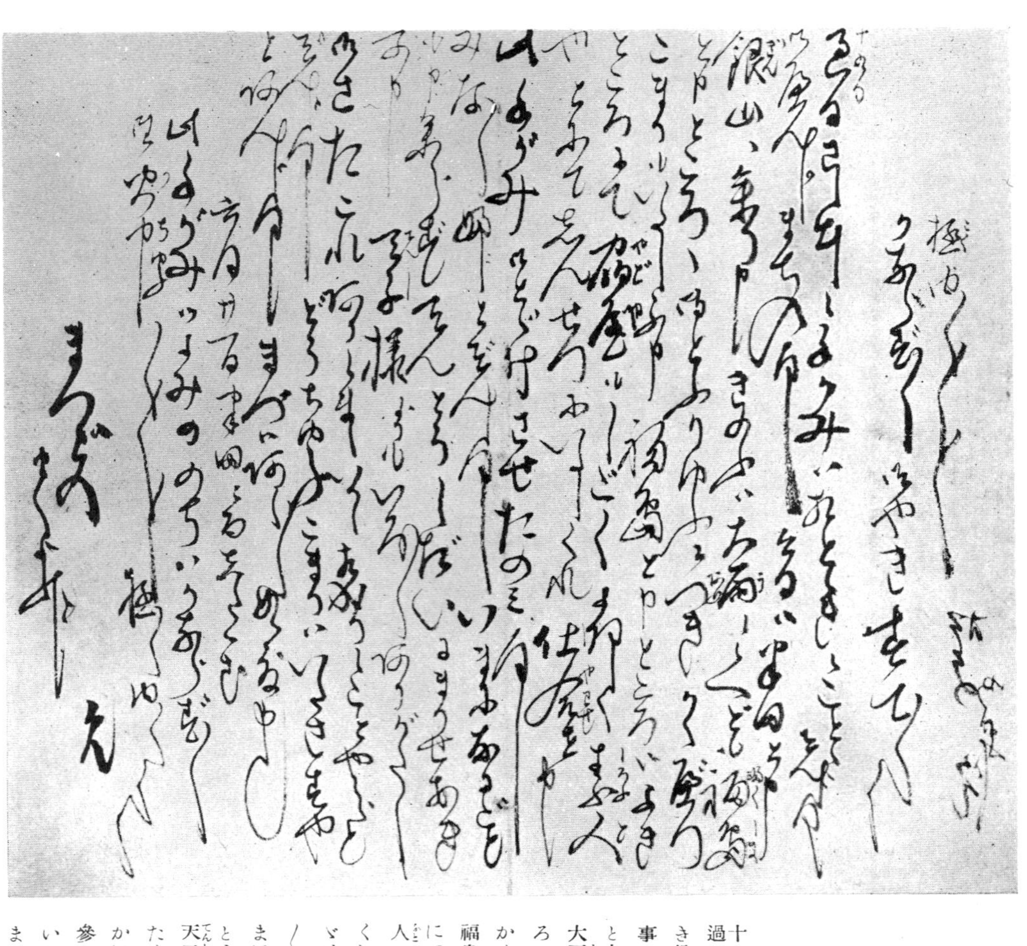

まつ子（幾松）夫人への書翰

明治九年六月二日、車駕東京を發して東北御巡幸、七月廿一日御還幸になつたが、その時供奉した孝允が旅先より松子夫人に宛てた優しい書翰。夫人は云ふ迄もなく幕末の頃劍戟の間を馳驅して、幾度か死生の間を往來した『桂小五郎』と情史を飾る俠妓『幾松』である、『極内〳〵〳〵』など自ら微笑を感ぜしめずには置かない。

（木戸幸一侯藏）

極内〳〵〳〵

かならず〳〵御やきすて〳〵

十九日

過日さし出候手かみは相とゝき候ことゝ存知参らせ候御返事まち入参らせ候今日は半田と申銀山へ参り申候きのふは大雨に候へども福島と申ところへ御とふりゆふにありつきかくべつこまりもいたし不申福島と申ところはよきところにて宿屋もしごくよろしく素人やとにてしんせつにいたしくれ仕合と申候此手がみ御とゞけさせたのみ参らせ候みな〳〵ふじとぞんし参らせ候いまになにごとも申参らせずてんとうしだいにまかせおき可申天子様よりもいろ〳〵ありがたく御さたこれあり候まゝいかに相成候ことやらとぞんじ参らせ候どうちゆうこまりはいたさすやとあんじ参らせ候まづはあら〳〵めて度かしこ

六月廿一日半田にてしたゝむ此手がみ御よみののちはかならず〳〵御火中〳〵

〳〵極〳〵内〳〵〳〵

允

まつどの　めて度かしこ

嗣子正二郎への書翰

政府の留學生として英國にあつた嗣子正二郎への書翰。内容は明治六年政府が海外留學生を全部引揚げさせた頃、其旨を書送つたものであるが、匆忙の間に讀み易く一々振假名をつけたあたり、父としての愛情を罩めた、行届いたものである。松菊木戸孝允の奥床しい半面と人情味が窺はれる。

木戸幸一侯藏

新禧芽出度存申候彌無事に越年と珍重に存候此方も昨秋已來之病氣も逐々快方に趣き且々致レ加年候間安心可被致候さては昨夏已來政府之御評議も有レ之一旦外國在留之書生被レ差返候と申都合に相成候由付而は一應其方も不レ遠歸朝候事と相待申候半途に而歸朝候事いかにも殘念なる次第に候へ共是も御評議に而一決に相成候上は如何にも難レ致候乍去又爲レ往々には一度歸朝候も可レ然歟とも相考申候此方も未外勤は不レ得レ致候故一々は何事も承知不レ致其中時下用心第一に存候

草々不一

一月廿三日

尚々芳山にも定而出立相成候事と存候歸朝候へは平原太作佐々木和三郎などへ何も相頼候方可レ然と存申候左候はゝ心配いたし呉候事と存申候正木其外へも可レ然傳言頼入候已上

正二郎殿　父より
内字

慶喜筆東照宮遺訓

東照宮遺訓を慶喜自ら筆を取つて書き、額にして慶久公の學問所に掲げ、家訓として大いに啓發されるところがあつた。

（徳川慶光公藏）

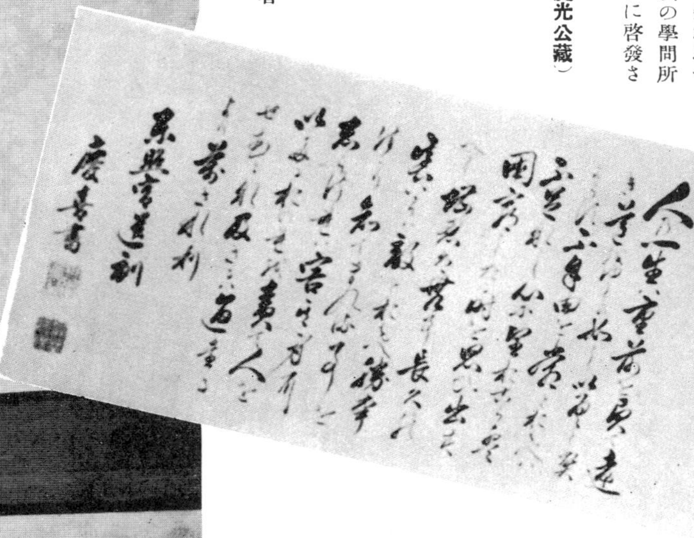

公爵　徳川慶喜肖像

爵服を着た慶喜公、筆者は伊東函嶺氏

人の一生は重荷を負て遠き道をゆくが如しいそくへからす不自由を常とおもへは不足なし心に望おこらは困窮したる時を思ひ出すへし堪忍は無事長久の基いかりは敵とおもへ勝事はかり知つてまける事をしらされは害其身にいたるおのれを責て人をせむるな及はさるは過たるよりまされり東照宮遺訓　慶喜書

慶喜公自筆の油繪

恭順を表した慶喜は、靜岡縣の寶臺院に謹愼してゐた。その時に描いたのが、此の油繪である。凡て新知識の吸收に努め、何事にも通曉してゐた慶喜は、家臣中島鍬次郎に就いて夙に油繪を習つてゐた。明治初年の事とて繪具は油に色素を溶いた自家製造のそれであつたと云ふ。

（徳川慶光公藏）

慶喜公陣笠と陣羽織

徳川家康が征夷大將軍となつて以來二百六十五年、大政奉還に依つて武家政治は玆に終焉した。徳川慶喜は十五代將軍として、此の史的大役割を引受くべく運命づけられたのであるが、この陣笠と陣羽織は、明治元年正月伏見鳥羽の戰に海路大阪より江戸へ遁走する迄着用したもので、國史上に大書さるべき記念物である。

（徳川慶光公藏）

西郷隆盛肖像

床次竹二郎の父正精が描いた南洲西郷隆盛の油繪。大西郷の肖像は正確さに於て『これだ！』と云ふのが無いが、世上これがその俤だと云はれてゐる。

（床次正一氏藏）

月照の辭世と大西郷の亡友を憶ふ詩

京都清水寺成就院の僧月照は勤王の志厚く、大西郷と意氣相投じて國事に奔走したが、幕府に忌まれて西郷と共に薩摩に逃れた。而も幕吏の追及愈々激しく、遂に逃れざるを知つて相抱いて薩摩潟に投身した。大西郷は奇しくも漁夫に助けられたが、月照は遂に蘇生しなかつた、時に安政五年十一月十六日。これは月照の辭世の和歌と、その十七回忌日に大西郷が刎頸の友を偲んで賦した詩の直筆とを併せたもの。

（西郷吉之助侯藏）

月照

曇なきこゝろの月も
さつま潟沖の浪間に
やがて入ぬる

大君のためにはなと
かなしからんさつま
のせとに身はしつむ
とも

月照和尚忌日
賦焉

相約投淵無後
先豈圖波上再
生緣回頭十有
余年夢空隔
幽明哭墓前

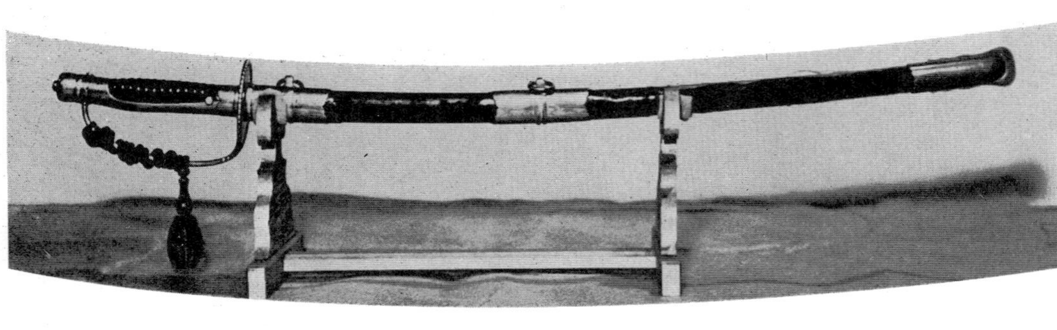

南洲の軍刀

刀は『城州信國』である、南洲が禮裝に常に帶したもの。

（西郷吉之助侯藏）

大西郷の命令書

西南の役擧兵の際、熊本鎭臺司令長官宛に出した大西郷の命令狀。世にこれを降伏狀と云ふ。

拙者儀今般政府へ尋問ノ廉有之明後十七日縣下發程陸軍少將桐野利秋陸軍少將篠原國幹及ヒ舊兵隊ノ者共隨行致候間其臺下通行ノ節ハ兵隊整列指揮ヲ可被受此段照會ニ及候也

陸軍大將　西鄕隆盛

明治十年二月十五日

熊本鎭臺

司令長官

南洲の副島種臣宛書翰

征韓論に於いて大西鄕を支持し、明治六年十月十五日の閣議では大久保利通とわたり會つて大激論の末、一度は征韓の事に決したが其後遂に敗れ同月廿四日征韓派と共に參議を辭して副島種臣は野に下つた。そして板垣、後藤と共に愛國公黨を組織し、民選議院設立の建白をなすなど國事に奔走したが、明治九年支那に遊んだ。此報に大西鄕が極力支那行中止を懇請した意味深長の書簡である。（**副島道正伯藏**）

尙々鈴木士御列被下候由至而懇意之者に御座候間何卒宜敷御願申上候

芳翰難有拜誦仕候彌以御壯剛之段奉恐賀候陳者支那行御仕之趣新聞ニて一見いたし意外千萬之事御座候處何歟御趣意被爲在候由承知仕候得共何分徹底いたし兼候少才義は久々僻陬ニ閑居いたし候故自然卑見に陥り尙更高尙之處窺知ル處ニあらず候へハ自分ゟ議論も可有之いわれ無之乍然此時勢ニ當り候而ハ所見のある處を以十分可相賴ハ人民之義務に候へハ決而可否すべき道理も無之仰て將來之成行を望居候計ニ御座候

此度御禮答而已如此御座候細事ハ鈴木士ゟ御聞取可被成下候尙御自愛偏奉祈候恐々謹言

九月廿八日　西鄕吉之助

副島種臣樣

閣下

大西鄕の垂衣

陸軍大將、近衞都督兼參議在職當時着用した直垂衣で、當時南洲の身長は五尺九寸、體量廿九貫であつた。

（**西鄕吉之助侯藏**）

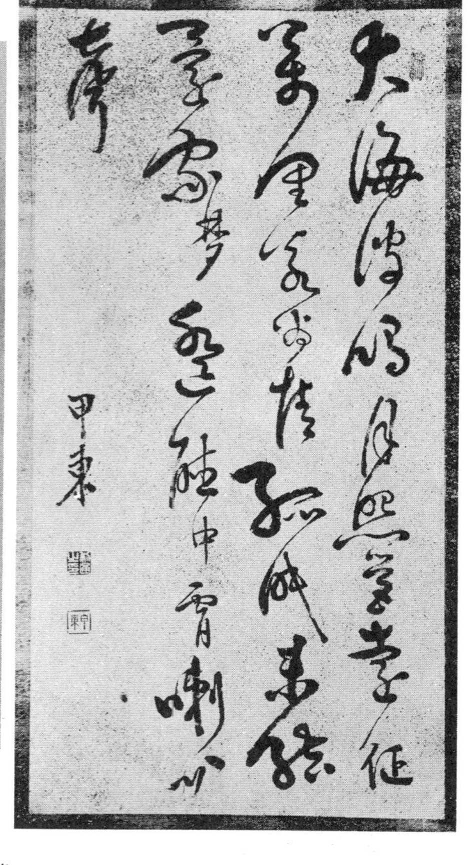

大海波鳴月照營遠征
萬里客爲情孤眠未結
還家夢遙聽中宵喇叭
聲

甲　東

甲東遺墨龜山陣中の詩

龜山は臺灣の牡丹社の所在地。大久保利通は征臺問題で自ら清國に赴き、李鴻章と談判して却々埒あかず遂には最後通牒を出し、開戰の危機にまで到つて遂に奏功し、清國をして我が擧の正當たるを認めしめ、五十萬テールの賠償金を得た。其の歸途臺灣立寄つて將士を慰問した際の作で、甲東の日記に依れば明治七年十一月十七日である。

（**高木彦三郎氏藏**）

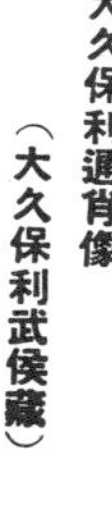

大久保利通肖像

（**大久保利武侯藏**）

愛用の碁盤

（**大久保利武侯藏**）

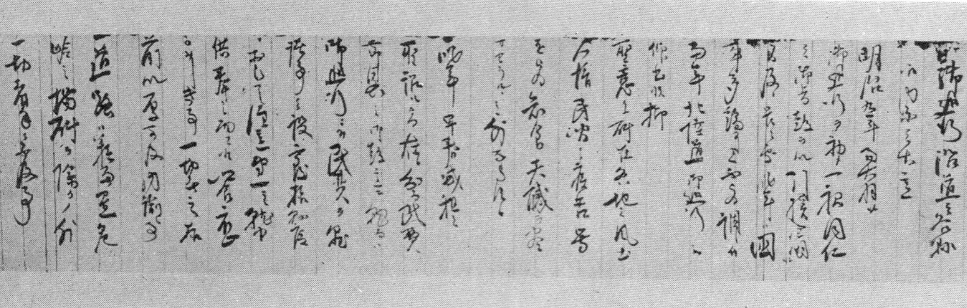

大久保利通血染の文書

内務卿大久保利通は、轔々の響をたてつゝ馬車を驅つて參朝の途中、清水谷に差蒐つた。折柄、刺客島田一郎等の襲ふところとなり、遂に再び起たなかつた、時に明治十一年五月十四日。此の『御巡行沿道之各縣江内示之大意』は其日の朝議に提出しようとして遭難の際懷中深く收めてゐたもの、利通の紅血に彩られた最期の文書として傳へらるゝ逸品である。内容は同年六月

明治天皇が北陸道御巡幸の叡慮あり、深く民情視察を重んぜさせ給ふ聖慮を奉戴し、自ら筆を執つた訓示案である。

（**大久保利武侯藏**）

御巡行沿道之各縣
江内示之大意

明治九年奥羽江
御巡行を初め一視同仁之御旨趣を以引續全國江被爲及候筈之處昨年は國事多端にして不被爲調候外當年北陸道御巡行被仰出候抑
聖意之所在各地之風土人情民間之疾苦等を被爲知食天職を盡させらるゝ之外ならす候

一、昨年早春減租之
聖詔も被爲在候分而民費節略之御趣意に就而は御巡行に付民費を懸諸事之設不致樣縣廳においひて注意第一に候就中供奉之面々江饗應かましき事一切無之樣前以厚可及内諭候事

一、道路は難差置危嶮之場所を除くの外一切着手に不及事

一、御巡行御日限定期被爲在候付各地江數日御滯輦は不被爲出來先中一日與御定め之事

一、天覽之場所第一に勸業上第二敎育上其他名所舊跡又は御遊覽に屬候場所は可成被爲省候事

一、行在所之ため新築等可爲無用事

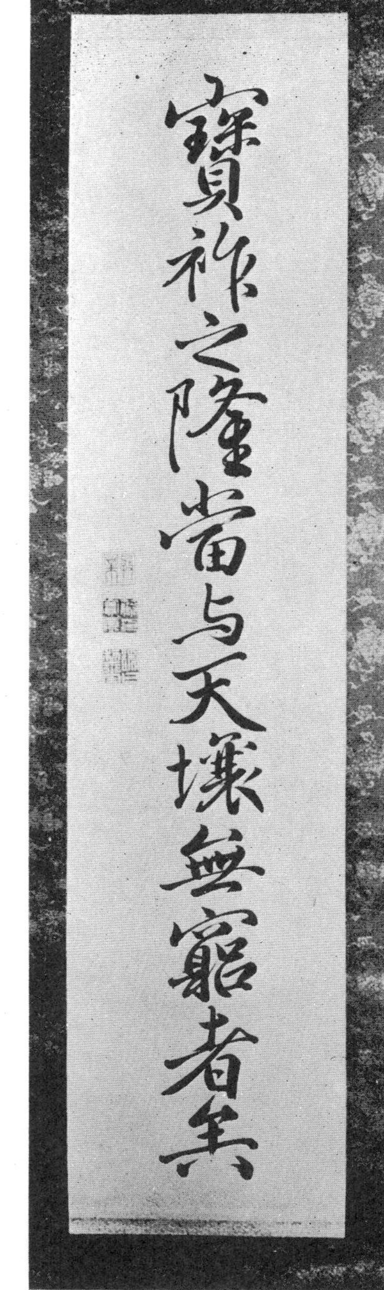

『寶祚之隆當與天壤無窮者矣』

實美公遺墨
七卿落、長門に走つた公が、太宰府で筆を揮つた書。
（三條公輝公蔵）

公爵 三條實美肖像
イタリー彫刻家キヨソネが、明治廿二年公の五十三歳頃に畫いたもの。
（三條公輝公蔵）

春慶塗桐火鉢

文久三年、朝議急變し、七卿が斥けられた際、實美公が京都の妙法院で使用した火鉢。後ち公の身の周りの用を辨じた村田唯雪が、歌を添へて贈つたのに對し、公が自ら筆を取つて、其の返歌を記した。卽ち

唯雪翁よりゆゑある火桶にうたをそへておこせたるに

梨堂

さしいれし こゝろのすみのきえはせで こがすおもひのほどぞしらるゝ

と。而して反對の側には

いにし文久三年都にありし時ゆゑありし火桶をこたび太政大臣の君に奉るとて

唯雪

夜をさむみ こゝろの炭をさしいれて 春をまち得し友とこそしれ

と記してある。

（三條公輝公蔵）

叔母知光院に宛てた書翰

宮中で傷を養ひつゝ早くも五日は經過した。右大臣は起直つて、筆と巻紙を取寄せスラ〳〵と認めたのが、此の品川の海晉寺にある叔母君知光院に宛てた快方を報ずる書翰である。最後に四首の三十一文字に當時右大臣の心境を寫し出して餘すところがない。

公爵 岩倉具視肖像
（岩倉具榮公藏）

此ほとは存しかけなき途中變事ニ逢まことに言へからさる次第ニ候得共幸にして一命ニかゝはり候様の事ハ決して御座なく候まゝ必〳〵御安心願候附而ハ御老年に方り自然かゝる御心配かけ參らせ候事何とも深く恐入候併しながら元より一點の私心なくひたすら國家の御爲と存上候外なく候へハ少しもはつる所はなく候亦古今珍らしき大變革の御時せつ御旨趣の分らぬものも多くあるべく候へハ箇様の事なしとも申難く致し方もなき事ニ候御承知もあらせられ候通り和漢洋ともにためしすくなからぬ事ニ御わしまし候まゝ何事も君の御爲ニなりゆく所と思しめしあきらめさせられ候様願上

遭難の際所持した金時計

明治七年一月十四日夜右大臣岩倉具視は、馬車を驅つて退朝の途につき赤坂喰違に差蒐つた。突如數名の兇漢が玆に要擊して躍りかゝり危害を加へた。堤の下に轉落した右大臣は既に再生覺束なしと覺悟したか、徐ろに這上つて懷中した此の金時計を他人の目印になるやうに樹木の枝にかけた。折から暗の中に菊の御紋の提灯がゆら〳〵と仄見える。公は直ちに御所に運ばれ手當を受けた。兇漢は征韓論激徒舊土佐藩士武市熊吉等であつた。鎖にゼンマイを捲く鍵がついてゐる金時計、當時を偲ばれる無類の逸品ではないか。

（**岩倉具榮公藏**）

右大臣遺墨
『趙氏連城璧』
（**岩倉具榮公藏**）

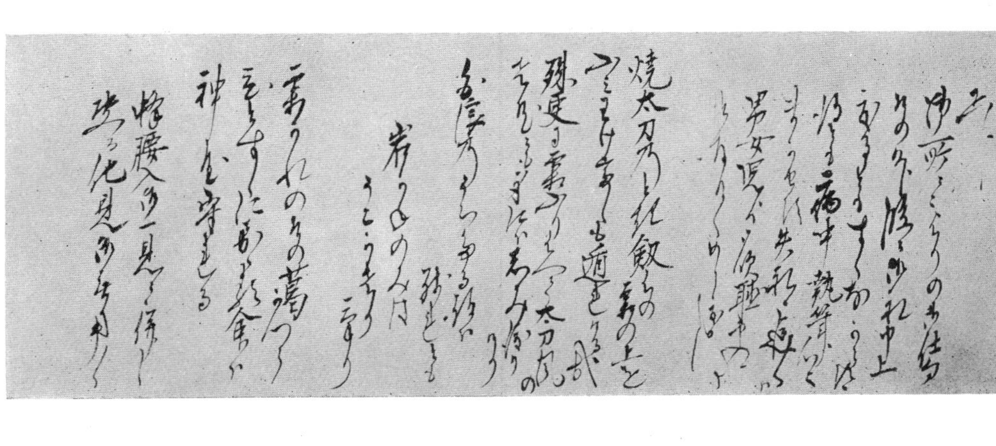

候今日ハ一段心よく候ニ付御斷
御禮かた〳〵一筆申入候此上ハ
御安心ニ而兩三日中には歸宅候
まゝ御まち下され度く
めで度かしく
一月十九日　ともゝ視
知光院樣
參らせ候

尙〳〵
御所々々よりの御仕向その外
段々御禮申上度事ともすくな
からず候得とも病中執筆心ニ
まかせず失禮候追〳〵ニ男女
兒より御吹聽申入候事と存候
めて度以上

燒太刀のとき劒はの霜の上を
ふみわけてしも遁れける哉
殊更に霜ふりはへて太刀風の
さやにも身にはしみ渡りけり
白浪のうちたる跡は殘れとも
岩かねのみはうこかきりけり
霜かれのその葛かつらひとすじに
かゝる命は神や守れる
蜂腰入御一見ニ候併し決而他
見御無用〳〵

吉田松陰入獄中讀書の圖
筆者は棲雲齋道陽、賛は赤澤晃
（下田了仙寺藏）

松陰より僧默霖への手書

米國に密航して歐米の文化を極め、國事に盡すべく志した吉田松陰は米艦に漕寄せて失敗し、遂に捕はれて長州に送還、獄に繫がれた後杉家に禁錮された。安政三年八月の頃幽囚の身を以て愛國勤王の志を僧默霖へ愬へた手書である。朱書（上欄及び行間の細字）は默霖の答辭であるが、此の手書こそ志士の烈々たる勤王精神、愛國の熱誠の結晶といふべきであらう。曝書の際に古紙中より發見されたものだと兄杉修道が添書してある。

（田中龍夫男藏）

僕コノ書ヲ兩度ヨムソノ中ニ泣シトコアリ微笑シタルアリシニ至テ終ニ涕モ泣ヌホト出ニセリ胷塞

コレモヨクシルトコロニ候也僕等ハ祖先ノコトニテ悪ムトコロナリ

平生言ㇷナラヌユヘニソノ心ヲ以テ之ヲミレハ實ニ肺肝ヲ徹視シテソノ言ノ味大ニ出テ我ヲシテ泣シムル也

他人モソノ心アリ況ヤ足下ヲヤ

僕モ惜足下甚故慰之其言在客秋評文答中留心察之一死太易生ハ太難シコレモ常人ノ死ヲ畏ル、トハ大ニ異ルㇷ不言死互心ニアルㇷ也

元來僕昔體ノ文ヲ不好候平生人ニ與タル文ハ覺樹院ト家大人ト在原ト足下斗也東平ニハ止ムㇷヲヱサルユヘニ於此一通ヲオクランㇷスルニ足然トハ毎度ニ及ㇷ義卿ナレバコソ我致之也我心モ察玉ヘ

僕ハ毛利家ノ臣ナリ故ニ日夜毛利ニ奉公スルㇷヲ練磨スルナリ毛利家ハ天子ノ臣ナリ故ニ日夜天子ニ奉公スルナリ吾等國主ニ忠勤スルハ即天子ニ忠勤スルナリ然共六百年來（已上ノㇷハ我初メヨリシル）我主ノ忠勤モ天子ヘ竭サヽル事多シ實ニ大罪ヲハ自ラ知レリ我主六百年來ノ忠勤ヲ今日ニ償ハセ度ㇷ本意ナリ然共幽囚ノ身ハ上書モ不出來直言モ不出來唯父兄親戚ト此義ヲ講究シ蠖屈龜藏シテ時ノ至ルヲ待ツノミ時ト云ハ吾他日宥赦ヲ得テ天下ノ士ト交ル事ヲ得ルノ日ナリ吾天下ノ士ト交ルヲ得ル時ハ天下ノ士ト謀リ先我大夫ヲ諭シ六百年ノ罪ト今日忠勤ノ償トヲ知ラセ又我主人ヲシテ是ヲ知ラシメ又主人同列ノ人々ヲシテ悉ク此義ヲ知ラシメ夫ヨリ幕府ヲシテ前罪ヲ悉ク知ラシメ天子ヘ忠勤ヲ遂サスル也若此事カ成ラスシテ半途ニテ首ヲ刎ラレタレハ夫迄ナリ若僕幽囚ノ身ニテ死ナハ吾必ス一人ノ吾志ヲ繼クノ士ヲハ後世ニ殘シ置クナリ子々孫々ニ至リ候ハヽイツカ時ナキ事ハ無之候今朝ノ書ニ一誠感兆人ト云ハ此事ナリ御察可被下候僕口上ニテ（尤々）呶々スル事ハ生來大嫌ニテ右等ノ事モ常々ハ不申候へ

壹爾

タトヒ罪人トナラストモ此心アリタシ況ヤ幽室ノ人ニ於テヲヤコノヿヲ一生忘ルヽヿナカレ多分言タケレドモ一言ニテ盡セリ

コレモ皆照シテ見レハ學フ人コレ也

コレニ就テ矢野茂太郎ノ話アレトモ只今ハコレニテヲク委キヿ他日呈スヘシ

共上人ノ事故申出候僕ガコレニ死ヌル所ヲ默シテ見テ呉よ天朝ノ堯舜タルヿ征夷ノ莽操タルヿハ吾モ固ヨリ知ル知レハコソ學問ヲ勉メ心腸ヲ磨シ他日爲ス事アラントナリ征夷ノ罪惡ヲ日夜朝暮口ニセサルハ大ニ說アリ今幽囚シテ征夷ヲ罵ルハ空言ナリ且吾一身も征夷ノ罪ヲ諫メスシテ生ヲ偸ムサレハ征夷ト同罪ナリ我主人モ同罪ナリ己ノ罪ヲ閣テ人ノ罪ヲ論スル事ハ吾死スドモナサズ故ニ前ノ云フ所ノ時ヲ得ル迄ハ吾心腸ノ工夫ト親戚ノ教諭ノミナリ他日主人ヲ諫テ聞カサレハ諫死スル迄ナリ三仁ノ中ニテ僕ガ師トスルハ比干一人ノミ假令主人ガ聽カサレハトテ箕子ヤ微子ノ如ク吾主人ヲ去テ他

ヨミシトキ毛髪迄竪シナリ感シテ泣ハコヽナリ

左様ナル心ナクテハ志トハ云ハレヌ〳〵時ニヨリテ變スルハ丈夫志ニ非ス

コレハ尤ナルヿニ候我ハ將軍ノ祿ヲ食ス諸侯ノ臣ニ非ス之ヲ喜フノミ

國へハ仕ハ得セズ是吾一身ノミナラス子々孫々へ傳へ皆々比干タラシメ申候比干タラズシテ箕微タル者ハ吾子孫トハ致不申候此一條ハ僕天地神明ノ照覽ヲ受テ一心ニ誓ヒ居候

我主人我直諫ヲ容レテ六百年來ノ大罪ヲ知ル時我主人ヨリ諸大名且征夷ヲモ規諫ヲ盡スナリ征夷ノ事ハ我主人ノ君ニハ非ザレドモ大將軍ハ惣督ノ任ニテ二百年來ノ恩義一方ナラス故三諫モ九諫モ盡シ盡スナリ盡シテモ盡シテモ遂ニ其罪ヲ知ラサル時ハ已ムヲ得ス罪ヲ知レル諸大名ト相共ニ　天朝ニ此由ヲ奏問奉リ

勅旨ヲ遵奉シテ事ヲ行フノミナリ此時ハ公然トシテ東夷ハ桀紂ト申

吉田松蔭肖像

在義卿誠然々々感服

シカリ〳〵シカルニ本意ノトコロ着眼ナシ僕一言スレハ天下皆暢舌ス何ソスヽメラレンヤ一人守ルトコロアリシカレドモ大義興ラハ明日ニテモ出テヿヲナサン

コレハソコツナルヿアリ表ニ王ヲ敬スル爲シテ自然興ントスル諸侯ニ三四人モアルヘシ我コレヲ云也ソノ論長シ一一言モ不面白候少々事起レハ義兵ニテ直ニ復古ニナルヨウニ思フ人アリ淺キ慮ナリコレニモ大ニ論アレドモ不言候

コヽテ告テクレルヿ尤感心也

左ニテハナシ僕胷中數千萬言アリシカレドモ天下ニ於テ誰レニハ心ノマヽニコノ志ヲ託センヤ平生鬱々トシテ不樂也タトヒ少々王室ヲ奉スル人アリテモソノ心堅キ人ニ乏シ屢試ムルヿ五年也僕モ王室ニ志ヲ傾ケタルハ五年前ノヿ也ソレヨリ已前ハ大義ハ知ラス候

ナリ今ノ東夷假令桀紂ニモアレ我主人も我身も未タ　天朝へ忠勤ヲ欠キ居タレハ征夷ノ罪ヲ擧クルニ遑アラズ唯己ノ罪ヲ顧ルノミ

上人ニ極々不足ナルハ上人ノ心ハ一筆誅奸權ニ在リ是孔子春秋ヲ作ルノ意ナレハ惡トハ不申候へ共今天下ノ危急累卵ノ勢申ニ及バズ中々筆ヲ弄スル所ニテハナシ上人今日征夷ヲ以テ桀紂トスレハ我主人ナトモ飛廉惡來トスルナラン桀紂廉來ニ向テハ一言半語ノ規諫死ストモ出サズトノ貴意也然レハトテ今日ノ乘其隙企興起者天下之賊也トノ御見識ナレハ今ノ時遂ニ是一筆ノ外王民ノ王民タル所以ナキ也僕此御心ヲ餘リニ殘念ニ存ジ覺へズ佛澄ニ比セシハ實ニ過言妄言也然共周亡後ノ夷齊晋亡後ノ淵明ニ似タリ餘リニ殘念ナヿテハナキカ僕實ハ上人へ今一層忠告致度アレ共迚も上人ノ從ハサルナラントテ是迄申出サズ候然共今夜ニ至テハ實ニ忍ヒ得ズ候上人ノ論ニテハ實ニ獨行特立ナリ桀紂廉來へハ一言モ諫メヌトアリテハ吾等ノ如ク主人持タル者ハ絕テ不相謀ノ勢也僕上人ノ獨行特立ヲ悲ムニハ非ズ人ノ善ニ遷リ過ヲ改ムルヲ塞ク道理ナルヲ悲ムナリ人善ニ遷ラズ過ヲ改メスンハ一筆誅姦權ト雖トモ姦

諸侯ニマレ士人ニマレ奉王家ノ心アレハ我敬ナリ飛廉ヲ云ヿ勿レ

コレコソノ人アリ故ニソノ人ヲコソ悟ラセタラハ千人萬人諭シタルニマサル平生ノ作文コノ意ニ非ルヿナシ篇々ミナコレ也

足下如是故ニ我モ不平也

過言ニハ非ス足下文ヲアヤマリヨム也前後ノ文勢ニテヨクシレル文ヲ曲テ吾ヲ誣ルヲ云フ

コレモ又一說アリ

色々感申候コレラモ僕久シク心ニ也リシヿ在シカルニ今如此ナルハイカガナレハコレハ足下ノ洞察ヲ仰ク

僕カ見タキハ面貌ニハ非ス一事言タキ事アリ書通ニテハ不行候天不絕義則他年万ニ胷中ヲ顯サレ如此ノヿナレハコヽニハナヲ云ス

權依然タリ　朝廷興隆ノ辰モ期スヘカラサルナリ夫テハ誠ニ上人ヲ以テ僕ハ誠ニ賴少ク存スルナリ何分僕ガ感悟ノ鄙說再三熟考被下御采用ナサレハ誠ニ天下ノ蒼赤祖宗ノ神靈イカハカリ日出度カラン上人ヲ見テ論シ度ケレトモ藩人ハ皆繩墨ヲ以テ僕ヲ縛リ不任心底候

松陰使用の机と硯（下田玉泉寺藏）

品川彌二郎口書の書

松下村塾では塾生は常に國事の爲め獄に坐した場合を考慮して、假令後手に縛されても手紙位は書けるやう、日常口に筆を啣へて書くことを練習してゐた。これは村塾の逸材品川彌二郎が口書の一書である。（**山縣有道公藏**）

おもひ駿河の不二の根の烟ハ空に打絶て隔のかてとなりニけりまた秋ならぬ道野邊に螢かすかに飛つれて身より思ひのあむまりに蟲さへ胸やこかすらむいとゝ涙のおほかるにな無と蛙のなきつれて井出の屋形そ立にけり行むとすれと五月やみ涙ニくれて目にみえず駒もこゝろのあれはこそ北風に嘶ひける何心なき畜類もなれば人の習ひありましてやいはん人倫の形に影の添ふことく明れは鬼王暮れはまた道三郎と召使れて給ひしが今宵別れて明日よりは祐成とも時致とも誰をか申慰むへきおなじうき世ニ生れきて曾我兄弟の共人してなかりせはかゝる憂き目は見ざるもの

みなもとの
あきよし口揮

子爵　品川彌二郎肖像
二階堂氏の筆になるもの
（**産業組合中央會藏**）

品川彌二郎の書翰

産業の奬勵には大いに力を致し、明治廿九年には『信用組合提要』を著はし、卌一年二月には地方長官會議に上京した地方長官に『國民銀行論』を贈つて之が贊成を求めた。此の書翰も極力産業組合を唱導したもので、明治卌三年二月十日病革るも病床で息苦しい中に尙ほ信用組合法案を口にしたと云ふ逸話がある。此の書翰の中にその人物をよく反映してゐると見るべき點が多々ある。

（**産業組合中央會藏**）

二十日之尊書拜讀御勇壯之段敬賀々々國民銀行論ハ早稻田之學校敎員柏田と申モノ、反譯書なり感悦之餘り知事ノ集企專機として四十餘名ヘ右籍チ買上けて投與セリ壹割卽チ四人半にて緒論丈ケニテモ讀ンデクレル篤志知事も（イカニ腐敗コンニヤクの如キ人心ニナりても）候半との老婆心より起りしなり別封ニテ壹册呈上仕候間御一讀御贊同被下候て薩隅日の山海村落ニ一ツニテも二ツニテも五十人六十人の一經濟團結出來レハ時の内閣員ニヨりテ議論チ二三ニスル國民協會其外ノ黨派的團結よりも一村一家の爲メ卽チ國の爲メニもなり候半と悅ひ申候時事筆ニスルニ忍ひす何も御推察可被下候

彌ハ二十四年ニ「シユルツヱ」の門生トナリシ初心ハ寸毫も變セズ國民協會員へも夫々信用組合ノ事申聞ケ候得共少しも頭ニ入ラズ今日まで誰も聞て吳レル人もなし嘆息ニ堪へサルナリ政治家として誰レカ耳ニ入らぬ様ナル人々ニ誠心を濺ひて今日まて口演コしハ全ク彌の智ト誠ノ足らぬト自ら告メ申候

コレヨリ政友ニ向ツテ信用とが經濟トか申事ハ一言も吐カヌ積りなり却テ彌ノ住居の麴町區人力車營業の親方どもが（一言も勸メタルニ非ス信用組合提要ヲ或一人が見テヨリ起りシナり）彌ヲ信もて一組合を起したるには一層ノ感を增し申候

コノ外ニ東京ニハ東京中の建具職の者が起シタル信用組合アリ二ツともニ名譽總裁ニ彌ハ相成り申候

衆議院議員よりも人力車夫や他の農工者が早ク彌ノ言チ容レ信シクレル世の中とハ悲しみの中にも悅ひ申候心事何も御察し可被下候

先ハ爲其草々頓首

明治三十一年二月廿六日　　彌

久保春衞様

春寒御愛養肝要々々

新聞ヤ黨人ニ氣チ取リ畏怖心チ懷ク先生方と政治チ共ニスル事ハ眞平御免々々

封	
東京九段念佛庵主 品川彌二郎	鹿兒島市上龍尾町 久保春衞様 親展

伯爵 山田顯義肖像
（山田英夫伯藏）

山田顯義愛用の半朱鞘佩刀
松下村塾に学び、明治維新劍戟あはたゞしき際に青年の顯義が之を帶して活躍したものである。
（山田英夫伯藏）

侯爵 西鄉従道肖像

従道侯着用の帷子
従道が明治二十四、五年頃に着用したものである。
（佐藤德一氏藏）

山田顯義伯遺墨
かさなりゐほしこしみのつけて
きよきこゝろのなから川
なかれつきせぬ
いく千代かけて君に
さゝけんあゆのうを
ふなばたたゝゐて
ほつほゝゝ
おひなさま

山田顯義伯遺愛の羅漢置物
山田顯義は空齋と號した。この羅漢の置物に賛して曰く、自號空齋不靈不空世間萬事馬耳東風
（山田英夫伯藏）

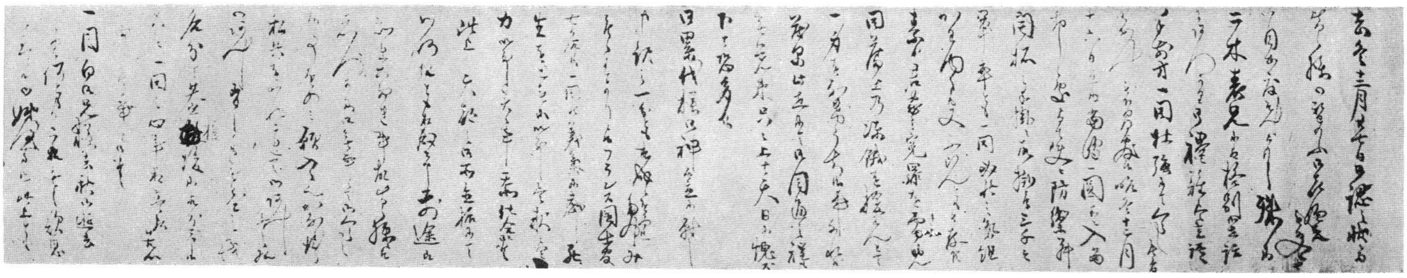

五稜郭より母への訣別状

幕臣榎本釜次郎は長崎に遊學して航海術を學び、幕府の海軍を主宰したが、徳川慶喜の恭順謹愼を喜ばず、軍艦數隻を率ゐて北海道に走り、明治元年十一月大鳥圭介等と函館を取り五稜郭に據り官軍はこれを海陸から攻撃した。これは翌二年正月廿六日覺悟の程を述べて母に宛てた訣別狀である。

（榎本武英子藏）

子爵　榎本武揚肖像

幕府の海軍副總裁服を着けた榎本釜次郎　（榎本春之助氏藏）

去冬十二月廿七日御認ノ狀ニ而
皆々樣御替のふ御喜嬢克被爲入
候由御目出度そんじ參らせ候殊
に二木表兄には格別御世話にあ
つかり御禮難盡言語候手前方一
同壯强にてくらし居候間御あん
し被下間敷候昨冬十二月十六日
迄及當島一圓手ニ入當切之處ニ
而は夫々防禦并開拓ノ手掛ニ取
掛居三千ノ軍卒とも一同必死ノ
氣組かわゆくも又ふびんとも被
存候素より君家ノ寃罪を雪め同
藩士乃凍餓を援けんとて一身を
なげうち候事なれば茂早此世に
て御目通ノ程も無覺束只々上を
天日に愧ズ下を恐多も
御累代樣御神靈に對し申譯ノ一
分とも相成候を而已たのしみ居
候はかりニ候フランス國士官七
名も一同の義氣に感し死生をと
もにいたし晝夜盡力いたし呉候
事忝仕合ニ御座候此上
天朝ノ御所置振にて如何樣とも
相成可申前途は知れかたき事故
皆々樣ニはしづかに御無事ニて
御くらし候事をのみ願入候也か
ならす〳〵私共をかれこれと御
あんじ無之樣御あんじ有之とも
無益之義ニて名分は蓋棺後に相
分可申候只々一同ノ心事相立候
樣苦心いたし居候事ニ御座候
一日向御兄樣去秋御逝去ノ由何
とも申上樣無之歎息ノ至ニ候
御姉屋（樣）には此上とも御まめ
〳〵敷御くらしの程いのり
參らせ候
一此便にて乍少々金子五拾兩さ
し上候間朝夕薪水ノ御一助に
もなさるべく候
一二木父上樣母上樣其外御一同
江も一筆さし上度候へども不
任心宜敷御鶴聲願上候
正月廿六日　釜次郎拜
母上樣
御姉さま
御たつ殿
御兄樣も新之助君も無事ニ
候間是又願上候

老母よりの釋放歎願狀

明治二年五月十八日榎本釜次郎は五稜郭で降伏、函館は平定した。釜次郎は獄中にあつて糺問中病を得たので、老母ことの心痛一方ならず、遂に新政府へ釋放して病氣全快を見るやう歎願狀を差出した。これはその下書きであるが、筆者は福澤諭吉である。文中『釜次郎養生中は此の老婆を身代りとして御糺問云々』のあたり、涙なくては到底讀む能ず、恩愛の情が全幅に溢れてゐる。

（**榎本武英子藏**）

乍恐奉歎願候口上之覺

私次男釜次郎事昨年
御一新之節
天朝の御趣意をわきまへ不申箱館へ脱走仕候處直ニ御召捕相成此節當御糺問所江罷在候趣誠ニ以奉恐入候御事全く幼年のときより私共兩親の教訓不行屆ゆへ右よふの次第にも成行き
天朝へ御苦勞を奉掛候ハ申ニ不及諸人ノ難澁を引おこし候段何共以て申譯無御座私をも死罪ニ行はれ候て更ニ申分無御座次第ニ御座候然處釜次郎事此節病氣のよし世間の噂承候罪人とは存候得共大病と承り候而は親子の情合何分ニも忘れがたく日夜食事をも不仕心痛いたし居候つら〱過き去り候事を相考候得は私事ハ當年六十九歲ニ相成釜次郎ハ三十四歲私の口より申上候は奉恐入候御事に御座候得共同人事ハ幼年の時より心ばへやさしく手習學問出精仕追々成長ニ及ひ處々に遊學等いたし若年の友達も多く附合廣くいたし候事に御座候得共かりそめにも家の事を忘れ不申かりそめにも兩親の心ニそむき不申十ヶ年前夫圓兵衞病死ノ節も數十日ノ間晝夜おこたらずかん病仕乍憚兩便ノ始末までも釜次郎并ニ兄勇次郎兩人ニ而引受實ニ若年の者ニ出來かたき介抱いたし候事も御座候圓兵衞死去の後ハおらんだ江傳習罷越し歸國の後舊幕府ニ而身ニあまり候立身仕家來共も不自由なきよふ召使居候得共毎日登城より歸り候得ば何事もさし置先ッ私をなぐさめとも〱ニ食事いたし私事ハ老年の義ニ付宵も早くやすミ候得共眠り候までハかたこしをさすりくれ如何なる暑中寒夜たりとも一夜もおこたり候事無御座實ニ私の口より申上候ハ恐入候得共釜次郎事ハ孝行者ニ相違無御座御疑も御座候ハゞ私共の舊宅ハ下谷山下ニ御座候間近處御せんさく被下候とも又ハ釜次郎へ附合いたし候者へ御糺し被下とも相分り候義釜次郎ハ孝行者ニ相違無御座候かゝる孝行者に而かゝる不忠の大罪をおかし候御事如何なる天魔のしわざニ可有御座候哉最早かく相成候上ハ
天朝の御さいばんをあおぎ
天朝の御慈悲を奉願候而已より外いたし方無御座候得共近日ノ御病氣如何哉とそれのミ心痛仕候たとへ御慈悲も不相叶御仕置被仰付候とも一旦ハ病氣全快仕候よふいたし遣し度老婆ノ心願これ斗りに御座候就而は病氣ニも定めし
天朝より御藥も被下置候御事ニ而心殘りハ無御座筈ニ候得共御慈悲ノ上ニて又御慈悲を願ひかぎりなき私の欲心に御座候得共此度ノ病氣全快まで病院へ御下ケ被下養生御さし許相成候よふ仕度
左樣相成候得ば同人事ハ外國へも參り兼而蘭醫信仰ノ事ニ御座候間病院ニ而外國人ノ療治を受候はゝたとへ養生不相叶死去仕候とも生涯ノ心殘無御座私
わすれ不申候
ニおゐても難有仕合御慈悲ノ段忘却不仕候
固より大罪人ノ事ニ御座候得共嚴重の御法被爲在候義ハふかく相心得候得共釜次郎養生中ハ此老婆を身代りとして御糺問所へ御召捕置被下病氣全快の上ハ如何よふとも被仰付候よふ仕度私事ハ平生釜次郎の孝心に報ると相心得候得ばいかなる窮命を蒙りたとへ一命を失ひ候とも更に心殘り無御座釜次郎ノ命をすくひ候得ば冥土ニ而夫圓兵衞へ申譯も相立候義
平生ノ教訓不行屆とは申なから七十歲ノ老婆ニ而兩人ノ子供を失ひ生てたよる方も無御座私の命ハちりあくたよりかろきものニ御座候何卒〱海山の御慈悲を以て此歎願御聞屆相成候よふ深奉願候私事ハ兼而文字認候事も不調法の上殊に此節氣分も狂亂いたし書面の意味も御分り難相成可有御座候得共宜敷よふ御すいさつ奉願上候以上

榎本釜次郎實母

九月廿三日　こと

返〱も此度私身代ノ義釜次郎の耳ニ入り候而は同人平生の氣質ニ而又々心配仕不慮ノ心得違ニ而身をあやまり候事も可有御座やと思廻し心痛仕候間當人江は御しらせ不被下候樣奉願候已上

榎本武揚遺墨

和蘭ヘーグで元治二年（慶應元年）の新春を迎へて所懷を賦したもの時に三十二歲。

（**榎本春之助氏藏**）

乾坤到處作吾廬醉則喚茶醒閱書老母不知何所慰今年又是倚門閭負笈殊邦萬里身邊春元治二年新朝來盥嗽向東拜鬢髮添霜有老親

在海牙府迎春　武揚

海舟遺墨額

日清戰役の頃から海舟は病床にあつたが、明治廿九年正月、稍々少快を得たので筆を採り、戰時の述懷を認めた。文中、西郷南洲亡き後の政府の無策を慨き、言々句々峻烈を極めてゐる。

（宇佐彦謇氏藏）

海舟自作の火鉢

慶應三年江戸城二重橋内にあつた三代將軍家光手植の松が枯死し、人々は不祥事だと云ふので大いに騷いだ。海舟はその枯松の幹を請受けて、これで火鉢十二個を作つたと云ふ。『三代將軍以手植松作之』と自ら彫刻してゐる。

（宇佐彦謇氏藏）

江戸開城當時の勝安芳

明治元年三月廿七日（江戸城明渡の十五日前）海舟は横濱に英國公使パークスを訪れた。寫眞はその時に通譯サトウ（英人）が撮影したものと傳へられてゐる。

（尾佐竹猛氏藏）

海舟自作の花瓶

明治廿九年春、向島三浦乾也翁の空園に遊び、自分で作つた花瓶に左の歌を記した

櫻咲く木の下蔭に飛ぶ蝶の　誰が手枕の夢に入るらむ

（宇佐彦謇氏藏）

明治廿八年
時事有感
貨幣非瓦石濫用或
窘迫我言　國財匱
若輩皆嘲劇再言
出師非要路亦不懌
病臥數閲月累知
無籌策衆多半危懼
浮雲　蔽大暉今哉
南洲逝無裏甲前知
何人克其終唯待天
定時
逆境五十年浮沈官
海中狂濤日夜起暗
雲掩大東我生旅力
剛元氣四方充試我
以艱厄鞅掌心忡々
經營變遷際鍛錬自
相攻悟了非其器謗
謀豈　成功天恩受
殊渥奪々懷匪躬息
我亦何時昻首問蒼
穹
明治廿九年從
初春臥病數月
到于五月少快
識比述懷
海舟勝安房

子爵　谷干城肖像

谷干城熊本城よりの書翰

明治十年五月熊本城に籠城中の谷干城が在鄕の片岡健吉等に送つた書翰。恰も西南の役中で、文中にあるが如く、熊本城の圍みは解け、叛軍は鹿兒島へ退いた後であつた。

（片岡茂三郎氏藏）

此度石本權七差遣候ニ付愚社進呈致候定テ各位御勇健御起居可被成大賀ノ至ニ御座候愚生舊ニ依リ碩然罷在候間乍慮外御放念被下度候將タ先般來薩賊擧動御承知之通實ニ無名謀ノ擧驚愕之至ニ不堪然ルヲ天下開明之今日斯ク無名ノ暴徒ニ左タンノ徒無之十分兇暴ヲ從ニスト雖モ終ニ敗レテ鹿兒島ニ退クニ至リ大勢ハ已ニ定ルト雖モ猶ヲ伺ヒ各地ニ發シ今日ノ姿ニ而ハ全ク流賊ノ振舞金穀ヲ掠奪シ一日ノ命ヲ延ルニ過キス實ニ切齒ノ至ニ御座候各位兼テヨリ御不滿ノ意ハ可有之候得共國家ノ急難ニ赴キ　天皇陛下ヲ安シ奉ルハ愚輩毫モ疑ハザル處ナリ且ツ數多ノ舊近衞隊ニ於テハ曾テ陛下ノ特恩ヲモ蒙リ奉リ舊士官ニ於テハ兵事ニ練達ノ徒モ不少其ノ技倆ヲ顯シ速ニ此ノ賊ヲ定シ　叡慮ヲ奉安永ク萬民ヲ安セ令ムル實ニ此ノ時ヲ失フ可カラス戊辰ノ歳本藩義ヲ唱ヘ人ニ對シ稍ヤ面目ヲ得今ニ至ル迄猶ヲ芳名ヲ存セリ時移リ世替リ政體一變兵制亦從テ變シ國難ニ當ル獨リ士族ノ義務不而已ト雖モ各位ノ如キ曾テ功ヲ奏シ名ヲ知レタル有志輩ノ望觀スベキ時ニ無之ト愚考致候當時勢ニ付而ハ十分御志ハ有之トモ政府ニ對シ嫌疑ヲ避ケ不申テハ不相成御情實モ可有之ニ付愚生不及ナガラ國家ノ爲且各位ノ爲愚忠ヲ叩キ其ノ筋ヘ上申致シ十分御忠情ノ實相立候樣盡力可致ニ付各社一和シ各忠ヲ　陛下ニ竭シ且ツ有用ノ人物ハ永ク避士ニ埋沒不致樣致度是等モ亦今日ヲ好機會ト被存候右ノ次第御同意ヲ成下再ヒ共ニ兵間ニ立ツニ至ラハ板垣君ト山地北邑ノ云々モ愚生引受氷解ノ事ニ可取計若シ此大義ニ臨ミ猶區々タル私憤ヲ抱ク山地北邑ナレハ愚生斷然同人ト絕シ可申決テ御疑念御無用ニ御座候愚生山地邑等ノ事ニ付テハ心ヲ勞スル已ニ多シ今ニ至ル迄其ノ功ヲ奏スルヲ不得此ノ期ヲ失スルハ友朋ノ間モ協和ノ時ナカルベシ各位和氣平心愚生ノ言御聞取被下度候且夫ノ結髮帶刀ノ連中モ亦陛下ニ奉スノ心ハ同一タレハ彼ノ徒ヲ誘引シ共ニ開化ノ境介ニ入ルモ亦此ノ時ヲ好機トス是等尤各位ノ御盡力ヲ是レ祈ル委細ハ石本口頭ニ付シ候間同人ヨリ御聞取被成下度候先右概略如此ニ御座候頓首

五月十六日　谷干城

片岡
谷　御兩所殿

伯爵　後藤象二郎肖像

後藤象二郎の書翰

態々御書面被投拜謝候御病狀御再發の旨御難義奉察候盲腸は甚可恐症狀相發候與承居候故何分厚く御加養專一に御座候藤二郎より御傳致候義は全くの間違ひニて一昨朝自彼御眉間申上候との事故如何の御樣子承可成尤若も來客中なれハ我々の出京ハ内分ニ有之候故明言不可致來人無ケれバ竊ニ出京の旨御傳致可致を申置候所例の痴人全く其意を取違へ無由御傳致候旨爲其御手數相懸候小生ハ敢而急速御話可致要件無之若有れハ非書面御見舞旁參上も不妨候得共急速の要件も無之殊ニ小生近頃出療の願中ニて歸京の義表向致候も不宜御病狀も次第ニ御快方の由故御無音可致候如諭窮臘も已ニ一兩日の事と相成逐々御快方可被爲入候へは來年御治療旁御來磯奉待候濤聲松韵の間種々御話可申上候自然板翁ニも御面會候ハヽ宜敷御傳可被下候右拜答迄草々不宜

十二月念八　暢谷

木場賢臺

（宮地茂秋氏藏）

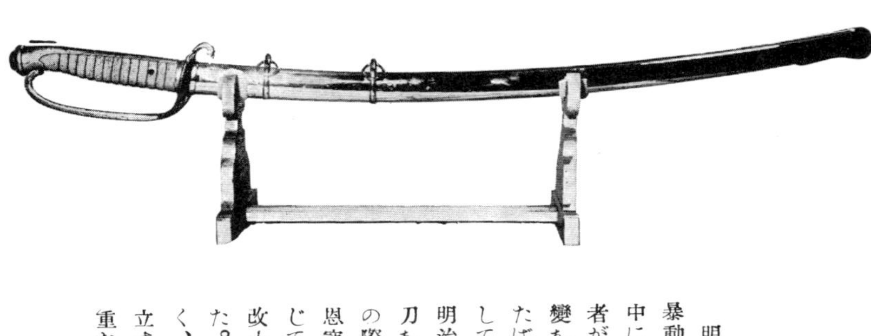

鐵舟の皇洋刀

明治十一年八月竹橋兵營に暴動が起つた。恰も夜半で宮中に未だ一人として伺候する者が無かつた。山岡鐵太郎は變を聞くや否や、此の一刀をたばさみ、威駄天走りに參内して宮中警護に當つた。明治大帝叡感の餘り、その佩刀を王座の傍に置かれ、非常の際に備へ給うた。これより恩寵特に深かつたが、鐵舟薨じて後嗣子直記が召されて、改めて此刀を下賜遊ばされた。皇洋刀の由來は斯くの如く、戊辰解難錄と共に鐵舟建立する所の下谷、全生庵の貴重なる至寶となつてゐる。

（全生庵藏）

子爵　山岡鐵太郎肖像

山岡鐵太郎の肖像に天龍寺滴水和尙が贊をした軸。

（全生庵藏）

擊劍揮絕毫正偏
忠肝義膽氣衝天
噫乎五十三年夢
馥郁淸香火裡蓮
毫絕誤顚倒

天龍　滴水贊

鐵舟の劍、禪、書

［劍］鐵舟は九歲にして劍道に志し、眞影流、北辰一刀流を學び、無想劍の極處を得、無刀の一流を開き二尺五寸の長刀を手にすれば及ぶものなき劍豪であつた。

『劍術の極意は風の柳かな
　　　　　　　　鐵太郎書』

［禪］鐵舟又禪に志し、丹を練つた。印可は京都嵯峨天龍寺滴水和尙より受けた。

『可憐無定河邊骨
　猶是春閨夢裡人
　　　　　　　　鐵太郎書』

［書］は飛驒の岩佐一亭に學び、入木道五十三世の傳統を繼いだ。また物徂徠の祕藏した宋刻義之十七帖を得て二十年間之を熟觀し遂に其の眞を會得した。

（山岡鐵雄子藏）

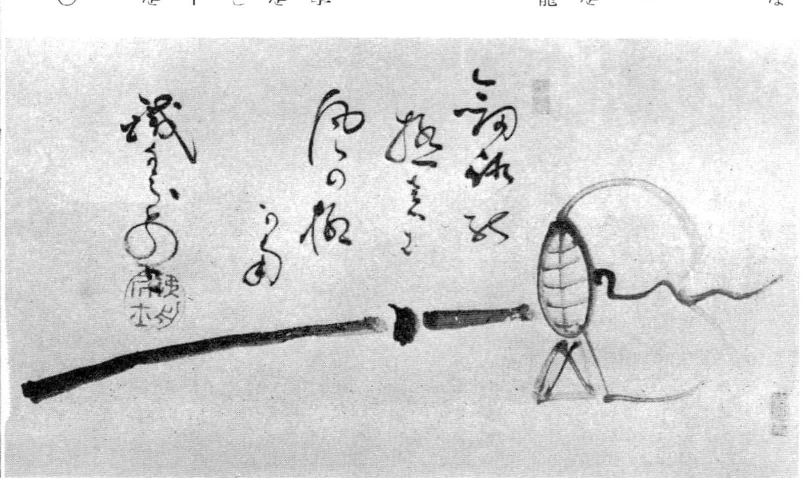

戊辰解難録

これは慶應戊辰三月、駿府大總督府に山岡鐵舟が單身赴いて西郷隆盛と談判を行ひ、平穩に江戸城明渡をなすことの諒解なつた經過を明治十五年三月、鐵舟自ら筆記した記錄である。文中『……鐵太郎眼ノ黑キ内ハ決シテ配慮有之間敷ト斷言ス爾後自ラ天地ニ誓ヒ死ヲ決シ只一人官軍ノ營中ニ至リ……』と決心の程を記し、大西郷との談判の模樣手に取るが如くで、山岡鐵舟の全貌が此の一卷に躍つてゐる。

（全生庵藏）

ヘキカ旧主曰予ハ別心ナシ如何成コトテ
モ朝命ニ背カサル無二ノ赤心ナリト
余曰真ノ誠意ヲ以謹慎ノナレハ
朝廷ヘ貫徹シ御疑念氷解ハ勿
論ナリ鐵太郎ニ於テ其邊ハ屹ト引
受必ス赤心徹底可致樣盡力イ
タスヘシ鐵太郎眼ノ黒キ内ハ決シテ
配慮有之間敷ト断言ス爾後自
天地ニ誓ヒ死ヲ決シ只一人官軍
營中ニ至リ大總督宮ニ此衷情ヲ言
上シ國家ノ爲ニ無事ヲ計ラント欲
ス大總督府本營ニ到ル迄若シ余
カ命ヲ絶ツ者アラハ曲ハ彼ニアリ余ハ
國家百萬ノ生霊ニ代リ生ヲ捨
ルハ素ヨリ余カ欲スル處ナリト心中
青天白日ノ如ク一点ノ曇リナキ安

戊辰ノ年官軍、我舊主德川慶喜御征討ノ節官軍ト德川ノ間ダ隔絶舊主家ノ者如何トモ盡力ノ途ヲ失ヒ論議紛紜廟堂上一人トシテ慶喜ノ恭順ヲ大總督宮ヘ私訴候者ナク日夜焦心苦慮スルノミナリ其内譜代ノ家士數萬人論議決テ一定不レ致或ハ官軍ニ抗セントスル者アリ又ハ脱走シテ事ヲ計ラントスルアリ其勢言語ニ盡ス能ハザル也舊主德川慶喜儀ハ恭順謹愼　朝廷ニ對シ公正無二ノ赤心ニテ譜代家士等ニ示スニ恭順謹愼ノ趣旨ヲ嚴守スヘキヲ以テ若不軌ノ事ヲ計ル者アラハ予ニ刄スルガ如シト達シタリ故ニ余舊主ニ述ルニ今日切迫ノ時勢恭順ノ趣旨ハ如何ナル考ニ出候哉ト問フ舊主示スニ予ハ　朝廷ニ對シ公正無二ノ赤心ヲ以テ謹愼スト雖モ朝敵ノ命下リシ上ハトテモ予ガ生命ヲ全スル事ハ成マシ斯迄衆人ニ惡マレシ事返ス返スモ歎カハシキ事ト落涙セラレタリ余舊主ニ述ルニ何ヲ弱キツマラヌ事ヲ申サル、ヤ謹愼トアルハ詐リニテモ有ンカ何カ外ニタクマレシ事ニテモ有ベキカ舊主曰予ハ別心ナシ如何ナル事ニテモ　朝命ニ背カザル無二ノ赤心ナリト余曰眞ノ誠意ヲ以テ謹愼ノ事ナレハ　朝廷ヘ貫徹シ御疑念氷解ハ勿論ナリ鐵太郎ニ於テ其邊ハ屹ト引受必赤心徹底可致様盡力致スベシ鐵太郎眼ノ黒キ内ハ決シテ配慮有之間敷ト斷言ス爾後自ラ天地ニ誓ヒ死ヲ決シ只一人官軍營中ニ至リ大總督宮ヘ此衷情ヲ言上シ國家ノ爲ニ無事ヲ謀ラント欲ス大總督府本營ニ到ル迄若シ余ガ命ヲ絶ツ者アラハ曲ハ彼ニアリ余ハ國家百萬ノ生靈ニ代リ生ヲ捨ルハ素ヨリ余ガ欲スル所ナリト心中青天白日ノ如ク一點ノ曇ナキ赤心ヲ一二ノ重臣ニ計レ𪜈其事決シテ成難シトシテ肯ゼス當時軍總裁勝安房ハ余素ヨリ知己ナラズト雖𪜈曾テ其膽略アルヲ聞ク故ニ行テ是ヲ安房ニ計ル安房余ガ粗暴ノ聞ヘアルヲ以テ少シク不信ノ色アリ安房余ニ問曰足下如何ナル手立ヲ以テ官軍營中ヘ行ヤト余曰官軍營中ニ到レハ斬スルカ縛スルカノ外ナカルヘシ其時双刀ヲ渡シ縛スレハ縛ニツキ斬ラントセバ我旨意ヲ一言大總督宮ヘ言上セン若其言ノ惡クハ直ニ首ヲ斬ルヘシ其言ノヨクハ此所置ヲ余ニ任スベシト云ハン而已是非ヲ問ハズ只空ク人ヲ殺スノ理ナシ何ノ難キコトカ之アラント安房其精神不動ノ色ヲ見テ斷然同意シ余モ望ニ任カス夫ヨリ余家ニ歸リシトキ薩人益滿新八郎來リ同行セン事ヲ乞フ依テ同行ヲ承諾ス直チニ駿府ニ向ヒデ急行ス既ニ六郷河ヲ渡レハ官軍ノ先鋒左右皆銃隊其中央ヲ通行スルニ止ムル人ナシ隊長ノ宿營ト見ユル家ニ到リ案内ヲ不乞シテ立入リ隊長ヲ尋ヌルニ是ナルヘシト思フ人アリ即チ大音ニテ朝敵德川慶喜家來山岡鐵太郎大總督府ヘ通ルト斷ハリシニ其人德川慶喜德川慶喜ト二聲小音ニテ云シノミ此家ニ居合ス人凡ソ百人計リト思ヘトモ何レモ聲ヲ出サス唯余ガ方ヲ見タル計リナリ依テ其家ヲ出直ニ横濱ノ方ニ急行キタリ其時益滿モ後ニ添テ來レリ横濱ヲ出神奈川驛ニ到レハ長州ノ隊トナレリ是ハ兵士旅營ニ入リ驛ノ前後ニ番兵ヲ出セリ此所ニテハ益滿ヲ先トナシ余ハ後ニ從ヒ薩州藩ト名乘リ急キ行クニ更ニ支フル者ナシ夫ヨリ追々薩藩ト名乘レハ無印鑑ナレトモ禮ヲ厚クシ通行サセタリ小田原驛ニ着タル頃江戸ノ方ニ兵端ヲ開ケリトテ物見ノ人數路上ニ絶ヘス東ニ向テ出張ス戰爭ハ何處ニテ始リシト尋シニ甲州勝沼邊ナリト云フ夙ニ聞近藤勇甲州ヘ脱走セシカ果シテ是ナルヘシト心ニ思フタリ晝夜兼行駿府ニ到着傳馬町某家ヲ旅營トセル大總督府下參謀西郷吉之助方ニ行キテ面謁ヲ乞フ同氏議異ナク對面ス余西郷氏ノ名ヲ聞クコト久シ然レトモ曾テ一面識ナシ西郷氏ニ問曰先生此度朝敵征討ノ御旨意ハ是非ヲ論セス進擊セラル、カ我德川家ニモ多數ノ兵士アリ是非ニカ、ハラス進軍トアルトキハ主人德川慶喜東叡山菩提寺ニ恭順謹愼致シ居リ家士共ニ厚説諭スト雖𪜈終ニハ鎭撫行居カス或ハ　朝意ニ背キ又ハ脱走不軌ヲ計ル者多カラン左スレバ主人德川慶喜ハ公正無二ノ赤心君臣ノ大義ヲ重ンスルモ　朝廷ヘ徹セス故ニ余其事ヲ歎シ大總督宮ヘ此事ヲ言上シ慶喜ノ赤心ヲ達セン爲メ是迄參リシナリ西郷氏曰最早甲州ニテ兵端ヲ開シ旨注進アリ先生ノ言フトコロトハ相違ナリト云フ余曰夫ハ脱走ノ兵ノナス所ナリ縱令兵端ヲ開キタリトモ何ノシサイナシト云ヒケレハ西郷氏曰夫ナレハヨシト云テ後ヲ問ハス余曰先生ニ於テハ戰ヲ何處迄モ望マレ人ヲ殺スヲ專一トセラル、カ夫テハ王師トハ云ヒ難シ　天子ハ民ノ父母ナリ理非ヲ明カニスルヲ以テ王師トス西郷氏曰唯進擊ヲ好ムニアラス恭順ノ實効サヘ立テハ寛典ノ御所置アラン余曰其實効ト云フハ如何ナル事ソ勿論慶喜ニ於テハ　朝命ハ背カサルナリ西郷氏曰先日來靜寛院宮、天璋院殿使者來リ慶喜殿恭順謹愼ノ事歎願スト雖𪜈只恐懼シヲ更ニ條理分ラズ空ク立戻リタリ先生是迄出張江戸ノ事情モ判然シ大ニ都合ヨロシ右ノ趣大總督宮ヘ言上可致此所ニ扣ヘ居ルベシト宮ヘ伺候ス暫クア御リテ西郷氏歸營シ宮ヨリ五個條ノ書御下ケ有タリ其文ニ曰

一城ヲ明渡スヿ
一城中ノ人數ヲ向島ヘ移スヿ
一兵器ヲ渡スヿ
一軍艦ヲ渡スヿ
一德川慶喜ヲ備前ニ預クルヿ

西郷氏曰右ノ五箇條實効相立上ハ德川家寛典ノ御所置モ可有之余謹テ承リタリ然レトモ右五ケ條ノ内ニ於テ一ケ條ハ拙者ニ於テ何分ニモ御請難致旨有之候西郷氏曰夫ハ何ノ箇條ナルカ余曰主人慶喜ヲ獨リ備前ニ預ルヿ決シテ相成サル事ナリ如何トナレハ此場ニ至リ德川恩顧ノ家士決テ承伏不致ナリ詰ル所兵端ヲ開キ空ク數萬ノ生命ヲ絶ツ是王師ノナス所ニアラスサスレバ先生ハ只ノ人殺シナルヘシ故ニ拙者此條ニ於テハ決テ不肯ナリ西郷氏曰　朝命ナリ余曰タトヒ　朝命タリト雖モ拙者ニ於テ決シテ承伏セサルナリト斷言ス西郷氏又強テ　朝命也ト云余曰然レハ先生ト余ト其位置ヲ易ヘテ暫ク之ヲ論セン先生ノ主人島津公若誤リテ朝敵ノ汚名ヲ受ケ官軍征討ノ日ニ當リ其君恭順謹愼ノ時ニ及ンテ先生余カ任ニ居リ主家ノ爲メ盡力スルニ主人慶喜ノ如キ御所置ノ　朝命アラハ先生其命ヲ奉戴シ速ニ其君ヲ差出シ安閑トシテ傍觀スル事君臣ノ情先生ノ義ニ於テ如何ソヤ此義ニ於テハ鐵太郎決シテ忍フ事能ハサル所ナリト激論セリ西郷氏默然暫クアリテ云先生ノ説尤モ然リ然ラハ則德川慶喜殿ノ事ニ於テハ吉之助屹ト引受ケ取計フヘシ先生必ス心痛スル事ナカレト誓約セリ後ニ西郷氏余ニ云フ先生官軍ノ陣營ヲ破リ此ニ來ルハ縛スルハ勿論ナレトモ縛サスト余答曰縛ニツクコトハ余カ望ムトコロ早ク縛スヘシ西郷氏笑テ曰先ツ酒ヲ酌ント數杯ヲ傾ケ暇ヲ告レハ西郷氏大總督府陣營通行ノ符ヲ與フ之ヲ請テ去ル

歸路急行余神奈川驛ヲ過ル頃乘馬五六匹ヲ牽キ行アリ何レノ馬ナルカト尋ネシニ江川太郎左衞門ヨリ出ス所ノ官軍用馬ナリト其馬二匹ヲ借スヘシト直チニ益滿ト共ニ其馬ニ跨リ馳テ品川驛ニ到ル官軍先鋒既ニ同驛ニ在リ番兵余ニ馬ヲト、メヨト云フ余不聞シテ行ク急ニ三名走リ來リ一人余カ乘タル馬ノ平首ニ銃ヲ當テ胸間ヘ向ケ放發セリ奇ナル哉雷管發シテ彈丸發セス益滿驚キテ馬ヨリ下リ其兵ノ持タル銃ヲ打落シ西郷氏ニ應接ノ云々ヲ示スニ聞ス伍長體ノ人來リ其兵士ヲ諭ス兵不伏ナカラ退ク薩軍山本某ト言フ人ナリ若銃彈發スレハ其所ニ死スヘシト益滿ト共ニ馬上ニ談シ急キ江戸城ニ歸リ即チ大總督宮ヨリ御下ケノ五ケ條西郷氏ト約セシ云々ヲ詳カニ參政大久保一翁勝安房等ニ示ス兩氏其他重臣官軍德川ノ間事情貫徹セシヿヲ喜ヘリ舊主德川慶喜ノ欣喜言語ヲ以テ云フヘカラス直ニ江戸市中ニ布告ヲナシタリ其大意如此大總督府下參謀西郷吉之助殿ヘ應接相濟恭順謹愼實効相立候上ハ寛典ノ御所分相成候ニ付市中一同動搖不致家業可致ト高札ヲ市中ニ立ツ是ニ依テ市中ノ人民少シク安堵ノ色アリ是ヨリ後西郷氏江戸ニ着シ高輪薩邸ニ於テ西郷氏ニ勝安房ト余ト相會シ共ニ前日約セシ四ケ條必ス實効ヲ可奏ト誓約ス故ニ西郷氏承諾進軍ヲ止ム此時德川家ノ脱兵ナルカ軍裝ヲセシ者同邸ナル後ノ海ニ小舟七八艘ニ乘組凡ソ五十人計リ同邸ニ向ヒ寄セ來ル西郷氏ニ附屬ノ兵士事ノ出來ルヲ驚キ奔走ス安房モ余モ之ヲ見テ如何ナル者カト思ヒタリ西郷氏神色自若余ニ向ヒ笑テ曰私カ殺サレルト兵隊カソルマヒマスト云タリ其言ノ確乎トシテ不動ヿ眞ニ可感ナリ暫時アリテ其兵ハ何レヘカ去ル全ク脱兵ト見エタリ如此ノ勢ナレバ西郷氏應接ニ來ル毎ニ余往返ヲ護送ス德川家ノ兵士議論百端殺氣云フ可ラサルノ秋若シ西郷氏ヲ途中ニ殺サント謀ル者アレハ余前約ニ對シ甚タ之ヲ耻ツ萬一不慮ノ變アル時ハ西郷氏ト共ニ死セント心ニ盟テ護送セリ比日大總督府下參謀ヨリ急御用有之出頭スヘシトノ御達アリ余出頭セシニ村田新八出來リ先日官軍ノ陣營ヲ足下猥ニ通行ス其旨先鋒隊ヨリ報知ス我ト中村半次郎ト足下ヲ跡ヨリ追付切殺サントセシカ足下早クモ西郷方ヘ到リ面會セシニ依テ切損シタリ餘リ殘念サニ呼出シ是ヲ云ヘルノミ別ニ御用向ハ無シト云フ予ハ曰クソレハサモ有ヘシ予ハ江戸兒ナリ足ハ尤モ早シ貴君方ハ田舍者ニテノロマ男故予カ早キニハトテモ及フマシト云フテ共ニ大笑ヒシテ別レタリ兩士モ其時軍監ニテ陣營ヲ護リナカラ卒然其職務ヲ失リシヲ遺憾ニ思ヒシト見エタリ如此ノ形勢ナレハ予輩鞠躬盡力シテ以テ舊主德川慶喜カ君臣ノ大義ヲ重ンスルノ心ヲ體認シ謹テ四ケ條ノ實効ヲ奏シ且百般ノ難件ヲ所置スル者是レ則チ予ガ國家ニ報ユル所以ノ微意ナリ

明治十五年三月　山岡鐵太郎

伯爵副島種臣肖像
（副島道正伯藏）

李鴻章より種臣への書翰

ペルー船マリア・ルーズの支那奴隷解放に於ける副島種臣の外交手腕を賞し、更に清帝謁見問題で斷乎自主的態度を持し、彼の面目を施したことを稱揚した文で塡められてゐる。

（副島道正伯藏）

副島星使大人閣下曩者秘魯
國拐販華民一案經
執事竭力營救
盛德高義足伸公道而愧薄
俗列邦聞之當共欣佩非獨不佞感戰已也洎
執事奉使惠臨往復暢論傾
吐肝鬲殊恨相見之晚昨聞
朝覲之際以禮自持並諷勸西隣毋致輕蔑貽譏尤仰
執事力敦大體屛去欺詐夫天下萬國各君其君
名子其民雖禮敎風俗之攸殊而人心嚮背則
一未有尊其主庇其民而人不加愛敬者鴻章
才不足以副其志德不足以稱其位每日兢懼
猥蒙
期許愧何可言惟彼此同居東土永結和好實爲
數千年來未有之盛擧輔車相助唇齒相依願
與
執事勉之而已頃有期親之戚不克樞送再申款
悃惟
爲道自愛千萬珍重東望滄波馳溯不盡
鴻章　再拜
六月十四日

江藤新平『決戰之議』

幕末佐賀に於ける尊王の首唱者で維新建設の上に特殊の働をなし、憲政の主張、制度法律の創定、法典の編纂に大功を樹てた南白江藤新平は佐賀の亂に自ら作つた處の新法に依つて斬罪梟首に處せられた。これは征韓論に敗れ下野した江藤新平の征韓黨（北組）決戰の檄文で、起草者は滿岡勇之助、朱書訂正したのが新平の眞蹟である。明治七年頃活字で組み、印刷せる檄文は全く珍しい。

決戰の議

夫國權行ハルレハ則民權隨テ全シ之ヲ以テ宣戰講和ノ事ヲ定メ之ヲ以テ通商航海ノ約ヲ立ツ一日モ權利ヲ失ヘバ國其國ニ非ス今玆ニ人アリ之ニ唾キシテ而嗔ス之ヲ撻テ而怒ラスンハ爾後婦人小兒ト雖トモ之ヲ輕侮スル必セリ是人ニシテ其權利ヲ失フ者ナリ嚮ニ朝鮮我國書ヲ擯ケ我國使ヲ辱ムル其暴慢無禮實ニ言フニ忍ヒス上ハ聖上ヲ初メ下ハ億兆ニ至ル迄無前ノ大恥ヲ受ク因テ客歲十月廟議盡ク征韓ニ決ス天下之ヲ聞テ奮起セサル者ナシ已ニシテ而二三ノ大臣偸安ノ說ヲ主張シ聖明ヲ壅閉シ奉リ遂ニ其議ヲ阻塞セリ噫國權ヲ失フ事實ニ此極ニ至ル是所謂之ヲ唾撻シテ而嗔怒セサル者ト相等シ苟モ國トシテ如斯失體ヲ極メハ是ヨリシテ海外各國ノ輕侮ヲ招ク其底止スル所ヲ知ラス必ス交際裁判通商凡ソ百事皆彼カ限制スル所トナリ數年ナラスシテ全國ノ生靈卑屈狡獪遂ニ貧困流離ノ極ニ至ル鏡ニ掛テ見ルカ如シ是有志ノ士ノ以テ切齒扼腕スル所ナリ是ヲ以テ同志ト謀リ上ハ聖上ノ爲メ下ハ億兆ノ爲メ敢テ萬死ヲ不顧誓テ此ノ大辱ヲ雪カント欲ス是蓋シ人民ノ義務ニシテ國家ノ大義而人々自ラ以テ奮起スル所ナリ然ルニ大臣其己レニ便ナラサルヲ以テ我レニ兵ヲ加フ其勢狀此ニ至ル依テ止ヲ得ス先年長州大義ヲ擧ルノ例ニ依リ其處置ヲナスナリ古人曰精神一到何事不成我輩ノ一念遂ニ此雲霧ヲ排キ以テ錦旗ヲ奉シ朝鮮ノ無禮ヲ問ントス是誠ニ區々ノ微衷死ヲ以テ國ニ報ユル所ナリ

明治七年二月十三日

佐賀北組本營

江藤新平肖像

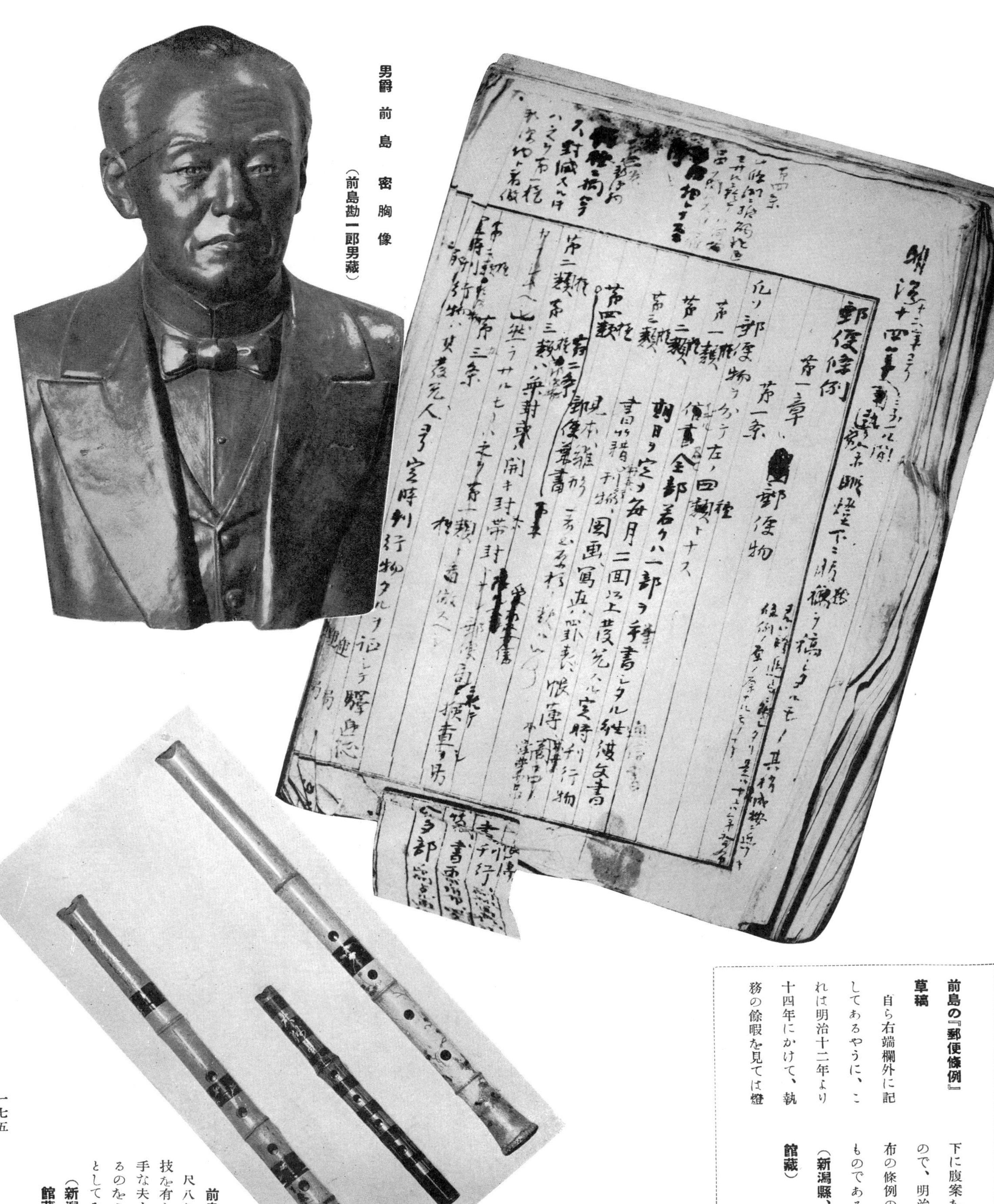

男爵前島密胸像（**前島勘一郎男藏**）

前島の『郵便條例』草稿

自ら右端欄外に記してあるやうに、これは明治十二年より十四年にかけて、執務の餘暇を見ては燈下に腹案を稿したもので、明治十六年發布の條例の原の原のものである。（**新潟縣、前島記念館藏**）

前島遺愛の尺八

尺八を愛好し、妙技を有し、三味線の上手な夫人と折々合奏するのをこよなき樂しみとしてゐた。（**新潟縣、前島記念館藏**）

大村益二郎肖像
（大村泰敏子藏）

大村の三條實美宛の手翰

明治二年九月四日兵部大輔として我が陸軍々備に鞅掌しつゝあつた大村益次郎は、刺客に襲はれて傷いた。刺客は藩政改革に不平を抱く徒であつたが、其後療養中三條公に宛てた手簡が之れである書中軍事病院の設立を强調してゐるが、後ち兵部大輔の役を襲うた前原一誠に依つて陸軍病院が大阪に設けられた。
（大村泰敏子藏）

天恩溢身常に萬分の一不能奉報死無埋骨の地煩念此事ニ奉存候然處九月四日不測受危難續而十月二日下坂蘭醫ボゥトインの療治を受ケ候處至今日處足部强直ニ而正坐ハ六ケ敷候得共一命を可相保候との事ニ候然れど是より全快の上は餘生を以て身分相應の御奉公を奉逐度存候就テは是迄軍事の要務と大略前途の荒目途伺取候得共病院の事件ニ於ても毫義不奉伺然處今般下阪之後大阪病院之模樣傍觀候處一時ニ可致瓦解模樣有之その故に病院教頭ボードイン義ハ昨年變動中小松帶刀後藤象次郎招ニよつて再皇國に渡來著阪候處先般舊幕府之時銁置候模樣ト事實更に相易り誰有而一人も相手と相成者無之暗夜の失明と一般也仍而門人緒方洪齋と申談し纔に月給之内を分チ或は町醫と談シ兎ヤ角話シ今日迄病院の形を存し實に憫然の至や近比略に傳聞致し候處御用有之緒方洪齋義を不日東京に被爲召候由依之「ホゥドイン」義は愕然致し最早齡皇國病院の念を斷チ速ニ歸國の外他事無之樣の怨言を承り候然るに「ホゥトイン」義は齡已に四十八歲ニして和蘭の名醫なる而已ならず佛朗斯索漏生の間ニ於ても有名の醫師ニして實に再ヒ得難きの人物と聞く加るに微臣今般不測の刀瘡を蒙り兵隊同樣の苦痛を受け一日も病院の欠べからさるを知る然ルに未タ軍事の病院無之依而至急軍事病院の基礎を相開き度依之別紙二ケ條至急伺置度奉存候誠恐誠惶

月　日　大村兵部大輔

三條右府閣下

御賜の鞭と陣笠

明治元年十月、鳳輦東海道を下り、東京に御幸遊ばされた。江戸遷都論の先驅者大木民平も供奉し奉つたが、此の陣笠に其の際に用ゐた由緒深いものである。また竹の鞭は途中某驛で特に賜はつたもの。
（大木喜福伯藏）

伯爵　大木　喬　任肖像
（大木喜福伯藏）

大木喬任東京遷都に關する御內慮狀

大木民平（後の喬任）は佐賀の逸材で、明治元年正月出藩の命令を受け京都に入るや、三條實美に建言して江戸を東京と改め遷都を强調した。之より先、大久保利通は浪華遷都の議を唱へたが、一轉して東京遷都となつた。これは當時軍務局判事たりし民平と木戶孝允に對する御內慮狀で、元年六月十九日聖前近く兩人を御召になつて御下賜品と共に賜はつたもの。

（大木喜福伯藏）

大木　民平

以江戶東京と被定之儀より
仲々遠大之
御內慮被
仰含候通速東下大總督宮三
條輔相等え遂評議候上復奏
可有之候尤至重之儀ニ付兩
士え被仰付候間現在臨其地
治國平天下之基礎相立候樣
宜廻神算旨
御沙汰候事
六月十九日

鳥尾小彌太遺墨

松陰竹影度窓前

得庵

（松村源治氏藏）

子爵　鳥尾小彌太肖像

（鳥尾敬光氏藏）

男爵 松田正久肖像 （松田正三男蔵）

松田正久は、大藏、司法、文部の各大臣を歴任し、伊藤公が政友會を組織した時は黨の長老として朝野の信望を博した。

伯爵 芳川顯正肖像

芳川顯正も亦文部司法、内務、遞信の大臣に歴任し後樞密院に列し副議長となつた。

世龍 松田正久男遺墨 （松田正之男藏）

四極山頂夕照殘西窓向晩
客衣寒無端想着當年事
綠水依々藹𦱳灘　世龍

芳川顯正伯遺墨 （榎本武英子藏）

芳川顯正より榎本武揚へ宛てた書翰

過刻於殿中入尊耳候拙作一得貴示錄上
賜御叱正候ハヽ幸甚ニ候
庚子元旦天狗集
席上次蝶大守韻
玉白花紅詩戰開拜衣舞把十千抔鎌重自
古館奇跡不怪謁蹕天狗來
越山生
一月五日
梁川先生
侍史

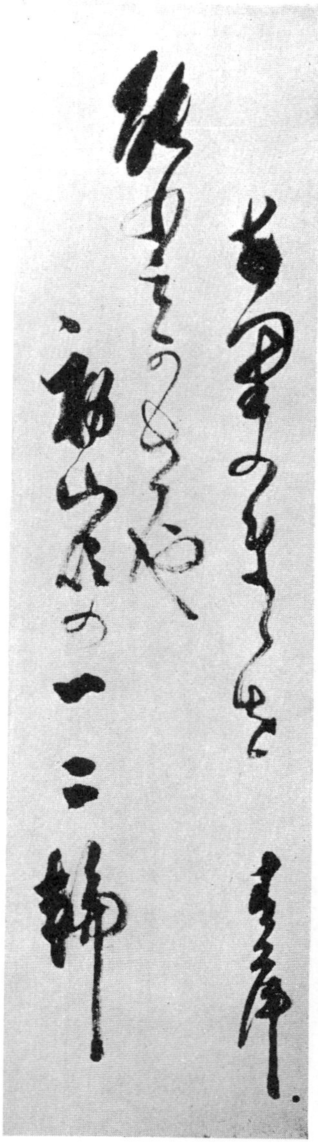

末松謙澄子遺墨

ありのまゝに　青萍
のとかさや
初山吹の一二輪

（末松春彦子藏）

男爵大鳥圭介肖像

大鳥圭介氏遺墨

善隣交誼履程章反覆調和柔制剛辱齒
相依東國政弟兄共禦北方强光策泰斗
人皆仰重任邱山身自當回首莫愁故園
遠朝暾紅處是扶桑
奉送榎本全權公使赴清國
辱交生如楓圭介

（榎本武英氏子藏）

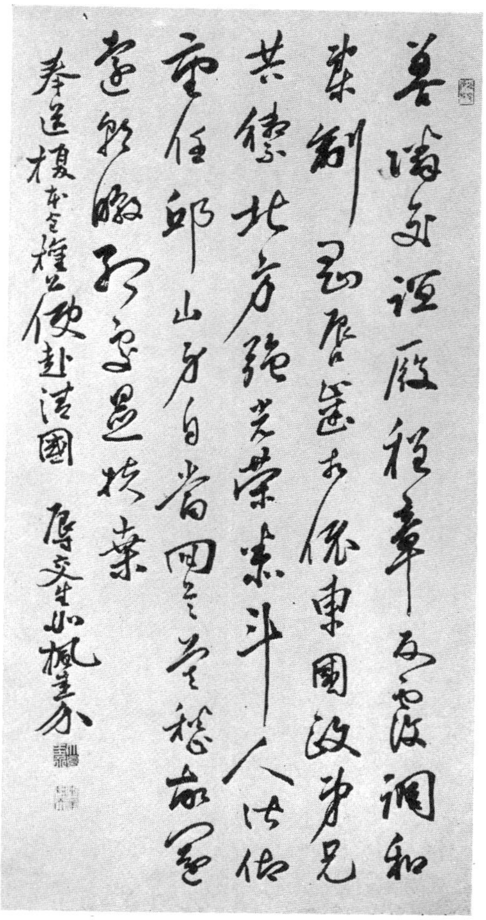

子爵末松謙澄肖像

（末松春彦子藏）

末松愛用のシガレツト・ケース

御下賜品で、常に愛用してゐたもの。

（末松春彦氏子藏）

子爵　由利公正肖像

由利公正子は文政十二年福井藩に生れた。五箇條御誓文草案を起草したのを始めとして、明治新政府の財政計劃に盡力し、紙幣の發行は、實に同氏の獻策によるものである。

（由利正道子藏）

公正遺墨

變通利用　雲軒書

（由利正道子藏）

澁澤榮一子と
大藏省出仕時代の官服

この烏帽子と直垂は、澁澤榮一が維新早々の際、ヨーロッパ仕込の新知識で新政府に仕へ、大藏省へ出仕した時に着用したものである。後年、實業界の大御所とし、我が財界に大きな貢獻をなしたのは、明治六年三月官途を辭し、實業界に第一歩を踏出したのに因る。

（龍門社藏）

子爵 森有禮肖像
（森 清 子藏）

子爵 曾根荒助肖像

曾根荒助遺墨
（長島新藏氏藏）

蒔來良種護山川實草歌成舞袖
翩不似仙裳羽衣曲唐家社稷敬
爲煙
乙巳仲夏爲長島兄錄淡姿姑作
西湖

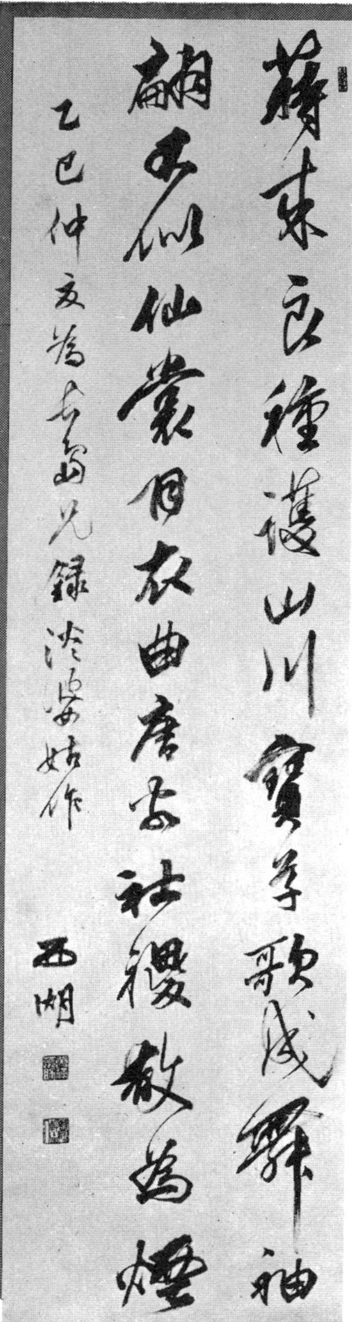

伯爵　板垣退助肖像

（宮地茂秋氏藏）

板垣退助の辭爵願

明治十七年七月新たに華族令が發布せられた。伯爵を授けられた板垣退助は同く平等主義を奉じて、爵位を辭したが執奏せられず、平民籍を失はざるを得なかつた。斯くて有名な『一代華族論』が草せらるゝに到つたのであるが、退助大正八年八月十六日薨ずるや、勿論一代華族は實行せられた。寫眞は明治廿年六月九日、次で同年七月七日に出した願書である。

（板　垣　家　藏）

退助より片岡健吉宛の書翰

退助は土佐藩士の家に生れ、十九才にして江戸に遊學し、安政三年歸藩更に同六年江戸に再遊してフランスの兵術を究めた。此の書翰は文久元年故郷なる片岡健吉に宛て、當時の時勢を報じたもので書中『五月廿九日夜五つ頃東禪寺にて夷人を貳人鎗にて突殺申候』とあるは浪士が高輪東禪寺で英人を傷けた事件である。

（宮地茂秋氏藏）

一翰呈上致候先以て薄暑之候ニ御座候處彌御安勝ニ可被成御事珍重目出度儀奉存候隨而小生儀無恙在勤仕候間乍慮外御省念可被下候扨て御國惣而恐怖之由唯々國に屈之義論耳は承り申候愚案致候處薩州樣は倍臣之御方ニ而猥ニ勅命を受天下を蔑ニ致權威を震却而夷狄之禍を慮り不申は精忠とも存不申候將長州之長井雅樂と申者先達中チ君命ニテ京江戸を往來致候處何カ事を誤り申候と見へ而先日切腹を致候趣ニ御座候然共長州樣ニは御無恙既ニ一昨日は御城ニ而將軍御對面有之思召之旨御蒙り被成候由是は將軍御上洛被遊之趣夫ニ付而之御用と推察仕候扨又天下も越前樣を御用被成其名殿中ニ轟申候趣　將軍も御英才と拜承仕候以之考申時は官軍と申も何クニ在候哉知不申時勢ニ御座候今是を分つ人は必事を誤り可申と恐レ居申候將又只今之時勢を恐怖致候は成程是迄は無類の太平ニ御座候得共夷狄の禍在故是迄の樣ハ不參譯と存候足利の世の太平を考候得ば尤耳可恐事ニモ不有樣存候何分大丈夫は危ニ居而安キを斗ルを專一に存候扨又先達道中見附の近道ニ而小大名行合ニ供の士喧嘩致出劒ニ及終ニ死人も餘程有之候趣又五月廿九日夜五ツ頃東禪寺ニ而夷人を貳人鎗ニ而突殺申候孰レ殺氣ハ立居申候　御隱居樣ノ上屋敷え御出御滯留ニ付取紛先は右斗如此御座候尚期重便の時候恐々謹言

六月三日　　退助花押

健吉樣

尚以馬ぶも最早御國着致候と存候間宜敷奉願上候

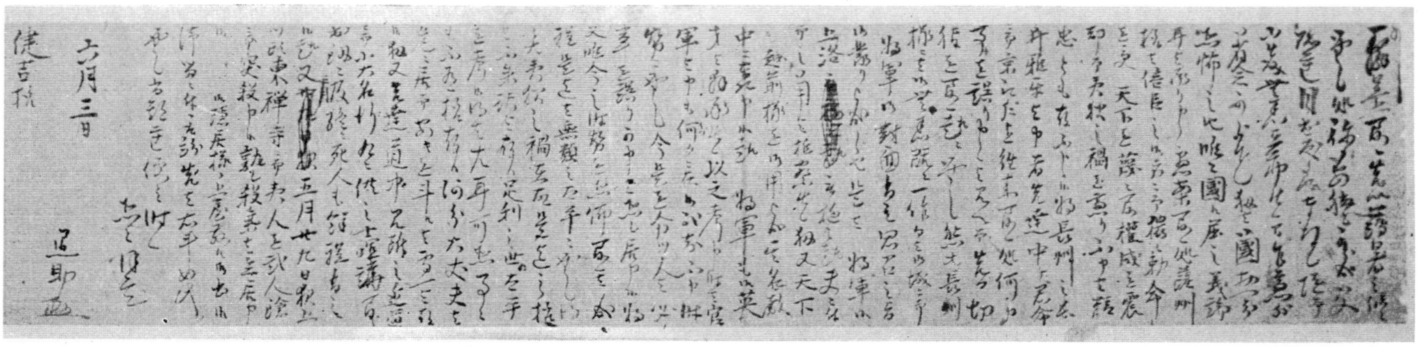

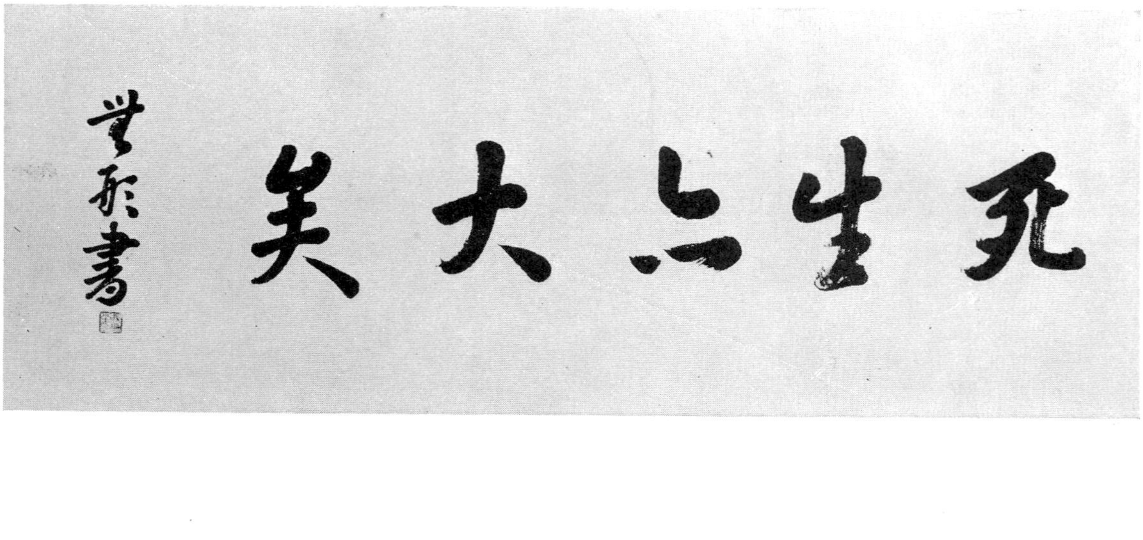

板垣退助遺墨

『退助死すとも、自由は死せず』これは岐阜で刺客に襲はれて叫んだ有名な言葉であるが、その自由黨の費用を土佐の竹村與右衛門より借金したが、返金の代償として書を所望され數枚書與へたものゝ一つである。退助の書は極めて稀である。

『死生亦大矣　無形書』

（宮地茂秋氏藏）

臣退助

伏シテ五月九日ノ勅ヲ奉ス 陛下特ニ臣ヲ伯爵ニ叙シ華族ニ列セシム

天恩ノ優渥ナル臣誠ニ感愧激切ノ至リニ任エス直チニ闕下ニ趨テ寵命ヲ拜ス可キ也而シテ臣退テ竊カニ平生ヲ回顧スルニ臣素ト南海一介ノ士朴忠自ラ許ス甞テ維新中興ノ運ニ會シ錦旗ヲ奉シテ東北戡定ノ功ヲ奏スト雖トモ是レ皆

陛下威靈ノ致ス所臣何ノ勞カ之レ有ラン而シテ

陛下臣ヲ賞スルニ重器厚祿ヲ以テシ次テ參議ニ任シ正四位ニ叙セラル

陛下ノ知遇ヲ受クル已ニ極マリ人臣ノ榮之ニ過ス何ソ圖ラン今又高爵ヲ拜シ貴族ニ班スルノ寵命ヲ辱フセントハ臣唯惶懼措ク所ヲ知ラス豈ニ

天恩ニ狃レ重ネテ一身ノ顯榮ヲ叨リニス可ケンヤ因テ臣茲ニ表ヲ上リ謹テ伯爵幷ニ華族ニ叙列スルノ特典ヲ辭ス伏シテ願クハ

陛下臣カ區區ノ衷情ヲ憫ミ其狂愚ヲ咎メス以テ臣カ乞フ所ヲ聽ルサレンコトヲ漸懼悃款ノ至リニ任エス 臣退助誠惶誠恐頓首頓首謹言

明治二十年六月九日

正四位 板垣退助㊞

臣退助 謹言

往キニ上表シテ伯爵ニ叙シ華族ニ列スルノ寵命ヲ辭ス

陛下宣諭慇懃臣カ請ヲ聽サス感恩惟重泣汗共ニ下ル臣義以テ重テ固辭ス可ラサルヲ知ル然ト雖モ臣カ心寔ニ自ラ安ンセサル者アリ敢テ斧鉞ノ誅ヲ犯シテ區區ノ微衷ヲ上陳ス臣伏テ中興維新之大業由テ成ル所以ヲ考フルニ是固ヨリ

陛下聖德ノ致ス所ナリト雖モ抑亦天下人心ノ嚮フ所ニ從ツテ之ヲ濟セシニ因ラサルハナキ也蓋我邦門閥ノ弊其因襲シ來ル事洵ニ邈焉ニシテ中古覇政ノ行ハレショリ其積累ノ久キ上下離隔シ官民乖違ス德川幕府ノ末年ニ至リ弊政益甚遂ニ農工商ヲシテ奴隷ノ境ニ陷ラシム是時ニ當リ米歐諸國相踵キ來ル幕府狼狽之ニ處スル宜ヲ得ス天下有志ノ士奮然トシテ憤ヲ發シ 皇室ヲ尊ヒ幕府ヲ黜ケント欲シ峻法ヲ避ケス嚴刑ヲ畏レス隨ツテ斃レ從ツテ起ル正議ノ諸侯幕府ニ忠告シ遂ニ能ク幕府ヲシテ數百年掌握セシ處ノ政權ヲ還サシム中興之業寔ニ斯ニ其基ヲ開ケリ是ニ於テ

陛下親ラ大政ヲ統フルニ及ヒ首トシテ五事ノ神誓ヲ天下ニ宣布シ封建門閥ノ弊ヲ除キ徐ニ君民同治ノ制ニ循フノ聖旨斷然トシテ天下ニ明カナリ當時聖旨ノ在ル所輿論ノ趨ク所廟議一致以テ之ヲ奉行スルニ到リ遂ニ公卿諸侯ノ稱ヲ廢シ華族トナシ士族ヲシテ復等級ノ別ナカラシム是時臣高知藩ノ大參事タリ同僚等ト議シテ曰ク朝廷若シ士族ヲシテ舊ニ依リ政事兵役ニ當ラシメント欲スル乎士ノ等級ヲ廢スル何ヲ以テ黜陟勸懲ヲナサン今士ノ等級ヲ廢ス是必ス四民平等ノ制ニ循ハント臣等藩知事山內豐範ト商量シ其命ヲ以テ右大臣岩倉具視參議木戸孝允ヲ見テ廟議ノ在ル所ヲ問フ二人曰ク廟議正ニ四民平等ノ制ヲ行フニ在リ是ニ於テ高知藩士族ノ常職ヲ解キ世祿至廢シ祿券トナシ賣買ヲ許スノ制可ヲ得テ直ニ之ヲ施行ス其事タル寔ニ他ノ諸藩ニ率先セリ續テ藩ヲ廢シテ縣ヲ置キ士族ノ兵役ヲ罷メ徵兵ノ制ヲ定ム非人穢多ノ稱ヲ停メ華族平民婚ヲ通スルヲ許シ華士族ノ祿ヲ廢シテ公債トナシ其閏刑ヲ廢スル等皆ナ人權ヲ齊一ニスルノ聖旨ニ因ザルナク是ニ到テ華士族ハ只其名稱ヲ存スルニ止マルノミ終ニ明治八年漸次國會ヲ開クノ詔アリ皆是門閥政治ヲ廢シ人民平等ノ制度ニ就ク所以ノ者ニ非サル莫シ豈ニ偉ナリト謂ハサル可ケンヤ嘗ニ我邦千古ノ美擧ノミナラス當ニ萬國ニ誇ルニ足レリ然而テ近歲ニ至リ又華族ヲ以テ 皇室ヲ擁護シ人民ニ標準タラシメント欲スルノ勢ヲ致シテ新ニ五等ノ爵ヲ置キ世襲財產ノ法ヲ設ケ更ニ功臣ヲシテ華族ニ列シメ特ニ貲財ヲ賜ヒ世世相襲シム臣淺識妄ニ其是非ヲ判スル能ハスト雖モ其制度ノ得失進退ノ當否

陛下ノ尤深ク省察ヲ加ヘラレン事ヲ冀フ夫レ我邦中古以來門閥政治ノ禍亂ヲ致セシ事歷歷徵ス可シ何ソ復タ臣ノ喋喋ヲ須ンヤ英國貴族ノ如キ人或ハ其極メテ國ニ益有ルヲ說ク者アルモ臣カ見ル所ヲ以テスレハ動モスレハ下院議士ト拮抗シテ國ノ大計ヲ阻遏スル事無キ能ハス是ヲ以テ有識ノ士往往此國ノ制度ヲ非議スル者アリ若夫他諸國及ヒ特ニ佛國ノ如キニ至ツテハ禍亂ノ階多クハ貴族ニ由ラサルハナシ未タ嘗テ其果シテ王室ヲ擁護セシヲ見サルナリ我邦開闢以來祖宗列聖ノ深仁厚澤永ク衆庶ノ頭腦ニ浸染シテ衰ヘス彼ノ屢々革命アル邦國ノ比擬ス可ニ非ス

陛下一日國會ヲ開キ茲ニ君民同治ノ化ヲ敷ク時ハ苟モ我邦人民タル者誰カ感激シテ忠ヲ

陛下ニ效スヲ願ハサル者有ランヤ尚ヲ何ソ特ニ華族ヲ以テ帝室ノ擁譯タラシムルヲ要セン臣頑愚廟議ノ在ル處ヲ知ラサレ氏往昔ニ鑒ミ將來ヲ思フ心寔ニ自ラ安ンスル能ハス若沈默言スンハ臣自欺テ以テ

陛下ニ負ク也臣カ今叙爵ノ寵命ヲ固辭スル精神ハ即チ曩時邦家ニ盡スノ精神也臣豈己ヲ得ン哉是ヲ古ニ徵スレハ唐太宗長孫無忌等ノ世封ヲ固辭スルヲ聽シ是ヲ今ニ質スレハ英皇帝グラドストンノ叙爵ヲ辭謝スルヲ許ス內外古今其例少ナカラス君恩臣節之ニ因ツテ兩カラ全シ

陛下文明ノ治內外古今ノ比ス可キニ非ス殊ニ臣カ頑愚ヲ容シ其偃蹇ラ節ヲ遂クルヲ得セシメハ

陛下ノ恩德是ヨリ大ナルニ莫シ臣ノ素願偏ニ之ニ過キス切ニ希フ

陛下至仁天地無量枉テ渙汗ノ旨ヲ停メテ爰ニ寵命ヲ追廻シ臣カ懇請スル處ヲ聽サレン事ヲ謹テ再ヒ抗表以聞悃欵屏營ノ至ニ任ユルナシ 臣退助誠惶誠惶頓首頓首

明治二十年七月七日

正四位 板垣退助㊞

自由黨新潟支部解散に對しての電報原稿

板垣退助の眞面目は國會開設運動時代に發揮せられ、全盛は岐阜遭難以前にあつたやうである。土佐の立志社、並に『愛國社』を起した。『愛國社』は各地に縣民の代表機關たる自由主義の政社を作り、代表を中央に集め國會開設の輿論を作らんとするもので、明治十二年三月には『國會期成同盟會』とし、更に『自由黨』はこれより盟約されたのである。これは新潟支部の解散に對して板垣退助の打電した原稿である。

返信願

明治二十年十二月廿七日刑　十二番監在囚
輕禁錮二年六ヶ月　千九百二十號
監視二年　片岡健吉

主之恩愛ニ依り家内一同無恙由我等も同様ニ而不絶主の慰を得常に感謝致居候間左様御安心被致度候吉岡氏ニ面會の節託し候義ハ少々間違候哉と存候申越候通り晴を伴ひ候義ハ勿論ニて第一同人學文修業の爲次ニ其許信仰の爲と存勧遣し候事ニ御座候此上ハ横濱兩女學校の優劣と入校の期並ニ其許の住所若し校内ニ住居出來候得は好都合と存候其他其許長くとも凡一年位滯在入費の見積り等詳細村井より山本熊野稲垣の諸氏ニ聞合セ留守の義ハ篤と啓と協議し双方非常の入費を節減致候時は充分出張の費用も相支候と存候猶熟考致し其上ハ主の御旨ニ從ひ如何様とも取極メ可然と存候有限の紙上へハ難書盡候間來ル八月ニ相成候得は面會御許可ニ可相成候間上田氏ニ依頼し委細尋越候様致度其節ニ我等の考慮も可申遣先右返事迄申進候
以上

明治二十一年七月十七日　右片岡健吉

高知縣土佐郡
中嶋丁七十一番地
片岡美樞殿

片岡健吉肖像

片岡健吉獄中よりの書翰

明治廿年十二月廿六日政府は保安條例を公布して、舊自由黨志士のリードする喧しい民論を禁壓しようとした。片岡健吉父子も帝都より退去を命ぜられた一人であるが、健吉は退去を肯ぜなかつたので卽日投獄された。此の書翰はその獄中より返信願として提出した書翰である。

（片岡茂三郎氏藏）

河野廣中肖像

片岡健吉氏が獄中で耽讀した聖書（片岡茂三郎氏藏）

裁定書

明治十五年福島縣に於て豪頑の聞へ高かつた、時の縣令三島通庸と、縣會との間に病院費を繞つて權限爭ひが起り、遂に參事院に訴願したが、その時參事院の下した裁定書である。

官僚の專橫甚だしき折柄當時の急進論者河野廣中が縣會議長として爭つたのも故あるかなと思はしめる。

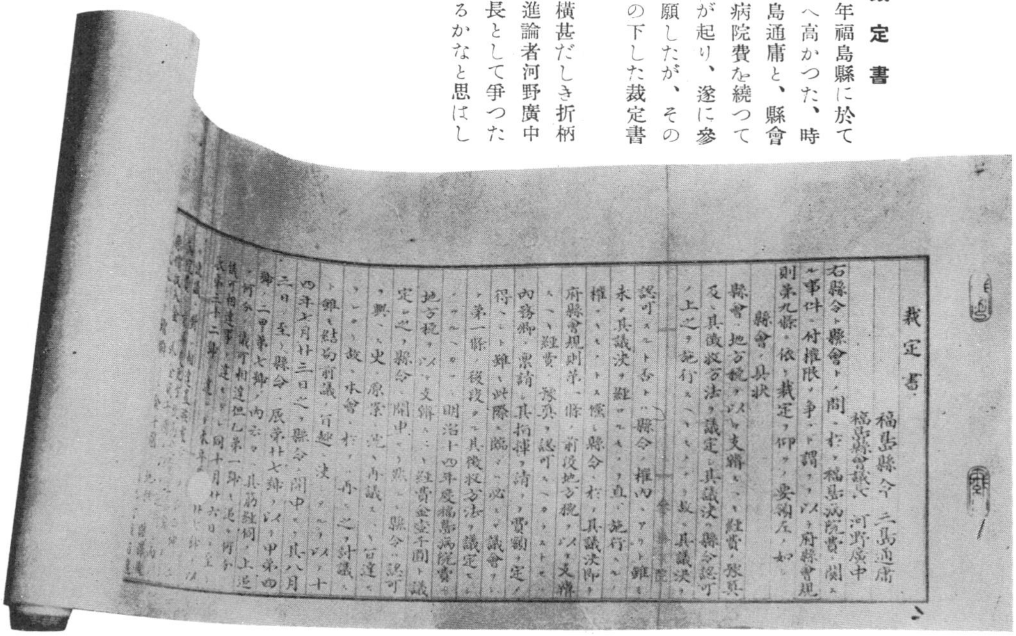

裁定書

福島縣令 三島通庸
福島縣會議長 河野廣中

右縣令ト縣會トノ間ニ於テ福島病院費ニ關スル事件ニ付權限ノ爭ト謂フヲ以テ府縣會規則第九條ニ依リ裁定ヲ仰ク要領左ノ如シ

縣會ノ具状

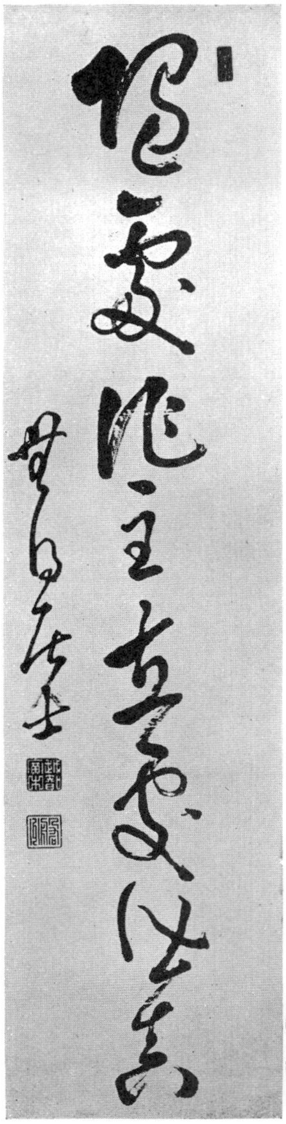

河野廣中遺墨
（內ケ崎作三郎氏藏）

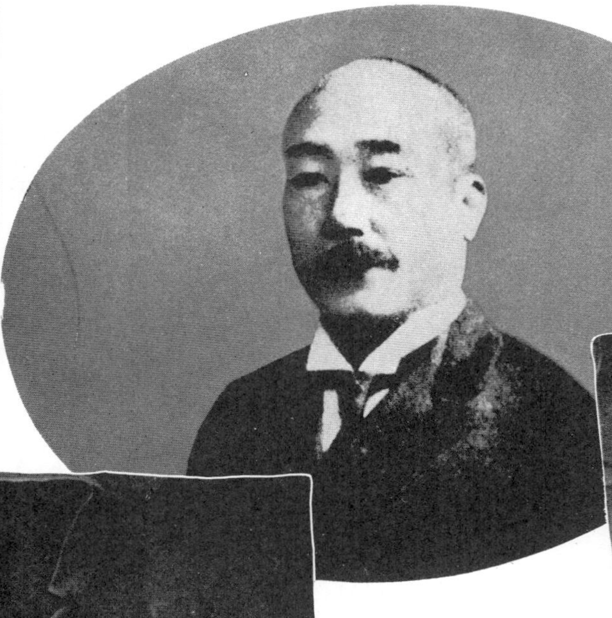

佐々友房肖像

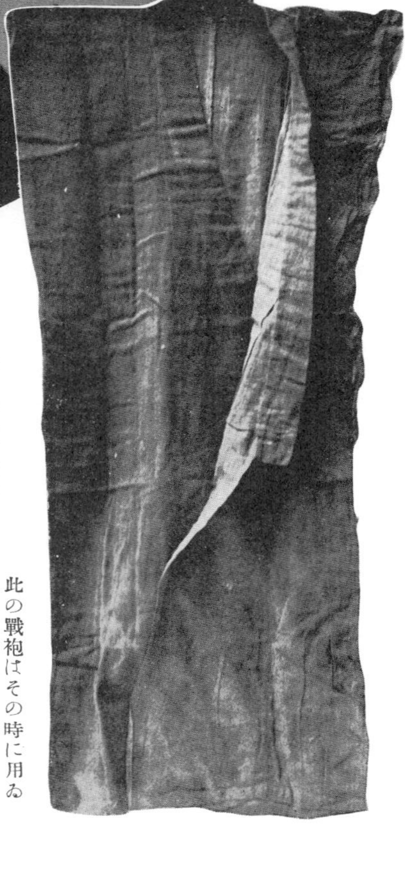

佐々友房赭色の木綿獄衣

これは西南の役後囚はれて十年の刑に處せられ、幽囚中着用した官給の獄衣である。佐々は其後獄中で創痍癒えず許されて歸鄉し、それから國權論を唱へ國權黨を起した。

（丁丑感舊會藏）

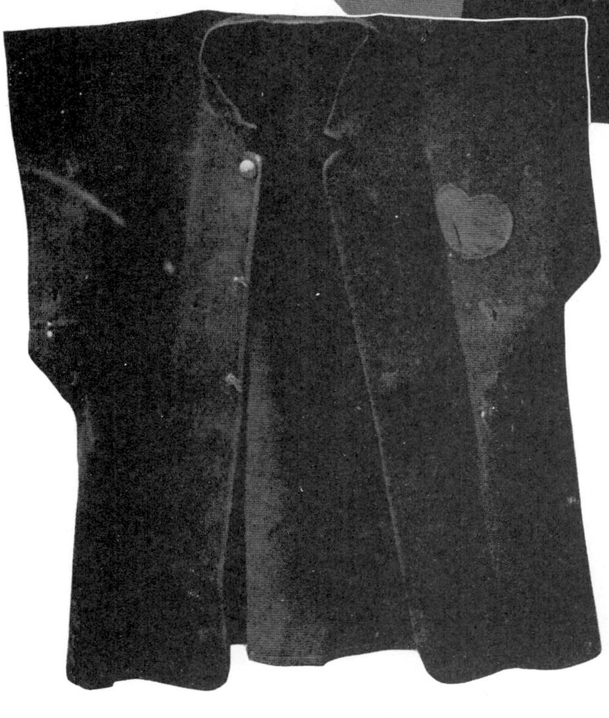

佐々友房西南の役の戰袍

第一回より衆議院議員として異彩を放つた佐々友房も、明治十年西南の役には賊軍に投じ中隊長として各所に轉戰した。

此の戰袍はその時に用ゐたもので、脇部前背部に穴のあるのは、日向大口の戰で受けた貫通銃創の彈痕その背面肩部の一つは同じく高熊山敗軍の日に負傷した彈痕である。

（丁丑感舊會藏）

侯爵井上馨肖像（井上三郎侯藏）

井上馨侯の書翰

世外、井上馨は省卿たること二回、大臣たること四回に及び、維新の元勳として、當然首相の印綬を帶ぶべき政治家でありながら、遂に一回も總理大臣たることなく、元老として遇せられた。卽ち政界の裏面にあつて、國務を鞅掌したのである。此の書翰は星亨に宛て明治卅四年組閣の大命を拜辭した旨を通知したもの

（山崎林太郎氏藏）

過日ハ御來訪相成奉多謝候其節モ粗申出候様萬端之苦慮中決心致兼居候而爾後現今横臥スル經濟難題等ニ付テハ事情ノ纒絡人を得ルにも困難至極加ルニ小生性質は自分克已を知り居候方正ニ過ル所ホ局ニ當リ終ニハ國家に害を殘ス之患モ有之旁以全然斷念候而伊山兩侯江昨日辭退之意を申出シ西園寺ニ依賴候而今朝陛下江御斷申出し置候間其邊御含置被成下度候其内子細之事情は讓拜語候匆々拜白

五月廿三日　馨

亨　様

鰐皮手提鞄

朝鮮問題に、條約改正問題に、我が外交を背負つて立つた井上馨はまた財政家、經濟家として著名であり、實際に我が「財政の大御所」として、歷代内閣が財政上の大問題は侯の承諾を必ず得た程の隱然たる力を持つてゐた。此の鞄は、豫算に關する書類を入れて運んでゐた鰐皮手提鞄である。

（井上三郎侯藏）

伯爵　寺島宗則肖像

（寺島宗従伯藏）

寺島宗則遺墨

新業圓滿出易成　人文百歳恨抽苒孋兒何去速公理戕都三千餘萬情

十有五年秋偶成陶里

（寺島宗従伯藏）

寺島伯遺愛の碁盤

開國以來、國事に奔走し、外交官として大きな足跡を印した寺島宗則は、伊藤博文のいゝ相談相手でもあつた。此の碁盤で相對し、碁にかこつけては祕密の相談にも與つてゐた。晩年、『憲法中止論』が起つた時、病床にあつたが、之れに抗して遂に之を消滅に導いたと云ふ隱れた偉大な功績も、決して遇然ではなかつた。

（寺島宗従伯藏）

子爵 大浦兼武肖像
（大浦兼一氏藏）

⌂ **兼武遺墨『駒の戯筆』**

大浦事件後の大浦は鎌倉に隱棲した。これは腦溢血で薨ずる數ヶ月前に試みた戯筆である。

（大浦兼一氏藏）

駒如矢
　　兼武
大正戊午
初夏

陸軍中尉の正装

大阪の松島遊廓の正月は殊の外に賑やかで物凄い雜沓を見せてゐた、と突如起つた大騷動。廓内外に警戒網を布いた警官隊と、浮れ歩く兵士の一隊とが些細の事から衝突し、何れも拔劍して時ならぬ死鬪を演じやうとする危機一髮の不穩な形勢を示した。恰も大阪府の警部長たりし大浦兼武は、官舍で此の飛報を耳にした。靜かに妻女を顧みて、

『オイ、中尉の正装を出せッ』

怪訝な面持で出された此の服を着用すると馬に一鞭吳れるや否や、一目散に現場に馳せつけ『靜まれ〳〵』とばかり、亂鬪の中へ突込んで、忽ち鎭撫した。警部長は警官の長上官陸軍中尉は兵士團の上官なのだから、鎭まるのは無理も無い話である。處が、後日假令豫備役でも警察官の身を以て軍服を着けるとは何事だと問題となつたが、他方其の機智は非常な喝采を博し、大浦兼武の人物が分明と認識されるやうになつた。

（大浦兼一氏藏）

⌂ **遞信大臣就任を母堂に報ずる書翰**

遞卒小頭から警視總監を經て、明治卅三年初めて遞信大臣に就任した時母堂に宛てた書翰である。

大浦は謹嚴な身廻の極く質素な孝心深い政治家であつた。世間では村正のやうな斬味を思ひ、その秋霜烈日の如き嚴しさを感ずるけれども・・・・。

（大浦兼一氏藏）

一筆申上候追々秋冷相催シ候處愈御機嫌能被爲入候御事奉恐悦候

扨私ニも今般遞信大臣ニ被任候儀ハ全ク私幼少之時分より非常ニ御苦心チ以テ御養育被成下候結果ト奉存候又私ニも數十年晝夜勉勵シ及フ丈ケノ微力チ以テ盡力セシ效相顯レ聊カ忠孝兩全之道ニ近ツキタル事ト信シ申候此上ハ母上樣折角御身體十分御保養被爲在度私ニも第一健康チ相保チ度注意罷在候テ此上

天皇陛下ノ御爲メ微力チ盡シ度ト存候右迄草々頓首

十月廿五日

兼武

母上樣

近衛篤麿公遺墨

燈青月復寒　霞山人

（**大山柏公藏**）

公爵　近衛篤麿肖像

明治政治家中名門出の政治家として霞山近衛篤麿を逸することは出來ない。春秋に富みながら明治卅七年享年四十二才で薨じた。此の寫眞は卅八才頃。

ノート・ブックと卒業論文『大臣責任論』

篤麿公は明治十八年墺國へ留學仰付けられ、ライプチッヒ大學でシュミット博士より受講した時のノートブック（右）と卒業論文『大臣責任論の原稿』並に上梓された同論文。

（**近衛文麿公藏**）

篤麿公短册

七夕に琴を一きよく
たむけましよ
おこのみなされ
なにをひこほし

（**水谷川忠篤男藏**）

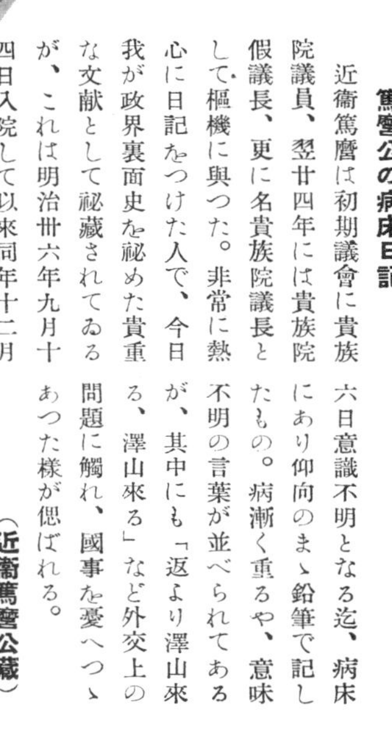

篤麿公の病床日記

近衛篤麿は初期議會に貴族院議員、翌廿四年には貴族院假議長、更に名貴族院議長として樞機に與つた。非常に熱心に日記をつけた人で、今日我が政界裏面史を秘めた貴重な文献として秘藏されてゐるが、これは明治卅六年九月十四日入院して以來同年十二月六日意識不明となる迄、病床にあり仰向のまゝ鉛筆で記したもの。病漸く重るや、意味不明の言葉が並べられてあるが、其中にも「返より澤山來る、澤山來る」など外交上の問題に觸れ、國事を憂へつゝあつた様が偲ばれる。

（**近衛篤麿公藏**）

公爵
大山巖肖像

大山公より桂公宛手翰

明治廿五年陸軍大臣に就任した際、桂太郎（當時第三師團長）に宛てゝ贈つた手翰であるが、中に生涯再び入閣しないと斷言したのに、再度陸軍大臣となつたに不面目を詫びた點は却々面白い。

（長島新藏氏藏）

尾張名古屋
桂陸軍中將殿
親展

東京
大山

益御清適被成御座候條奉敬賀候さて小生儀過日再ヒ陸軍大臣チ拜命致候其節は早速御書面被下忝奉存候速ニ御答可申上候所彼是取紛れ延引ニ及候段御仁免可被下候時ニ　閣下方ニ向テハ實ニ無面目次第ニ御座候昨年大臣チ辭スル時ハ生涯再ヒ内閣ニハ入ラサルヿチ廣言シ誓ヒナガラ僅ニ一ケ年ニして入閣スルトハ何トモ無申譯いつれ委細之儀ハ得拜眉申述ル心得ニ御座候間左様御承知可被下候岡澤少將ハ病氣ニ付是迄度々辭表ヲ差出サレ候付而者兒玉少將本月中ニ歸朝ノ筈ニ付同氏ニ次官仰付ラル、ヿニ粗〻決定致居申候先ハ乍延引拜答旦ツ暑中御見舞旁以寸楮如此御座候也敬具八月十五日

巖

桂閣下

南浦遺墨

忠亮篤誠　南浦書

加治屋開墾壹本杉由來

那須繪卷の一場面で、焚火を圍んでゐるのは大山巖と西郷從道。場所は現在西那須町の中心地一本杉で、當時は開墾されたばかりの野原に、此の杉が殘されてゐた。筆者は不明。

（大山柏公藏）

遺愛『犬寄笛』と『椰子實水呑』

大山巖は非常に狩獵が好きであつた。これは何時も狩獵に携行して愛用した角牛製の『犬寄笛』と『椰子實水呑』である。

（大山柏公藏）

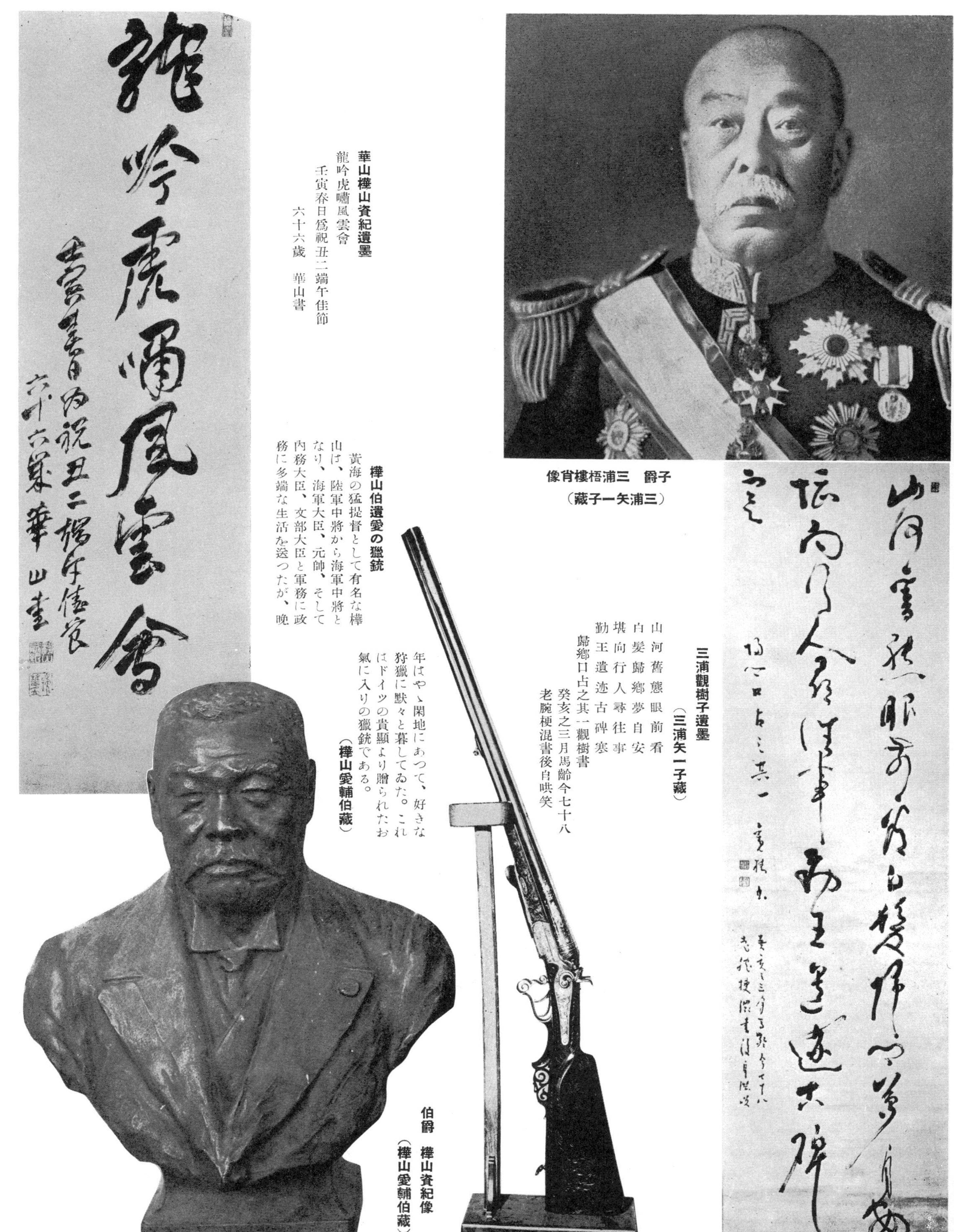

華山樺山資紀遺墨

龍吟虎嘯風雲會
壬寅春日爲祝丑二端午佳節
六十六歳　華山書

子爵　三浦梧樓肖像
（三浦矢一子藏）

樺山伯遺愛の獵銃

黄海の猛提督として有名な樺山は、陸軍中將から海軍中將となり、海軍大臣、元帥、そして内務大臣、文部大臣と軍務に政務に多端な生活を送つたが、晩年はやゝ閑地にあつて、好きな狩獵に默々と暮してゐた。これはドイツの貴顯より贈られたお氣に入りの獵銃である。（樺山愛輔伯藏）

三浦觀樹子遺墨（三浦矢一子藏）

山河舊態眼前看
白髪歸鄕夢自安
堪向行人尋往事
勤王遺迹古碑寒
歸鄕口占之其一觀樹書
癸亥之三月馬齢今七十八
老腕梗混書後自哄矣

伯爵　樺山資紀像
（樺山愛輔伯藏）

侯爵　東郷平八郎肖像
（東郷彪侯藏）

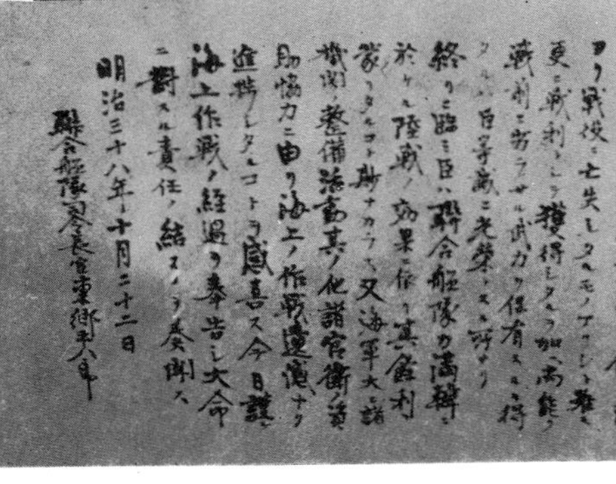
明治三十八年十月二十二日
聯合艦隊司令長官東郷平八郎

東郷元帥自筆の奉答文草案
海軍戰史に比類なき大捷を博した我が聯合艦隊が凱旋した時、東郷大將が御前で行つた奉答文の自筆の草案で、後その時賜はつた勅語を卷頭に謹寫してある。
（東郷彪侯藏）

八十あまり八つの齢をかさぬるもまことに神の恵なりけり
昭和九年一月　平八郎

東郷元帥遺墨『米壽を迎へて』
（東郷彪氏侯藏）

兒玉伯遺品、太皷の火鉢

日露戰爭には、征露軍の參謀總長として、その勝れた知略を傾けた兒玉源太郎は、知謀の權化とさへ云はれてゐたが、その一面にはまた洒落な反面があつた。遼陽の戰に露軍が敗走、遺棄した太皷を取寄せて火鉢とし、睾丸火鉢で作戰を練つたと云ふ曰くつきのもの、藥莢製火箸と共にその眞面目を物語る遺品である。

（兒玉秀雄伯藏）

伯爵 兒玉源太郎肖像

男爵 上村彦之丞肖像

（上村なみ子氏藏）

公駕編々子隨新
忠臣勿忘戒身辭
國恩容易難酬得
瑞氣如煙雨似系

予十七歳之時島津三郎公に隨ひ五番隊に屬し將に鹿城を發せんとす偶々島津吉雨降る嚴父此の詩を作り餞として賜はる

彦之丞書

明治已酉秋日

上村彦之丞男遺墨

（上村なみ子氏藏）

蒙古跋渉略記

亞爾泰驛　海面上三千二百六十尺

科布多　四千二百六十尺　五百魯里

烏里雅蘇臺　五千四百尺　四百二十九魯里　九百三十二魯里

庫倫一名ウルガ　三千七百七十尺　九百三十二魯里

明治二十五年九月十九日亞爾泰驛ヲ發ス此日天雨フルニモ關セス貴婦人令孃男裝ヲ爲シ軍帽ヲ冠シ紳士ト共ニ一隊ヲ作リ馬ニ鞭シテ十魯里許ノ地ニ送リ來リ雲ニ聳ユル雪嶺ノ麓愛スベキ紅葉ノ林中枯草ノ上ニ毛布ヲ敷キ辨當ヲ開テ暫時休憩シ盃ヲ揚テ安正ノ無事成功ヲ祝セリ抑モ此邊ノ人々ハ能ク烏蘭達巴嶺ノ嶮隘蒙古旅行ノ困難ヲ知悉スルヲ以テ彼是ヲ推察シテ其懇情更ニ數層ノ深キヲ加ヘリ同二十一日雪ノ嵐ニ烏蘭達巴嶺ノ難所ヲ騎リ二十二日太古ノ積雪ヲ冠スル高峰ノ下安正ノ爲ニ幾爾幾斯人ノ特ニ假設セシ張幕内ニ一睡シ二十三日午前嶺上ニ達セリ海面ヲ拔クヿ九千三百八十尺ニシテ則チ清魯兩國ノ境界トス暫ラク此ニ馬ヲ留メテ巖上ニ登リ小刀ヲ以テ大日本帝國陸軍歩兵少佐福島安正經過此地ノ數字ヲ刻シ且ツ戯レニ岩ヲ撫シテ曰ク汝亞爾泰地學上天下ニ著名ナリト雖モ余今汝ヨリ高キヿ數尺ト又西方魯領ヲ顧ミ左様ナラ又ノ一語ヲ遺シ一鞭馬ヲ進メテ蒙古ノ地ニ入ル此ヨリ形勢全ク一變シ萬疊ノ峻嶺一根ノ樹木ナク巨巖磊々道路都テ石礫ニシテ頗ル馬蹄ヲ苦シメ又水草甚タ貧クシテ馬ノ疲勞ヲ來セシヿ少ナシトセス又幾爾幾斯人ノ嚮導ヲ從ルモ蒙古人ハ固ト水草ヲ遂フテ毎ニ移轉スルノ遊牧人ナルヲ以テ張幕ノ地ヲ詳ラカニセス疆上ノ清國官吏更ニ一點ノ助ケヲ與ヘス時トシテハ終日食物ヲ得ルヿ能ハス時トシテハ幾ト露天ニ眠ラントシ又此邊都テ土爾伯特蒙古厄魯特蒙古額爾額蒙古及ヒ清屬幾爾幾斯人ノ雜居スル所ニシテ甚タ平穏ナラス屢々劍ヲ握リ短銃ヲ枕トシテ睡眠セリト雖モ先ツ事ナク十月一日科布多ニ到着シテ二日間ノ休憩ヲ爲シ幾爾幾斯人ノ嚮導科布多マテ約束ナリヲ放チ同四日起程烏里雅蘇臺ニ向ヘリ此間都テ多爾噶諾爾湖ノ水域ニシテ額爾額蒙古札薩克圖汗部ノ領分トス海面ヲ拔クヿ四五千尺ニシテ山上山下樹木ナク道路石礫磊々トシテ水草極メテ貧シク時トシテハ全ク流砂ノ荒原トス故ニ馬匹ノ疲勞實ニ憐レムベキ有様ナリシト雖モ科布多駐箚魯人ノ盡力ニヨリ參贊大臣毎部落一人ノ役夫ヲ出セシニ

蒙古跋渉略記　福島大將自筆の蒙古跋渉記で明治廿五年十一月十六日發信庫倫で認め送りたるものであるが なかなか名文である。（西山壽彦氏藏）

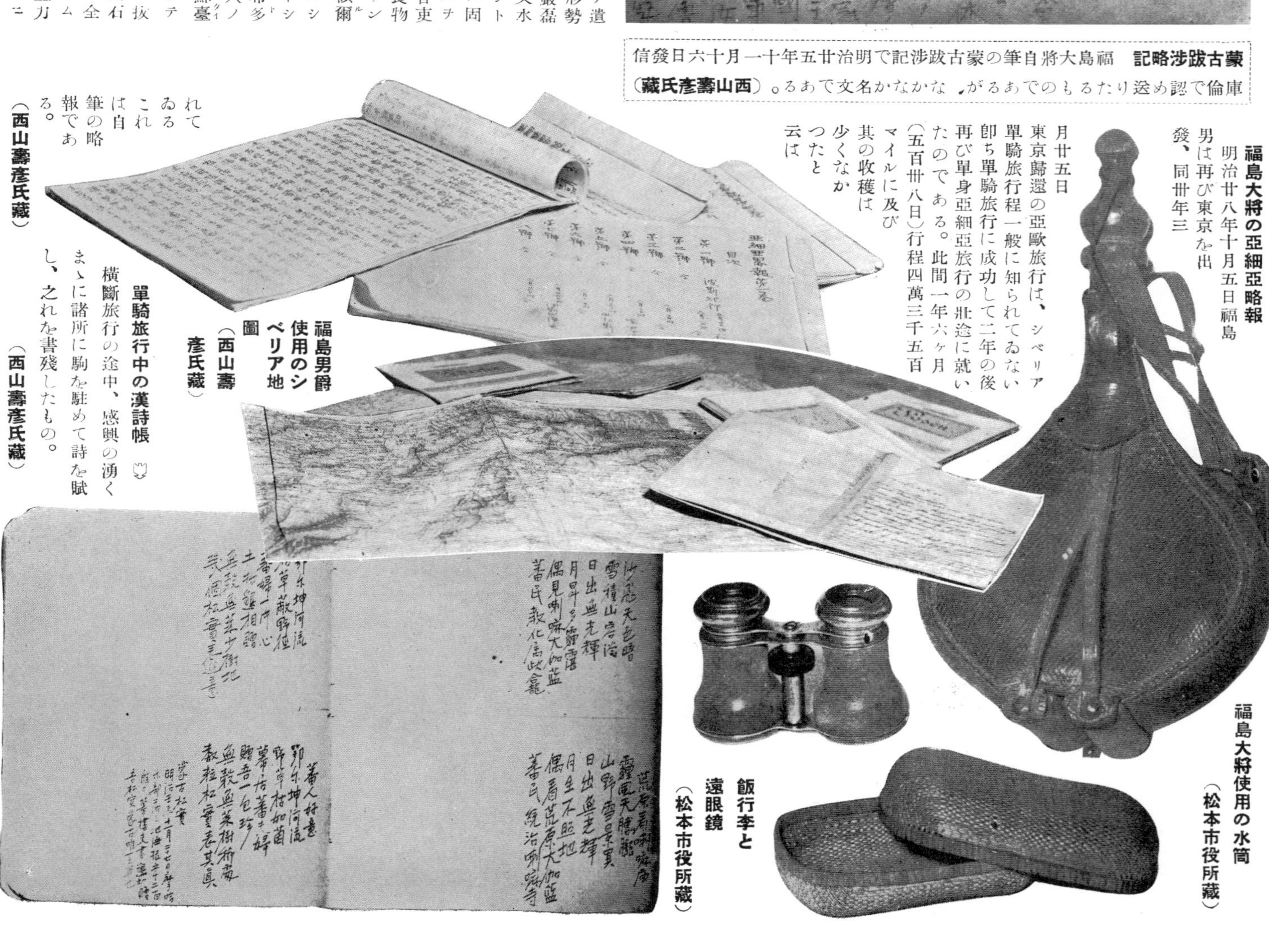

福島大將の亞細亞略報　明治廿八年十月五日福島男は再び東京を出發、同卅年三月廿五日東京歸還の亞歐旅行は、シベリア單騎旅行程一般に知られてゐない。卽ち單騎旅行に成功して二年の後再び單身亞細亞旅行の壯途に就いたのである。此間一年六ヶ月（五百卅八日）行程四萬三千五百マイルに及び其の收穫は少くなかつたと云はれてゐる。これは自筆の略報である。（西山壽彦氏藏）

福島男爵使用のシベリア地圖（西山壽彦氏藏）

單騎旅行中の漢詩帳　横斷旅行の途中、感興の湧くまゝに諸所に駒を駐めて詩を賦し、之れを書殘したもの。（西山壽彦氏藏）

飯行李と遠眼鏡（松本市役所藏）

福島大將使用の水筒（松本市役所藏）

シベリア單騎横斷を終へた福島安正（男爵）

明治廿五年二月十一日紀元節の佳辰に騎馬でベルリンを出發翌廿六年六月十二日ウラジオストツクに到着。此間一年五ヶ月（四百八十八日）を閲し、行程一萬四千キロ、凡ゆる艱苦を征服して、此の未曾有の壯途を完了した寫眞は其の單騎旅行完了の記念撮影で楕圓内は當時の福島安正の肖像。**（西山壽彦氏藏）**

ヨリ張幕ヲ得ルニ非常ノ困難ヲ爲スニ至ラザリシ十月十二日烏里雅蘇臺ニ到着シテ又二日ノ休憩ヲ爲シ十四日起程額爾額蒙古三音諾顔親王部及ヒ土謝圖汗部ノ腹心ヲ貫キ多爾噶諾爾湖ノ水域ヲ騎ルヿ八日貝加爾湖ノ水域ヲ騎ルヿ二十日間ニシテ十一月十一日無事ニ庫倫ニ到着セリ則チ通計一千八百六十一魯里（大約一千九百八十四吉羅ニシテ日本里程四百九十六里）ニシテ休憩四日騎行五十日間トス又此間家屋ニ住居セシハ僅ニ滯在ノ四日ニシテ騎行五十日ハ毎ニ土人ノ張幕内ニ睡眠セリ左ニ其狀況一二ヲ擧ン

扨テ氷雪ヲ破リ朔風ヲ衝キ鞭聲粛々部落ニ接近スルヤ巨犬先ツ大ニ吠ユ蒙古ニ於テハ死體ヲ露天ニ放棄シ犬ヲシテ肆ニ喰ハシムルノ習慣ナルヲ以テ蒙犬最モ兇猛ニシテ僅ニ主人一家ヲ知ルノミ他人來レバ常ニ迫テ其肉ヲ試ントシ危險最モ甚シトス故ニ犬ノ吠ユルヲ聞テ主人幕外ニ出テ犬ヲ制シ客ヲ迎テ幕内ニ入ル幕内ニハ女房褸裂セシ汚穢ノ衣服ヲ纏フテ爐邊ノ土間ニ坐シ牛馬ノ乾糞ヲ燃テ甎茶ヲ沸シ先ツ之ヲ正客ニ勸ムヲ常トス而シテ安正ノ幕内ニ入ルヤ單身助ケナキヲ知リ更ニ恐怖忌憚スル所ナリ老幼男女集リ來リテ安正ノ携帶品ヲ雜クリ返シ或ハ日本ノ人ナリト聞テ一同奇異ノ顏色ヲ爲シ容易ニ之ヲ信用セス蒙古人ハ清帝ヲ滿州汗ト云ヒ魯帝ヲ俄羅斯汗ト云ヒ支那人ヲヘタツテト云ヒ世ノ中ニ惟タ滿州汗ト俄羅斯汗アルヲ知ルノミ他ニ邦國アルヲ知ラス無智朦昧實ニ憐レムベキノ人民ニシテ愚問頻リニ來リ煩ル煩ニ堪ザルヿ多シ又主人ニ晩餐ヲ請ヘバ主人幕隅ノ塵煙中ヨリ羊肉ヲ取リ出シ先ツ唾ヲ以テ靴ニテ小刀ヲ礪キ不潔ノ表服ヲ俎トシ膝ノ上ニテ肉ヲ切リ其儘鐵鍋ニ投シ馬糞ノ火ニテ湯煮ト爲スヲ一般トス最初ハ何ヤラ氣味惡シク思ヒシガ饑テ因ヨリ食ヲ選マス時トシテハ一日二回羊肉二股ヲ食スルニ至レリ然モ野菜ノ如キハ夢ニモ之ヲ見ルヿ能ハス遇々燒麥煎栗等ノ一椀ヲ得ルヿアレバ實ニ非常ノ愉快ヲ感セリ故ニ識ラス知ラス腹内非常ノ變動ヲ來タシ烏蘭不少ト名ル一部落ニ達セシ時ハ胃疼痛ヲ起シ大腸熱ヲ發シ下部全ク閉塞シテ通セス實ニ非常ノ困難ヲ爲セリ人若シ都會ニアラバ是レ固ト瑣々タルノミ病氣ト云フニ足ラス一寸下婢ヲ横丁ノ藥舖ニ遣ハシ數粒ノ下劑ヲ服スレバ直ニ癒ユルノミ固ヨリ意トスルニ足ラザルモ漠北蒙古ノ山中ハ大ニ之ト異ナリテ更ニ二百八十吉羅即チ我カ七十里ヲ騎リテ庫倫ニ出ルニ非レバ醫師ナク藥舖ナク惟々天命ニ從フノ外別ニ取ルベキノ手段ナカリシ惟タ羊肉ヲ減シテ牛乳ヲ飲ミ小許ノ燒麥煎栗等ヲ食サントスレモ無情ノ土人惜テ充分之ヲ與ヘス屢々堪ヘ兼爐邊ニ臥スルモ俄羅斯外國人ヲ見レバ俄羅斯ト云フ恰モ本邦昔日外國人ヲ見テ唐人ト云ヒシ如シナリト嘲笑シテ更ニ一點ノ助ケヲ與ヘス此ノ如キモノ十一日間或ハ風雪甚シク寒風骨ニ撤スト雖モ騎馬ニ最モ不都合ノ部分ニ感スル病氣ナルヲ以テ速ニ馬ヲ驅ルヿ能ハス或ハ道ヨリ時アルモ痛ノ爲メニ再ヒ前進スルヿ能ハス零點以下ノ幕内ニ臥レテ醫ナク藥ナク禽獸ノ如キ人民ニ嘲笑セラレ沈々タル夜半一睡ノ夢ヲ結フ能ハス外套ヲ纏フテ不潔ノ幕隅ニ振ヘ上リ殘火ノ明滅タルヲ見兇犬ノ吠ユルヲ聞クハ隨分無情ノ至リナリシ然モ今快復シテ之ヲ考レバ此小差コソ蒙古人ノ性質ヲ研究スルニ關シ大ナル便利ヲ與ヘシト云フベシ氣候ハ降雪少キモ乾寒既ニ甚シク正午羅氏ノ零點ヲ下ルヿ十四五度ニシテ夜間ハ二十五六度ニ及ベリ又蒙古人ノ張幕ハ都テ駱駝ノ毛布ヲ以テ之ヲ蔽フト雖モ毛布ノ地ニ觸ル丶ノ所常ニ間隙多ク風塵肆ニ幕内ヲ侵シ冬時ハ牛糞ヲ以テ此間隙ヲ寒クト雖モ固ヨリ氣孔多キヲ以テ幕ノ内外溫度ニ僅ノ差アルノミ故ニ爐火絶テ夜半トナレバ幕内寒威ノ凜烈ナルヿ實ニ意想ノ外ナリトス

亞爾泰驛ヨリ馬匹四頭ヲ以テ發程セリ即チ乘馬二頭駄馬二頭ニシテ駄馬ニハ豫備飼料ノ蒸麥ヲ駄シタリ皆ナ選定セシ魯國ノ駿馬ニシテ能ク烏蘭達巴嶺ノ嶮峻ヲ越ヘ巖石磊々水草乏シキ科布多街道ノ困難ニ堪タリト雖モ困難次第ニ增加シ一馬ハ最モ憐レムベキ有馬ニテ纔烏里雅蘇臺ニ達スルヲ得前進思ヒモ寄ラザルヲ以テ一頭ノ蒙古馬ヲ購フテ之ニ替タリ

又烏里雅蘇臺庫倫間ハ其距離更ニ遙遠ニシテ漠北額爾額ノ二大部則チ三音諾顔親王部及ヒ土謝圖汗部ノ腹心ヲ貫キ地圖ニ記載ナキノ道路ヲ跋渉スルノ決心ナリシヲ以テ豫備飼料ノ高ヲ增加シ蒸麥四百四十斤ヲ用意シテ又之ヲ二頭ニ駄シタリ烏里雅蘇臺庫倫間安正ノ選シ道路ハ科布烏里雅蘇臺間ト異ナリ大ニ水草ニ富ムト雖モ張幕アルノ地ニ達スルヤ其近傍ハ既ニ喰ヒ盡シテ殘草ナク又寒威凜烈水源枯レテ溪流堅氷ヲ結ヒ飲水屢々缺亡セリ勢ヒ此ノ如キヲ以テ日々遠大ノ距離ヲ騎ルヿ能ハス成ルベク早ク張幕ノ地ニ達シテ馬ヲ休メ夜間部落ノ群馬ト共ニ數里ノ外ニ放牧シテ枯草ヲ齩シメ毎朝曳來テ蒸麥ヲ與ヘルヲ習慣トセシガ鳴呼憐ムベシ最モ健强ナリシ一馬此艱難ニ堪ユルヿ能ハス十月十八日午後六時行進中途上ニ倒レ死シタリ此日寒風骨ヲ削リ道尙ホ遠シト雖モ死馬ノ駄量ヲ他馬ニ分載セシヲ以テ速ニ行進スルヿ能ハス僅ニ星ノ光リニヨリテ屢〱溪水ノ氷上ヲ渡リ十時三十分哈不他加烏拉ト名ル一部落ニ到着シテ零點以下ノ幕内ニ一睡シ翌朝更ニ一馬ヲ購求シテ直ニ發程セリ二馬既ニ然リ然リト雖モ亞爾泰驛ニ於テ購求セシ他ノ二馬ハ能ク此艱難ヲ凌キ二十八日間一日ノ休憩ナク銳意九百九十四吉羅即我二百四十八里ヲ驅リシガ無事ニ庫倫ニ達スルヲ得タリ此兩馬ヨソ恙ナク本邦ニ達センヿ實ニ切望ニ堪ザルナリ科布多烏里雅蘇臺及ヒ庫倫ハ共ニ外蒙古漠北ノ四大部ヲ制シ且ツ魯境ニ接スル要衝ナリト雖モ烏科兩地ハ舊制綠營ノ換防兵各々僅ニ二百人ヲ駐シ庫倫ニハ惟タ一隊ノ滿洲步兵大約三百人ヲ屯スルノミ幾ト兵備ナシト云フテ可ナリ

又蒙古人ハ無智盲昧義ナク信ナク常ニ小事ニ惡ナルモ膽力ナク昔日亞歐兩州ヲ震動セシ勇氣ハ喇嘛教ノ爲メ全ク消滅シテ今ハ小量怯懦天下ノ活劇ニ列シテ事ヲ爲スノ人民ニアラス鳴呼二十世紀ノ初年地此數千里又誰カ有ニ歸スルヤ愈々明後十八日庫倫ヲ發シ賣買城ヲ終テ幾亞克他ニ出テ直ニ義爾克斯科ニ赴クベキ筈ナリ今夏月夜行ノ危險蒙古冬騎ノ困難ヲ回想セハ亞比利亞ノ積雪堅氷ヲ破ル是レ惟タ兒戲ノミ以上

明治二十五年十一月十六日

庫倫滯在中ニ認ム

安正　拜

大迫君

久保君

三增君

請フ之ヲ仙波榊原等ノ諸君ニ示セ。

乃木大将『紅葉館』排撃書簡

『海軍には水交社あり、陸軍には偕行社あり、何を以て軍籍にある軍人が、紅葉館あたりで集會をやる必要があるか』と、峻烈なお叱言の書簡。田中義一が陸軍少将軍務局長時代、軍事參議官の宴會の幹事に當つた、その時會場を紅葉館に定め、これを將軍に通知すると殊の外に立腹して手嚴しい書簡を贈つた。田中義一はこの書簡を大事にして、よく『オイ、俺は乃木の親爺から叱られた。』と目を細くして悦に入つてゐたものである

（田中龍夫男藏）

拜啓

愈御勇武大賀々々然ハ貴兄其他三四君の御發意陸海軍上長官懇親會御催の由欣抃此事ニ存候老生輩も押テ陪席願度迄ニ存候得共紅葉館ト承り候得は嘆息之外無之候素より老生輩御邪魔可仕ニハ無之候得共

水交社偕行社之有之候得は兩所ノ内ニ於テ御催相成候得ハ愚老等の欣喜無此上候右ハ平素の御交情より氣付候儘申述候可然取捨可被下候匆々多罪

十二月十六日夜

希典

義一兄

尊下

乃木さんの周到さを物語る手紙

明治四十五年七月卅日、畏くも明治天皇は崩御遊ばされた。乃木將軍は私かに殉死を決意し、鄕里より令弟大館集作を呼んで上京せしめ後始末をさせることにした。併し、大館を傍に置いたのでは決行の場合或は支障を生ずることを懸念して、御大葬當夜、當時海軍大臣副官をしてゐた森山大佐に依賴して、海軍省前で拜送せしむることにした。併し、未だそれでは安心出來ない、混雜の爲め引返したりまた道に迷つて歸つて來てはいけないと云ふので、九月十三日の御大葬擧行の前々日此の手紙を滯へて令弟を森山大佐の許に遣はされた。これにその手簡である。

（森山啓三郎氏藏）

拜啓

野村大佐ヲ經テ失禮ノ儀相願候處特別之御都合被下感謝至極ニ御座候當日ハ御名刺ヲ持參爲致候得共今日ハ豫メ御禮旁本人差出候素ゟ拜顏相願候儀ニハ無之貴邸御門ノ所在心得置カセ候迄ニ御座候爲其艸々頓首

九月十一日

希典

森山殿

貴下

海軍省副官々舍

森山海軍大佐殿

乃木希典

愚弟大館集作持參

乃木大将遺愛の文鎮

乃木家重代の寶刀『長光』を將軍が軍刀に改造した時、その鐔を文鎮として、愛用したもの。

（乃木神社藏）

乃木夫妻別盃の葡萄酒瓶

大正元年九月十三日、哀しき日は遂に來た。豫て覺悟した將軍は、靜子夫人に葡萄酒瓶の口を開けよと命じた。そこで夫人自らその栓を拔き換栓に替へて硝子の杯と共に、御眞影の前に跪座してゐる大將の許に運んだ。塚田大佐編乃木大將事蹟に『既にして午後八時に垂んとするや、夫人一度階下に來たりて手づから葡萄酒を携へ、再び階上に至りしが、少時にて大將の居室に方り云々』又當夜乃木邸の留守居をなす爲め、階下にあつた馬場定子(夫人の實姉)述懷の話に『午後七時過ぎお靜さんが二階から下りて來て、希典は少し氣分が惡いと申しますから、もう暫くしてから出掛けますと云ひながら、部屋に入つて葡萄酒の栓を拔いて二階へ持つて行つた』とあるは、此の時の實況である。既にして夫妻自刃後其場を見ると瓶中の酒は少量減じたのみで尚ほ硝子杯にも約半量を餘してゐた。夫妻は此の葡萄酒で心靜かに別盃を酌み交し、然る後徐ろに夫は君に妻は夫に殉じたのである。因に此の葡萄酒は恩賜品であつた。

乃木將軍遺墨（**乃木神社藏**）

此地銕蹄幾往還當時身在
戰塵間輕車今日來馳眺曾
是單刀逐敵山　　希典
爲牛渡中佐之囑錄舊製

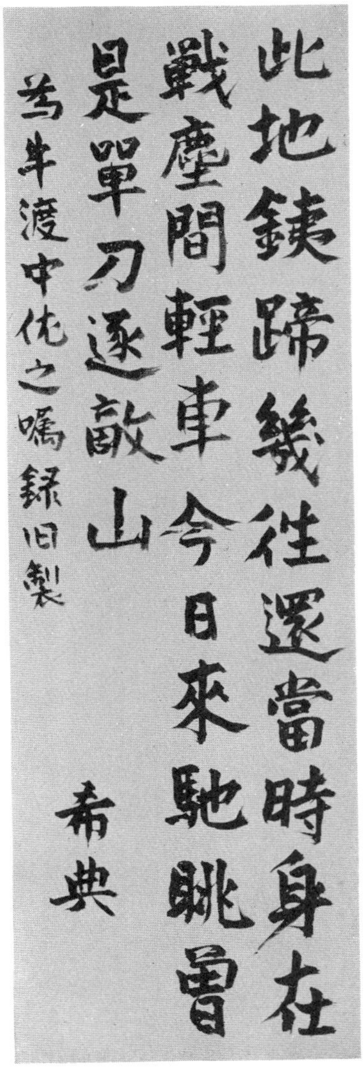

此地銕蹄幾往還當時身在
戰塵間輕車今日來馳眺曾
是單刀逐敵山
爲牛渡中佐之囑錄旧製
希典

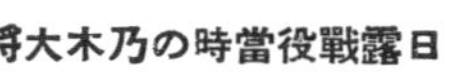

日露戰役當時の乃木大將

難攻不落と云はれた旅順を、第三軍司令官として陷れた直後の勇姿。

乃木將軍盛切飯茶碗

乃木將軍が健康に細心周到であつた事はこの飯茶碗が實證して餘りありと云ふべきである。將軍は家庭にある時はいつもこれを常用し、且つ家族にも用ひさせた。一定量の飯を以て、食量を變へぬやうに制限したのであるが、飯を殘すやうでは健康に異變あると云ふので、直ぐ手當を加へる標準にしたと云ふ。

（**町田金六氏藏**）

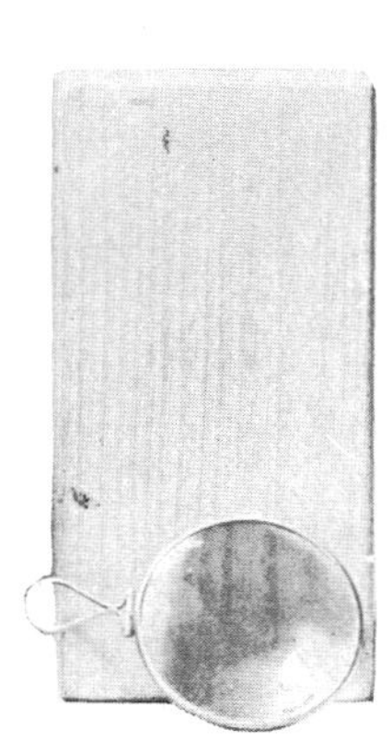

乃木大將陣中使用の擴大鏡

乃木將軍が日露役で、陣中使用した擴大鏡、これで地圖を見ながら作戰を練つた陣中の光景がマザマザと想像される。

（**乃木神社藏**）

明石のロシアマント

明治卅七年二月十一日露國のセントペテルブルグの我が公使館附武官の明石大佐の元へ一通に暗號の飛電は、兒玉參謀次長の密命を傳へて來た。『歐露の事を賴む』と、特別任務を命じたのである。愈々日露開戰、特別任務とは單なる諜報機關としての事務に止まらず、同國革命派と氣脈を通じて國內の攪亂策に出づるものであつた。斯くてフィンランドの志士シリヤスと肝膽相照らし、不平革命黨と脈絡を圖り、身命を抛つて潜航的に驚天動地の大活躍を行ひ、遂に大露帝國の全身は蜂の巣をつゝいたやうな革命軍の蜂起を見た。これ明石の畫策とシリアスの努力が奏功したのである。このロシア・マントは歐洲の天地を東奔西走した明石の用ひたもの。

（明石元長男藏）

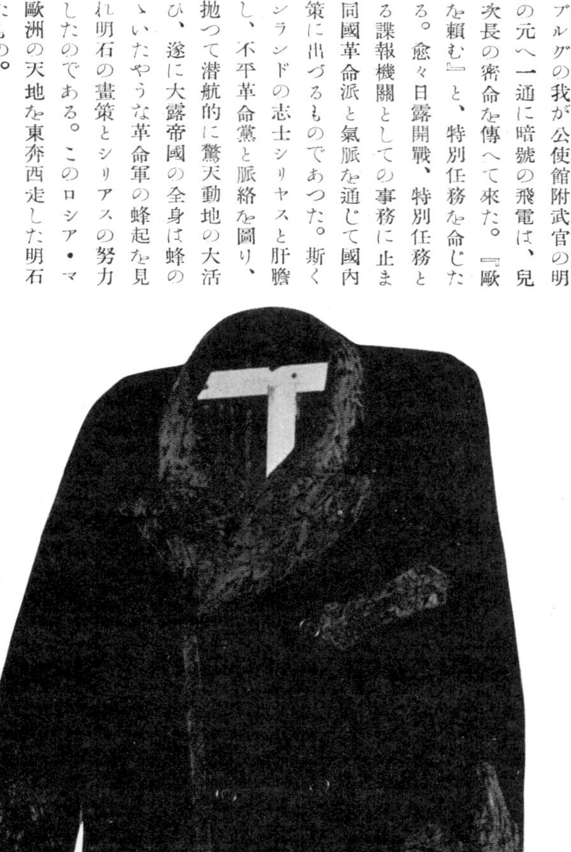

男爵　明石元二郎肖像
（明石元長男藏）

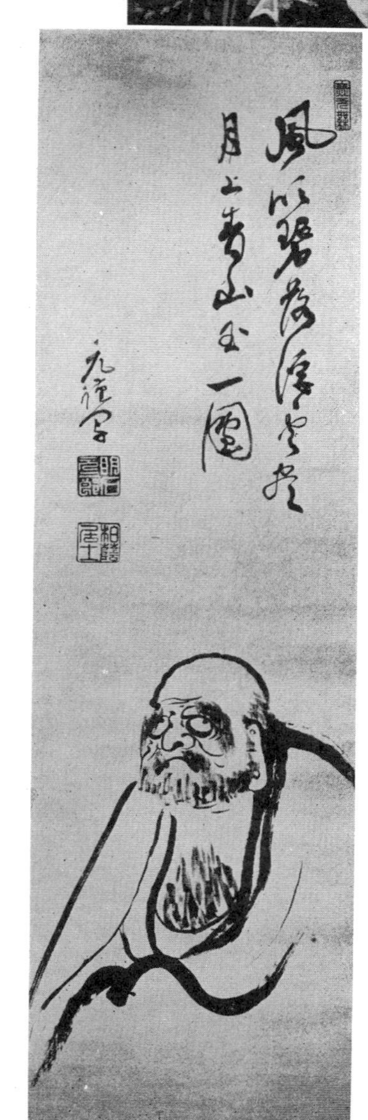

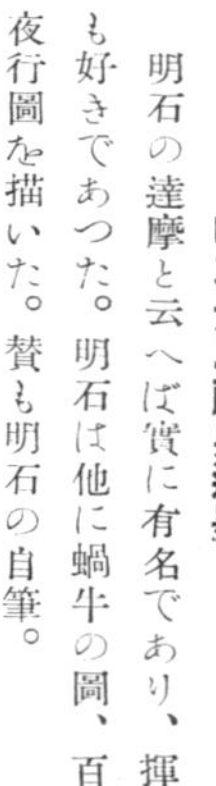

明石元二郎男遺墨

明石の達摩と云へば實に有名であり、揮毫も好きであつた。明石は他に蝸牛の圖、百鬼夜行圖を描いた。贊も明石の自筆。

（寺內壽一伯藏）

風明碧落浮雲盡
月上青山玉一團
元謹寫

栢蔭、明石元二郎の諷刺畫

『奈何此髑髏』

明石は折々時局を諷刺した漫畫も描いた。これは大正二年三月十日陸軍記念日、朝鮮總督府警務總長の時、滿洲の地位を諷して寺內總督に描いて贈つた諷刺畫である。其の寓意、其の筆致など、一般に歎稱されてゐる名畫である。

（寺內壽一伯藏）

腥風捲地起　鬼哭聲啾々
國若失其計　奈何此滿洲
奈何此髑髏

大正二年三月十日　陸軍第八回記念日
栢蔭寫幷題

明石かたみの油繪

日露戰爭は奉天大會戰を最後に二年間の干戈を收めた。卅八年十月明石への歸朝命令が屆いた。ストツクホルムの記念すべき革命策源の一室で別離を惜みつゝ別盃を交してゐたのは死線を越えた明石とフインランド志士シリアスとである。

『愈々お別れだ、僕は一旦歸朝しても再びこつちへ派遣されるに違ひない』

『イヤ講和となれば君を引止めんとしても引留められるものではない。我々の仕事はこれからだが、どうも仕方が無い』

明石は前夜眠られぬまゝに作つた詩だとて、詩を詳しく說明した。

功餘一簣向家鄉　何耐故人折柳楊
征馬不前關外路　北歐秋色哀愁長

これはシリアスにかたみとして贈くられた油繪の額で、此の裏には此の詩が記されてある。

（明石元長男藏）

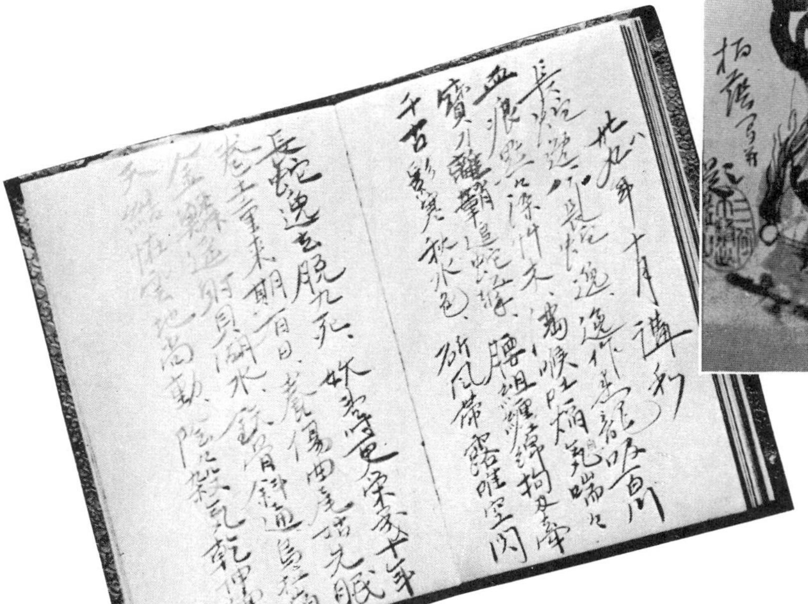

明石元二郎漢詩帳

常に携へて作詩を書いた清法帳であるが、此の詩は日露講和の早かりしを惜んだもの。

（明石元長男藏）

卅八年十月講和

長蛇逸兮長蛇逸　逸作黑龍吸百川
血痕點々染草木　滿喉吐焰息喘々
寶刀離鞘追蛇擊　腰組纒綿拘肘牽
千古影寒秋水色　斫風帶露唯空閃
長蛇逸去脫九死　妖壽更榮幾十年
卷土重來期有日　養傷曲尾姑先眠
金鱗遙射貝湖水　鐵骨斜通烏拉嶺
天結恠雲地尙動　陰々殺氣乾坤羶

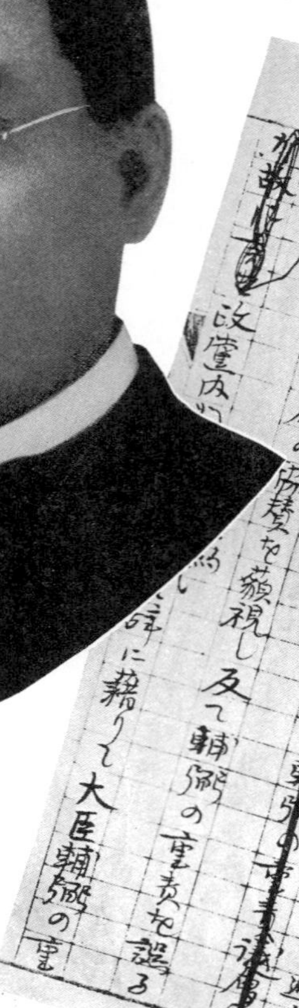

憲政黨解黨意見書草案

明治卅一年六月廿一日從來反目抗爭した自由、進歩兩黨を解黨し新たに『憲政黨』を合同結黨した。これは伊藤博文に對する挑戰であつたが、やがて隈板內閣の椅子の割振りから不平滿の々自由系の憤慨から同年十月廿九日舊自由黨の協議會を俄かに憲政黨大會とし、席上從來の憲政黨を解散し已れ等のみより成る新『憲政黨』を組織して警視廳に屆出た。舊進歩黨は驚愕して大會を開いたが、警視廳は舊憲政黨は解黨したから之を認めずとして集會を禁止した。そこで舊進歩黨員は憲政本黨を樹立したがこの裡面には星亨が活躍したのである。舊進歩黨の大隈を首相とし、自由黨の板垣を內相とする隈板內閣に、星は愈々『力の政治家』として猛憤起つてその辣腕を振ひ、『憲政黨』を分裂させ、更に內閣をして瓦解の止むを得ざらしめたのである。

斯くて憲政黨の中心勢力は星亨に移り、次で明治卅三年伊藤博文が新政黨樹立（政友會）を策するや、*

*憲政黨を解ひて政友會に加はるに至つた。星は此時の大立物、この解黨意見書草案は明治卅二年九月八日星の命で作られ、初稿は末松△謙澄子が修正の明治卅二年九月第二稿は同月十一日芝紅葉館で松田正久、栗原亮一が修正し、第三稿は更に第二稿を補正したものである。

（山崎林太郎氏藏）

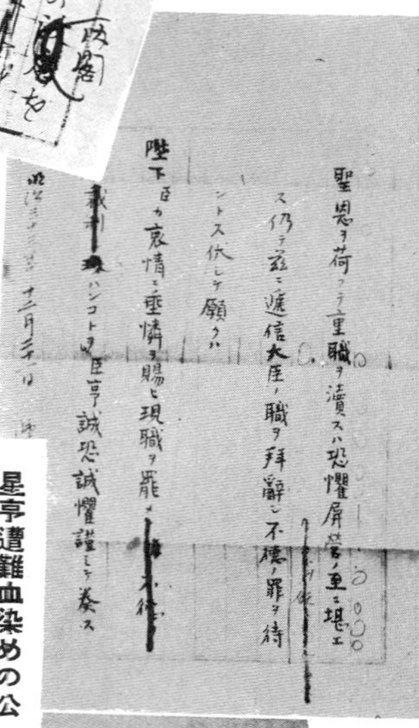

星の遞信大臣辭表草稿

斯くて星は明治卅三年九月伊藤博文の政友會內閣に遞信大臣として入閣し、一方東京市政にも、市參事會員となつて敏腕を振ひ醜い收賄事件などが起つて其の ボスと目せられ輿論の攻擊は實に物凄かつた。貴族院も遂に默さず、政治道德の紊亂者として攻擊したので、同年十二月廿一日遞相を辭するの止むを得ざることゝなつた。此の辭表草稿はインクと鉛筆で、伊東己代治子が添削加筆してゐる

（山崎林太郎氏藏）

臣亨譾劣ノ身ヲ以テ叨ニ
聖鑑ヲ辱フシ國務大臣ノ命ヲ拜シテヨリ爾來恐懼重責ヲ愆ラサルヲ勗ム然ルニ世間臣ト政事上ノ意見ヲ異ニシ久シク臣ヲ敵視スル者アリ項日臣ヲ誣ユルニ無實ノ罪名ヲ以テシ之ヲ法廷ニ訴ヘ群議ヲ煽起シ醜詆ヲ肆ニシテ臣ヲ排擠セントスルニ至ル事既ニ當該官吏ノ搜査ヲ經テ臣ニ嫌疑ノ檢スヘキナキコト明白ナルヲ得タリ然レトモ身輔弼ノ大任ニ在リ假令政敵構陷ノ計ニ出ツルモ此ノ如キ垢辱ヲ受クルハ全ク臣ノ不德ノ致ス所ニシテ依然
聖恩ヲ荷フテ重職ヲ瀆スハ恐懼屛營ノ至ニ堪エス仍テ茲ニ遞信大臣ノ職ヲ拜辭シ不德ノ罪ヲ待ンコトヲ伏シテ願クハ
陛下臣カ衷情ニ垂憐ヲ賜ヒ現職ヲ罷メタマハンコトヲ臣亨誠恐誠懼謹ミテ奏ス

明治三十三年十二月二十一日

遞信大臣

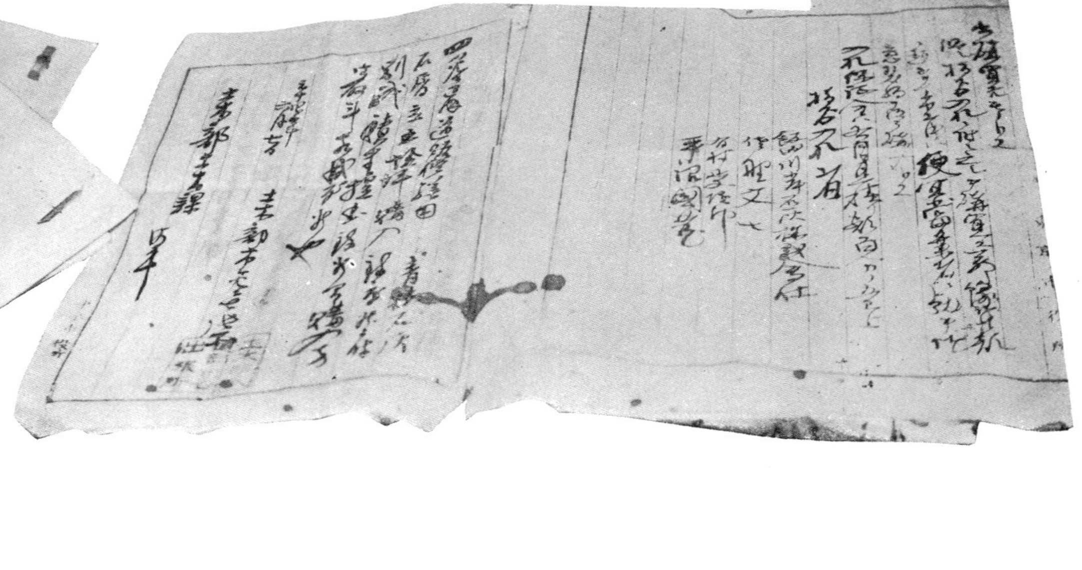

星亨遭難血染めの公文書と血染のカフス

明治卅四年六月廿一日午後三時半、東京市役所市參事會室では將に會議が初らうとしてゐる。遞信大臣は辭めたが、政界の勢力は搖かず、市政の上では市會議長となつて益々その驥足を延ばしてゐた星は、机上の入札に關する公文書を手にして眺めてゐた。其時東京市民の一人と稱する伊庭想太郎が面會を求めたので、豪腹な星は其儘引見した。突如、伊庭は躍りかゝつて匕首を揮ひ星を刺した。鮮血はパツト机上の公文書を染め、星は楕圓形に並んだテーブルに沿うて仰けに倒れて碧血は床を染めた。何れも面上土の如く施す術を知らなかつた。此の慘劇に一代の『力の政治家』は永眠したのである。

寫眞は血染めの公文書と星が倒れた時馳せつけた當時の市會書記長山崎林太郎氏が其創を掩うて出血を止めんとした時、出血に汚れた星の溫血を永遠に遺した。

公文書（東京市役所藏）カフス（山崎林太郎氏藏）

男爵　奥田義人肖像

文部大臣として司法大臣として、將た東京市長として、名市長振りを謳はれた奥田義人が激務に病を得て現職の儘倒れた時、其の人格を慕ひ、其の功績を敬つて一無名の青年畫家が彩管を振い描き上げ、東京市に寄贈した油繪額。

（**東京市役所藏**）

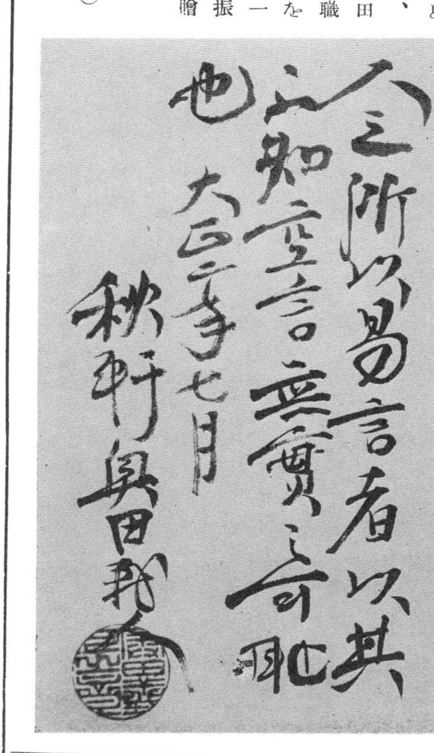

秋軒奥田義人男遺墨

（**遠藤豊氏藏**）

人之所以易言者以其
不知空言無實之可恥也
大正二年七月
秋軒奥田義人

井上準之助氏絶筆

昭和七年二月九日夜、東京市本郷區駒込追分町の駒込小學校で駒井重次氏の政見發表演説會が開かれ、應援の爲め演壇に立つべく門前に自動車を止めた際、群衆中から一兇漢が躍出て、ブローニング拳銃を以て狙撃し、遂に不歸の客となつた。其夜二時間前、民政黨本部にあつて、乞はるゝ儘に筆を揮つたのが此の色紙で、不圖も絶筆となつた。

登山臨水　清溪

（**福島　天外氏藏**）

井上準之助氏像

伯爵後藤新平肖像

上は明治廿三年内務省衞生局技師の頃後藤新平は寫眞のやうな顎髯を生やしてゐた。ドイツに留學を命ぜられてもこの鬚で悠々濶歩してゐたので、友人連が『日本人の恥辱だ』とばかり、斷然刈ることを勸告したが、新平はテンデ耳を傾けやうとしなかつた。或日、新平は理髪師に頭を刈らせながら居眠をやつてゐた。

此時とばかり、友人は理髪師を强要して綺麗に鬚の改造をして仕舞つた。ハツと目覺めて目の前に寫る自分の顔を見て、新平カツとばかりに怒つたが、更によく見ると却々立派だ。忽ち御機嫌が直り、以後薨去する迄、あの鼻眼鏡とこの髯が名物となつた。下の寫眞は、少年團服を着て、名譽杖をついた後藤伯。

（後藤一藏伯藏）

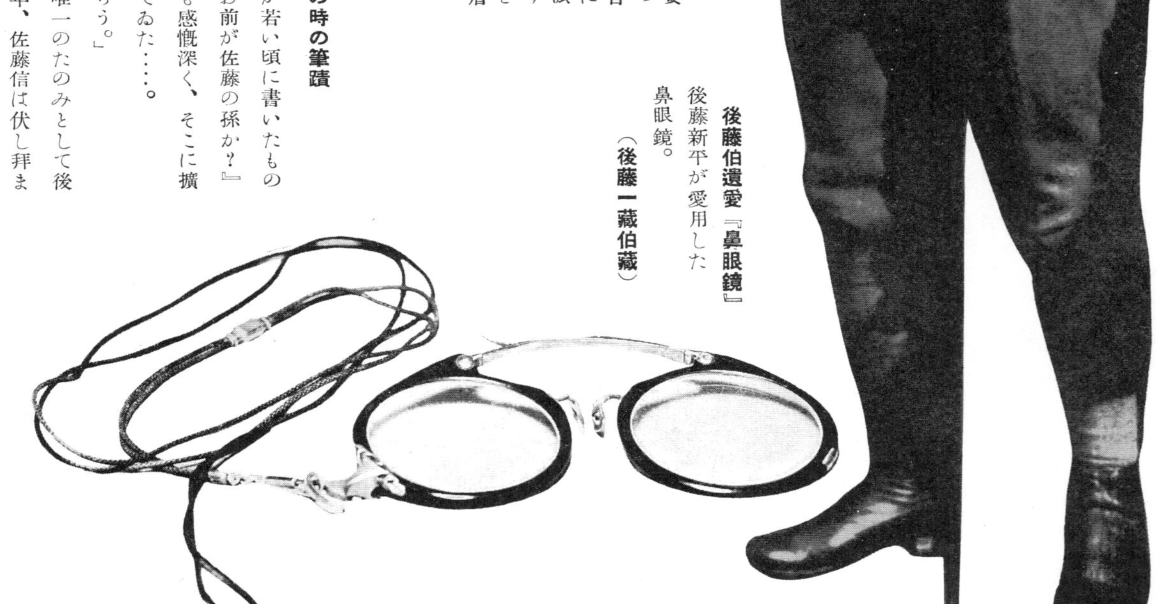

後藤伯遺愛『鼻眼鏡』

後藤新平が愛用した鼻眼鏡。

（後藤一藏伯藏）

後藤新平十九歳の時の筆蹟

『オウ、これだ！俺が若い頃に書いたものに違ひない。さうか、お前が佐藤の孫か？』伯爵後藤新平は如何にも感慨深く、そこに擴げられた軸物に見入つてゐた……。

『ヨシ、面倒を見てやらう。』

田舍から此の一軸を唯一のたのみとして後藤新平を賴つて來た青年、佐藤信は伏し拜まんばかりに、喜びに震へた。此書は幼な友達であつた佐藤信の祖父に、後藤新平が別離に當つて書與へたもの、この一軸が力强い證據となつて佐藤信は、庇護を受けるやうになつた。

（佐藤信氏藏）

蟬聲慘々別愁中梧
葉翩々颸冷風無恠
遲々同倦步霞遮淚
眼路濛々
留別　後藤新平

所謂野狐禪に使つた如意（大石明德氏藏）

坐禪を組む大石正巳（柏木光陽氏藏）

大石正巳の書翰

大石正巳が名古屋で中等學校の教鞭を取つてゐた時、東京にある馬場辰猪に贈つた手簡である。（馬場孤蝶氏藏）

二月廿九日御導翰三月三日着難有拜見仕候處益御清莊ニ被成御渡候趣キ奉喜賀候陳は萬々御懇情趣旨眞ニ心根ニ徹シ難有仕合ニ奉存候私ニ於テハ大イニ力ラヲ得タル譯ニテ此頃生徒養生ノ點ヱハ頻リニ盡力仕候兼而此度ノ開業ヨリ生徒ノ演舌會ヲ開キ亦塾生ニ討論會等ヲ初メ傍ラ氣風活發ノ道ヲ進メントシテ憤勵致シ有之處今日迄演舌會之度數四度ニ及ヒシニ生徒次第ニ憤發演舌者殆ンド十人位イモ有之中ニモ極少年ニシテ頻ル上手モ有之候此ノ勢ヒニ從テ尚一層盡力スレバ漸時ニ改良ノ方行ニ進ム可キカト察シ申候且此頃入校ヲ乞フ者モ隨分有之候然シナカラ一利アレバ一害アリ一喜アレハ憂アルノ理ニシテ前日申上候通リノ教員故教員ニ一人ノ演舌ヲ爲ス人ナク討論ヲ好ム者ナリ反テ之レヲ爲シ之レヲ好ム者ヲ諱ムニ至レリ初メ演舌會ヲ開ク儀ハ同意ナリシモ既ニ今日ニ至テハ演舌アルノ日ニ當レバ教員皆缺席スルノ有形ナリ而シテ學校ノ規側ハ教員政治ノ體裁ニ付萬事教員ノ多數ニ決スル譯ナルヲ以テ演舌會ノ如キモ存亡知ルヘカラサルナリ若シ廢亡ニ至レバ私等ノ如キ者一般民間ノ演舌ヲ許サレサル者ナルヲ以テ亦タ策ナキ而己生徒ヲ進徹セシムルノ術ナキ而巳且亦今般校長ト同心ニテ大イニ學校ノ目的ヲ論定シテ教授ノ法ヲ改革センコト發言シ近日其論緒ニ罹ル筈ニ相成居候處校長モ新參ニシテ未タ人心ヲ得ルニ足ラス加フルニ私以テ新參ナリ而シ舊來ノ教員ハ陰ニ事ヲ計ルコト巧ミニシテ陽ニ論場ニテ利害ヲ論セサルノ有形ナレハ近日私共ノ論旨ハ敗軍ニ至ル哉モ難斗候抑モ其改革ノ起ル由因ハ元來當中學校ナル者ハ元ト洋人ヲ雇ヒ入レテ語學ヲ教授シタル者ナリシ然ルニ處中途ニシテ洋人ヲ廢シテ教授方變則ニ改メントセリ其節日本教員變則意味學ニ達セサルヨリ矢張リ前日洋人ノ教授方ニ模擬シタルナリ而シテ其教員語學ニ通セサルニヨリ往々生徒ノ此校ヲ卒業シタル者東京ニ至テ正則ノ要々ナル學校ノ試驗ニ罹リ入校ヲ許サレタル者ナシ亦卒業シテ當縣ニ留マル者ニシテ初歩ノ經濟書ウヱラントモラル或ヒハキーゾラ文明史位イヲ解スル者ナク唯漢書ハ日本外史ヲ解スルニ足ラス英書ハクードリチ英國史ヲ讀ムニ留マル而已今ニ至ル迄七年ノ星霜ヲ經タル生徒ノ力ヲ其功能右ノ如シ此等ノ源因ヨリシテ土地ノ人民中學校ヲ評シテ曰ク語學校ノ化物ナリト夫レ右ノ如クナルヲ以テ私輩ノ所見ハ現今名古屋人民ノ望願ヲ察シ且學生資本ノ厚薄ヲ見且亦中學校費ノ限リアルヲ計リ教員學藝ノ度ヲ慮ルニ必定專門ハ授クヘキ校ニ非スシテ一般普通ノ智識ヲ得セシムル校ナリ一般普通ノ智識ヲ耕ヤス學校ナルヲ以テ漢書ヲ教ユルノ目的ハ漢土ノ實跡ヲ知リ文章筆記ニ自由ヲ與ヱンカ爲トシ英書ヲ授クル目的ハ歐米各國ノ有樣ヲ伺ヒ經濟物理政體農事商業等ノ一般普通ヲ知ラシメ凡ソ社會ニ存在シテ交際ノ不都合ナラサル人間ヲ造ルニアリトシ傍ラ語學ノ初歩ヲ課外ニ設ケ正則ニ志シアル者ヲ助クルノ論旨ニ御座候然シナカラ此ノ決末ハ後日申上けき心得ニ候尤モ當學校ノ有樣前述ノ如クナルヲ以テ一且論鋒ノ敗軍ト相成候得ハ斷然辭シテ東京ニ走ル存志ニ御座候間何分後來ノ援助ハ偏ニ御依賴申上置候間宜敷御憐恤ノ程奉願候先は右御懇情御禮且後日御依賴迄如此ニ御座候

謹言

大石正巳

馬場先生

再白今日土佐ヨリ新報有之候ニ付左ニ記シテ尊覽ニ供ス

片岡氏歸縣以來演舌會頗ル盛カニ行ワレ立志社員ハ高知縣各郡ヱ派出シ大イニ民憲ヲ醒マシ追々獨立ノ氣象ヲ擴張セシムルノ勢ヒナリト過日ハ板垣退助片岡健吉西山志澄小谷正元北川貞彦ノ諸君大芝居床ニテ演舌會ヲ開キタルニ聽衆人員數知レス芝居床ノ内外ニ群集シテ近傍立錐ノ地ナキニ至レリト警部七八人其混雜ヲ防グニ究シタリト其芝居ノ内ニ入リシ人員ハ千八百人トモ云ヱリ

三月二日ハ高知市中上下ニ別チテ町內總代ヲ集メテ演舌ヲ開ク由シ定メテ國會論ナルベシ

過日ハ女子師範學校にテ女ノ演舌會ヲ開キ傍聽人ハ男人禁止にテ女人ノ聽衆群集シ演舌女人六人にテ縷々續續ト陳述シタル所ハ實に町村口利ノ男子モ及ハサル位イナリシト追々續イテ男女ノ演舌モ盛カシト爲スヘシ有形ナリ亦男女學校モ此頃一層振起シタル勢ヒナリ

然ルに當時土佐にテ迷惑ヲ受ケシ者ハ紙商ナリト其故何トナレハ大坂ノ愛國社會議ヲ以テ非常ノ動搖アランカト大阪商人ノ恐怖ヨリ自然諸氏ノ買込ミヲ控ヱ資本家ハ紙幣ヲ藏ニ置蓄スルノ風トナリ商人ハ賣ルヲ務メテ買フヲ爲サス故ニ土佐ノ紙商ハ家ヲ持テ金ヲ見ルヘカラスト右ハ土佐ヨリ報知ノ大略ナリ

扱東京ノ有樣モ御申越被下承知仕候處隨分人氣宜敷趣キ何分世上一般ノ形勢ヲ推察スルニ國會ノ興起ト防止何レに決スルモ與論ノ推點ハ如何トモ爲スヘカラサレバ日本人民自由ノ祝日モ甚タ遠キニ非スト愚考仕候苟クモ純良潔白ノ人間タラシヲ欲セハ宜シク○下略

池水によな／＼月はかよへとも
影も止めす跡も殘さす
大石大典

大典、大石正巳遺墨
（大石明德氏藏）

伯爵 伊東己代治肖像

（伊東治正伯藏）

大杯滿引飲如鯨肩佩紛奢
赴酒盤一曲猗歌方顯後蹣
跚街上驅契行
頃者掬故帋得往年獨國留學
時之詩今錄博杉山兄之一粲
西　涯

伊東己代治書簡

榎本武揚宛の書簡

（榎本武英子藏）

平田東助遺墨

伯爵平田東助が青年時代に獨逸留學中醉歩蹣跚たる獨逸水兵を見て賦したる一詩。

（平田榮二伯藏）

伯爵平田東助肖像

東助書水墨山水

平田東助伯は亦日本畫をよくした。賛は令息平田榮二氏。

（平田榮二伯藏）

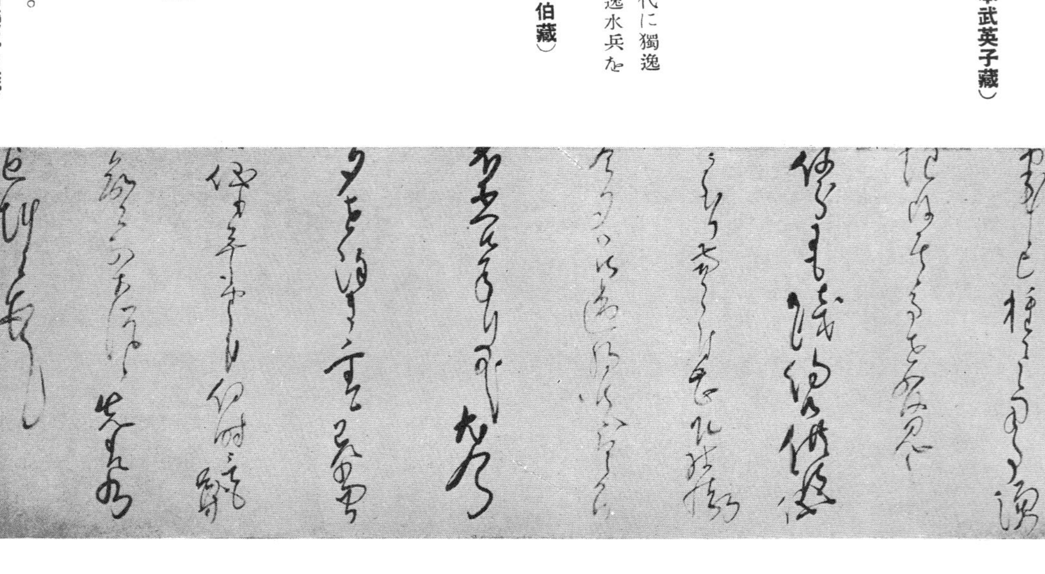

福澤諭吉翁遺墨

福澤諭吉翁が有名な『國權論』を草し終つた時賦した一詩。

閑毫莞爾笑吾拙夫子自
醒奈世眠數百千言國權
論不如硝鐵一聲烟
國權論稿成

（田中　龍夫男藏）

福澤諭吉の馬場辰猪宛書翰

明治七年福澤諭吉が、恰も英京ロンドンに留學中の馬場辰猪に宛て、新に渡歐する小泉、中上川の指導を依賴した書翰であるが、諸所に英語が飛び出してゐる變つた珍文である。

（馬場孤蝶氏藏）

福澤諭吉肖像

益御清安被成御座奉拜賀候此度小泉中上川龍動え罷越候差向何ト申執行之目的も無之候得共私ニ朋友共ニ相謀るニ方今日本ニ而兵亂既ニ治りたれどもマインド之騷動ハ今尙止マズ此後も益持續すべきの勢なり古來未曾有之此好機會に乘し舊習之惑溺を一掃して新らしきエレメントを誘導し民心之改革をいたし度迚も今の有様ニ而ハ外國交際之刺衝ニ堪不申法の權も商の權も日ニ外人ニ犯され遂ニハ如何ともすべからさるの場合ニ可至哉と學者終身之患ハ唯この一事のミ政府の官員愚なるニ非ス又不深切なるニ非ス唯如何ともすべからさるの事情あるなり其事情とハ天下の民心卽是なり民心之改革ハ政府獨りの任ニあらず苟モ智見を有する者ハ其任を分テ自から擔當せさるべからす結局我輩の目的ハ我邦之ナショナリチを保護するの赤心のミ此度二名之歐行も其萬分一之タメなり着之上ハ必ス御相談も可致御周旋被下度候傳習歸りの生徒も多けれども歸國の其モーメントより一文之錢なし遂ニハ錢の爲ニ思はぬ言行を犯す者もなきニあらざるよし

右之外委細之事情ハ兩人より御承知被下度日本之形勢誠ニ困難なり外交之平均を得んとするニハ内の平均を爲さざるを得ず内の平均を爲さんとするニハ内の妄誕を拂はさるを得ず内を先ニすれバ外の間ニ合はず外ニ立向はんとすれハ内のヤクザが袖を引き此を顧ミ彼を思へハ何事も出來ず候されとも事の難きを恐れて行はさるの理なし幾重ニも祈る所ハ身體を健康ニし精神を豁如ならしめ飽まで御勉强之上御歸國我ネーションのデスチニーを御擔當被成度萬々奉祈候也

明治七

十月十二日　福澤諭吉

馬場辰猪樣

尙以林氏歸國之節ハブツク御惠投被成下難有奉存候御厚禮申上候

男爵中島信行肖像
（中島久萬吉男藏）

中島信行氏遺墨

第一回衆議院議長の中島信行が慶應三年廿二才の時に下關で賦した詩を明治六年神奈川縣令當時に書いたもの。

（中島久萬吉男藏）

晨光破霧景方新携友泛舟硯海春
富貴由來人所羨功名於我似輕塵
高歌對酌青樽酒心事共談魚水親
如此勝游逢幾度蒼波帶月未歸臻
丁卯之春予在長州之赤馬關賦
此詩茲歲癸酉之冬月爲磯貝氏
之囑

長城迂生

馬場辰猪氏自叙傳草稿と日本文典

自叙傳原稿　馬場辰猪が英文で認めた自叙傳の原稿（右二册）

日本文典　馬場辰猪の英文日本文典、恐くこれが日本語を英文で紹介した最初のものであらうと云はれてゐる。（左）

（馬場孤蝶氏藏）

馬場辰猪追弔詞

馬場辰猪は明治廿一年十一月三日米國で客死した、年卅九。これはその愛弟子の死を哀惜する福澤諭吉先生の追弔詞である。

（馬場孤蝶氏藏）

馬場辰猪肖像　（馬場孤蝶氏藏）

追弔詞

今を去ること凡三十年馬場辰猪君が土佐より出て我慶應義塾ニ入學せしときハ年十七歳眉目秀英紅顔の美少年なりしが此少年唯顏色の美なるのみニ非す其天賦の氣品如何にも高潔にして心身洗ふが如く一點の曇りを留めす加ふるに文思の緻密なるものありて同窓の先輩ニ親愛敬重せられ年漸長するニ從て學業カ又大ニ進歩し後英國ニ留學して法律學を脩め歸來專ラ政治上ニ心を寄せて多少の辛瓦を嘗め其學識雄辨ハ敢て爭ふ者なくして自から社會ニ頭角を顯はしたれとも時勢尙ほ未可ならずして君の技倆を實際ニ試るの機會を得す明治二十年再ひ航して米國ニ遊ひ居ること一年ニして病ニ犯され客中不歸の客となりたるこそ天地と共に無窮の憾なれ君ハ天下の人才にして其期する所も亦大なりと雖も吾々が特ニ君ニ重きを置いて忘るゝこと能はざる所のものハ其氣風品格の高尙なるニ在り學者萬卷の書を讀み萬物の理を講するも平生一片の氣品なき者ハ遂ニ賤丈夫たるを免かれす君の如きハ西洋文明學の知識ニ兼て其精神の眞面目を得たる者と云ふ可し吾々ハ天下の爲めニ君を思ふのみならす君の出身の本地たる慶應義塾の爲めニ特ニ君を追想して今尙ほ其少年時代の言行を語り以て後進生の龜鏡ニ供するものなり君の形體は既ニ逝くと雖も生前の氣品ハ知人の忘れんとして忘るゝ能はざる所にして百年の後尙ほ他の龜鑑たり聊か以て地下の靈を慰するニ足る可し

明治二十九年十一月二日

福澤諭吉揮涙記

田中正造肖像

（栗原彦三郎氏藏）

田中正造翁議員上任誓約書

義人、田中正造の壯年時代の自筆である。明治十一年七月栃木縣廳の令達に依つて組織された小區會議員として、小中村より選擧されたとき出した誓詞である。寫眞は誓約書に貼布した、壯年時代の正造。

（栗原彦三郎氏藏）

支廳長斬殺嫌疑の大和杖

これは壯時より翁愛用の大和杖で、中味は『虎徹』であつた。陸中國江刺縣（今の岩手縣）の役人として正造が壯時赴任した頃は、實にひどい大凶作で、慘憺たる狀態を呈してゐた。正造は遂に支廳長木村某が何者かに斬殺されたのを好機として鄕倉を開いて荒備米五百俵を出して窮民を救つた。恰も其の前日、荒備米を施すことの可否に就て正造が木村と大激論を戰はした事と、此の『虎徹』に血痕があつたと云ふので殺人嫌疑を受け、二年間未決の儘獄に投ぜられてゐたが、遂に無罪の判決を受けたと云ふ由緒ある仕込杖である。

（栗原彦三郎氏藏）

田中正造翁遺墨

議員上任誓詞

今般自分事第四大區三小區小中村ノ公撰ヲ以テ第四大區三小區々會議員ニ撰ハレ當明治十一年七月ヨリ明治十二年十二月マテ議事ノ職務ヲ負擔セリ就テハ區會憲法ヲ始メ諸規則ヲ確守シ公平無私忠誠眞實ノ心ヲ執リ區民ニ代リテ公益ヲ謀ルヲ勉ムヘシ此ニ衆人面前ニ於テ堅ク誓ヲ立ツルモノ也

紀元二千五百三十八年卽明治十一年七月一日
栃木縣下野國安蘇郡第四大區三小區小中村百十七番地住民
田中正造㊞

第四大區三小區小中村三十六年七ヶ月
撰擧人衆中

前書誓詞之趣拙者立會確認スルモノ也

右區長
內田太藏㊞

正造翁鑛毒事件の演説草稿

足尾の鑛毒事件に衆議院議員として一身を賭して戰ひ、社會運動の先登に立つて義の爲めに一身を獻じた。明治廿四年十二月十八日、衆議院の壇上に黒の綿服、袴の巨人が蓬髪を逆立て、破鐘のやうな聲で熱血の雄辯をふるつて鑛毒事件を暴露した。それから幾度か鑛毒演説を試み政府の措置を糾彈したが、その一つの演説草稿である（栗原彦三郎氏藏）

田中正造の直訴狀

第十五議會まで田中正造は議政壇上で奮戰したが、遂に目的を貫徹出來なかつたので、最後の手段として直訴の途を選ぶ臍を固めた。明治三十四年十二月十日、開院式御還幸の鹵簿が、櫻田門へ向はせらるゝ時、衆議院議長官舎横から奏狀を高く捧げて御馬車に走り寄つた。近衞騎兵の槍に遮られ、老年の正造は躓いて倒れた。

此の奏狀は幸德傳次郎に起草して貰つたものだと云はれてゐる。之は幸德の筆で、それを正造が加筆してゐるが、そこへは一々朱印が押してある。

草莽ノ微臣 田中正造 誠恐誠惶頓首頓首謹テ奏ス伏テ惟ルニ臣田間ノ匹夫敢テ規ヲ踰エ法ヲ犯シテ鳳駕ニ近前スル其罪實ニ萬死ニ當レリ而モ甘シテ之ヲ爲ス所以ノモノハ洵ニ國家生民ノ爲ニ圖リテ一片ノ耿耿竟ニ忍フ能ハサルモノ有レバナリ伏テ望ムラクハ陛下深仁深慈臣カ至愚ヲ憐ミテ少シク乙夜ノ覽ヲ垂レ給ハンコトヲ伏テ惟ルニ東京ノ北四十里ニシテ足尾銅山アリ近年鑛業上ノ器械洋式ノ發達スルニ從ツテ其流毒益々多ク……

と鑛毒の被害、民の慘狀を説明し、政府に救濟を求めて省みらるゝ所なきを申上げ

聖明矜察ヲ垂レ給ハン事ヲ臣痛絶呼號ノ至リニ任フルナシ

と申上げてゐる。時に正造六十一歳、十日の夜を警察で明かし、翌日放免された。

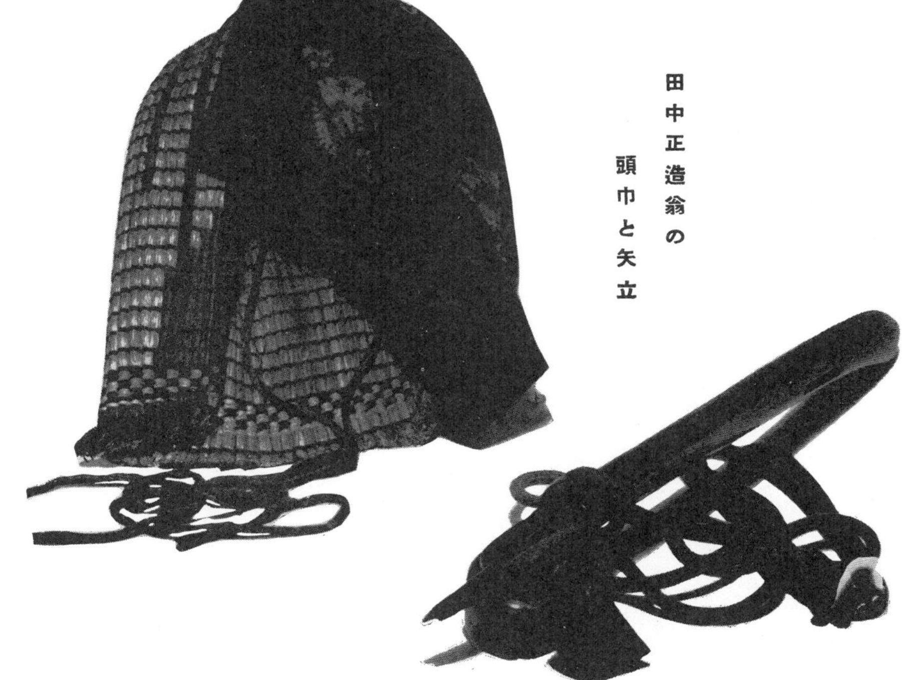

田中正造翁の頭巾と矢立

中江兆民肖像（竹内虎治氏藏）

兆民の書簡（竹内虎治氏藏）

小生病氣ニ付貴意ニ懸られ其中ゟ肴料御送り被下御親切之段奉深謝候〇〇家內御迎之由一段の御事是は必要之事にて御祝ひ申候何樣そふ成ると追々小供衆も出來可申全體獨身の時の貧乏は眞の貧乏之中ニハ入らす妻子を扣へ門戶を張りて後の貧乏こそ實に骨ニ入るものにて今ゟ能く御考相成度左りとて又一方美術的の方益ゝ怠り無之御進行相成候樣是又奉祈望候小生病氣ハ初より不治の病たる事ハ相分り居候事にて過日は幸治參り遺稿を托し置候始末に御座候乍筆末御國元御母上樣へ宜敷御傳聲被下度將又申迄無之候得共御母樣へは可相成少ニても時々御送金御助ヶ相成度候右條は小生か遺言同樣の一言として御服膺被下度候

八月二十三日　中江

大和田君

兆民自筆の原稿（竹内虎治氏藏）

奥繁三郎より原敬に選擧形勢を報ずる書翰

明治四十五年五月、衆議院議員總選擧に當り、奥繁三郎氏より原敬氏宛の關西の狀況報告で、選擧に附し政黨本部の補助金が夫々記載してある珍品。

（某氏藏）

拜啓陳者前便申上然處と重複せる部分も有之候得共左ニ各地の形勢申上候

一滋賀縣は市部の村田と郡部三名（島田吉田森川）の内貳名は當選慥かなり故に現狀の如し
村田は斷然政友會の公認候補として發表する都合にて去四日小生大津ニ參りたる節知事不在一日再大津ニ參り知事と會見後直ニ其の手續を爲し且ツ公然應援演說會を同日の夜相開く都合ニ候
吉田ニ一、〇〇〇、相渡し置候
支部の補助と森川の補助も頻りと要求有之候得共其の分は相談の上とお答へ置候

一奈良縣は市は反對候補あるも殆んと眼中ニ置くニ足らず
郡部の村井、岩本兩名とも當選すべく故に現狀の如し
岩本より村井は優勢なり
村井ニ五〇〇、相渡したり前日の分と共ニ一〇〇〇、の都合と相成申候
岩本は國民黨の福井と其勢力互角ナルモ岩本は運動費豐富にて福井は缺乏の様子なり故ニ日々ニ岩本の形勢相揚り福井は之れに反する模様なり此の福井サへ斃せば其れにて岩本も當選する都合ニ候

奥繁三郎肖像

一大阪府市部の菊池も當選すべき形勢ニ候同人ニ更ニ一〇〇〇交付致し候
郡部の本出、秋岡、植場の三人は依然大丈夫なり唯植場は運動費ニ困り居る様子なり同人ニ更ニ五〇〇、相渡し申候中林は遂に斃れたり茲ニ於て井阪も專ら泉北郡ニ侵入し遂ニ決勝點ニ達スルコトニ相成リタルナラント推測され候又是非とも其の様に致さしめざるべからずと存居り候就而は歸途大阪ニ立寄ヮ井阪ニ更ニ五〇〇、相渡す心組ニ候
堺市の事幷ニ北田の內心等相確め度存居候得共其暇無之して兵庫縣ニ入り候歸途時間あれば同市にも參り度存居り候

一兵庫の形勢は前刻神戶より差出したる書中の如くに候
郡部三名の內安藤第一、改野第二、高鍋第三、改野安藤は當選慥かなるも高鍋は不安心併し本人は全作も出來得る限り致し居り候有らん限りの力を盡して奮戰致し居り候間前便申上候額の御補助あれば好都合と存候
松方ニ會見せしが同人は入會の意なし
途中明石にて安藤の應援演說を爲し姫路ニ立寄リタリ神戶等ニ出會せり小野寺實の入黨の事は確實にして既ニ其の申込書は草鹿の手ニ在り就而は小生の歸途同市にも再立寄り應援の演說會に出席の心組ニ候
而して其形勢は五分五分の由ナルも敵派卽ち國民黨の候補は其の人格如何にも下劣なる趣ナレバ結局小野寺の物らしく察せられ候

一過刻岡山ニ着し候
市の石黑は如何と心配の模様有之候本人は安心の様子ナルも他より聞けば有森信吉と五分五分の由
郡部三名の內小出は運動費豐富且ツ充分ニ手を延ばし居れバ當選確實
福井も感心に運動費を作り活動し居り候過刻一〇〇〇、相渡し置候同人も必らず當選すべくと察せられ候
戶田の形勢惡敷方には無之候得共軍費既に盡きんと欲する模様ニ候
石黑、戶田、福井黑田等より是非とも四名とも當選して國民黨の根據地を動亂せしむべければ全縣下ニ對し五〇〇〇、の補助あり度と切ニ懇望致し候小生は迚も不可能ならん併し直ニ本部へ申遣はし本部より何分の返事を電信にて石黑の許まで致すべしと相答へ置候（福井へ一〇〇〇、を渡せしは戶田、石黑に祕して交付せり）
何卒野田君より右ニ對スル返電願度候（此事は不可能と存候得共切なる希望ニ出會直ニ峻拒スルハ彼れ等の氣勢ヲ挫く恐あり依而此の如くニ致し候
故ニ結局岡山は、小出、福井の二名當選にて現狀の如し市部の石黑か郡部の戶田の內一名出テ、其の分が儲けものなるも如何とも今日より推測致し難し

一明早朝香川縣ニ入るべく候高松も丸龜も激戰の由ニ候
岡山縣の市郡とも又兵庫の郡部も非常なる激戰ニ候

一京都府市郡の事甚氣掛りニ候得共參り居る暇無之候併し推測にては
郡部の內、田中と小生は慥かなるも川崎、岡田の內一名は危險ナラスヤと氣遣ひ居り候
前日川崎を奬勵の爲五〇〇、相渡し置キ候
市部の森田を郡部にて一名失ヒタルトキノ補充に是非當選せしめ度存居り候十一日ニ一寸京都ニ歸り其の計畫を爲す心組ニ候
右申上候幹事長の許ニも詳報致し度候得共其の暇無之何卒右次第御傳へ願上度候　草々

五月八日夜

岡山にて
奥　繁三郎

原閣下

島田氏愛讀書『新撰百人一首』

その辛辣なる筆力と攻撃スピリットは彼の星亨をして遞信大臣を辭職せざるを得ざらしめ、議會の闘將として烈々火のやうな熱辯を振ひ、政府或は反對黨を戰慄せしめ、殊に大正三年山本内閣を向ふにシーメンス事件の攻撃演說は、司直の手が延びて政府を震駭せしめ、遂に内閣を倒潰せしめた。併し終世衆議院議員として、顯職に就かず臺閣に列せず、筆刀と辯論で政界の重鎭であり得た反面、こんなにやさしい書籍を愛讀し、死の直前まで決して座右を放さなかつた。

（島田孝一氏藏）

島田三郎肖像

（島田孝一氏藏）

島田三郎氏の門札の落書

大正三年二月十日外電報ずる所の海軍將校瀆職事件（卽ち獨逸シーメンス會社東京支店と我海軍高級吏員の間に收賄關係ありといふことが獨逸に於て發表せられた）に關し衆議院豫算委員會に於て島田三郎氏が痛烈な質問を試みたるを動機として政府不信任の聲喧々囂々遂に山本内閣は總辭職をなすに至つたが其夜島田氏の家の門札に何人か落書を爲して威嚇した、その門札が之である。

（島田孝一氏藏）

大塊野田卯太郎氏遺墨

野田老は、蘭を書と俳句をよくした。これもその一つである。

（野田俊作氏蔵）

夏空や興安迄は一區域
大塊

床次竹二郎肖像

床次竹二郎氏遺墨

『社頭の曉』

あかつきのよゝ木のもりのみひかりをあふきてそたつやまと民草
竹二郎

野田卯太郎肖像

夙くも仄めく下田女史の歌才

（おつくおぼえ（右））幼時は平尾勢紀と云つた女史が、五、六歳の頃、自分で作つた俳句を書記して置いたおぼえ帳である。其中の一句に

櫻田にをもひの
こりて今日の雪

これは勤王家の父鍒藏が、櫻田事變で井伊大老の仆れたのを祝し、同志と共に集つて祝盃を擧げ、宴酣にして座興に一句を所望したときの作である。『をもひのこりて』句に就いて說明を求めらるゝと威儀を正して此の幼女が、『大老の死は勤王派に取つて目出度いが、これで事が終つた譯ではありません。これからですから……』と答へて滿座を驚倒させたといふ、女史が天才の仄めきを語る由緒ある句である。

（和歌短册）幼時から和歌を好み、歌の才は一等地を拔いてゐた。

冬　月　木枯の音もはげしき宵のまも
　　空さえ渡る月のかげかな
（十才の作）

夜　照月は尾上はるかにかげさして
　　ゆきにまかえるやまさくら哉
（十一才の作）

源賴義　弓取のこめしま心つらぬきて
　　いはまの清水わきや出けん
（十二才の作）

年齢十三の折千草の染替五卷を著はし、明治五年十月十九才の時、歌を以つて宮內省十五等出仕を命ぜられた。

桂袴姿の下田歌子
明治十八年卅二歲の時寫した桂袴姿の稀しい寫眞（實踐女學校藏）

奧村女史戰地慰問の旅裝束（實踐女學校藏）

愛國婦人會は明治卅四年奧村五百子五十七歲の時に、その首唱に依つて設立され、その發展は刀自の魂を打込んだ獻身的の努力に待つところが多い。全國各地を遊說して、足跡天下に普しと云ふのが眞實である。此の旅裝束は明治卅八年六十一歲の老軀を携げて滿洲の野に露軍と奮戰中の皇軍を慰問し、歸來、朝野に出征將士の辛酸苦艱を具さに說いて、愛國心昂揚に心血を注いだ。遺品はカーキ色上下服、ヘルメット帽脚絆、草鞋、水筒、竹の杖など。（唐津　奧村家藏）

奧村五百子刀自肖像

中禮服『細長（ほそなが）』
後年女史自ら工夫して作つた獨特の中禮服で、常に着用してゐた（實踐女學校藏）

歴代貴族院議長

就任年月

伊藤博文
明治廿三年十月

蜂須賀茂韶
明治廿四年七月

近衛篤麿
明治廿九年十月

徳川家達
明治卅六年十二月

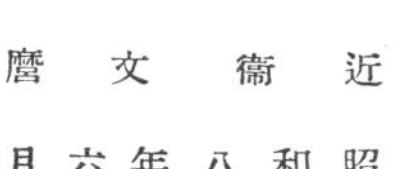

近衛文麿
昭和八年六月

主要國歲入歲出表（純分比價ニ依ル邦貨換算額）

年號	英國 歲入	英國 歲出	佛國 歲入	佛國 歲出	獨逸 歲入	獨逸 歲出	伊太利 歲入	伊太利 歲出	米國 歲入	米國 歲出	日本 歲入	日本 歲出
一九二八—二九	千圓 八、一六六、二六五	七、九八六、六七六	三、三四三、二五一	三、三三六、一七七	三、〇五八、四〇〇	三、五七二、三三三	二、一一三、〇二三	二、〇七四、四二一	八、〇九一、三八五	七、七二〇、六七一	二、〇〇五、六九一	一、八一四、八五五
一九二九—三〇	千圓 七、九五六、七〇二	八、〇九八、四九四	三、五七〇、八七六	三、五六五、七六七	三、四八三、〇〇五	三、六三二、四四一	二、〇九四、六九四	二、〇七六、七四四	八、三七一、六六一	八、〇一二、九四八	一、八二六、四四四	一、七三六、三一七
一九三〇—三一	千圓 八、三七四、四七四	八、六〇一、七二一	三、九六六、五四九	三、九六一、二九〇	三、九三六、二三六	四、二一六、〇四一	二、〇四五、八六九	二、〇八九、〇〇三	六、六五四、九三四	八、四六五、九三七	一、五九六、九七二	一、五五七、八六三
一九三一—三二	千圓 八、三一三、一七四	八、三〇九、六一〇	三、九八〇、五七一	三、九八〇、三四三	三、一四八、六二六	三、四三六、五〇六	一、九〇八、一六九	二、二二六、一二三	四、二五五、五四三	一〇、五八一、一九三	一、五三一、〇八二	一、四六七、八七五
一九三二—三三	千圓 八、〇七四、四五四	八、三八九、五九九	三、二三〇、五二二	三、二三〇、二六三	二、七〇一、七九八	二、九七〇、八九八	一、七九七、五三二	二、二四二、七六三	四、六九一、一四〇	一〇、六四五、九八七	二、〇四五、二七五	一、九五〇、一四〇
一九三三—三四	千圓 七、九〇二、一一四	七、五九八、〇一二	三、五八七、七五九	三、九六八、二五四	二、八七八、九五二	三、〇〇五、五九三	一、七三四、六七四	二、四一二、五九四	六、五七五、六九一	一四、五三二、一四五	二、三三二、七五九	二、二五四、六六二
一九三四—三五	千圓 七、八五五、七三八	七、七八一、九一〇	三、七九四、九一〇	三、九四二、七七二	三、七三〇、四五七	三、九三四、一一三	一、八四三、三七九	二、一六三、一一六	四、七七五、二五七	八、九三六、一八五	二、二四六、九八一	二、一六三、〇〇三
一九三五—三六	千圓 八、二四七、六九一	八、二一八、九八一	三、六九三、五六三	三、七五八、四一六			一、八九九、三九五	二、四四三、九四三	五、一五九、六四〇	一〇、七六四、六四二	二、二五九、三三一	二、二〇六、四七七

歴代衆議院議長

① 中島信行 明治二十三年十一月就任

② 星亨 明治二十五年五月就任

③ 楠本正隆 明治二十六年十二月就任

④ 鳩山和夫 明治二十九年十二月就任

⑤ 片岡健吉 明治三十一年五月就任

⑥ 河野廣中 明治三十六年十二月就任

⑦ 松田正久 明治三十七年三月就任

⑧ 杉田定一 明治三十九年一月就任

⑨ 長谷場純孝 第一回明治四十一年十二月 第二回大正三年三月就任

⑩ 大岡育造 第一回明治四十四年十二月 第二回大正六年六月就任

⑪ 奥繁三郎 第一回大正三年三月 第二回大正九年六月就任

⑫ 島田三郎 大正四年五月就任

⑬ 粕谷義三 大正十二年二月就任

⑭ 森田茂 昭和二年三月就任

⑮ 元田肇 昭和三年四月就任

⑯ 川原茂輔 昭和四年三月就任

⑰ 堀切善兵衛 昭和四年十二月就任

⑱ 藤澤幾之輔 昭和五年四月就任

⑲ 中村啓次郎 昭和六年十二月就任

⑳ 秋田清 昭和七年三月就任

㉑ 濱田國松 昭和九年十二月就任

㉒ 富田幸次郎 昭和十一年五月就任

雑篇

明治初年ポンチ繪

明治初年の大問題たる條約改正内地雑居を想像して描きたるもの。

（大山柏公蔵）

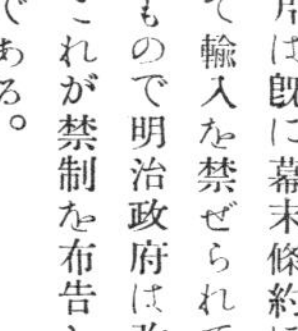

阿片吸咽禁止の制札

阿片は旣に幕末條約に由つて輸入を禁ぜられてゐたもので明治政府は改めてこれが禁制を布告したのである。

（吉田正太郎氏藏）

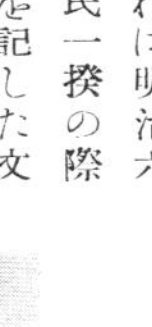

農民一揆取締關係書類

大旱魃のため隨所に農民一揆が烽起したが、これは明治六年福岡に起つた農民一揆の際に於ける手配事蹟を記した文獻である。

（在福岡縣）

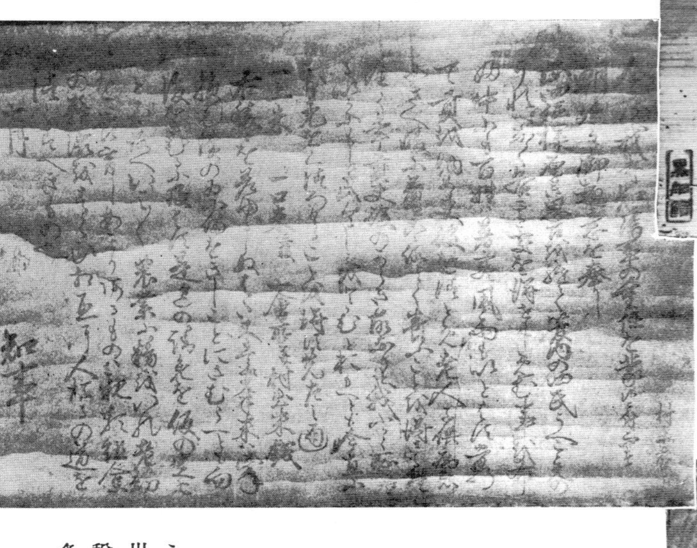

明治三年の觸書

これは明治三年熊本藩知事細川韶邦が農民の窮狀を憂ひ納稅上米等の免除を得たる時、各村々に配布した觸書である。

（在熊本縣）

佐佐友房の口述に依る熊本各黨派沿革一斑

幕末時代に於て肥後に學校黨、勤王黨、實學黨の三黨派が起つたことから說き起し、その後明治時代に及び、その黨派が變遷した事情と、之に運動した諸氏の氏名を擧げてその間の事情を詳にしたものである。最後に熊本黨派の沿革略圖を示して、その系統を一目明瞭ならしめてある。

（在熊本縣）

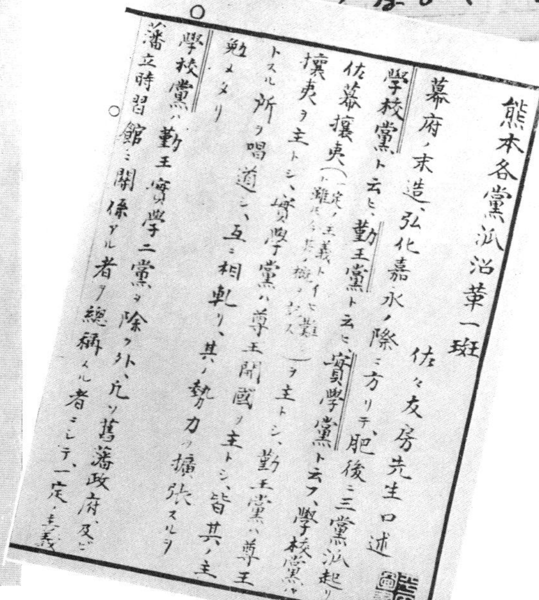

熊本各黨派沿革一斑

佐々友房先生口述

幕府ノ末造、弘化嘉永ノ際ニ方リテ、肥後ニ三黨派起リ、學校黨ト云ヒ、勤王黨ト云ヒ、實學黨ト云フ、學校黨ハ佐幕攘夷（一定ノ主義トイヒ難キモ[illegible]）ヲ主トシ、勤王黨ハ尊王攘夷ヲ主トシ、實學黨ハ尊王開國ヲ主トシ、皆其ノ主トスル所ヲ唱道シ、互ニ相軋リ、其ノ勢力ヲ擴張スルヲ勉メタリ

學校黨ハ勤王實學二黨ヲ除ク外、凡ソ舊藩政府、及ビ藩立時習館ニ關係アル者ヲ總稱スル者ニシテ、一定ノ主義

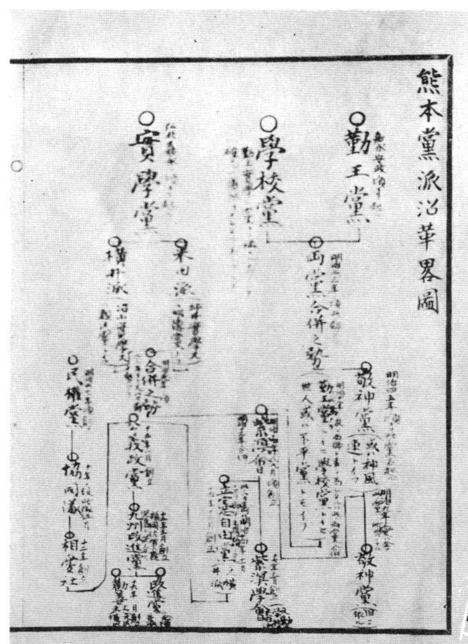

熊本黨派沿革畧圖

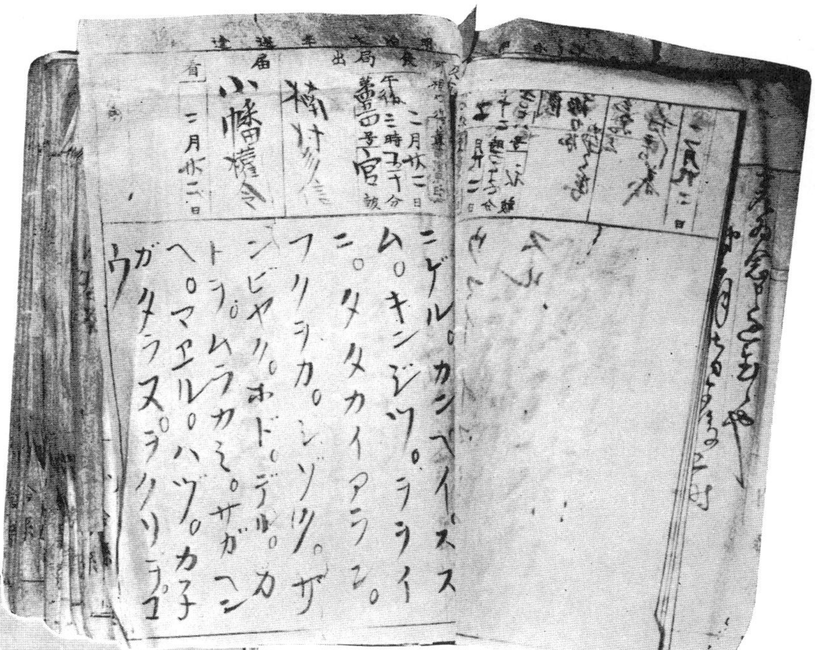

佐賀の亂關係書類

明治七年佐賀にて、江藤新平等、兵を擧げたが、官兵のため鎭定された。これはその時の一件書類である。

（在福岡縣）

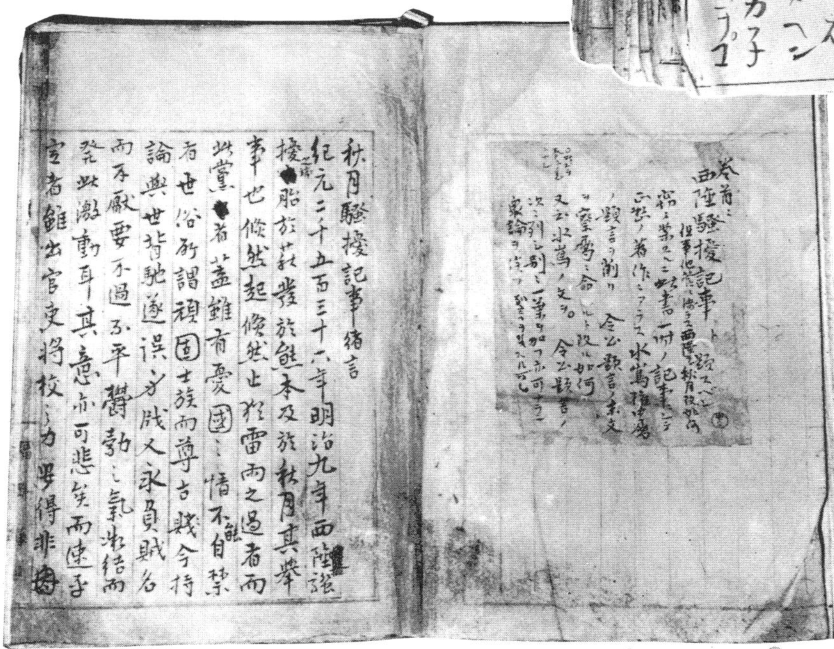

秋月騷擾關係書類

明治九年十月福岡縣磯淳を始め宮崎車之助、今村百八郎、益田靜方等兵を秋月に擧げ、熊本の暴徒に應ぜんとしたが、時の縣令渡邊清美は兵を鎭臺に請ふて、之を討つた。これはその時の模樣を記した文獻である。

（在福岡縣）

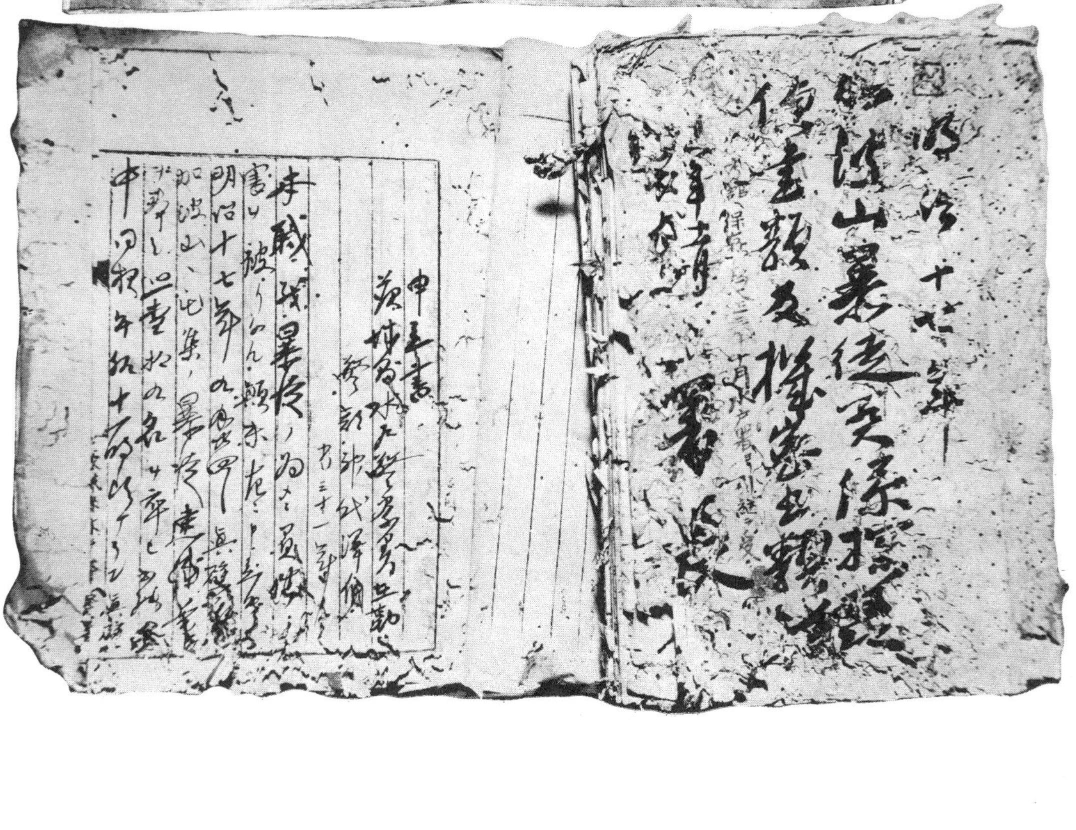

加波山事件取締關係書類

明治十七年九月茨城縣下館の人富松正安外十數人が、自由民權を叫び、官憲の强壓に抗し爆彈を抱いて茨城縣眞壁郡𣏓穗村地内の加波山に據つたが、それを取締つた時の一件書類である。

（在茨城縣）

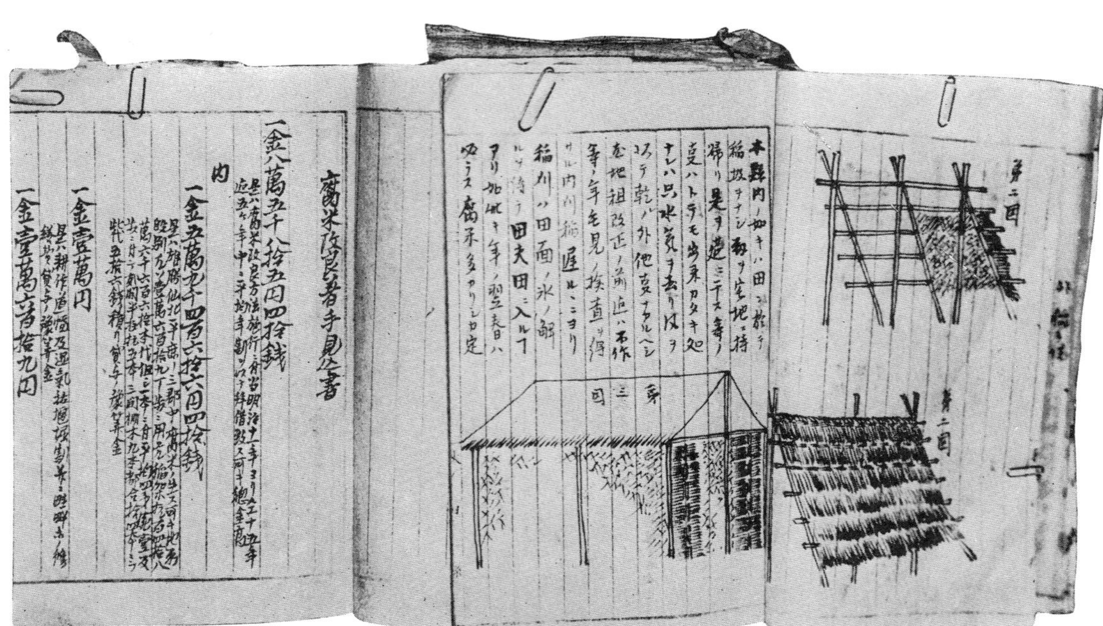

産米改良計劃書

明治十一年秋田縣より資金拝借願を時の内務卿大久保利通に差出した際、添附した事業計劃書の一部である。（在秋田縣）

縣會解散公報

明治二十一年發行されたる神奈川縣會解散の公報である。當時も今も變りない縣當局と縣會の確執がほの見えて面白い。（在神奈川縣）

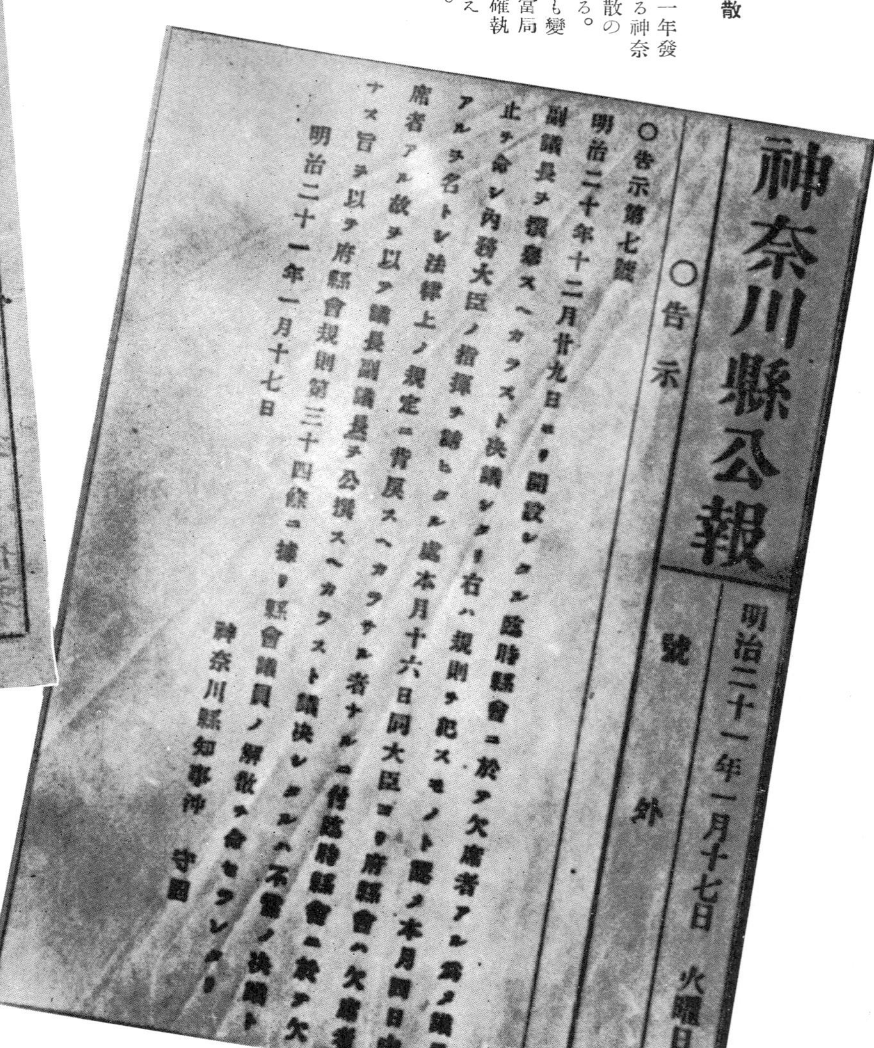

神奈川縣公報

明治二十一年一月十七日　火曜日

號外

○告示

○告示第七號

明治二十年十二月廿九日ニ於テ開設シタル臨時縣會ニ於テ欠席者アル爲ノ議長副議長ヲ撰擧スヘカラスト決議シタリ右ハ規則ヲ犯スモノト認メ本月四日中止ヲ命シ内務大臣ノ指揮ヲ請ヒタル處本月十六日同大臣ヨリ府縣會ハ欠席者アルヲ名トシ法律上ノ規定ニ背戻スヘカラサル者ナルニ付臨時縣會ニ於テ欠席者アル故ヲ以テ議長副議長ヲ公撰スヘカラスト議決シタルハ不當ノ決議トナス旨ヲ以テ府縣會規則第三十四條ニ據リ縣會議員ノ解散ヲ命セラレタリ

明治二十一年一月十七日

神奈川縣知事沖守固

日本最初の公娼廢止の建議書

群馬縣に於て明治十五年縣會に於て全會一致を以て公娼廢止の事を建議した時のものである。（在群馬縣）

伊藤公留學ロンドン記念寫眞と、乘船ホワイトアツダー號

文久三年毛利藩伊藤、井上等五人が密に英國に留學した時、ロンドンに於て撮影した記念寫眞である。

寫眞右より
伊藤　俊介（後の博文公）
山尾　庸造（後の子爵）
野村　彌吉（後の井上勝子爵）
遠藤　謹助（後の造幣局長）
志道　聞多（後の井上馨侯）

帆船はその時の乘船ホワイトアツダー號である。伊藤公等五人は、洋行せんとするやまず横濱より上海に密航し、上海より帆船ペガサス號及びホワイトアツダー號に水夫として乘り込み、印度洋より亞弗利加南端を廻り大西洋に出で、四ヶ月を費してロンドンに直航したのであつた。航海の危險と困苦想像にあまりある。

明治四年の札幌と開拓使假廳舍

札幌！　北海道一を誇る繁華な都も、今を去る六十余年以前は、お見掛の如き荒寥たる土地でしかなかつた。それにつけても開拓のことに働いた人々の苦心と心事思ふべしである。

間宮林蔵書簡

幕末の探険家間宮林蔵が在郷の両親養育のことに就て飯沼甚兵衛に宛てたものである。甚兵衛は間宮の郷里常州筑波郡豊村の名主で、幕府が林蔵を登庸せんとした時、その出身微賎なるを以て、名主甚兵衛の養子としたものである。

（間宮正倫氏蔵）

間宮林蔵口述の北蝦夷圖説

（間宮正倫氏蔵）

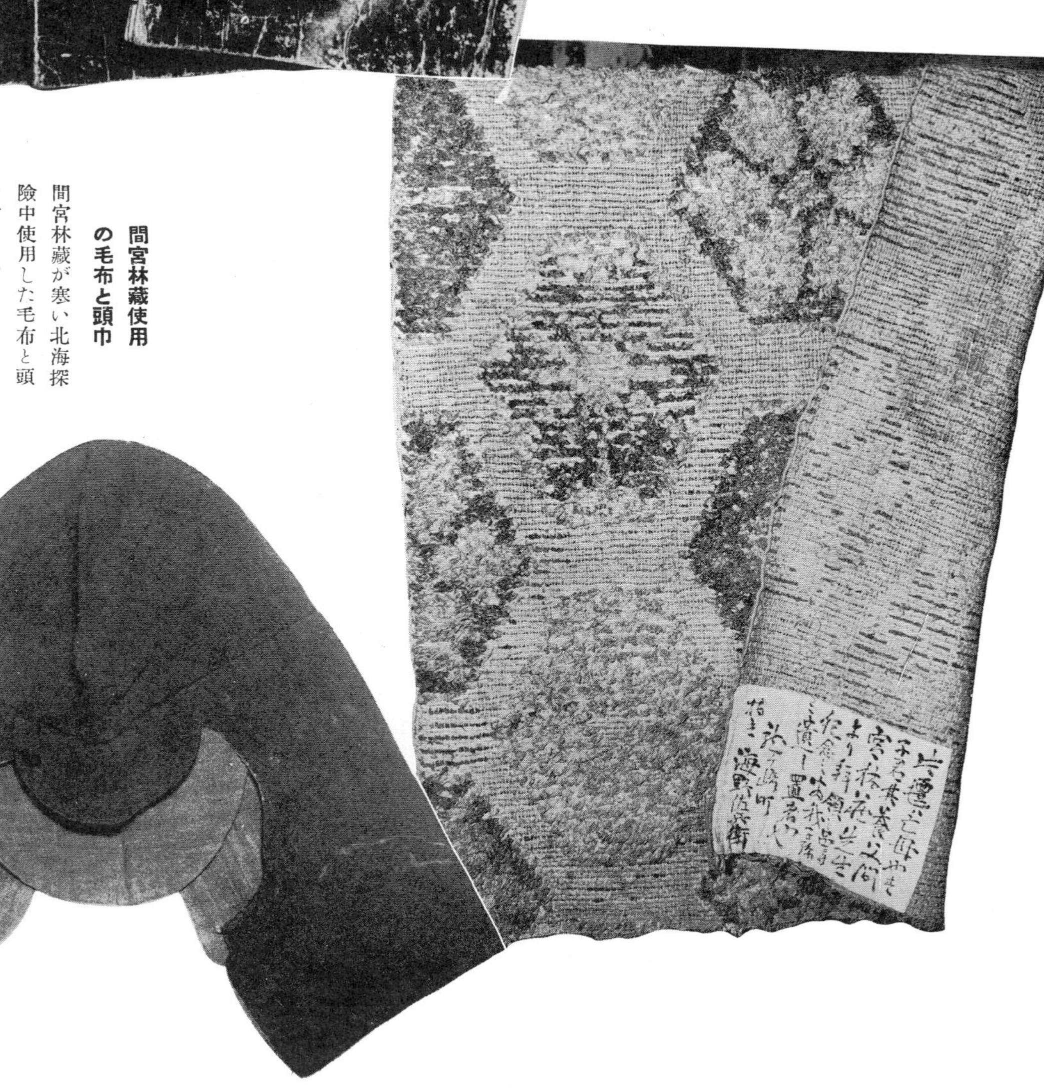

間宮林蔵使用の毛布と頭巾

間宮林蔵が寒い北海探険中使用した毛布と頭巾である。

（間宮正倫氏蔵）

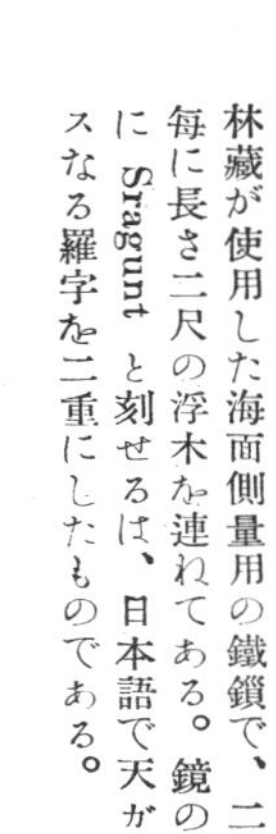

間宮林藏使用の鎖と、雞肚石の硯及び天ガラス太陽眼鏡（間宮正倫氏藏）

林藏が使用した海面側量用の鐵鎖で、二尺毎に長さ二尺の浮木を連ねてある。鏡の様に Sragunt と刻せるは、日本語で天ガラスなる羅字を二重にしたものである。

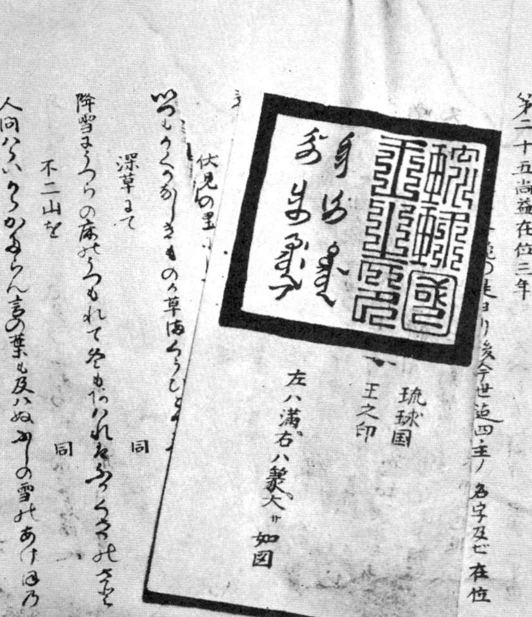

テ国ニ販ルコト得タリ此時ヨリ世々本朝ニ臣服ス○明神宗ノ萬暦三十七年○本朝後陽成帝ノ慶長十四年也

第二十一尚豊在位二十年

第二十二尚賢在位七年

第二十三尚質在位二十一年

第二十四尚貞在位四十一年

第二十五尚益在位三年

是ヨリ後今世迄四主ノ名字及ビ在位

琉球国王之印

左ハ満右ハ篆大サ如図

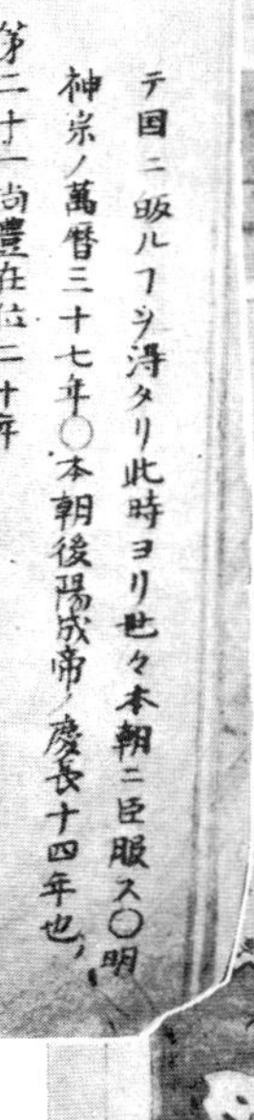

林子平の作製した地圖と三國通覽

林子平は、實地に踏査して、日本で最初の地圖を作つた人である。これは林子平の描いた三國通覽圖と、三國通覽の一部であるが、その中に琉球國王の印を寫してゐるなどは面白い。（在宮城縣）

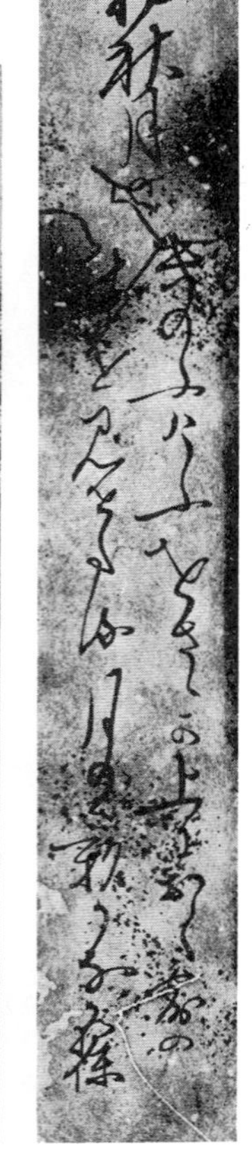

宜灣朝保短冊 明治維新の慶賀副使として沖繩の使たる宜灣朝保氏の筆になるもの。

初秋月

きのふ今ふをさゝか上におく露の
秋を見せたる月の影かな
朝保

月前梅

とふ人ハこよいの月にといこなん
明なはうめのちりもこそすれ
朝保

（在沖繩縣）

砲藥新書 幕末の志士であり實業家である中居重兵衞が、著した砲藥新書。高島秋帆が序文を書いてゐるのも面白い。（**黒岩敏而氏藏**）

大槻玄澤蘭學階梯（在宮城縣）

福澤諭吉著西洋事情、及び同版木（**慶應圖書館藏**）

外人遊興の圖

黒船來朝の頃、横濱岩龜樓に於ける外人遊興の圖である。（**帝國圖書館藏**）

想像で描いた錦繪

明治初年二代廣重が英京ロンドンを想像して描いた版畫である。（**内ケ崎作三郎氏藏**）

内裏八省宮城京洛等指圖

これは内裏八省宮城の内部を示した珍しい等指圖の一部である。（**伊藤快彦氏藏**）

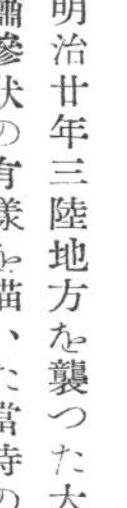

大海嘯慘狀の圖

明治廿年三陸地方を襲つた大海嘯慘狀の有樣を描いた當時の畫である。（**宮城縣圖書館藏**）

水戸光圀公の烏帽子

これは水戸藩主義公が着用の烏帽子である。義公は今より約三百年前寛永五年水戸に生れ、光圀と號したが、その事蹟は人の知るところである。

（茨城縣大禮記念縣立教育参考館藏）

豐太閤・東照宮御朱印狀箱

（藤原利三郎氏藏）

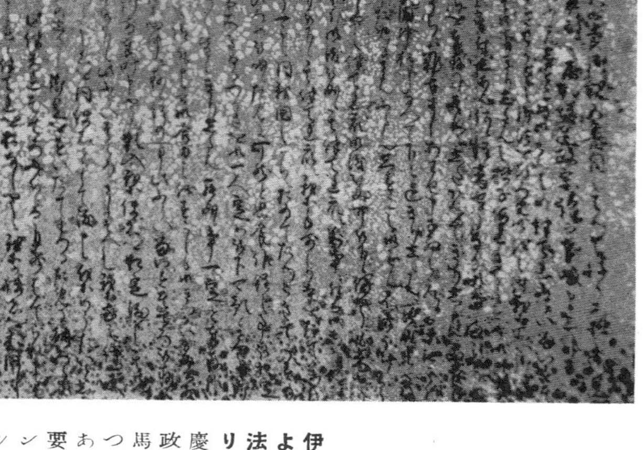

伊達政宗より羅馬法王に送りし書翰

慶長十八年政宗が、羅馬法王に送つた書翰である。その要旨は、サンフランシスコ派の伴天連衆を派遣されたく、使者としてソテロに副へ支倉六右衛門常長を遣はし、委細は兩人より申上げる由を申し送つたものである。

（在宮城縣）

賴山陽の居室

賴山陽が、廿一歳より五年間屏居して日本外史の著述に心血を灑いだ家である。これは今の廣島市袋町にある。

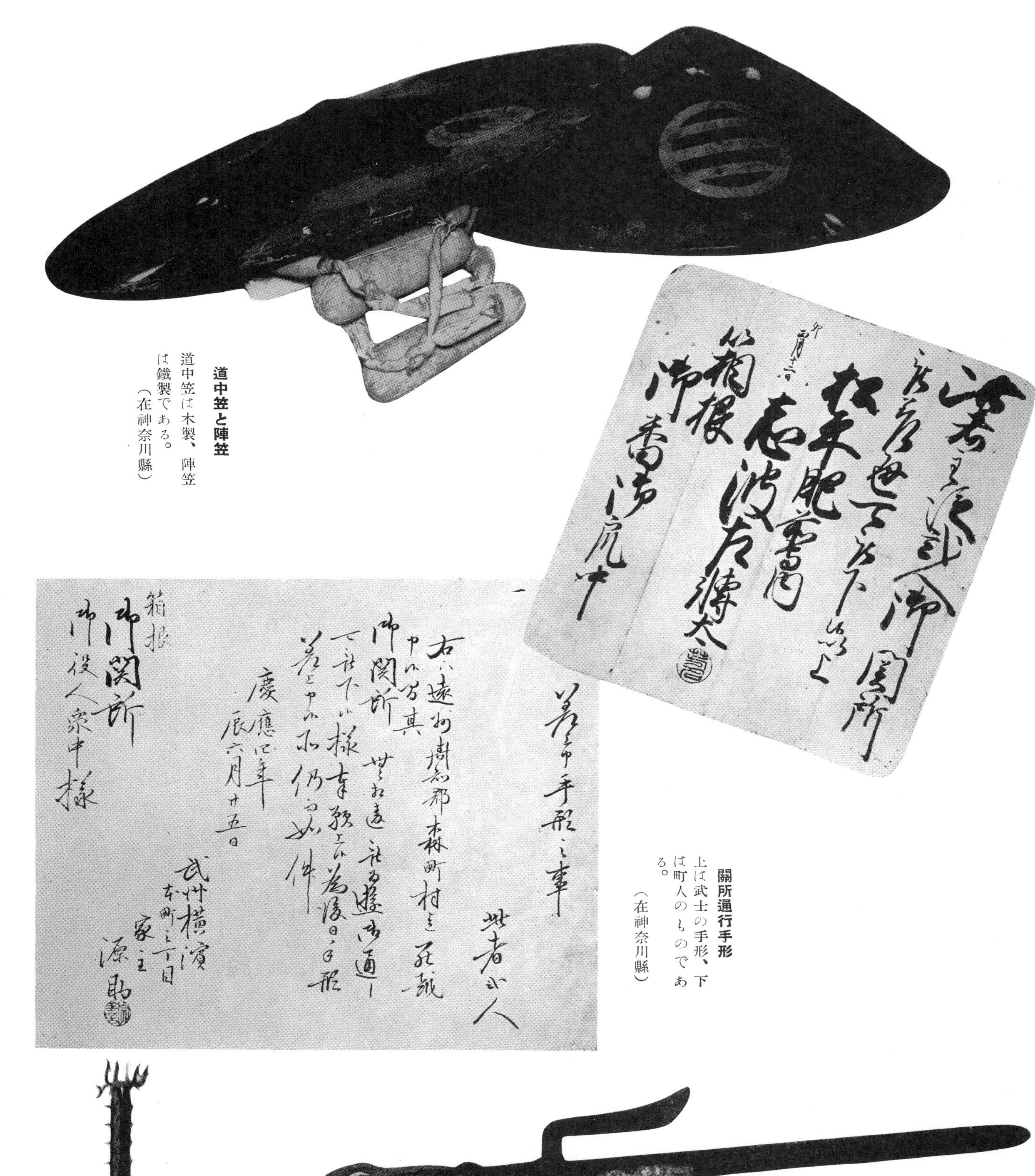

道中笠と陣笠
道中笠は木製、陣笠は鐵製である。（在神奈川縣）

關所通行手形
上は武士の手形、下は町人のものである。（在神奈川縣）

關所役人使用の十手と袖がらみ
（在神奈川縣）

御紋章附土器

明治二年御一新に際し京都の町々へ御下賜遊ばされた御紋章入土器。

（在京都府）

生絲輸出の元祖甲州屋忠右衛門とその一家

生絲は我國輸出物の主要品であることは云ふまでもないが、この寫眞はその元祖と云はれてゐる甲州屋忠右衛門一家の珍しい寫眞である。

（同家所藏）

生絲代金請求訴狀

これは安政六年七月英人バルベルが生絲代金不拂ひのため、その取立方を奉行所へ訴へた、甲州屋忠右衛門の訴狀である。

（同家所藏）

鹽原多助使用の茶釜

この茶釜は、多助翁が成功の後郷里に近き三國街道中山峠に於て旅人に無料接待したる時用ひしものである。

（在栃木縣）

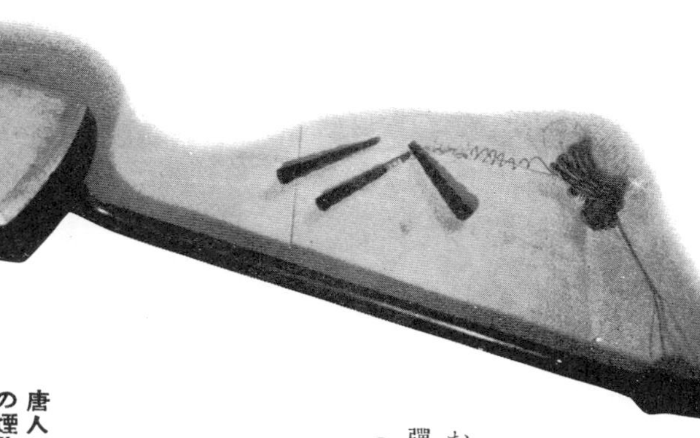

唐人お吉愛用の稽古三味線

お吉が、藝者時代に彈いた三味線。

（長谷川三作氏藏）

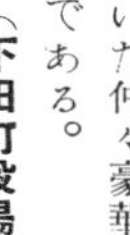

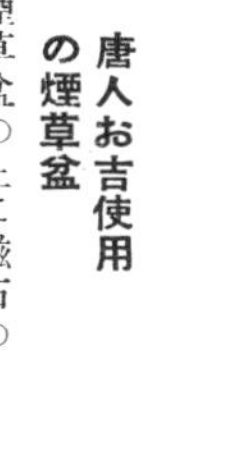

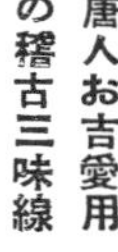

唐人お吉使用の煙草盆

煙草盆の上に磁石のついた仲々豪華なものである。

（下田町役場藏）

吃安の駒札

幕末の頃、甲州博徒の巨頭、東八代郡竹野原村安五郎事通稱竹居の吃安が使用した賭場の駒札である。

（山梨縣刑事課藏）

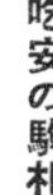

四谷隧道の兜

甲武鐵道の昔、東京四谷隧道の入口に揭げられた兜で、今は昔の語り草となつた由緒あるものである。

馬車鐵道

馬車鐵道、華やかなりし頃の新橋驛前の光景、新橋、日本橋間に鐵道馬車の開通したのは明治十五年六月であつた。

辨慶號機關車

北海道鐵道の創業時代に活躍した辨慶號機關車、北海道鐵道は明治十三年十一月廿八日、手宮、札幌間が開通した。

明治元年竣工の築地ホテル館

鐵道開通式當時の外人スケッチ

明治五年九月十二日新橋、横濱間に鐵道開通し、明治天皇兩驛に臨御、開通式を擧行、勅語を賜ふ。

開通當時の新橋驛（今の汐留驛）

鐵道開通當時の第一號機關車

日本鐵道會社が創立されたのは明治十三年八月のことで、翌十四年四月創立事務所が設置された。

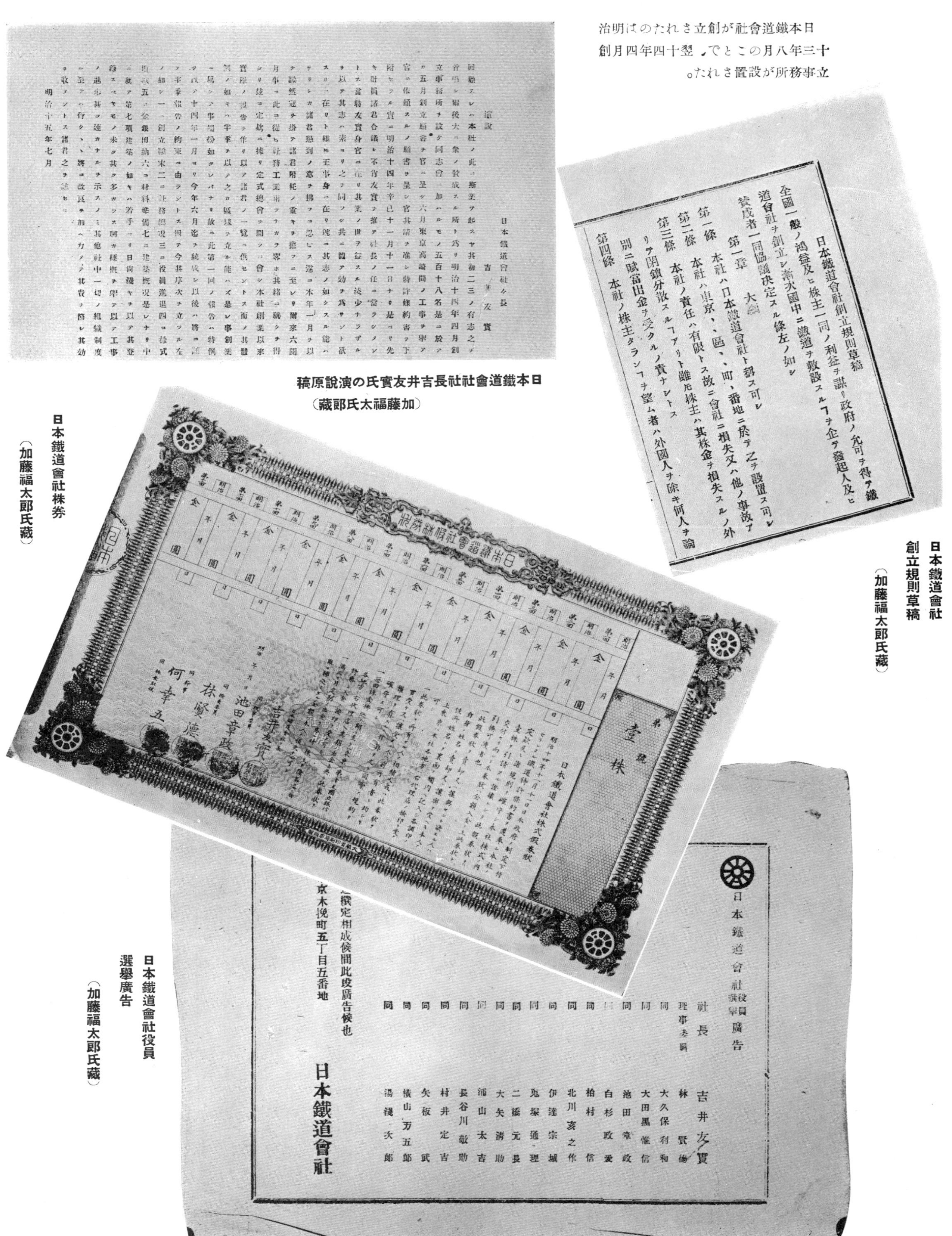

日本鐵道會社創立規則草稿

全國一般ノ鴻益及ヒ株主一同ノ利益ヲ謀リ政府ノ允可ヲ得テ鐵道會社ヲ創立シ漸次國中ニ鐵道ヲ敷設スルコトヲ企テ發起人及ヒ賛成者一同協議決定スル條左ノ如シ

第一章　大綱

第一條　本社ハ日本鐵道會社ト稱ス可シ

第二條　本社ハ東京　　區　　町　　番地ニ於テ之ヲ設置ス可シ

第三條　本社ノ責任ハ有限トス故ニ會社ニ損失又ハ他ノ事故アリテ閉鎖分散スルコトアリト雖モ株主ハ其株金ヲ損失スルノ外別ニ賦當出金ヲ受クルノ責ナシトス

第四條　本社ノ株主タランコトヲ望ム者ハ外國人ヲ除キ何人ヲ論

日本鐵道會社役員選擧廣告

社長　吉井友實

理事委員　林賢徳

同　大久保利和

同　大田黒惟信

同　池田章政

同　白杉政愛

同　柏村信

同　北川亥之作

同　伊達宗城

同　鬼塚通理

同　二橋元長

同　大矢清助

同　浦山太吉

同　長谷川敬助

同　村井定吉

同　矢板武

同　横山万五郎

同　湯淺次郎

……選定相成候間此段廣告候也

……京木挽町五丁目五番地

日本鐵道會社

日本鐵道會社社長吉井友實氏の演説原稿
（加藤福太郎氏藏）

日本鐵道會社株券
（加藤福太郎氏藏）

日本鐵道會社創立規則草稿
（加藤福太郎氏藏）

日本鐵道會社役員選擧廣告
（加藤福太郎氏藏）

郵便書状函（**地方用**）　この掛札の字は不明なるも上は郵便を差出す人の心得を記したもので下は郵便差出時刻表を掲示したものである。

（**遞信博物館藏**）

書状集函（**都會用**）　郵便ポストは郵便創業時代には書状集函と稱し明治三年十一月東京虎ノ門外十一ヶ所に設置された、その形狀は當時の目安箱に類するものであつた。

（**遞信博物館藏**）

甲州金極印　世に云ふ極印とは寫眞の如きものである。小判の表にこの極印をもつて印をつけ、その出所を明にした。

（在山梨縣）

CEREMONIE NUPTIALE du JAPON.

CEREMONIE FUNÈBRE du JAPON.

外人の見た日本風物　幕末の頃佛人の描ける日本の風物畫と云はれるもの。

（**日佛會館藏**）

白鳩號の破損せるプロペラー

我國最初のプロペラー

（向つて右）「グラーデ」二四馬力發動機用プロペラー
（向つて左）「グノーム」五〇馬力發動機用プロペラー

右は何れも明治四十三年十二月十九日代々木練兵場における我國最初の飛行機に用ひられたプロペラーである。

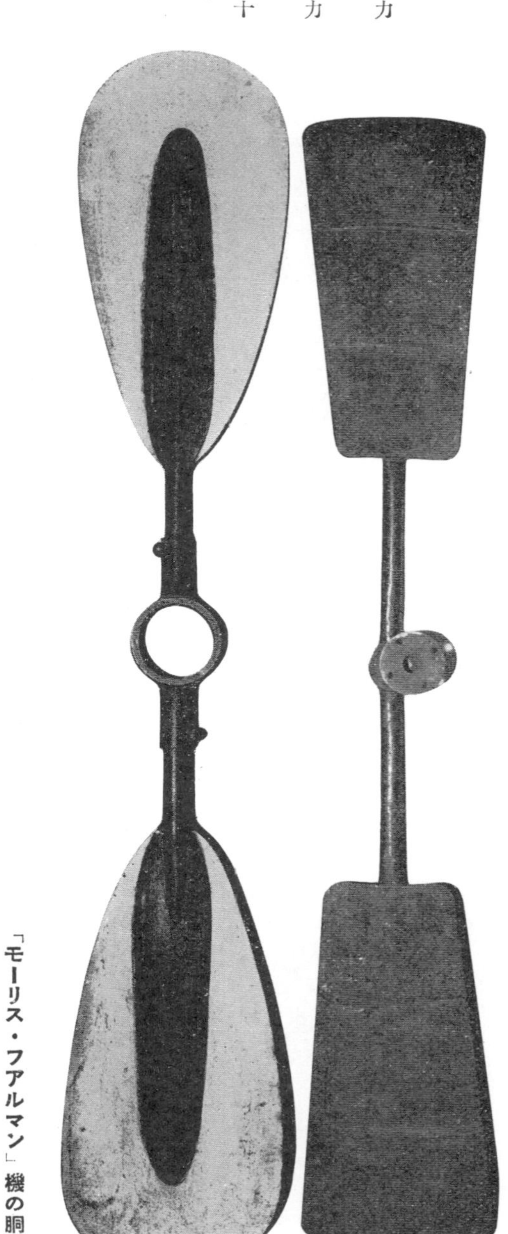

武石浩玻氏の米國飛行免狀と愛機白鳩號

我が國で始めて航空の貴き犧牲となつたのは、大正二年五月四日京都深草練兵場で墜落した茨城縣那珂郡勝倉村出身の武石浩玻氏である。氏は明治卅六年渡米し、カーチス飛行學校で操縦術を習得し、同四十五年五月一日に飛行免狀を獲得した。かくて大正二年四月卅歲にして歸朝し、翌三四兩日華々しき空のデヴュを行つたのであるが、四日大阪から京都に飛來して、深草練兵場に著陸の際急角度に降下し、そのまま地上に激突、重傷負つて間もなく絶命した。尙わが國では同氏殉難より四十二日前の三月廿八日、木村、德田兩中尉が空中分解によつて墜落死を遂げた、これが、軍民を通じての最初の殉難者である。

（**武石家藏**）

「モーリス・フアルマン」機の胴體

これは大正三年十一月の尾參特別大演習に參加せる佛國製「モーリス・フアルマン」式飛行機の胴體である。發動機は「ルノー」七〇馬力を用ふ。

神風號二型一三〇馬力發動機

本發動機は、現在我國に於ける輕飛行機用の優秀國産發動機の一つである。

アンザニー三五馬力發動機

フランスに於ける初期の優秀發動機の一つで、一九〇九年ブレリオが英佛海峡を始めて横斷せる時の發動機も二五馬力で之と同じ型式のものである。

アンリー・フアルマン機の發動機とプロペラー

本品は明治四十三年我國に輸入されたフランスの「アンリー・フアルマン」式飛行機に使用せる「グノーム」五〇馬力發動機と、そのプロペラーである。明治四十三年十二月十九日午前、徳川大尉操縱にて我國最初の飛行を行ふ。飛行距離三〇〇〇米。

グラーデ二四馬力發動機

これも「アンリー・フアルマン」機と同年にドイツから始めて輸入された「グラーデ」式飛行機の發動機である明治四十三年十二月十九日午後、日野大尉操縦にて我國最初の飛行を行ふ。飛行距離七〇〇米。

議會解散一覽

解散年月日	内閣	解散事由
明治廿四年十二月廿五日	松方内閣	建艦費その他否決
〃 廿六年十二月卅日	伊藤内閣	對外交、官紀振粛
〃 廿七年六月二日	伊藤内閣	失政上奏案
〃 卅年十二月廿五日	大隈内閣	内閣不信任案
〃 卅一年六月十日	伊藤内閣	海軍擴張資源否決
〃 卅六年十二月十一日	桂内閣	對露外交彈劾奉答文
大正三年十二月廿五日	大隈内閣	朝鮮増師案否決
〃 六年一月廿五日	寺内内閣	内閣不信任案
〃 九年二月廿六日	原内閣	普通選擧法案
〃 十三年一月卅一日	清浦内閣	内閣不信騷擾
昭和三年一月廿一日	田中内閣	内閣不信任案
〃 五年一月廿一日	濱口内閣	與黨少數
〃 七年一月廿一日	犬養内閣	與黨少數
〃 十一年一月廿一日	岡田内閣	國政運用不圓滑
〃 十二年三月卅一日	林内閣	國政運用不圓滑

歴代總理大臣似顔繪漫畫

（清水勘一氏筆）

憲法の出來る迄

——出品物の説明を中心として——

法學博士　尾佐竹　猛

明治以降七十年の歷史は、過去二千五百年の歷史にも優る日本の偉大なる發展史であります。言を換へて申しますれば、過去二千五百年の國體の精華が煥發して明治以降七十年の歷史となつたのであります。この偉大なる事蹟を記念するための政治博覽會が舊議事堂に於て開かれましたことは、最も意義ある企てとして、私共の明治文化研究會は、滿腔の贊意を表するのであります。

この博覽會は、御覽の如く各方面に涉る廣汎なる出品がありますが、その主力とするところは憲法館であります。五十年の貴き歷史を有する憲政の殿堂に於てこの館を置かれましたことは最も當を得たる美擧であります。私がこの記念すべき場所に於て、憲法の制定史に就いて一言述ぶるの機會を得ましたことは、一代の光榮として深く感激するところであります。

固より憲法の制定史は僅かの時間に於て、これを盡すことは出來ませんから、私は、唯だ出品物を主としてこれが說明を中心として憲法制定史を述ぶるのであります。謂はゞ出品物參觀の手引として簡單なる憲法制定史を申上ぐるのに止るのであります。幾分にても御參觀の參考と相成りますれば本懷の至りであります。

憲法の制定を述べますに先だち、先づ憲法といふ言葉に就いて申上げる必要があります。本來憲法といふ語は聖德太子の十七憲法以來明治の初年に至るまで汎く法律といふ意味に用ゐられて居ります。それをコンスチチューション又はヘルフハスングの譯に充てたのは箕作麟祥博士であります。これは金澤文庫出品の伊藤公の參考書の中にある『佛國五法講義』に用ゐられて居ります。しかし箕作先生の譯語は現行憲法の用例として確定せらるゝまでは、あまり用ゐられず、寧ろ『國憲』といふ語が多く行はれて居りました。敎育勅語の『國憲ヲ重ンシ』とあるのは、恐らくはこの系統でないかと想像せられます。

それからまた『立憲政體』といふ熟語は慶應四年に幕臣であつた加藤弘藏、後の東京帝國大學總理加藤弘之博士が用ゐられたのが始めであり、その著『立憲政體畧』は、民政黨の政務調査館と日比谷圖書館と德富蘇峰先生から出品せられてあります。

扨て憲法の制定を述べますに就いてはどうしても幕末の情勢を述べなくてはなりません。幕末内外の難局に際しては、弱體なる幕府では心許ない。宜しく全國の衆智を集めて强固なる國是を定めなければならぬといふのが第一に起きた『公議輿論說』であります。しかし公議と申し輿論と申しましても政治上に發言權を有するのは大名であります。そこで『列藩會議論』が次に唱へられます。重大なる事件に就いては有力な大名の會議が開かれます。しかし二三の大名だけでは專橫に流るゝ嫌ひがある宜しく全國の大名を召集して諮るべしといふ議論が出てくる。斯る時勢になつて、幽かながら朦げながら外國の思想が入り來つて『上下兩院論』に彩られるのである。西洋には上院といふものがある、成程これは大名會議である。國事に關して意見のあるものは大名に限らず士でも百姓町人でもよろしい。成程これは下院であるといふ風に頭へ這入つて來たのである。西洋に於て、それが如何なる試錬を經て出來たか、また議決機關と諮問機關との區別も知らず、俗にいふ三人寄れば文珠の智慧である。民の聲を聽くといふをは東洋にも古くからあるといふので、漠然として上下兩院論が理論づけられたのである。

此間、上下兩院の設置を建議した二三の先覺者もあつたのでありますが、固より顧みられなかつたのであります。しかるにこの議論を實際政治に結付けて、中央政局に活躍したのが土佐の快男子坂本龍馬であります。上下兩院論は書齋より街頭に出でたのであります。地方館に高知縣の出品に坂本と後藤象二郎、山內容堂の大寫眞が掲げられてあります。坂本龍馬が土佐の藩論とし藩主山內容堂これを採納し、後藤象二郎をして將軍慶喜公に說かしめた趣旨は、將軍は大政奉還を爲し、上下兩院を開いて萬機公論に決すべしといふのであります。これに承應して、大政奉還直後の政體として德川氏のために憲法草案を起草したのは、陸軍館に肖像の出て居ります將軍の最高顧問たる西周助、後の西周男爵であります。

しかるに政局の機微は土佐派の思ふやうに行かず、また坂本龍馬も暗殺せられたために萬事手筈が違ひ、將軍の無條件大政奉還となり、こゝに明治新政府が出來たのでありますが、大政奉還の條件と切り離しても萬機公論が必要といふ時勢から五箇條の御誓文の劈頭を飾る大文章となつたのであります。この御誓文の起草者は、第一に、越前藩の三岡八郎後の由利公正子爵であり、第二に、土佐藩の福岡藤次後の福岡孝弟子爵であり、最後に筆を加へたのが木戶孝允であります。由利子爵家から、由利子の第一案に福岡子の加筆せられたものが出品せられてあります。それを御覽になりますと『列侯會議を興し萬機公論に決すべし』となつて居ります。卽ち始めは、前に申しました大名會議卽ち萬機公論の積りであつたのであります。この第一、第二草案を順序を變へ新に『舊來ノ陋習』云々の一條を加へたのが木戶案であります。これは木戶侯爵家から出品せられてあります。實は由利案にも福岡案にもこの箇條がないのでこれは或は木戶孝允の加筆ではないかと想像せられたのでありますが、その實物の世に出たのは今から七八年前で、こゝに出品せられてある史料であります。それには『舊來ノ陋習ヲ破リ天地ノ通義ニ基クヘシ』となつて居ります。

また御誓文の前後から、徵士、貢士といふ制度が出來ました。徵士といふのは各藩から出て朝廷の役人となるもので、右の三岡、福岡、木戶などは皆徵士であります。貢士といふのは各藩の藩論を代表して中央政府へ出て來るものをいふのです。草案のうちに、徵士、貢士といふ名稱の出て來るのはこれであります。

御誓文は始め『議事之體大意』とあつたのが『會盟』と直つて居り、これが將に確定文とならんとするとき、大なる反對論が起きましたと申しまするは、會盟といふのは支那の覇道であり、春秋戰國時代に天子が諸侯と盟つたことである。斯の如きは我國體に反するといふ反對論であります。そこで木戶孝允は奔走しまして、天皇陛下が百官諸侯を率ゐて天神地祇に誓はるゝといふ御誓文となつたのであります。この時の木戶の上書の草案が木戶侯爵家から出品せられてあります。

斯くて御誓文發布の次第となりますのでありますが、百官諸侯が玉座を拜し神靈に誓つて署名した原本は東山御文庫に保存になつて居りますが、その寫眞が宮内省から御貸下げになつて出て居ります。

御誓文と同時に國内に宣布し給うた御宸翰、俗に萬民安撫の御宸翰と申し上げて居ります彼の有名な

朕幼弱を以て猝に大統を紹ぎ爾來何を以て萬國に對立し列祖に事へ奉らんやと朝夕恐懼に堪へざるなり

と仰出されてから『朕自身骨を勞し心志を苦め艱難の先に立ち四方を經營し、國威を海外に輝さん』と仰出され、拜讀する毎に嗚呼此聖天子あり、日本帝國の興隆故なきにあらずと感涙の滂沱たるものある御宸翰を、木戸孝允が感激にふるへつゝ拜草したのが、大隈侯爵家から出品されてあります。

扨て御誓文は千古を曠しうする大宣言でありますが、これは抽象的な政綱であります。これを基礎として具體的の組織としたのが、慶應四年卽ち明治元年閏四月の『政體』であります、これは蘇峰先生から出品されてあり、その草案は、副島二郎後の副島種臣伯爵、と福岡子爵との起草したものが福岡家から出品せられてあります。『政體』といふのも憲法といふ意味でありませう。俗に御政體書または政體書と申して居ります。

これは驚くべき進歩的規定であります。

天下ノ權力之ヲ太政官ニ歸ス卽チ政令二途ニ出ルノ患ナカラシム太政官ノ權力ヲ分チ立法行法司法ノ三權トス則偏重ノ患無カラシムルナリ

堂々として三權分立を宣明してある。幕府は倒れたりと雖も大名は儼存し、封建制度は猶ほ存續して居り、江戸城さへ未だ明渡しにならぬ際に三權分立を實施せんとするのである。封建制度の上に立憲制度を布かんとしたのである。それから

各府各藩各縣皆貢士ヲ出シ議員トス議事ノ制ヲ立ツルハ輿論公議ヲ執ル所以ナリ

とあります、萬機公論の趣旨に基づいたのであります。單純に讀むと議會を設くるやうでありますが、この議員といふのは、民衆から出るのではなくて、府藩縣の役人の内から出るのであります。これも時勢としては已むを得なかつたのでありませう。

それからまた驚くべき規定は

諸官四年ヲ以テ交代ス公選入札ノ法ヲ用フヘシ

とあります。凡ての官吏は任期四年選擧制であります。急進とも突飛とも申しやうもなき規定であります。善と觀たなら直に採用するといふ維新當初の潑剌たる氣分が躍動して居る愉快なる規定であります。

それから政府組織を、議政官と行政官とに二大別して居ります。行政官とは今日では普通名詞ですが、この時は行政官といふ官廳があつたのであります。司法は行政官の下の刑法官となつて居りますは恰も滿洲國に、立法院と國務院（中華民國では行政院）監察院とあるのに相似て居ります。草創期の官制としては似通つた政治情勢であつたのです。

この議政官に上局と下局とあり下局は各藩の貢士が集り、これが明治二年に公議人となり、公議所が開かれて居ります。この時の議事錄を『公議所日誌』と申します。蘇峰先生と帝國圖書館から出品になつて居ります。この議案を集めたのが『議案錄』であります。近頃の議會の議案錄として、輕々に看過せられざるやう御注意を願ひます。この議事によつて、明治初年の施設の大部分が基礎づけられたのであります。そこには、極端なる急進論もあれば、度すべからざる反動思想もあります。明治初期の思潮を知るには絶好の史料であります。

それから右に申した官吏公選を一度實施したことがあります。これは比較的に忘れられて居りますから少しく說明しますと、明治二年五月十三日の詔書に

朕惟ニ治亂安危ノ本ハ任用其人ヲ得ト不得トニアリ玆ニ今敬テ 列祖ノ靈ニ告ケ公選ノ法ヲ設ケ更ニ輔相、議定、參與ヲ登庸ス神靈降鑑過ナカランコトヲ期ス汝衆夫レ斯意ヲ奉セヨ

と仰出されました。輔相といふのは議政官と行政官との各長官で、いはゞ首相であります。議定は閣員、參與は政務官とでも申すべきでせう。それから猶ほ各省の次官、東京府知事まで選擧して居ります。しかし公選と申しましても、民衆からの選擧ではなく、官吏の間から選擧するのです。

その當日は明治天皇の御前に投票函を持出し、いづれも禮服を着用し、皇祖皇宗の神靈の前に誓つて投票いたしたのであります。この神聖と嚴肅と莊嚴とがあつて始めて日本獨特の選擧と申すべきであります。近頃の選擧のことは私は存じませぬが、若しこの神聖味があつたなら、忌はしき選擧違反の噂などを聞かないであらうと思ふのであります。

斯樣な新しい試みがあつて、僅か半年しか經たぬ明治二年七月には、千有餘年前の太政官制が復活するのであります。これは當時の思潮の激しき變轉を物語るのであります。始めは御承知の如く王政復古といふ語と明治維新といふ語とは同じに用ゐられました。復古といへば古に復る。維新といへば維れより新なりで、古と新とが同じ意味に用ゐられたといふのは、現狀打破卽ち幕府を倒すとに於て一致したのであつた。それが愈々幕府が倒れて新政府となると、こゝに復古派と維新派とが、漸次左右に分れて行くのです。これが明治初年の幾多の政變、暴動、內亂の背景となるのであります。そこで右申した官吏公選までは、亞米利加流の直譯とも見るべき維新派の時代であつたのが一轉して、復古派の世となり大寶令復活となつたのであります。そこで太政官八省を始め古き官制を置いたのでありますが、それ迄に發達して居つた言論機關たる公議所は廢する譯にはゆかぬ時勢でありますから集議院と改まつて存置されました。集まつて議する集議院であります。この議事錄は『集議院日誌』であり蘇峰先生から出品になつて居ります。

時勢は更に急進して明治四年の廢藩置縣となり、封建制度はここに廢滅して、維新の大業始めて完しと稱せられ、中央集權近代的國家となり、廢藩の結果、これを基礎とした集議院もなくなつたのであるが、中央政府は組織を改めて、正院、左院、右院となりました。左院は立法官で、右院は行政官であります。この左院が『國憲、民法を編纂する』職務となり、明治五年八月に起草した、民選議院假規則が、佐佐木信綱博士から出品になりました。實は左院に於て國憲を起草したといふ史料がありますが、それが出來上つたといふ說と、未完成であつたといふ兩說があつて、孰れとも判然しなかつたのであります。然るに左院の編纂掛であつた松岡時敏の起草した右の史料が昨年始めて世に出たのであります、貴重なる史料であります。これは始めは『國會議院』とあつたのを『民選』の二字が加はり、更に『民選議院』となつて居ります。これは大に硏究すべき事柄であります。この年はまた明治初頭の劃時期たる岩倉大使一行が歐米に派遣せられて居るのであります。その一行の寫眞等は、外交館と人物館とにありますが、一行の首腦たる木戸孝允と大久保利通とは、立派に頭を洗ひあげて來たので

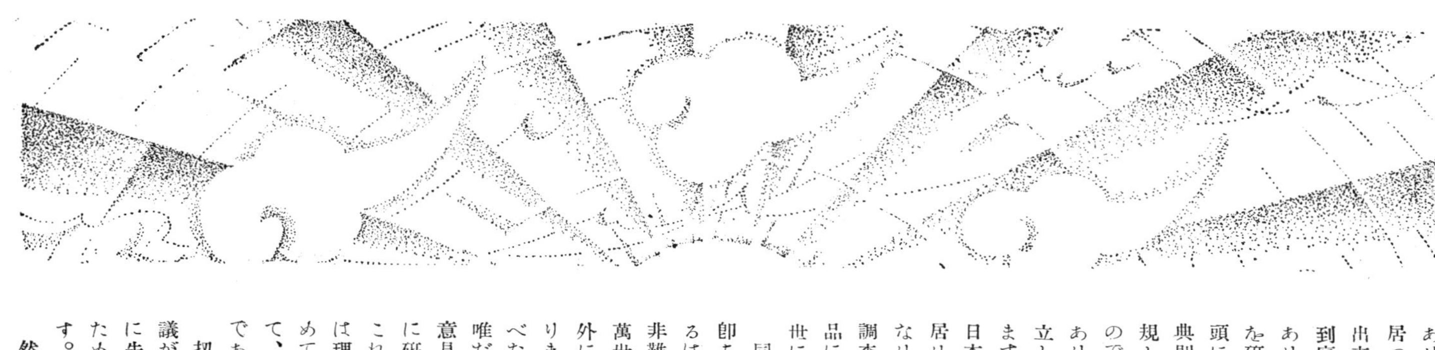

あります。これだけでも、日本に殘つて居つた連中とは思想的にも大きな距りが出來たのであります。征韓論なくとも、到底相容れない情勢となつて居つたのであります。就中、木戸は歐米各國の政情を研究し、モンテスキューの三權分立を頭に入れ、歸つてから明治六年に『政規典則』を設くるの建議を致しました。政規とは憲法のこと、典則とは法律をいふのであります。その建議は立派な名文であり、世界各國の盛衰興亡は立憲制の確立と否とにあることを切言したのであります。そして、木戸はまたこの頃別に『大日本政規草案』といふ憲法草案を造つて居ります。これは藤田知治氏より出品になり、またその案を興すために人をして調査せしめた草案は、西伊三次氏から出品になつて居ります。これは今回始めて世に出た史料であります。

同じく大久保利通は、この頃、根源律法卽ち憲法の制定を主張し、この議を建つるは天皇陛下の大權を輕くするものとの非難はあるが、然らず、國家の基礎を定め萬世不朽の天位に安んぜしむるは憲法の外になしと論じたのは流石に大久保であります。この時代にこれだけの意見を述べたのは實に卓越した政治家であります唯だ同じ建議にしても木戸と大久保との意見の異るところは、木戸は深く理論的に研究し、理想を眞向に振りかざして、これに向つて進む流儀であるが、大久保は理想を目指しつゝも、一歩一歩踏み固めて行く流儀である。これが凡てに通じて、兩雄の性格的相違とでもいふべき差であります。

扨て、折角、この兩雄から卓越した建議が出たのでありますが、あまりに時勢に先立つて居るのと、征韓論の大政變のために問題とならなかつたのであります。

然るに、征韓論分裂のために野に下つた前参議副島種臣、後藤象二郎、板垣退助、江藤新平それに由利公正、小室信夫、岡本健三郎の人々が、明治七年に有名な民選議院設立の建白となつたのであります。議院といへば民選に限るから、特にこれを冠する必要はないとお思ひになるかも知れませぬが、これ迄に設けられた公議所、集議院、或は左院といふの類は皆官選でありましたから、こゝに民選と冠したのが、非常に魅力があつたのであります。當時の官僚と雖も、萬機公論を出し放しにして何等の施設をも試みなかつたのではない。鋭意これが實現に努力して居つたのでありますが、何分にも官僚獨善で民衆蔑視の方針がいけないといふので、こゝに民選議院の設立を主張したのであります。これから政治論が本格的となり、贊否の議論を戰はされたのであるが、それ等の議論を集めた『民選議院論綱』は、帝國圖書館、日比谷圖書館から出品されてあります。

然るにこの建議も當局の顧るところとならなかつたのでありますが、首唱者の人人が、同時に政黨を組織しなくてはならぬといふので、明治七年一月に愛國公黨といふのを作りました。これが我が國における政黨の始めであります。これ迄は徒黨といふと嚴禁されて居りましたから、特に公黨と稱したのであります。この趣意書は、從來いづれの政治史にも特筆大書されて居りますから、有名なる事柄でありますが、その原本はいづれに存するのか不明でありましたが、昨年水戸の生沼豐彦氏の手許にあることが知られ、今回出品されました。これによりますと、從來の記錄には、本誓となつて居りますが、原本には本盟となつて居ります。また本文にも二三の相違があります。末尾には、副島種臣、後藤象二郎（これは岡本健三郎の代筆のやうです）板垣退助、江藤新平、由利公正、小室信夫、岡本健三郎、古澤迂郎、奧宮正由の署名があり、猶ほ順次署名さす積りと見え、餘白が澤山あります。

しかし、この最初の政黨も、世の視聽をひくに足らず立消えとなつたのでありますが、翌明治八年には、木戸孝允が入閣の條件として三權分立を主張し、これが容れられて、板垣退助と共に入閣し、次いで同年四月の

漸次立憲ノ政體ヲ立テ汝衆庶ト其慶ニ賴ラント欲ス

との詔書により元老院、大審院、地方官會議が開かれたのであります。この地方官會議といふのは今日の事務的會議と異り、知事縣令は縣民の代表者と心得べしとの趣旨で、つまり元老院が官選の上院なら、地方官會議は下院の試みであつたのであります。この地方官會議の議事錄は『地方官會議日誌』で渡邊幾治郎氏の出品であります。しかもこれはその時の議長である木戸孝允の所藏品であります。

翌明治九年九月には元老院議長有栖川熾仁親王に對し

朕爰ニ我建國ノ體ニ基キ廣ク海外各國ノ成法ヲ斟酌シ以テ國憲ヲ定メントス汝等ソレ宜シク之カ草按ヲ起創シ以テ聞セヨ朕將ニ撰ハントス

との御沙汰があり、參考としてトツドの『英國議院政治』を賜はつたのであります。これと同じ書册は笠井重治氏より出品があります。この書は後に尾崎行雄氏等の飜譯も出て居ります。

有栖川宮は詔を畏み、元老院議官柳原義光、福羽美靜、中島信行、細川潤次郎の四氏に編纂委員を命ぜられたのであります。委員諸氏の案成り、明治十一年に『日本國憲按』が出來上り議長より提出がありましたが、修正を命ぜられ、明治十三年に修正を加へ『大日本國憲按』として提出せられたのでありますが、これにも異議があつたのであります。この二種の國憲按幷に關係書類は、慶應義塾圖書館、日比谷圖書館、藤田知治氏より出品せられて居ります。實はこの案の出來たことは、永く世に知られて居なかつたのであります。然るに昭和五年に、東日が上野松坂屋に開いた議會展覽會に於て、高松宮家、三條公爵家、幷に日比谷圖書館、藤田氏より出品があつて、始めてその全貌が世に公になつたのであります。約五十年にして世に出たのであります。その後に、當時の文書課長であつた小田切萬壽之助氏の遺族より慶應義塾圖書館へ收まり、略ぼ完全に近き程關係書類が整つて居るのであります。御府に祕藏になつて居ります原本は何人と雖も拜見することは絕對に不可能でありますが、民間では慶應の分が一番揃つて居ります。

明治十年の西南戰爭は征韓論分裂の大詰として、內亂の最大にして最後のものであつたが、土佐派のうちには、これに應じようとする武力派と、言論派とに分れ、言論派は京都の行在所へ民選議院開設を上願するの建白を出したのでありますが、これは却下となりました。この書類は片岡茂三郎氏より出品せられてあります。

西南戰爭は凡てに通じて一時期を畫して居ります。一代の豪傑西鄕南洲が數萬の逞兵を提げても失敗に終つた。これでは武力を以てする政府改革は不能であるとして、一轉して言論政治の世の中となるのであります。武力としても薩摩武士に對する百姓町人兵の勝利である。平民の自覺の時期に入るのであります。こゝに於て、板垣退助を中心とする土佐の立志社は、自由民權の總本山として、天下の青年は、その洗禮を受けんがために百里を遠しとせずして高知に集まつたのであります。憲政の發祥地たる土佐として、はた自由は土佐の山間より出づとの高知青年の誇りとして、自由民權の聲は全國

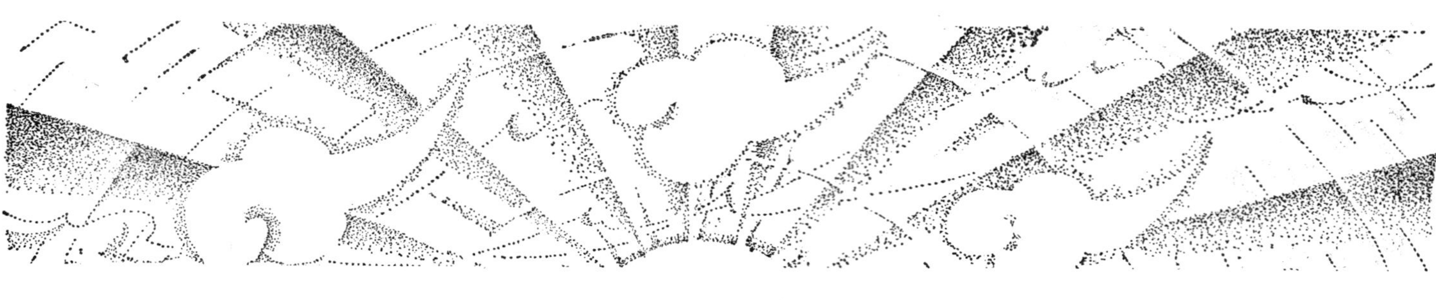

の津々浦々に擴がつたのであります。

斯様な時勢となりましたから、前に立消えになつた愛國公黨を再興するの議が起り、愛國社と名づけ、大阪に數回有志大會を開き『國會開設ヲ天皇陛下ニ願望シ奉ランコト』を決議したのであります。この頃は請願といふことを願望と呼んで居つたのであります。その中、明治十三年に大阪に開いた第四回愛國社の大會には二府二十二縣八萬七千人の惣代百十四名相會し、國會開設願望有志會と稱へ、河野廣中、片岡健吉の兩氏が代表となり、國會開設願望書を携へ政府に提出したが容るゝところとならなかつたから、その顚末を書して天下に宣傳したから、國會開設願望熱が各地に起り、各府各縣競うて都下に出で願望書を提出し、恰も一大流行の如く、これに遲るゝを恥とするの情勢となつた。

そこで、政府部内に於ても、これではどうしても國會を開設せねばなるまいといふ意見が擡頭しかゝつて居つた際に、これを促進したのが明治十四年の政變である。

この政變は征韓論以來の大政變と稱せられて居ながら、近く迄誤り傳へられ、近年漸くその眞相が明らかとなつたのである。

事の起りは、明治十三年に明治天皇より憲法に就いての意見書を出せとの御沙汰があり、各參議はそれ〴〵意見書を差上げましたが、ひとり參議の筆頭大隈重信のみはなか〳〵提出せず、最後に至つて突如として憲法意見書を提出したのである。これは明治十五年に議員を選擧し、明治十六年より國會を開催すべしとの急進論であつた。筆者は矢野文雄氏である。しかるに從來の書には、この時大隈は私擬憲法を添へて提出し、しかもその上奏は有栖川宮の御手許に留められて陛下の御手許には達しなかつたやうに書かれて居るのが普通である。しかるに近年伊藤公爵家の書類の中に、伊藤博文が三條太政大臣に乞うて陛下の御手許より拜借して右の全文を寫したものが發見された。伊藤公といふ人は能く〳〵筆まめであつたと見え、あの長文を全部奇麗に寫して置いたのである。これによると第一に陛下の御手許に達して居つたのである。第二には私擬憲法を添へて出したのではないのである。私擬憲法といふのは民間で造つた憲法草案のことで就中、慶應義塾出身者の造つたものが最も有名である。しかして當時矢野文雄氏始め慶應出身の人材は大隈の幕下に集つて居つたのであるから、大隈が憲法意見書を出したといふことが傳はるや、それでは例の私擬憲法を添へて出したのであらうといふ臆斷が、さも眞實らしく傳はつたのである。この伊藤公爵家の分は先年刑部海軍中將が複製したものが、今回時田精助氏から出品されて居ります。

この大隈の上奏は政府部内に恐慌を來したのであつたが、斡旋するものがあつて、さまで波瀾もなくして治まつたが、次いで起つたのが開拓使官有物拂下事件であります。その詳細は申上げる時間はありませんが、開拓使といふのは北海道廳の前身であります。この開拓使に、明治二年から政府の投じた金は約二千萬圓の巨額に上つて居るのに、その官廳、土地、漁場、艦船、工場等一切の官有物を三十萬圓と見積り無利息三十個年賦で一部の政商に拂下げるといふ政府の方策であつた。これを知つた民間の政客は猛然として政府攻擊の勢を揚げたのである。藩閥官僚政治であるからかゝる勝手なことをするのである。宜しく公明なる議會政治を開設すべしといふのが主張であつた。これが折からの民權自由熱に油を濺いで、その勢の猛烈なるには、政府も始めて言論の力の偉大なのに驚いたのである。これ迄の普通の書には、この事件の民間の勢の盛なるに乘じて大隈が私擬憲法を密奏したのであると書かれて居るが、これは前後して居るのである。政府はこの勢に驚いて、これは大隈が煽動して居るのだと猜し、遂に大隈參議免官、開拓使官有物拂下取消と同時に

將ニ明治二十三年ヲ期シ議員ヲ召シ國會ヲ開キ以テ朕カ初志ヲ爲サントス

との國會開設の大詔が渙發せられたのであります。多年待ちに待つた國會開設が發表せられたのである。國民は歡呼して開闢以來始めての立憲制が布かれ、黃金時代の現出も近づきたりと喜んだのであります。そこで議會に備へるために政黨を造らねばならぬといふので、多年奮鬪して居つた國會開設願望有志會を基礎として、明治十四年十月十八日、我國最初の政黨たる自由黨が結成せられ在野政界の巨頭、板垣退助推されて總理となり、副總理以下それ〴〵定つた。これが今日の政友會の前身であります。

翌十五年には、大隈重信は、共に下野した俊秀な官吏を中堅として改進黨を組織し、これが總理となつた。これが幾多の變遷を經て今日の民政黨の前身となつたのであります。當年の少壯官吏であつた統計院權少書記官尾崎行雄氏、同じく犬養毅氏等がその傘下に馳せ參じたことは申す迄もありません。

この二大政黨に對立して帝政黨が起り、政界は活氣横溢したのであります。かゝる勢は決して、藩閥官僚の徒の喜ぶところではなかつたから、彈壓の手が加はるのである。これに對して政黨側は彈壓が酷ければ酷い程反撥し、こゝに悲愴なる朝野の抗爭が續けられたのである。その一例としての加波山事件、赤井景昭事件、大阪國事犯事件、保安條例等に關する史料が、關係者たる小久保喜七、伊藤仁太郎、玉水常治等諸氏の手から出品せられたのを見ても、貴き憲政の犧牲者の事蹟をまざ〳〵と見る心地がするのであります。當年自由民權の志士は、生命財產を賭し、殉國的熱情を以て憲政のため鬪つたのであります。

一方政府に於ては、國會開設前に憲法を制定せざるべからず、これには外國の憲法を取調ぶる必要があるから、參議伊藤博文は、明治十五年三月特派理事として歐洲に派遣せられ、隨員として伊東巳代治以下を從へ、先づ第一にドイツを目差して出發しました。當時在野の自由黨は皆フランス流の民權論を主張し、改進黨は英米流を祖述して居りましたから、いづれもこれを不可とし、皇室と軍隊との最も盛んなるドイツを範とすべしといふのが政府部内の意見であつた。

伊藤公は五月ベルリンに着き、こゝでグナイスト博士やその門弟のモッセに就いて研究した。このモッセは後に日本に聘せられ自治制の制定にも功勞があつたのであります。その肖像は吉山眞棹氏より出品せられてあります。それからウイーンに赴き、スタイン博士に就いて研究しました。この以後でも日本人のウイーンに赴くものはスタインに會はざるを恥としたくらゐであり、尊き方々もお會ひになつて居ります。スタインの講話を筆記したものが宮内省から御貸下げとなり出て居ります。翌十六年にはベルギーを經てロンドンに至り八月四日に歸朝しました。それから伊藤博文を總裁とし、井上毅(子)、伊東巳代治(伯)の兩氏に元老院書記官であつた金子堅太郎伯がその材幹を認められて、これに加はり、諸種の調査準備をなして、明治二十年から金澤の夏島に於て憲法制定に着手しました。そのときの場面なり、夏島に關する多くの資料が各方面より出品されて居ります。

この起草の際の根本義の一として英國主義を採用すべからざる理由を書いた伊藤公の書面が金子伯から出品されてあります。また憲法草案は井上子爵家、憲法乙案試草、憲法修正案意見は共に伊東伯爵家から出品されてあります。これ等は始めて公にされたのであります。

それからロエスレル起草の憲法草案たる原規（グルンドベスチンムング）が伊東伯爵家から出品されてあります。ロエスレルは商法起草の學者としてのみ知られて居りますが、憲法の起草に就いても功績の多い學者であります。

斯くて起草は終つて上奏しましたが、明治二十一年四月に樞密院を設けられ、こゝで憲法草案を審議することゝなり、伊藤博文は首相より轉じて樞密院議長となり、只今は、明治神宮外苑に在ります憲法記念館は當時赤坂御所内にあつて、こゝに憲法會議が開かれたのであります。俗に樞密院を憲法の番人と呼ぶのはこの時からであります。

會議は六月十五日より十二月十七日迄かゝつたのでありますが、この約半歳に亙る永き間、明治天皇には親臨議事を聞召され、一日と雖も御缺席のことなく、特に十一月十二日には第四皇子の薨去ありしにも拘はらせられず、私事は公事に換へ難しとて、その儘議事を聞召されたのは畏しとも畏き極みであります。

斯くて、明治二十二年二月十一日を以て、不磨の大典たる憲法の發布となつたのであります、これ等の事蹟は私の說明を俟つ迄もなく充分御承知のことでありますから、省略いたしますが、斯く一堂に出品せられたる幾多の貴重なる史料を拜見する毎に感激の新なるものあり、謹んで聖代の無疆を祝福し奉るのであります。

東京日日新聞社 大阪毎日新聞社 主催 政治博覧會出品目録

憲法館

高松宮家御所藏

一、有栖川宮熾仁親王御日記　六

宮内省所藏

一、東山文庫所藏五ヶ條御誓文奉誓書原本寫眞帖　一

一、金子堅太郎伯歐米議院制度取調巡廻記　二

文部省維新史料編纂局所藏

一、墺國スタイン博士講話錄（乾坤）　二

一、年々改正雲上明鑒大全　二

一、五ヶ條御誓文之草案(1)　一

一、右　同　(2)　一

一、薩長密約ノ書簡　一

一、戊辰東北同盟諸藩處分草案　一

東京美術學校所藏

一、阿佐太子筆　聖德太子御影　一

一、聖德太子十七條憲法（寫）　一

立憲民政黨本部政務調査館所藏

一、國民の友　一

一、大政官日誌　一九

一、日本全國戸籍表（明治五年内務省調）　一

一、京都府市中制法　一

一、國會議員百首　一

一、團々珍聞　一

一、國會ノ組立（一名日本國會ノ近道）　一

一、議事章程（明治六年）和本　一

一、國會議事堂眞景　一

一、廢藩置縣ニ際シ明治新政府ヨリ各藩公ニ宛テタル官文書　七

外ニ行政官署名ノモノ　一

一、英國志　八

一、佛國政典　五

一、立憲政體略　一

一、英國々會沿革史　三

一、明治文抄　三

一、續明治文抄　四

一、民政要覽（長崎明倫館）　三

一、和蘭議員選擧法　一

一、辛未政表　一

大藏省大臣官房文書課所藏

一、明治三十二年府縣會議員選擧全國色別圖　一

大藏省大臣官房財政經濟調査課調

一、各國議員歳費調　一

一、主要國歳入歳出表　一

一、帝國歳入歳出表　一

大藏省營繕管財局所藏

一、新議事堂ノ設計圖　一

一、瑞西國議院ノ圖　一

一、獨逸聯邦議院ノ圖　一

一、米國議院ノ圖　一

一、英國議院ノ圖　一

一、伊國下院ノ圖　一

一、米國ミネソタ州議院ノ圖　一

一、墺太利議院ノ圖　一

一、獨逸プロイセン上院ノ圖　一

一、獨逸プロイセン下院ノ圖　一

一、洪牙利國議院ノ圖　一

一、佛國下院ノ圖　一

大阪造幣局藏

一、憲法發布記念章（金、銀）　二

海軍省所藏

一、憲法起草記念碑文（寫眞）（伊藤巳代治伯ノ揮毫セラレシモノ）　一

一、憲法起草記念碑（寫眞）　一

一、現在ノ夏島（航空寫眞）　一

一、憲法起草當時ノ夏島（寫眞）　一

金澤文庫所藏

一、英國律法要訣　一

一、獨逸法律書　四

一、法國律例　七

一、佛國五法講議　六

一、各國民法異同條辨　一

一、治罪法草案註釋　四

一、英國議院典例　二

一、Draft of Proposed Penal Code　四

一、Haush alts-Etat Der Stadt Ber（K 95）　一

一、陸奥宗光氏ヨリ齋藤氏ニ宛テタル書簡額　一

一、伊藤公ノ「爲陸奥氏」額　一

一、蹇々錄額　一

一、陸奥氏ノ用ヒタル硯及硯箱等　三

一、ペルリ來航繪卷物　一

一、武昌金澤（南谷）及夏島（廣重）ノ錦繪　二

内閣印刷局藏

一、兌換券銀行劵及紙幣各年發行高調（資料）　一

一、紙幣頭得能良介氏寫眞　一

一、我國最初ノ紙幣技術者伊太利人エドアール・キヨソネ氏寫眞　一

内閣統計局所藏

一、衆議院議員選擧有權者割合表各府縣別　一

一、右同　年齢及職業別表　一

慶應義塾大學圖書館所藏

一、國憲草案（元老院書記官長ノ時ノモノ）　二

小田切萬壽之助氏ノ岳父ガ元老院

一、伊藤博文公眞蹟（不論世路有風濤）　一

帝國圖書館所藏

一、國會議事堂ノ圖（寫眞）　一

一、十八貴顯之肖像（寫眞）　一

一、新皇居憲法發布式御出門ノ圖　一

一、憲法發布式ノ圖（寫眞）　一

一、第一回衆議院議員肖像圖　八

一、憲法式大祭鳳凰御輦ノ圖（周延筆）　一

一、板垣伯上書（明治廿年）　一

一、公議所日誌　二

一、代議政體　四

一、民選議院論綱　一

一、英國博士、拂波士、主權論　一

一、新内閣大臣列傳　一

一、信任投票ノ原理　一

一、衆議院規則　一

一、國會始末（第一期）　一

一、國會議員正傳　一

一、議員候補者列傳　一

一、政治論略　一

一、改進黨員實傳　一

一、詔勅集覽　一

一、國會審論　一

一、大日本憲法義解（伊藤博文著）　一

一、憲法第六十七條ニ關スル意見　一

一、板垣君演説集　一

一、衆議院論　一

一、國會ノ準備　一

一、議院建築意見　一

一、第一回衆議院議事速記錄　一

一、官報號外（明治二十二年）　一

貴族院事務局所藏

一、第一回帝國議會貴衆兩院全景寫眞　一

一、同　貴族院議事堂　〃　一

一、同　便殿　〃　一

一、同　貴衆兩院ノ開會中ニ燒失シタル寫眞　一

一、大正十四年九月十八日燒失前ノ兩院全景　寫眞　一

一、同　貴族院議場　寫眞　一

一、第一回帝國議會開院式圖（永地秀太氏筆、油繪）　一

一、貴族院議事速記錄（自第一回至第五十六回）　四一

一、貴族院要覽（自明治三十九年至昭和四年十二月）　三一

一、傍聽券（公衆傍聽、官吏、外國交際官）　三

一、貴族院議員徽章　一

一、新議事堂ノ寫眞　一

京都帝國大學文學部國史研究室所藏

一、鬼頭勘三郎書狀　一

一、船執德五郎書狀　一

一、井上馨書狀　一

一、中村行書狀　一

一、花房直三郎書狀　一

一、五條爲榮書狀　一

一、寺島宗則書狀　一

一、金井之恭書狀　一

一、島津忠義書狀　一

一、明治天皇ト前米大統領グランド將軍トノ御對話筆記　一

衆議院事務局所藏

一、徽　章　一五

議員徽章　記者傍聽章　一

政府委員同　同　副章　一

祕書官同　同　佩用章　一

各省高等官同　一

同帯用心得書　給仕徽章　一

官吏入場章　衆議院給仕腕章　一

同帯用心得　新聞社給仕腕章　一

甲種通章　衆議院高等官徽章　一

同帯用心得書　右同判任官徽章　一

乙種通章　同雇員徽章　一

同帯用心得書　速記練習生同　一

一、傍聽券

外國交際官傍聽券　一

官吏　同　一

公衆　同　一

一、外國議員徽章　一

一、投票抽籤用具
　部屬抽籤棒　若干
　同抽籤器　一
　投票函　一
　木札　四〇
　無名投票器及玉　一
一、振鈴　一
一、第六十七議會ニ於テ處理シタル議案ノ全部　一七
一、帝國議會假議事堂建設記念帖　一
一、廣島議會議場寫眞　一
一、伊藤公使用ノ机　一
一、憲法發布式ノ圖　一
一、第一回議院御臨幸ノ圖　一
一、第一回當時ノ衆議院ノ圖　一

日比谷圖書館所藏

一、憲法發布當時ノ錦繪　四
一、歷代官等表並冠位沿革表　一
一、國憲草案引證（元老院制定）　一
一、日本國憲案（元老院制定）　一
一、荒木利康編溫故纂要　二
一、加藤弘之著　立憲政體略　一
一、議案錄（明治二年公議所議案集）　二
一、清見須計次著　生酔見覺シ　一
一、宮島誠一郎著　國憲編纂起源　一
一、山田俊藏著　民選議院論綱　一
一、政理叢談　四
一、明治三十五年選擧法中改正法律案　一
一、大正十四年普選通過ノ時ノ加藤高明外閣僚連署ノ寫眞　一

伯爵伊東治正氏所藏

一、第一回議會當時ノ名簿並ニ席圖　一
一、憲法乙案試草（一―三九）　一
一、同上（四〇―七九）　一
一、ロエスレル起案憲法草案　一
一、法律命令論（命令篇）　一
一、憲法草案修正意見　一
一、伊藤公書翰　三

伊藤仁太郎氏所藏

一、加波山事件ノ富松玉水兩氏ノ寫眞　一
一、中村樓ノ記念撮影　一
一、大赦出獄者慰勞會記念撮影　一
一、西園寺公望公東洋自由新聞社々長退社ニ關スル松澤求策ノ內信書　一
一、保安條令ニヨル退去命令（二枚額入）　一
一、議會並ニ議員保護法違反事件判決　一
一、上奏文ノ寫（明治二十年）其他　一

子爵井上匡四郎氏所藏

一、憲法ノ件伊藤伯書翰　一

池野忠吉氏所藏

一、憲法草案（樞議（洋紙）　二
　　　　　　各國法ノ調書附帶和本）　八

一、岩倉具視公建言案（慶應三年）　一
一、三條岩倉兩公書翰　三
一、春畝先生重要簡牘（日清戰役三國干渉ニ對スル陸海軍ノ輕擧暴動チ警メタルモノ）　一
一、日清戰役風雲帖　各將軍ヨリ川上參謀次長ニ宛テタルモノ　一〇

石橋德作氏所藏

一、初代速記者の書（田鎖綱紀）　一

池田文痴庵氏所藏

一、大日本帝國憲法（明治二十二年二月十一日官報號外）　一
一、大日本帝國憲法（明治二十二年二月十二日）　一
一、華族緊要書類　一
一、陸海軍々制上奏案批評　一
一、日本帝國領事規則　一

入間野武雄氏藏

一、齋藤內閣第六十五議會當時ノ政情漫畫　一

岩本阿三郎氏藏

一、大正元年桂內閣當時全國新聞通信記者大會決議文並ニ署名　一

糸川恭平氏藏

一、井上侯ヨリ伊藤公ニ贈リタル太刀（在銘當麻）及仕込杖　二

糸川修一氏藏

一、日露戰爭媾和反對國民大會委員ノ寫眞　一

英　修道氏所藏

一、第二次伊藤內閣ノ政治漫畫動物園の圖　一

林　茂淳氏所藏

一、初代貴族院速記者寫眞　一
一、同　上　書　一

林　有章氏所藏

一、明治廿二年憲法發布當時ノ印刷物（布告文）　數枚

西　伊三次氏藏

一、國會中止論（西德二郎氏）並ニ口述書　二

星　光氏所藏

一、寫　眞（星亨先生肖像）　一
一、寫眞帖（星亨先生一代記）　一
一、栃木縣第一選擧區人名簿　一
一、書　簡（綱子夫人ニ宛タルモノ其他）　七
一、星亨氏入獄當時ノモノ（保釋願其他獄中ヨリノ書簡）　一〇

星野武男氏所藏

一、伊藤公ヨリ土方宮內大臣ニ宛テタル書簡　一

德富蘇峰氏所藏

一、政體（慶應四年四月印行）　一
一、大日本帝國憲法（明治廿二年二月印行）　一
一、伊藤博文公帝國憲法義解（原刊本）　一
一、穗積八束憲法制定ノ由來　一
一、皇室典範義解（原板初刊行）　一
一、德富氏著國民小訓　一
一、政府ト政黨　一
一、解散ト總選擧　一
一、責任內閣　一
一、國家ト政府　一
一、選擧必携　一
一、明治廿三年後ノ政治家ノ資格チ論ス　一
一、普通選擧早わかり　一
一、普選ポスター新戰術　一
一、地方普選早わかり　一
一、選擧實錄（明治廿五年四月發行）　一
一、岩倉公ニ賜ハリシ勅語ノ草案及岩倉具視公三條公筆書簡七通　一
一、陸奧六石書牘　一
一、春畝公遺稿　一
一、井上梧陰先生書牘　一
一、井上世外侯書牘　一
一、內外新報　一
一、市民　一
一、時務一家言（德富蘇峰著）　一
一、明治月刊　一
一、國體新論　一
一、立憲政體略　一
一、市中制法　一
一、社家制法　一
一、寺院制法　一
一、町役心得條目　一
一、村庄屋心得條目　一
一、郡中制法　一
一、浮世風聞　一
一、明治五年新聞雜誌　一
一、戊辰大政官日誌　三
一、行在所日誌　一
一、大政官日誌　三
一、東巡日誌　二
一、已集議院日誌
　　已開拓使日誌上下　二
一、明治二議案錄　二
一、明治十年布告集　二
一、最初ノ衆議院規則　一
一、官途必携　一〇
一、制度沿革誌　三
一、天津談判錄　一
一、伊藤公ノ復命書（天津談判）　一
一、韓國合併顚末書　一

時田精助氏所藏

一、大隈侯明治十四年建白書、伊藤公寫本　一

尾佐竹猛氏所藏

一、政體書　一
一、御誓文ノ和解　一
一、御誓文大意　一
一、御宸翰大意　一
一、元老院寫眞　一
一、元老院議官寫眞　一

侯爵大隈信常氏所藏

一、御宸翰草案（木戶孝允筆明治元年）　一

公爵大山柏氏所藏

一、國會議事堂ノ圖　一
一、征韓論ノ圖　一
一、官員壽語錄　一
一、官位相當表　二
一、徵兵令ノ原本　一
一、郵便物ニ關スル達シ書（神奈川縣廳）　一
一、大山巖公第一回國會開設ノ際ノ演說原稿　一
一、最初ノ貴族院ノ互選投票ノ書類　一
一、第一回衆議院ニ於ケル各大臣ノ演說新聞切拔　一

太田嘉太郎氏所藏

一、選擧ノ種類（表）　一
一、婦人參政權チ認ムル主要國（表）
一、主要國政體調（表）　一

生沼豐彥氏所藏

一、愛國公黨本盟原本　一

奧出　穰氏所藏

一、板垣退助遭難ノ直前靜岡ニテ撮リタル寫眞　一
一、高橋是淸ノ寫眞（三十才ノトキノモノ）　一

岡田昌孝氏藏

一、衆議院歷代議長ノ筆蹟　一

大泉對山氏藏

一、大正九年二月一日國技館ニ於ケル全國普選大會ニ關スル決議文、宣告文等　三

和田信二郎氏所藏

一、大日本帝國憲法、議院法、選擧法、會計法ノ條文　一
一、コンメンタリイス大日本帝國憲法　一
一、英文、大日本帝國憲法　一
一、漢譯、帝國憲法、皇室典範義解　一
一、英譯、會計法　一
一、同　同上　附錄　一
一、同　衆議院議員選擧法　一
一、同　議院法　一
一、同　貴族院令　一

一、同　憲法發布勅語　一
一、同　御告文　一
一、同　皇室典範　一
一、同　大日本帝國憲法　一
一、皇室典範條文　一
一、明治二十二年二月十一日大日本帝國憲法條文　一
一、帝國憲法義解全　一
一、皇室典範義解　一
一、大日本帝國憲法皇室典範（大毎附錄）　一
一、皇國ノ華　一
一、憲法發布大典賑　一

若林玵藏氏所藏

一、初代衆議院速記者寫眞　一
一、同書　一

渡邊幾治郎氏所藏

一、議院憲法會議日誌　一

加藤惣吉氏所藏

一、明治五年新歲式（木版）　一
一、八十八才以上及棄兒届下書一通（烏丸家）　一
一、明治四年種痘ニ關スル件及英公使參朝ニ關スルモノ其他記載ノ書　一
一、明治四年及五年太政官、省、府等ノ回章筆寫（烏丸家ノモノ）　二
一、松本省吾書憲法發布一週年感想　一
一、日本民法草案（活字）　一
一、勘解由小路憲法論草稿四册合本（筆書）　一
一、壬申五月（明治五年）育子告諭（木版）（木更津縣廳）　一
一、大木元老院議長ニ對スル大隈外務大臣條約改正反對建言書下書　一
一、國會開設促進締盟書下書（富澤政恕外三名連名ノモノ）　一

加藤福太郎氏藏

一、今昔實話東都記錄　一
一、大陽歷布告書　一
一、大阪京都間鐵道會社設立趣意書　一
一、大日本國立銀行長者番附　一

河合政善氏藏

一、自由黨再興結黨式ノ寫眞　三

川橋豐治郎氏所藏

一、若槻內閣當時ノ三黨首申合卷物　一

片岡茂三郎氏所藏

一、「惟善以爲寶」の額

片岡啓太郎氏藏

一、片岡健吉氏禁獄關係ノモノ（明治十年）　五
一、國會ヲ開設スル允許ヲ上願スル書　一
一、建白書議案　一
一、同　委任狀　一
一、建白書（寫）　一
一、保安條例入獄當時ノ書類（箱入）　一
一、寫眞（選擧干涉ノモノ）　一
一、谷千城ヨリ片岡健吉ニ宛テタ書簡　一

伯爵金子堅太郎氏所藏

一、帝國憲法ノ根本義ニ關スル伊藤公覺書　一
一、政治論略（明治十四年十一月印行元老院權少書記官金子堅太郎著）　一
一、伊藤公憲法發布ノ詩（七律）　一
一、伊藤公日露戰爭所感詩和韻　一
一、伊藤公日露戰爭詩所藏由來記　一
一、伊藤公筆甲辰二月所感（七絕）　一
一、夏島伊藤公別邸寫眞　一

上條貢氏所藏

一、民政黨結黨式後福井樓ニ於ケル寄書　一

吉田正太郎氏藏

一、明治元年制札（木札）　三

田中光顯伯藏

一、山縣有朋公ヨリ田中青山伯ニ贈リタル尺牘　一

田村徹氏藏

一、明治初年木戶、大久保兩侯等ノ書翰　四

田鎖一氏所藏

一、我國ニ於ケル速記創始者寫眞　一

田中淸輔氏所藏

一、日淸戰役後馬關條約、淸國償金英、露折衝等ニ關スル文書　一
一、伊藤公自筆、立憲政友會立黨ノ綱領　一

高田早苗氏所藏

一、名流書簡　一
一、知人墨蹟（伊藤公外數氏ノモノ）　一
一、知人墨蹟（鳩山氏外數氏ノモノ）　一

玉水常治氏所藏

一、自由黨大阪事件（全）　一
一、加波山事件記念帖　一
一、先生自筆遺稿（大井憲太郎）　二
一、國民眞相序（大井憲太郎筆）　一
一、大阪事件（自由黨員）下獄者獄中ヨリ出シタル手紙一括（鐵窓簡札）　一

中村藤兵衞氏所藏

一、大正十四年漫畫軸　一
一、衆議院解散ノ油繪　一
一、岡崎邦輔ヨリ中村書記官長ニ宛テタル手紙　一
一、三黨首ノ漫畫　樂天筆　一
後樂　素水　自筆、先優克堂自筆　一
桃紅李白竹二郎自筆

中津角七氏所藏

一、自由黨ノ臨時大會ノ通知狀（明治十五年五月）　一

中川良長男所藏

一、貴族院改革誓詞（大正十三年四月）　一

中本瀧雄氏所藏

一、明治二十二年立太子詔勅印刷物　一
一、明治十四年國會開設勅諭　一
一、明治二十二年二月十二日憲法發布ノ翌日內閣總理大臣ノ告諭　一

長尾一平氏藏

一、國會開設前ニ於ケル議會光景想像圖（額）　一

室　淸次郎氏所藏

一、賜天覽伊藤公筆（北海再遊七律）　一
一、題言金子堅太郎伯及德富蘇峰氏　一
一、伊藤公北海再遊七律井上角五郎選御歌所寄人遠山英一書　一

內ケ崎作三郎氏所藏

一、錦繪　六
一、官員錄　五
一、地圖　六
一、勝安房自筆邦內諸城ノ圖　百卅六枚　一〇册
一、箱根關所ノ手形（慶長三年ノ書簡）　一
一、河野廣中ノ書　一
一、福地櫻痴ノ書　二

工藤武雄氏所藏

一、第一次山本內閣彈劾上奏文原稿　一
一、同上尾崎行雄氏ヨリ工藤武重氏宛ノ書翰　一

工藤園江氏藏

一、伊藤公眞筆憲法義解ノ序文　一

熊田三郎氏所藏

一、五箇條御誓文發布當時ノ御宸翰ノ寫　一

公爵山縣有道氏所藏

一、桂公ヨリ山縣公ニ宛タル書翰　一
一、大久保利通侯書翰　一
一、木戶孝允侯書翰　一
一、有栖川宮、三條、伊藤公、井上侯書翰　一
一、山縣公ヨリ伊藤公ニ宛テタル書翰　一
一、高杉晉作、西鄕南洲等ニ宛テタル書翰　一
一、三條、伊藤公、井上侯書翰　一

松澤辰藏氏所藏

一、二枚折屛風（色紙交張）犬養氏外數氏　一
一、若槻首相組閣挨拶狀原稿　一
一、大岡育造、犬養毅氏合作ノ軸　一
一、護憲三派ノ加藤、犬養、高橋三巨頭署名入寫眞　一
一、三黨首會合寫眞（若槻、床次、田中、三巨頭署名入）　一

牧　彥七氏所藏

一、近衞篤麿公書翰　一
一、原敬氏議員時代ノ報告書　三

伯爵牧野伸顯氏所藏

一、西南戰爭直前、大久保侯ヨリ伊藤公ニ宛テタル書簡　一

藤井甚太郎氏藏

一、政黨弊害論　一
一、立憲政體起立史（加藤弘之譯）　六
一、政界艷話國會後日本　一
一、憲法父子問答　一
一、憲法彙纂　一
一、國會論　一
一、選擧人目ざまし　中江篤介著　一
一、立憲政體略　加藤弘之著　一
一、政談演說筆記　一
一、政體眞說、政黨論　一
一、公私權考　一
一、政體評論　一
一、官民權限論　一
一、兩院議院內ノ圖　一
一、憲法御下附ノ圖　一
一、樞密院會議ノ圖　一

子爵福岡孝紹氏所藏

一、政體書草案　一

藤田知治氏所藏

一、民事訴訟假規則草案ニ關スル意見書　一
一、朝鮮攻略ニ關スル意見ノ私書　一
一、朝鮮事件意見書　一
一、元老院第一次憲法草案（明治十一年）　一
一、同第二次　同（明治十三年）　一
一、大日本國政規草案　一

藤田孝次郎氏所藏

一、「政治三十年」（切抜）　一

藤田圓一氏藏

一、明治初年福岡矯志社伍組簿　一
一、同　上　社員意見書　一

小池　藏氏所藏

一、自由黨志士追悼式當日祭文入寫眞　一
一、板垣退助伯最期ノ寫眞　一
一、憲政首唱者懇親會寫眞（明治四十年）　一
一、再興自由黨結黨式寫眞（明治廿三年）額　三

小室秀雄氏藏

一、犬養、高橋、尾崎三氏寄書　一

小久保喜七氏所藏

一、國法汎論　一
明治十七年九月小久保氏（當時二十歲）下獄ノ際着物ノ藍ヲ取ッテ註ヲ入レタモノ

一、東陲民權史　（福島事件加波山事件關係者ノ寫眞挿入）　一
一、大阪事件（小塚義太郎氏宛手紙）　一
一、明治二十二年全國同志聯合會印刷物（條約反對）　一
一、明治十七年自由黨員名簿　一
一、來島恒喜ノ寫眞　（明治二十二年十月十八日外相官邸門前ニ大隈外相ヲ爆彈ヲ以テ襲フ）　一

古島一雄氏所藏
一、犬養毅氏筆ノ國民黨宣言書　一

五明忠一郎氏所藏
一、大正三年國民黨議會控室ニ於ケル寄書　一
一、中正會大會後懇親會ニ於ケル寄書　一

五姓田芳柳氏所藏
一、憲法發布ノ圖（油繪）　一
一、憲法制定會議ノ圖（寫眞）　一
一、五ヶ條御誓文ノ圖（油繪）　一

子爵靑木梅三郎氏所藏
一、大日本政規原稿　（靑木周藏氏ガロンドンニテ書キタルモノ）　一

新井　淳氏所藏
一、後藤伯、齋藤子、粕谷義三、犬養毅氏ノ軸、色紙等　四

佐藤德一氏所藏
一、憲法發布當時號外　一
一、錦繪　一〇五

澤池常太郎氏所藏
一、勝安房口演覺書（寫）　一
一、板垣退助ノ意見書（寫）　一
一、谷干城ノ意見書（寫）　一
一、大日本憲法草案（原規）（寫）　一

澤田孝太郎氏所藏
一、日露戰役御前會議後ノ記念撮影　一
一、新舊議事堂落成紀念品集臺紙　三
一、最近歷代內閣各閣僚寫眞（二枚續）　七

佐々木信綱氏所藏
一、民選議院草案（明治六年）　（大隈重信ノ民選議院ノ開設ニ關スル建白書）　一

侯爵佐佐木行忠氏所藏
一、寢さめのとも　三條實美公ヨリノ書簡一括　一
一、寢さめのとも　岩倉具視公ヨリノ書簡一括　一

侯爵木戶幸一氏所藏
一、憲法ニ關スル建言書（木戶侯筆）　一
一、五箇條御誓文草案（右　同）　一

伯爵淸浦奎吾氏藏
一、伊藤公其他ノ書翰　一
一、功臣書牘　一

刑部　齋氏所藏
一、伊藤公憲法起草記念碑建立ニ就而記念ノ硯屛　一
夏島遺跡記念署名
夏島遺跡碑文拓本
夏島憲法起草ノ家ノ間取圖　一
一、夏島憲法遺跡記念寫眞帖　（特ニ高松宮ガ間取圖ヲ見テ居ラル處）　一
一、御前講話筆記（伊東巳代治伯カラ高松宮ニ御講義申上タルモノ）　一
一、天津條約顚末書（明治十八年）　（伊東巳代治伯ノ書キタルモノ）　一
一、伊東巳代治伯ノ肉筆夏島遺跡碑文　一

子爵由利正通氏所藏
一、五ヶ條御誓文草案及修正案　一

三宅雪嶺氏所藏
一、治罪法草案　四

三重野幸夫氏所藏
一、議會行幸版畫（玉利版）　一
一、末廣重恭著明治廿三年未來記　一
一、國會未來記（服部誠一著）　一
一、銀婚式並議事堂圖（國輝版畫）　一
一、衆議院議員實傳（關谷男世著）　一

宮川照二氏所藏
一、明治三十一年二月一日德大寺侍從長ヨリ岩倉幹事宛尺牘　一

椎原國義氏所藏
一、篠原、桐野、逸見諸氏ノ遺墨及ビ南洲翁ノ江華島事件ニ付篠原國幹ニ宛テタル書簡　一

島田孝一氏所藏
一、開國始末（島田三郎著）　一
一、演說ノ草稿（卷紙）　一
A、孔子祭典會ノ開催ノトキノモノ　一
B、軍備縮少敎育奬勵ニ關スルモノ　一
一、シーメンス事件當時ノ門札　一
一、東照公ノ遺訓　一
一、島田三郎全集　五
一、扁額　一

重信嵩雄氏藏
一、金子堅太郎伯ノ軸（憲法發布ノ際ニ作レル詩）　一

下鄉傳平氏所藏
一、浪華行幸原議　一

廣田弘毅氏藏
一、加藤高明伯ガロンドンニ滯在中乃木大將夫妻ノ殉死ヲ聞キ詠マレタ歌　一
一、外交官畑良太郎氏著日本婦人論

（獨約共）　二
一、同氏ノ日本婦人論ノ著ニ對シ下附サレタ外國勳章ノ佩用證　二
一、各國名士ヨリ贈ラレタル感謝狀　一

平井湖南氏所藏
一、明治時代ニオケル名士ヨリ故芳川顯正伯ニ宛テタル書簡其他　十一
一、伊藤公書翰掛額　一
一、黑田淸隆侯同　一
一、榎本武揚子同　一
一、陸奧宗光伯同　一

平塚　篤氏所藏
一、井上毅子ノ第二議會當時ニ於ケル政黨必要論　一
一、栗野愼一郎子カラ三國干涉ノ時陸奧外務大臣ニ打電ノ電文　一

瀨戶佳六氏所藏
一、明治初年ノ地劵（神奈川縣足柄村ノモノ）　一
一、明治初年租稅納付ニ關スル書類　一九

人物館

犬養健氏藏
一、犬養木堂書軸　一
一、同常用鋸、鋏、槌　各一
一、（白林莊ニ於ケル）犬養毅寫眞額　一
一、木堂愛用碁盤（碁石付）　一
一、木堂文箱代用ノ皮袋　一
一、木堂護身用仕込杖（兼定作）　一
一、愛讀書籍（附小册子）　四

井上三郎侯藏
一、井上馨肖像寫眞額　一
一、伊藤博文絕筆詩文軸物　一
一、井上馨愛用ノ鞄　一
一、同愛用ノ煙草入、煙草盆　各一

伊東治正伯藏
一、伊東巳代治肖像油繪額　一
一、掛　物　二

岩倉具榮公藏
一、三條實美寫眞額　一
一、岩倉具視寫眞額　一
一、外人ガ岩倉公ニ贈ツタ洋書　一
一、岩倉公懷中時計　一
一、同掛物　一
一、同書簡　一

板垣家藏
一、板垣伯辭爵上表書　二
一、板垣伯寫眞　一

原貢氏藏
一、原敬夫人宛書簡　一
一、象牙（原敬寫眞）額　一
一、原敬滯佛日記　一
一、同愛用置時計　一
一、書簡（正親町侍從長ヨリ原敬宛ノモノ）　一

濱口雄彥氏藏
一、濱口雄幸自筆隨感錄　一
一、同學生時代ノノート　二
一、同自筆短册　二
一、同自筆色紙　一
一、同自筆金解禁所感俳句色紙　一

馬場孤蝶氏藏
一、馬場辰猪肖像油繪　一
一、同日記帳　一
一、同自傳原稿　一
一、同人著書日本文典　一
一、同愛用ステッキ　一
一、同氏弔詞（福澤諭吉自筆）　一
一、福澤諭吉書簡卷物　一
一、大石正己書簡（四枚）　一

西朝子氏藏
一、伊藤博文使用ノ洗眼器　一
一、同紙入　一

西山壽彥氏藏
一、福島安正肖像寫眞額　一
一、日露戰役中の日記　一
一、日露戰役中の戲句　一
一、シベリア橫斷の漢詩帳　一
一、同　使用のシベリア地圖　一九
一、アジア略報　四

東鄉彪侯藏
一、日本海々戰使用双眼鏡　一
一、東鄉平八郎筆軸物　一
一、勳　章　一

床次正一氏藏
一、床次竹二郎寫眞額　一
一、同自筆和歌ノ軸　一
一、同著書及パンフレット　一
一、西鄉隆盛油繪像　一

德川慶光公藏
一、德川慶喜油繪額　一
一、同自筆油繪　一
一、同自筆額（東照宮遺訓）　一
一、同自筆軸物　一
一、同陣笠及陣羽織　一

東京市役所藏
一、星亭血染書類及ビ遭難ノ公文書　二
一、奧田義人油繪額　一

東洋文化協會藏

一、寫　眞　1坂本龍馬、2中岡愼太郎、3
　　高杉晋作、4橋本左内、5佐久間象山、
　　6梅田雲濱、

德富猪一郎氏藏
一、吉田松陰像　一

鳥尾敬光子藏
一、鳥尾小彌太寫眞額　一
一、同遺愛軸物（菅公筆）　一

龍門社藏
一、澁澤榮一官服（烏帽子垂衣）　一
一、同太刀　一
一、同寫眞額　一
一、同フランス土產　三

下田港了仙寺藏
一、吉田松陰入牢當時ノ牢格子　一
一、松陰入牢中讀書ノ圖　一

兒玉秀雄伯藏
一、太鼓ノ火鉢（火箸付）　一
一、兒玉源太郎肖像額　一

大久保利武侯藏
一、大久保利通肖像額　一
一、同碁盤（碁石付）　一
一、同硯、玉筆洗（二）　各一
一、封箱　一

大浦兼一氏藏
一、大浦兼武寫眞　一
一、母堂宛書翰　一
一、自筆駒ノ戲筆　一
一、臺灣出征日記　一
一、狂　歌　二
一、九氏誓約書　一
一、陸軍中尉正裝　一

大木喜福伯藏
一、大木喬任祕藏品
　　御下賜　1御內盧狀、2目錄ふくさ、
　　3軍扇、4紙入、5煙草入、6きせる
　　7三組盃、8馬鞭
一、大木喬任自筆書軸物　一
一、同油繪額　一
一、大木遠吉寫眞額　一

大村泰敏子藏
一、大村益二郎寫眞額　一
一、同自筆掛物　一
一、木戶孝允書翰　三

大石明德氏藏
一、大石正巳寫眞　一
一、同如意　一
一、同短册　一

大石龍璋氏藏
一、山岡鐵太郞愛用筆硯（筆九本）　一
一、山岡鐵舟筆軸物　一

一、同瀨戶物筆軸　一
一、高橋泥舟軸物　二

大隈信常侯藏
一、大隈重信侯烏帽子垂衣　一
一、同寫眞　一

小野金彥氏藏
一、勝海舟遺墨　一

大山柏公藏
一、大山巖愛用角笛　一
一、同水吞（椰子ノ實）　一
一、同錦繪　一
一、木戶孝允畫像　一
一、西鄕隆盛畫像　一
一、那須野繪卷　一

奧村家藏
一、奧村五百子遺品　八

川上子爵家藏
一、川上操六手帳　一
一、同銅像（小）　一
一、同遺墨　二

片岡啓太郎氏藏
一、片岡健吉外十八名寫眞　一
一、板垣退助戲畫　一
一、『立志社始末記要』　一
一、申渡書　一
一、谷干城書簡　三
一、同暴動彙報　二

片岡茂三郎氏藏
一、片岡健吉獄中ノ書面　一
一、片岡健吉寫眞　五
一、勝海舟寫眞　一
一、片岡健吉雷淵追悼誌　一
一、同新約全書　一
一、同曙新聞　一

加藤厚太郎伯藏
一、加藤高明帽子　一
一、同紋付羽織　一
一、同仙臺平ノ袴　一
一、同ステッキ　一

加藤昌宏氏藏
一、犬養木堂肖像額　一

加藤隆義子藏
一、加藤友三郎海軍大將正服及元帥刀　一
一、同勳章　五
一、同筆蹟（雄風ノ二字）　一
一、同莨盆（煙管、火箸附屬）　一
一、同兵學校時代ノノート　一

樺山愛輔伯藏
一、樺山資紀肖像額面　一
一、同自筆軸物　一
一、同二松庵詩鈔　一

一、同胸像　一
一、同獵銃　一

桂五郎氏藏
一、桂太郞愛用葉卷入　一
一、同シガレット・ケース　一
一、同大硯　一

上村なみ子氏藏
一、上村彥之丞寫眞　一
一、同自筆軸物　一

田村徹氏藏
一、森有禮　書翰　一
一、曾彌荒助　同　一
一、樺山資紀　同　一

田中龍夫男藏
一、吉田松陰默霖宛書翰　一
一、伊藤博文書軸物　一
一、伊藤博文ヨリ岩倉公宛書簡額　一
一、山縣有朋書額　一
一、田中義一遭難ノ帽子　一
一、三浦梧樓書軸　一
一、乃木大將書翰額　一
一、田中義一油繪額　一
一、同サモアール　一
一、同絕筆額　一
一、同筆蹟軸物　二
一、同畫軸物　二
一、同遺愛來國俊ノ刀　一
一、同大硯、筆、墨　各一
一、同著書物　五
一、同外國勳章　一四
一、平福百穗筆「鍾鬼圖」　一
一、田中義一寫眞（少佐時代）　一
一、福澤諭吉書軸　一

高木亥三郎氏藏
一、大久保利通筆龜山對陣ノ詩軸物　一

高橋是賢子藏
一、高橋是淸肖像額　一
一、ファムリー・バイブル　一
一、筆立竹筒　一
一、翁自筆軸物　二

竹內虎治氏藏
一、中江篤介肖像額　一
一、同書翰　一
一、同硯箱　一
一、『續一年有半』（自署入）　一
一、原　稿　一

谷儀一子藏
一、谷干城寫眞額　一
一、同軍服上下　一

大日本放送協會藏
一、後藤新平胸像　一

高崎雅雄氏藏
一、明治百傑胸像ノウチ　六

副島道正伯藏
一、西鄕南洲ノ書簡額　一
一、副島種臣肖像寫眞額　一

中津電氣工業所藏
一、榎本武揚書簡　一
一、黑田淸隆書簡　一
一、勝海舟書簡　一

中島久萬吉男藏
一、中島信行肖像寫眞　一
一、同書軸物　一

長島新藏氏藏
一、曾彌荒助筆軸物　一
一、海城桂公筆軸物　一
一、桂太郞筆軸物　一
一、山縣有朋自筆和歌軸　一
一、伊東巳代治書　一
一、大山巖書翰額　一
一、桂太郞寫眞額　一

宇佐彥鷹氏藏
一、勝海舟自作火鉢　一
一、同上花瓶　一
一、同銀煙管　一
一、同詩額面　一

內ケ崎作三郎氏藏
一、加藤高明自筆軸物　一
一、河野廣中同　一
一、高橋是淸書翰　一
一、齋藤實同　一
一、福地櫻痴自筆軸物　一

乃木神社藏
一、ゼッケン　一
一、肥前國藤原忠吉太刀　一
一、文　鎭　一
一、擴大鏡　一
一、乃木將軍足のX線寫眞　一
一、葡萄酒空瓶　一
一、乃木將軍自筆軸物　一
一、ブローニング拳銃　一
一、騎　銃　一
一、卷　物　一

野田俊作氏藏
一、野田卯太郞肖像油繪額　一
一、同自筆俳句軸物　一
一、野田卯太郞宛書簡　七

軍人會館藏
一、田中義一胸像　一

栗原彥三郎氏藏
一、河野廣中愛用ステッキ　一
一、濱口雄幸寫眞　一

一、田中正造壯年時使用大和杖　一
一、同ヘウタン　一
一、同自筆軸物　八
一、鑛毒事件原稿其他卷物　一〇

熊野有助氏藏
一、杉田定一寫眞　一
一、同著書　一

山縣有道公藏
一、山縣有朋使用ノ檜笠　一
一、同佩刀　一
一、同着衣袴（少年時代）　一
一、品川彌二郎口書ノ書　一

山崎林太郎氏藏
一、カフス壹對及血痕記　一
一、遞信大臣辭表草稿　一
一、井上馨侯ヨリノ書翰　一

山田顯義伯藏
一、山田顯義肖像　二
一、同半朱鞘日本刀　一
一、同羅漢置物　一
一、同空齋自筆書幅　二

山岡鐵雄子藏
一、山岡鐵舟自筆軸物　三

山岡龍雄氏藏
一、硯及唐墨　各一

矢野靜雄氏藏
一、矢野文雄油繪額　一

山本清伯藏
一、山本權兵衞寫眞額　一
一、同自筆軸物　二
一、同遠洋航海日記　一
一、ドイツ艦乗組時代ノノート　一
一、愛用ステッキ　一

松方巖氏藏
一、松方正義寫眞額　二
一、同遺愛硯筆　一
一、同絶筆（九十歳の時）　一

松村源治氏藏
一、鳥尾小彌太自筆額　一

町田金六氏藏
一、乃木希典盛切飯茶碗　一
一、同夫人帶上　一
一、乃木大將遺愛菓子器　一
一、同ヅボン下　一
一、同自筆和歌軸物　一
一、同陣中の書（嚴の一字）外ヨセガキ　一
一、上村彥之丞書軸　一
一、東郷平八郎戰時日記　一

松田正之男藏
一、松田正久油繪額　一
一、同自筆軸物　一

一、同碁盤碁石　一

前島勘一郎男藏
一、前島密肖像軸物　一
一、同遺愛の尺八　三
一、同胸像　一
一、同自筆山水畫　一
一、同郵便條例ノ草稿　一
一、同寫眞（維新及洋行時代）　四

慶應義塾圖書館藏
一、星亭油繪額　一
一、福澤諭吉書　一
一、同寫眞額　一

福岡孝紹子藏
一、福岡孝弟寫眞額　一

藤波龜六氏藏
一、伊藤博文義齒（五ヶ入）　一

福島天外氏藏
一、井上準之助絶筆色紙額　一

兒玉秀雄伯藏
一、露軍の太鼓から作つた火鉢　一
一、兒玉源太郎肖像額　一

近衞文麿公藏
一、近衞篤麿寫眞　一
一、同卒業論文原稿（獨文）及著書　一
一、同煙草入　一
一、同パイプ　一
一、同病床日記　一
一、同獨文ノート　一

後藤一藏伯藏
一、少年團長服　一
一、名譽杖　一
一、鼻眼鏡　一
一、寫　眞　一

後藤道明氏藏
一、東郷平八郎筆（蘭）　一
一、床次竹二郎肖像掛物　一

小峰茂之氏藏
一、相馬事件錦繪　三

榎本春之助氏藏
一、榎本武揚鐵の肖像額　一
一、同寫眞　一
一、同短刀（砂鐵製）　一

榎本武英子藏
一、榎本武揚書翰（五稜郭ヨリノ訣別狀）　一
一、榎本武揚母よりの赦免嘆願狀（福澤諭吉氏筆）　一
一、榎本武揚自筆軸物　一
一、大島圭介自筆軸物　一
一、伊藤博文自筆軸物　一
一、黑田清隆自筆軸物　一
一、同書翰　一

一、山縣有朋自筆軸物　一

江藤夏雄氏藏
一、江藤新平（決戰の議）　一

遠藤豐氏藏
一、奥田義人自筆軸物　二
一、同書簡卷物　一

寺內壽一伯藏
一、寺內正毅肖像額
一、寺內正毅贊栖鳳畫「太平樂」　一
一、老蘇審勢論　一
一、山縣有朋胸像　一
一、明石元二郎筆畫　一

丁丑感舊會藏
一、佐々友房入獄中の囚着　一
一、同陣中の戰袍　一
一、同西南役の彈丸　一

寺島宗從伯藏
一、寺島宗則胸像　一
一、同愛用碁盤（碁石付）　一
一、同祕藏松木宗信公掛物　一
一、宗則伯履歷書（附河島醇氏）　一
一、宗則卿自作七言絶句詩掛物　一

明石元長男藏
一、明石元二郎油繪額　一
一、同油繪（フインランド革命家ヨリ贈ラレタモノ）　一
一、同ロシヤ・マント　一
一、同詩帳　一
一、同自筆軸物　一
一、同外國勳章　一

佐藤德一氏藏
一、西鄉從道着用カタビラ　一
一、錦　繪　一

佐々弘雄氏藏
一、山岡鐵舟大幅掛物　一
一、三條實美公自筆の額　一
一、佐々友房着衣（彈痕アルモノ）　一

佐藤信氏藏
一、後藤新平自筆軸物（蟬聲慘々）　一

酒井恒雄氏藏
一、原敬愛用鼈甲櫛　一
一、同レザー　一
一、原敬、高橋是清私語寫眞　一

佐和田一雄氏藏
一、錦　布　一
一、着込み　一

西鄉從德侯藏
一、西鄉從道油繪額　一
一、南洲公額　一
一、南洲公書簡　一
一、同外國勳章　一四

一、臺灣征伐寫眞額　一
一、同錦繪　一

西鄉吉之助侯藏
一、西鄉南洲自作下駄　一
一、西鄉隆盛軍刀　一
一、同着用垂衣　一
一、月照上人筆南洲筆合作軸物　一
一、遺愛の陣扇　一

齋藤齊子藏
一、齋藤實肖像額　一
一、同田植寫眞額　一
一、同水澤縣給仕時代の賞狀　一
一、ジュネーヴでのお燗道具　一
一、外國勳章　二

齋藤信助氏藏
一、伊藤博文愛用野翁像パイプ　一

產業組合中央會藏
一、品川彌二郎肖像油繪　一
一、同書翰額　一

木戸幸一侯藏
一、木戸孝允肖像額　一
一、同書軸物　一
一、廿二歳の時の國防建白書　一
一、木戸孝允書簡　三
一、山陽筆軸物　一
一、木戸孝允大禮服　一

北村西望氏藏
一、塑像（題巨人）　一

木村甚三郎氏藏
一、加藤友三郎筆絹本　一
一、加藤友三郎寫眞　一

淸浦奎吾子藏
一、宮中杖　一
一、『賜杖爾來變遷及杖制』　一

下田港玉泉寺藏
一、吉田松陰の着物　一
一、同机、硯　一

由利正通子藏
一、由利公正自筆軸物『變通自在』　一
一、由利公正寫眞　一

立憲民政黨本部
一、大鳥圭介著古今沿革圖　一
一、桂太郎寫眞額　一
一、濱口雄幸胸像　一

三浦矢一子藏
一、三浦梧樓寫眞　一
一、同自筆掛物　一

宮地茂秋氏藏
一、後藤象次郎書簡額　一
一、同肖像寫眞額　一
一、板垣退助寫眞額　一

品川晋一氏藏
一、同自筆額　一
一、同書簡額　一
一、伊藤博文遺墨　一

島田孝一氏藏
一、島田三郎油繪肖像　一
一、遺愛『新撰百人一首』　一

實踐高等女學校藏
一、『明治英名百詠選』　一
一、下田歌子寫眞額　一
一、自筆短册　一〇
一、『ほつくおぼへ』　一
一、同詩稿　一
一、同細長　一

神保周三氏藏
一、山縣有朋瀨戸物辨當箱　一
一、同掛軸　一

平田榮二伯藏
一、平田東助寫眞肖像　一
一、同産業組合箴（軸物）　二
一、同自筆軸物　一
一、同自筆山水軸物　一

森清子藏
一、森有禮肖像　一

全生庵藏
一、山岡鐵舟贊肖像軸　一
一、皇洋刀　一
一、鐵舟書軸物　一
一、戊辰解難録　一
一、勝海舟書鐵舟贊軸　一

末松春彥子藏
一、伊藤博文夫人手製の衝立　一
一、伊藤博文書翰　三
一、同寫眞（ローマ字署名入）額　一
一、同寫眞（其ノ時々）　九
一、末松謙澄寫眞　一
一、同自筆歌軸物　一
一、同愛用莨入　一
一、山縣有朋（伊藤博文宛）書簡　一

池邊均氏出品
一、議會スケッチ　三

池田永一治氏出品
一、皇軍無敵赤魔降伏　一
一、突貫　一

石黒敬七氏出品
一、ビゴー筆日本政治漫畫帳　二

服部亮英氏出品
一、現代十六羅漢　二
一、犬養木堂先生　一

岡本一平氏出品
一、新水や空　一

和田邦坊氏出品
一、政治漫畫四題　四

生澤朗氏出品
一、天國政界トリオ　一
一、野人宇垣　一

牛島一刀氏出品
一、鈴木喜三郎（凧）　一

柳瀨正夢氏出品
一、政治家漫畫三題　一

安本亮一氏出品
一、林首相　一
一、大臣席の高橋是清氏　一
一、犬養木堂先生　一
一、彫刻馬場藏相、永野海相　二

幸内純一氏出品
一、政治漫畫　二

近藤日出造氏出品
一、政治漫畫四題　四

北澤樂天氏出品
一、政治漫畫五題
一、東京パック　一二

宍戸左行氏出品
一、議會スケッチ四題　四

下川凹天氏出品
一、濱口雄幸氏の組閣風景　一

清水勘一氏出品
一、歴代總理大臣　一

平福一郎氏出品
一、議會スケッチ　一
一、同　上　一〇

外交館

外務省所藏
一、明治廿七年日英通商航海條約寫眞
（調印の頁批准書表紙）　二
一、明治廿七年日伊通商航海條約寫眞
（同）　二
一、明治廿七年日米通商航海條約寫眞
（同）　二
一、明治廿八年日露通商航海條約寫眞
（同）　二
一、明治廿九年日獨通商航海條約寫眞
（同）　二
一、明治廿九年日佛通商航海條約寫眞
（同）　二
一、明治廿九年日清航海條約寫眞
（同）　二
一、明治廿八年日清媾和條約寫眞
（第一頁及調印の頁）　二
一、明治卅五年日英協約寫眞（調印の頁）　一
一、明治卅九年日露媾和條約寫眞（同）　二
一、昭和七年日滿議定書寫眞（同）　一
一、明治四十一年樺太島國境劃定書寫眞　六
一、樺太境界標識に關する説明書寫眞　三
一、樺太境界標木寫眞　一
一、樺太境界標石寫眞　一
一、明治初年霞ヶ關並に外務省寫眞　三
一、歐洲主要政治條約關係表　一
一、日本對外通商地圖　一
一、本邦貿易動態圖　一
一、本邦品別貿易圖　一
一、最近三ヶ年本邦貿易情勢圖　一
一、本邦通商交渉一覽表　一
一、本邦對外貿易各月情勢圖　一
一、海外各地在留邦人人口表　一
一、海外在留邦人送金額調査　一
一、大清國々書帙　一
一、條約調印本書形式見本　一
一、條約御批准書表紙及革嚢見本　一
一、大日本帝國旅券　一
一、條約改正の圖（油繪額面）　一
一、蒔繪椅子（井上外相が條約改正の際使用せしもの）　一
一、インクスタンド（同）　一
一、硯箱、硯石に水差付（同）　一
一、大日本外交文書　二

橫濱市圖書館所藏
一、江戸近海沼岸警衛之圖　一
一、安政五ヶ國條約　一
一、條約十一國記　一
一、遣米使節寫眞　一
一、橫濱應接場饗應の圖　一
一、安政元年横濱村應接遠望の圖　一
一、嘉永六年米艦久里濱入港の圖　一

日比谷圖書館所藏
一、横濱異人圖畫　一
一、亞墨利加使節申上候之一件　一
一、異國船渡來之圖　一
一、ペルリ浦賀へ來るの圖　一

帝國圖書館所藏
一、御開港横濱之全圖（錦繪）　一
一、阿蘭陀人船中之圖　三
一、阿蘭陀入船圖　一
一、古登久爾婦里　二
一、慶應錦繪帖　一
一、ペルリ遠征記　三
一、鑾船圖畫帖　一

麻布善福寺所藏
一、日本最初の米國公使館日記　二
一、ハリス善福寺居間の見取圖　一
一、善福寺宛輪番所の書翰　二
一、ハリス使用のギヤマンバタ入　一

帝室博物館所藏
一、京極能登守肖像　一
一、ペルリの遺髪（箱入）、結婚指輪（箱入）、金ボタン（箱入）　一

慶應義塾圖書館所藏
一、福澤諭吉著西洋事情版木　二
一、明治初年外交問題に關する時事新報に掲載せる社説の原稿　一
一、ペキン夢枕錦繪　一

長崎圖書館所藏
一、明治十二年六月米國前大統領來港接待記事　一
一、慶應四年勤王家誓書　一
一、嘉永三年六月廿五日、松平伊賀守外二名より内藤安房守に宛たる書狀　一
一、佛朗西條約並税則　一
一、英吉利西國條約並税則　一
一、亞墨利加國條約並税則　一
一、日本國獨逸國條約書　一
一、明治元年文書科事務簿　二
一、明治元辰年御達留　一
一、明治廿四年露國皇太子殿下御來港の一件　二
一、西園寺殿下芦田下總守より歡修寺大納言への口上覺書　一
一、肥州長崎圖　一

文部省維新史料編纂局所藏
一、航海日記　二
一、浪士楠音次郎等追討繪卷　一
一、安政三年幕吏唐太巡見記　一
一、大阪湊口江黒船舶來之圖　一
一、慶應二年幕府ヨリ招聘セル佛國洋式軍隊教育一行之圖　一
一、明治二年來朝セル、エヂンバラ領主アルフレッド公の寫眞　一
一、明治四年岩倉大使一行の寫眞帖　一
一、エトロフ島圖　一
一、慶應二年遣露樺太定境談判使節　一
一、池田築後守、佛朗西外相ニ委任狀ノ寫チ送附スル旨ノ書狀　一

國際聯盟事務局東京支部所藏
一、聯盟に關する寫眞　一一
一、地圖　五
一、ポスター　五
一、畫報　七
一、サンデーニュース　二

一、リットン報告書　一
一、脱退通告、松岡演説集　一
一、聯盟畫帖　一
一、報告書輸送用カバン　一

大久保利武侯所藏

一、明治四年岩倉全權大使米國に於ける衣冠束帶寫眞　一
一、朝鮮遣使可否論罫紙綴　一
一、明治七年利道辨理大臣として支那談判に使ひし媾和歸朝の際偶成之詩　二
一、右支那談判關係利道自筆文書數點　一
一、明治四年歐米派遣岩倉公木戸伊藤を始めとし米國にて撮影せし大型寫眞額面　一

靑木梅三郎子所藏

一、大日本政規原稿　一

黑田長成侯所藏

一、露國使節プチャーチン長崎渡來の圖　一
一、米艦使節浦賀入港應接並諸藩警備の圖　一
一、蘭船構造の圖　一

德川圀順公所藏

一、亞米利加船渡來內達の加比丹讀書　一
一、阿部伊勢守以下署名でロシアに與へた返翰　一
一、夷人登城の圖　一
一、同墓石の文字　一
一、丙午六月七日御寄場佛人の願書　一
一、丙午七月廿日琉球一事大隅の屆書　一
一、アメリカ人受書文和解　一
一、アメリカ書翰文字三枚綴　三
一、アメリカ書翰文字二枚綴　一
一、御用別段御誂物之儀の阿部伊勢守　四

牧野伸顯伯所藏

一、明治七年大久保辨理大使より黑田伯への書翰　一
一、明治十年西南戰爭發端に際し大西鄉の立場に關し大久保候より伊藤公宛書簡　一
一、歐洲大戰媾和會議における各國全權のサイン帖(パスポート付)　一
一、ポーツマス談判の際ウヰッテの使用せし萬年筆　一

小村捷治侯所藏

一、ポーツマス會議に關する寫眞　二〇
一、同會議に小村全權の使用したペン軸　一

林雅之助伯所藏

一、伊藤公書簡卷物　一
一、陸奥伯書簡卷物　一

大山柏公所藏

一、大津事件關係書類　四
一、條約改正外錦繪　五
一、元帥歐洲留學時代スイス地圖　一
一、歐洲巡遊一行の寫眞　二
一、招待狀メニュー　二

加藤厚太郎伯所藏

一、加藤英國公使及び當時ロンドン滯在の人々寫眞　一
一、駐英日本大使館員寫眞　一
一、大冠式の大饗宴寫眞　一
一、加藤大使大冠式に著用のガウン　一
一、同記念章　二

大隈信常侯所藏

一、伊藤博文書翰(明治六年正月巴里)　一
一、同　(同四月)　一
一、伊達宗城書翰　一
一、淺野長勳書翰(明治十四年八月)　一
一、福地源一郎書翰(十月卅日)　一
一、箕作麟祥書翰(八年四月)　一
一、英公使パークス書翰　一
一、同釋文　二
一、香港知事ヘッネッシー書翰譯入　一
一、開港橫濱の全圖　二
一、各國公使抗議に苦しみ長崎事件の報告を求むる書　一

鍋島直映公所藏

一、忠宣公使節船御乘物卷物　一
一、鹿鳴館時代の寫眞　二
一、鹿島館時代の衣裳　一一

後藤新平伯傳記編纂會所藏

一、兒玉參謀長宛書翰(自筆)　一
一、桂太郎公よりの書翰　一
一、西園寺公よりの書翰　一
一、井上馨公よりの書翰　一
一、大正元年山縣公よりの書翰　一
一、大正元年八月德富氏よりの書翰　一
一、同氏の日本の滿洲政策の批評(書翰)　一
一、明治卅八年一月九日兒玉大將より旅順開城の書翰　一
一、山縣公の書翰　一
一、ヨッフェ招待に就て加藤友三郎首相に送つた書狀控(大正十二年)　一
一、明治四十四年九月一日山座圓次郎氏よりの書翰　一
一、大正九年新戸部博士より國際聯盟事務局に關する件の書翰　一
一、大正十二年四月望月小太郎氏よりの書翰　一
一、大正九年六月セミョノフ將軍の請願書翰(譯文)　一
一、第二回日露連絡運輸(寫眞)　一
一、後藤新平氏相馬事件連座の寫眞　一
一、後藤伯最後の寫眞　一
一、露國皇帝御名代ゲオルギー・ミハイロウイチ太公殿下寫眞　一
一、後藤伯書翰(明治四十一年)　一
一、同(同四十五年)　一
一、同(大正二年一月)　一
一、同(大正三年末)　一
一、淺水又次郎の書翰　一

佐藤德一郞氏所藏

一、明治初期の錦繪　數枚

西竹一氏所藏

一、露都御訪問の有栖川宮熾仁王殿下御寫眞　一
一、北清事變寫眞　一
一、北京籠城に於ける館員の寫眞　一
一、北京籠城前における記念寫眞　一
一、北京籠城の圖(大額)　一
一、三國干涉當時の露都思出の記念油繪大額　一
一、露國皇帝戴冠式における山縣一行の寫眞　一
一、陸奥伯書翰(明治廿六年)　一
一、同　(廿八年)　一
一、加藤高明書翰(廿一年)　一
一、靑木周藏子書翰(廿七年)　一
一、井上馨公書翰(三月二日)　一

加藤隆義子爵所藏

一、ワシントン會議の記念寫眞(各國全權自署アルモノ)　一
一、ワシントン條約に於て署名に使用せし金ペン　一

船越光之丞男所藏

一、獨逸引揚の船越代理大使等の記念寫眞　一
一、引揚に際しての船越大使パスポート　一
一、同寫眞　一

松平恒雄氏所藏

一、遣露使節寫眞　一二
一、明治四年ニューヨーク市主催岩倉公一行歡迎音樂會プログラム　一

三宅雪嶺氏所藏

一、軍縮會議その他寫眞　二五
一、岩倉大使一行への勅旨及別勅旨　一
一、條約改正問題に關する栗野氏の書簡　一
一、岩倉公一行の寫眞帖　一

西原龜三氏所藏

一、西原借款に關する西原龜三覺書、寺內伯簡札　一
一、日支親善と其事業　一
一、日支親善と其の事業に關する附屬書覺書並に協定案　一
一、大正十四年支那外交委員王世延、黃郛等を代表に袁良より日支親善を劃する親書　一

山座賤香氏所藏

一、德大寺公よりの書簡　一
一、西園寺公よりの書簡　一
一、調印を認めた夫人宛の繪はがき　二

中田敬義氏所藏

一、伊藤公、山縣、井上書簡合本　卷物　一
一、陸奥伯　同　二
一、西園寺公書簡　同　一
一、琉球事件原委(付談判筆記)　一
一、日清講和始末　一
一、同會見要錄　一
一、使清辨理始末(大久保公使)　一
一、蹇々錄　一
一、日英條約改正記事　一
一、同　(附錄)　一
一、日米條約改正記事　一
一、條約改正記事(靑木子在職中)　一
一、ポルトガル條約中裁判權破棄の件　一
一、日清韓交涉事件記事(加藤高明自筆)　一
一、日韓交涉略史　一
一、陸奥伯肖像　一
一、三國干涉要概　一
一、滯韓諸稿　一
一、朝鮮事件に關する雜書綴込　一
一、日韓交涉交涉の眞相　一
一、防穀事件覺書　一

內ケ崎作三郞氏所藏

一、嘉永六年大合衆國よりの書簡(和譯)　一
一、浦賀黑船渡來の圖橫濱上陸　一
一、初代廣重筆英國ロンドン　一

竹越與三郞氏所藏

一、平和會議に於て西園寺公の署名に使用せし萬年筆　一

西伊三次氏所藏

一、陸奥伯の油繪　一
一、黑田淸隆意見書卷物　一
一、靑木周藏子書簡　一
一、陸奥宗光書簡　一
一、西德二郞男寫眞　一

川島信太郞氏所藏

一、昭和六年アルバニヤ公使館開設にあたり川島公使が信任狀棒呈のた

め王宮に向ふ寫眞　一
一、ゼノア會議日本全權團寫眞　一
一、第二回勞働總會日本代表團寫眞　一
一、井上外務卿條約改正列國使臣會議模擬寫眞　一
一、ヴェルサイユ平和會議隨員全員記念寫眞　一
一、明治四十年小村侯條約改正關係者記念寫眞　一

下田町了仙寺淸水歸一氏所藏及下田町役場所藏

一、ハリス旅行記念全集　三
一、ハリス・ヒュースケン寫眞　二
一、黑船の寫眞　二
一、ハリスの信任狀　二
一、日本上陸のペルリ提督寫眞　二
一、古文書（イ、お吉仕度金請求書　ロ、お福病氣快癒屆）　一
一、唐人お吉の三味線　一
一、唐人お吉の愛用の煙草盆　一
一、御用狀箱　一
一、安政開港當時の下田地圖　一
一、ギヤマンの匙　一

下田町玉泉寺所藏

一、ハリス・ヒュースケン使用の提燈　二

白髭丸衞氏所藏

一、下田奉行宛ミシツピー船將リーよりの書簡（邦七、英二、蘭二）　一
一、リー持參のワインボトル　一

明石元長男氏所藏

一、ロシアより明石元二郎氏の報告書　一
一、明石元二郎氏愛用の外套　一

長濱重磨氏所藏

一、明治五年岩倉公一行の桑港にての寫眞・　一

渡邊脩次郎氏所藏

一、福島少佐西比利亞遠征の圖　三
一、臺灣澎湖島占領之圖　三
一、外船渡來文晁・樂翁歌　軸　一
一、アメリカ人饗應之圖　一
一、各國人物圖二枚屛風　一
一、ロシア人渡來の圖　軸　一
一、阿部正弘寫眞　一
一、横濱開港圖畫　一
一、築地ホテル錦繪　一
一、スイス公使館及下田アメリカ領事館寫眞　二
一、露使プーチャチン長崎渡來の圖軸　一

村松春水氏所藏

一、安政四年下田奉行所の製圖　一
一、嘉永七年春幕吏が下田名主等た使役し作製した下田地圖　一
一、逗州下田港の圖　一
一、安政津浪前の下田地圖　一

花園兼定氏所藏

一、福澤諭吉「西洋事情」（明治三年）　六
一、中村敬宇譯「自由之理」（明治五年）　五
一、尾崎行雄「退去目錄」　一
一、筆寫本「安政雜記」　一
一、ハーヂング大統領署名入寫眞（文句は平和希望のメッセージ）　一
一、英國戴冠式の本　一

大山卯次郎氏所藏

一、岩倉公一行の寫眞　一
一、同復寫　一
一、スローフン氏岩倉公より拜領の品寫眞　一
一、米國公使デイーロングと岩倉公の寫眞　一

横濱市役所所藏

一、山ノ手地所第十七番　一
一、〃　〃　百一番　一
一、山手外人居留地乙第百三九番地所　一
一、同上　乙第十二番地所　一
一、同上　乙二十四番甲ノ一
（永代借地券）以上五點

西朝子氏所藏

一、伊藤博文公署名入の寫眞
一、伊藤公遭難當時の襯衣（箱入）
一、有栖川威仁親王殿下より伊藤公の兇變た悼むの辭（額入）　一
一、梅子夫人宛手紙　一

丹吳鋼之助氏所藏

一、伊藤博文の大隈首相宛書翰（淸浦伯、金子堅太郎伯の脇書あり）

吉田正太郎氏所藏

一、木戸公歐洲漫遊の時所持せしガイド・ブック　一
一、ペルリ入港當時の版畫・錦繪その他
一、明治維新に於ける制札　四

丸山國雄氏所藏

一、明治初年オランダ海相兼外相カッテンダイケ氏日本滯在日記　一

五味益雄氏所藏

一、萬延元年遣米使節一行に關するアメリカ新聞紙　一巻

秋定鶴造氏所藏

一、嘉永五年土佐漁人の亞米利加漂流記　一

下關市所藏

一、李鴻章寫眞額面　一
一、春帆樓全景及玄關寫眞　一
一、風月樓全景及春帆樓庭園寫眞　一
一、引接寺全景及玄關　一
一、李鴻章居間及引接寺應接間寫眞　一
一、伊藤全權大使寫眞　一
一、談判場寫眞　一

山口元次郎氏所藏

嘉永六年異國船一件　一

外國館

ドイツ政府所藏

一、全權公使オイレンブルク信任狀（一八六一年）　一
一、普、日通商條約　一
一、青木公使全權委任狀　一
一、日獨通商條約（一八九六年）　一
一、同（一九一一年）　一
一、東亞新聞一號　一

ドイツ大使館所藏

一、動くナチズム寫眞　一
一、ヒットラー少年團太鼓　一
一、ヒットラー　二態の寫眞　一
一、獨乙國勳章　一
一、突擊隊と親衞隊人形　二
一、ヒットラー肖像　一

英國大使館所藏

一、震災前の英國大使館寫眞　一
一、親日公使サー・アーネスト・サトー氏寫眞　一
一、最初の駐日大使サー・クロード・マクドナルド寫眞　一
一、インピーリアル、エイアウエイ地圖　一
一、飛行艇の解說圖　一
一、選擧ポスター　多數

米國大使館所藏

一、ヴェルサイユ條約記念署名集　一
一、ペルリ提督及乘組員の版畫　一
一、米國地圖　一
一、ルーズヴェルト大統領自署寫眞　一
一、ジョージワシントン寫眞　一
一、米國議會議事堂寫眞　一
一、大統領ウイルソン、ハーデイング、クーリッジ、フーヴァ　四人の寫眞　四
一、其他名士の寫眞

墺國領事館所藏

一、クイン、エリザベス號模型　一
一、ポスター　八
一、觀光パンフレット　四
一、墺國八州パンフレット　一
一、シュニツグ寫眞　一
一、ミクラス寫眞　一
一、スターレンベルグ寫眞　一
一、故ドルフス寫眞　一

丁抹公使館所藏

一、丁抹統計　一
一、丁抹寫眞帖　二
一、寫　眞　一二
一、憲法、法律及勅令　一
一、アイスランド年鑑　一
一、アイスランド特別號　一
一、グリーンランド寫眞帖　一
一、日本條約寫し　一
一、王、王妃寫眞（枠入り）　一
一、風俗寫眞　一
一、大臣寫眞　一
一、國　旗　一
一、新　聞　二

ノルウエー公使館所藏

一、國　旗　一
一、書　籍　六
一、寫眞帖　二
一、寫　眞　一二
一、地　圖　一
一、ポスター　一四
一、新　聞　八

ブラジル大使館所藏

一、大統領官邸寫眞
一、日伯國旗交叉の置物　一
一、經濟使節到著の額入り寫眞　一
一、ブラジル外交團創設記念メダル　一
一、記念章　一
一、代表新聞・雜誌

アルゼンチン公使館所藏

一、畫　帖　一
一、在亞同胞　畫帖　一
一、選擧圖表　一
一、地　圖　一
一、ガルシヤ將軍の寫眞　一

チエッコ・スロヴアキア公使館所藏

一、國　旗　一
一、大統領（前・現）寫眞　一
一、同　官邸　三
一、ソコール運動寫眞　四〇
一、風俗寫眞　一六

フインランド公使館所藏

一、新大統領寫眞　一
一、新　聞　二二

フランス大使館所藏

一、マリアンヌ彫像　一基
一、マルスラン・ベルトロー彫像　〃〃

一、サヂ・カルノー彫像　一
一、ルブラン大統領閣下畫像　一葉
一、ポール・ヅーメル畫像　〃〃

フランス大使館クノーベル參事官所藏

一、故、アリスチド・ブリアンの歴史的な演壇の姿態とその筆蹟　五葉

イラン公使館所藏

一、國　旗　二
一、雜　誌　一
一、エハガキ（寫眞）　四四

オランダ公使館所藏

一、大臣の寫眞　一〇
一、議會の寫眞　一二
一、橋工事の寫眞　一四
一、海　岸　九

ソヴイエト聯邦大使館所藏

一、寫　眞　多數

日佛會館所藏

一、日本風景版畫額面　二
一、イリコストラション誌　一
一、政治雜誌見本　一
一、大戰記念像　一
一、地圖額面　一

中華民國大使館所藏

一、寫　眞　一六〇
他多數

伊太利政府

一、出品物　多數

友枝高彥氏所藏

一、ドイツの寫眞（大　二〇
（中　五三
一、ナチス突撃隊行進の人形　五三
一、ドイツ國鳥瞰地圖　一
一、廻廊カード　一
一、ナチス記念小旗　一
一、ポスター　一〇

日獨文化協會所藏

一、榎本武揚と獨逸人間の北海道七重村開墾條約の件寫眞　三二
一、沖繩縣宮古島の碑の石版刷軸　二
一、ドイツ人形（箱入）　二
一、ポスター（景）　七

馬場秀夫氏所藏

一、ロシア風俗人形　三七
一、イギリス軍人人形　一

老川茂信氏所藏

一、文久二年七月伯林宮城白の廣間に於ける遣歐使節竹內一行の賜謁式次第書　一
一、同著席位置を示したる圖面　一
一、明治四年特命全權大使米歐回覽實記　五

一、シーボルト男寫眞　一
一、玉井喜作　寫眞　一
一、同氏著西比利亞征槎紀行　一
一、同氏發行「東亞」合本　二
一、日露戰爭勃發直後モスクワで發行されたる漫畫　一
一、同フランスで發行されたる漫畫　一
一、日露開戰當時山縣元帥と密偵間の報酬契約書寫眞　一
一、日本婆さんに關する寫眞（額入り）　四
一、獨逸陸軍と日本陸軍との關係寫眞（額入り）　一
一、シーボルト男書簡　一
一、獨逸選擧ポスター（一九二四年）　四一
一、ヒンデンブルグ元帥立像　一
一、同署名入り寫眞　一
一、ローゼンベルグ著書　一
一、マッケンゼン將軍寫眞　一
一、ルーデンドルフ將軍寫眞　一
一、ラインハルト・シエール提督寫眞　一

田村幸策氏所藏

一、民族別歐洲地圖　二
一、米大統領選擧ポスター　二三

水田文雄氏所藏

一、獨逸選擧小旗（紙製）　三
一、ポーランド廻廊カード　一
一、ナチス宣傳用パンフレット　一
一、反ナチス同　二
一、歐洲大戰中の布告　一
一、獨帝（カイゼル前帝）彩色寫眞　二
一、大戰爭中の募債ポスター　四
一、反ヒットラー、ビラ　一
一、選擧チラシ　七
一、支那解放小册子　三

大塚虎雄氏所藏

一、獨逸突擊隊制服上下、製帽、バンド　二

山田純三郎氏所藏

一、張學良愛用のステッキ　一
一、中華民國要人の書幅　一一
一、寫眞帖　三
一、雲泥鴻爪　一
一、手　紙　二
一、證　二
一、孫文領收證　一

小谷節夫氏所藏

一、吳佩孚の書　一

出淵勝次氏所藏

一、支那內閣官報一號　一

本庄繁氏所藏

一、肅親王及竹允の書（箱入、表裝）　一
一、曹錕の書（表裝）　一

一、張勳の書（同）　一

百々巳之助氏所藏

一、オルデンスブルグの寫眞　多數
一、勳章及勳記
一、ゲッベルスの手紙　一
一、系　圖

須磨彌吉郞氏所藏

一、書　帖　一〇
一、書　幅　一二

坂部護郞氏所藏

一、インフレーション當時（ドイツ）の紙幣　一
一、ハーケンクロイツ章　一
一、銅　牌　一

山崎次郞氏所藏

一、サン・マルチン將[ショウ]軍銅版　一
一、土人（ガウチヤ）の繪一、寫眞二、寫眞帖二

松本德明氏所藏

一、ナチス黨大會記念章　一
一、寫　眞　多數

東京市役所所藏

一、オリムピック旗　一
一、ナチス旗　一

渡邊知雄氏所藏

一、印度風俗人形　一四
一、玖馬獨立戰爭記念の劍　一
一、玖馬國大統領夫人より贈られたる貴箱　一

高垣信造氏所藏

一、アフガン國宗敎用槍の穗先　一
一、同　戰斧　一
一、印度土人の人形　四九
一、アフガン戰士の大小刀　二
一、ネパール、アフガン風俗寫眞　多數
一、黃銅製懸額　二
一、オモ・タゴールのベネレス佛寺油繪　一
一、ラビン、タゴール油繪　二
一、ネパール國王ハーシエムシヤーの寫眞　一
一、マイワール國王クリシナワデアール寫眞　一
一、タゴール翁の寫眞　一
一、アフガン楯銃　二
一、同　玉入　一
一、ベンゴール州のベンゴール大虎の毛皮　一
一、アフガン國最高勳章同勳記　一
一、ネパール士の大小刀　一
一、アフガン陸軍大臣寫眞　一
一、アフガン風俗寫眞その他　一八

吉岡文六氏所藏

一、戴天仇の書　一

白岩龍平氏所藏

一、孫文黃興の招待狀　一
一、唐有壬父君の張之洞を刺しに出かける時の詩　一

林久治郞氏所藏

一、ブラジル勳章（勳一等）　一
一、シャムの人形　一

岡野增次郞氏所藏

一、吳佩孚の書　一

水野梅曉氏所藏

一、張群の謝電　一
一、北京國會傍聽券　一
一、蔣介石、宋美齡合影自署　一
一、廣東軍政府解散記念メタル　一
一、蔣介石書簡　一

高木陸郞氏所藏

一、張作霖・吳佩孚妥協の手紙　一
一、中日實業設立許可證　一
一、胡漢民、孫文、曹混、黍元洪、吳佩孚、李烈鈞の書　一

濱野末太郞氏所藏

一、日本國民に致すメッセージ　一
一、孫文署名宋慶齡書　一

信夫淳平氏所藏

一、支那海軍、諸艦長の寫眞　一
一、支那勳章の勳記　一
一、支那艦隊の寫眞　一
一、陳紹寬の書　一

山口武氏所藏

一、シャムの佛畫一、佛像一、面一

矢田長之助氏所藏

一、シャム國佛僧用托鉢　二
一、黃銅製佛首像大小　二
一、黃銅製佛座像　五
一、シャム國漆塗冷水壺　一

山村棋次郞氏所藏

一、刀劍（ミンダナオ島モロ族用）　八
一、比島土人自家製小銃　一
一、楯　二
一、帽子（ミンダナオ島土人用）　四
その他

國際學友會所藏

一、アフガン國土人用ターバン　一
一、アフガン人常用帽子　一
一、シャム國土人洗面器　一
一、シャム國民一般常用具　一
一、銀製シガレット・ケース　一

平沼亮三氏所藏

一、獨逸政府より贈與の記念牌　一
一、オリムピック勳章　一

一、ベルリン市長より贈與の記念章　一
一、フィンランドより贈與の勳章　一

徳川家達公所藏

一、米國議會のギヤツベル　一
一、フランス議會より貰つた記念章　一

アフガニスタン公使館所藏

一、國旗　一
一、國王の寫眞　一

トルコ大使館所藏

一、國旗　一
一、大統領の寫眞　一
一、男女衣裳　一

ルーマニヤ公使館所藏

一、國旗　一
一、議事堂模型　一
一、寫眞　多數

スイス公使館所藏

一、國旗　一
　その他

ギリシヤ領事館所藏

一、國旗　一
一、寫眞　多數

チリー公使館所藏

一、寫眞　一

メキシコ公使館所藏

一、國旗　一
一、額入り寫眞　一一

スエーデン公使館所藏

一、雜誌　數種
一、寫眞　一

カナダ公使館

一、國旗　一
一、總督その他の寫眞
一、オツタワの寫眞

ベルギー大使館

一、現皇帝、議事堂その他寫眞　數種

外地館

（臺灣館）

臺灣總督府殖產局出品

一、トランスライト寫眞
　臺灣神社、臺北新公園、臺北帝國大學、蕃童敎育所、臺北舊市街、同新市街、舊廳舍、總督府廳舍、臺灣書房、新製糖工場、舊式糖業植物園　二二
一、着色寫眞（製茶工場、茶園）　二
一、圖表（臺灣貿易額累年對照表、臺灣の產業、再生茶產額）　三
一、米各種　四
一、茶各種
一、砂糖各種

同　專賣局出品

一、煙草（葉卷、兩切、刻、葉煙草各種）　四一
一、酒類（老酒、五加皮酒、糯米酒、ポンカノ！各種）　三四
一、樟腦、樟油その他

同　文敎局出品

一、ヂオラマ（文敎の今昔）　二
一、寫眞（敎育關係）　七
一、圖表（敎育進展の現狀その他）　二

同　警務局出品

一、統計表（理蕃の今昔を示す）　一
一、山岳寫眞　三
一、敎育所用國語讀本　八
一、國語敎本　一
一、敎育所畫帳（敎師用、兒童用）　八
一、敎育所略畫帳　一
一、遊戲敎材集　一
一、敎育所用唱歌敎材集　一
一、書方及圖畫　七
一、靴、手提、背負袋　各一
一、マラリア蚊（寫眞）　一
一、規那、キニーネ關係圖表　二
一、規那樹關係寫眞、標本、製品等　數種
一、衞生關係統計及圖表　五
一、槍　二
一、弓　二
一、蕃刀　六
一、網袋　二
一、帽子　二
一、テーラ　五
一、パイプ　六
一、耳飾　九
一、スプーン　四
一、蕃衣　二
一、腰飾、楯、蕃刀吊、呼鈴、シクン火藥、火藥入、首飾、食器、頭飾　各一

同　交通局出品

一、臺灣を中心としたる交通關係圖面、圖表

各會社出品

一、臺灣青果株式會社　各種青果物
一、臺灣合同鳳梨株式會社　各種鳳梨罐詰
一、臺灣興業株式會社　各種建材用テックス、紙
一、高砂香料株式會社　各種香料
一、大日本糖業聯合會　各種砂糖
一、日本石油株式會社　各種石油

（樺太館）

樺太廳出品

一、樺太模型　一
一、樺太の古地圖　二
一、日露戰況寫眞　三
一、觀光パノラマ　二
一、馴鹿剝製　二
一、膃肭獸剝製　六
一、ロツペン鳥剝製　二〇
一、パルプ及製紙標本　一
一、石炭及鑛產關係
一、石炭低溫乾溜標本　一
一、ツンドラ　一
一、ツンドラ加工品　九
一、アンモナイト加工品　一〇
一、狐皮　三
一、重要物產　二〇
一、映畫（樺太）トーキー館　五
一、この外、產業觀光關係寫眞ジオラマ等　數十點

間宮正倫氏所藏

一、間宮林藏先生肖像　一
一、北海道長官よりの效績狀　一
一、林藏先生使用の毛布　一
一、先生韃靼探檢中使用の頭巾　一
一、測量用の鎖　一
一、先生自筆海瀕船行圖　三
一、先生の書簡
一、北蝦夷圖說　四
一、先生使用の韃靼石の硯　一
一、先生使用の天グラス

小樽近海郵船株式會社所藏

一、樺太日露國境畫定寫眞　一

（南洋館）

南洋廳出品

一、南洋三時代ヂオラマ（軍政時代―民政時代―現在）　一
一、鑛物その他參考品
一、椰子の木　五
一、飛行場から見た群島大觀（パノラマ）　一
一、群島風物油繪　六
一、同上寫眞
一、石貨　一

南洋興發株式會社出品

　砂糖、酒精、糖蜜

南洋貿易株式會社出品

　コプラ、鰹節

南洋拓植株式會社出品

　燐礦、南洋鳳梨の罐詰

コ、ア南洋株式會社出品

　パパイン

（朝鮮館）

朝鮮總督府出品

一、農產　人參栽培狀況、棉花栽培狀況（ヂオラマ、標本）
一、畜產　緬羊飼育狀況（南棉北羊）（寫眞、標本）
一、林產　鴨綠江筏流狀況（寫眞、圖表、標本）
一、工產　朝鮮窒素興南工場の全貌（同）
一、水產　朝鮮東海岸鰯水揚げ狀況（同）
一、鑛產　ドレツヂヤ（砂金採取船）兼二浦製鐵所全貌（同）
一、咸北三長警察署農事洞警察官駐在所模型
一、咸南新嘉坡警察署兎坪警察官駐在所模型　一
一、殉職警官の遺品並に匪賊討伐の際の鹵獲品　數點
一、總督府鐵道局施設　一
　イ、朝鮮乘物の變遷模型　一
　ロ、風光寫眞　一三
一、總督府遞信局施設
　イ、現在の遞信事業の全貌
　ロ、韓國時代の遞信資料（切手、葉書、馬牌、チゲ、郵便旗、通符、帽子、笠、印箱、秤、算盤、執務狀況、通信院、電報總司、雨中集配圖、電話交換作業圖等）
一、學務局鮮內敎育施設に關する圖表並に朝鮮諺文敎科書　數點
一、內務局土木課の朝鮮土木事業の圖表　三
一、農林局林政課より、北鮮開拓の圖表並に寫眞（火田民指導部落）　一〇
一、朝鮮の風俗習慣の今昔比較寫眞　多數

朝鮮各道出品

京畿道。忠淸北、南道。全羅北、南道。慶尙南、北道。平安北、南道。黃海道。江原道。咸鏡南、北道の各道よりそれぞれその產物を出品、第一室に陳列す。

滿洲館

滿洲國政府、關東局、南滿洲鐵道會社共同出品

（一）「日本と滿洲」
一、漫畫風圖表　一二
一、日滿提携圖表　一
一、日滿人口、面積比較表　一
一、詔勅額　一

（二）「滿洲大觀」
滿洲現勢模型　一

（三）「政　治」
一、滿洲國政治機構、圖表　一
一、日本の對滿機構、圖表　一
一、滿洲國統治組織圖　一
一、滿洲國對外關係圖表　六

（四）「軍　政」（滿洲國軍政部特別出品）
一、滿洲國陸海軍被服類及皮革類　一式
一、同陸海軍紹介寫眞　一四四
一、同首腦者肖像寫眞及略歷（司令官、學校長以上）　二
一、同軍系統表（軍事諸機關隷屬關係）　一
一、同軍給養一覽表　一
一、同陸軍教育機關系統表　一
一、同海軍各種教育實施表　一
一、江防艦隊警備圖表　一
一、匪賊の全滿分布圖表（電氣裝置式）　一
一、共産匪の分布圖表　一
一、匪賊の山塞生活（パノラマ式）　一
一、紅軍の常套する奇襲に於ける地形及其戰法圖　一
一、北部東邊道に於ける討伐效果一覽表　一
一、滿洲建國役戰傷者年次別統計表　一
一、鹵獲品鹵獲武器等　多數
一、ポスター、標語、傳單、パンフレット、畫報陳列　一
一、最近一ヶ年國軍略史（ヂオラマ式）　一
一、蒙古軍隊包　一
（備考、蒙古包は屋外航空燈臺横に陳列す）

（五）「交　通」
一、特急「あじあ」油繪　一
一、事變前の滿洲鐵道圖　一
一、現在の滿洲鐵道圖　一
一、事變後建設圖表　一
一、自動車路線圖　一
一、航空路圖　一
一、水運圖　一
一、通信圖　二

（六）「産業と資源」
一、農村と放牧のヂオラマ　一
一、日滿産業比較圖　一
一、主要穀物收穫高累年比較表　一
一、畜産圖表　一
一、林産分布圖　一
一、重要鑛産分布圖　一
一、鑛産埋藏量、圖表、標本
一、重要鑛産埋藏量比較表　一
一、農産物標本

（七）「貿　易」
一、大連港ヂオラマ　一
一、滿洲主要輸出品圖表　一
一、滿洲主要輸入品〃　一
一、主要國別貿易額表（輸出）　一
一、同　（輸入）　一

（八）「投　資」
一、日本の滿洲投資額圖　一
一、滿洲に對する列國の投資圖表　一
一、事變後に於ける日本の對滿投資額　一

（九）「移　民」
一、日本移民入植圖　一
一、漫畫風圖解　一四
一、國策大移民計畫圖　一
一、滿鐵自警村圖表　一

（一〇）「滿　鐵」
一、滿鐵の組織並に社業圖解式ヂオラマ　一

陸軍館

梨本宮家御貸下
一、梨本宮守正王殿下陣中御使用の御軍刀　一
一、同　右　御拳銃　一
一、同　右陣中御撮影の御寫眞　一

閑院宮家御貸下
一、載仁親王殿下陣中御着用の御軍服　一
一、同右　御軍帽　一
一、載仁親王殿下陣中御撮影の御寫眞額　一
一、同　右陣中御着用の御軍服　一
一、同　右　御軍帽　一
一、載仁親王殿下御奮戰の圖　一
一、載仁親王殿下を讃へ奉る軍歌　一
一、載仁親王殿下御假宿の支那家屋寫眞　一
一、載仁親王殿下とカールアントン殿下との記念御寫眞　一

久邇宮家御貸下
一、久邇宮邦彦王殿下陣中御撮影の御寫眞　一

竹田宮家御貸下
一、竹田宮恒久王殿下陣中御使用の御軍帽、御水筒、御茶碗　各一
一、同　右　副官御肩章　一
一、同　右　御出征の砌廣島にて御撮影の御寫眞　一

帝室博物館所藏
一、有栖川宮熾仁親王殿下西南役の砌御使用の御軍服　一
一、有栖川宮熾仁親王殿下江戸御滯陣中御使用の御筒袖　一

歩兵第十五聯隊所藏
一、恤兵獻金受付納付簿（明治卅七年二月起）　一

大村泰敏子所藏
一、明治天皇より大村益次郎に御下賜の衣冠裝束　一
一、有栖川宮熾仁親王殿下より御下賜の鐵扇　一
一、大村兵部大輔寫眞　一
一、大村益次郎著兵家須知戰闘術門草稿　一

廣島縣廳藏
一、大本營跡全景　一
一、大本營玉座　一
一、臨時帝國議會全景　一
一、當時の大本營　一

松本市役所所藏
一、福島大將西伯利亞單騎旅行の際使用の双眼鏡、革製水筒、跋涉路線略圖　各一
一、白襷隊長中村將軍の軍袴斷片　一

陸軍運輸部所藏
一、明治卅八年十二月凱旋宇品軍用棧橋上の滿洲軍總司令部　一
一、滿洲軍總司令部乘船の際宇品軍用棧橋通過の光景　一
一、明治卅九年一月第三軍司令部宇品上陸の光景　一
一、明治卅九年凱旋宇品軍用棧橋上に於ける第三軍司令部　一
一、北白川宮能久親王殿下御寫眞　一
一、北白川宮能久親王殿下親王旗　一

大山柏公所藏
一、大山元帥の陣中日記　一
一、〃　勳章　一
一、忠魂錄（大山元帥が全軍の冥福を弔ふため作りたるもの）　一
一、大山元帥寫眞大額　一
一、元帥陣中使用の地圖　一
一、大山大將第二軍司令官補職辭令　一
一、大山第二軍司令官の旅順口攻擊命令　一
一、同上、陣中使用の被服、靴、双眼鏡、雪除眼鏡、携帶硯箱　各一
一、朝鮮出兵に當り大島混成第九旅團長に與へたる伊藤內閣總理大臣の訓令原稿　一
一、清國軍旗　一

櫻井忠溫閣下所藏
一、越中島訓練圖　一
一、駒場大演習圖　一
一、日比谷觀兵式圖　一
一、名古屋地方陸海軍大演習圖　一

西鄉從德侯藏
一、征臺役當時西鄉將軍着用の軍服、劔、軍帽　各一
一、生蕃腕輪（生蕃酋長降伏の印として將軍に贈呈せしもの）　一

曾我祐邦子所藏
一、西南役薩軍使用の小銃彈　三
一、セバストポール要塞地圖　一

野津鎭之助侯所藏
一、第一軍々歌　一
一、野津元帥筆の軸　一
一、〃　日清役陣中着用のマント及頭巾　一
一、開原、昌圖の繪卷　一
一、日清戰爭錦繪　一
一、野津元帥日露戰役着用の軍帽　一
一、〃　防寒頭巾　一
一、〃　軍服上下　一

一戸寛閣下所藏
一、清兵の連發銃（日清戰役）　一
一、乃木大將陣中使用の碁磐及碁石（煙草罐入り）　各一
一、清國人より贈れる天長祝旗　一

谷儀一子所藏
一、乃木大將（當時中佐）書狀及電報（谷干城將軍に送りしもの）　三
一、懷中時計（谷將軍愛用の品）　一

歩兵第十八聯隊所藏
一、大隊旗（日露役）　一

大島陸太郎子藏

一、大島混成旅團に對する伊藤公筆の訓令 一
一、血染の軍服白シャツ 一
一、軍刀 一
一、船橋里激戰圖 一

長谷川猪三郎子所藏

一、乃木、長谷川兩將軍の肖像 一

山縣有道公所藏

一、山縣有朋公より西郷南洲翁に送れる自刄勸告文の草稿 一
一、西南戰役に於る山縣陸軍卿軍衣袴 一
一、同右 夏外套 一
一、山縣元帥西南役に着用の夏軍服 一
一、同 夏外套 一
一、山縣元帥日清役第一軍司令官として陣中着用の軍服 一
一、同 ハンカチにて自製の國旗（陣中にて常に居室に掲げられたるもの） 一

漆畑清氏所藏

一、日露戰役出征者の餞別帳 一
一、日露戰役記念繪葉書張交ぜ屏風 一
一、明治十年軍隊手帳 一
一、旅順陷落祝賀會の際掲げたる旗 一
一、日清役漫畫「百撰百笑」 一
一、日露凱旋當時情況繪葉書アルバム 一
一、日清役英文寫眞帳 一
一、日清役記念畫帳 一
一、日清日露記念切手額 一

西西乙男所藏

一、西周肖像 一

久保田金僊氏所藏

一、久保田米僊筆入韓日記 一
一、成歡襲擊和軍大捷圖 一
一、清國兵の軍刀 一

尾佐竹猛氏所藏

一、兵學校掟書 一
一、とことんやれぶし 三
一、明治元年官軍の肩章（所謂「錦切れ」） 一
一、佛蘭西令言圖解 一
一、英國步操新式 五
一、兵家須知戰鬪術門 五
一、明治四年軍隊手帳 一
一、築城典型 五
一、小隊教練書 一
一、西洋砲術便覽 二
一、步操新式 五
一、英國鼓笛譜 一
一、和蘭王兵學校掟書 一
一、橫濱太田陣屋英式教練寫眞 一
一、舊陸軍省寫眞 一

一、臺灣征伐に於る西鄉從道中將寫眞 一

宮川照次氏藏

一、吉岡大佐陣中にて乃木大將に沈日堡の戰況を報ずる書簡 一
一、山岡中佐の盲ひたる後乃木大將宛の訣別の書 一
一、同右 記事掲載の東京日日新聞 一

黑木三次伯所藏

一、黑木大將日清役使用の軍衣袴 一
一、同 靴下 一
一、同 マント 一
一、同 手袋 一
一、同 懷爐 一
一、同 日露役使用の辨當箱 一
一、同 西南役使用の辨當箱 一

陸軍士官學校所藏

一、士官學校の御傭教師と寺內元帥の記念寫眞 一
一、日露戰爭前士官學校訪問クロポトキン將軍の記念寫眞 一
一、明治四十三年士官學校を訪問せるキッチナー元帥寫眞 一

兒玉秀雄伯所藏

一、兒玉大將陣中寫眞 一
一、同 臺灣征伐の際分捕の槍長刀 一
一、同 日露役ノ際分捕ノ太鼓ノ火鉢、火箸 各一

麻生義輝氏所藏

一、西周書沼津兵學校追加掟書 一
一、〃 陸軍關係意見書 一
一、〃 兵語辭書編纂次第 一
一、〃 軍人訓戒草案 一
一、沼津兵學校職員及卒業生名簿 一

山岡淑子氏所藏

一、乃木將軍より山岡中佐に贈れる盲人用金時計 一
一、勸降白旗 一

正木勝次郎閣下所藏

一、支那兵軍服（威海衞の戰利品） 二

堀內文治郎閣下所藏

一、反射鏡（青島浮山々頂にて獨軍使用） 一
一、ワルデンゼール砲臺の藥莢 一
一、佐藤少佐の肖像畫 一
一、〃 軍服 一
一、〃 愛刀 一
一、青島攻擊正面寫眞圖 一
一、青島石油タンク爆破の景 一
一、佐藤少佐出發の記念寫眞 一
一、堀內中將日記 一
一、青島攻擊の圖 一

藤井茂太氏所藏

一、從軍畫家曲翠筆漫畫 一
一、岡崎山に露軍の遺棄せる太鼓 一

奥保夫伯所藏

一、奥元帥日露役陣中使用の双眼鏡 一
一、〃 軍帽 一
一、〃 軍衣 一
一、〃 防寒具 一
一、慶雲堡第三軍兵站監部に於ける奥元帥寫眞 一

川村景敏子所藏

一、川村元帥の胸像 一
一、川村元帥陣中使用の足袋 二
一、川村元帥陣中使用の草鞋 二
一、同 右 由來記 一

五姓田芳柳氏所藏

一、軍旗親授式の圖（五姓田芳柳畫） 一

軍人會館所藏

一、淸國軍旗 二

長谷川正道氏所藏

一、乃木將軍陣中使用の圖囊 一

步兵第三十六聯隊所藏

一、白襷隊の寫眞額 一

佐藤淸勝氏所藏

一、平壤包圍攻擊元山支隊の圖 一
一、鴨綠江渡河の圖 一

淺井勇助氏所藏

一、錦繪自維新至滿洲事變 一六三

土井福造氏所藏

一、恤兵部發行日露役記念扇子 一
一、日露役記念繪葉書 一
一、〃 御下賜の盃 一
一、〃 繪葉書 一

板崎守義氏所藏

一、明治天皇御使用の御手富貴 一

陸軍軍醫學校所藏

一、明治初年の藥籠 一
一、明治五年制定の陸軍看護卒用醫療背囊 一
一、明治六年當時の三角巾及三角使用法 一
一、明治十年大阪鎭臺病院使用の三角巾 一
一、明治十年鰯屋製截除器 一
一、陸軍軍醫部囊入外科器械（明治十二年） 一
一、撰兵論 明治四年堀內利國著 一
一、詐病辨 明治八年軍醫副伊藤本支譯 一
一、明治初年の補聽器 一
一、明治五年色盲檢查器 一
一、同 隱顯視力檢查器 一
一、明治初年の耳鏡 一
一、明治初年の壓舌子 一
一、握力計（明治十八年） 一
一、身長計（明治十八年） 一
一、小銃彈摘出標本（乃木勝典少尉以下廿四名分） 一
一、急造手術臺（旅順開城談判の際卓子代用としたるもの） 一
一、旅順開城談判の際樹立したる國旗 一
一、同 赤十字旗 一
一、右に關する附屬寫眞 一

陸軍衞生材料廠所藏

一、醫极（西南役の使用品） 一
一、滿洲事變に使用の隊醫极 一
一、滿洲事變の際熱河にて病院列車に掲げたる國旗 一
一、同 赤十字旗 一
一、支那軍の繃帶囊 一
一、同 繃帶包 一
一、滿洲事變の際支那軍の使用したる醫极 一

步兵第三十三聯隊所藏

一、三軒屋古戰場の寫眞 一
一、血染の第三大隊旗 一
一、吉岡大佐三軒屋奮戰の圖 一

陸軍糧秣本廠所藏

一、我國携帶口糧の歷史圖表 一
一、同 標本
一、携帶口糧現品
一、小型乾パン現品
一、壓搾口糧 現品 內容標本
一、粉末粉味噌 〃 〃
一、固形甘酒 〃 〃
一、粉飲料 〃 〃
一、軍粮精 〃 〃
一、熱量食 〃 〃
一、携帶濃羹汁 〃 〃
一、航空不時着非常食 現品
一、壓搾馬糧 標本
一、航空機上口糧 標本
一、携帶燃料 〃
一、乾燥野菜 〃
一、同 壓搾品 〃
一、粉末野菜 〃

陸軍被服本廠所藏

一、明治四年制定 御親兵步兵少佐服 一
一、明治七年制定 砲兵曹長略服 一
一、明治八年制定 步兵曹長正服 一
一、明治十九年制定 近衞步兵中佐軍服 一
一、〃 步兵上等兵軍服 一
一、〃 騎兵二等卒軍服 一

一、明治三十七年制定 歩兵大尉戰時服 一
一、同 防寒被服 一
一、同 防暑被服 一
一、同 第一種航空被服 一
一、同 防彈被服 一
一、日露戰爭當時の防寒被服 一
一、〃 露軍被服 一
一、〃 外套 一
一、日清戰爭當時支那軍被服 一

第七師團所藏

一、琴似屯田兵村寫眞 一
一、山鼻村屯田兵寫眞 一
一、屯田兵家族敎令 一
一、屯田兵の防寒帽子 一
一、同 作業服袴 一
一、同 軍帽 一
一、同 軍衣袴 一
一、同 手袋 一
一、同 麻脚絆 一

偕行社所藏

一、管內通寶 二
一、薩軍の小銃彈 八
一、兵家須知戰鬪術門 二

陸軍省所藏

一、勅諭下賜に關する陸軍卿の達 一
一、勅諭寫 一
一、勅諭五十周年を迎へて 一
一、奉答文寫 一
一、勅諭下賜の思ひ出 一
一、記念繪葉書 六
一、宮內大臣の陸軍大臣宛通牒寫 一
一、宮內省告示 一
一、觀兵式整列圖 一
一、閑院宮載仁親王殿下御寫眞 一
一、奉公偉繪卷 一
一、日清役戰利品額 一
一、日清、北清、日露記念寫眞 三〇

松本市役所所藏

一、福島大將シベリア單騎獨行記念双眼鏡 一
一、同 革製水筒 一
一、同 路線地圖 一

大日本武徳會本部所藏

一、村田銃發達史寫眞額 一三
一、同 說明額 一

北白川宮家御貸下

一、能久親王殿下征臺の砌御使用の御双眼鏡 一
一、同 御水筒 一
一、同 御圖囊 一
一、同 御帽子 一
一、同 御莫蓙 一
一、同 御シャツ 一
一、同 御マント 一
一、同 御常用服 一

近衛歩兵一聯隊藏

一、軍旗親授式記念寫眞 一
一、現今の軍旗寫眞 一

遊就館所藏

一、黒田清隆着用正衣袴、同正帽、正劍、飾帶、ダンブクロ 各一
一、村田連發歩兵銃、十三年式歩兵銃ゲベール銃、スペンサー銃、アルビニー銃、スナイドル銃、マンソー銃、ヘンリーマルチニー銃、ヤーゲル銃、レミントン銃 各一
一、王冠印四斤山砲 一
一、兵部省標札 一
一、奉公偉續繪卷 一
一、戊辰戰記繪卷 二
一、北征將軍仁和寺宮御凱旋圖 一
一、日清戰役戰利品 旗、額 各一
一、北清事變記念品 故歩兵大尉安藤辰五郎軍衣、軍帽 各一
一、日露戰役戰利品 三十七粍速射砲 一
一、ステッセル將軍より乃木將軍に贈りたる拳銃 一
一、尼港事變鹵携品、綿入服、手榴彈、砲彈々頭、領事館の屋根瓦、橇の破片 各一
一、日支事變記念品 故北川歩兵少佐軍衣袴、故藤原歩兵伍長防寒胴着、故岩波歩兵上等兵外套、故荒木工兵大尉の双眼鏡、故遠藤歩兵大尉鐵帽、故月岡歩兵伍長機關銃附屬品入囊、故富岡歩兵上等兵背囊 各一
一、日支事變記念品、マキシム重機關銃、チェック式輕機關銃、ベルクマン式自動短銃、急造防毒具、十九路軍用笠、騎馬隊用乘鞍、青龍刀と槍、旗、鐵帽、靴、太鼓、排日ポスター 各一

海軍館

尾佐竹猛氏所藏

一、幕府時代の海軍幹部員寫眞 一
一、英艦エンペロル號獻上の圖 一
一、ペルスライケン寫眞 一
一、永井玄蕃頭寫眞 一
一、明治十年測量築地海軍省廓內の圖 一
一、築地海軍兵學寮寫眞 三
一、海軍兵學寮當時使用敎科書
イ、蒸氣器械器(全)明治二年夏刊 海軍兵學校 一
ロ、土工程式 四
ハ、金湯中學 四
ニ、礮術敎授書 四
ホ、英語綴 一
ヘ、多元一次方程式 一
ト、砲術書 一
チ、船具圖解 一
リ、船內必携 一
一、渡米當時の勝海舟寫眞 一
一、咸臨丸造船圖 二
イ、船體側面圖 一
ロ、船體透視圖 一
一、遣米使節渡米當時の彼地新聞 一
一、〃 新聞挿繪寫眞帳 一
一、〃 同關係圖寫眞 一五
一、英語圖解 一

江田島海軍兵學校所藏

一、回天艦長甲賀源吾寫眞 一

日比谷圖書館所藏

一、異國落葉籠 一
一、江戸邊海實測圖 一
一、西洋軍艦蒸氣船製造方傳習書 一

海軍省所藏

一、觀光丸模型 一
一、函館海戰(洋畫) 一
一、高陞號擊沈(洋畫) 一
一、黄海海戰(洋畫) 一
一、軍艦新造模型二〇〇隻外ニ軍艦寫眞圖表等、 五〇

松平保男子所藏

一、房總警備繪卷物 春、夏、秋、冬 四

交通館

遞信

(遞信省關係各局、課出品。放送協會、日本郵船、東洋汽船東京灣汽船、日本光機株式會社出品)

水銀避雷機、無噪音扇風器、淨水裝置、周波後進減裝置、寫眞衝擊電壓發生裝置放送聽取用受信機、小型眞空管電氣淨油機、バサルト製品、醋酸纖維素電線單心燈(反射鏡付)、二重心石油燈、乙式六百燭光石油白熱燈、アセチリン瓦斯明暗燈(日光弁付)、アセチリン瓦斯急閃光燈、第四等不動電燈(點滅券付)、燈臺關係寫眞、圖表、第四等二連閃光燈臺、靖國丸、佐渡丸、天洋丸、橘丸、菊丸、葵丸模型、小型航空燈臺、小型著港場照明燈。

市內、市外電話ケーブル標本、電信ケーブル標本、自働交換機模型、和文印刷電信鑽孔機、同送信機、無線電信鑽孔機、同送信機、同レコーダー、同タイプライター

日本放送協會出品

一、(圖表)

全國放送局所在地圖(點滅裝置)、全國中繼連絡線圖、海外放送系統圖、世界主要國別ラヂオ施設數並普及率、我邦府縣別聽取者數並累年增加數曲線、放送番組構成ノ年度別變遷圖及一日平均放送時間、放送ヨリ受信マデノ經路圖解。

(寫眞)

愛宕山演奏所全景、新鄉放送所全景、新鄉放送所電力室、新鄉放送所送信機室、新鄉放送所配電盤室、東京大電力第一放送局舍全景、東京大電力第二放送所送信機室、東京大電力第二放送所電力室、名崎送信所全景、小室受信所全景、伯林市外ツェーゼン送信所、英國テレビジョン放送局、大阪新放送局舍全景、BBC放送局全景、伯林放送局全景、NBC放送局(ラヂオシティ全景)故濱口總理大臣放送寫眞、故犬養總理大臣同、故齋藤總理大臣同、岡田元總理大臣放送寫眞、廣田元總理大臣同、林總理大臣同、故元帥東鄉平八郎氏放送寫眞、伯爵金子堅太郎氏同、故伯爵後藤新平氏同「我邦放送事業の開拓者」、公爵近衛文麿氏同「日本放送協會總裁」

(送話器の種類)

アール、シー、エー、コンデンサーマイクロホン、テレフンケン同、マルコーニ同、エジソン、ベル同、ウエスターン、ラペル マイクロホン、シーメンス、バンド同、一テレフンケン、ライツ同、エム、エッチ、カーボン、マイクロホン、マルコーニ、ライツ同、ウエスターン、ダブルボタン同、マルコーニ、ムービングコイル同

(高聲器の種類) 獨逸カールゲルレル會社製オスチロプラン、英國ブリュウ、スポット會社製ブリュウ、スポット、スーパー、デュアル、米國ブラッシュ會社製

ツウイーター

（再生障害の實驗）　受信機二基を置き一基にて再生振動を起さしめ之れを他の受信機にて受信し障害程度の實驗をなす（同時に再生無防害受信機にて實驗をなす）

（放送より受信までの經路）　愛宕山演奏所、新郷放送所の關係を示すものにして畫面、寫眞圖解及マイクロホン、受信機增幅器、陰極線オッシログラフ等に依り放送の經路を平易に現はしたるもの

航空

陸軍航空本部、陸軍航空廠、陸軍糧秣本廠、航空研究所、飛行協會、日本航空輸送會社、霞ケ浦航空隊、藤倉工業、住友、立川飛行機、東京瓦斯電、日本飛行機、ハンサム商會、姫路製紐

交通の今昔（航空機によるもの）、飛行機發動機各種、飛行機プロペラ各種、各種模型飛行機、最新世界新鋭機切抜模型、グライダー實物、空の虱、航空糧食、氣球、落下傘、防毒具、航空被服、飛行機材金屬類、旅客機大地圖、軍用機、民間機用途（曲折鏡應用）高等飛行ジオラマ航空寫眞類、民間最初の犠牲者武石浩玻氏遺品、アンドレ、ジャピー氏血染の航空地圖、佐藤德一氏所藏の錦繪一點

鐵道

（鐵道省關係各局課、鐵道小型模型クラブ出品）

一、實物及模型類

アプト式電氣機關車模型（大宮工場、未完）、清水隧道附近電氣機關車運轉模型、金剛丸模型、關門海底隧道工法模型（工務局）省營自動車模型C型、A型、流線型省線電車模型、家禽車模型、活魚車模型FF53電氣機關車、米國流線形列車ヂオラマ、鐵道知識の寳庫

（寫眞及圖表類）　箱根越え（山駕籠）寫眞大井川輦臺渡し（寫眞）、同上錦繪、ロコモーション號寫眞、ロケット號同、スチブンソン同、ペルリ持參蒸氣車模型寫眞、本邦鐵道創始功勞者寫眞（大隈、伊藤、井上）英人モレル（寫眞）、鐵道開通式圖（同）、開通式外人スケッチ（同）時刻賃金表（同）一號機關車（同）、開通式勅語（寫し）、辨慶號（寫眞）、新橋驛前鐵道馬車（同）、國產最初の機關車（同）、三等寢臺車（同）、食堂車同、冷藏車同、青函連絡貨車航送寫眞、除雪車模型（ラッセル、ロータリー）同、アプト式圖表、ハンプヤード圖表、丹那隧道同、海底隧道同省營バス同

電氣機關車寫眞（F2、F5、F5、F5）、特急富士櫻寫眞、鐵道博物館同（舊館、新館）、清水トルネル圖表、外國流線形列車寫眞未來の交通、旅客、觀光ヂオラマ、圖表數量

一、佐藤德一氏所藏交通に關する錦繪　五點

一、中山沖右衞門所藏錦繪切符その他

地方館

東京市

一、東京市大觀パノラマ　一

横濱市

一、今昔の横濱ヂチラマ　一

神奈川縣

一、自治旗　一
一、神奈川縣戸數人口の趨勢　一
一、神奈川縣市町村財政の趨勢　一
一、ペルリ上陸記念碑寫眞　一
一、關所通行手形百姓　一
一、關所通行手形町人　一
一、關所通行手形等　一
一、關所通行手形武士　一
一、大名見合せ印鑑　一
一、陣笠　一
一、道中笠　一
一、十手　一
一、鎗　一
一、關札　二
一、紙芝居　三〇
一、芦の湯村寫眞　一
一、飛行機上より俯瞰せる横濱貯木場　一
一、埋立地より見たる筏溜の一部　一
一、保管堀の一部と第一第二閘門　一
一、横濱市設貯木場設備平面圖　一
一、横濱港最近十ケ年輸入木材消長　一
一、神奈川縣京濱工業地帶造成計畫圖　一
一、湘南道路俯瞰圖　一
一、箱根眞鶴線道路寫眞　一
一、湘南道路寫眞　一
一、豫算比較表　一
一、貴賓室寫眞　一
一、縣廳舍寫眞　一
一、納稅獎勵旗　一
一、縣會解散寫眞　一
一、縣廳舍模型　一
一、特產物——寄木七寸三ツ抽斗外百數十點

山梨縣

一、甲府市長齋木逸造寫眞　一
一、甲府市制四十年記念誌　一
一、午砲所寫眞　一
一、圖　表　一
一、現代知事寫眞　一
一、縣廳舍圖　一
一、舊縣廳舍寫眞　一
一、富士五湖ヂオラマ　一
一、御沙汰書寫　一
一、恩賜林寫眞　一
一、武川村幹部寫眞　一
一、武田信玄像圖　一
一、山縣大貳像、木彫　一
一、柳子新論　一
一、縣政功勞者寫眞　一
一、甲州屋忠右衞門寫眞及古文書　一

栃木縣

一、御朱印帖　一
一、第壹回縣會日誌　一
一、栃木縣廳寫眞及皆濟上納日錄　一
一、今市報德役所模型　一
一、田中正造遺墨　一
一、田中正造山兵帽　一
一、田中正造直訴狀寫眞　一
一、田中正造遺物矢立　一
一、田中正造遺物袴　一
一、大平天狗浪士屯集日誌（水戸浪士一件綴）　一
一、太平天狗浪士屯集所使用杓子　一
一、出流天狗浪士大谷刑部遺物佩刀　一
一、出流天狗浪士大谷刑部遺物帷子　一
一、明治二十三年村會日誌　一
一、明治二十三年村地誌　一
一、第壹回縣會議員遺墨　一
一、栃木縣名勝史蹟鳥瞰圖　一
一、栃木縣下生產物の種々相　一
一、栃木縣勢五十年間の伸展　一
一、粘銅標本　一
一、織物生產統計圖表　一
一、十年前の織物（茂臺絣、紺絞、ボグシ）　三
一、現代の織物　四
一、流行調圖案　二

茨城縣

一、寫眞山岡高步　一
一、同　林信夫　一
一、同　土浦櫻川の櫻　一
一、同　西山莊　一
一、同　結城紬製製織　一
一、茨城縣政繪圖　一
一、茨城の觀光と產業　一
一、茨城縣現勢一班　一
一、木　樋　一
一、反射爐　一
一、斗　析　一
一、農進磐木　一
一、土　管　一
一、烏帽子　一
一、加波山事件取締關係書類　一
一、偕樂燒花盛器　一
一、梅細工農人形等產物　數十點

長野縣

一、觀光ヂオラマ　一
一、縣　圖　一
一、統計圖表　四
一、寫　眞　二
一、書　籍　九
一、特產物　數種

福島縣

一、奧羽地方御巡幸日割達書　一
一、廢縣關係引繼書　一
一、明治十一年縣會開會式行事　一
一、同　答辯者心得　一
一、縣會議案　一
一、縣會議員當選誓約書　一
一、福島縣民會規則略解　一
一、參事院裁定書（卷物）　一
一、明治十五年縣會決議書　一
一、福島縣管轄沿革表　一
一、飯坂溫泉寫眞　一
一、福島縣鳥瞰圖　一
一、其の他特產物　一

岩手縣

一、統計圖表　一
一、岩手縣振興鳥瞰圖　一
一、岩手縣特產品　一九
一、岩手縣觀光寫眞　一

秋田縣

一、寫眞枠入　一
一、各種立體統計（八種）　一
一、佐竹義堯公小銅像　一
一、特產物　一
一、玄米外八點　一
一、秋田縣全圖及縣誌　一

一、秋田の觀光と源泉　一
一、秋田縣の地位　一
一、秋田縣勢要覽及提要　一
一、秋田縣林業概要　一
一、秋田縣第五十一、二、三回統計書　一
一、偉人石川翁の事業と實行　一
一、佐竹義和公頌德集金　一
一、加藤景林父子傳　一
一、石川翁の業績山田村經濟新法記事　一
一、十和田湖開拓の偉人和井内貞行翁　一
一、栗田定之丞　一
一、齋藤宇一郎君傳　一
一、平田篤胤、佐藤信淵兩大人傳　一
一、大正二、三年秋田縣凶作震災史　一
一、感恩講圖卷　一
一、同　慣例　一
一、同　慣例義解　一
一、同　誌　一
一、同　誌略　一
一、石川理紀之助翁の未改良の件　一

青森縣

一、十和田國立公園鳥瞰圖　一
一、圖表（財政、華果、縣電）　一
一、青森市選擧關係ポスター　一
一、弘前市寫眞　一
一、八戸市寫眞　一

山形縣

一、上杉鷹山公寫眞　一
一、山形縣史　一
一、山形縣會史　一
一、パンフレット　一
一、山形縣鳥瞰圖　一
一、山形縣行政沿革圖　一
一、縣費歲出總額圖　一
一、收繭高圖　一
一、米收穫並作付反別圖　一
一、縣勢いろは統計　一
一、初代知事三島通庸寫眞　一
一、縣政功勞者高橋勝兵衛　一
一、舊縣舍寫眞　一
一、現縣廳舍寫眞　一
一、寫眞（山寺）外七點　一

大阪市

一、商都大阪市大觀　一
一、パノラマ　一

京都府

一、鴨川改修模型　一
一、京都府豫算膨脹統計圖表　一

京都市

一、宗門入別帳　一
一、戸籍簿　一
一、年寄五人組より奉行所へ孝子上申書の寫　一
一、年寄五人組覺書　一
一、親町要用龜鑑錄　一
一、上下京町々古書明細書　一
一、市中制法　一
一、町役心得條目　一
一、郡中制法　一
一、村庄屋心得條目　一
一、東照宮御朱印　一
一、豊太閤御朱印　一
一、堀川組申合書付　一
一、京都町中可合融知條々　一
一、下町代請狀　一
一、大年寄御用中日記　一
一、博奕連判帳　一
一、獻金受取證　一
一、町地藏尊出現由來記　一
一、條目　一
一、私用帳　一
一、町議定法規　一
一、町議式大帳　三
一、饅頭屋町誌　一
一、町入承認一札　一
一、御紋章附御土器　一
一、町議定　一
一、町年貢控　一
一、町議式目　一
一、市區學區町公同組合規約　一
一、京都市鳥瞰圖　一
一、京都七十年史概項　一
一、京都市域變遷と人口增減　一
一、公同組合の結織　一
一、扇子、唐織九帶外數點　一

神戸市

一、繪畫（維新の神）　一
一、同（開港當時の神）　一
一、同（市制實施當時の神）　一
一、同（大正時代の神）　一
一、同（昭和の神）　一
一、地圖（維新前）　一
一、同（開港當時）　一
一、同（市制實施當時）　一
一、同（大正時代）　一
一、同（昭和時代）　一
一、年表並圖表　一
一、統計及說明額　一

廣島縣

一、觀光寫眞（史蹟賴山陽居室）　一
一、同（仙醉島）　一
一、同（藤島）　一
一、同（千光寺）　一
一、同（三谷峽）　一
一、統計圖表　一
一、外產物　數十點

名古屋市

一、汎太平洋博模型　一

滋賀縣

一、觀光寫眞　一
一、同上ポスター　一
一、產業と觀光の滋賀縣地圖　一
一、其の他特產物

奈良縣

一、觀光パノラマ　一
一、統計圖表　一
一、特產品分布圖　一
一、其他特產物

和歌山縣

一、津田出在英中寫眞　一
一、同　辭表　一
一、同　肖像寫眞　一
一、同　書　一
一、同　德川茂承公よりの辭令及目錄　一
一、陸奥宗光肖像寫眞　一
一、同　書　一
一、同　書簡　一
一、同　歸國演說新聞　一
一、津田正臣肖像寫眞　一
一、同　書　一
一、濱口梧陵肖像小寫眞　一
一、同　書簡　一
一、菊池海莊肖像小寫眞　一
一、同　書　一
一、岡本柳之助肖像小寫眞　一
一、同　書簡　一
一、由良守應肖像小寫眞　一
一、同　書簡　一
一、カールカツペン肖像寫眞　一
一、第一回縣會議員寫眞　一
一、渡邊屋敷趾寫眞　一
一、木國同友會規則　一
一、同　會員名簿　一
一、濱口梧陵の所思　一
一、濱口梧陵の演說　一
一、最近の和歌山縣（參考書）　一
一、和歌山縣物產案內（同）　一
一、統計圖集　一
一、和歌山市勢要覽　一
一、和歌山市勸業統計要覽　一
一、和歌山市統計書　一
一、和歌山史要　一
一、外に產物數十點

岐阜縣

一、統計表　二
一、新廳舍寫眞　一
一、舊廳舍寫眞　一
一、觀光寫眞　三
一、鮎標本　一
一、鑛物標本　四
一、穀物標本　二

石川縣

一、圖表（躍進石川）　一
一、額入寫眞　八
一、石川縣史　五
一、石川縣統計書二種　二
一、石川縣町村財政一班　一
一、金澤市例規集　一
一、九谷燒沿革誌掛額　一
一、九谷鳳凰模樣花瓶外數十點

德島縣

一、名勝額　四
一、壁面裝飾浮世繪　一
一、其他特產物

愛媛縣

一、明治、大正、昭和に至る豫算表　一
一、道路橋梁港灣の圖解　一
一、農工水鑛產の生產額圖表　一
一、金融發展の圖表　一
一、新舊縣廳舍寫眞　二
一、新舊縣會議事堂寫眞　二
一、初代知事、縣會議長寫眞　二
一、現在縣會議員寫眞　一

島根縣

一、圖　表　一
一、自治發展に伴ふ產業躍進を示す特產品
一、寫　眞　九

一、其他特産物

長崎縣

品名	數
一、初代長崎知事澤宣嘉代の寫眞	一
一、初代長崎縣會議長松田正久代の寫眞	一
一、雲仙霧氷の寫眞	一
一、眼鏡橋之寫眞	一
一、崇福寺之寫眞	一
一、港内より見たる出島蘭館寫眞	一
一、出島市街貿易之圖	一
一、出島蘭館内の植物園	一
一、蘭船入港の際検使出役の圖	一
一、統計之部	
1、長崎縣現在人口統計	一
2、長崎縣歳出豫算統計	二
3、長崎縣生産總價額統計	三
一、特産品鼈甲細工品外數十點	

福岡縣

品名	數
一、畑山知事寫眞	一
一、添田縣會議長寫眞	一
一、渡邊初代知事寫眞	一
一、中村初代議長寫眞	一
一、現在縣廳寫眞	一
一、舊縣廳舍寫眞	一
一、舊縣會議事堂寫眞	一
一、主基齊田に關する寫眞	四
一、教育に關する圖表	一
一、戸口及豫算に關する圖表	二
一、産業に關する圖表	一
一、明治二十年頃の縣廳附近圖	一
一、日本一の圖表	一
一、福岡縣年代表	一
一、土木に關する圖表	一
一、警察に關する圖表	一
一、都市發展に關する表	一
一、日鐵八幡製鐵所寫眞	一
一、炭坑關係寫眞	四
一、都市發展に關する寫眞	五
一、久留米絣	五
一、博多織	七
一、博多人形	二
一、籃胎漆器	八
一、明治十年福岡縣治一覽表	一
一、博多福岡古圖繪卷	一
一、明治四、五年頃の物産調	一
一、明治九年秋月騷擾記事	一
一、主基田の經過概要	一
一、演説書	一
一、明治六年小倉縣禮岡縣下動揺一件	一
一、小倉縣下佐賀動揺一件	一

熊本縣

品名	數
一、鳥瞰圖	一
一、熊本縣沿革圖	一
一、縣市町村豫算比較表	一
一、現知事寫眞	一
一、初代知事〃	一
一、西南役前熊本城寫眞	一
一、初代縣會議長の寫眞	一
一、現代〃　〃	一
一、井上毅肖像額	一
一、元田永孚肖像額	一
一、藩知事觸書	一
一、西南役當時ノ古城寫眞	一
一、西郷隆盛勸降書	一
一、熊本各黨派沿革	一

佐賀縣

品名	數
一、佐賀縣紋章	一
一、寫　眞	一九
一、佐賀縣政圖繪	一
一、統計圖表	一
一、佐賀縣鳥瞰圖	一
一、生産物	一一

鹿兒島縣

品名	數
一、鹿兒島縣鳥瞰圖	一
一、可愛山陵寫眞	一
一、高屋山陵寫眞	一
一、吾平山陵寫眞	一
一、初代知事寫眞	一
一、初代縣會議長寫眞	一
一、第二十三代現知事寫眞	一
一、第十八代現縣會議長寫眞	一
一、鹿兒島縣歳出圖	一
一、百萬圓以上の生産品圖	一
一、鹿兒島港の滿洲貿易圖	一
一、其の他特産物	數點

沖繩縣

品名	數
一、統計圖表	一二
土木と交通	
地方制度の沿革	
縣教育普及状況	
縣の産業	
縣砂糖生産狀況	
振興事業	
振興十計五年畫	
黒糖移出狀況	
園藝移出狀況	
耕地現狀	
縣財政の變遷	
縣海外渡航者	
一、寫　眞	一二
一、特産物	
一、宮古上布外	三二

北海道廳

品名	數
一、北海道廳開拓使假廳舍	
一、明治四年ノ札幌	
一、現在ノ札幌	
一、開墾ノ狀況	
一、開墾後ノ狀況	
一、北海道圖表その他	

千葉縣

品名	數
一、千葉縣鳥瞰圖	一
一、千葉縣歴史原稿	二
一、千葉縣歴史原稿	四
一、小金德倉兩牧開墾處分錄	一
一、千葉縣治全圖	一
一、縣治實踐錄	一
一、千葉縣廳中達	一
一、千葉縣布達	四
一、千葉縣布達留	一
一、千葉縣史	一
一、千葉公報	一
一、人民敎諭書附版本	一
一、千葉縣誌	二
一、加波山事件書類	五
一、官員錄	二
一、その他物産	數十點

東京府

品名	數
一、東京府史（府會編）	一〇
一、東京府史（行政編）	四
一、選擧肅正旗	四
一、選擧肅正ポスター	五
一、自治振興繪バナシ	二六
一、肅正關係印刷物	六
一、名　札	五

大阪府

品名	數
一、硝子燒付寫眞	一八
一、印畫紙燒付寫眞	六
一、圖　表	五
一、圖　書	五
その他	

山口縣

品名	數
一、山口縣鳥瞰圖	一
一、下關港模型	一
一、ネオンサイン統計表	一
一、伊藤公統監帽	一
一、日本政記寫眞	一
一、伊藤公等洋行記念寫眞	一
一、帆船ホワイトアッダー號寫眞	一
一、人物及風景寫眞	八

群馬縣

品名	數
一、群馬縣鳥瞰圖産業觀光	一
一、寫　眞	八
一、古墳分布圖	一
一、群馬縣統計圖表	三
一、群馬縣織物圖表	一
一、富岡製絲圖表	二
一、東國敬神道場模型	一
一、武田耕雲齋より中居重兵衞ニ贈ラレタル佩刀	二振
一、群馬縣史	四
一、伊賀柳	二
一、群馬縣興業意見書	一
一、中居屋重兵衞ノ著書	四
一、園田莊吉澤郷御竿打水帳	一
一、東上野新田莊同	一
一、正德三年上洲上仁田山五人組改帳	一
一、安永三年宗門人別帳	一

靜岡縣

品名	數
一、靜岡縣産業圖	一
一、ハリス下田上陸ノ圖	一
一、牧ノ原茶園ノ圖	一
一、日本平ヨリ富士ノ寫眞	一
一、寫士型財政比較表	四
一、人形人口比較表	四
一、卷　物	四

兵庫縣

品名	數
一、大兵庫ヂオラマ	

新潟縣

品名	數
一、縣會開設以來ノ豫算膨記ノ推移	二
一、新縣廳舍全景寫眞	一
一、縣會開設當時ノ縣廳舍全景寫眞	一
一、新縣會議事堂寫眞	一
一、舊縣會議事堂全景寫眞	一
一、初代新潟縣知事寫眞	一
一、現在新潟縣知事寫眞	一
一、初代縣會議員寫眞	一
一、掛　軸	一
一、新潟港全景寫眞	一
一、同説明書	一

大分縣

香川縣

一、豐後牛模型　一
一、油繪額　七
一、統計圖表　四
一、普通額　三

一、香　盆
　その他重要工藝品

三重縣

一、漁　網　二
一、本居宣長像
　外主要物産　一

高知縣

一、額　面　一六

愛知縣

一、商工統計圖表　五
一、名古屋港統計圖表　六
一、沿革說明　四

宮城縣

一、鹽釜港ノ寫眞　一
一、震嘯災害防備林ノ寫眞　一
一、恩賜鄕倉ノ寫眞　一
一、震嘯記念碑及記念館ノ寫眞　一
一、震嘯災害ノ寫眞　一
一、北上川可動堰ノ寫眞　一
一、伊達政宗鄕ガ羅馬法王ニ贈リタル書翰ノ寫眞　一
一、東北振興計畫圖　一
一、仙臺藩ノ租移　一
一、宮城縣財政ノ今昔　一
一、生産額累年比較　一
一、恩賜鄕倉換氣窓及門標　二

埼玉縣

一、蠶　絲　二
一、武者人形
　外各種物産品　二

富山縣

一、縣鳥瞰圖　一
一、富山縣豫算ノ趨勢及自治發展ニ伴フ産業躍進狀況
一、立山御歌ノ寫眞　一
一、縣廳舍寫眞　一

鳥取縣

一、知事議長寫眞　四
一、縣政功勞者寫眞　六
一、觀光寫眞　三
一、縣治上ノ史料
一、攝政宮獻上ノアルバム　一
一、代表的物産各種　一
一、鳥瞰圖表　一
一、鳥取縣戸口數圖表　一
一、鳥取縣決算額圖表　一
一、生産額圖表　一
一、鳥取大砂丘寫眞　一
一、國立公園大山寫眞　一
一、三朝溫泉寫眞　一

岡山縣

一、寫　眞　二一
一、岡山縣統計圖表　一三
一、政治人物名鑑表
　その他特産物　一

宮崎縣

一、宮崎神宮　寫眞　一
一、鵜戸神宮　〃　一
一、美々津　〃　一
一、舊縣廳金　〃　一
一、新橋橋　〃　一
一、舊橋橋　〃　一
一、鮪ノ陸揚　〃　一
一、霧島國立公園　〃　一
一、引繼書　一
一、人口、市町村、經濟縣經濟並生産額ノ關係ヲ示ス統計表　一
一、生産額　一
一、縣經濟統計表　一
一、各河川ノ包藏水力圖　一
一、霧島國立公園ノ模型　一
一、新縣廳舍ノ模型　一
一、西都原ノ模型
　その他特産物　一

福井縣

一、松平春岳肖像　一
一、田利公正子肖像
　その他特産物　一

協賛館

出品者	所在地（出品物）
乾卵食糧品株式會社	日本橋區小傳馬町三ノ二（藥品）
今村化學研究所	下谷區御徒町四ノ六（接合劑、ネクタイ）
井上商店	牛込區下宮比町一五（電氣治療器）
パインミシン製作所	瀧野川區西ヶ原町二九七（國産ミシン機械）
原口電氣株式會社	品川區大崎本町三、三〇六（電氣機械）
バイエル藥品合名會社	麴町區丸の內八重洲ビル（藥品）
日本遊覽協會	芝區新橋驛構內（各地溫泉地勝景寫眞）
日本釀造工業株式會社	小石川區表町一〇二番地（醬油）
新田ベニヤ製造品東京工場	深川區白河町三ノ一一（木材、板）
日本赤十字社	芝公園五號地（赤十字事業組合）
日本製乳協會	麴町區丸の內二ノ二丸ビル（製乳品）
日本管樂器製作所	淺草區松山町四〇（樂器）
日本精機光學研究所	目黑區中根町三四六（キヤノン、カメラ）
新田帶革製造所	京橋區銀座西八ノ八（調帶）
日本特許水壓機製造所	品川區東品川五ノ一二七（日水式無蓄刀高速度A型外）
日本石油株式會社	麴町區丸之內三ノ四（石油）
日本鋼管株式會社	麴町區丸之內一（鋼管）
日本ステレンス株式會社	京橋區京橋三ノ二（スランレス銀）
西川求林堂	豐島區西巢鴨三ノ七〇六（各種印刷用色インキ）
堀井謄寫堂本店	神田區鍛冶町二丁目二（堀井輪轉謄寫機各種）
日東紡績株式會社	京橋區京橋三ノ二片倉ビル（人絹織物各種）

出品者	所在地（出品物）
日本ビクター蓄音器株式會社	横濱市神奈川區守屋町三丁目（演奏塔）
德田商店	日本橋區室町一ノ五（ラヂオ、錄音裝置付電氣蓄音機外）
東京ミシン製造株式會社	京橋區銀座一ノ五（ミシン機械）
東洋化學工業所	麴町區內幸町一ノ三（特許藝術映寫セルロイド板外）
豐島屋本店	神田區美土代町（甘酒）
東洋徽章製作所	淺草區千束町二ノ四八五（徽章）
東京環狀乘合自動車株式會社	麴町區三番町二〇（バス案內）
東京中形振興會	神田區堀留町一丁目（浴衣）
東京旗商工業組合	日本橋區江戸橋三ノ四（旗各種）
トンボ鉛筆製作所	淺草區柳橋二ノ四（鉛筆）
東京鋼材株式會社	城東區大島町六ノ五〇（鋼材）
東京電氣株式會社	川崎市堀川町（マツダランプ外）
東京エスケイ商會	下谷區谷中眞島町（蚊帳）
東京灣汽船株式會社	芝區芝浦八號地（航路案內圖及寫眞）
巴風呂製造所	神田區鍛冶町三ノ一（浴槽、二人タイル張外）
東横目蒲電氣鐵道株式會社	品川區上大崎四ノ二三九（沿線案內）
地下鐵、東武、京成	淺草區神吉町一（沿線案內）
中央理化工業株式會社	神田區花房町二（消火器）
朝鮮總督府獸疫血清製造所	朝鮮釜山府（獸疫血清）
小田原急行電鐵株式會社	澁谷區千駄谷五ノ八六二（沿線案內）
王子電氣株式會社	豐島區巢鴨三ノ九六四（沿線案內）
株式會社岡本理化學研究所	蒲田區道塚町一七七（燃料）
オリエンタル寫眞工業株式會社	淀橋區西落合二ノ四三〇（寫眞材料）
岡山縣物産織物	神田區岩本町六ノ一（岡山産物織物、ネクタイ）
王輪社	葛飾區小谷野町三七八（流線型自轉車）

王子製紙株式會社　麴町區有樂町一ノ一〇（製紙及工程）
和漢藥同業會　牛込區南山伏町一九（和漢藥劑及製劑）
わかもと本舖　芝區大門內際（敎育掛圖館）
龜井旗店　日本橋區江戶橋三ノ四（旗及旗材料）
カード商會　神田區鍛冶町今川橋ビル（國產宛名印刷機械）
川崎電氣工業株式會社　京橋區西八丁堀三ノ一四（太陽燈各種）
カゞシ化粧品本舖　日本橋區橫山町一〇（演藝場緞帳）
關東織物協會　京橋區京橋一ノ二千代田證劵ビル內（織物各種）
河又醬油株式會社　大阪府堺市新庄家三七（醬油）
玉村工務所　京橋區銀座八ノ一出雲ビル（索道搬車）
田中商店　牛込區山吹町四ノ二二一（電氣ブラシ）
多摩湖鐵道株式會社　府下谷保村青柳（電鐵案內）
ダイヤモンド社　麴町區內幸町二ノ三（經濟雜誌及統計表）
竹馬商店東京支店　京橋區銀座四丁目四番地（リフアインテツクス（羅紗））
大日本ビール株式會社　京橋區銀座七ノ一（麥酒、シトロン）
總武鐵道株式會社　千葉縣豐田町（鐵道案內）
中村阿佐雄　杉並區下高井戶一ノ一五（日獨アーク太陽燈）
南部鐵道株式會社　川崎市堀川町七四（電鐵案內）
中山太陽堂　京橋區京橋際（クラブ化粧品各種）
長瀨商會　日本橋區馬喰町二丁目（花王石鹼外）
內外徽章製作所　神田區神保町二ノ二一（メタル勳章）
武藏野鐵道株式會社　豐島區池袋（電鐵案內）
久保田工業所　浦和市前地二〇七（粉碎機、麵機）
久保電氣製作所　芝區琴平町四〇（電話機各種）
山田金庫店　京橋區銀座二ノ二（金庫）
松風工業株式會社　京橋區京橋三ノ二ノ四（家庭用濾水器）
京濱電氣鐵道株式會社　芝區高輪南町一七（電鐵案內）
物心療法普及會　小石川區東青柳町一（陶枕）
富士寫眞フイルム株式會社　豐島區雜司谷四ノ六二六（フイルム、外）
富國徵兵保險株式會社　麴町區內幸町一ノ三（保險案內）
ブラジルコーヒー販賣宣傳本部　京橋區銀座四聖書館（ブラジルコーヒー）
文天堂萬年筆店　淺草區松葉町一〇四（萬年筆）
降矢商店　牛込區市ヶ谷舟河原町三（葡萄酒）
壽商店　麻布區永坂町三七　深澤虎男（特許式椅子外）
小林ライオン本舖　淺草區淺草橋一ノ一（齒磨）
國產興業社　麴町區丸の內昭和ビル（縫目無し叺）
小林腦行　日本橋區本町三ノ七（殺蟲劑）
小西六本舖　日本橋區室町三丁目（寫眞器及附屬品）
後藤商店　淺草區永住町四六（ネクタイ）
エンプレスベツド商會　京橋區京橋三ノ二（鋼鐵ベツド）
KU國益萬年筆本舖　神田區鎌倉町九番地（萬年筆）
帝國ミシン株式會社　日本橋區江戶橋際（ミシン機械）
帝國インキ製作所　芝區三田南寺町一五（インキ）
帝國蠶絲東京販賣所　麴町區有樂町一ノ七（絹織物各種）
帝國製糸株式會社　大阪市東區平野町五丁目（カタン糸外）
靑梅電氣鐵道株式會社　府下青梅町一九二（鐵道案內）
アポロン蓄音機商會　京橋區京橋二ノ九（蓄音機）
淺沼商會　日本橋區室町三丁目（寫眞器及材料）
アキバ徽章商會　麴町區九段下電停前（徽章外）
阿部商店　神田區淡路町一ノ四（宛名印刷機）
靑木マーク製作所　下谷區御徒町二ノ八一（マーク）

相本染工所　城東區龜戶町六ノ一三（日の出雲型クロース）
愛國婦人會　麴町區九段一丁目五番地（愛國婦人會事務紹介）
櫻印レンズ工業株式會社　下谷區三輪一〇一（レンズ類）
鮫島商會　京橋區銀座六ノ五（釣り堀實景）
澤田合名會社出張所　芝區田村町三ノ四（チセダーポリシユ外）
堺左兼廣本店　大阪府堺市北旅籠町（刀物各種）
京王電氣軌道株式會社　四谷區新宿三ノ四八（電鐵案內）
北里研究所　芝區白金三光町（細菌學的豫防治療器）
木村製藥所　兵庫縣赤穗郡阪越港（藥品）
湯の旅の會　日本橋區吳服橋（全國旅館案內外）
めでたや合資會社　日本橋區小傳馬町三ノ二（彫刻サトウグラス應用外）
宮坂商店　京橋區木挽町一ノ七（ソフアー及ベツド）
鹽野義商店　日本橋區本町二ノ五（藥品）
篠田銘木店　京橋區室町二ノ七（銘木各種）
シーベルヘグナーエンドコンパニーリミツド　大阪市東區今橋三菱信託ビル內（オカサ男子用（陳列瓶）オカサ女子用）
西武鐵道株式會社　淀橋區下落合二ノ二三五八（沿線案內）
西備モジ綱株式會社　京橋區築地三築地ビル（漁綱）
瀨山銘木店　淺草區藏前一ノ三（銘木各種）
駿豆鐵道東京營業所　芝區新橋二ノ一〇（大箱根鳥瞰圖外）
任友金屬工業株式會社　大阪市此花區島山町五六（鍛鍊シルジン捧外）
鈴木光學レンズ製作所　神田區松住町一二（顯微鏡）
吉川銘木店　深川區富岡町二（銘木各種）
後藤豐治　淺草區永住町四六（ネクタイ及生地）

賣店

東京織物小賣商同業組合　京橋區銀座二丁目二番地越後屋ビル內（東京本染中形）
渡邊弘　牛込區市ヶ谷田町二ノ六（新議事堂模型）
濱崎多喜治　神田區岩本町六ノ一（岡山縣產織物帶地ネクタイ）
靑木千代太　淀橋區柏木一ノ一八七（パン、菓子）
日本郵便趣味協會　下谷區谷中眞島町一（スタンプ集印帳）
森武晴　麻布區飯倉町一ノ十二（竹器一式九州特產）
川口仙太郎　品川區大崎本町二丁目四四六（食料品、コーヒー、シロツプ等）
秋澤隆三　神奈川縣足柄上郡山北町（ペルボン）
木下敬之助　京橋區銀座西四ノ三（繪葉書）
平陽社（泉温男）　牛込區市ヶ谷臺町十一（官報週報）
松方商會　淺草區七軒町二ノ一七（リンゴ汁取器）
小川眞司　大森區大森三ノ二九八（鹿兒島竹器人形）
木下敬之助　京橋區銀座西四丁目三番地（食堂（團體））
ヱトアール、レストラン　赤坂區葵町二番地（舊貴族院食堂跡全部）
小松福子　芝區高輪南町四五（菓子、化粧品、クリーム）
木下敬之助　京橋區銀座西四丁目三（本社直賣店（三ヶ所））
杉田藤太郎　日本橋區室町三ノ四（砥）
森永製菓株式會社　芝區田町一丁目十二番地（菓子販賣及ビ喫茶食事）
朴時馨　本所區石原町一ノ十一（政治スゴロク）

〰 場內擴聲機提供坂本製作所 〰

政治博覧会と『秘録維新七十年図鑑』

刑部芳則

一　政治博覧会の開催

東京日日新聞社と大阪毎日新聞社は、昭和十一年（一九三六）十一月七日に新国会議事堂（現在使用されている国会議事堂）の竣工式が開かれると、翌年の明治政府発足七十年、大日本帝国憲法発布五十年を合わせて記念し、日比谷の旧国会議事堂（第二次仮議事堂）で政治博覧会を開催することとした(1)。

年が明けた昭和十二年一月二十八日には、東京会館に有識者を集めて「政治博座談会」が開かれた。参加者は、伊藤仁太郎（元衆議院議員）、浜田国松（衆議院議員）、尾佐竹猛（法学博士）、藤井甚太郎（維新史料編纂官）、田口弼（衆議院書記官長）、大石堅志郎（海軍中佐）、作間喬宜（陸軍少佐）、東京日日新聞の主筆・営業局長・同局次長・編集総務・同副主幹・同顧問・各課長・各担当社員であった(2)。二月には政治博覧会の目的が、①「維新以来七十年のわが国勢の新興歴史を記念」すること、②「憲法発布五十年を明年にさし控へ、議会及び政府においては、すでにこれが祝典準備を設定し、着々記念計画を考究しつ、あること」、③「東亜に誇るべき新議事堂の竣成を見たること」と、明確にされた(3)。

そして二月二十一日には表1の人たちが政治博覧会の顧問になり(4)、三月九日には政治博覧会の総裁に梨本宮守正王が就任し、公爵徳川家達ら四人が顧問に加わった(5)。昭和戦前期は現在とは違って博物館や資料館の数が少なかった。その代わりとして生涯学習の場となったのが博覧会や展覧会であった(6)。博覧会は新聞社・各種団体・県などが主催する大規模なものであり、展覧会は百貨店などが開催する小規模なものである。

表１　政治博覧会の総裁と顧問

総　　裁	
梨本宮守正王	皇　族

顧　　問	
林銑十郎	内閣総理大臣兼外務大臣，文部大臣，陸軍大将
河原田稼吉	内務大臣
結城豊太郎	大蔵大臣兼拓務大臣
杉山　元	陸軍大臣兼陸軍大将
米内光政	海軍大臣兼海軍中将
塩野季彦	司法大臣
山崎達之輔	農林大臣
伍堂卓雄	商工大臣兼鉄道大臣，海軍造兵中将，工学博士
児玉秀雄	逓信大臣，伯爵
大橋八郎	内閣書記官長
近衛文麿	貴族院議長，公爵
富田幸次郎	衆議院議長
松平頼寿	貴族院副議長，伯爵
岡田忠彦	衆議院副議長
長　世吉	貴族院書記官長
田口弼一	衆議院書記官長
浜田国松	衆議院議員
秦彦三郎	陸軍省新聞班長，陸軍大佐
星野直樹	満洲国総務課長
徳富猪一郎	貴族院議員
大隈信常	貴族院議員，侯爵
大久保利武	貴族院議員，侯爵
尾佐竹猛	大審院判事，法学博士
尾崎行雄	衆議院議員
大野緑一郎	朝鮮政務総監
若槻礼次郎	貴族院議員，男爵
渡辺千冬	貴族院議員，子爵
金子堅太郎	枢密顧問官，伯爵
樺山助成	警視総監
竹越与三郎	貴族院議員
高田早苗	貴族院議員，法学博士
館　哲二	東京府知事
中川小十郎	貴族院議員
牛塚虎太郎	東京市長
野田　清	海軍省軍事普及部委員長，海軍少将
山本達雄	貴族院議員，男爵
町田忠治	衆議院議員
牧野伸顕	伯　爵
小林躋造	台湾総督，海軍大将
小林一三	東京電燈社長
郷誠之助	男　爵
古島一雄	貴族院議員
有馬良橘	海軍大将
青木信光	貴族院議員子爵
安達謙蔵	衆議院議員
南　次郎	朝鮮総督，陸軍大将
三宅雄二郎	文学博士
水野錬太郎	貴族院議員，法学博士
平沼騏一郎	枢密院議長，法学博士，男爵
森岡二朗	台湾総務長官
望月圭介	衆議院議員
元田　肇	枢密顧問官
鈴木喜三郎	貴族院議員，法学博士
徳川家達	公　爵
林　権助	枢密顧問官，男爵
池田成彬	日本銀行総裁
永田秀次郎	前拓務大臣

『東京日日新聞』昭和12年２月22日・朝刊，３月10日・朝刊から作成。顧問の順序は，新聞掲載順にならった.

政治博覧会は、昭和十一年十月一日から十七日まで白木屋で開催された「幕末尊皇秘史展覧会」などとは比較にならないほど大がかりなものであった(7)。また、総裁に皇族が就き、多くの政官界や軍部の有力者が顧問をつとめているというのは、他の博覧会では見られない特徴といえる。

実際、政治博覧会の開催は、政官界や軍部の有力者から期待されていた。顧問でもある大蔵大臣の結城豊太郎は「国運の隆昌に多大の寄与」、農林大臣の山崎達之輔は「成果を信ず」と言及している。内務大臣の河原田稼吉は地方館、法務大臣の塩野季彦は人物館に期待を寄せた。また海軍大臣の米内光政は「海軍伝統認識」、逓信大臣の児玉秀雄は「通信設備網羅」、鉄道大臣の伍堂卓雄は「交通日本充実一目瞭然」と、各自担当所轄の分野に注目している。さらに陸軍大臣杉山元の「国民精神昂揚へ」という言説からは、博覧会が国民の思想善導につながる役割のあったことがうかがえる(8)。

このような期待を背に政治博覧会は、昭和十二年四月一日から五月二十日まで日比谷の旧国会議事堂で開催された。午前八時に開門、午後七時に閉門とし、一人あたりの入場料は大人五十銭、子供（七歳以上十四歳まで）二十銭、小学校児童団体（五十人以上）十五銭、学生生徒団体（五十人以上）二十五銭、その他の団体（百人以上）四十銭、軍人二十五銭であった（昭和十二年のコーヒー一杯が十五銭、ビール大瓶が三十七銭(9)）。

一般公開に先立ち、三月三十一日の午前九時から開会式が挙行された。政治博覧会総裁の梨本宮守正王が令旨、東京日日新聞社・大阪毎日新聞社取締役会会長兼政治博覧会会長の岡実が奉答文、同副会長の高石真五郎が祝辞を、それぞれ読み上げた。会場には政治家や財界人など千五百人の「名士」が集まった。その模様は午前九時十五分からラジオ（ＪＯＡＫ第二）で放送された。また会場の上空には東京日日新聞社の飛行機ロックヒード二十機が飛び回り、開会を祝福した。翌日の『東京日日新聞』には、内閣総理大臣の林銑十郎、貴族院議長の近衛文麿、衆議院議長の富田幸次郎、東京市長の牛塚虎太郎からの祝辞が載せられている(10)。このような顔ぶれからも、政治博覧会が新聞社による単なるメディアイベントではなかったことがうかがえる。

博覧会会場正面入口には光風会の画家平岡権八郎が創案した天平式の筆を図案化した四本の円柱の門が来場者を出迎え、中央二本の大円柱の間には金鵄が三条の綱の中心にとまっている。正門左側には高さ五十尺（約十五メートル）の櫓が組まれ、「二百万燭側に海軍館が設置された（図１）。
光」の「航空燈台」が据えてあり、[11] 中央玄関前には噴水が設けられた。旧議事堂中央には憲法館、右側に人物館・地方館・満洲館・交通館、左側に外国館・協賛館、その後ろに中庭を挟んで外地館（台湾館・樺太館・南洋館・朝鮮館）、その右側に陸軍館、左側に海軍館が設置された（図１）。

憲法館の会場は、元貴族院と衆議院の中間に位置する中二階の三百坪という最良地が選ばれた。入口には金子堅太郎が書いた「憲法館」という額がかけられ、二百枚の錦絵で明治初年からの事件を伝え、五箇条の誓文をはじめ多くの政治関係の文書が展示された。また夏島で伊藤博文・金子堅太郎・井上毅・伊東巳代治が机を囲んで大日本帝国憲法の起草をしたときを再現したパノラマが目玉であった（図２）。[12]

人物館は旧貴族院委員室の十室が使われ、第一室の入口には朝倉文夫が作製した「山から来た男」の塑像が置かれていた。大隈重信をはじめとする十二人の政治家たちが生前に吹き込んだレコードや、歴代十六人の総理大臣の人形と遺品が並べられた。「維新室」ともいうべき部屋の入口には、西南戦争のときの陸軍と西郷軍の人形が左右に立っている。[13] 記念絵葉書からは、「薩摩の名士少年時代」というパノラマの中央に西郷隆盛の人形が見て取れる（図３）。

明治期の太政大臣三条実美と右大臣岩倉具視を偲ぶ展示を抜けると、昭和戦前期に人気のあった流行歌手の小唄勝太郎、声楽家の藤原義江、世界の喜劇王チャールズ・チャップリンなどを描いた「ご存じ評判人物図絵」と題する壁画があった。さらに「議会漫画室」には、岡本一平などの漫画家による政治漫画が展示された。[14]

陸軍館は、これまで三十か所の博覧会で陸軍の展示に携わってきた陸軍省新聞班の陸軍少佐作間喬宜の指導のもとで準備が進められた。[15] 明治七年（一八七四）の台湾出兵から昭和六年の満洲事変までの各戦争を、それらに関係した軍人の史料から振返る。海軍館の見どころは、太平洋の大パノラマに帝国海軍の艦船二百三十隻を浮かべた模型であった。[16]

外国館の入口には世界地図が広げられ、そこにはアンテナから全世界に電波が発信されるという装置が置かれた。来館者の目を引くため、ペリー来航当時の久里浜の模型などがつくられたが、「唐人お吉の三味線」（図鑑二二九頁参照）など当時の貴重なものも数多く展示された。

図１　政治博覧会会場全景

図２　憲法館 夏島憲法草案起草セット

図３　人物館大パノラマ（薩摩の名士少年時代）

交通館は、郵便・鉄道・航空の三部に分かれ、大人だけでなく子供も楽しめる展示室であった。第一室には鉄道省大宮工場が一万円をかけて製作したというアプト式電気機関車五分の一模型が設置され、ボタンを押すと動くようになっている。第二室は「現代交通機関の諸相」、第三室は「交通の躍進年代絵巻」、第四室は「未来の交通室」であり、それぞれジオラマやパノラマが数多く設けられた。また館内の休憩室は、明治・大正・昭和の列車の座席を利用し、大人たちが昔を懐かしめる工夫が見られる。(17)

地方館の入口では東北名産の巨大こけしが出迎え、全国から「わしが国さ」の物産品が出品されている。見学者が「ザッと見ても一時間半かゝつた」、「立止まつて見たなら、恐らく四時間はかゝるであらう」というから、展示空間の広さと展示物の多いことが想像できる。協賛館は、商店・会社・銀行などが出品した。「銭幣館」（会場地図では見られない）は、東洋貨幣協会会長の田中謙が蒐集した古銭や紙幣が中心に展示された。皇朝十二銭の最初である和同開珎をはじめ、慶長から安政期までの大判小判など、「世界三大コレクション」「東洋一を誇る」という田中コレクションのうち、非常に珍しいものが選ばれた。(18)

政治博覧会は四月一日の初日から大盛況であった。見物客のなかには婦人や子供が多く見られた。憲法館や人物館の「貴重な文献に眼鏡を出して熱心にのぞきこむ老人」に対し、陸軍館・海軍館や交通館の「パノラマ、模型に喜ぶ子供」の姿があった。(19)歴史的な史料や資料を見せるだけでなく、それを読み解くことのできない子供たちが喜ぶ娯楽的な要素があった。

博覧会場には「政治博覧会記念スタンプ」「歴史的スタンプ」「全国代表スタンプ」と大きく三種類のスタンプが設けられた。「歴史的スタンプ」とは、逓信省の初の記念スタンプとなった明治三十五年の「万国郵便連合加盟廿五年祝典記念」をはじめ、これまでに作られた「歴史的」記念スタンプ二十三種類である。記念スタンプ収集家たちを喜ばせる企画といえる。地方館に設置された「全国代表スタンプ」は各府県の数だけ種類があり、初日には徳島、香川、佐賀、秋田など十四種類が用意された。(20)一度の観覧では集められないよう工夫されている。

また初日の午前十時からは東京日日新聞・大阪毎日新聞の国民ニュース映画に続き、トーキー映画が上映された。その後には金子堅太郎が「われ等が憲政の殿堂」と題する講演をおこなった。さらに一龍齋貞寿の講談「明治志士」、花柳寿美社中の舞踊が披露された。また会場内に「只今からスターのサインがはじまります」というアナウンスが流れると、この日は新興キネマの人気女優であった山路ふみ子がサイン攻めにあっている[21]。

憲法草案に携わった金子の講演を除けば、いずれも他のイベントと変わらない娯楽内容といえる。真面目で固いだけの博覧会を開催しても、そこに人が集まらなければ意味がない。そこで「貴重な文献」を並べるだけではなく、その価値が十分に理解できない者も楽しめる要素を取り入れたのである。娯楽性が増しても生涯学習の効果に変わりはなかった。

二　政治博覧会の実況見分

政治博覧会には当時の有名人も数多く見学に訪れた。具体的な感想はわからないが、四月七日には元内務大臣の後藤新平、二十四日には閑院宮春仁王と王妃直子が見学している。閑院宮は四時間半をかけて全館を見て回った[22]。ここでは会場を見た有名人の声を聞くこととする。

作家の井伏鱒二は、憲法館を見て「第一室と第二室にはたくさんの錦絵があつた。憲法発布当時から自由民権思想が発達した当時まで年代順に絵でもつて納得できるやうな仕掛けになつてゐる。見物の小学生生徒の目を退屈させないため、付録として陳列されてゐるのだろう。錦絵の下にはガラス張りのケースのなかに、さまざまな公文書の草案や私信が或ひは多すぎるかもしれないほど陳列されてゐた。いちいち目を通すことは容易ではない」と、述べている[23]。

ここからは、子供向けの視覚的な資料と大人向けの古文書史料とが並列されていたことがわかる。だが、井伏が「いちいち目を通すことは容易ではない」というのが、率直な感想だろう。それは人物館を訪れた作家の海音寺潮五郎が「一度見たゞけでは、あまり豊富で、何を中心にして書いてよいかわからない」という感想とも一致する。

海音寺は、その豊富な資料のなかから、犬養毅が壮年時代に使っていた和泉守兼定銘の仕込杖、「大隈侯の東上」という脱藩して京都に上京するときの姿をモデルにした肖像画、山田顕義が佩用した刀、徳川慶喜が静岡県の宝台院で謹慎中に描いた油絵（以上図鑑に掲載されている）、勝海舟の胸像を挙げている。そして彼は海舟の像について「海舟の写真はよく知られてゐるが、かうして立体的なものに接すると、印象が非常に鮮明である。海舟が若い時一種妖気を帯びた非常な美男子だつたといふことがよ

くうかゞはれる」という。(24)

「外交館」（会場地図では見られない。外国館の一室と思われる）を訪れた作家の木村毅の目にとまったのは「ペンの変遷」であった。明治二十年代に条約改正交渉の際に使用された硯や、ベルサイユ条約で西園寺公望が使った万年筆、ワシントン会議で加藤友三郎が用いた木製のペンなどだが、(25)残念ながらこれらは図鑑には掲載されていない。

外国館を見た外務書記官の本野盛一は、「五十銭で世界漫遊が出来るのは、誠に有難いことである」という。外国館には在京二十六か国の大使館および公使館から出品されたが、(26)とりわけイタリアと中国の出品が目を引いたようだ。四月十二日から外国館のなかに「大スケールの伊太利室」が公開された。写真・ポスター・模型など約八十点が展示され、イタリアのファッショ政策が一目でわかるようになっていた。(27)

東京日日新聞社員の伊藤金次郎は、正面玄関に並べられた歴代内閣総理大臣の姿に注目した。なぜなら、朝鮮政務総監の大野緑一郎が犬養毅の等身大写真を前に「立ちすくんで「ほう」と、うめいて、丸い顔を一度に引きしめた」のを目にしたからである。昭和七年（一九三二）の五・一五事件で総理大臣の犬養は殺害されるが、そのとき大野は警視総監をつとめていた。犬養の身辺警護をしていただけに、「万感交々、思はず「ほう」とうめいたものであろう」という。(28)

陸軍館を見た陸軍少将で作家の大場彌平は、兵部省の表札や、西南戦争時に山縣有朋が西郷隆盛に送った「自刃勧告文」、日露戦争時に陸軍大将川村景明に送られた婦人毛髪製の草鞋などに目をつけた（図鑑に掲載されている）。そして「七十年の歴史を物語る貴品珍品が、所狭きまでに陳列されてゐる。よくもこんなに集められたものだと少からず度胆をぬかれた」と述べる。(29)陸軍館も憲法館や人物館と同じく膨大な史料や資料を展示していたことがうかがえる。

画家の大隅為三は、人物館に設けられた博覧会場で唯一の大壁画について「三代風俗を調和、描写せる大壁画」と賛辞を贈った。(30)海軍少佐で作家の福永恭助は、海軍館の大パノラマについて「初めは真暗だつた海景が見る〳〵内に夜が明けて朝景色となつたかと思ふと、やがて日が上つて真昼となり、段々日が傾いて夕闇が迫つて再び夜となるといつた変化に富んだもの。立ち止つて見てゐると何処からともなくザーッ〳〵といふ波の音まできこえてくるといふ凝り方である。恐らくはこれが場内第一の呼物だらうと思はれる」という。[31]

大壁画や大パノラマは、歴史研究者のような一次史料だけを求める人たちを対象にしたものではない。したがって、福永は「政治博覧会を、何だかムヅかしい物ばかし取扱つたものだらうと思つて見にきた僕は、このパノラマを見て、田舎のオツさんや子供達も連れてくるのだつたと思つた。いやもう一度出直して見に来るとしよう」とも述べている。[32] 政治博覧会を学術的でお堅い難しい催しものと思っていたのは福永だけではない。実際に博覧会場の雰囲気は、そのような印象を覆すものであった。

交通館を見た柔道家の石黒敬七は、明治初年の電信開通を明治天皇が天覧したときのジオラマをはじめ、タイプライターで電信が打てる機械や新型の航空機プロペラなどを紹介している。だが、彼が一番驚いたのは「未来運輸の啓示」であった。「未来交通館」と表示された部屋に足を進めると、「お伽の国の主人公になつてしまふ。地下に気送管を造り、圧搾空気によつて列車を目的地に輸送するのである」、「この方法で列車を動かすと、東京大阪間が僅か十分間であるといふからいさゝか呆気にとられる」という。[33] 過去から現在に至る歴史の変遷を辿る一方で、未来の生活がいかに変化するかを紹介する博覧会の役割を示している。

俳優の佐々木孝丸は、憲法館に陳列された「立志社建白書」、集会条例、新聞紙条例、讒謗律など、自由民権運動に関する史料に目をとめている。[34] 彼が見学したのは、新築地劇団結成九周年を記念して築地小劇場で上演予定の「板垣退助」の材料を得るためであった。五月七日には「板垣退助」の演者である佐々木をはじめ、千田是也、薄田研二、山本安美、日高ゆりゑなど四十人の俳優が、憲法館と人物館を見学している。[35]

子供たちが楽しんで見学できる展示づくりをしていたが、とくに日曜日は子供客や女性客を対象とした娯楽的な企画がおこなわれた。四月十一日の日曜日には、「子供遊び場」に椅子式のブランコや馬のメリーゴーランドが設けられた。噴水広場の横には大型自動車が「博覧会移動郵便局」の表札を掲げ、「新議事堂竣成記念スタンプ」を捺した。また催しものホールでは、コロムビアレコードの専属流行歌手の音丸と二葉あき子がサイン攻めにあった。[36]

平日は学校があるため、生徒たちは博覧会に行くことができない。そこで学校は団体見学という形で生徒たちに見せたのである。博覧会の入場料で団体金額が設けられたのは、それを予想していたといえる。四月二十三日の金曜日には、東京府立第五中学校の二百五十人、日本女子商業学校の三百三十四人、洗足高等女学校の百五十九人、御殿町小学校の八十五人、明治小学校の四百七十五人が見学している。同じ日の団体客には東京会館やパレスメトロポリタンの女給三百人もいた(37)。

政治博覧会は郊外居住者の便を図るため、京成電軌、地下鉄、武蔵野鉄道、京王電車、小田急、京浜電車、湘南電鉄の私鉄各社と提携し、連絡切符を発売した(38)。そして四月二十七日からは来場者に「御土嚢袋」を配布し、そのなかに絵ハガキか新議事堂参観紹介状のいずれかが入っていた。紹介状が当たれば、新議事堂を見学できた(39)。

この翌日の二十八日には「百万地蔵」が人物館の入口に登場した。「百万地蔵」は、千余年前に日光の古刹で発見され、それを昭和七年に貴族院守衛長の石橋徳作が入手したものである。その後、貴族院の一室に置かれ、守衛たちが拝んできた。この日から入場者に一銭の浄財を求め、欠食児童の救護などの慈善事業の資金に充てようとした(40)。

五月十六日には人気流行歌手の藤山一郎(テイチク専属)、二葉あき子(コロムビア専属)、渡辺はま子(ビクター専属)がヒット曲を歌い、新興キネマの山路ふみ子と立松晃のサイン会が開かれた(41)。閉会が迫った五月十七日から二十日までは、来場者全員に福引を引かせた。特等はアポロン蓄音機が一名、一等は勧業債券十円券が十名、二等は復興貯蓄債権五円券が三十名、更生社の安眠マクラが五名、三等は「東京中形浴衣」が四十名、殺虫剤ケーミスが十名、スターサイン入り写真額縁入りが三十名、四等はカオールが二千名、信玄印葡萄酒二合が百名、豊島屋甘酒二合壜が百名、丸醸醤油四合が三十名、トンボ鉛筆半ダースが八十名、集印帳が五百名、スタープロマイドが百九十名であった。外れた者でも等外として、政治博記念石鹸一個、絵葉書一組、政治家プロマイド一枚のいずれかが貰えた(42)。

このように政治博覧会は、史料や資料を見せることだけではなく、会場の雰囲気は毎日のように変化し、博覧会に集客する工夫を最後までしていたのである。太平洋戦争後にこの規模を上回る近現代史を回顧する展示がないにもかかわらず、当時を知る日本史研究者たちは政治博覧会について語っていない。その理由はわからないが、学術的に貴重な史料や資料を見せる場としてよりも、娯楽としての博覧会という印象が強く残ったからではなかったか。

三　『秘録維新七十年図鑑』の魅力

政治博覧会の閉会から三か月後の八月に刊行されたのが、『秘録維新七十年図鑑』（東京日日新聞発行所・大阪毎日新聞社）である。『秘録維新七十年図鑑』の原本は、表題の書かれた紺色の秩に入っており、本体は同色の布張りの表紙と背に金文字で表題が入っている（縦三一センチ、横二三センチ、図4）。見た目どおり、価格は六円という豪華本である（値段の比較は前述の博覧会の入場料を参照されたい）。

本書の「序文」で岡実は、「『秘録維新七十年図鑑』は、主として明治・大正・昭和の三聖代に亘る、わが国政治の発達変遷を、門外不出の秘録、文献、珍蔵品をもつて編んだものである」、「今こゝにこれ等先人苦闘の跡をしのびつゝ維新以後躍進日本の真の姿を活きた材料により如実に編述したのが即ち本書である。その収められたものはいづれも、わが国政研究に大なる示唆を与へる絶好の資料たることを疑はない」と述べている。

図4　『秘録維新七十年図鑑』書影

「門外不出の秘録、文献、珍蔵品」とは、政治博覧会で公開されたものである。それら「国政研究に大なる示唆を与へる絶好の資料」をいつでも見られるようにするため、『秘録維新七十年図鑑』の刊行を企画したといえる。本書の奥付には、編者名に相撲評論家の相馬基の名前が記されているが、取り上げる史料と資料の監修作業は法学博士の尾佐竹猛がおこなったようである。

本書は政治篇、外交篇、軍事篇、人物篇、雑篇で構成されている。巻末の「東京日日新聞社・大阪毎日新聞社主催政治博覧会出品目録」と比較して見ると、博覧会場の憲法館が政治篇、外国館が外交篇、陸軍館と海軍館が軍事篇、人物館が人物篇にあたり、どれにも属しにくいものを雑篇に入れたことがわかる。政治博覧会の主目的である「政治の発達変遷」だけを抽出し、地方館、満洲館、外地館、協賛館、交通館の展示内容はほとんど収録されていない。展示を見せる仕掛けとして用意された娯楽的要素は除外されている。大パノラマや模型類も「夏島憲法の場」など数点しか掲載されていない。

まさに憲政史・外交史・軍事史に興味のある通人にはたまらない一冊となっている。刊行から八十年が経過し、掲載された史料や資料は残っているのか。今回の復刻に際して筆者が調査して現存確認できたものは八十二点であった（表2）。そのなかで目立つのが、国立国会図書館憲政資料室の「伊東巳代治関係文書」と「大山巌関係文書」、国立歴史民俗博物館の「大久保利通関係資料」、國學院大學の「井上毅文書」、早稲田大学の「大隈重信関係資料」、山縣有朋記念館の「山縣有朋関係文書」などの文書群の存在である。

こうした文書群が近代史研究をおこなう上でいかに貴重なものかは、そのなかに図鑑掲載の史料が含まれていることからあらためて教えられる。また上記以外の各記念館や資料館など古文書や実物資料を保存公開する機関の役割が重要であることはいうまでもない。しかし、後藤新平記念館や乃木神社でも現存確認できないものや、実践女子大学では下田歌子の和歌のうち「夜七」と題するものしか見当たらないなど、行方不明になってしまったものも少なくない。

本書の最大の魅力は、現在では目にすることのできない古文書や実物資料が豊富に掲載されていることである。木戸孝允の関係史料は宮内庁書陵部と国立民族歴史博物館で所蔵しているが、図録に掲載された「木戸孝允の大礼服」は両機関にはない。木戸の子孫に確認したところ、自宅にも残っていないとの回答であった。

御親兵歩兵少佐正服、明治七年砲兵曹長略服、明治八年歩兵曹長正服、明治十九年制陸軍歩兵中佐軍服、「日露戦役当時明治三十七年近衛歩兵大尉戦時服と騎兵二等卒軍服」などは陸軍軍服の変遷を知る上で重要な実物資料である。だが、所蔵先である陸軍被服本廠が戦後に廃止されてからは、それらの所在はわかっていない。同じ軍服資料でいえば、山縣有朋の明治十九年制の陸軍大将軍服は山縣有朋記念館に残っているが、西郷従道の軍服や閑院宮載仁親王が着た陸軍騎兵少佐の軍服・陸軍大将の戦地服は行方不明である。さらに大島義昌の陸軍少将の軍服は子孫の家に残っていない。

表２　『秘録維新七十年図鑑』の現存確認資料一覧

現存が確認できる資料	所　蔵　先	該当頁
薩長の密約	宮内庁書陵部	８頁
五箇条御誓文最初の草案	福井県立図書館	13頁
五箇条御誓文木戸公加筆の草案	宮内庁書陵部	13頁
五箇条御誓文	宮内庁東山御文庫	14頁
西南役の際大久保利通より伊藤公への手紙	「牧野伸顕関係文書」国立国会図書館憲政資料室	26頁
有栖川宮熾仁親王御書簡	「山縣有朋関係文書」山縣有朋記念館	29頁
政 治 論 略	国立国会図書館	29頁
井上毅氏加筆の憲法草案	「井上毅文書」國學院大學図書館梧陰文庫	38～39頁
憲法乙案試草	「伊東巳代治関係文書」国立国会図書館憲政資料室	41頁
ロエスレルの憲法草案	「伊東巳代治関係文書」国立国会図書館憲政資料室	42頁
第１回議会開院式ノ図	参　議　院	43頁
議院建築意見	国立国会図書館	43頁
伊藤公より山縣公へ弾劾による辞職不可を説いた書簡	「山縣有朋関係文書」山縣有朋記念館	46頁
桂首相より山縣参謀総長宛の手簡	「山縣有朋関係文書」山縣有朋記念館	52頁
ペルリ遠征記	国立国会図書館	62頁
安政元年米艦隊横浜入港の図	横浜市中央図書館	64頁
条約十一国記	横浜市中央図書館	68頁
安政五ケ国条約	横浜市中央図書館	68頁
亜墨利加公使旅宿記	麻布山善福寺	69頁
横浜応接場饗応の図	横浜市中央図書館	69頁
御開港横浜之全図	国立国会図書館	69頁
江戸近海沿岸警衛の図	横浜市中央図書館	69頁
大隈八太郎（重信）宛外国官判事書翰	「大隈重信関係資料」早稲田大学図書館	74頁
英公使ハリー・パークス書翰	「大隈重信関係資料」早稲田大学図書館	74頁
大久保利通の朝鮮遣使可否論の一節	「大久保利通関係資料」国立歴史民俗博物館	76頁
明治初年の外務省正門	外務省外交史料館	76頁
欧米視察の際ニューヨークにて撮影した大久保利通	流通経済大学三宅雪嶺記念資料館（寄託）	77頁
明治四年サンフランシスコで撮影した岩倉大使一行	大 久 保 家	77頁
大久保弁理大臣自清国来翰	「牧野伸顕関係文書」国立国会図書館憲政資料室	78頁
ヘネシー書翰	「大隈重信関係資料」早稲田大学図書館	80頁
宮内大臣宛報告書	「大山巌関係文書」国立国会図書館憲政資料室	81頁
大山陸軍大臣へ報告の見取図	「大山巌関係文書」国立国会図書館憲政資料室	81頁
書記官より大山陸軍大臣宛報告書	「大山巌関係文書」国立国会図書館憲政資料室	81頁
日露通商航海条約御批准書及び正本（*）	外務省外交史料館	84頁
日独通商航海条約御批准書及び正本（*）	外務省外交史料館	84頁
日伊通商条約正本	外務省外交史料館	84頁
日清講和条約正本	外務省外交史料館	85頁
日清講和会議清国全権李鴻章肖像	下関歴史博物館	85頁
下関春帆楼会議室（コピー）	下関歴史博物館	85頁
講話会議録	外務省外交史料館	93頁
日露講和書正本	外務省外交史料館	93頁
後藤伯の手記	後藤新平記念館	98頁
大正５年１月14日来朝，露国皇帝御名代ゲオルギー・ミハイロ・ウキツチ大公殿下一行の写真	後藤新平記念館	98頁
セミヨノフ将軍の請願書翰	後藤新平記念館	100頁
現在外務省が使用している御批准書表紙及び革製容器	外務省外交史料館	102頁
華府条約廃棄通告書	外務省外交史料館	103頁
大村益次郎訳著　兵家須知戦闘術門草稿	「大村益次郎関係文書」山口県立文書館	111頁
山縣有朋公が西郷隆盛に宛てた自刃勧告の手紙の草稿	「山縣有朋関係文書」山縣有朋記念館	113頁
大山第二軍司令官補職辞令	「大山巌関係文書」国立国会図書館憲政資料室	116頁

現存が確認できる資料	所　蔵　先	該当頁
山縣元帥の軍服	山縣有朋記念館	117頁
伊藤公統監帽	山口県光市伊藤公資料館	138頁
原 敬 肖 像	原敬記念館	145頁
給仕斎藤富五郎の賞状	斎藤実記念館	153頁
子爵斎藤實肖像	斎藤実記念館	153頁
田植えをする朝鮮総督	斎藤実記念館	153頁
公爵徳川慶喜肖像（伊東函嶺画）	国立歴史民俗博物館	157頁
慶喜公陣笠と陣羽織	江戸東京博物館	157頁
慶喜公自筆の油絵	久能山東照宮博物館	157頁
南洲の軍刀	鹿児島県歴史資料センター黎明館	158頁
大西郷の垂衣	鹿児島県歴史資料センター黎明館	159頁
南洲の副島種臣宛書翰（写真）	「副島種臣関係文書」国立国会図書館憲政資料室	159頁
大久保利通肖像	大 久 保 家	160頁
大久保利通愛用の碁盤と碁石	鹿児島県歴史資料センター黎明館	160頁
大久保利通血染の文書	「大久保利通関係資料」国立歴史民俗博物館	160頁
五稜郭より母への訣別状	「榎本武揚関係文書」国立国会図書館憲政資料室	168頁
子爵山岡鉄太郎肖像	全　生　庵	172頁
鉄舟の皇洋刀	全　生　庵	172頁
戊辰解難録	全　生　庵	173頁
男爵前島密胸像	同じものが、日本橋郵便局、日本郵政本社（霞が関）	175頁
前島の『郵便条例』草稿	郵政博物館資料（収蔵）	175頁
前島密遺愛の尺八	郵政博物館資料（収蔵）	175頁
渋沢栄一子（肖像写真）	渋沢史料館	180頁
乃木夫妻別盃の葡萄酒瓶	乃 木 神 社	197頁
乃木将軍遺墨	乃 木 神 社	197頁
日露戦役当時の乃木大将	乃 木 神 社	197頁
乃木大将陣中使用の拡大鏡	乃 木 神 社	197頁
後藤伯遺愛『鼻眼鏡』	後藤新平記念館	202頁
夙くも仄めく下田女史の歌才（夜七のみ現存）	実践女子大学	214頁
袿袴姿の下田歌子	実践女子大学	214頁
横浜港崎廓岩亀楼異人遊興之図	国立国会図書館	225頁
「郵便書状函」（地方用）	郵政博物館資料（収蔵）	233頁
「書状集函」（都会用）	郵政博物館資料（収蔵）	233頁

（*）日露と日独の写真とキャプションが逆転している．

その他にも筆者が子孫宅の調査をおこなったところ、図鑑に掲載されている加藤友三郎の海軍大将正装と元帥刀、鳥尾小弥太の肖像画、三浦梧楼の肖像画、陸軍中尉の正装を含む大浦兼武の資料四点、伊東巳代治の肖像画は残されていなかった。これらが太平洋戦争中の空襲で焼失したのか、戦後に売却されたのかははっきりしない。このように昭和十二年には各家から展示資料として提供されたものの、それらを今でも保持しているとは限らないのである。仮に残っていたとしても、現在は行方不明になっているものが過半数を占める。

それは歴史研究家が実物資料よりも目をとめる古文書についても例外ではない。三条実美が佐佐木高行に宛てた「三条公の書翰」は「佐佐木行忠蔵」となっているが、佐佐木家の史料は空襲でほとんど焼失してしまったという。そのため、彼の有名な日記はもとより、書翰類も家には残っていないようだ。法制局長官や内務大臣などをつとめた末松謙澄の史料群は、政治博覧会がきっかけとなって筆写された『末松子爵家所蔵文書』として見ることができる。(43) これは予定になかった副産物だが、政治博覧会が貴重な史料群を今に伝える役割をはたしたことに変わりはない。

図鑑に掲載された史料や資料からは、新しい歴史研究の活路を見出すことができる。例えば外交篇に「わが国旅券の変遷」と題する頁があるが、ここには明治初年から昭和に至る旅券（パスポート）の形式の違いが見て取れる。幕末から明治に至る条約改正交渉や条約の条文内容を検討する外交史研究は膨大にあるが、開港後の旅券の取り扱い方や、そこに記載された文書の内容を検討したものはない。

各人物の愛用の品々からは、その人物の新たな一面に迫ることもできる。大久保利通が囲碁を好んだことはよく知られているが、その証拠として図鑑には「愛用の碁盤」が掲載されている。旧幕臣の勝海舟に注目する著書は数多く出ているものの、「海舟自作の花瓶」や「海舟自作の火鉢」など、彼の工芸趣味に触れたものは見られない。「揮毫中の浜口雄幸」という写真は、彼のプライベートな姿を伝える貴重な一枚だが、余暇に墨絵と詩歌を趣味としていたことがうかがえる。このように貴重な品々からは、いまだに知られていない人物像が浮かび上がってくるのである。

もちろん、このような事物を用いながら歴史研究をするには、それなりの日本史に関する知識や力量が必要である。だが、

『秘録維新七十年図鑑』は、そうした日本史研究者の達人たちだけに意義があるものではない。これから本格的に古文書の勉強をはじめようと思っている人には心強い教科書となる。本書掲載の古文書や公文書の写真の下には、誰もが読めるよう活字化されている。これを用いれば、くずし字が苦手な人も読めるようになるかもしれない。

ただし、先述した「三条公の書翰」は、図鑑では「二月廿三日」と判読しているが（二〇頁参照）、佐佐木高行の日記（『保古飛呂比』四、東京大学出版会、一九七三年）では明治三年「六月十三日」と記されている。民蔵分離問題をめぐるものであり、その人事問題が過熱する時期から見て「六月十三日」とするのが妥当である。写真の字だけを見れば「二」や「廿」と読んでしまうだろう。くずし字に慣れてきたら、活字化に読み違いがないか、内容が図鑑で判読している時期と一致するかなどの裏を取ることが必要である。その点に留意しながら本書を用いれば、これまで知られていない新しい明治維新史の人物像や出来事を描くことができる。

註

(1) 『東京日日新聞』昭和十二年一月五日、朝刊。
(2) 同右、昭和十二年一月二十九日、朝刊。
(3)(4) 同右、昭和十二年二月二十二日、朝刊。
(5) 同右、昭和十二年三月十日、朝刊。
(6) 刑部芳則「風俗研究会の設立と展開」(『風俗史学』五〇、二〇一三年一月) 参照。
(7) 『東京日日新聞』昭和十一年十月二日、朝刊。
(8) 同右、昭和十二年二月二十四日、朝刊。
(9) 同右、昭和十二年三月二十四日、朝刊、三月三十一日、朝刊。
(10) 同右、昭和十二年四月一日、朝刊。
(11) 同右、昭和十二年三月二十四日、朝刊。
(12) 同右、昭和十二年三月十二日、朝刊。

(13)(14) 同右、昭和十二年三月九日、朝刊、三月二十四日、朝刊。
(15) 同右、昭和十二年三月十日、朝刊。
(16) 同右、昭和十二年三月二十四日、朝刊。
(17) 同右、昭和十二年三月十六日、朝刊。
(18) 同右、昭和十二年三月二十三日、夕刊、三月二十四日、朝刊、夕刊。
(19) 同右、昭和十二年四月二日、夕刊。
(20) 同右、昭和十二年四月一日、朝刊。
(21) 同右、昭和十二年四月二日、夕刊。
(22) 同右、昭和十二年四月八日、夕刊、四月二十四日、夕刊。
(23) 同右、昭和十二年四月六日、朝刊。
(24) 同右、昭和十二年四月八日、朝刊。
(25) 同右、昭和十二年四月七日、朝刊。
(26) 同右、昭和十二年四月十九日、朝刊。
(27) 同右、昭和十二年四月十二日、朝刊。
(28) 同右、昭和十二年四月九日、朝刊。
(29) 同右、昭和十二年四月十二日、朝刊。
(30) 同右、昭和十二年四月十五日、朝刊。
(31)(32) 同右、昭和十二年四月十七日、朝刊。
(33) 同右、昭和十二年四月十八日、朝刊。
(34) 同右、昭和十二年四月十一日、朝刊。
(35) 同右、昭和十二年五月七日、夕刊。
(36) 同右、昭和十二年四月十一日、夕刊。
(37)(38) 同右、昭和十二年四月二十四日、夕刊。
(39) 同右、昭和十二年四月二十七日、朝刊。
(40) 同右、昭和十二年四月二十八日、夕刊。

(41) 同右、昭和十二年五月十六日、夕刊。

(42) 同右、昭和十二年五月十七日、朝刊。

(43) 堀口修「末松謙澄について—「末松子爵家所蔵文書」の理解によせて—」(堀口修・西川誠編『末松子爵家所蔵文書』下、ゆまに書房、二〇〇三年)参照。

本書の原本は、一九三七年に東京日日新聞社・大阪毎日新聞社より刊行されました。

秘録 維新七十年図鑑 新装版

二〇一八年(平成三十)一月 十 日　第一版第一刷発行
二〇一八年(平成三十)七月二十日　第一版第二刷発行

編　者　東京日日新聞社
　　　　大阪毎日新聞社

発行者　吉 川 道 郎

発行所　株式会社 吉川弘文館
郵便番号一一三—〇〇三三
東京都文京区本郷七丁目二番八号
電話〇三—三八一三—九一五一〈代表〉
振替口座〇〇一〇〇—五—二四四
http://www.yoshikawa-k.co.jp/

印刷=藤原印刷株式会社
製本=誠製本株式会社
装幀=清水良洋・陳湘婷

ISBN978-4-642-03870-6